TRAITÉ THÉORIQUE

ET PRATIQUE

DE LA TRANSCRIPTION.

Imprimé par Charles Noblet, rue Soufflot, 18.

TRAITÉ THÉORIQUE

ET PRATIQUE

DE

LA TRANSCRIPTION

ET DES INNOVATIONS INTRODUITES

PAR LA LOI DU 23 MARS 1855

EN

MATIÈRE HYPOTHÉCAIRE

PAR

M. Frédéric MOURLON

Avocat, docteur en Droit.

———

TOME PREMIER

———

PARIS

A. MARESCQ AÎNÉ, LIBRAIRE-ÉDITEUR

17, RUE SOUFFLOT, 17

———

1862

A

M. AUGUSTE VALETTE,

PROFESSEUR A LA FACULTÉ DE DROIT DE PARIS.

———

Cher, illustre et vénéré maître,

Je vous dédie mon livre, parce qu'en vous l'offrant, il me semble en faire hommage à la science même.

Je vous le dédie, parce qu'il est vôtre : il est vôtre, puisque tout ce que je sais, je vous le dois.

Je vous le dédie, parce que pour vous je porte en moi tous les sentiments d'admiration, de respect, d'affection et de dévouement que la reconnaissance peut mettre au cœur d'un homme de bien.

F. MOURLON.

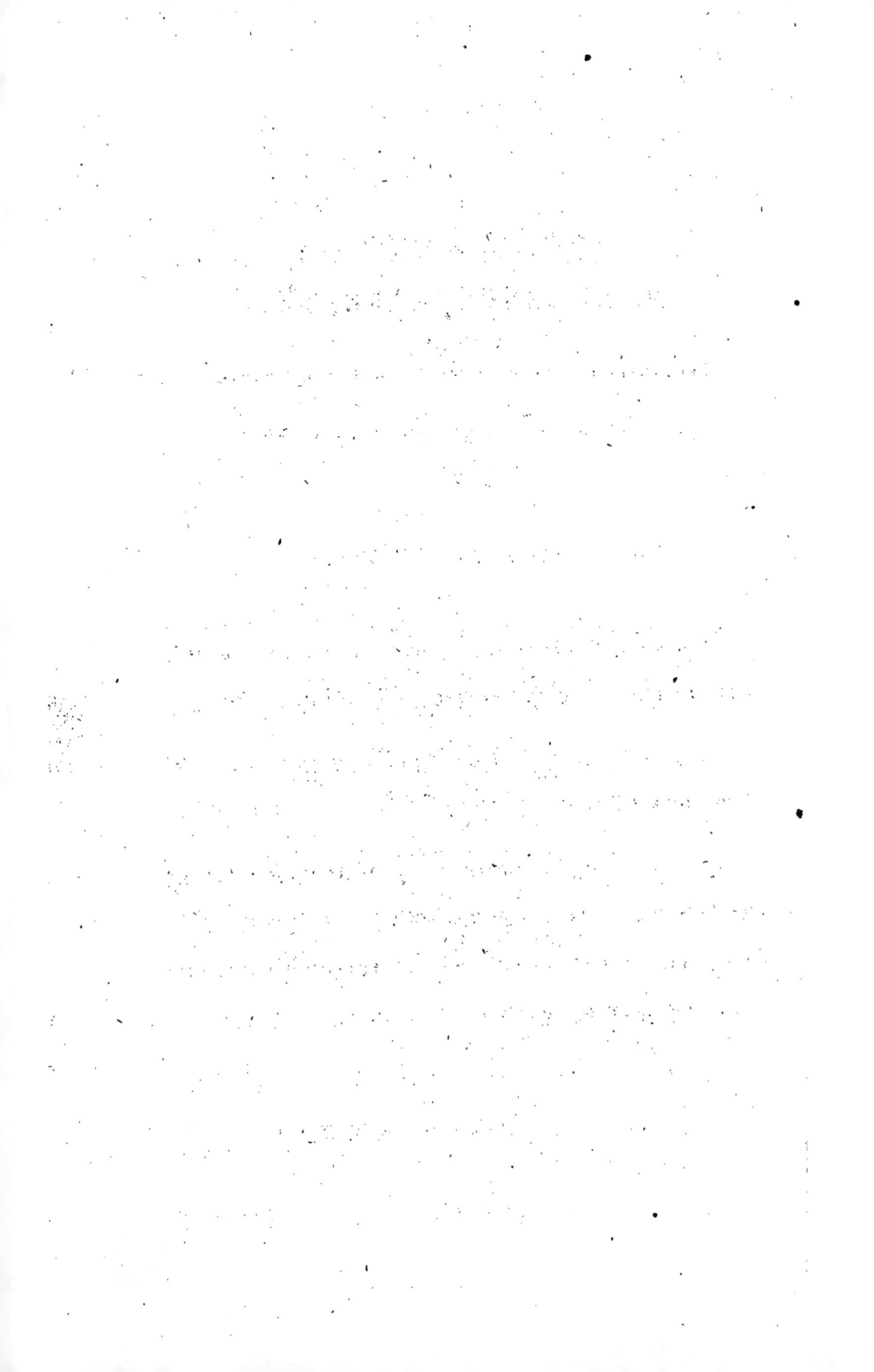

INTRODUCTION

———◆◆◆———

PROJET DE LOI ADOPTÉ PAR LE CONSEIL D'ÉTAT.

———

ARTICLE 1ᵉʳ. Sont transcrits au bureau des hypothèques de la situation des biens :

1° Tout acte entre-vifs translatif ou déclaratif de propriété immobilière ou de droits réels susceptibles d'hypothèque ;

2° Tout acte portant renonciation à ces mêmes droits ;

3° Tout jugement qui déclare l'existence d'une convention verbale de la nature ci-dessus exprimée ;

4° Tout jugement d'adjudication.

ART. 2. Sont également rendus publics par la transcription :

1° Tout acte constitutif d'antichrèse, de servitude, d'usage, d'habitation ;

2° Tout acte portant renonciation à ces mêmes droits ;

3° Tout jugement qui en déclare l'existence en vertu d'une convention verbale ;

4° Les baux d'une durée de plus de vingt-sept années et tout acte entraînant, même pour bail de moindre durée, quittance de plus de trois années de loyers ou fermages non échus.

ART. 3. Pour opérer la transcription, une copie entière de l'acte ou du jugement est déposée au bureau de la conservation des hypothèques.

Elle est signée par le notaire, si l'acte est authentique ; par

1.   a.

la partie qui requiert la transcription, s'il est sous seing privé; s'il s'agit d'un jugement, par l'avoué qui l'a obtenu.

Le conservateur en donne récépissé au déposant; il classe les copies par ordre de date et transcrit par extrait, sur un registre à ce destiné, les noms, prénoms et domiciles des parties, la date de l'acte et du jugement, la nature et la situation de l'immeuble, la nature des droits transmis ou reconnus par l'acte ou le jugement, le jour et l'heure du dépôt.

Un règlement d'administration publique déterminera les mesures nécessaires pour l'exécution du présent article et le tarif des frais auxquels cette exécution donnera lieu.

ART. 4. Jusqu'à la transcription, les droits résultant des actes et jugements énoncés aux articles précédents ne peuvent être opposés aux tiers qui ont des droits et qui les ont conservés en se conformant aux lois.

ART. 5. Tout jugement prononçant la résolution, nullité ou rescision d'un acte transcrit, doit, dans le mois à dater du jour où il a acquis la force de chose jugée, être mentionné en marge de la transcription faite sur le registre. L'avoué qui a obtenu le jugement est tenu, sous peine de 100 francs d'amende, de faire opérer cette mention, en remettant un bordereau rédigé et signé par lui au conservateur, qui lui en donne récépissé.

ART. 6. Le conservateur, lorsqu'il en est requis, délivre, sous sa responsabilité, l'état des transcriptions et mentions prescrites par les articles précédents.

ART. 7. La transcription de l'acte ou du jugement de partage ou licitation vaut inscription en faveur du cohéritier ou copartageant sur les biens de chaque lot et sur le bien licité; elle lui conserve son privilége pour les soultes et retours de lot, et pour le prix de la licitation.

Néanmoins, le conservateur est tenu, sous peine de dommages-intérêts envers les tiers, de faire d'office l'inscription sur son registre des créances résultant de l'acte ou du jugement de partage ou licitation.

ART. 8. A partir de la transcription, les créanciers privilégiés ou ayant hypothèque, aux termes des articles 2123, 2127 et 2128 du Code Napoléon, ne peuvent prendre utilement inscription sur le précédent propriétaire.

Les articles 834 et 835 du Code de procédure civile sont abrogés.

ART. 9. L'action résolutoire établie par l'article 1654 du Code Napoléon ne peut être exercée après l'extinction du privilége du vendeur, au préjudice des tiers qui ont acquis des droits sur l'immeuble du chef de l'acquéreur et qui se sont conformés aux lois pour les conserver.

ART. 10. Si la veuve, le mineur devenu majeur, l'interdit relevé de l'interdiction, leurs héritiers ou ayant-cause, n'ont pas pris inscription dans l'année qui suit la dissolution du mariage ou la cessation de la tutelle, leur hypothèque ne date, à l'égard des tiers, que du jour des inscriptions prises ultérieurement.

ART. 11. Les femmes ne peuvent céder leurs droits à l'hypothèque légale ou y renoncer que par acte authentique, et les cessionnaires n'en sont saisis, à l'égard des tiers, que par l'inscription de cette hypothèque prise à leur profit, ou par la mention de la subrogation en marge de l'inscription préexistante.

Les dates des inscriptions ou mentions déterminent l'ordre dans lequel ceux qui ont obtenu les cessions ou renonciations exercent les droits hypothécaires de la femme.

ART. 12. La présente loi est exécutoire à compter du.....

ART. 13. Les articles 1, 2, 3, 4, 5, 7 et 11 ci-dessus ne sont pas applicables aux actes ayant acquis date certaine et aux jugements rendus avant le.....

Leur effet est réglé par la législation sous l'empire de laquelle ils sont intervenus.

Les jugements prononçant la résolution, nullité ou rescision d'un acte non transcrit, mais ayant date certaine avant la même époque, doivent être transcrits conformément à l'article 5 de la présente loi.

L'inscription exigée par l'article 10 doit être prise dans l'année, à compter du jour où la loi est exécutoire ; à défaut d'inscription dans ce délai, l'hypothèque légale ne prend rang que du jour où elle est ultérieurement inscrite.

Il n'est point dérogé aux dispositions du Code Napoléon relatives à la transcription des actes portant donation ou substitution ; elles continueront à recevoir leur exécution.

ART. 14. Jusqu'à ce qu'une loi spéciale détermine les droits à percevoir, la transcription des actes ou jugements qui n'étaient pas soumis à cette formalité avant la présente loi est faite moyennant le droit fixe d'un fr.

Ce projet de loi a été délibéré et adopté par le conseil d'État dans ses séances des 13, 21 et 27 avril, 2 et 3 mai 1853.

Le président du conseil d'Etat,

Signé : BAROCHE.

(*Moniteur* de 1853; annexe au procès-verbal de la séance du Corps législatif du 11 mai; annexe k, p. XLIII.)

Loi sur la transcription en matière hypothécaire (23 mars 1855).

ART. 1er. Sont transcrits au bureau des hypothèques de la situation des biens :

1° Tout acte entre-vifs translatif de propriété immobilière ou de droits réels susceptibles d'hypothèque;

2° Tout acte portant renonciation à ces mêmes droits;

3° Tout jugement qui déclare l'existence d'une convention verbale de la nature ci-dessus exprimée;

4° Tout jugement d'adjudication autre que celui rendu sur licitation au profit du cohéritier ou d'un copartageant.

ART. 2. Sont également transcrits :

1° Tout acte constitutif d'antichrèse, de servitude, d'usage et d'habitation;

2° Tout acte portant renonciation à ces mêmes droits;

3° Tout jugement qui en déclare l'existence en vertu d'une convention verbale;

4° Les baux d'une durée de plus de dix-huit années;

5° Tout acte ou jugement constatant, même pour bail de moindre durée, quittance ou cession d'une somme équivalente à trois années de loyers ou fermages non échus.

ART. 3. Jusqu'à la transcription, les droits résultant des actes et jugements énoncés aux articles précédents ne peuvent être opposés aux tiers qui ont des droits sur l'immeuble et qui les ont conservés en se conformant aux lois.

Les baux qui n'ont point été transcrits ne peuvent jamais leur être opposés pour une durée de plus de dix-huit ans.

ART. 4. Tout jugement prononçant la résolution, nullité ou rescision d'un acte transcrit, doit, dans le mois à dater du jour où il a acquis l'autorité de la chose jugée, être mentionné en marge de la transcription faite sur le registre.

L'avoué qui a obtenu ce jugement est tenu, sous peine de 100 fr. d'amende, de faire opérer cette mention, en remettant un bordereau rédigé et signé par lui au conservateur, qui lui en donne récépissé.

ART. 5. Le conservateur, lorsqu'il en est requis, délivre, sous sa responsabilité, l'état spécial ou général des transcriptions et mentions prescrites par les articles précédents.

ART. 6. A partir de la transcription, les créanciers privilégiés ou ayant hypothèque, aux termes des articles 2123, 2127 et 2128 du Code Napoléon, ne peuvent prendre utilement inscription sur le précédent propriétaire.

Néanmoins, le vendeur ou le copartageant peuvent utilement inscrire les priviléges à eux conférés par les articles 2108 et 2109 du Code Napoléon, dans les quarante-cinq jours de l'acte de vente ou de partage, nonobstant toute transcription d'actes faits dans ce délai.

Les articles 834 et 835 du Code de procédure civile sont abrogés.

ART. 7. L'action résolutoire établie par l'article 1654 du Code Napoléon ne peut être exercée après l'extinction du privilége du vendeur, au préjudice des tiers qui ont acquis des droits sur l'immeuble du chef de l'acquéreur, et qui se sont conformés aux lois pour les conserver.

ART. 8. Si la veuve, le mineur devenu majeur, l'interdit relevé de l'interdiction, leurs héritiers ou ayant-cause, n'ont pas pris inscription dans l'année qui suit la dissolution du mariage ou la cessation de la tutelle, leur hypothèque ne date, à l'égard des tiers, que du jour des inscriptions prises ultérieurement.

ART. 9. Dans le cas où les femmes peuvent céder leur hypothèque légale ou y renoncer, cette cession ou cette renonciation doit être faite par acte authentique, et les cessionnaires n'en sont saisis à l'égard des tiers que par l'inscription de cette hypothèque prise à leur profit, ou par la mention de la subrogation en marge de l'inscription préexistante.

Les dates des inscriptions ou mentions déterminent l'ordre dans lequel ceux qui ont obtenu des cessions ou renonciations exercent les droits hypothécaires de la femme.

ART. 10. La présente loi est exécutoire à partir du 1er janvier 1856.

ART. 11. Les articles 1, 2, 3, 4 et 9 ci-dessus ne sont pas applicables aux actes ayant acquis date certaine et aux jugements rendus avant le 1er janvier 1856.

Leur effet est réglé par la législation sous l'empire de laquelle ils sont intervenus.

Les jugements prononçant la résolution, nullité ou rescision d'un acte non transcrit, mais ayant date certaine avant la même époque, doivent être transcrits conformément à l'article 4 de la présente loi.

Le vendeur dont le privilége serait éteint au moment où la présente loi deviendra exécutoire, pourra conserver vis à vis des tiers l'action résolutoire qui lui appartient, aux termes de l'art. 1654 du Code Napoléon, en faisant inscrire son action au bureau des hypothèques, dans le délai de six mois à partir de la même époque.

L'inscription exigée par l'article 10 (1) doit être prise dans l'année à compter du jour où la loi est exécutoire ; à défaut d'inscription dans ce délai, l'hypothèque légale ne prend rang que du jour où elle est ultérieurement inscrite.

Il n'est point dérogé aux dispositions du Code Napoléon relatives à la transcription des actes portant donation ou contenant des dispositions à la charge de rendre ; elles continueront à recevoir leur exécution.

ART. 12. Jusqu'à ce qu'une loi spéciale détermine les droits à percevoir, la transcription des actes ou jugements qui n'étaient pas soumis à cette formalité avant la présente loi est faite moyennant le droit fixe d'un franc.

(1) Lisez article 8.

EXPOSÉ DES MOTIFS

DU

PROJET DE LOI SUR LA TRANSCRIPTION

EN MATIÈRE HYPOTHÉCAIRE

Présenté au Corps législatif par **M. SUIN**, conseiller d'État.

————

MESSIEURS,

L'institution des sociétés de crédit foncier avait été annoncée à la France comme un bienfait. D'autres pays en jouissaient: elle portait l'aisance et la prospérité, elle faisait circuler les capitaux dans l'agriculture, à qui jusqu'alors ils n'étaient prêtés qu'avec défiance; elle permettait au petit propriétaire et au laboureur des améliorations, sans l'inquiéter sur l'approche d'un remboursement que l'élévation de l'intérêt et la modicité du revenu donné par la terre rendaient souvent impossible. C'était, en un mot, un progrès de la civilisation.

Pourquoi la France, qu'on est habitué à voir s'avancer la première dans la voie des institutions bienfaisantes, restait-elle en arrière? La question avait été mise à l'étude, un projet avait même été soumis à la législature, qui s'en était saisie avec empressement; et le rapport de la commission chargée, en 1849, par M. le garde des sceaux, de préparer un projet de loi sur la réforme hypothécaire, s'exprimait ainsi: « Une telle réforme donnerait à la propriété immobilière le rang qu'elle doit occuper dans la fortune publique : elle ferait de la loi hypothécaire française la base profonde et sûre de ce que, en économie politique, on peut appeler le crédit foncier..., surtout si les dispositions de cette nouvelle loi sont telles, qu'en raison de l'économie, de la sûreté et de la facilité de la circulation, elles excitent à la formation de ces grandes compagnies financières qui, sous les yeux de l'autorité, comme en Pologne, en Autriche, dans toute l'Allemagne et en Belgique, prêtent à bon marché pour de longs termes, sans autre restitution du capital qu'un amortissement confondu avec les intérêts annuels... C'est donc maintenant un point acquis à la science économique, et une législation nouvelle sur les hypothèques n'en tiendrait pas suffisamment compte si elle ne le prenait pas en grande considération. »

Et plus tard, en avril 1850, le rapporteur de la commission nommée par l'Assemblée législative pour l'examen du projet de loi sur la même matière disait : « Ainsi, lorsqu'on n'applique les mots d'*organisation du crédit foncier* qu'à la fondation d'associations financières et d'établissements quelconques destinés à fournir ce crédit, on n'exprime qu'une idée incomplète ; car ces associations ou établissements ne peuvent ni se former d'une manière raisonnable, ni (en les supposant formés) atteindre leur but, qu'autant que les lois offrent aux prêteurs une sûreté complète et la perspective d'un prompt remboursement.

« Le premier pas à faire dans cette voie, c'est donc de remédier aux vices du système hypothécaire.

« En d'autres termes, ce qu'on désigne par *réforme hypothécaire* doit précéder ce que l'on entend communément par *organisation du crédit foncier ;* ou, pour parler plus exactement encore, *la véritable organisation du crédit foncier !* en prenant ces mots dans leur acception réelle, se compose de deux éléments, savoir :

« Avant tout, l'amélioration des lois hypothécaires;

« Et ensuite, la confection de lois propres à favoriser la création d'institutions de crédit hypothécaire... Sans modification de la législation hypothécaire, les nouvelles institutions de crédit ne pourraient ni se fonder, ni subsister, ni fonctionner d'une manière utile. »

Cette opinion, tant répétée par les économistes et les jurisconsultes, fut acceptée comme un oracle; la proposition relative à l'établissement du crédit foncier, soumise à une commission, le projet de loi apporté, le 7 août 1850, par M. le ministre de l'agriculture et du commerce, devenu déjà l'objet d'un rapport fait le 29 du même mois et d'une discussion de plusieurs séances, furent renvoyés et subordonnés à l'adoption de la loi sur la réforme hypothécaire.

On sait quel fut le sort de cet immense travail ; la troisième lecture n'eut pas lieu : il entraîna dans son ajournement indéfini le projet du crédit foncier. Toutefois, constatons en passant que, si quelques dispositions soulevèrent dans l'Assemblée des dissentiments profonds, il en est d'autres qui, d'un commun accord et sans provoquer aucune discussion sérieuse, furent accueillies comme heureuses et même comme nécessaires. De ce nombre sont celles que nous avons l'honneur de vous soumettre par le premier projet.

Le 2 décembre vint luire sur la France, et non-seulement il dissipa les craintes du présent, mais, pour compléter ce grand acte de dévouement, le prince-président voulut signaler la dictature dont il fut investi en jalonnant un avenir plus éloigné d'amélioration et de progrès.

Le crédit foncier fut institué par décret du 28 février 1852. S'il eût dû être infailliblement précédé d'une grande réforme hypothécaire, point de doute que le président de la République, cumulant le pouvoir législatif et le pouvoir exécutif, n'eût valablement accompli cette tâche ; mais il fallait toucher au Code Napoléon, la plus belle conquête des temps modernes. C'était l'œuvre d'un génie universel et d'une législature où s'était rencontrée une pléiade d'hommes que les siècles ne présentent pas toujours réunis. Le Code Napoléon fut respecté ; le décret, sans toucher aux priviléges et hypothèques de diverses natures, se borna à quelques modifications dans les *formalités de la purge des hypothèques légales et de la vente par expropriation*. Cependant, si l'avenir révèle d'autres nécessités, le prince a compté sur les lumières et le patriotisme du Corps législatif qu'il va convoquer. En attendant, il a placé un but fixe, fatal, inévitable ; il faut y marcher et aplanir toutes les voies qui peuvent y conduire.

Pour imprimer à cette résolution justement persévérante un caractère plus sérieux, nous ajouterons que le décret de 1852, accueilli comme une promesse de bonheur, a reçu une exécution immédiate. Des sociétés de crédit foncier s'établirent. Pour accélérer les résultats et ne plus permettre l'ajournement, la banque foncière de Paris, organisée d'abord pour le seul ressort de la Cour impériale, fut dotée bientôt du privilége pour la France entière ; et, afin de témoigner sa haute protection pour cette utile institution, le gouvernement l'a subventionnée d'une somme de 10 millions; ses actions, comme ses obligations, font aujourd'hui partie du crédit public.

Si, pour répondre à cette imposante manifestation de l'État, il fallait faire le sacrifice d'une législation qui nous est chère, déjà assez ancienne pour que nous ayons vieilli avec elle, il faudrait peut-être reculer devant cette témérité et ne pas nous lancer inconsidérément dans ces graves débats, que nos devanciers n'ont pu terminer. Mais il ne s'agit pas de porter sur le Code Napoléon une main sacrilége; ses dispositions resteront intactes, son économie entière. Nous ne vous présentons que des dispositions pour ainsi dire additionnelles, choisies parmi celles qui n'ont rencontré aucune opposition, destinées à combler des lacunes, à satisfaire des besoins depuis longtemps proclamés et à parer à des dangers universellement reconnus. Compléter, ce n'est pas détruire.

Un mot sur la division du projet en deux parties. On avait d'abord pensé à présenter tous ces articles et quelques autres encore en un seul projet, applicable et profitable exclusivement aux sociétés de crédit foncier. Ainsi, par exemple, on y disait que les actes non transcrits ne pourraient pas être opposés aux sociétés de crédit foncier, mais qu'ils continueraient à l'être à tous les autres créanciers ou tiers acquéreurs, etc. Qui ne voit, à l'instant, l'inégalité choquante que cette distinction allait jeter entre tous les créanciers, et quelle perturbation elle devrait apporter dans le règlement des ordres amiables ou judiciaires! Un examen plus attentif a fait reconnaître qu'il était plus juste de dire que ce qui était le complément d'une loi générale serait général comme la loi elle-même, et que ce qui n'était que la modification d'une loi spéciale, exclusive, participerait à la nature et aux effets de cette loi.

Ces explications données, entrons dans l'examen successif des dispositions de ces deux projets, qui pourraient avec avantage être soumis à une même commission.

Projet de loi sur la Transcription.

La transcription est l'accomplissement d'une formalité destinée à procurer aux tiers, aux créanciers ou acquéreurs, la

publicité matérielle, durable et facile à chercher, des mutations de la propriété immobilière et des démembrements ou
charges qui peuvent en altérer la valeur.

Elle était établie par l'article 25 de la loi du 11 brumaire
an VII, et tout annonçait sa conservation dans le Code Napoléon, au titre *des Hypothèques*. Elle y avait précédemment
acquis droit de cité; les articles 941 et 1070 l'avaient introduite avec tous ses effets, et l'article 1583, en disant « que la
vente est parfaite *entre les parties* et la propriété acquise de
droit à l'acheteur à *l'égard du vendeur*, dès qu'on est convenu
de la chose et du prix, » disait virtuellement qu'en dehors des
parties, à l'égard de tout autre que le vendeur, il fallait une
révélation pour donner à cet acte un effet contraire au droit
des tiers : que la mutation ait lieu à titre gratuit ou à titre
onéreux, c'est la même chose pour le tiers intéressé; il y a
pour lui même raison d'exiger la publicité de la vente que
celle de la donation.

Cependant on arrive à l'examen du titre *des Hypothèques*
et, à la fin d'une discussion où les motifs qui combattent cette
publicité sont loin de réfuter ceux qui en proclament la nécessité, aucune conclusion n'est prise, aucune décision adoptée pour lui donner ses effets ou les lui refuser; seulement on
voit la transcription appelée par son nom dans l'article 2181,
sans autre utilité que d'être le premier acte d'une purge qu'elle
n'opère pas, et qui aurait pu s'en passer. Aussi de bons esprits
avaient-ils continué à penser que la nécessité de la transcription n'avait pas été formellement exclue par le Code, et cette
thèse fut soutenue assez longtemps; mais la jurisprudence
s'est établie dans un sens contraire. On sait aujourd'hui quelles déceptions, quels désastres en sont résultés, et quels en-
couragements elle a donnés à la mauvaise foi. Les annales
judiciaires sont là pour l'attester.

Toutes les nations placées un moment sous notre domina-
tion, ou subissant notre influence, avaient adopté le Code
Napoléon. A peine séparées par les événements de la guerre,
tout en conservant les autres titres de ce Code, plus parfait
que les lois que leurs nouveaux maîtres pouvaient leur offrir,
elles se sont hâtées, soit sous une forme, soit sous une autre,
de rétablir une publicité indispensable à la sûreté des relations civiles. Ainsi, le Code napolitain, celui du Piémont,

le Code bavarois, l'Édit milanais, la législation gènevoise, celle que la Hollande a adoptée en 1834, ont institué une transcription encore plus étendue que celle de brumaire an VII, et avec des dispositions dont celles que nous proposons aujourd'hui tendent à se rapprocher.

Enfin, en 1841, une enquête, sous la direction de M. le garde des sceaux, s'ouvre dans toute la France ; la Cour suprême et toutes les Cours d'appel sont consultées : deux Cours seulement, celles de Bordeaux et de Toulouse, ont repoussé la réforme proposée; sur neuf Facultés de droit, sept ont aussi demandé le rétablissement de la transcription avec ses conséquences protectrices des droits des tiers.

Toutes les commissions nommées, soit par le ministre de la justice, soit par les assemblées législatives, soit par l'ancien conseil d'État, ont, d'un commun accord et sans qu'une seule voix s'élevât contre elle, conclu en faveur de la transcription, même pour des droits autres que ceux qui sont susceptibles d'hypothèque.

Aujourd'hui l'institution du crédit foncier, le besoin de sécurité dans ses nombreuses opérations, imposent le devoir de revenir à cette doctrine : tel est l'objet de l'article 1er.

La loi de brumaire an VII n'avait pas ordonné la transcription des actes énumérés dans l'article 2 du projet; mais toutes les raisons qui commandent avec tant de puissance la transcription du contrat de vente se reproduisent avec la même force pour faire ordonner la publicité de tous les démembrements et de toutes les charges qui altèrent la valeur vénale de l'immeuble, et diminuent l'importance du gage offert au prêteur. Il est aussi nécessaire de connaître les services fonciers et l'aliénation des revenus produits par la chose vendue ou donnée en hypothèque, que de connaître les inscriptions hypothécaires dont elle est déjà frappée. Cette nécessité devient plus impérieuse par l'institution même des sociétés de crédit foncier, pour lesquelles le silence de la loi sur ce point apporterait un danger de tous les jours. Aussi avons-nous vu des législations étrangères, notamment celles sous l'empire desquelles le crédit foncier a été créé, proclamer cette publicité comme indispensable à la sécurité des relations quotidiennes du nouvel établissement.

La transcription *en entier* sur le registre du conservateur était prescrite par la loi de brumaire an vII; mais elle ne s'appliquait qu'aux contrats de vente. Le Code Napoléon (article 2181) se servait aussi de ces mots *en entier*, mais la transcription n'était pas obligatoire, et le Code n'avait aussi prévu que les actes de mutation. Les effets donnés à la transcription par la loi nouvelle la rendront nécessaire; le nombre des transactions auxquelles elle va s'appliquer la rendront plus fréquente : il fallait donc trouver un nouveau mode pour l'opérer. Il ne peut exister qu'un seul registre, sur lequel on reporte, jour par jour, sans intervalle ni lacune, et par ordre de présentation, les actes soumis à la transcription : si l'acte doit y être copié en entier, chaque volume de ce registre sera bientôt épuisé, et un employé ne pouvant accomplir ce travail que seul, sans coopération simultanée, il deviendrait impossible de le faire avec la célérité voulue par l'intérêt des parties.

Les copies entières déposées par les requérants eux-mêmes divisent le travail en tant de personnes, qu'il peut facilement être tenu à jour ; la signature des officiers ministériels responsables, ou celle des parties, si l'acte est sous seing privé, dégage la responsabilité du conservateur quant à l'exactitude de la copie ; la transcription opérée par extrait sur un registre permet une expédition plus prompte. Le registre devient, pour ainsi dire, un répertoire qui donnera toutes facilités pour se reporter à l'acte lui-même ; enfin, les copies, classées avec ordre, formeront un dépôt qui rassurera les intéressés contre la perte possible des minutes ou des originaux, comme cela a déjà lieu pour les actes de l'état civil.

Ce mode a paru le plus certain et le plus expéditif parmi tous ceux qui ont été proposés; il ne reste plus qu'à le rendre moins onéreux pour les parties : un règlement d'administration publique arrêtera le tarif des frais et déterminera toutes les mesures qui ne sont plus du domaine de la loi.

L'effet du dessaisissement opéré par la transcription est double à l'égard des tiers, suivant qu'ils tiennent du vendeur ou de l'acquéreur les droits qui frappent l'immeuble objet du contrat. Les tiers dont les droits procèdent du chef du vendeur ont dû les manifester avant la transcription, qui purge les charges inconnues que la loi soumettait à la publicité ; la bonne foi de l'acquéreur ne peut plus être surprise. Quant à

ceux qui tiennent leurs droits de l'acquéreur, le dessaisissement du vendeur ne s'opère que sous la condition de la conservation de son droit, qui reste protégé par l'article 2108 du
Code Napoléon; la transcription ne le dessaisit qu'en lui réservant son privilége, et les hypothèques même légales ou judiciaires qui grèvent l'acquéreur ne s'emparent de l'immeuble
que sous la condition qui l'a fait entrer dans son domaine, le
respect du privilége du vendeur.

Mais il est de principe que s'il avait été fait par le même
propriétaire deux ou plusieurs aliénations du même immeuble ou des mêmes droits réels, celle qui aurait été transcrite
la première exclurait toutes les autres, à moins que celui qui,
le premier, a rempli cette formalité, n'eût participé à la fraude.
La transcription seule arrête le droit de disposer de l'immeuble, comme elle écarte toute hypothèque conventionnelle ou
judiciaire non légalement révélée; c'est-à-dire qu'à partir du
jour de la transcription il ne peut être requis ou pris utilement aucune inscription sur le précédent propriétaire, même
en vertu de titres antérieurs aux aliénations.

Tel avait été le système de la loi de brumaire an VII, et sa
rigueur était sagesse. On avait parlé d'un délai à accorder,
comme si la transcription n'était qu'une simple mise en demeure : c'est un acte opérant immédiatement son effet; c'est
la loi qui met en demeure et interpelle les intéressés de remplir au plus vite les formalités protectrices. Celui qu'on a investi le second d'un droit transmis à un autre antérieurement
a eu encore moins de temps que celui-ci pour opérer la transcription; le premier a donc à s'imputer sa négligence. Et
d'ailleurs, quel dommage cela peut-il causer dans la pratique?
Ne sait-on pas que ni l'acquéreur ni le prêteur ne délivrent
le prix ou l'argent prêté qu'après que les formalités remplies
leur ont fait connaître qu'ils pouvaient le faire en toute sécurité, et qu'après s'être mis eux-mêmes en règle pour conserver leurs droits?

La mesure imposée par l'article 5 est un avertissement utile
à donner aux tiers que la transcription d'un acte pourrait
tromper sur son existence apparente. Cependant, comme aucun péril ne menace le bénéficiaire du jugement, il fallait
assurer l'exécution de la mesure par une pénalité contre l'officier ministériel qui négligerait de donner cette publicité,

d'autant plus nécessaire qu'elle doit détruire et effacer une
publicité contraire précédemment donnée. C'est à l'Assemblée
législative que revient l'honneur de cette proposition. Elle fut
insérée sous le n° 2143 dans les articles déjà adoptés, et qui
devaient être soumis à la troisième lecture.

En imposant de nouveaux devoirs aux conservateurs, on
établit entre eux et les parties de nouvelles relations ; il faut
en régler l'exercice et placer l'exécution de ces devoirs sous
leur responsabilité.

Bien que le partage soit déclaratif de propriété, et qu'aux
termes de l'article 883 du Code Napoléon, chaque héritier soit
censé avoir succédé immédiatement aux choses comprises
dans son lot, en fait, il transmet la propriété de l'universalité
à l'individu et confère des droits à chacun des copartageants
contre les autres : c'est à la conservation et à la publicité de
ces droits que la loi doit veiller ; la disposition proposée n'est
qu'une combinaison des articles 2108 et 2109 du Code Napoléon.

L'article 8 n'est que la conséquence rigoureuse du principe
admis par l'article 4. Le délai est plus dangereux qu'utile :
il affaiblit la règle, sans que les prétendus intéressés puissent
toujours profiter de tout le délai ; car, si l'aliénation est faite
frauduleusement, on a soin de faire opérer la transcription
sans bruit ; on laisse ignorer le point de départ de la quinzaine
accordée, et les créanciers peuvent rarement en profiter. Ils
pourront d'ailleurs, en cas de fraude, attaquer l'acte fait par
leur débiteur, en vertu de l'article 1167.

L'abrogation des articles 834 et 835 du Code de procédure
avait aussi été admise dans les travaux préparatoires de la
réforme hypothécaire.

L'action résolutoire ne fait point partie du système hypothécaire ; elle n'est même pas mentionnée dans le titre *des
Priviléges et Hypothèques*. Il est donc permis d'en régler
l'exercice vis à vis des tiers, sans altérer l'économie de la loi
préexistante : ce n'est point une réforme ; et, si l'on donnait
ce nom à cette nouvelle disposition, il faudrait dire qu'elle a
été tentée et même opérée en partie par l'article 717 du Code
de procédure civile, modifié par la loi du 23 juin 1841.

Pour justifier cette proposition, on a cité devant l'Assemblée
législative les exemples suivants :

« Un individu vend un immeuble ; le prix n'est pas payé ou
ne l'est qu'en partie ; quelquefois même il ne doit pas
l'être, parce qu'il consiste en une rente. Le vendeur laisse
périmer l'inscription d'office prise au moment de la transcription ; l'acquéreur revend, le sous-acquéreur fait transcrire
son contrat ; quinze jours après cette transcription , l'immeuble est définitivement purgé du privilége du vendeur.
Si donc l'immeuble est vendu une troisième fois, le vendeur
originaire ne pourra être colloqué sur le prix. Les créanciers
du premier et du second acquéreur auront droit à ce prix, à
son exclusion ; et cependant il pourra intenter l'action résolutoire, déposséder , par l'effet de cette action, le troisième
acquéreur et faire tomber toutes les hypothèques consenties
par les précédents, anéantir tous les droits réels (tels que
servitude et usufruit) constitués par eux ; en un mot, il lui
sera loisible de faire table rase et de remettre les choses dans
l'état où elles se trouvaient au moment où il a vendu.

« Les tribunaux ont même souvent jugé que, lorsque le
vendeur primitif qui avait perdu son privilége avait été appelé
dans une procédure d'ordre, qu'il avait encouru la forclusion,
faute d'avoir produit, ou que, ayant produit, il n'avait pas été
colloqué, il n'en conservait pas moins le droit d'intenter
l'action résolutoire et de rentrer dans l'immeuble après que
l'ordre était définitivement réglé et le prix payé aux créanciers colloqués.

« On a vu l'exemple de procès de la nature la plus grave,
résultant d'une action résolutoire intentée par le vendeur
d'une parcelle de terrain que l'acquéreur avait réunie, pour
construire, à une autre parcelle provenant d'une origine
différente et non sujette à l'action résolutoire. »

La nouvelle règle que nous posons n'apporte aucune modification à l'action résolutoire du vendeur contre son acquéreur, resté propriétaire de l'immeuble ; elle n'exerce son
influence qu'en faveur des tiers de bonne foi et qui ont rempli
les formalités pour consolider leur droit : est-ce que la protection de la loi n'est pas due à ceux qui lui ont obéi ? Ou le
vendeur a conservé son privilége, et il n'a pas besoin d'action
résolutoire, car il est certain d'être colloqué en premier
ordre ; ou il a laissé perdre son privilége, et, dans ce cas, sa
négligence n'est imputable qu'à lui seul ; il est juste que les

résultats retombent sur lui plutôt que sur des tiers vigilants et de bonne foi:

Cette heureuse innovation n'a rencontré aucun contradicteur parmi ceux qui se sont occupés des différentes réformes proposées.

L'existence de l'hypothèque légale, indépendamment de toute inscription, a soulevé d'interminables débats ; nous ne voulons pas même donner le plus léger prétexte de les renouveler. Cette grande faveur sera maintenue tant que sera maintenue sa raison d'être : tant que la femme est dans la dépendance du mari, dont l'intérêt est contraire au sien ; tant que le mineur est sous l'autorité d'un tuteur disposé à se défendre contre toute inscription, si elle était nécessaire, la loi supplée, par une protection peut-être exorbitante, à la résistance du mari ou du tuteur. Mais, quand la capacité d'action sera venue à l'un et à l'autre, le besoin de la publicité reprendra tous ses droits, et il ne peut plus être question que d'accorder un délai pour remplir la formalité prescrite par la loi commune.

Le même raisonnement a dicté l'article 11. Le cessionnaire du droit de la femme n'est protégé, quant à lui, par aucune des considérations qui peuvent empêcher la femme de prendre inscription contre son mari ; il ne doit donc pas jouir de la même exemption, et l'intérêt des tiers se présente alors entier pour réclamer une publicité d'hypothèque si nécessaire à la sécurité des transactions. L'acte de subrogation doit être authentique, puisqu'il doit servir de première base à une inscription qui ne peut se fonder que sur un acte solennel.

On sait à quelles contestations a donné lieu l'exercice des droits hypothécaires de la femme par les créanciers subrogés, et quelles difficultés il a soulevées. Il y est mis fin en donnant à la date des inscriptions ou mentions l'effet de régler l'ordre dans lequel seront admis les concessionnaires.

La nécessité de pourvoir à l'exécution de la nouvelle loi par la préparation des registres nécessaires et les instructions à donner aux conservateurs, enfin le respect des droits acquis, justifient suffisamment les dispositions transitoires qui terminent ce premier projet.

Un second projet soumet à l'examen du Corps législatif les

1.

dispositions qui ont paru plus spécialement nécessaires dans l'intérêt des institutions de crédit foncier.

Signé à la minute :

E. ROUHER, vice-président du conseil d'État ;

SUIN, conseiller d'État ;

PERSIL et ROULAND, conseillers d'État,

RAPPORT

Fait au nom de la Commission du Corps législatif (1) chargée d'examiner le projet de loi sur la transcription en matière hypothécaire,

PAR M. De BELLEYME (ADOLPHE), député.

—

MESSIEURS,

Le projet de loi qui vous est soumis accomplit une réforme utile dans l'établissement et la constitution du droit de propriété.

La légitime confiance que nous avons dans nos lois civiles, la juste admiration qui les entoure, défendent d'y porter atteinte légèrement. Tout changement que l'on propose de leur faire subir doit présenter les caractères d'une utilité frappante, d'une opportunité incontestable ; la théorie et la pratique doivent élever ensemble la voix pour signaler le vice de la loi et en demander la correction.

---

(1) Cette Commission était composée de MM. Delapalme, *président ;* Leroux (Alfred), *secrétaire ;* de Belleyme (Adolphe), Desmaroux de Gaulmin, Duclos, Legrand et Allart.

Les conseillers d'État, commissaires du gouvernement, chargés de soutenir la discussion du projet de loi, étaient MM. Rouher, vice-président du conseil ; Suin, Persil et Rouland.

Ces exigences sont loin de faire obstacle au projet de loi qui vous est soumis ; la réforme qu'il contient est si hautement justifiée, depuis si longtemps réclamée, elle a un tel cachet d'opportunité, que votre Commission, après l'examen auquel elle s'est livrée, n'a pu avoir ni doute ni hésitation, et qu'elle vous propose unanimement de l'adopter.

Depuis que le Code existe, pour ainsi dire, les vices de notre régime hypothécaire ont frappé les yeux et ont été signalés par nos plus éminents jurisconsultes ; sa révision n'a pas cessé un instant d'être demandée. On a pu croire que ce résultat important allait être obtenu lorsque l'Assemblée législative a été saisie d'un projet de loi complet sur les hypothèques ; cependant ce projet, entouré des études et des travaux les plus consciencieux, soutenu par les hommes les plus compétents, n'a pu arriver à la troisième lecture et se convertir en loi.

Au milieu des discussions et des critiques dont il a été l'objet, à travers les divergences d'opinion qui se sont manifestées sur quelques-unes de ses parties, il est un point, une défectuosité, un vice de la loi sur lequel il n'y a ni dissentiment ni désaccord, à l'égard duquel on a été unanime, et c'est précisément sur ce point que porte la modification qui vous est proposée.

Elle consiste à soumettre les actes translatifs ou constitutifs de la propriété, de ses démembrements et de ses charges, à la nécessité de la transcription pour leur validité à l'égard des tiers.

Tout le monde reconnaît que la publicité doit être la base de l'établissement de la propriété aussi bien que celle d'un bon régime hypothécaire ; tout le monde reconnaît que la publicité nécessaire à ce double point de vue ne peut être obtenue que par la transcription des actes translatifs de propriété; et cependant, à cet égard, la transcription n'existe dans la loi qu'à titre d'exception.

C'est là une lacune et un vice radical qui rend occulte l'état de la propriété et imparfaite en matière hypothécaire la publicité, alors précisément qu'elle devait exister d'une manière absolue.

Dans l'état actuel des choses, rien ne révèle d'une manière certaine et publique quel est le propriétaire d'un immeuble ;

il n'existe aucun moyen de s'assurer de la vérité à cet égard, et, en traitant avec celui qui a toutes les apparences du droit de propriété, on n'est jamais sûr de traiter avec le véritable propriétaire.

Il n'est pas impossible de vendre et de se faire payer plusieurs fois le même immeuble ou d'hypothéquer un immeuble que l'on a vendu.

Un acquéreur de bonne foi, malgré l'authenticité et la publicité de son acte, de sa mise en possession et le paiement régulier de son prix, n'est jamais sûr de ne pas être évincé, même au bout de plusieurs années, par un acquéreur précédent qui s'est laissé ignorer, et dont l'acte sous seing privé, tenu secret, aura acquis date certaine par un enregistrement clandestin, opéré à deux cents lieues peut-être du domicile du vendeur ou de la situation de l'immeuble.

Un propriétaire peut, dans une idée de fraude, aliéner seulement la nue-propriété, conserver l'usufruit et la possession de l'immeuble et abuser avec une extrême facilité, par une nouvelle vente, de la bonne foi d'un second acquéreur.

Les adjudications publiques par suite d'expropriation forcée ne mettent pas elles-mêmes les acquéreurs à l'abri de ces dangers ; l'adjudicataire peut être évincé par un premier acquéreur dont le droit a pris date certaine.

Ce qui arrive à un acquéreur pour le fonds de la propriété qui lui a été vendue, et dont le prive une éviction imprévue, peut aussi se présenter pour un droit d'usage ou d'habitation, pour une servitude onéreuse, pour un bail qu'on lui aurait laissé ignorer et qu'il est obligé de supporter à son détriment, quand ces charges prennent leur cause dans des actes antérieurs à son contrat. Dans tous les cas, l'acquéreur n'a pas eu la possibilité de se prémunir ; l'inspection des titres du vendeur n'a été pour lui qu'une inutile exploration.

Le même danger menace les prêteurs : il ne leur suffit pas de s'assurer de la valeur de l'immeuble qu'on leur donne en gage, des droits du propriétaire, de la non-existence d'inscriptions antérieures ; les plus ombrageux, les plus prudents peuvent être surpris et dépossédés par des aliénations faites la veille et qu'ils n'avaient aucune raison de soupçonner.

Dès que le prêteur n'a pas le moyen de s'assurer que l'immeuble qui lui est donné en gage est la propriété de son débiteur, tout le système hypothécaire est compromis; l'hypothèque peut subitement disparaître par l'effet d'une revendication, et c'est un danger contre lequel le Code reste impuissant, un vice qui laisse à la fraude le plus facile passage.

Enfin, le débiteur, tout en étant réellement propriétaire, peut avoir altéré secrètement la valeur du gage qu'il offre à un créancier par une constitution d'usufruit, par la concession d'un bail de longue durée faite à vil prix, par le paiement anticipé d'un grand nombre d'années de loyer, par l'établissement d'une antichrèse.

Dans tous ces cas, il faut bien se pénétrer de l'impuissance absolue dans laquelle la loi laisse le prêteur de connaître la vérité et de ne pas être victime de la fraude et de la mauvaise foi.

Tous ces dangers disparaîtraient si l'existence du droit de propriété était révélée au public par un signe positif et certain. La base d'un bon régime hypothécaire est, sous ce rapport, la même que celle d'un bon établissement de la propriété : pour l'un comme pour l'autre, il faut que la publicité donnée au droit de propriété soit la garantie et la sûreté de ceux qui contractent avec celui qui se prétend propriétaire (1).

Rien ne peut donner un signalement plus exact et plus certain du droit de propriété que la transcription sur un registre public de toutes les mutations de la propriété, de ses démembrements et de ses charges; et c'est ainsi que la transcription se justifie et qu'elle se présente comme le correctif efficace du vice de la loi.

Le projet de loi contient donc dans son principe une excellente mesure, en vous proposant l'établissement ou plutôt le rétablissement de la transcription.

Car elle existait avant le Code et elle en a plutôt été omise que repoussée. Le projet de Code contenait un article qui la prescrivait. Dans le sein du conseil d'État, cet article fut l'objet d'une discussion : attaqué faiblement, défendu péremptoirement, on est surpris néanmoins de le voir disparaître de la rédaction définitive sans qu'aucune décision, aucune conclu-

(1) Voir Troplong, *Préface du titre des privilèges et hypothèques.* — **Persil**, *Rapport sur la réforme hypothécaire.*

sion, aucun vote ait eu lieu à son égard ; et, par ce retranchement difficile à expliquer, l'une des plus grandes questions du régime hypothécaire fut emportée à la faveur d'une omission non motivée, peut-être par suite d'un malentendu.

Aussi de bons esprits se refusaient-ils à voir dans une simple omission l'abolition d'une règle et d'un principe aussi indispensables pour la sûreté des transactions, et des auteurs ont soutenu que rien dans le Code ne supprimant la transcription et rien n'y étant contraire, elle devait continuer à subsister dans la pratique.

La jurisprudence n'a pas consacré cette doctrine, elle s'est prononcée d'une manière définitive dans le sens opposé.

De là, nécessité d'une loi qui rétablisse la transcription.

Pour cela, il n'est pas nécessaire de faire violence à la loi ; ce n'est pas une innovation de nature à se heurter avec l'esprit ou le texte du Code. Au contraire, loin d'en rompre l'harmonie ou la concordance, loin d'en troubler les principes, il semble, par toutes les dispositions du Code, qu'elle y était attendue et que sa place y était marquée d'avance. L'harmonie de la loi reste entière ; c'est un vide qui se trouve comblé sans qu'il y ait à changer un seul mot ou un seul article.

Et d'abord, les principes relatifs à l'effet des conventions ne reçoivent aucune atteinte ; le consentement réciproque reste la loi des parties.

L'article 1583, particulier à la vente, conserve tous ses effets, toute sa portée ; bien plus, de ces mots : *entre les parties... à l'égard du vendeur...,* il était naturel et logique de conclure qu'il fallait autre chose que le consentement des parties pour rendre l'acquéreur propriétaire à l'égard des tiers, et ce quelque chose devait être la transcription.

Quant au régime hypothécaire, non-seulement la transcription ne blesse pas ses principes et se trouve en harmonie complète avec eux, mais elle vient combler une lacune capitale de notre législation, qui entre par ses premières dispositions dans la constitution du privilége et de l'hypothèque, sans s'être occupée de fonder la propriété et de régler invariablement sa transmission à l'égard des tiers.

Grâce à son rétablissement, l'état civil de la propriété aura ses registres comme l'état civil des personnes ; son existence pourra être toujours connue, toujours suivie dans toutes les mains par où elle passera, avec toutes les modifications qui peuvent en augmenter ou en diminuer la valeur; et ainsi notre régime hypothécaire reposera sur une base solide et sûre, en même temps que l'établissement de la propriété se trouvera publié par des signes patents et des caractères certains.

En accomplissant cette réforme, nous ne faisons qu'imiter les nations étrangères qui, en nous empruntant notre législation civile, nous ont en même temps donné l'exemple des perfectionnements qu'elle réclame.

A tous ces motifs il s'en joint un dernier tout d'opportunité.

Il résulte de l'organisation en France des sociétés de crédit foncier.

Cette organisation aurait dû être précédée de la réforme hypothécaire, c'est le contraire qui a eu lieu; cette marche n'a fait que confirmer les prévisions de la théorie par les résultats de l'expérience.

Le crédit foncier lutte avec peine contre les difficultés d'une loi vicieuse; ses opérations s'en ressentent; son développement en souffre.

Sa concentration dans les mains d'une grande société qui étend ses opérations sur toute la France exige impérieusement, pour la sécurité et la rapidité de ses opérations, pour ne pas être victime d'actes multipliés d'une fraude d'autant moins scrupuleuse qu'elle s'attaque à une grande compagnie financière, que la propriété cesse d'être occulte, et que les prêteurs ne soient pas livrés sans défense à la mauvaise foi des emprunteurs.

Le gouvernement a compris qu'il ne devait pas laisser s'énerver et languir une institution qui émane de lui, et que venir en aide aux établissements de crédit foncier, c'était prendre les véritables intérêts de la propriété foncière et assurer le développement de son crédit.

Le moment est donc enfin venu, en faveur de la propriété elle-même, de livrer au grand jour de la publicité toutes les mutations d'immeubles, toutes les constitutions de droit réel et toutes les charges qui en altèrent la valeur, de donner au développement de son crédit une base satisfaisante, d'appeler sur elle la confiance des capitaux, de lui ouvrir des registres de solvabilité, de donner foi dans sa signature, de l'élever enfin au rang de l'industrie et du commerce, qui puisent dans la confiance un crédit plus grand et moins onéreux que le sien.

Tels sont les motifs qui ont décidé votre Commission à adopter unanimement le projet de loi qui vous est soumis.

Il y a lieu d'entrer maintenant dans l'examen des articles qui le composent.

Les articles 1 et 2 établissent le principe de la transcription, en déterminant la nature des actes qui y seront assujettis. On peut les ranger en trois catégories : la première et la seconde comprennent les actes relatifs à l'établissement de la propriété ou de ses démembrements; la troisième se compose des baux et des quittances anticipées de loyer.

En première ligne figurent les actes translatifs de propriété comme devant être soumis à la transcription ; mais il est nécessaire d'y admettre également les modifications de la pleine propriété, telles que l'usufruit, l'usage et l'habitation. Ces démembrements ont une telle importance, que la publicité resterait incomplète et trompeuse si elle ne s'étendait pas jusqu'à eux.

Pour lui faire atteindre complétement son but, qui est de révéler d'une manière utile et pratique l'état vénal de la propriété, il faut même aller plus loin et assujettir à la transcription tous les actes qui, sans constituer des droits réels, imposent cependant à la propriété des charges qui sont de nature à en altérer sensiblement la valeur.

Tels sont les baux à long terme et les quittances anticipées de plusieurs années de loyer. On sent toute l'influence que peut exercer sur la valeur d'une propriété l'existence de pareils actes ; son utilité, son produit, sa jouissance sont affectés de telle sorte, qu'il y a pour l'acheteur ou le prêteur sur hypothèque un légitime intérêt à les connaître.

Nous ne nous sommes pas dissimulé que la publicité donnée aux baux et aux quittances de loyer était une invasion faite dans le domaine des droits personnels, une dérogation au principe de la liberté et du secret des conventions privées; mais elle nous a paru justifiée et absolument nécessaire; nous l'avons donc acceptée comme une condition indispensable du but que la loi se propose.

En matière hypothécaire, c'est la propriété qui emprunte ; elle doit prouver sa solvabilité ; le crédit personnel peut être élastique et ne pas se mesurer absolument à la fortune de celui qui emprunte ; il y a dans les affaires une marge pour la confiance et l'avenir. Le crédit réel de la propriété se mesure exactement, au contraire, à la limite de sa valeur vénale ; ses ressources ne peuvent aller au-delà : tout ce qui intéresse cette valeur appartient à la publicité.

Ce n'est que par une révélation entière des charges de la propriété, ce n'est qu'en donnant aux tiers intéressés la plus complète sécurité, que l'on peut assurer le développement si désirable du crédit immobilier.

La fixation de la durée des baux et de l'étendue des anticipations de loyers soumis à la transcription avait nécessairement quelque chose d'arbitraire : votre commission a cherché, d'accord avec le conseil d'État, à concilier les exigences du crédit immobilier avec le respect dû aux usages et à la liberté des conventions privées.

Après cet exposé des motifs qui expliquent l'ensemble des dispositions des articles 1 et 2, il faut entrer dans l'examen des questions graves qu'ils ont soulevées.

La première a été de savoir si les testaments doivent être soumis à la transcription lorsqu'ils opèrent des mutations de propriété immobilière.

Les deux systèmes ont été soutenus dans le sein de la Commission : une partie de ses membres a pensé que si l'héritage *ab intestat* devait être dispensé de la transcription, parce que l'héritier continue la personne du défunt et parce que son droit s'établit publiquement en vertu de la loi et des actes de l'état civil, il n'en était pas de même de l'héritage testamentaire.

Si les testaments restent occultes, si rien ne révèle au public le droit du légataire, les tiers peuvent être trompés par une vente que leur consent l'héritier légitime, propriétaire apparent, que la loi institue publiquement et que le testament déshérite en secret. La revendication du légataire vient alors dépouiller les acquéreurs de bonne foi.

Tout immeuble dépendant d'une succession se trouve dès lors soumis à l'incertitude du droit de l'héritier ou du droit du légataire ; et comme tous les immeubles passent à leur

tour par la filière des successions, on voit que la non-tran-
scription des testaments laisse subsister un trouble et une
obscurité considérables dans l'établissement de la propriété et
une véritable lacune dans la loi.

L'objection tirée de ce que le mort saisit le vif et que la propriété ne peut pas, jusqu'à la transcription, rester incertaine,
est résolue par l'effet rétroactif qui serait attribué à la transcription comme il l'est au partage.

Enfin les difficultés pratiques disparaîtraient en fixant, à
partir du décès, un délai dans lequel la transcription devrait
avoir lieu, passé lequel elle perdrait ses effets rétroactifs et ne
vaudrait contre les tiers que du jour où elle aurait été faite.

Cependant la majorité de la Commission, d'accord avec le
projet de loi, a adopté l'opinion contraire, par les motifs suivants.

Le légataire n'est pas partie au testament comme l'acquéreur à la vente; la plupart du temps il ne le connaît pas et il
peut dépendre de l'héritier de laisser son ignorance se prolonger; il s'écoulera donc nécessairement, à partir du décès,
un temps plus ou moins long, pendant lequel le légataire
sera dans l'impossibilité absolue d'opérer la transcription.

Laissera-t-on pendant ce temps le légataire à la merci de
l'héritier, et autorisera-t-on celui-ci à aliéner valablement
es immeubles de la succession et à dépouiller le légataire?
Cela n'est pas possible.

Le droit du légataire est sacré, puisqu'il résulte de la
volonté d'un mourant; on ne peut admettre qu'il dépende de
l'héritier de l'anéantir.

S'il était possible de donner au légataire le moyen d'assurer son droit, on pourrait l'assujettir à le faire; mais lui
imposer la formalité de la transcription, c'est lui imposer une
condition qu'il ne dépend pas de lui de remplir.

A côté de l'intérêt du légataire se présente celui des testateurs : faire dépendre la validité des testaments de leur
transcription, c'est altérer la faculté de tester; la validité d'un
testament ne dépendra plus du fait seul du testateur; il aura
beau avoir observé toutes les prescriptions de la loi, il en restera une qu'il ne peut remplir, qui ne peut être exécutée
qu'après son décès et par une main étrangère; et c'est cette

formalité dont l'accomplissement ou l'inaccomplissement fera ou défera le testament.

La possibilité pour les testateurs de faire des testaments authentiques, de déposer leur testament olographe chez un notaire ou chez un ami, peut sans doute faire disparaître en fait la gravité de l'objection; mais, en droit, il resterait toujours ceci, que la faculté de faire un testament valable n'existerait plus complétement, et que la volonté des testateurs resterait subordonnée à un fait qui ne peut être que postérieur à leur décès.

Enfin, la mise en pratique de la transcription des testaments soulèverait de sérieuses difficultés par la nécessité d'accorder au légataire un délai pour transcrire. Quelle durée fixera-t-on à ce délai? Le fera-t-on courir du jour du décès ou de la connaissance acquise du testament? Voilà des questions qui se présenteraient et dont les solutions ne seraient pas nettes et satisfaisantes.

Une autre question a été examinée dans le même ordre d'idées : celle de savoir si les partages devaient être transcrits.

Cette transcription n'a aucune utilité à l'égard des créanciers de la succession, qui peuvent conserver leurs droits nonobstant tout partage.

L'intérêt ne peut exister qu'à l'égard du créancier de l'un des cohéritiers, et dans le cas où ce cohéritier aura pris inscription avant que le partage ait été transcrit.

Dans ce cas, le partage pourra-t-il lui être opposé, ou bien sera-t-il nul et non avenu à son égard?

La nullité du partage non transcrit a été soutenue par assimilation de la vente et des actes translatifs, qui ne sont opposables aux tiers qu'après la transcription.

Elle a été repoussée par cette considération, que, dans notre droit, le partage est déclaratif et non pas attributif de propriété; que si ce caractère est une fiction de la loi, cette fiction n'en est pas moins la base des règles et des effets du partage, et que la changer serait porter le trouble dans les dispositions du Code Napoléon.

Au moins faudrait-il, pour y porter cette atteinte, que l'intérêt fût puissant: or les créanciers des héritiers ont dans les mains un droit équivalent à celui qu'ils puiseraient dans la nécessité de la transcription; ce droit résulte de l'article 882 du Code Napoléon ; il consiste dans la faculté de former opposition au partage.

Cette opposition suffit pour que le partage ne puisse plus avoir lieu hors la présence et en fraude du créancier. Que peut-on vouloir de plus en sa faveur, et pourquoi, lorsqu'il aura négligé de former opposition et de veiller à ses droits, lui accorder une nouvelle faculté ?

Elle consisterait à lui donner le pouvoir de considérer comme nul tout partage non transcrit antérieurement à l'inscription par lui prise ; elle ferait double emploi avec le droit d'opposition.

La majorité de votre Commission a donc cru ne pas devoir assujettir les partages à la transcription. Elle a présenté à cet égard un amendement qui a été adopté par le conseil d'État.

L'article 3 du projet primitif introduisait un nouveau mode de transcription.

Il se composait du dépôt de la copie de l'acte transcrit et de l'inscription par extrait sur le registre du conservateur ; cette double formalité produisait une complication, sans amener une économie de temps ; elle remplaçait la copie littérale du titre par un simple extrait qui n'offrait ni les mêmes garanties ni les mêmes avantages ; enfin la transcription n'était pas mentionnée sur l'original du titre. A ces divers points de vue, elle offrait des inconvénients et des dangers.

La majorité de votre commission a pensé que le mode de transcription suivi jusqu'à ce jour était préférable ; elle a donc proposé le rejet de l'article 3. Ce rejet a été accepté par le conseil d'État.

Le maintien de la législation actuelle, en ce qui concerne la forme de la transcription, soulève, aussi bien que l'article supprimé, une question dont il est nécessaire de rendre compte.

Sous l'empire de cette législation, les actes sous seing privé sont admis à la transcription : fallait-il leur conserver ou leur enlever cet avantage ?

Les opinions ont été partagées sur ce point ; plusieurs membres de la Commission se sont élevés contre la transcription des actes sous seing privé, et deux systèmes ont été soutenus, l'un qui obligerait à déposer les actes sous seing privé dans l'étude d'un notaire, préalablement à leur transcription ; l'autre, plus radical, qui n'admettait à la transcription que les actes notariés.

Les adversaires de la transcription des actes sous seing privé la représentent comme favorable à la fraude et dangereuse pour les tiers.

Les actes sous seing privé, disent-ils, renferment souvent des obscurités, des fautes, des irrégularités, des nullités ; la transcription qui en est faite malgré ces vices leur donne une apparence de valeur qui tend à faire illusion et à tromper les tiers. Elle dissimule les cas les plus graves et les plus fréquents, tels que la signature du mari pour la femme, de la femme pour le mari, du fils pour le père ou la mère.

Des dangers d'une autre nature peuvent se présenter : l'original de l'acte sous seing privé peut être perdu, détruit, altéré ; la transcription opérée par une seule des deux parties ne fait pas foi contre l'autre ; les tiers ne peuvent pas non plus l'invoquer comme preuve absolue, en l'absence du titre original ; voilà leur intérêt compromis.

Enfin, on peut faire transcrire un acte faux. Dans tous ces cas, la transcription, loin d'être une garantie, devient un péril.

Le dépôt préalable de l'acte sous seing privé dans l'étude d'un notaire a été proposé comme pouvant parer à ces divers inconvénients ; mais il ne garantit les tiers que contre le cas de perte ou de destruction de l'acte ; il laisse subsister tous les autres dangers.

Un acte faux, altéré, ou avec des suppositions de signatures, pourra être tout aussi facilement déposé en l'étude d'un notaire que transcrit au bureau des hypothèques.

Les incorrections, irrégularités, nullités que peut renfermer l'acte sous seing privé ne seront pas corrigées par le fait du dépôt.

Si le notaire peut ou doit, à un degré quelconque, examiner, juger, rectifier les actes qu'on lui dépose, cela équivaut à exiger que les actes sous seing privé soient convertis en actes authentiques avant d'être transcrits ; ce n'est plus un simple dépôt, c'est l'authentication des actes sous seing privé.

Si, au contraire, le dépôt chez un notaire est un simple dépôt que le notaire doit accepter aveuglément et sans examen, ses effets ne sont plus sérieux : c'est une apparence de garantie très-insuffisante, et c'est une précaution que les tiers sont libres de prendre eux-mêmes sans que la loi intervienne en leur faveur.

En réalité, le dépôt ne serait efficace que s'il amenait l'intervention du notaire et s'il engageait sa responsabilité ; autrement dit : que s'il produisait la conversion de l'acte sous seing privé en acte authentique.

Mais pour arriver à un semblable résultat, le concours de toutes les parties ayant figuré dans l'acte devient nécessaire, leur consentement est indispensable, le dépôt doit être une œuvre commune et collective, il ne peut être opéré par une seule des parties contractantes, et il en résulterait que l'action de la partie intéressée à la transcription pourrait être paralysée par l'insuffisance, le mauvais vouloir ou la mauvaise foi de l'autre.

Ceci conduit à se poser la véritable question, qui est de savoir si l'on admettra purement et simplement les actes sous seing privé à la transcription, ou si l'on n'y admettra que les actes authentiques.

Le système qui n'admet à la transcription que les actes authentiques a été soutenu énergiquement dans le sein de la Commission.

Il se fonde, pour exclure l'acte sous seing privé, sur les griefs qui viennent d'être énumérés.

Ils disparaissent si l'on a recours, pour l'établissement de la propriété, à des actes authentiques ; la perte, la destruction, l'altération des titres ne sont plus à craindre; la minute déposée dans l'étude du notaire est un texte invariable, inaltérable, qui peut toujours être consulté et qui garantit efficacement le droit des tiers.

Les actes authentiques, mieux rédigés, plus clairs, plus réguliers, ont, surtout en ce qui concerne ce qu'on appelle spécialement l'établissement de la propriété, c'est-à-dire la généalogie de la propriété, une grande supériorité sur l'acte sous seing privé, qui, en général, ne renferme que les documents les plus incomplets sur les précédents propriétaires de l'immeuble vendu.

Dans la pratique des affaires, on est amené à reconnaître

que l'obscurité qui règne sur l'état de la propriété en France a pour l'une de ses causes l'usage des actes sous seing privé.

A côté des avantages incontestables de l'acte authentique, existe-t-il des inconvénients graves qui doivent faire renoncer à imposer l'obligation de s'en servir?

La question des frais se présente d'abord : elle se réduit aux honoraires du notaire, car tout acte transcrit subit les frais d'enregistrement. Cette économie faite sur les droits du Trésor, et qui motive tant d'actes sous seing privé, n'a pas d'influence dans l'espèce, et il ne faut pas se dissimuler que les agents d'affaires, qui rédigent pour les parties un grand nombre d'actes sous seing privé, sont, en général, plus exigeants que les notaires.

La liberté des conventions n'est pas entravée, l'acte sous seing privé reste ce qu'il était, on continue à s'en servir dans toutes les transactions de la vie civile, il reste toujours valable entre les parties, même pour les actes sujets à transcription ; ce n'est que lorsqu'on veut leur faire subir cette formalité qu'il devient nécessaire de les convertir en actes authentiques, s'ils ne l'ont pas été à l'origine.

Les principes du Code ne sont donc pas mis en cause et l'on ne nuit en rien à la facilité des conventions privées.

Toutes ces raisons sont malheureusement plus spécieuses que solides. Malgré les avantages que présentent les actes authentiques, il y aurait de graves inconvénients à imposer l'obligation de cette forme d'actes pour la transcription.

D'abord, il ne faut pas grossir outre mesure les dangers des actes sous seing privé. Depuis que le Code existe on s'en sert; une multitude infinie de transactions de toute nature s'opèrent de cette manière, et cependant on n'est pas inondé d'actes faux ou altérés ; les procès ne sont pas sensiblement plus nombreux pour leur interprétation ou leur validité que pour celle des actes authentiques; aucune plainte ne s'élève contre notre législation à cet égard.

La transcription n'ajoute pas à la possibilité qui a toujours existé de faire des actes faux ou de détruire les vrais; elle existe déjà dans nos lois, et rien n'a révélé, jusqu'à ce jour, qu'elle ait servi d'instrument à la fraude; enfin, les tiers sont libres, avant de contracter, de se faire remettre l'original du titre ou d'exiger qu'il soit authentique.

Il n'y a donc pas lieu de s'alarmer comme si la transcription des actes sous seing privé préparait le triomphe inévitable de la mauvaise foi.

La question de frais n'est pas indifférente; car une multitude de personnes rédigent elles-mêmes sous seing privé une foule d'actes et ne paient d'honoraires à personne. Quant à celles qui se servent d'agents d'affaires, c'est qu'elles y trouvent un avantage; car personne n'ignore que les études de notaires sont ouvertes à tout le monde.

Mais, par-dessus tout, il y aurait une grave atteinte portée à la facilité et à la liberté des transactions.

Il est spécieux de dire que l'acte sous seing privé reste ce qu'il était et qu'on est libre de s'en servir comme par le passé, sauf à faire authentiquer cet acte le jour où on veut le faire transcrire.

Décider qu'on n'admettra à la transcription que les actes authentiques, cela équivaut à prohiber les actes sous seing privé pour toutes les conventions sujettes à la transcription.

En effet, quand un acte aura été fait sous seing privé et qu'on voudra le rendre authentique pour le faire transcrire, la partie qui est intéressée à la transcription se trouvera avoir besoin du concours de l'autre partie, qui peut, ou ne pas avoir d'intérêt, ou en avoir un contraire. L'une d'elles se trouve donc à la merci d'un indifférent ou d'un adversaire. Le plus souvent, l'acquéreur voudra transcrire, pour se mettre à l'abri de la mauvaise foi, ou même seulement de l'insolvabilité du vendeur; un jour, une heure de retard peuvent le perdre; car, pendant ce temps, les créanciers du vendeur peuvent prendre utilement inscription. Comprend-on, en présence d'un pareil danger, que l'on ne soit pas forcément amené à ne contracter que par actes authentiques?

Si l'acte sous seing privé ne peut pas être librement transcrit par une seule des parties contractantes, c'est sa proscription.

Le mauvais vouloir, la mort ou l'éloignement d'un des contractants rendent la situation de l'autre trop périlleuse.

Or, supprimer l'usage des actes sous seing privé pour les ventes, les servitudes, les baux à long terme et les quittances anticipées de loyer, c'est une grave perturbation produite dans les habitudes des transactions privées.

Il y aurait là, en fait, une atteinte sérieuse aux principes du Code Napoléon ; à côté de l'obligation nouvelle de la transcription viendrait se placer celle de l'acte authentique.

Si cela avait été nécessaire pour assurer les effets et la publicité de la transcription, il aurait fallu se résoudre à cette extrémité ; mais il n'en est rien : le but de la transcription est qu'aucun acte ne puisse être opposé aux tiers s'ils n'ont pu le connaître ; ce but est atteint avec l'acte sous seing privé aussi bien qu'avec l'acte authentique. Dès que la transcription existe, les tiers sont prévenus.

Se renfermer dans ce qui est essentiel à la transcription ; ne pas innover, sinon en droit, du moins en fait, dans les grands principes du Code Napoléon ; ne pas gêner la liberté, la facilité, la rapidité des conventions privées, tels sont les motifs qui ont décidé la majorité de votre Commission à maintenir la législation actuelle, qui autorise la transcription des actes sous seing privé.

L'article 4 a été adopté dans son principe, sauf un changement de rédaction qui en précise le sens. Par ces mots : « *aux tiers qui ont des droits sur l'immeuble*, » on a voulu écarter la prétention des créanciers chirographaires, qui auraient pu vouloir opposer le défaut de transcription. Ce droit leur est refusé par le projet de loi.

L'article 5 a été adopté sans modification. Les jugement prononçant la nullité ou la rescision d'actes transcrits ne sont pas soumis à l'obligation absolue d'une nouvelle transcription, parce qu'ils ne sont pas translatifs de propriété. Il y avait d'ailleurs des difficultés pratiques nombreuses qui s'opposaient à ce que la validité des jugements fût directement ou indirectement subordonnée à leur transcription.

L'article 6 a été complété par l'addition du mot *état spécial*. Cette addition a pour but de faire comprendre que l'on a le droit de désigner aux conservateurs des hypothèques la transcription dont on désire avoir la copie, à l'exclusion de toutes les autres qui auraient pu avoir lieu relativement au même immeuble. Les conservateurs délivreront donc, sur la réquisition des parties, des états relatifs à telle ou telle aliénation précisée, et n'obligeront pas les parties à lever, en toutes circonstances, des états généraux de toutes les transcriptions qui peuvent exister du chef de l'immeuble.

1. *c.*

L'article 7 de l'ancien projet de loi a été supprimé comme conséquence du principe qui ne soumet pas le partage à la formalité de la transcription.

L'article 8 du projet de loi contenait une grave innovation à notre régime actuel ; en supprimant les articles 834 et 835 du Code de procédure , il enlevait au vendeur non payé le délai de quinzaine, que ces articles lui donnaient pour la conservation de son privilége, contre tous acquéreurs postérieurs ou leurs ayant-cause.

Ce délai consistait à permettre au vendeur non payé de prendre inscription pendant quinze jours après la transcription d'une nouvelle aliénation. Le projet de loi supprimait purement et simplement ce délai et n'en accordait aucun au vendeur pour prendre inscription.

Il en résultait que tout vendeur non payé devait instantanément faire transcrire son contrat, sous peine de perdre son privilége, dans le cas où une nouvelle vente aurait eu lieu et aurait été transcrite avant la sienne.

Ainsi, en supposant une première vente faite sans paiement par *Primus* à *Secundus*, et une deuxième immédiatement consentie par *Secundus* à *Tertius, Primus* perdait son privilége si par hasard sa vente n'était pas transcrite avant celle faite à *Tertius.*

Un retard d'une heure , d'un instant, dans l'accomplissement de la transcription , pouvait consommer la spoliation d'un vendeur ; les droits les plus importants devenaient le prix de la course; les intérêts les plus graves étaient menacés.

Votre Commission a pensé que cette rigueur était excessive et que, sous les apparences d'assurer à la transcription des effets plus rapides et plus absolus au profit des transactions sur la propriété, c'était mettre en danger le droit de propriété lui-même.

Ce n'est pas le vendeur qui doit en principe faire transcrire la vente ; l'y contraindre sous peine de perdre son privilége , c'est le forcer à faire l'avance des droits de mutation, à exécuter l'obligation qui incombe à l'acquéreur.

Quand la loi impose une formalité à remplir, est-il naturel qu'elle n'accorde aucun délai pour son accomplissement, et qu'un vendeur, par exemple, doive, pour être tranquille, transcrire son acte avec une rapidité telle , que personne ne puisse le devancer et qu'aucun acte ne puisse être transcrit avant le sien?

Il y avait là quelque chose d'excessif et de peu rationnel.

La mauvaise foi pouvait s'en faire une arme, la bonne foi pouvait être exposée à des surprises cruelles, les ventes à crédit devenaient impraticables ; il n'y avait de possible que les opérations au comptant ; la défiance était érigée en nécessité.

Un acquéreur insolvable aurait cherché à revendre immédiatement en se faisant payer le prix et en rassurant son acheteur par la possibilité d'anéantir le privilége du premier vendeur par une transcription rapide.

Dans les spéculations sur la vente des immeubles, la propriété passe rapidement dans plusieurs mains : en supposant les acquéreurs successifs de bonne foi, il était possible que l'un d'eux laissât écouler quelques heures, quelques jours sans faire transcrire, tandis qu'un autre, postérieur à lui, remplirait cette formalité. Un si faible retard, une imprudence si légère devait-elle faire perdre les conséquences du droit de propriété et devenir une cause légale de ruine?

Enfin l'article suivant, faisant perdre l'action résolutoire en même temps que le privilége, tandis que, d'après le Code Napoléon, le vendeur avait trente ans pour l'exercer, enlevait à celui-ci sa dernière sauvegarde et était un nouveau motif pour ne pas brûler dans ses mains les moyens pratiques de conserver son privilége.

Ce brusque passage du système protecteur et conservateur de la propriété, adopté par le Code Napoléon, à un système qui la livre sans garanties suffisantes à des chances de spoliation, eût entraîné de graves inconvénients. Jusqu'à ce que ce changement eût été connu, jusqu'à ce que la pratique eût atténué les effets de la loi, il y aurait eu de nombreuses victimes de leur bonne foi ou d'une imprudence très-excusable.

Les officiers publics, tels que les notaires, étaient placés dans une situation difficile ; comment auraient-ils pu, après la signature de chaque contrat, l'envoyer immédiatement au bureau des hypothèques ? Quelle difficulté et que de frais cela n'aurait-il pas occasionnés dans les études situées à plusieurs lieues de la conservation des hypothèques!

Ces graves motifs avaient porté votre Commission à demander à la fois le maintien des art, 834 et 835 du Code de procédure et un délai de trois années, à partir de la vente, pour l'exercice de l'action résolutoire, nonobstant le défaut de transcription.

Le conseil d'Etat n'a pas cru pouvoir admettre complétement ces amendements; dans une première délibération, il avait seulement accordé que le vendeur et le copartageant auraient un délai de quinzaine, à partir de la vente ou du partage, pour l'inscription de leur privilége.

Ce délai, après nouvel examen, a paru insuffisant à la Commission; la formalité de l'enregistrement à remplir, les lenteurs inévitables qu'elle entraîne, la nécessité de faire une expédition de l'acte, auraient absorbé la plus grande partie de ce délai, d'autant plus facilement que la loi elle-même donne vingt jours pour l'enregistrement des adjudications publiques, et dix ou quinze jours pour l'enregistrement des actes notariés.

La Commission a donc cru devoir insister de nouveau auprès du conseil d'État et lui adresser un amendement portant à soixante jours le délai accordé au vendeur ou copartageant pour l'inscription de leur privilége.

Le conseil d'État, au lieu de soixante jours, s'est décidé pour le délai d'un mois.

Encore bien qu'elle n'ait pas eu la satisfaction qu'elle désirait, la majorité de la Commission n'a pas cru qu'il y eût des motifs assez graves pour rester en dissentiment avec le conseil d'État; elle s'est donc ralliée à son opinion et a adopté les art. 8 et 9 tels qu'il les lui a présentés.

Elle a fait subir à l'art. 11 un changement de rédaction tendant à bien établir que la loi actuelle n'a pas pour but de modifier en quoi que ce soit la législation relative aux droits de la femme mariée, en matière de cession ou de renonciation à une hypothèque légale.

L'article 12 règle les effets transitoires de la loi. Votre Commission l'a complété par l'introduction d'un paragraphe qui règle le sort des vendeurs d'immeubles dont le privilége sera éteint, mais dont l'action résolutoire existera encore au jour de la promulgation de la loi.

Le projet de loi leur impose l'obligation de faire inscrire leur action résolutoire, et ainsi de la rendre publique.

C'était une nécessité, afin que la loi pût porter immédiatement ses fruits et que l'on ne restât pas pendant trente ans, à partir de sa publication, sous le coup d'actions résolutoires ayant pris naissance avant cette époque.

L'article 14 et dernier n'a pas donné lieu à observation.

En résumé, votre Commission s'est efforcée de consacrer le principe de la publicité de l'établissement de la propriété et de régler, d'une manière utile et pratique, la mise à exécution de ce principe au moyen de la transcription, sans s'écarter de ce but restreint, qui seul lui était proposé.

Divers amendements avaient été présentés par MM. Riché et Millet.

Votre Commission n'a pas cru pouvoir admettre celui présenté par M. Riché, relativement à la fixation de la durée des baux soumis à la transcription.

Elle a repoussé également un second amendement tendant à restreindre l'application de l'article 1742 du Code Napoléon, parce qu'elle l'a considéré comme inutile et faisant double emploi avec le commencement de l'article 4.

Elle avait accueilli le changement de rédaction qu'il avait proposé sur l'art. 10, et qui n'a pas été accepté par le conseil d'État.

Quant aux trois amendements extraits du projet de loi présenté à l'Assemblée législative, elle n'a pas cru pouvoir les admettre, par cette seule raison qu'ils lui ont paru étrangers au projet de loi et faire partie d'un système général de réforme du régime hypothécaire.

La Commission n'a pas cru non plus pouvoir adopter les amendements proposés par M. Millet sur les articles 1, 2, 4, 5, 7, 8, 9, 10 et 13, par les raisons qui lui ont fait ou adopter les articles du projet de loi, ou accepter des modifications autres que celles proposées par M. Millet; ces raisons sont déjà consignées dans ce rapport. Quant à l'amendement présenté par lui sur l'article 3, il est devenu inutile par le rejet de cet article proposé par la Commission et accepté par le conseil d'État.

DE LA LOI DU 23 MARS 1855

SUR LA

TRANSCRIPTION

EN

EN MATIÈRE HYPOTHÉCAIRE.

——

La loi du 23 mars 1855, sur laquelle nous nous proposons de publier dans cette revue une série de commentaires, est sans contredit, je ne dirai point la plus savamment et la plus sagement conçue, mais au moins la plus importante qui ait été promulguée depuis longtemps dans l'ordre du droit privé. C'est par elle et sous la sauvegarde des principes qu'elle consacre que la propriété immobilière et le gage hypothécaire seront désormais affranchis des piéges où ils venaient si souvent périr sous l'empire du régime qu'elle abroge. En portant la lumière partout où la sûreté des transactions la réclame, elle consolidera le crédit, que la clandestinité des mutations immobilières avait frappé au cœur. La position des parties qui entrent en relation d'affaires se trouvant ainsi mise à jour, l'une n'obtiendra que ce qu'elle mérite; l'autre n'accordera que ce qu'elle pourra accorder sans risques. Il n'y aura de part et d'autre, ni réserve déplacée, ni surprise fâcheuse. L'acheteur n'aura plus à craindre que d'autres acquéreurs ne viennent le dépouiller en lui oppo-

1

sant des titres plus anciens que le sien, mais restés clandestins jusqu'alors. L'hypothèque ne sera plus exposée au péril des évictions que pouvait subir le débiteur qui l'avait consentie. Enfin, on ne verra plus la femme céder ses droits à plusieurs créanciers et, à l'exception du subrogé le plus ancien, les tromper tous.

Nous aimons à penser qu'une innovation aussi légitime réalisera les brillantes espérances qu'elle a fait naître. Peut-être pourtant aurons-nous quelques mécomptes à subir lorsque sera venu le moment de la voir à l'œuvre. Toute transition d'un régime qu'on abroge au régime tout nouveau qui le remplace, est forcément difficile et laborieuse. De même que l'homme qui a longtemps vécu dans un milieu mal accommodé aux besoins de sa nature, ne peut point, sans un certain effort ou sans quelque souffrance, supprimer tout à coup les habitudes de toute sa vie pour passer à des mœurs nouvelles, le praticien, habitué aux errements d'un régime sous l'empire duquel s'est passée toute sa vie d'affaires et de procédures n'acceptera de même que difficilement et à grand'peine les nouveautés qui viendront le troubler dans les loisirs que lui laissait une science toute faite, facile à suivre et depuis longtemps conquise. Il est donc naturel de penser que la loi nouvelle se trouvera entravée, dans les premiers temps, par certaines résistances, et ce qui est plus fâcheux peut-être, par des oublis fort compromettants pour les parties.

Mais c'est là le moindre danger. Le législateur, procédant par de larges vues, s'est borné à poser quelques principes généraux. Douze articles lui ont paru suffisants pour réglementer des matières qui, par le nombre et la variété des points qu'elles engagent, se rattachent à toutes les branches de notre droit. Cette concision paraîtra peut-être à quelques-uns, un chef-d'œuvre de science et de législation. Nous pensons, quant à nous, qu'elle compromet la loi même par les périls auxquels elle la soumet. Sans doute, il n'était point possible, j'en fais l'aveu, de tout simplifier et de pourvoir à tout, tant étaient multiples les intérêts qu'on avait à protéger et variés les conflits qu'ils font naître ; bien des détails ont pu passer inaperçus, d'autres étaient trop contentieux ou trop mobiles pour devenir l'objet d'un texte précis et positif, je le concède encore; mais au moins devait-on donner à une matière aussi vaste un cadre assez large pour la contenir. Or, au lieu d'un corps complet et parfait dans toutes ses parties, nous n'avons véritablement qu'une ébauche : il n'y a point peut-être dans nos lois, une autre matière où les difficultés soient plus fréquentes et les règles données pour les résoudre moins nombreuses. La sollicitude du législateur, nous ne craignons point de le dire, ne s'est point élevée à la hauteur de son sujet. Il semble qu'il se soit complu à tout laisser dans le domaine de la dispute et à l'arbitraire des décisions individuelles.

Malheureusement ce n'est point tout ! bien que la loi ait été élaborée avec un soin tout particulier, les règles qu'elle a tracées sur les points principaux qu'elle a touchés sont, dans certains cas, si obstinément obscures et parfois tellement contradictoires qu'il faut s'attendre à voir surgir, dès le début même de son application, des complications inattendues, mille questions nouvelles qui en feront l'une des matières les plus ardues et les plus abstraites de notre droit. Ce qui est plus fâcheux encore, c'est que, par un phénomène singulier, la loi se trouve avoir, en certains points, organisé un système de clandestinité, là où elle a cru et voulu consacrer le règne de la publicité.

Ces obscurités de la loi, les lacunes qu'on y rencontre et surtout le laconisme désespérant de ses formules appellent et sollicitent le secours de la science ; c'est aux magistrats et aux jurisconsultes qu'est confié le soin de dégager, soit par la lumière des faits, soit à l'aide de l'interprétation, l'esprit général des règles qui nous ont été données ; et après l'avoir montré dans toute sa clarté, libre des voiles qui l'obscurcissent, d'en déduire les règles accessoires, dont on pourra se servir pour résoudre les difficultés particulières qu'elle n'a pas aperçues et que la pratique de chaque jour viendra nous révéler. Ce secours subsidiaire existe déjà (1), mais à l'état d'ébauche. Nous les continuerons dans cette revue. Nous ferons connaître quelles sont, suivant nous, les difficultés principales ou accessoires

(1) *Explication de la loi du 23 mars* 1855, par MM. Rivière et François ; *Explication de la même loi*, par M. Lemarcis ; *Questions théoriques et pratiques sur la Transcription*, par MM. Rivière et Huguet ; *Commentaire théorique et pratique sur la transcription*, par M. Lesenne. Nous avons, de notre côté, publié sur la même matière un travail qu'on trouvera à la suite de notre *Examen critique du Commentaire de M. Troplong sur les privilèges*.

que la loi ne résout pas et les solutions qu'on en peut donner. Mais afin de ne pas nous égarer et de nous mettre en garde contre ces témérités dont personne n'est exempt, nous nous ferons un devoir de contrôler partout et toujours nos idées par les idées d'autrui.

Nous avons, au reste, assez de confiance en nous-même pour être bien convaincu qu'il ne nous arrivera jamais de persister systématiquement, par une sotte et ridicule vanité d'auteur, dans les opinions que nous aurons émises. Lorsqu'il sera pour nous bien établi que nous nous sommes trompé en quelque point, nous tiendrons à honneur d'imiter, en pareil cas, la droiture de Papinien, et de dire avec ce prince des jurisconsultes romains : *Nobis aliquando placebat, sed in contrarium me vocat Sabini sentenlia.*

Nous espérons bien aussi nous préserver des écarts d'une interprétation trop doctrinale par le contre-poids des décisions judiciaires. Mais si nous nous faisons un devoir de ne jamais négliger cette source féconde de la jurisprudence, ce ne sera, bien entendu, que sous bénéfice d'inventaire et sous la réserve de notre droit de critique.

Que si enfin nos lecteurs veulent bien nous communiquer les cas difficultueux qu'ils rencontreront dans leur pratique, les espèces bizarres que le jeu des affaires ne manquera point de faire naître, ce sera pour nous une bonne fortune, dont nous leur saurons gré et dont tout le monde profitera.

Partout, au reste, où une idée nouvelle apparaîtra, dans les cours de l'école, au palais ou dans les livres, nous irons la recueillir, en prenant soin toutefois d'en réserver l'honneur à qui de droit. Telle est la première loi de l'écrivain qui se respecte.

C'est ainsi que nous espérons fonder, à côté des textes, un dépôt de maximes, de décisions et de doctrines qui s'épurant journellement par l'expérience de tous et s'augmentant sans cesse de toutes les connaissances que la science et l'usage nous auront révélées, deviendra comme le supplément de la loi.

Nous aurons à traiter, après quelques observations préliminaires sur les mutations *à titre gratuit*, 1° des actes qui doivent être transcrits ;

2° Des personnes qui peuvent ou qui doivent les faire transcrire ;

3° De la sanction de cette formalité, c'est-à-dire des conséquences attachées au défaut de transcription ;

4° Des personnes qui ont ou n'ont point qualité pour se prévaloir de l'inobservation de cette formalité ;

5° De la publicité des jugements portant nullité, rescision ou résolution d'un acte transcrit ;

6° Des innovations introduites par la loi nouvelle dans notre régime hypothécaire ;

7° De la publicité des actes par lesquels les femmes cèdent leur hypothèque légale à un tiers ou y renoncent en sa faveur, et des conditions de formes auxquelles ces actes sont soumis ;

8° De la procédure de la transcription et de l'office du conservateur ;

9° Enfin des droits à percevoir à l'occasion des actes soumis à la formalité de la transcription.

OBSERVATIONS

SUR LES MUTATIONS A TITRE GRATUIT.

SOMMAIRE.

1. Des donations et des testaments.
2. Les donations demeurent soumises au régime de publicité organisé par le Code Napoléon.
3. Les legs ne sont point soumis à la formalité de la transcription. Raisons de cette exception.
4 A ne consulter que les termes de l'art. 2 de la loi nouvelle, la transcription serait nécessaire pour les legs constitutifs d'un droit d'usage, d'habitation ou de servitude réelle.
5. Des legs qui contiennent une substitution.
6. Comment on les porte à la connaissance des tiers.

1. La loi du 23 mars 1855 ne s'occupe ni des actes à titre entre-vifs à *titre gratuit,* ni des actes *de dernière volonté.*

2. La publicité des donations est maintenue telle qu'elle est

réglée par le Code Napoléon. C'est, en effet, ce qui résulte de l'article 11 de la loi nouvelle. « Il n'est point dérogé, y est-il dit, aux dispositions du Code relatives à la transcription des actes portant donation ou contenant des dispositions à charge de rendre; elles continueront à recevoir leur exécution » (voy. à ce sujet les art. 939 à 942; 1069 à 1074).

3. Quant aux legs, la loi nouvelle, à l'exemple du Code Napoléon, les affranchit de la formalité de la transcription. Le régime de publicité qu'elle organise n'embrasse point, en effet, d'une manière générale tous les actes *translatifs de propriété* ou *de droits réels susceptibles d'hypothèques*; le 1er alinéa de son article 1er ne désigne parmi les actes de cette nature que ceux-là seulement qui sont *entre-vifs*. Les actes de *dernière volonté* sont donc en dehors de sa disposition. Ainsi, dès que le testateur est mort, ses dispositions sont réputées connues des tiers, et comme telles opposables à ceux qui depuis l'ouverture de la succession entreront en rapport d'affaires avec l'héritier que la loi institue publiquement et que le testateur déshérite en secret. Ce défaut de publicité pourra, sans doute, donner lieu à des déceptions irréparables et occasionnera bien des désastres; mais la loi a pensé, d'une part, que la formalité extérieure de la transcription exigée pour opérer, dans la personne des légataires, l'investiture de la propriété à l'égard des tiers, blesserait trop directement la maxime nationale *le mort saisit le vif*; et, d'autre part, que les droits des légataires étant en quelque sorte sacrés, puisqu'ils émanent de la volonté d'un mourant, il n'était pas convenable de les livrer à la merci des héritiers. On a ajouté que les légataires, ignorant presque toujours le moment de l'ouverture de la succession, et pouvant d'ailleurs se trouver éloignés du lieu où elle s'ouvre, ils seraient le plus souvent dans l'impuissance de remplir à temps la formalité à laquelle leur droit serait subordonné, et qu'ainsi cette subordination serait une atteinte directe au droit des testateurs eux-mêmes, puisque l'efficacité de leurs volontés se trouverait dépendre de la loyauté et de la bonne foi de ceux de leurs parents qu'ils déshéritent (1).

Ces considérations sont-elles bien légitimes et suffisamment démonstratives? Elles séduisent au premier abord; mais dès

_____

(1) Voir le Rapport de M. Debelleyme.

que, les examinant de près, on les apprécie par les conséquences qu'elles entraînent, on demeure bientôt convaincu
qu'elles ne sont au fond qu'une vaine déclamation employée
tout exprès pour cacher, sous de grands mots, un véritable
non sens, en même temps qu'une grosse injustice. Que ceux
qui seraient tentés de m'accuser de tout exagérer et de faire
du paradoxe, veuillent bien, suspendant un instant leur jugement, descendre avec moi aux applications de la loi : les faits
que j'ai à leur montrer suffiront à ma justification, tant ils sont
éloquents par eux-mêmes et pleinement démonstratifs. Soit
donc l'espèce suivante : décès d'un propriétaire, legs de la nue-
propriété de tous ses immeubles à l'un de ses amis, prise de
possession des biens par ses héritiers légitimes, aliénation des
immeubles par ces derniers, puis des aliénations successives
par leurs ayants cause, et enfin diverses hypothèques acquises
du chef des tiers acquéreurs. Chaque intéressé a eu le soin, je
le suppose, de se mettre en règle : les acquéreurs ont fait
transcrire leur titre d'acquisition, les créanciers ont inscrit
leur hypothèque. Donc, aucune apparence de péril pour personne. Mais, tout-à-coup, un testament est produit; le légataire se montre enfin : il réclame, et toutes ces acquisitions si
légitimement faites, toutes ces hypothèques stipulées avec tant
de soins, tombent et disparaissent en présence de la propriété
qu'il a tenue mystérieuse jusqu'alors, et qu'il lui plaît de dé-
voiler aujourd'hui ! Tout cela pour l'honneur de l'antique et
nationale maxime : *le mort saisit le vif !* Ce qu'on donne au légataire, c'est l'argent d'autrui, puisque les héritiers, nous le
supposons, sont devenus insolvables. On l'enrichit, mais on
ruine les tiers acquéreurs ou les créanciers hypothécaires qu'il
évince ; on les dépouille sans pitié, nonobstant leur bonne foi
et l'erreur invincible dans laquelle on les a laissés; on jette
partout l'inquiétude en tenant, pendant je ne sais combien
d'années, la propriété problématique et incertaine ; le crédit
en souffre, la société tout entière est blessée dans son intérêt;
Mais qu'importe: *la dernière volonté du testateur est respectée!*
Assurément la justice ne l'est point. La logique est-elle au moins
satisfaite ? Encore bien moins, s'il est possible ! Et, en effet, s'a-
git-il de legs *immobiliers*, l'intérêt général est sacrifié pour l'a-
vantage et l'utilité particuliers des légataires; ils peuvent impunément tenir leur droit caché et rester dans l'inaction la plus com-

plète. Nul danger n'est à craindre ; la maxime *le mort saisit le vif* veille pour eux! La succession est-elle purement *mobilière*, le système change. En effet, qu'adviendra-t-il, si l'héritier aliène les meubles légués et les livre à des tiers acquéreurs de bonne foi? ne pourra-t-il point arriver que le droit des légataires soit alors supprimé? Cela est bien évident; car l'action en revendication leur faisant défaut (article 2279), il ne leur restera, pour recourir contre l'héritier, qu'une action personnelle impuissante à les protéger contre le danger de son insolvabilité. L'intérêt des tiers l'emporte donc ici sur le respect dû aux dernières volontés des mourants.

Ainsi, tout dépend de la nature de la chose léguée. Est-elle *immobilière*, l'intérêt privé des légataires passe avant l'intérêt général : coûte que coûte, leur droit sera sauvegardé ! Est-elle *mobilière*, l'intérêt de la société est préféré à celui des légataires : c'est à eux de se hâter ; leur droit est laissé à la merci des héritiers ! Il est fâcheux, en vérité, de trouver dans la loi des divergences aussi peu motivées. Qu'importe, je le demande, la nature de la chose léguée? Si le respect dû à la dernière volonté des testateurs exige impérieusement que le droit des légataires soit placé dans un ordre privilégié où nul péril ne pourra venir l'atteindre, il est bien évident que ce motif ne comporte aucune distinction, et qu'ainsi la règle admise devrait être la même dans tous les cas.

Il eût été facile, au reste, de tout concilier par une combinaison dont on trouve le principe dans l'art. 2111 du Cod. Nap.

Je m'explique. Lorsqu'il existe des immeubles dans la succession, la loi s'en empare pour assurer, par une affectation privilégiée, les droits mobiliers des légataires contre le mauvais vouloir ou le danger de l'insolvabilité des héritiers; mais si elle prend en main leur intérêt particulier, elle ne perd point de vue l'intérêt général de la société. La garantie dont elle les investit est, en effet, subordonnée par elle au régime de la publicité; à la vérité elle leur accorde un certain délai pour s'inscrire, six mois à compter de l'ouverture de la succession : prise dans ce délai, l'effet de leur inscription remonte au jour même de la mort du testateur ce qui fait tomber toutes les hypothèques qui, pendant ce temps, ont pu être constituées à leur préjudice au profit des créanciers personnels des héritiers; mais cette rétroactivité n'a rien d'injuste, rien de dangereux, puisque les tiers qui peuvent avoir le dessein de se mettre en relation de droit avec un héritier, sont avertis par la loi même qu'on ne peut traiter en toute sécurité avec lui qu'après l'expiration des six mois de l'ouverture de la succession; s'ils sont atteints dans leur intérêt, c'est qu'ils auront manqué de prudence.

Cette habile et heureuse combinaison manque-t-elle donc de justice? quelqu'un a-t-il jamais songé à la blâmer? ne semble-t-il point dès lors, qu'il eût été bon de la généraliser? si on eût exigé que les legs fussent transcrits, mais en prenant soin d'attacher à la transcription effectuée dans les six mois, un effet rétroactif au jour de l'ouverture de la succession, où serait l'inconvénient? La loi se trouvait en présence de deux intérêts divergents, légitimes tous les deux, et tous deux bien dignes de sa protection, savoir l'intérêt des légataires et l'intérêt de la société; elle pouvait les concilier par un procédé ingénieux: elle a préféré sacrifier l'un à l'autre! Est-ce juste? est-ce logique? Sans doute, la dernière volonté des mourants est sacrée; sans doute encore, le droit de disposer de ses biens selon ses affections est le plus noble et le plus précieux des attributs de la propriété; mais ce droit cesse d'être légitime dès qu'on en fait une cause de désordre pour la société.

Quoi qu'il en soit, la loi est formelle: dès le jour même de l'ouverture de la succession, la propriété de la chose léguée passe au légataire complète et absolue, opposable, par conséquent, tant aux ayants cause des héritiers légitimes qu'aux héritiers eux-mêmes. Lors donc qu'on achète d'un héritier un immeuble de succession ou qu'on le reçoit en gage sous une affectation hypothécaire, il est prudent de bien se renseigner au préalable et de ne traiter qu'après s'être assuré que le défunt est mort *ab intestat,* ou que s'il a laissé un testament, aucune des dispositions qui y sont contenues n'a trait à l'immeuble dont il s'agit.

4. Nous venons de voir qu'aux termes de l'art. 1er de la loi nouvelle, les actes *translatifs de propriété ou de droits réels susceptibles d'hypothèque*, ne doivent être transcrits qu'autant qu'ils sont *entre-vifs*. Suivant son article 2, au contraire, la transcription est exigée pour « *tout acte* constitutif de servitude réelle d'usage ou d'habitation. » Il semble donc qu'en comparant les

termes généraux et absolus de cette disposition aux expressions limitatives de l'article 1ᵉʳ, on serait en droit de conclure que les legs qui sont affranchis de la nécessité de la transcription, lorsqu'ils ont pour objet la *propriété* d'un immeuble ou l'établissement d'un *droit réel susceptible d'hypothèque* sont, au contraire, soumis à cette formalité quand ils sont *constitutifs* d'une *servitude réelle, d'un droit d'usage ou d'habitation;* mais, comme cette distinction n'a aucune raison d'être, il n'est guère possible qu'elle ait été consacrée par la loi. Si l'on veut d'ailleurs consulter l'esprit des motifs qui ont fait dispenser les légataires de l'obligation de transcrire leur titre (voy. ci-dessus, p. 6), on restera convaincu que cette dispense est générale, et qu'ainsi elle régit tous les legs quels qu'ils soient.

5. Toutefois, un point reste à régler. Un legs peut contenir l'obligation, pour le légataire, de conserver, jusqu'à sa mort, le bien qui lui est légué et de le rendre, à cette époque, à ses enfants nés ou à naître (art. 1048 et 1049, C. Nap.). La transcription sera-t-elle nécessaire dans ce cas? A ne consulter que les termes de l'article 1ᵉʳ de la loi actuelle, la négative ne serait point douteuse ; mais je lis dans son article 11 « qu'il n'est point dérogé aux dispositions du Code Napoléon sur la transcription des actes portant donation ou *contenant des dispositions à charge de rendre.* » Or, bien que les termes de cette disposition soient peu clairs et susceptibles de sens divers, il me semble certain néanmoins que la loi a entendu dire que tous les actes qui, selon le Code Napoléon, doivent être transcrits, devront l'être encore, ce qui embrasse, par conséquent, non-seulement les donations avec ou sans substitution, mais encore les legs au cas où ils contiennent la charge de rendre (art. 939 et 1069). Comment, en effet, admettre qu'elle ait eu l'intention d'écarter la nécessité de la transcription dans un cas où le Code Napoléon l'exige lui-même, alors qu'on sait qu'elle a précisément eu pour objet de *généraliser* ce qui n'existait dans l'ancienne loi qu'à l'état d'*exception!*

Ainsi, dès que le testateur est mort, le legs qu'il a laissé est, *quoique non transcrit*, réputé connu des tiers, *en tant que legs*. Quant à *la substitution qui le grève*, c'est la présomption inverse qui a lieu. Tandis qu'ils sont censés savoir que le légataire est devenu propriétaire, ils sont réputés ignorer qu'il n'a sur les biens compris dans le legs qu'une propriété révocable

ou résoluble ! Cette distinction n'est-elle point très singulière ? Comment veut-on que des tiers ignorent l'une des
clauses les plus essentielles d'un acte qu'ils sont réputés connaître ? et puisqu'on avait trouvé bon de mettre le droit du légataire à l'abri des actes par lesquels les héritiers auraient pu
tenter de l'anéantir, pourquoi laisser à la merci du grevé les
droits non moins sacrés des appelés ?

De cette théorie à double face, il résulte, d'une part, que
les aliénations consenties par les héritiers, que les hypothèques
par eux constituées depuis l'ouverture de la succession demeureront, quoique d'une date antérieure à la transcription du
testament, destituées de tout effet à l'égard du légataire ; d'autre
part, que les actes émanés du grevé, antérieurement à la transcription de la substitution, resteront définitifs et irrévocables,
alors même que son droit viendrait à être, plus tard, rétroactivement résolu par l'effet du fidéicommis. En autres termes, le
défaut de transcription qui ne pourra jamais être invoqué par
les ayants cause des héritiers contre le légataire pourra l'être,
au contraire, par les ayants cause de ce dernier contre les appelés (art. 1070, C. Nap.).

6. J'ai supposé jusqu'alors que le fidéicommis serait porté
à la connaissance des tiers par la transcription du testament ;
mais en raisonnant ainsi, je me suis placé dans l'hypothèse d'un
legs purement immobilier. Dans l'hypothèse inverse, le mode
de publicité devra changer. Ainsi, des distinctions sont nécessaires.

Le fidéicommis a-t-il pour objet un ou plusieurs immeubles,
on le rend public par la transcription du testament. Nous ré-
soudrons plus tard, sous notre section VIII, la question de savoir si le testament doit être transcrit en son entier ou s'il suffit
que la transcription reproduise le passage où se trouvent le legs
et le fidéicommis qui le grève.

A-t-il pour objet des sommes d'argent laissées par le défunt
ou provenant soit de la vente des effets mobiliers compris dans
le legs, soit des remboursements effectués par les débiteurs de
la succession, deux cas sont à considérer :

Si ces sommes sont employées à acquérir des immeubles, on
transcrit les actes d'acquisition. Ces actes, contenant la clause
que les immeubles qui y sont désignés ont été acquis en échange
de sommes substituées, les tiers qui auront le soin de les con-

sulter, sauront que le grevé n'a sur ces biens qu'un droit révocable et qu'ainsi, en traitant avec lui, ils n'auront aucune sécurité.

Que si elles ont été placées avec privilége sur un immeuble, conformément à l'art. 1067, la créance acquise en vertu de ce placement sera comprise dans le fidéicommis au lieu et place des sommes employées à l'acquérir; le légataire n'aura ainsi sur elle qu'un droit révocable, ce qui imprimera un caractère de révocabilité aux divers actes, cessions ou constitutions de gage, dont elle pourra être l'objet de son chef. Il importe donc que les tiers soient avertis. Mais comment le seront-ils? Ils le seront, au moyen d'une annotation faite en marge de l'inscription faite au nom du créancier, dont le grevé a pris la place, soit au moyen d'une mention faite dans l'inscription que le grevé devra prendre en son propre nom si le créancier auquel il est subrogé (1) avait négligé de s'inscrire (art. 1069, C. Nap.).

CHAPITRE PREMIER.

DES ACTES QUI DOIVENT ÊTRE TRANSCRITS.

SECTION PREMIÈRE

DES ACTES TRANSLATIFS DE PROPRIÉTÉ IMMOBILIÈRE OU DE DROITS RÉELS SUSCEPTIBLES D'HYPOTHÈQUE.

SOMMAIRE.

7. Des caractères auxquels on reconnaît les actes qui doivent être transcrits.
8. De la propriété immobilière. Quelles propriétés sont comprises sous cette dénomination.
9. De la question de savoir si l'on doit ou non transcrire l'acte par lequel un propriétaire vend soit une récolte de fruits pendants par branches ou par racines, soit une coupe de bois tenant encore au sol, soit une maison pour être démolie, soit aussi le droit d'exploiter une minière ou une carrière. Solution

---

(1) Les placements *avec priviléges* sur un immeuble ne peuvent avoir lieu que par la voie des *subrogations.*

négative. Ces ventes ne transfèrent. en effet, qu'un droit *purement personnel* et par conséquent *non opposable aux tiers;* dès lors, dans quel but les transcrirait-on?

10. Si, dans ces divers cas, l'acheteur cède son droit à un tiers, la cession qu'il en fait échappe également au régime de la transcription pour rester dans le domaine de l'article 1690 du C. Nap.

11. Bizarreries apparentes.

12. Toutefois et en ce qui touche l'acte par lequel un propriétaire cède le droit d'exploiter une carrière ou plus généralement d'extraire de son fonds des matières minérales, il importe d'user de distinctions.

13. Des bâtiments élevés sur un immeuble par une personne autre que le propriétaire, par exemple, par un possesseur, un locataire, un fermier, un usufruitier.

14. Des aliénations conditionnelles. Elles doivent êtres transcrites.

15. De la question de savoir s'il faut transcrire ou non l'acte par lequel un acquéreur conditionnel cède son droit à un tiers.— Controverse.

16. La propriété conditionnelle ne peut, à l'égard des tiers, passer d'une personne à une autre que par la transcription de l'acte qui opère cette mutation. Ainsi lorsqu'une personne investie du droit de faire annuler ou rescinder une aliénation précédemment faite cède à un tiers son action en nullité ou en rescision, cette cession, si elle n'a été transcrite, reste comme non avenue et inexistante à l'égard des tiers.

17. Application de ce système à l'acte par lequel un vendeur avec faculté de rachat cède à un tiers son action en réméré.

18. De la question de savoir si l'on doit ou non transcrire l'acte par lequel *un vendeur non payé* cède ses droits à un tiers. Solution négative.

7. « Doivent être transcrits tous actes translatifs de propriété immobilière ou de droits réels susceptibles d'hypothèque. » Deux conditions sont donc nécessaires pour qu'il y ait lieu à la transcription : il faut, en effet, 1° qu'il s'agisse soit d'une propriété immobilière, soit d'un droit réel susceptible d'hypothèque; 2° que l'acte intervenu entre les parties soit un acte *translatif.* Dès lors nous avons à rechercher, d'une part, quels sont les droits auxquels convient le titre de propriété immobilière ou de droit réel susceptible d'hypothèque; d'autre part, quels sont les actes qui opèrent la mutation de ces droits?

§ 1. — DE LA PROPRIÉTÉ IMMOBILIÈRE.

8. Sous cette expression générale de *propriété* la loi désigne, car elle ne distingue point, toutes les propriétés légalement établies, savoir : 1° la propriété qui forme le droit commun, la

propriété ordinaire, celle, en un mot, qui comprend le dessus et le dessous du sol sur lequel elle est établie; — 2° la propriété *superficiaire*, telle que la propriété des divers étages d'une maison (art. 664, C. Nap.) ; — 3° la propriété acquise sous le sol ou sous le bâtiment d'autrui (art. 553, C. Nap.); — 4° le droit du fermier dans les baux *à convenant* ou *à domaine congéable,* usités dans plusieurs départements de l'ancienne Bretagne, et confirmés par l'art. 9 de la loi électorale du 19 avril 1831 : Le preneur à domaine congéable est propriétaire des améliorations qu'il a créées, par exemple, des édifices qu'il a construits, et, par conséquent, maître de les hypothèquer (1) ; 5° la propriété des mines exploitées en vertu d'un acte du gouvernement. La mine concédée constitue, en effet, une propriété distincte et séparée de la surface, immobilière comme elle et comme elle susceptible d'hypothèque. Lorsqu'elle est concédée au propriétaire du terrain, le propriétaire se trouve avoir alors deux propriétés distinctes, la propriété de la mine et la propriété de la surface (2).

9. Reste un point à examiner. Nous avons à nous demander si l'on doit ou non transcrire l'acte par lequel un propriétaire vend, soit une récolte de fruits pendants par branches ou par racines, soit une coupe de bois tenant encore au sol, soit une maison pour être démolie, soit enfin le droit d'exploiter une minière ou une carrière.

La solution de cette question sortira nette et précise de la solution de cet autre point auquel elle se rattache et dont elle n'est à vrai dire qu'une dépendance : quels sont la nature et les caractères du droit que confèrent à l'acheteur les ventes dont je viens de parler? Ce droit est-il *réel* ou simplement *personnel?* est-il *mobilier* ou *immobilier ?*

Bien que distinctes dans leur énoncé ces deux questions n'en font qu'une. Si, en effet, le droit qu'acquiert l'acheteur est *réel,* c'est-à-dire établi sur le fonds même auquel adhèrent encore la récolte à recueillir, les arbres à couper, les matériaux que produira la démolition de la maison, les matières minérales à extraire, il sera forcément *immobilier* comme la propriété dont il aura été détaché pour constituer une propriété

(1) M. Valette, *Priv. et Hypoth.,* t. I, p. 189.
(2) Loi du 21 avril 1810.

à part, propriété *sui generis* ou *innomée*, superficiaire dans les trois premiers cas, souterraine dans le dernier. Il ira de soi alors que l'acte par lequel ce droit sera établi ou cédé devra être porté à la connaissance des tiers.

Que si, au contraire, on le considère comme étant purement *personnel*, c'est qu'il aura pour objet direct et immédiat, non plus une portion du fonds considéré en lui-même et dans son état présent, mais, ce qui est bien différent, des portions à détacher du sol, des fruits ou des arbres destinés à être abattus, des matériaux à tirer de la démolition de la maison, des matières minérales à extraire de la minière, en un mot, des choses considérées par avance en l'état qu'elles auront après leur séparation du sol, des choses mobilières, par conséquent, ce qui en fera forcément un droit *mobilier*. Or, je n'ai pas besoin de dire que les droits de cette nature s'établissent et se transfèrent, même à l'égard des tiers, sans le secours de la transcription. La transcription serait d'ailleurs sans objet; car, s'agissant dans l'espèce d'actes purement générateurs d'obligations, leur effet, restreint aux rapports des parties contractantes, n'est jamais opposable aux tiers.

Ainsi le droit que les ventes dont nous venons de parler confèrent à l'acheteur, est-il *réel* ou simplement *personnel?* Toute la question est là !

Je ne sais si je me trompe, mais il me semble qu'en principe du moins et sauf un tempérament sur lequel j'aurai bientôt à m'expliquer, la *personnalité* du droit dont il s'agit se déduit avec une parfaite évidence, soit de l'organisation même de la propriété et de ses démembrements, soit des impossibilités juridiques en présence desquelles on se trouverait placé dans le système contraire, soit enfin de l'intention des parties.

De l'organisation même de la propriété et de ses démembrements... La loi organique de la propriété n'a point uniquement pour objet l'intérêt privé des particuliers; elle se rattache, en effet, par l'importance du sujet qu'elle règle, à l'organisation politique de la société. A ce titre, elle constitue au 1er chef une loi d'ordre public. Dès lors on ne peut pas admettre, sans se mettre en révolte avec l'article 6 du Code Napoléon, que les particuliers puissent modifier la propriété, la démembrer ou la grever de droits réels, selon leur caprice et au gré de leur fantaisie (1). Il n'y a de légitime en cette matière que ce qui est expressément permis, et, par suite, il ne peut exister aucun droit réel en dehors de ceux qui ont été reconnus et réglés par la loi; or, nulle loi, que je sache, n'a trait de près ou de loin à la propriété constituée, comme propriété distincte du sol, sur des fruits ou sur des arbres adhérents au fonds dont ils font actuellement partie. Dira-t-on que cette propriété particulière peut rentrer dans l'un ou dans l'autre des démembrements que comporte le droit de propriété ? Mais auquel l'assimilera-t-on ? Ce n'est certes point au droit d'usage : autrement on arriverait à l'absurde, puisqu'on serait ainsi conduit à dire, d'une part, qu'elle s'éteindrait par le décès de l'acheteur (art. 625) et, d'autre part, qu'elle serait incessible (art. 634). Encore bien moins pourra-t-on l'assimiler au droit d'usufruit. Quel droit *réel* constituera-t-elle donc alors ? Une propriété superficiaire ? Pourquoi non, dira-t-on ! Ne se peut-il point qu'une personne ait la propriété d'une maison bâtie sur le terrain d'autrui, ou, ce qui est plus bizarre encore, du premier étage d'une maison dont le rez-de-chaussée appartient au propriétaire du sol ? La propriété assise sur des fruits ou sur des arbres distingués et séparés par la pensée du fonds dont ils font partie, n'est pas assurément plus difficile à comprendre ! Je le concède ; mais tandis que la loi a pris soin de régler la propriété superficiaire établie sur des bâtiments (art. 664), elle n'a nulle part organisé et réglementé la propriété constituée, abstraction faite du sol, sur des fruits pendants par branches ou par racines; or, encore une fois, les particuliers ne peuvent point créer, en dehors de la loi, des propriétés qui n'auraient d'autre fondement que leur bon plaisir.

Des impossibilités juridiques auxquelles on serait forcément conduit dans le système contraire... Si, en effet, la vente d'une récolte à faire confère à l'acheteur la propriété des fruits ou des arbres bien qu'encore adhérents au sol, le propriétaire qui la consentira fera par là même une *aliénation immobilière ;* car, tant que les fruits sont pendants par branches ou par racines, ils ne font avec le sol, dont ils tirent leur existence, qu'un seul et même bien, un bien *immeuble par sa nature.* D'où l'on sera forcé de conclure qu'elle ne pourra

(1) M. Valette, t. I, p. 192; M. Demolombe, t. IX, n° 515.

être faite que par un propriétaire jouissant de la plénitude de ses droits et qu'ainsi elle ne pourra l'être, ni par un envoyé en possession provisoire des biens d'un absent, ni par un tuteur, ni par un mineur émancipé, ni par une femme séparée de biens, si elle n'est autorisée de son mari ou de justice, ni enfin par le mari administrateur des biens propres de sa femme; résultat aussi inattendu que bizarre et assurément fort peu en harmonie avec l'esprit général de notre droit.

Qu'on dise que ces personnes n'ont pas le droit de vendre une maison à démolir, ou l'exploitation d'une forêt non aménagée, je le comprends, et je le crois juste. Mais leur refuser la faculté de faire un marché ayant pour objet une simple récolte à cueillir ou des bois taillis à couper, c'est créer une incapacité désastreuse et contre laquelle proteste notre droit tout entier; or, si l'on veut l'écarter, il faut de toute nécessité admettre avec nous que les ventes de fruits ou de bois amenagés ont pour objet, non point l'aliénation des fruits ou des arbres considérés dans leur condition présente, c'est-à-dire à l'état d'immeubles par leur nature, mais tout simplement des fruits ou des arbres coupés, c'est-à-dire considérés, par avance, au point de vue de leur séparation et par conséquent à l'état de meubles.

De l'intention des parties... Admettons, si l'on veut, que les propriétaires puissent démembrer leur propriété au gré de leur intérêt et la morceler en autant de droits réels qu'il leur plaît de créer; on en pourra conclure, sans doute, qu'en théorie un propriétaire pourra établir au profit d'un tiers une propriété particulière sur les fruits ou sur les arbres adhérents au fonds dont ils font partie. Mais restera toujours la question de savoir s'il a, en vendant sa récolte sur pied, entendu démembrer son domaine et constituer sur son fonds, car les fruits et les arbres en font partie tant qu'ils n'en sont point détachés, une propriété rivale de la sienne. Or, si j'affirme que cette idée est trop subtilement savante et surtout trop peu en rapport avec les usages reçus pour qu'on puisse supposer qu'elle ait jamais fait la base d'un contrat, quelqu'un me démentira-t-il? Cette propriété *sui generis* peut être décrite dans les livres, mais bien certainement on ne la connaît point en pratique. Le propriétaire qui vend une récolte sur pied ou des arbres pour être abattus entend céder, non point une portion de son immeuble, mais tout simplement des fruits ou des arbres ayant une

2

existence propre et indépendante de son domaine, c'est-à-dire des fruits ou des arbres mobilisés par la séparation qui en sera faite. Il vend en un mot des choses qu'il n'a pas encore, des meubles *futurs*, en même temps qu'il s'oblige à laisser l'acheteur les créer lui-même, en les séparant du fonds dont ils font actuellement partie. Or, la propriété d'une chose *future* est une pure abstraction ; car la nature de ce droit est telle qu'il est impossible de le concevoir, abstraction faite d'un objet individuellement déterminé et dès à présent existant. Certes personne ne s'avisera de soutenir que le peintre qui vend un tableau *à faire* cède à son acheteur un droit de propriété quel qu'il soit ; il s'engage sans doute à lui faire avoir la propriété d'un tableau ; il *s'oblige*, mais il *n'aliène* rien et ne confère, quant à présent, à son acheteur, qu'un pur droit personnel, une simple *créance.* C'est également ce qui a lieu dans l'espèce. Le propriétaire s'engage à procurer à son acheteur la propriété des fruits ou des arbres qu'il se propose de mobiliser par la séparation qui doit en être faite ; mais comme les meubles dont il promet la propriété n'existent pas encore, il ne peut y avoir entre lui et son acheteur qu'une simple relation *de créancier à débiteur*.

Si j'avais quelques doutes à cet égard, la jurisprudence ne me permettrait point de les conserver, tant elle est depuis longtemps et avec une si constante persistance fixée dans le sens que j'indique. On a, en effet, maintes fois jugé que les ventes qui ont pour objet, soit des fruits pendants par branches ou par racines, soit des bois taillis, soit même des futaies aménagées ou non, étant purement mobilières, ne transfèrent à l'acheteur qu'un pur droit mobilier (1). Or, du moment qu'on admet que le droit transmis est simplement *mobilier*, on reconnaît par là même, qu'il n'est point directement établi *sur l'immeuble* et qu'ainsi le vendeur conserve la plénitude de son droit de propriété.

Outre le secours que me prêtent ces décisions judiciaires, je puis invoquer encore, ce qui vaut mieux assurément, l'autorité de la loi même. Qui ne sait, en effet, que l'article 69, § 5,

---

(1) Cass. 8 septembre 1813 ; 8 mars 1820 ; 4 avril 1827. Il est aussi généralement admis que la vente d'une maison pour être démolie est purement mobilière. Cass. 25 février 1812 ; 24 mai 1815 ; 9 août 1825.

n° 1 de la loi du 22 frimaire an vii, et l'article 1er de la loi
du 22 pluviôse de la même année, font expressément rentrer
les ventes de récoltes sur pied, ainsi que celles qui ont pour
objet des coupes de bois taillis ou de haute futaie, dans la
disposition aux termes de laquelle les ventes *mobilières* sont
frappées d'un droit de 2 0/0? La loi du 5 juin 1851 nous vient
également en aide. On sait qu'à une certaine époque, les notaires prétendirent que les ventes publiques volontaires de récoltes pendantes par racines et de coupes de bois taillis étant
immobilières, eux seuls avaient le droit de les faire; or, la loi que
je viens de citer voulant vider ce conflit, décide que les ventes
de cette nature pourront être faites, au choix des parties, soit
par un notaire, soit par un commissaire priseur, un huissier, ou
un greffier; ce qui, en autres termes, signifie qu'aux yeux de la loi
même, les ventes dont il s'agit sont purement *mobilières*. Quant
aux ventes relatives à des coupes de hautes futaies, aménagées ou
non, il n'en est point fait mention dans la disposition que nous
invoquons; il est même à remarquer qu'elles se trouvaient expressément comprises dans la 1re rédaction de la loi et que c'est
après coup et par conséquent à dessein, qu'elles en ont été retirées; d'où il semble qu'on pourrait conclure que, dans sa
pensée, elles sont *immobilières*. Ce n'est point pourtant mon
avis : tout ce qu'on peut induire du silence que la loi garde au
sujet de ces ventes, c'est qu'à raison de leur importance, elles
restent exclusivement dans les attributions des notaires; mais
ce serait aller beaucoup trop loin que croire qu'en accordant
à ces officiers publics le droit exclusif de les faire, elle a entendu par là même leur imprimer un caractère essentiellement
immobilier.

En résumé, vendre des choses destinées à être détachées
d'un immeuble auquel elles sont actuellement adhérentes,
c'est les vendre non point dans leur condition présente et immobilière, mais en l'état qu'elles auront après leur séparation,
c'est, en un mot, vendre des meubles *futurs;* ce qui exclut toute
idée d'*aliénation*, soit du fonds, puisqu'il n'est point l'objet
de la vente, soit des meubles qu'elle a pour objet, puisqu'ils
n'existent pas encore. Et puisque rien n'a été aliéné, il est évident et manifeste qu'il n'y a eu entre les parties qu'une convention simplement productive d'obligations et de créances
corrélatives.

Or, si les ventes qui ont pour objet, soit une récolte sur pied , soit une coupé de bois taillis , soit même des hautes futaies aménagées ou non , soit enfin une maison ou tout autre bâtiment à démolir, ne transfèrent à l'acheteur qu'une simple *créance* (1) , il est non moins certain qu'elles ne sont pas opposables aux tiers, et qu'ainsi la transcription qu'on en ferait serait un acte vain et sans objet.

10. J'ajoute que le droit acquis par l'acheteur consistant dans une simple *créance*, la cession qu'il en pourra faire échappe également au régime de la transcription pour rester dans le domaine de l'art. 1690 du Code Napoléon.

11. Ce système aboutit à un résultat qui, au premier abord, paraît fort singulier. Le bail, dira-t-on, est opposable aux tiers, bien qu'il confère au preneur le droit de faire non pas une, mais un grand nombre , peut-être, de récoltes (art. 1743) ; tandis qu'à l'inverse et au rebours du simple bon sens, à ce qu'il semble, la vente d'une seule récolte restera destituée de tout effet à leur égard ! mais cette bizarrerie n'est qu'une fausse apparence. Si le bail , bien que simplement générateur d'obligations, est opposable aux tiers, cela tient à une raison particulière. Les biens seraient souvent en souffrance, si ceux auxquels ils appartiennent n'en pouvaient jouir que par eux-mêmes. Il importe donc à la société qu'ils puissent en tirer profit par l'intermédiaire d'un fermier ou d'un locataire. Or les baux eussent été difficiles et forcément très rares, si les preneurs n'avaient eu la certitude de conserver paisiblement leur jouissance pendant le temps fixé par eux en leur contrat. De là l'obligation imposée aux tiers acquéreurs d'entretenir le bail consenti par le propriétaire auquel ils sont subrogés. Leur intérêt sera blessé sans doute , mais la loi a pensé que cet inconvénient est plus que balancé par l'avantage que l'agriculture et l'industrie tirent de la solidité des baux. On conçoit, au contraire, que si les ventes qui ont pour objet une récolte sur pied, des bois taillis ou de haute futaie aménagés ou non, une maison pour être démolie, étaient opposables aux tiers acquéreurs du fonds , la crainte du danger qu'elles créeraient pourrait entraver la circulation des biens ; on eût ainsi créé un dommage dont eût souffert la société tout entière, et un dommage sans compensation,

_____

(1) En ce sens M. Demolombe, t. IX, n°s 156 et suiv.; 515 et suiv.

puisque les ventes dont il s'agit ne présentent point le caractère de nécessité et d'utilité générale qu'on trouve dans les baux.

Du reste, et à supposer que la différence qui nous occupe soit peu rationnelle, le système que nous combattons aurait aussi sa bizarrerie. Si, en effet, les ventes qui font l'objet de ce débat devaient avoir quelque effet à l'égard des tiers, c'est qu'elles conféreraient à l'acheteur, non pas un simple droit *personnel*, mais une *propriété immobilière sui generis*; d'où il faudrait conclure qu'à défaut de leur transcription, les tiers auraient le droit de les méconnaître pour le tout, quoique limitées à une seule récolte, à la différence des baux qui, bien que non transcrits, leur sont opposables pour dix-huit ans, c'est-à-dire pour dix-huit récoltes (art. 3). On voit donc qu'on est forcément conduit, quel que soit le système que l'on prenne, à reconnaître que ces deux espèces d'actes ont chacune ses règles particulières.

12. Quant aux contrats par lesquels un propriétaire cède le droit d'exploiter une carrière ou plus généralement d'extraire de son fonds des matières minérales, il importe, je pense, d'user de distinctions.

Si ce droit a été acquis comme droit perpétuel pour l'avantage et l'utilité d'un autre fonds; si, par exemple, je stipule de vous la faculté d'extraire de votre terrain, annuellement et aussi longtemps que cela me sera utile, une certaine quantité de chaux ou de marne pour l'amélioration d'un autre champ qui m'appartient et qui est voisin ou peu éloigné du vôtre, une servitude réelle sera alors constituée, ce qui nécessitera la transcription de l'acte où notre convention sera relatée (article 2, 1°.)

Si le droit d'extraction a été concédé, abstraction faite d'un autre fonds appartenant au concessionnaire et moyennant une redevance annuelle, le contrat générateur de ce droit n'est qu'un simple bail (1). On devra le transcrire sans doute, si l'on veut

_____

(1) Je dois dire pourtant que la Cour de cassation a décidé, par un arrêt du 17 février 1844, que les mines et minières répugnent par leur nature au contrat de louage. Mais outre que cette incompatibilité est rejetée par tous les auteurs, la Cour de cassation l'a elle-même écartée par son arrêt du 20 décembre 1837. — Voir à ce sujet un travail très intéressant de M. Pont, *Revue critique*, t. I, p. 545 et suiv.

qu'il soit applicable aux tiers pour toute sa durée, si longue qu'elle soit; mais quoique non transcrit il produira son effet contre eux dans la limite de dix-huit ans (art. 3).

Que si enfin un propriétaire a vendu pour un prix unique le droit d'exploiter une carrière, ou toute autre minière, jusqu'à entier épuisement, la vente alors a pour objet, non point les matières extraites et considérées à l'état d'objets mobiliers, mais la minière elle-même, c'est-à-dire la propriété du dessous. D'où nous concluons qu'à défaut de la transcription elle resterait destituée de tout effet à l'égard des tiers. L'acte par lequel le cessionnaire passerait son droit à un sous-acquéreur devrait être également transcrit, sous peine, pour le cessionnaire, d'encourir les conséquences qu'entraîne l'inobservation de cette formalité dans les cas où elle est obligatoire.

Une quatrième hypothèse est possible. Il se peut, en effet, que le propriétaire qui, moyennant un prix unique, cède à quelqu'un la faculté d'extraire de son fonds des matières minérales, n'entende ni faire un bail, ni céder la mine elle-même, qu'en un mot il se borne à céder le droit d'extraire une quantité déterminée de matières, tant de kilomètres de chaux, par exemple. Cette concession limitée ne serait, suivant moi, qu'une vente mobilière, simplement génératrice d'obligations. Elle devrait donc, à ce titre, être régie par les règles tracées plus haut pour les ventes de fruits ou de bois destinés à être cueillis ou abattus.

13. Il arrive souvent que des bâtiments sont élevés sur un immeuble par une personne autre que le propriétaire et, par exemple, par un possesseur, un locataire, un fermier, ou un usufruitier ; alors se présente la question de savoir si ces bâtiments appartiennent au propriétaire du sol ou au constructeur. Ici encore des distinctions sont nécessaires.

En ce qui touche le possesseur, la loi a tranché la question : les bâtiments par lui construits appartiennent au propriétaire de l'immeuble (1).

Quant au fermier et au locataire, la décision devra, en principe, être la même; car c'est une règle générale de notre droit que les choses qui s'identifient avec un immeuble au point de

_____

(1) Sous la réserve, bien entendu, d'une indemnité dont le règlement se trouve dans l'art. 555; mais ce point est étranger à notre question.

ne faire avec lui qu'un seul et même bien, demeurent dans le domaine de la personne à laquelle le sol appartient. Peu importe que cette incorporation procède du fait du propriétaire ou du fait d'un tiers. Qui a le sol a les bâtiments : *quod solo inædificatur, solo cædit*. Le locataire ou le fermier qui les a élevés à ses frais en jouira sans doute, au même titre qu'il jouit du sol et en vertu de son bail ; mais il n'en est point propriétaire, et bien certainement il ne pourrait point les hypothéquer. Si donc il cède son bail, cette cession, n'opérant aucune mutation de propriété, ne sera point soumise à la formalité de la transcription.

Toutefois il se peut que ces bâtiments aient été construits du consentement du propriétaire et sous la condition que le locataire ou le fermier en sera propriétaire, tant qu'ils dureront. Dans cette hypothèse le constructeur acquiert une propriété superficiaire susceptible d'hypothèque. La cession qu'il en fera ne produira donc son effet à l'égard des tiers qu'à compter du jour où elle sera transcrite.

Que si enfin des bâtiments ont été construits par un usufruitier sur le fonds dont il a la jouissance, nous leur ferons également l'application du principe *accessorium sequitur principale :* ces bâtiments appartiendront au propriétaire du sol. Mais bien entendu ils rentreront, comme accessoire, dans l'usufruit établi sur le fonds lui-même. Si donc il les aliène dans la limite de son droit d'usufruit, soit séparément, soit avec le fonds même, cette cession devra, dans l'un et l'autre cas, être transcrite pour devenir opposable aux tiers.

14. Les mutations de propriétés immobilières ne sont parfaites à l'égard des tiers que par la transcription des actes où elles sont relatées. Qu'elles soient conditionnelles ou qu'elles aient lieu sans aucune modalité, il n'importe ; il n'y a même pas à distinguer si le droit qu'elles déplacent est conditionnel ou pur et simple. Dans tous les cas, la transcription est nécessaire. Ce double point de droit a besoin d'une démonstration. Essayons de la donner.

Lorsqu'une vente a lieu sous condition suspensive, l'acheteur acquiert, sous le titre *de propriété conditionnelle*, un certain droit, droit fort imparfait sans doute, qui, peut-être, ne se complétera point, mais enfin un droit tel quel, droit transmissible à ses héritiers ou à tout autre successeur (art. 1179), qu'il peut défendre par des actes conservatoires (art. 1180) et que la loi déclare elle-même susceptible d'hypothèque (art. 2125). Si la condition à laquelle est subordonnée la vente vient à défaillir, la propriété conditionnelle de l'acheteur disparaissant dans le passé comme pour l'avenir, tous les droits dont elle a pu être grevée de son chef tombent et s'évanouissent comme et avec elle. Que si, au contraire, l'événement dont elle dépend s'accomplit, elle se complète alors et remonte, quant à ses effets, au jour même de cette vente ; si bien qu'elle est réputée, par la toute-puissance de sa rétroactivité, avoir toujours existé à l'état de propriété *pure et simple* dans la personne de l'acheteur, ce qui, par voie de conséquence, consolide et rend irrévocables dans la personne de ses ayants-cause tous les droits qu'ils tiennent de lui.

Si l'acheteur conditionnel acquiert un droit, le vendeur en perd un forcément, car la vente ne peut pas être *investitive* sans être par là même *désinvestitive* du droit qu'elle transmet. Sans doute, tant que la condition est en suspens, le vendeur reste propriétaire, mais la propriété qu'il conserve ne réside plus en sa personne avec la même plénitude qu'auparavant. **Du moment, en effet, que l'acheteur est propriétaire sous condition** *suspensive*, lui, vendeur, ne l'est plus que sous condition *résolutoire*, puisque le même événement, qui investira l'un désinvestira l'autre avec la même rétroactivité. Ainsi, de même que l'acheteur est réputé avoir été propriétaire pur et simple du jour de la vente, au cas où la condition s'accomplit, de même le vendeur est censé avoir cessé de l'être dès le même moment. Les aliénations consenties par le vendeur *pendente conditione*, toutes les hypothèques acquises de son chef, pendant le même temps, s'effacent donc en même temps que s'évanouit le droit qu'il avait conservé (art. 2125.)

Or, puisque la vente, bien que conditionnelle, transfère à l'acheteur une propriété telle qu'elle prévaudra, si elle se complète plus tard par l'accomplissement de la condition qui l'affecte, sur les droits quels qu'ils soient, qui, *medio tempore*, auront été acquis du chef du vendeur, il est évident par là même que la mutation conditionnelle qu'elle opère ne pourra être opposée aux tiers qu'autant qu'ils auront été mis en demeure de la connaître et qu'ainsi elle n'aura point cette vertu rétroactive dont je viens de parler, si elle n'a été transcrite en temps utile.

En résumé, trois cas sont à considérer :

La vente a-t-elle été transcrite le jour même de sa passation, la condition, lorsqu'elle vient à se réaliser, rétroagit au jour même du contrat, tant à l'égard des tiers qu'entre les parties elles-mêmes.

L'a-t-on transcrite *medio tempore*, l'effet de la condition ne remonte, à l'égard des tiers, qu'au jour de la transcription.

N'a-t-elle été transcrite qu'après la condition réalisée, son effet, au lieu de remonter au jour de la passation du contrat, descend au jour de la transcription.

15. Sur ces divers points, aucune controverse sérieuse n'est possible. Mais supposons que l'acheteur, la condition étant encore en suspens, vende son droit conditionnel : cette cession devra-t-elle être transcrite? Si je soulève cette question, ce n'est point qu'elle me paraisse douteuse. Un droit a été transmis; ce droit était susceptible d'hypothèque; la cession qui en a été faite intéresse donc les tiers. Dès lors où est la raison de l'affranchir de la formalité de la transcription? Il n'en existe aucune à mon sens. Je n'insisterais donc pas sur ce point, s'il n'avait été déjà examiné et résolu dans un sens contraire à celui que j'indique. MM. Rivière et Huguet soutiennent, en effet, que la transcription de la vente par laquelle l'acheteur conditionnel a transmis son droit à un second acheteur, n'est obligatoire ni pendant que la condition est en suspens, ni même après qu'elle est accomplie.

Ainsi, *Primus* vend, sous une condition suspensive, sa maison A à *Secundus*. Postérieurement à la transcription de cette vente, *Secundus* vend son droit conditionnel à *Tertius* qui ne fait point transcrire son titre. Les choses étant en cet état, la condition à laquelle était subordonnée la première vente s'accomplit, ce qui opère du même coup deux mutations, l'une, de *Primus* à *Secundus*, l'autre, de *Secundus* à *Tertius*. La première vente ayant été rendue publique, les tiers savent ou doivent savoir que la maison dont il s'agit est entrée du patrimoine de *Primus* dans celui de *Secundus*, mais ils ignorent qu'elle est aussitôt sortie du patrimoine de ce dernier pour passer dans le domaine de *Tertius*; ils l'ignorent, puisque la vente qui a opéré cette seconde mutation n'a pas été transcrite. Elle leur sera néanmoins opposable. La maison qu'elle a pour objet aura pu entrer dans je ne sais combien d'affaires importantes, être vendue je ne sais combien de fois par *Secundus* et successivement par une série continue d'acquéreurs, être grevée d'hypothèques du chef de chacun d'eux ; tous ces ayants-droit se seront mis en règle par la transcription ou l'inscription de leurs titres ; mais tandis qu'ils se croiront en sûreté, un acte pourra être tout à coup produit contre eux et consommer leur ruine. Rien ne les pourra couvrir, ni leur entière bonne foi, ni l'impossibilité absolue où ils ont été de soupçonner même le péril où leur fortune viendra périr. Les droits les plus légitimes devront disparaître devant une propriété restée clandestine jusqu'alors !

Si ces résultats peuvent trouver quelque part un fondement légitime, ce n'est certes point dans l'esprit de la loi nouvelle. Ils lui répugnent même si essentiellement qu'il semble qu'on doive, sans aucun autre examen, les déclarer tout d'abord impossibles. Mais nos premières impressions nous trompent souvent ; il faut savoir s'en défendre. Puisque MM. Rivière et Huguet n'ont point reculé devant les conséquences désastreuses de leur système, c'est qu'apparemment ils avaient de puissants motifs pour y persister. Suivons-les donc dans leur raisonnement.

« Ce que *Secundus* cède à *Tertius*, ce n'est point, disent-ils, le droit de *propriété immobilière*, c'est un *simple droit* qui, par suite de la réalisation de la condition, pourra bien se convertir en un droit de propriété immobilière ; mais enfin qui n'a pas cette nature au moment du contrat, au moment de la transmission. D'un autre côté, ce droit, quoiqu'il soit immobilier, n'est point susceptible d'hypothèque. Sans doute, *Tertius*, après avoir acquis, pourrait bien consentir une hypothèque *sur l'immeuble*, laquelle serait irrévocablement assise si la condition arrivait ; mais il ne pourrait pas hypothéquer le *droit conditionnel* qui lui est cédé. Cette doctrine est assez généralement admise. Or, si ce qui est transmis par *Secundus* à *Tertius* n'est ni le droit de propriété immobilière, ni un droit qui puisse être grevé d'hypothèques, la transcription n'est pas exigée, car ce sont seulement les actes translatifs de *propriété immobilière* ou de *droits susceptibles d'hypothèque* que la loi soumet à la transcription » (1).

(1) Questions sur la transcription en matière hypothécaire, n° 107 et 108.

Cette conclusion serait parfaitement exacte, s'il était vrai, ainsi que nos auteurs l'affirment, que la vente conditionnelle ne transfère à l'acheteur qu'un droit innomé qui n'est ni le droit de propriété, ni même un droit réel susceptible d'hypothèque. Mais notre Code tout entier proteste contre cette assertion.

Remarquons tout d'abord que la loi reconnaît elle-même les *créances conditionnelles* (art. 1168, 1179 et 1180). Or, si les droits personnels ont, quoique conditionnels, une existence présente, s'ils font, en cet état, partie du patrimoine du créancier, par quel effort d'esprit parviendra-t-on à prouver que la conditionnalité est par essence incompatible avec le droit de propriété? Quelle pourrait être, en effet, la cause de cette incompatibilité? Est-ce qu'il est plus difficile de comprendre une propriété acquise conditionnellement qu'une créance acquise au même titre? Du moment que je puis être créancier conditionnel, pourquoi ne pourrais-je point devenir propriétaire sous la même modalité? Loin que la loi y fasse obstacle, elle le permet, au contraire, très expressément, lorsqu'elle déclare que la conditionnalité ne répugne point à la nature du contrat de vente (art. 1584); car dire que la vente peut être faite sous condition, c'est dire, en d'autres termes, que les effets qu'elle produit purement et simplement lorsqu'elle n'est affectée d'aucune modalité, sont produits conditionnellement au cas où elle est conditionnelle. Or, qui ne sait qu'elle a précisément pour effet de rendre l'acheteur *propriétaire*, en même temps que *créancier* de la chose qu'elle a pour objet (art. 1583)? La loi reconnaît donc, par ses propres dispositions, que de même que l'acheteur pur et simple acquiert une propriété définitive, l'acheteur sous condition acquiert une propriété conditionnelle. Que ceux qui pourraient avoir quelque doute à cet égard veuillent bien d'ailleurs se reporter aux art. 2124 et 2125 : la conditionnalité de la propriété y est si clairement et si manifestement établie, qu'elle s'impose à l'esprit avec toute l'autorité de l'évidence. On ne peut hypothéquer que les immeubles *dont on a la propriété*, car pour hypothéquer, il faut être capable d'aliéner, et ceux-là seulement peuvent aliéner qui sont propriétaires. Telle est la disposition de l'art. 2124. L'art. 2125 ajoute que ceux qui ont sur un immeuble un droit suspendu par une condition, peuvent valablement grever *cet immeuble* d'une hypothèque affectée de la même condition que celle à laquelle leur droit est lui-même subordonné. Donc, puis-je dire, celui qui achète un immeuble sous condition en acquiert la *propriété conditionnelle !* autrement à quel titre pourrait-il l'hypothéquer?

Comment douter encore? MM. Rivière et Huguet protestent pourtant. Mais le raisonnement par lequel ils s'efforcent d'échapper aux textes si pleinement démonstratifs que je viens de citer, n'est au fond qu'une pure équivoque.

« Sans doute, disent-ils, l'acheteur conditionnel d'un immeuble peut bien le grever d'une hypothèque, laquelle deviendra irrévocable, si la condition à laquelle son droit est subordonné vient à s'accomplir; mais il ne pourrait point hypothéquer le *droit conditionnel* qui lui a été cédé. »

Ainsi, de l'aveu de nos adversaires, l'acheteur conditionnel d'un immeuble peut l'hypothéquer. Mais s'il le peut, il a donc un droit établi sur l'immeuble même! car je ne sache pas qu'il soit permis d'hypothéquer, de son chef et en son propre nom, un bien sur lequel on n'a soi-même aucun droit. Or, ce droit qu'a l'acheteur, quel peut-il être, si ce n'est la propriété conditionnelle?

Quant à la distinction faite entre le droit acquis sur l'immeuble et l'immeuble lui-même, j'avoue qu'il m'est impossible de m'en rendre compte. Tout droit de propriété suppose un rapport entre une personne et une chose individuellement déterminée. Supprimer cette chose, c'est supprimer l'un des termes de ce rapport et par conséquent l'anéantir. La propriété ne peut donc exister, ni être comprise, abstraction faite du bien sur lequel elle est établie. C'est par conséquent tenter l'impossible que vouloir hypothéquer un immeuble sans hypothéquer en même temps le droit qu'on a sur lui, ou prétendre hypothéquer son droit sans affecter l'immeuble sur lequel il porte. A mon sens, il n'y a et il ne peut y avoir aucune différence entre la convention par laquelle on déclare hypothéquer *un tel bien*, et celle par laquelle on hypothèque le *droit de propriété qu'on a sur ce bien*. Une variante existe dans les mots, mais le fond des choses est le même. Dans tous les cas, ce qu'on hypothèque, c'est le droit de propriété qu'on a sur un immeuble, ou, ce qui revient au même, cet immeuble en vertu du droit qu'on a sur lui et dans la mesure de ce droit. Ainsi, de même que le propriétaire pur et simple d'un immeuble peut le grever d'une hypothèque définitive, que l'usufruitier peut l'affecter dans la mesure de sa jouissance, de même le propriétaire conditionnel peut l'hypothéquer conformément à la nature et dans la limite de son droit. Il ne pourrait point, il est vrai, constituer une hypothèque dès à présent exécutoire, destinée, en un mot, à produire son effet, même avant l'accomplissement de la condition à laquelle est subordonné le droit qu'elle affecte; car tant que ce droit reste conditionnel, il demeure insaisissable; mais ce n'est point là ce que nous prétendons. Nous disons seulement qu'il peut dès à présent, en vertu du droit conditionnel qu'il a sur l'immeuble, consentir une hypothèque valable; valable en ce sens que sa perfection est désormais assurée, à supposer que la propriété conditionnelle sur laquelle elle est maintenant assise vienne plus tard à se transformer en une propriété définitive.

En résumé si, dans l'espèce, la rétroactivité de la condition à laquelle est subordonné le droit du premier acheteur n'est opposable aux tiers qu'autant que la vente qui en a opéré la transmission a été transcrite, c'est que cette vente, bien que conditionnelle, a eu pour effet d'enlever au vendeur le droit de consentir des aliénations ou des hypothèques définitives et irrévocables. Or, puisqu'en cédant sa propriété conditionnelle l'acheteur perd absolument le droit en vertu duquel il pouvait aliéner ou hypothéquer conditionnellement l'immeuble, objet de la première vente, il va de soi que cette cession doit être transcrite, sous peine de rester sans effet à l'égard des tiers. Ces deux solutions se tiennent par le lien le plus étroit; et, à moins de se jeter dans la contradiction la plus manifeste, il est impossible d'écarter la seconde tout en admettant la première.

MM. Rivière et Huguet n'admettent point cette imperfection de leur système. « Nous avons décidé, disent-ils, que le premier acquéreur était obligé de faire transcrire son acte. Cette proposition n'est point en contradiction avec la solution que nous venons de donner. On pourrait la croire cependant, au premier abord, puisque les deux contrats ne font naître au profit des acquéreurs qu'*une espérance* qui n'est *pas le droit de propriété immobilière*. Mais la raison de décider est qu'il faut envisager le droit qui est cédé lors du premier contrat, dans ses rapports avec celui qui le transmet. Or, ce que *Primus* a transféré à *Secundus*, c'est *vraiment son droit de propriété.* »

Nos auteurs n'ont pas pris garde que la dernière des propositions dont leur argument se compose renferme implicitement la négation de celles qui précèdent, et qu'ainsi tout point d'appui leur fait défaut. « Si, disent-ils, la première vente doit être transcrite, c'est qu'en la consentant, *Primus* a vraiment *transféré son droit de propriété.* » Mais s'il l'a *transféré, Secundus* l'a donc *acquis!* Autrement il faudrait dire que la propriété ne réside ni en la personne du vendeur, puisqu'il l'a *transférée*, ni en celle de l'acheteur, puisqu'il ne l'a point *acquise*. Et alors où serait-elle? Je n'ai pas besoin, je pense, d'insister sur ce point. Tout le monde comprendra sans peine que la *transmission* de la propriété étant par essence un fait complexe, suppose nécessairement deux effets produits simultanément et se servant réciproquement de cause l'un à l'autre, savoir une *désinvestiture* d'un côté, et une *investiture*, de l'autre.

Si le premier acheteur a été investi de la propriété conditionnelle que le vendeur lui a transmise, il est clair qu'au cas où il cède à son tour le droit qui lui a été cédé, ce droit, c'est-à-dire la propriété conditionnelle dont il est investi, passe de sa personne en la personne de son ayant-cause, et puisque les deux ventes sont l'une et l'autre *translatives de propriété immobilière*, elles rentrent, l'une comme l'autre, dans les termes de la loi qui, en effet, ne distingue pas si la propriété transmise est conditionnelle ou pure et simple. Elles doivent donc être également transcrites.

16. Ainsi, un principe nous est acquis. La propriété conditionnelle ne peut, à l'égard des tiers, passer d'une personne à l'autre que par la transcription de l'acte qui opère cette mutation. D'où la conséquence suivante : lorsqu'une personne investie du droit de faire annuler ou rescinder une aliénation précédemment effectuée le cède à une tierce personne, cette cession, si elle n'a été transcrite, reste comme non-avenue et inexistante à l'égard des tiers. Soit une vente rescindable pour cause de lésion, ou annulable pour cause d'incapacité, de violence, de dol ou d'erreur : dans ces divers cas, le vendeur conserve, sous une condition suspensive, la propriété qu'il a transmise sous condition résolutoire; car, par cela même que la rescision ou l'annulation de la vente aura, par rapport à l'acheteur, l'effet d'une condition résolutoire, elle produira forcément,

à l'égard du vendeur, l'effet d'une condition suspensive. Le vendeur qui a le droit de faire rescinder ou annuler une vente antérieurement consentie est donc, sous la condition de l'annulation ou de la rescision de cette vente, propriétaire de l'immeuble qu'elle a pour objet. Dès lors, si au lieu d'exercer lui-même son action en nullité ou en rescision, il la cède à quelqu'un, les tiers en doivent être avertis par la transcription de l'acte de cession (1).

Une objection pourra nous être faite. Il est bien vrai, nous dira-t-on, que le vendeur qui a une action en nullité ou en résolution d'une vente antérieure peut éventuellement hypothéquer l'*immeuble* qu'elle a pour objet; mais il ne s'ensuit point que l'*action* soit elle-même susceptible d'hypothèque; or, ce qui est cédé, dans l'espèce, ce n'est point l'*immeuble*, c'est l'*action* (2).

Ce raisonnement n'est qu'une vaine subtilité : il repose sur une distinction impossible et que nous avons déjà combattue (voy. ci-dessus, p. 28). Le cédant n'a pu, dit-on, transférer que le droit qu'il avait, *son action en nullité ou en résolution;* il n'a pas pu céder la *propriété de l'immeuble* qui est l'objet de son action, puisque cet immeuble ne lui appartenait pas. La cession qu'il a faite ne constitue donc point un acte translatif de propriété immobilière. Dès lors, à quel titre la soumettre à la formalité de la transcription?

Mais, répondrai-je, comment céder une action sans céder l'immeuble ou plutôt la propriété qu'elle a pour objet? Est-ce qu'une action existe par elle-même, indépendamment du droit à réclamer? L'action et le droit sur lequel elle repose ne sont, au fond, qu'une seule et même chose, car ils n'existent l'un et l'autre que l'un par l'autre. De là le brocard que celui qui a une action pour recouvrer une chose est censé avoir cette chose même : *is qui actionem habet ad rem recuperandam, rem ipsam habere videtur.*

L'action en nullité ou en résolution et le droit de propriété qu'elle a pour objet ne peuvent donc point exister séparément

---

(1) En ce sens, MM. Troplong, *Donat,* n° 1165; Duranton, t. VIII, n° 504.

(2) En ce sens, MM. Aubry et Rau, sur *Zachariæ,* t. V, p. 326; Rivière et Huguet, n° 3.

et appartenir à deux personnes distinctes. Quand le vendeur cède son action, la chose à recouvrer est implicitement comprise dans l'objet de la cession. Bien plus, ce qui est cédé principalement, au premier plan, c'est la chose à recouvrer ; car l'action n'est que le moyen d'arriver à ce but.

17. La vente avec faculté de rachat ne transfère qu'une propriété *révocable* puisqu'elle est subordonnée à la condition résolutoire du réméré. Lorsque cette condition vient à s'accomplir, la vente étant alors *rétroactivement anéantie*, l'acheteur se trouve par là même censé n'avoir jamais été propriétaire, tandis qu'à l'inverse, le vendeur est réputé n'avoir jamais cessé de l'être. Aussi est-il vrai de dire que durant le délai fixé pour le réméré, ils sont tous les deux propriétaires, l'un, sous condition résolutoire, l'autre, sous condition suspensive ; tous les deux peuvent donc consentir des hypothèques affectées, bien entendu, de la même condition que celle dont est affecté le droit en vertu duquel ils les constituent. Le délai fixé pour le réméré se passe-t-il sans que le vendeur use de son droit, toutes les hypothèques par lui consenties depuis la vente sont nulles, car la condition sous laquelle il était propriétaire ne s'étant point accomplie, c'est l'immeuble d'*autrui* et non le *sien* qu'il se trouve avoir hypothéqué. Au contraire, toutes celles qui ont été acquises du chef de l'acheteur deviennent définitives et à l'abri de toute atteinte, en même temps que sa propriété cesse d'être révocable. Le réméré a-t-il lieu, nous avons alors le résultat inverse. Les hypothèques qui émanent de l'acheteur tombent en même temps que son droit s'évanouit, tandis que celles qui ont été acquises du chef du vendeur se consolident comme et avec son droit de propriété.

Ce point de droit nous semble incontestable. La Cour de cassation et deux Cours impériales ont, il est vrai, décidé que dans l'hypothèse d'une vente avec faculté de rachat, le vendeur ayant transféré *toute sa propriété* à l'acheteur, n'a plus contre ce dernier *qu'une simple créance*, et qu'ainsi les hypothèques par lui consenties dans l'entre-temps de la vente à l'exercice du réméré, sont frappées d'une nullité radicale (1) ; mais ces décisions violent trop ouvertement les textes, pour qu'on

_____

(1) Besançon, 22 novembre 1822, et rejet du pourvoi contre cet arrêt, 21 décembre 1855, Bordeaux, 5 janvier 1833.

puisse craindre qu'elles fassent jamais autorité. Car comment ne voir *qu'une simple créance* dans le droit qu'a le vendeur de reprendre son bien en désintéressant l'acheteur, alors que la loi nous dit elle-même, d'une part, qu'il peut le reprendre *entre les mains d'un second acquéreur, quand même la faculté de réméré n'aurait pas été déclarée dans le second contrat* (art. 1664), et d'autre part, que le bien qu'il peut ainsi reprendre *partout où il le trouve*, lui fait retour *libre des hypothèques et autres charges dont il a pu être grevé soit du chef de l'acheteur, soit du chef des ayants-cause de ce dernier* (art. 1673) (1)?

Si on admet avec nous que le vendeur à réméré est propriétaire conditionnel du bien qu'il a vendu, il faut également reconnaître avec nous qu'il peut valablement, même *pendente conditione*, soit l'hypothéquer, soit l'aliéner, mais, bien entendu, sous la condition de l'exercice du réméré. Et si tout cela est incontestable, il est non moins évident qu'alors il importe que les tiers appelés à se mettre en rapport d'affaires avec lui, puissent savoir si la faculté qui l'investit du droit de disposer conditionnellement de l'immeuble existe encore ou n'existe plus en sa personne. La cession qu'il en pourra faire devra donc être transcrite.

18. On peut enfin se demander si l'acte par lequel un vendeur *non payé* cède ses droits à un tiers, doit ou non être transcrit. A ne considérer que le principe qui jusqu'ici nous a servi de guide, l'affirmative n'est point douteuse. Le vendeur non payé peut faire résoudre son contrat, et, par cette résolution, reprendre son bien, qui alors est réputé n'avoir jamais cessé d'être à lui. Il en est donc propriétaire sous la condition suspensive de la résolution de la vente. La cession qu'il fait de ses droits, c'est-à-dire de sa créance et de son action résolutoire, opère par conséquent la mutation d'une propriété conditionnelle. Dès lors il importe que les tiers soient avertis de cette mutation, d'où la nécessité de sa transcription.

Je ne crois pas pourtant que cette solution doive être admise. Lorsque le vendeur non payé cède ses droits à un tiers, *sa créance du prix* forme l'objet direct et principal de la cession. Son action en résolution n'y entre qu'à titre d'accessoire, au même titre que les autres garanties attachées à la créance pour

---

(1) V. M. Valette et les auteurs qu'il cite, t. I, p. 202 et 203.

en assurer le paiement. Or, la cession de la créance a sa publicité propre ; on la porte à la connaissance des tiers par l'une
ou l'autre des formalités prescrites par l'art. 1690. Dès que
l'une ou l'autre de ces formalités a été remplie, la cession étant
réputée connue des tiers, le cessionnaire se trouve saisi de la
créance tant dans ses rapports avec eux qu'au regard du cédant. Dès lors il serait assurément fort singulier que, bien
qu'investi du droit *principal* qui lui a été cédé, il n'eût point
également la saisine du droit compris accessoirement dans la
cession. Comment considérer comme clandestine, *quant à son
effet accessoire,* une cession que la loi présume connue des
tiers *quant à son effet principal ?* La publicité ne peut pas être
scindée dans ses effets. Elle est ou elle n'est pas. Et puisque
les tiers sont réputés connaître la cession, il est clair qu'ils doivent être, par là même, réputés la connaître telle qu'elle se
comporte, et par conséquent dans toutes ses parties.

Deux modes de publicité ont été organisés, l'un propre à
la cession des créances, l'autre, adapté aux mutations des droits
réels. Dans l'espèce, deux droits, l'un, purement personnel,
l'autre, réel, ont été cédés. La raison nous indique suffisamment que l'acte qui a opéré cette double mutation, ne peut
pas et ne doit pas être soumis à la fois aux formalités diverses
dont se composent ces deux modes de publicité ; ce serait dou-
bler les frais sans profit pour personne ; il faut donc opter. Or,
puisque le droit réel dont il s'agit n'est que l'accessoire du
droit personnel qui a été cédé, il est naturel que la cession de
la créance prédomine sur la cession de l'action en résolution
et l'absorbe : *accessorium sequitur principale.*

Ce système devrait être suivi alors même qu'on admettrait
avec certains auteurs que l'action en résolution de la vente,
bien qu'elle soit dans les mains du vendeur un moyen indirect
de contraindre l'acheteur au paiement du prix, constitue néanmoins un droit principal et parfaitement distinct de la
créance (1). On y serait, en effet, ramené par une impérieuse
nécessité qui tient tout à la fois, au fond du droit et à la nature même des choses. C'est ce que je vais démontrer.

La notification de la cession au débiteur cédé opère, *à l'é-*

---

(1) J'ai combattu cette idée dans mon *Examen critique du Commentaire de
M. Troplong sur les privilèges,* 2e partie, no 320.

gard des tiers, la mutation de la créance (art. 1690); car la circonstance que la cession comprend, dans l'espèce, un droit réel en même temps qu'une créance, n'empêche point qu'elle ne reste soumise, quant à la créance qu'elle a pour objet, aux règles qui lui sont propres.

Si le cessionnaire qui a satisfait aux prescriptions de l'art. 1690 a la propriété absolue de la créance, s'il en est saisi *tant à l'égard des tiers* que dans ses rapports avec le cédant, celui-ci se trouve par là même dessaisi du droit de résolution, dessaisi d'une manière complète et absolue, aussi bien à l'égard des tiers qu'à l'égard du cessionnaire. Cette investiture est une conséquence forcée et nécessaire de la nature même du droit de résolution. Ce droit ne peut, en effet, appartenir qu'au créancier du prix, puisqu'il n'a d'autre objet que d'en assurer le paiement.

Si, d'une part, il est impossible de l'acquérir indépendamment du droit d'exiger le paiement du prix; si, d'autre part, le cessionnaire a désormais l'entière et absolue investiture de la créance, il est manifeste et de toute évidence que le vendeur ne peut plus le transmettre à personne.

Dès lors, si on écarte notre système, quel parti prendre? Décidera-t-on que le droit de résolution n'appartient dans l'espèce ni au cessionnaire, puisqu'il n'a point fait *transcrire* le titre en vertu duquel il lui a été cédé, ni au vendeur, puisqu'il n'est plus créancier du prix, ni à ceux auxquels il l'a cédé depuis la notification de la première cession; car l'ayant lui-même perdu tant dans ses rapports avec les tiers qu'au regard du cessionnaire de la créance, personne n'a pu l'acquérir de son chef? Je n'ai pas besoin de dire que cette solution est impossible. Elle aboutit, en effet, à l'extinction même du droit de résolution, et chacun comprend qu'il serait en vérité par trop bizarre que la cession que le vendeur a faite de ses droits pût avoir pour effet d'affranchir l'acheteur de l'un des moyens de coercition auquel il était soumis, et, par suite, de l'encourager dans sa résistance à ne point payer!

Dira-t-on que le cessionnaire n'est saisi, à l'égard des tiers, ni de l'action en résolution, ni même de la créance du prix, puisqu'à raison du droit réel qu'elle comprend, la cession a dû, même quant au droit personnel qu'elle a pour objet, être portée à la connaissance des tiers par la voie de la transcription, ce qui n'a pas eu lieu dans l'espèce? Mais, bien évidemment, cette solution est tout aussi impossible que la première; car, s'il est vrai, ainsi qu'on l'affirme, que cette cession comprend deux droits principaux et parfaitement distincts, on est bien forcé de reconnaître qu'elle est double quant à son objet, et qu'ainsi elle se compose de deux cessions également distinctes, quoique relatées dans un même acte. Dès lors, pourquoi voudrait-on que la cession de la créance perdît sa nature et ses caractères, sous prétexte qu'elle se trouve relatée, en même temps qu'une autre cession, dans un acte commun?

On le voit donc, dès qu'on écarte notre système, on se trouve arrêté par de véritables impossibilités juridiques. Or, entre deux solutions conduisant, l'une à des résultats inadmissibles, l'autre à des conséquences qui ne blessent ni l'esprit de la loi, ni la justice, ni enfin la raison de droit, y a-t-il à balancer?

§ 2.— DES DROITS RÉELS SUSCEPTIBLES D'HYHOTHÈQUE.

SOMMAIRE.

19. Doivent être également transcrits les actes translatifs de *droits réels susceptibles d'hypothèque.*
20. L'acte par lequel un propriétaire constitue, établit, au profit d'un tiers, un droit d'usufruit sur son immeuble doit-il être transcrit?
21. La convention appelée dans la pratique contrat d'*emphytéose*, doit-elle être transcrite? Quelles conséquences entraîne le défaut de transcription?
22. L'acte par lequel l'emphytéote cède son droit à un tiers doit-il être transcrit?
23. Des actions immobilisées de la Banque de France ou de la Compagnie des canaux d'Orléans et de Loing.
24. Résumé.

19. Ce ne sont point seulement les actes *translatifs de propriété immobilière* qui doivent être transcrits; il en est de même des actes *translatifs de droits réels susceptibles d'hypothèque.*

20. Sur ce point, il est bon de prévenir une équivoque que l'esprit de chicane pourrait soulever peut-être. Lorsqu'un usufruitier dispose de son droit au profit d'un tiers, la cession

qu'il en fait est un acte *translatif,* puisque le droit qu'il a pour
objet passe de la personne du cédant à celle du cessionnaire.
La transcription sera donc nécessaire ; point de difficulté à cet
égard. Mais que décider de l'acte par lequel un propriétaire
établit un usufruit sur son immeuble ? Y a-t-il, dans ce
cas, *translation* d'un droit réel ? A ne considérer que la
subtilité du droit, on serait tenté peut-être d'admettre la négative. On ne *transmet,* dirait-on, que les droits qu'on a et
tels qu'on les a. Or, le propriétaire n'était point *usufruitier* de
l'immeuble sur lequel a été constitué l'usufruit dont il s'agit ;
car, aux termes mêmes de l'art. 578 du Code Napoléon, *l'usufruit* est le droit de jouir des choses *dont un autre a la propriété.* Les droits d'usage et de jouissance, qui sont les éléments constitutifs du droit d'usufruit, font partie sans doute
du droit de propriété, et, sous ce rapport, il est vrai de dire
que le propriétaire est usufruitier de sa propre chose. Mais
l'usufruit dont il était investi en sa qualité de propriétaire, n'est
point celui qui réside actuellement en la personne de l'usufruitier. Ces deux droits se distinguent en effet l'un de l'autre
par des différences essentielles et radicales. Ainsi, tandis que
l'usufruit joint à la propriété est, comme elle, transmissible
aux héritiers du propriétaire, l'usufruit qui en est détaché ne
survit jamais à l'usufruitier. L'un donne droit à tous les *produits* de la chose, l'autre est limité aux produits qui ont le caractère de *fruits.* Le propriétaire jouit comme il l'entend ;
l'usufruitier doit modeler l'exercice de son droit sur le mode
de jouissance pratiqué par le propriétaire, alors que l'usufruit
n'était pas encore établi. D'autres différences non moins importantes pourraient être signalées, mais celles-ci montrent
suffisamment que le droit acquis par l'usufruitier forme un
droit particulier qui n'a jamais résidé, avec les caractères qui
lui sont propres, en la personne du propriétaire. Dès lors aucune *transmission* n'a eu lieu. Un droit a été créé, *constitué,*
mais non *transmis.* L'acte qui l'a *établi* a donc, non point les
caractères d'un acte *translatif,* mais ce qui est bien différent,
la nature et les caractères d'un acte *constitutif* du droit qu'il a
pour objet. Or, parmi les actes qui ont pour objet des droits
réels *susceptibles d'hypothèque,* ceux-là seulement sont soumis
à la transcription, qui sont *translatifs.* La loi, il est vrai, y soumet également certains actes *constitutifs* de droits réels (art. 2,

n° 1er), mais elle ne vise, par sa disposition sur ce point, que
les droits d'usage, d'habitation, les servitudes réelles et l'antichrèse.

Je n'ai pas besoin de dire que cette scholastique n'est qu'une
vaine et puérile discussion sur une thèse en l'air. Qui ne voit,
en effet, que constituer un droit d'usufruit, c'est réellement
transférer à un tiers une portion de son droit de propriété, à
savoir le *jus utendi* et le *jus fruendi?* Il est vrai que le droit
transféré reçoit, après sa transmission, des modifications qui
lui impriment un caractère particulier, en sorte qu'il n'est plus
en la personne de l'usufruitier ce qu'il était alors qu'il résidait
sur la tête du propriétaire duquel il le tient; mais ces modifications n'empêchent point qu'il n'y ait eu réellement un droit
transmis d'une personne à une autre.

Comment admettre d'ailleurs que la loi qui soumet au régime de la publicité l'établissement des droits d'usage ou d'habitation, ait pu songer à laisser sous l'empire de la clandestinité la plus complète les actes constitutifs d'un droit d'usufruit?
Ce serait lui faire injure que lui prêter une aussi sotte et aussi
ridicule distinction !

21. Fixons notre attention sur un autre point. En disant que
les actes translatifs *de droits réels susceptibles d'hypothèque*
doivent être transcrits, la loi suppose, par la généralité de ses
termes, qu'en outre du droit d'usufruit, il existe d'autres droits
réels susceptibles d'hypothèque. Quels peuvent être ces autres
droits? On cite, à titre d'exemple, le droit de l'*emphytéote;*
mais on ne prend pas garde qu'on résout, par cette affirmation,
l'une des questions les plus controversées de notre droit. Il est
bien vrai que, dans notre ancienne jurisprudence, et aussi sous
l'empire de notre ancien droit, où l'emphytéose temporaire avait
été maintenue, le droit que cette convention conférait était
réel-immobilier, et comme tel, susceptible d'hypothèque ;
mais a-t-elle été maintenue par notre Code? Le contrat qu'on
appelle emphytéose dans la pratique, ne serait-il point plutôt,
sous une dénomination impropre, *un simple bail*, à la vérité
d'une durée plus longue que les baux ordinaires, mais enfin
un bail proprement dit, soumis, à ce titre, aux règles par lesquelles se gouverne le contrat de louage? Là est la question.

Pour mon compte, ma conviction est faite, et je ne doute
point que ceux qui, l'esprit libre de tout parti pris, prendront

la peine de méditer, avec une scrupuleuse attention, les disser-
tations si lumineuses et si heureusement démonstratives de
MM. Valette (1) et Demolombe (2) sur cet important point de droit,
resteront également convaincus que l'emphytéose n'a plus aujourd'hui les caractères qu'elle avait autrefois. Je n'essaierai point
de résumer les raisons que ces savants professeurs apportent à
l'appui de leur opinion ; en les pressant dans un cadre trop
étroit, je les affaiblirais peut-être; il vaut mieux que le lecteur
les prenne à leur source et dans toute leur énergie.

Il est bon toutefois de déduire de leur système les conséquences qu'il peut avoir au point de vue de la transcription.

Un propriétaire aliène-t-il un immeuble moyennant une
redevance annuelle et perpétuelle : cette convention est très
valable sans doute; mais, au lieu d'établir une emphytéose avec
les effets particuliers et fort peu précis qu'on assignait autrefois
à ce contrat, elle constitue une vente proprement dite, ou, si
l'on veut, une constitution de rente régie par l'art. 530 de notre
Code. Celle des parties qui paie la redevance a reçu non point
seulement un droit réel sur l'immeuble, mais la propriété elle-
même, la propriété pleine et entière. L'autre partie a acquis,
en retour de la propriété qu'elle n'a plus, une créance d'arré-
rages rachetable au gré du débiteur. Cette convention n'a donc
rien qui ressemble de près ou de loin à l'ancienne emphytéose.
Elle devra être transcrite, cela n'est point douteux; mais alors
on ne transcrira point un acte translatif d'un droit réel distinct
et séparé de la propriété, on transcrira un acte translatif de la
propriété elle-même.

Suppose-t-on, au contraire, que l'obligation de payer une
redevance annuelle n'a point pour corrélatif, dans l'intention
des parties, l'aliénation de l'immeuble sur lequel elles traitent,
en d'autres termes, que le propriétaire, tout en stipulant une
redevance perpétuelle, entend néanmoins demeurer propriétaire : leur convention ne constitue point une emphytéose; c'est
tout simplement un bail qualifié sous une expression impropre,
un bail d'une durée plus longue que les baux ordinaires, en
un mot, un bail proprement dit, d'où il ne peut sortir pour le
preneur qu'un simple droit personnel et mobilier, qui, à ce

(1) *Traité des priviléges et des hypothèques*, t. I, p. 191.
(2) *Cours de Code Napoléon*, t. IX, no 491.

double titre, répugne à toute affectation hypothécaire. Elle devra, sans doute, être transcrite; mais, qu'on le remarque bien, elle devra l'être non point à titre d'acte translatif d'un droit réel susceptible d'hypothèque, mais, ce qui est bien différent, *à titre de bail.* Cette distinction est fondamentale. Nous verrons bientôt, en effet, qu'à la différence des actes translatifs de propriété ou de droits réels, qui, à défaut de transcription, restent destitués de tout effet à l'égard des tiers, les baux, quoique non transcrits, leur sont opposables pour une durée de dix-huit années au moins (art. 3).

Que si, enfin, il est démontré que les parties ont entendu former entre elles un véritable contrat d'emphytéose et lui attribuer les mêmes effets qu'il avait dans notre ancienne jurisprudence, leur convention est frappée d'une nullité radicale. Il n'est point permis, en effet, de déroger par des conventions particulières aux institutions d'ordre public (art. 6 C. Nap.) et, par conséquent, à l'organisation de la propriété. Si la loi a cru devoir supprimer l'emphytéose , il n'est point au pouvoir des particuliers de la faire revivre (1).

Tel est, à mon sens, le système qui doit être suivi. Mais personne n'ignore que la *réalité* du droit de l'emphytéote est admise par la plupart des auteurs, et consacrée dans la pratique par de nombreux arrêts. La Cour de cassation a même été jusqu'à dire que l'emphytéote acquiert, non plus comme autrefois, un simple droit réel, mais *la propriété temporaire* de l'immeuble même (2); en telle sorte que le Code se trouve avoir, par un phénomène singulier et fort peu compréhensible assurément, étendu et modifié une institution qu'il a *complétement passée sous silence !* Qu'est-ce d'ailleurs qu'une *propriété temporaire ?* Qui ne sait que par sa nature et par essence , la propriété est aussi absolue dans sa durée, qu'elle est absolue dans ses effets? Ces étrangetés ont d'autant plus lieu de surprendre, que la Cour

---

(1) En ce sens, Delvincourt, t. III, p. 115 ; Proudhon, *De l'usufruit,* t. I, nᵒ 97 ; Grenier, *Hypoth.,* t. I, nᵒ 143 ; *Le Contrôleur de l'enregistrement,* t. XII, p. 186 ; MM. Aubry et Rau sur *Zachariæ,* t. I, p. 414 et 415.

(2) 1ᵉʳ avril 1840, Dev., 1840, 1, p. 435 ; 24 juillet 1843, Dev., I, 830 ; 6 mars 1850, Dev., I, 210. — V. pour la critique de ces arrêts, MM. Championnière, Rigaud et Pont, t. 6, nᵒ 841 ; M. Valette, *Revue de droit français et étranger,* mars 1843, p. 241 et la note de la p. 246·

de cassation décide elle-même, d'une part, que les règles de l'emphytéose n'ont été *changées ni modifiées par le Code Napoléon* (1); d'autre part, que *le droit de propriété ne saurait être limité par le temps* (2),

Quoi qu'il en soit, la *réalité* du droit de l'emphytéote a aujourd'hui toute la force d'un fait accompli. Elle a été consacrée par des décisions si réitérées, et soutenue par tant et de si bons esprits (3), qu'il n'est point permis d'espérer que la jurisprudence se modifie jamais sur ce point.

Je me résume. Dans l'un et l'autre des deux systèmes, la convention connue et qualifiée sous le nom d'*emphytéose* doit être transcrite. La divergence ne porte que sur l'étendue des effets qu'entraînera le défaut de transcription. Dans le système de **MM.** Valette et Demolombe, l'emphytéose n'étant qu'un *véritable bail*, sera, *quoique non transcrite*, opposable aux tiers dans la limite de dix-huit années, conformément au 2e alinéa de l'art. 3 de la loi nouvelle. Dans le système auquel la pratique s'est ralliée, le défaut de transcription entraînera une conséquence bien plus grave pour l'emphytéote; la convention génératrice de son droit restera destituée de tout effet à l'égard des tiers, d'après le 1er alinéa du même article (4).

22. La question de savoir si le droit qu'engendre l'emphytéose est *réel* ou simplement *personnel* peut se poser à un nouveau point de vue. Supposons que l'emphytéote cède son droit à un tiers : cette cession devra-t-elle être transcrite? Ici encore la réponse est facile.

Si on admet, avec la jurisprudence, que le droit né de l'emphytéose est réel et, comme tel, susceptible d'hypothèque, la

---

(1) 19 juillet 1832, D. 1832, i, 296. Sir., 1832, 531.

(2) 8 juillet 1851, Dev., 1851, i, 682.

(3) 10 mai 1831; — 15 décembre 1832; — 19 juillet 1832; — 1er avril 1840; — 24 juillet 1843; — 12 mars 1845; — 8 mai 1847; — 6 mai 1850. — Merlin, *Quest.*, v° *Emph.*, sect. v, n° 8; — Favard de Langlade, *Rép.*, v° *Hypoth.*, § ii; — Proudhon, *De l'usufruit*, i, n° 57; *Du domaine de propriété*, ii, n° 710; — MM. Persil, sur l'art. 2118, n° 15; — Battur, ii, n° 46; Duranton, iv, n° 80; xix, n° 268; — Duvergier, *Du louage*, i, n°s 142 et suiv.; — Championnière, et Rigaud, vi, n° 838; — Troplong, *Des priv. et hypoth.*, ii, n° 405; *Du louage*, n° 50; — Pepin-le-Halleur, *Hist. de l'emphyt.*, p. 330; — Marcadé, ii, art. 525; — Ducaurroy, Bonnier et Roustain, ii, n° 70.

(4) MM. Rivière et Huguet, *Quest. théor. et prat. sur la transcription*, n° 138.

cession qu'en fera l'emphytéote ne sera opposable aux tiers qu'autant qu'elle aura été transcrite.

Que si, au contraire, on se range au système de MM. Valette et Demolombe, si on reconnaît avec eux que la convention à laquelle les parties ont, mal à propos, donné le nom d'emphytéose n'engendre qu'un droit personnel et mobilier, l'acte par lequel l'emphytéote en disposera au profit d'un tiers produira tous ses effets, indépendamment de sa transcription, tant à l'égard des ayants cause de l'emphytéote qu'au regard de l'emphytéote lui-même; pourvu, bien entendu, qu'il ait été porté à la connaissance des tiers par l'accomplissement de l'une ou de l'autre des formalités prescrites par l'art. 1690 du Code Napoléon.

23. Quelques auteurs citent comme rentrant dans la disposition que nous expliquons les cessions qui ont pour objet des actions immobilisées de la banque de France ou de la compagnie des canaux d'Orléans et de Loing. Ces actions, disent-ils, sont des biens immobiliers, des biens susceptibles d'hypothèque (1); la cession qui en est faite doit donc être transcrite (2): c'est bien aussi mon avis. Cependant cela ne va point tout seul. A ne consulter que les termes de la loi, les cessions ne sont soumises à la formalité de la transcription qu'autant que le droit dont elles opèrent la mutation est, tout à la fois, *réel et susceptible d'hypothèque*. Or, si les actions dont il vient d'être parlé sont *susceptibles d'hypothèque*, elles ne constituent point néanmoins des droits *réels*. Tout le monde sait, en effet, que, par une fiction de droit dont le principe a été déposé dans l'art. 529 de notre Code, la banque de France, considérée comme une personne morale, de même que toute autre société de finance, de commerce ou d'industrie est, à ce titre, seule propriétaire de l'avoir social, et qu'ainsi chacun des actionnaires n'a contre elle, tant qu'elle dure, qu'une pure créance à fin de partage des bénéfices quotidiens et mobiliers qu'elle peut réaliser. Il est vrai que cette *créance*, qui est mobilière aux termes du droit commun, peut être, par une faveur particulière, immobilisée, auquel cas elle devient, par l'effet d'une disposition formelle de la loi, susceptible d'hypothèque comme

(1) Décrets du 16 janvier 1808 et du 16 mars 1810.
(2) MM. Rivière et Huguet, n° 135.

les autres biens immobiliers ; mais le caractère nouveau qu'elle reçoit alors ne changeant point la nature des rapports existants entre la banque et l'actionnaire, le droit de ce dernier n'est toujours qu'une simple *créance*, un pur droit *personnel*, par conséquent. Dès lors, peut-on dire, la cession qui en est faite échappe à la formalité de la transcription, puisque la loi ne l'exige, en général, que pour les actes translatifs ou constitutifs de *droits réels*. Le bail est, en effet, le seul, parmi les actes simplement générateurs d'obligations, qui ait été soumis au régime de la publicité.

Si cette ridicule interprétation devait être admise, il faudrait renoncer à l'interprétation doctrinale des lois. Celle que nous étudions a voulu, personne ne l'ignore, fournir aux capitalistes le moyen de s'assurer que l'emprunteur avec lequel ils traitent est réellement propriétaire du bien qu'il offre d'affecter par hypothèque à la sûreté de la dette. Dès lors, n'est-il pas vrai que par cela seul qu'un bien est susceptible d'hypothèque, tout acte qui en opère la mutation doit être porté à la connaissance des tiers? Si la loi n'a parlé que de la propriété et des droits *réels*, c'est qu'en général les droits *personnels*, alors même qu'ils sont immobiliers, ne peuvent point faire la matière d'une hypothèque. Il est donc manifeste que sa pensée est tout entière, non point dans les mots : *droits réels*, mais dans ceux-ci : *droits susceptibles d'hypothèque*. Autrement, outre qu'elle aurait créé une lacune fort compromettante pour les parties dont elle veut sauvegarder l'intérêt, elle serait tombée dans une inconséquence inexplicable. On peut, en effet, voir dans l'art. 939 que les donations translatives « D'UN BIEN *susceptible d'hypothèque* » doivent être transcrites. Cette disposition, par la généralité de ses termes, écarte toute distinction : que le bien transmis consiste en un *droit réel* ou qu'il consiste en un *droit personnel*, il n'importe, pourvu qu'il soit d'ailleurs *susceptible d'hypothèque*. Or, si la cession *à titre gratuit* de l'une des actions dont nous parlons est soumise à la formalité de la transcription, comment croire que la loi nouvelle ait eu l'étrange idée d'écarter cette formalité pour les cas où la cession est *à titre onéreux?* ce serait la trahir dans sa pensée qu'admettre une pareille supposition. Qu'importe que les termes dont elle s'est servie restreignent, dans son étendue, la règle qu'elle établit, si, d'ailleurs, la généralité de son principe est démontrée et constante! L'intention de la loi doit-elle donc fléchir devant un texte mal digéré? N'oublions point cette maxime éternellement sage qu'il faut, dans les lois, rechercher ce qu'elles ont voulu plutôt que s'arrêter servilement au sens littéral des formules souvent inexactes qu'elles emploient pour exprimer leur pensée (Arg. tiré de l'art. 1156).

24. En résumé, parmi les droits *réels* distincts de la propriété, l'usufruit est le seul qui soit susceptible d'hypothèque. Quant aux droits personnels immobiliers, je ne connais que les actions immobilières de la banque de France et des compagnies des canaux d'Orléans et de Loing. Mais je rappelle que suivant la jurisprudence et contrairement à notre opinion, la convention d'emphitéose engendre un droit *réel* susceptible d'être hypothéqué.

§ 3. — DES VENTES.

SOMMAIRE.

41. Des ventes qui ont pour objet des droits successifs et indivis.

42. Vente d'une succession dont les éléments sont inconnus.

43. Des actes confirmatifs d'une vente annulable, résoluble ou rescindable.

44. De l'acte par lequel un vendeur non payé et l'acheteur déclarent vouloir résoudre la vente et remettre les choses au même état qu'auparavant.

25. Parmi les actes translatifs de propriété, la vente se présente au premier plan comme le type des mutations à titre onéreux. J'en traiterai donc tout d'abord et très longuement; si les détails dans lesquels je me propose d'entrer à son sujet paraissent trop minutieux, si les espèces où je la ferai intervenir semblent trop nombreuses, sa grande importance et l'usage fréquent qu'on en fait me serviront d'excuse. Ce n'est qu'ainsi d'ailleurs qu'il me sera donné de tracer des règles générales, et, par suite, de fixer le droit commun de la transcription.

26. Dès que la vente est parfaite, commence pour l'acheteur l'obligation de la faire transcrire. Mais quand est-elle parfaite? A quel moment opère-t-elle le déplacement de la propriété de l'immeuble qu'elle a pour objet? La règle à cet égard est écrite dans l'art. 1583 du Code Napoléon. « La vente, y est-il dit, est parfaite et la propriété transmise, dès qu'on est convenu de la chose et du prix. » La perfection n'est donc point, en principe du moins et sauf stipulation contraire entre les parties, subordonnée à la condition d'un écrit. Et puisqu'elle est parfaite par la toute-puissance de l'accord verbal des parties, il est plus qu'évident qu'au cas où il a été dressé acte de leurs volontés, sa validité n'est nullement liée à l'existence, et, par suite, à la conservation de l'écrit qui est destiné à la prouver.

Ainsi, dès que la vente existe, et elle existe dès que les parties sont tombées d'accord, la propriété de la chose vendue passe immédiatement, sans le secours d'aucun écrit ou d'aucun autre fait extérieur, du patrimoine du vendeur dans celui de l'acheteur. Toutefois, cette mutation purement consensuelle n'a d'effet qu'entre les parties contractantes. Elle n'existe légalement, efficacement, à l'égard des tiers qu'à partir du moment où elle leur a été notifiée par la voie de la transcription.

Mais comment, dans l'espèce, remplir cette formalité ? Transcrire une vente, c'est reproduire en son entier sur un registre l'acte qui la relate ; or, précisément, l'acheteur n'a point de titre ! Dès lors que fera-t-il, s'il tient à mettre, sans délai, son droit à l'abri de tout péril ? Qu'il s'adresse à son vendeur, dira-t-on, et qu'il en obtienne un titre ! Sans doute ; mais si le vendeur est absent ou si, étant présent, il refuse, par malice ou par toute autre cause, la signature qu'on lui demande, que faire alors ? Faudra-t-il que l'acheteur reste désarmé en présence de ce mauvais vouloir ?—Une autre ressource lui est ouverte, me répondra-t-on. Qu'il appelle le vendeur en justice et lui défère le serment, ou, si cette voie lui semble trop périlleuse, qu'il le fasse interroger sur faits et articles afin d'en obtenir un aveu : si sa poursuite réussit, le jugement qu'il obtiendra lui servant de titre, la transcription qu'il en fera faire parera, pour l'avenir, à tout danger.

Je concède tout cela. Mais qui ne voit que ce secours viendra souvent trop tard, et après que l'acheteur aura été dépouillé par l'effet des actes que son vendeur aura pu consentir à son préjudice ? Si on lui eût permis de faire transcrire son exploit et d'obtenir, par cette voie, toute la sécurité que peut donner une transcription ordinaire, on eût coupé court à tout danger ; malheureusement la loi n'a pas songé à cet expédient. En devons-nous conclure que l'acheteur qui, n'ayant point de titre, est obligé de recourir à la justice dans l'espoir d'en obtenir un, devra fatalement rester, pendant tout le temps que durera le procès, exposé aux dangers qu'il lui importe de prévenir ? puisqu'il ne lui est point donné de remplir les formalités de la transcription proprement dite, ne peut-il point y suppléer par quelque équivalent et, par exemple, par la mention, sur le registre des transcriptions, de la déclaration par lui faite et affirmée de l'existence de la vente, joints tous les détails que les tiers peuvent avoir intérêt à connaître, tels que les nom et prénoms du vendeur, la désignation de l'immeuble vendu et enfin l'indication du prix de la vente ? Je n'entends point, au reste, soutenir que le conservateur sera civilement tenu d'accepter cette déclaration et de la coucher sur son registre. Mais s'il refuse, ainsi qu'il en a le droit, de se prêter à cet arrangement, l'acheteur ne pourra-t-il point, sur simple requête, obtenir du juge une ordonnance par laquelle il sera enjoint au conservateur d'avoir à transcrire sur son registre la déclaration faite par l'acheteur que tel immeuble appartenant à un tel lui a été vendu pour tel prix?

Cette proposition a un côté paradoxal qui peut-être tiendra la pratique en défiance. Cependant, et bien qu'à première vue elle ait toute l'apparence d'une nouveauté, on la peut justifier, sinon par des textes précis et positifs, au moins par des inductions auxquelles la raison de droit et l'esprit de la loi prêtent un appui également fort. C'est ce que j'espère démontrer.

Mais voyons les faits tout d'abord.

Une vente a eu lieu, nous le supposons. Quoique verbale, cette vente est valable, puisque la loi a pris soin de l'affranchir de la formalité de l'écriture.

Ainsi l'acheteur est propriétaire légitime de la chose vendue, propriétaire sous l'autorité et la garantie de la loi. A ce droit correspond la faculté de se mettre à l'abri des actes par lesquels son vendeur pourrait tenter de l'anéantir. Mais dans l'espèce, un obstacle se présente qui l'empêche de sauvegarder son intérêt par l'usage des voies ordinaires. Il s'agit donc de savoir si cette impossibilité qui est toute de fait et purement accidentelle aura pour effet de le laisser absolument désarmé; ou si, au contraire, il lui sera permis de puiser dans l'esprit de la loi l'équivalent du secours qui lui fait défaut.

A cet égard, l'art. 558 du Code de procédure nous fournit un premier élément de décision. On sait que les créanciers dont le gage est compromis peuvent le sauvegarder en le mettant provisoirement sous la main de la justice. Mais, pour saisir et arrêter les biens de son débiteur, il faut un titre (art. 557, C. pr.); il semble donc que le créancier dont le droit est né d'un contrat verbal est privé de ce secours. Il n'en est rien pourtant; la loi, prévoyant que le plus léger retard pourrait lui devenir funeste, ne le laisse point exposé au péril qui le presse; elle le relève de la condition fâcheuse dans laquelle il se trouve, et, lui venant en aide, elle l'appelle à participer au bénéfice du droit commun : la justice à laquelle il s'adresse lui délivre une permission d'agir qui lui tient lieu de titre.

Or, entre cette espèce et la nôtre où est la différence? N'est-il pas vrai qu'entre les deux cas l'analogie est entière, absolue? Et s'ils sont identiques dans l'ordre des faits, pourquoi ne pas les assimiler dans l'ordre juridique? N'abusons point d'un ou-

bli de la loi : le législateur ne pouvant ni tout prévoir ni tout
régler, il est permis de combler par une sage et prudente interprétation de sa pensée, les lacunes qu'il a laissées subsister
dans les détails. Les rédacteurs du Code l'ont eux-mêmes si bien
senti que, voulant parer aux inconvénients qu'entraînerait cette
imperfection nécessaire des lois, si la justice la devait fatalement subir, ils ont pris soin d'investir les magistrats qui les
appliquent *du droit*, et, ce qui est plus remarquable, de leur
imposer *le devoir*, de déduire de l'esprit des règles établies
l'extension que leurs termes ne comportent point, en un mot,
de les étendre lorsqu'elles sont *insuffisantes* (art. 4 du C. Nap.).
C'est ainsi, et l'exemple que je choisis est parfaitement démonstratif, c'est ainsi, dis-je, qu'on valide tous les jours des inscriptions hypothécaires ou privilégiées prises en vertu d'un
acte *sous seing privé*, bien qu'aux termes de l'art. 2148 le créancier qui requiert une inscription soit tenu de représenter, à
cet effet, l'original en brevet ou l'expédition *authentique* de
l'acte où se trouve relaté le fait générateur de l'hypothèque ou
du privilége qu'il veut rendre public.

Insistons sur ce point.

Les créanciers qui ont une hypothèque ou un privilége immobilier étant, le plus habituellement, nantis d'un titre authentique, toute l'attention de la loi s'est portée sur cette
hypothèse; elle n'a point pris garde qu'en certains cas un
créancier, bien que privilégié ou hypothécaire, peut n'avoir
qu'un titre sous seing privé ou même n'en avoir aucun; de là
la disposition restreinte de l'art. 2148. Si donc on ne s'attachait
qu'aux termes de la règle, tous les créanciers hypothécaires ou
privilégiés qui n'ont point de titre authentique, tels, par
exemple, que les légataires dont le droit est né d'un
testament simplement olographe, se verraient dans l'impossibilité *légale* de conserver les garanties qu'ils tiennent
de la loi elle-même. Cette contradiction a été partout jugée si
choquante, qu'il ne s'est encore trouvé personne pour la défendre. On a donc suppléé à l'insuffisance de la loi. Puisque, a-t-
on dit, elle a trouvé bon, d'une part, d'accorder une hypothèque aux légataires, même dans le cas où le testament qui les
institue est olographe ou sous seing privé, et, d'autre part, de
subordonner l'effet et la conservation de cette hypothèque à la
formalité d'une inscription, sans faire une exception pour le

cas où le legs qu'il s'agit de protéger est olographe, il est certain et manifeste qu'elle a entendu par là même que l'inscription qu'elle exige pourra être prise sur la présentation d'un testament quel qu'il soit, authentique ou sous seing privé. On a raisonné de même à l'égard du vendeur et du copartageant, dans le cas où l'acte dressé pour constater le contrat d'où est né leur créance privilégiée, a été fait en la forme sous seing privé. Du moment que la loi range leurs créances parmi les droits privilégiés, sans distinguer si les actes qui les constatent sont ou non authentiques, il est clair que l'inscription qu'elle exige, dans l'un et l'autre cas, doit pouvoir être prise en vertu de l'acte quel qu'il soit, sous seing privé ou authentique, dont est nanti le créancier qui la requiert. On a été plus loin encore : les créances dont il n'existe point de titre ou dont le titre a été détruit par suite de quelque cas fortuit, ont été elles-mêmes admises à l'inscription. Ainsi, lorsqu'un débiteur meurt laissant des héritiers peu solvables, ses créanciers peuvent mettre leur droit sous la sauvegarde de la séparation des patrimoines (art. 2111). Or, parmi eux, beaucoup peut-être n'ont point de titre. Les laisse-t-on pour cela désarmés? Dit-on que la garantie que la loi leur donne est, à leur égard, vaine et inutile, puisqu'ils ne peuvent point remplir la condition à laquelle la loi en a subordonné l'effet? Ce serait absurde et non moins injuste! On admet donc qu'ils peuvent demander au conservateur l'inscription de la créance qu'ils décrivent dans le bordereau d'inscription qu'ils lui présentent. Et alors de deux choses l'une : le conservateur consent-il à mentionner sur son registre les détails et renseignements que lui fournit le requérant, la nature de la créance qui lui est déclarée, le montant de la somme due, l'époque de son exigibilité, les nom et prénoms du débiteur décédé, cette mention équivaut à une inscription; elle en tient lieu. Craint-il, au contraire, d'engager sa responsabilité en recevant la déclaration qui lui est faite et en la couchant sur son registre, il peut ne pas se prêter à ce que lui demande le requérant; c'est son droit et personne ne songe à le lui contester; mais si le requérant, s'adressant au président du tribunal, en obtient une ordonnance portant permission de remplir la formalité d'où dépend la conservation de son droit, le conservateur pourra-t-il encore refuser son office? Par quel motif légitimera-t-il alors son refus? Du moment qu'il exécute

4

un ordre de justice, qu'a-t-il à craindre? Sa responsabilité étant à couvert, il n'a qu'à obéir (argument d'analogie tiré de l'art. 558 du C. de pr.).

Cette jurisprudence est née de la nécessité même des choses: l'équité y applaudit, la raison l'approuve. Jamais personne n'a songé à la critiquer.

Or, si un privilége dont il n'existe aucun titre, c'est-à-dire un privilége né d'un contrat verbal, peut néanmoins être sauvegardé par une formalité qui étant l'équivalent d'une inscription en tient lieu, n'est-ce pas tout à la fois faire acte de logique et de justice que de permettre à l'acheteur, dans le cas où il n'a point de titre, de remplacer la transcription proprement dite, par une transcription qui, à la vérité, s'en sépare par la forme ou par la procédure de son exécution, mais qui n'en diffère point quant au fond? La loi exige deux choses bien distinctes: l'une qui est essentielle et fondamentale, la publicité de la vente; l'autre qui n'est que secondaire, la transcription de l'acte de vente, comme moyen de publicité. La première constitue le principe ou la règle; la seconde n'en est que la procédure. Or, il a toujours été admis qu'en matière de procédure et en ce qui touche les formes à suivre pour atteindre un but déterminé, les équipollents doivent être tolérés, si d'ailleurs ils rendent avec une synonymie parfaite, *adœquate et identice*, la pensée de la loi. Le mode de publicité que nous proposons est tout aussi efficace que la transcription proprement dite. Qu'importe dès lors qu'il ne soit point exactement conforme aux termes de la loi, du moment qu'en définitive il réalise parfaitement le but qu'on veut atteindre?

Mais, dira-t-on peut-être, ce mode de procéder est dangereux. Le premier venu pourra, en effet, faire transcrire une vente qui n'aura jamais existé, et par cette transcription mensongère entraver et paralyser, pendant un certain temps, dans la personne du propriétaire, l'exercice du droit de disposer de son bien. A la vérité, une action en dommages et intérêts lui sera ouverte contre l'auteur du préjudice qu'il aura éprouvé; mais si ce dernier est insolvable, le dommage qu'il aura causé sera et restera irréparable.

Tout cela est vrai; mais je ferai remarquer tout d'abord que le même danger existe en matière de saisies-arrêts pratiquées par des créanciers qui n'ont point de titre, ce qui n'a pas empêché la loi de les autoriser. J'ajoute que personne n'hésite à reconnaître la validité d'une inscription privilégiée effectuée sur la réquisition d'un créancier dont le droit est né d'un contrat verbal, bien que pourtant rien ne prouve que la créance qu'il porte à la connaissance des tiers soit réelle. Le danger qu'on nous oppose est-il d'ailleurs bien sérieusement à craindre? Si un tiers, inconnu dans la localité ou mal famé, vient requérir la transcription d'une vente verbale, le conservateur ne l'écoutera certainement pas. Le juge auquel il devra alors s'adresser l'écoutera-t-il mieux? on ne saurait le penser. Les ventes verbales ne seront donc, en général, admises à transcription que dans les cas où ceux qui se présenteront comme acheteurs réuniront en eux des garanties morales propres à écarter tout soupçon de fraude. Dès lors ne nous exposons pas au danger de sacrifier un droit fort légitime, sous prétexte de prévenir un préjudice à peu près imaginaire!

En somme donc, je crois fermement, bien que je ne me dissimule point la hardiesse de ma proposition, que le mode de procéder dont je viens de tracer les traits peut et doit être suivi. Du moment qu'on admet et qu'on maintient comme valables les inscriptions prises par des créanciers qui n'ont point de titre, pourquoi ne pas tolérer de même la transcription des ventes verbales? Car, après tout, où est la différence entre les deux cas? Si la transcription consiste dans la reproduction littérale d'un titre sur un registre public, l'inscription n'est elle-même qu'une transcription par extrait; et s'il n'est point possible de transcrire un titre qui n'existe pas, il est de même bien évident qu'il est impossible d'en faire un extrait.

Au fond, les deux cas sont semblables; il faut donc, à moins de se jeter dans la contradiction la plus choquante, les régir également. Le vendeur pourrait certainement, quoiqu'il n'eût point de titre, faire inscrire valablement son privilége. Or, combien ne serait-il pas bizarre, disons mieux, combien ne serait-il pas injuste que l'acheteur restât dans le même cas, complétement désarmé et livré à la merci de son vendeur, tandis que celui-ci serait admis à prendre ses précautions contre lui? La propriété n'est pas, que je sache, moins digne d'intérêt, qu'une créance de somme d'argent!

Il est bien entendu, au reste, que, bien que transcrites, les ventes verbales ou celles dont le titre aura cessé d'exister, ne

seront opposables aux tiers qu'autant que leur existence sera
ultérieurement établie par des preuves présumées certaines
erga omnes. Ainsi, qu'on suppose la transcription d'une vente
verbale, suivie de la transcription d'une seconde vente consentie par le même vendeur au profit d'un tiers et dont il existe
un titre : le second acheteur pourra certainement nier l'existence de la première vente, auquel cas le premier acheteur
devra en fournir la preuve. S'il réussit, son droit sera sauvegardé. Mais comment l'établira-t-il? Notons, tout d'abord, qu'il
ne lui sera point permis de restreindre le débat entre lui et
son vendeur, sauf à opposer le jugement à intervenir en sa
faveur au second acheteur ; car, ainsi que nous allons le voir
tout à l'heure, ce dernier, si on ne l'appelle pas en cause, est
un véritable tiers à l'égard duquel le jugement à intervenir ne
pourra avoir aucun effet. Supposons donc le procès engagé
comme il convient qu'il le soit, c'est-à-dire entre le premier
acheteur d'une part, le vendeur et le second acheteur
d'autre part. Comment les choses vont-elles s'y passer? Le
premier acheteur pourra, sans doute, déférer le serment à son
vendeur ou le faire interroger sur faits et articles ; mais, et à
supposer qu'il réussisse à faire preuve de son droit par l'un ou
l'autre de ces moyens, le jugement qui reconnaîtra l'existence
de la vente n'aura d'effet qu'à l'égard du vendeur : car ayant
son fondement dans l'aveu exprès ou tacite de l'une des
parties, il ne peut être que relatif comme la preuve qui le
motive et le justifie (art. 1356 et 1365 C. Nap.). Le vendeur,
on le conçoit d'ailleurs, n'a pas pu compromettre, par son
aveu, les droits de son second acheteur ; car, bien que celui-ci
soit son *ayant cause,* il est vrai de dire pourtant qu'il joue,
dans l'espèce, le rôle d'*un tiers,* puisque les droits qu'il défend
sont, à supposer qu'ils existent, d'une date antérieure au
procès. Tout le monde sait, en effet, qu'en ce qui touche la
détermination des personnes qui peuvent être tenues de subir
l'effet d'une convention qu'elles n'ont point faite par elles-
mêmes, la qualité d'*ayant cause* ne convient qu'aux successeurs ultérieurs des parties, c'est-à-dire à ceux-là seulement
qui ont traité avec elles postérieurement à la convention dont
il s'agit. Quant à leurs ayants cause *antérieurs,* ce sont de véritables tiers à l'égard desquels la convention qu'elles ont faite
demeure *res inter alios acta.*

Le premier acheteur devra donc, pour réussir à l'égard du second, apporter une preuve qui puisse établir son droit d'une manière certaine tant à l'égard des tiers que contre son vendeur. Telle est, à défaut d'un acte authentique ou d'un acte sous seing privé ayant date certaine, la preuve testimoniale. Mais lui sera-t-il permis d'y recourir? Sans aucun doute, s'il a un commencement de preuve, par écrit, et même en l'absence de tout commencement de preuve, si, par suite de quelque circonstance extraordinaire, il lui a été impossible de se procurer une preuve écrite de la vente dont il affirme l'existence, ou, enfin, si l'acte qu'il en avait fait dresser lui a été enlevé par suite de quelque cas fortuit (art. 1347 et 1348) (1). Dans toute autre hypothèse il ne le pourra point. Ce défaut de preuve entraînera alors la perte de son droit : la transcription qu'il avait eu le soin d'en faire faire est, en effet, impuissante à le couvrir, puisque, dans l'espèce, elle ne prouve absolument rien par elle-même.

27. Nous avons vu précédemment que les ventes, quoique non écrites, sont néanmoins valables; or, s'il en est ainsi des ventes verbales, à bien plus forte raison doit-il en être de même des ventes conclues par correspondance. On ne discute plus sur ce point. Nous avons donc, ici encore, à nous demander comment l'acheteur qui ne voudra pas rester à découvert jusqu'au moment où la vente sera régularisée par acte, devra procéder pour remplir la formalité de la transcription. Si la lettre qu'il a entre les mains contient la proposition de vendre qui lui a été faite par le vendeur, il est plus qu'évident que la transcription qu'il en ferait faire n'aurait aucune efficacité. Mais supposons l'hypothèse inverse : c'est l'acheteur qui a proposé d'acheter; la lettre dont il est nanti contient l'acceptation du vendeur; le prix de vente et la désignation de l'immeuble vendu y sont l'un et l'autre très exactement décrits, je le suppose. S'il la fait transcrire, sera-t-il en règle?

A première vue, la négative paraît certaine.

La transcription, dira-t-on, ne peut couvrir l'acheteur qu'autant qu'elle prouve l'existence de la vente.

---

(1) Dans ces divers cas, la vente pourrait être établie, tant contre le second acheteur qu'à l'égard du vendeur, par de simples présomptions laissées à l'appréciation du juge (V. à cet égard l'art. 1353 C. Nap.).

F Elle ne peut avoir cet effet qu'autant que l'acte transcrit est *valable,* c'est-à-dire susceptible d'être admis en justice comme preuve du contrat qui y est relaté.

Or, dans l'espèce, l'écrit qui a été transcrit n'a aucune force probante ; il ne prouve absolument rien, car n'ayant pas été fait *double,* il n'est point valable selon la loi ; l'art. 1325 est formel sur ce point (1).

Cette argumentation entraînera peut-être quelques esprits; cependant, et bien quelle paraisse logiquement irréprochable, tout y est faux, ses prémisses et la conséquence qu'on en tire.

Et d'abord, il est clair qu'on devra l'écarter, si on suppose que la transcription a eu lieu après la délivrance de l'immeuble vendu et le payement du prix, ou même après l'accomplissement de l'un ou de l'autre de ces deux faits. On sait, en effet, qu'aux termes mêmes de l'art. 1325, un acte sous seing privé fait double, mais dépourvu de la mention de l'observation de cette formalité, devient valable dès que le contrat qu'il relate a été exécuté en tout ou en partie. Or, bien que la loi ne le dise pas expressément, il est généralement admis que cette exécution couvre également la nullité résultant de la circonstance que l'acte a été fait simple, alors qu'il aurait dû être fait double. Dans ce cas donc, la lettre contenant l'adhésion que le vendeur a donnée à la proposition qui lui a été faite par l'acheteur, acquiert toute la force probante d'un acte régulier *ab initio* ; la transcription qu'en fait faire l'acheteur est par conséquent régulière elle-même et, par suite, parfaitement suffisante.

Mais je vais plus loin, et je dis que cette solution devrait être suivie, même dans le cas où la vente n'ayant reçu aucune exécution, les choses seraient encore entières. Cela est incontestable, si on admet avec nous, contrairement à l'opinion de M. Duranton, mais conformément au sentiment de M. Troplong (2), que la formalité des doubles prescrite par l'art. 1325 ne se réfère nullement aux lettres missives. Il n'y est, en effet, question que des *actes,* c'est-à-dire des écrits destinés à être signés par les parties et qu'elles dressent en commun ; or, à ce point de vue, cette qualification ne convient point *aux lettres missives* ; ce qui le prouve, c'est que la loi les oppose partout

_____

(1) En ce sens Toullier, VIII, nº 325 ; M. Duranton XVI, nº 44.
(2) Commentaire de la vente, nº 21.

elle-même, dans l'art. 1985 du Code Napoléon, et dans l'article 109 du Code de commerce, aux *actes* proprement dits (1).

Mais comme ce point peut paraître douteux, je tiens à l'écarter. Une lettre missive, dirai-je, ne peut point servir à prouver l'existence d'une vente, je le concède; l'exécution partielle ou totale du contrat ne peut point lui imprimer la force probante qu'elle n'a point par elle-même et par elle seule, je le concède encore; mais ce que je nie formellement, c'est qu'une transcription ne soit valable qu'autant que l'acte transcrit l'est lui-même. Il suffit, en effet, pour la sûreté du transcrivant que le contrat qu'il est tenu de rendre public ait été, dans ce but, décrit sur le registre du conservateur; car du moment que les tiers sont prévenus qu'un tel bien est passé du domaine de telle personne dans le domaine de telle autre, la loi est satisfaite, puisque le but qu'elle s'est proposé est atteint. Dès lors, qu'importe que l'acte transcrit soit valable ou non! Si le contrat qui y est relaté n'a jamais existé, sa transcription restera un acte inutile, cela est de toute évidence; mais à l'inverse, il est non moins évident qu'elle aura toute sa vertu et produira tout son effet, si la mutation qu'elle a révélée au public n'est point contestée, ou si étant mise en doute par ceux qui ont intérêt à la nier, la partie qui l'affirme peut en faire la preuve conformément à la loi. C'est ce que nous avons admis déjà pour les ventes verbales, et c'est aussi ce qu'on admettrait certainement dans l'hypothèse de la transcription d'un acte fait simple ou double, mais sans la mention prescrite pour sa validité. A chaque chose son objet : l'acte où se trouve décrite une mutation est destiné à la prouver; la transcription de cet acte est faite pour la rendre publique. Or, puisque ces deux faits ont des objets différents et parfaitement distincts, pourquoi veut-on que la nullité de l'un entraîne fatalement la nullité de l'autre? Parce que l'acte transcrit ne peut point, quand il est nul, servir à prouver l'existence de la vente qui y est relatée, y a-t-il lieu d'en déduire la clandestinité du contrat, alors qu'il a été annoncé publiquement et porté à la connaissance de tous ceux qui avaient intérêt à le connaître? Qu'ils en nient l'existence, et que par leur négation ils mettent la partie qui veut s'en prévaloir dans la nécessité de l'établir autrement que par l'écrit

_____

(1) En ce sens, un arrêt de la Cour de cassation du 14 frimaire an xiv.

qu'elle produit, c'est leur droit ; mais encore une fois, si la vente, objet du litige, est prouvée, si la preuve fournie est de nature à produire son effet tant contre eux que contre leur auteur, n'est-il pas juste qu'ils le subissent? Ils avaient été avertis, c'était à eux à s'abstenir ; en passant outre, ils se sont volontairement exposés au péril d'une éviction. L'acheteur, au contraire, est irréprochable ; il a traité avec un véritable propriétaire ; il a pris soin d'avertir les tiers de la mutation réalisée à son profit ; quels reproches donc lui adresser? Où est le motif de le troubler dans son droit?

Ainsi, et pour nous résumer sous la forme d'une règle, nous dirons que le contrat décrit sur le registre du conservateur est et demeure public, et par conséquent opposable aux tiers, nonobstant la nullité ou l'imperfection de l'acte transcrit, si d'ailleurs son existence se trouve légalement établie par une autre voie. (V. le n° du 1ᵉʳ avril, p. 172.)

28. Cette règle peut nous donner la solution d'une autre question. Il en résulte, en effet, que dans l'hypothèse d'une vente conclue par l'intermédiaire d'un mandataire parlant soit au nom du vendeur, soit au nom de l'acheteur, il n'est point nécessaire de transcrire, en même temps que l'acte de vente, la procuration en vertu de laquelle le mandataire a figuré au contrat. La transcription de l'acte de vente, sans la transcription de la procuration, ne prouve point, sans doute, que la vente est valable, car il se peut que le prétendu mandataire qui a parlé au nom de l'une des parties n'ait point reçu pouvoir à cet effet ; mais elle la rend publique et prévient les tiers qu'ils auront à en subir l'effet, si la procuration d'où dépend sa validité existe réellement, et cela suffit, car la loi n'exige rien de plus. Merlin, auquel nous empruntons cette solution, nous enseigne qu'elle était suivie sous l'empire de la loi de brumaire (1), et il serait déraisonnable de supposer que les rédacteurs de la loi nouvelle aient songé à innover sur ce point (2).

Il se peut qu'un mandataire achète en dehors de ses pouvoirs et, par exemple, qu'il promette 15,000 fr., alors que son man-

---

(1) Questions de droit, v° transcription, § 3.

(2) Dans le même sens, MM. Rivière et François, *Explication de la loi du 23 mars 1855, n° 32*. En sens contraire, M. Martou, *Comm. de la loi belge du 16 sept. 1851, sur la révision du régime hypoth.*, t. I, n° 54.

dat limite à 10,000 fr. le prix d'achat. Deux cas sont alors à considérer. Je les examinerai séparément.

Premier cas. — Le mandataire a pris soin de donner au vendeur une connaissance suffisante de ses pouvoirs. (V. l'article 1997). « J'achète votre maison pour Paul, lui a-t-il dit, je l'achète 15,000 fr., mais je dois vous avertir que mon mandat limite à 10,000 le prix d'achat. Si je consens à l'acheter pour 15,000 fr., c'est que je reconnais qu'elle vaut ce prix et que j'espère que le marché, quoique fait dans ces conditions, sera ratifié par mon mandant. » La convention conclue en ces termes n'oblige ni le mandant, puisqu'elle n'a pas été faite en exécution du mandat, ni le mandataire, puisqu'il n'a rien promis en son nom personnel. Mais n'oblige-t-elle pas au moins le vendeur? Cela n'est point douteux. Il devra donc tenir le marché, si le mandant consent à le ratifier. Cette ratification complétant rétroactivement le pouvoir incomplet du mandataire, les choses se passent entre les parties comme si le mandat avait contenu originairement des pouvoirs suffisants : *ratihabitio mandato æquiparatur*. On est d'accord sur ce point. Mais c'est, au contraire, une question controversée que celle de savoir si cet effet rétroactif de la ratification se produit ou non tant à l'égard des tiers qu'au regard des parties contractantes. A ne consulter que l'opinion générale des auteurs, la négative devrait prévaloir. La rétroactivité de la ratification, quoique toute puissante *inter partes,* ne peut point, dit-on, nuire aux droits acquis *à des tiers*. Ainsi, dans l'espèce, la mutation de propriété n'aurait lieu d'une manière complète et absolue qu'à compter de la ratification et pour l'avenir seulement. Le mandant qui ratifie l'achat fait en son nom devrait donc subir toutes les hypothèques acquises, du chef du vendeur, non-seulement avant la vente, mais encore dans l'entre-temps de la vente à la ratification. Bien plus, si, dans le même temps, le vendeur a disposé de l'immeuble vendu, cette aliénation conserverait tout son effet contre le mandant qui alors n'aurait qu'un recours en dommages et intérêts contre le vendeur.

Si on se rallie à ce système, la transcription de l'acte de ratification, au lieu de remonter au jour de la transcription de l'acte de vente, n'aura d'effet qu'à sa date.

Sur ce point, une question pourra être posée. La transcription de l'acte de vente ne suffira point pour couvrir le mandant;

mais faudra-t-il, s'il tient à ne courir aucun risque, qu'il fasse transcrire tout à la fois l'acte de vente et l'acte de ratification? La transcription de la ratification ne suffira-t-elle point? On devra, à cet égard, distinguer. Si l'acte qui contient la ratification est conçu dans des termes tels que la vente s'y trouve décrite dans ses éléments essentiels, la transcription suffira. Dans le cas contraire, l'acte de vente et l'acte de ratification devront être transcrits l'un et l'autre.

Si je ne me trompe, ce système est inadmissible. Que s'est-il passé dans l'espèce? Le vendeur a vendu sa maison sous la condition suspensive de la ratification de la vente par le mandant. Or, toute condition suspensive qui s'accomplit, remonte, quant à ses effets, au jour du contrat qu'elle affectait, et cela est vrai, aussi bien à l'encontre des tiers qu'au regard des parties elles-mêmes (art. 1179).

Qu'on ne dise point que le mandant étant resté complétement étranger au contrat dont il s'agit, il n'en peut déduire aucun droit à son profit, pas même un droit conditionnel. Le mandataire, en effet, a stipulé pour lui et l'a représenté, non point à la vérité en qualité de mandataire, puisqu'il a contracté en dehors de ses pouvoirs, mais comme gérant d'affaires. « J'achète, a-t-il dit au vendeur, j'achète votre maison sous la condition que l'achat que je fais pour mon mandant sera par lui accepté et ratifié. » C'est donc au nom du mandant qu'il a parlé, c'est son affaire qu'il a gérée. Dès lors il a pu lui acquérir le bénéfice de la vente conditionnelle consentie par le vendeur. La mutation de propriété qu'opèrera la réalisation de la condition à laquelle elle est subordonnée, rétroagira, par conséquent, au jour même de la vente.

Il est vrai qu'aux termes de l'art. 1338 les ratifications ne peuvent point préjudicier aux droits acquis à des tiers, mais remarquez que cette disposition n'a trait qu'aux actes par lesquels on ratifie une convention *annulable* ou *rescindable*; or, la vente dont nous nous occupons est parfaitement valable, non point sans doute comme vente pure et simple, mais comme vente conditionnelle; l'art. 1138 ne la régit donc point.

Ainsi, et sous l'empire du Code Napoléon, tous les droits acquis du chef du vendeur soit après, soit même *avant* la ratification, mais depuis la vente auraient été nuls et de nul effet à l'égard du mandant.

Cette solution devra être suivie, sous l'empire de la loi actuelle, si nous supposons la vente transcrite le jour même de sa passation. Dans le cas contraire, la ratification intervenue *depuis la transcription de la vente*, aura bien encore un effet rétroactif; mais au lieu de rétroagir jusqu'au jour de la vente, elle s'arrêtera à la date de la transcription.

Je soutiens, en résumé, que la vente dont il s'agit est, à compter du jour où elle a été transcrite, opposable aux tiers comme vente conditionnelle. Ils ont été, en effet, instruits que le vendeur avait cessé d'être propriétaire sous la condition suspensive de la ratification de la vente par le mandant; ils doivent donc, quand cette condition vient à s'accomplir, en subir l'effet.

Dans ce système, la transcription de l'acte de vente suffira pour mettre hors de toute atteinte les droits du mandant. Sa ratification, si tardive qu'elle soit, mettra à néant tous les droits consentis par le vendeur au mépris de son engagement. Le vendeur pourra, sans doute, mettre le mandant en demeure de prendre parti; mais tant que le mandant demeure maître de ratifier, la vente subsiste comme vente conditionnelle, non-seulement à l'égard du vendeur, mais encore à l'égard des tiers, puisque nous la supposons transcrite.

Lorsque la ratification a lieu, le mandant peut bien, s'il le juge à propos, la faire transcrire, afin d'apprendre aux tiers que la propriété réside désormais en sa personne à l'état de propriété pure et simple, ce qui pourra consolider et étendre son crédit; mais il n'y est point obligé. Du moment, en effet, que les tiers ont été avertis que le vendeur a disposé de son bien sous une condition suspensive, ils doivent s'abstenir de traiter avec lui, ou s'attendre, s'ils passent outre, à voir les droits qu'il leur transmettra mis à néant par l'accomplissement de la condition résolutoire qui affecte la propriété dont il est nanti.

Deuxième cas. — Le mandataire n'a point donné au vendeur avis qu'en achetant pour 15,000 fr., il dépassait les limites de ses pouvoirs. Dans cette hypothèse, de même que dans la première, le mandant peut ratifier le marché conclu en son nom. Nous appliquerons donc à ce cas tout ce que nous avons dit du précédent.

Si le mandant ne ratifie point, le mandataire devra alors des dommages-intérêts au vendeur (art. 1997), à moins qu'il ne préfère prendre le marché pour lui. S'il prend ce parti, une mutation de propriété aura lieu à son profit, mais elle ne remontera point au jour de la vente. Il ne s'était point, en effet, personnellement obligé à acheter; ce n'est point d'ailleurs envers lui que le vendeur avait entendu s'engager. Il n'existait donc entre eux aucune convention. Seulement, le mandataire ayant commis une faute, il la répare en prenant le marché pour lui ; dès ce moment, il devient acheteur; mais la vente qui intervient alors n'ayant eu , jusque-là, aucune existence, pas même une existence conditionnelle, ne peut produire son effet que dans l'avenir et à compter seulement de la transcription qui devra en être faite.

Nous avons, dans le numéro précédent, supposé un achat fait par un mandataire en dehors de ses pouvoirs ; prenons maintenant l'hypothèse inverse; supposons qu'un mandataire chargé de vendre un immeuble pour 15,000 fr. l'ait vendu pour 10,000 fr. seulement. L'acheteur devra tenir le marché, si le mandant consent à le ratifier. Le mandataire a pu, en effet, acquérir à ce dernier le bénéfice de la convention qui a eu lieu, puisqu'il l'a faite en son nom; mais, bien entendu, il n'a pu ni l'obliger ni aliéner son immeuble, même conditionnellement; il ne l'a pu ni comme mandataire, puisque son mandat ne contenait point de pouvoir à cet effet, ni en qualité de gérant d'affaires, car cette aliénation conditionnelle, loin de profiter au mandant, ne ferait que lui nuire. Ainsi, la ratification que pourra donner le mandant étant purement facultative de sa part, aucun lien n'existe de son côté. La propriété de l'immeuble reste donc, tant qu'il ne ratifie point, complète et entière en sa personne. Que s'il ratifie, une aliénation a lieu alors, mais sans aucune rétroactivité dans le passé, puisqu'auparavant elle n'existait même pas à l'état d'aliénation conditionnelle. De là deux conséquences : 1° l'acheteur sera tenu de subir toutes les hypothèques acquises du chef du mandant, dans l'entre-temps de la vente à la ratification; et il en sera ainsi quand même il aurait eu le soin de faire transcrire l'acte de vente le jour même de sa passation. 2° Si le mandant a vendu l'immeuble à un tiers, l'eût-il vendu depuis la transcription de la première vente, fût-ce même après l'avoir ratifiée, le second acheteur devra être préféré, si la transcription de son titre est d'une date antérieure à la transcription de la ratification.

En d'autres termes, l'acte qui, dans l'espèce, opère la mutation de propriété, c'est la ratification; c'est elle qui l'opère pour la première fois et uniquement pour l'avenir, puisqu'elle n'a aucun des caractères d'une condition suspensive. C'est elle, par conséquent, qui doit être transcrite, soit seule, si l'acte qui la constate contient toutes les énonciations nécessaires pour la description de la vente qu'elle fait valoir, soit, dans le cas contraire, concurremment avec l'acte où la vente se trouve décrite.

29. Il n'est point de l'essence du mandat que le mandataire parle au nom de son mandant, ni même qu'il indique en contractant qu'il agit pour le compte d'un tiers qu'il fera connaître après le contrat conclu. La loi ne s'y opposant pas, il peut, si le mandant l'y autorise, parler en son nom personnel, comme s'il stipulait pour lui-même et dans son propre intérêt. Soit donc l'espèce suivante : Je sais que vous avez l'intention de vendre votre maison et j'ai l'intention de l'acheter ; mais des inimitiés nous séparent, et je suis convaincu que si je me présentais en personne ou par un mandataire parlant en mon nom, vous refuseriez de traiter, ou que si vous y consentiez, ce ne serait qu'à des conditions inacceptables. Je puis alors charger un ami d'acheter pour moi, mais en se présentant en son propre nom, comme s'il traitait pour lui-même.

Lorsque le mandataire achète en son propre nom, comme s'il achetait réellement pour son compte, tous les effets légaux de la vente se réalisent activement et passivement en sa personne. C'est lui qui devient propriétaire de la chose vendue, lui qui en doit le prix. Mais comme il est obligé, par suite du contrat qui le lie envers le mandant, de lui transférer la propriété qu'il vient d'acquérir, la propriété passe aussitôt de son patrimoine dans celui du mandant, conformément au principe doctrinal de l'article 711. Il y a donc presqu'instantanément deux mutations, l'une du vendeur au mandataire, l'autre du mandataire à son mandant. Dans ce cas, les tiers devront être prévenus, d'une part, que le vendeur a cessé d'être propriétaire de l'immeuble vendu, d'autre part, que l'acheteur ne l'ayant acquis que sous l'obligation de le transférer à son mandant, la propriété réside actuellement en la personne de ce dernier. Si on transcrit l'acte de vente, le premier but sera atteint; les tiers sauront que le vendeur a cessé d'être propriétaire d'un tel immeuble et qu'ainsi il a perdu le droit d'en disposer. Mais comment atteindre le second? Suffira-il de faire à cet effet mention du mandat en marge de la transcription de l'acte de vente? En soi, cette manière de procéder serait fort rationnelle; mais, si je ne me trompe, elle ne satisferait point aux prescriptions de la loi. Lors, en effet, que deux mutations successives ont eu lieu, chacune d'elles doit être transcrite principalement et séparément; la loi ne tolère point la transcription de la seconde par la voie d'une simple mention en marge de la première transcription. Ainsi la mutation qui s'est opérée du mandataire au mandant doit être transcrite; mais par quelle voie? Il faut, à cet égard, user de distinctions. La procuration pouvant servir à établir les droits réciproques des parties, le mandant pourra, lorsqu'elle sera authentique, en lever une expédition et la faire transcrire. Cette transcription faite, tout péril sera prévenu alors. Si la procuration est sous seing privé, le mandant devra ou en obtenir une communication à l'amiable, avec cette déclaration inscrite en marge ou au bas de l'acte et signée par le mandataire, *que l'immeuble qui s'y trouve décrit a été acquis par ce dernier en exécution du mandat qu'il avait reçu à cet effet,* ou, si le mandataire ne consent point à s'en dessaisir, demander un titre déclaratif de son droit. La transcription de l'un ou de l'autre de ces titres le mettra pleinement à couvert pour l'avenir. Que si enfin le mandataire ne peut pas, parce qu'il est absent, ou ne veut point, parce qu'il est de mauvaise foi, se prêter à cet arrangement, le mandant pourra alors procéder d'après le mode de transcription que nous avons décrit pour les ventes verbales. (V. le n° du 1er avril, p. 166 et suiv.)

Remarquons, en outre, que si prompte qu'ait été la transcription de l'acte déclaratif des droits du mandant, la supposât-on même effectuée en même temps que la transcription de l'acte de vente, elle sera toujours, par la force même des choses et le jeu des principes, un peu tardive; elle ne pourra point, en effet, effacer l'instant de raison pendant lequel l'immeuble sera resté dans le patrimoine du mandataire; or, pendant ce temps, si court qu'il ait été, l'immeuble aura pu être grevé et grevé irrévocablement : 1° des hypothèques légales auxquelles le mandataire est soumis, si elles sont d'ailleurs dispensées d'inscription; 2° des hypothèques légales soumises à l'inscription et des hypothèques judiciaires existant contre lui, si elles ont été inscrites sur un immeuble situé dans le bureau dont dépend l'immeuble dont il a acquis la propriété en exécution du mandat qu'il avait reçu à cet effet.

30. Nous avons, dans les numéros qui précèdent, réglé : 1° l'achat fait par un mandataire parlant au nom de son mandant ; 2° l'achat fait par un mandataire stipulant en son propre nom, comme s'il traitait pour lui-même et dans son intérêt personnel ; il nous reste à traiter de l'achat fait par un mandataire agissant *par ordre et au nom d'un tiers* qu'il fera connaître après le marché conclu. Le mandataire, nous le supposons, n'a point contracté en son nom personnel ; il a pris soin de faire connaître sa qualité et d'avertir le vendeur qu'il agissait par ordre et pour le compte d'une tierce personne ; à la vérité il a tenu secret le nom de son mandant, mais qu'importe ! Du moment que le vendeur a consenti à se mettre en relation de droit avec un inconnu, tous les effets légaux du contrat se produisent directement dans la personne pour le compte de laquelle il a été conclu ; c'est elle qui devient propriétaire, non point seulement à compter du jour où elle a été désignée après le marché conclu, mais du moment même de la vente. Ce cas est donc absolument semblable à celui dans lequel le mandataire fait connaître, dans le contrat même, le nom du mandant pour le compte duquel il agit. Les mêmes règles doivent par conséquent le régir. Ainsi, dès que la vente est transcrite, et bien que le mandant ne soit pas encore connu, le vendeur cesse d'être propriétaire même à l'égard des tiers ; il est vrai que cette transcription ne leur fait point connaître le propriétaire actuel, mais elle leur apprend que l'ancien propriétaire ne l'est plus et cela suffit pour qu'ils s'abtiennent de traiter avec lui : la transcription, en effet, a pour but essentiel, non point d'apprendre au public là où se trouve actuellement la propriété, mais là où elle n'est plus.

31. Les achats avec déclaration de command doivent nous arrêter quelques instants. On sait que les lois permettent à ceux qui achètent en leur nom de se réserver, par une clause expresse du contrat, la faculté de désigner, dans un certain délai fixé au gré des parties, une tierce personne qui prendra le marché pour elle et sans y rien changer (1). Dans cette hypo-

(1) V. la loi des 13 septembre—16 octobre 1791.

thèse, la personne désignée par l'acheteur lui étant subrogée rétroactivement, les choses se passent comme si elle avait directement acheté elle-même; l'acheteur ostensible disparaît, la personne élue reste seule en cause : la propriété de la chose achetée lui arrive donc *recta via* de la personne du vendeur en la sienne; elle n'a pas reposé un seul instant sur la tête de l'acheteur désigné au contrat.

Mais ainsi que nous l'avons fait pressentir, la déclaration de command n'a les caractères et les effets qui viennent d'être décrits, que sous les conditions suivantes; il faut : 1° Que la faculté d'élire ait été réservée par une clause expresse du contrat, sans quoi la vente n'est et ne peut être qu'une vente ordinaire. — 2° Que la désignation de la personne que l'acheteur entend se subroger soit faite dans le délai fixé par les parties : passé ce délai, la vente se consolide et demeure irrévocable en la personne de l'acheteur en nom. — 3° Que la personne élue accepte le command dans le même délai (1). — 4° Qu'elle prenne le marché pour elle sans le modifier (2).

Supposons donc un achat fait avec faculté d'élire : comment les choses vont-elles se passer, en ce qui touche l'application de la loi nouvelle?

Une première distinction se présente tout d'abord. L'acheteur a pu, en effet, procéder à la transcription de son titre ou négliger de le faire transcrire. Au premier cas, rien n'est à craindre du côté du vendeur. Les tiers le savent dépouillé du droit de propriété dont il était investi et par suite incapable de faire aucun acte avec effet. Ils doivent donc s'abstenir de traiter avec lui; s'ils passent outre, l'acte qu'ils font est un acte vain et complétement inutile. Au second cas, les aliénations et constitutions d'hypothèques émanées du vendeur seront et resteront pleinement valables à l'égard de l'acheteur ou du command, si, nonobstant ce qui a eu lieu, il parvient à trouver quelqu'un qui veuille bien, dans ces conditions, prendre le marché pour lui.

---

(1) A l'égard du fisc, le délai est fixé par la loi elle-même et il n'est point permis aux parties de l'étendre. Il est de vingt-quatre heures seulement pour faire la déclaration de command et l'accepter. Mais la régie peut seule se prévaloir de ce terme. Entre les parties, le délai qu'elles ont fixé au contrat fait la loi.

(2) V. M. Troplong, vente, nᵒˢ 64 et suiv.

Quant aux actes émanés de l'acheteur, il est plus qu'évident qu'ils resteront valables, nonobstant la déclaration de command, s'il les a passés étant encore dans le délai pour la faire, mais ne l'ayant pas encore faite. A la vérité, les tiers qui ont traité avec lui savaient qu'il avait la faculté de se subroger quelqu'un; mais comme cette faculté n'existait que pour son avantage et son utilité particuliers, il était le maître d'y renoncer et de garder le marché pour lui; or, lorsqu'il a aliéné l'immeuble par lui acheté ou qu'il l'a hypothéqué, il a tacitement renoncé à son droit d'élire, car il n'est point possible d'admettre, à moins d'une clause bien formelle à cet égard, qu'il a entendu conserver une faculté si peu compatible avec le droit et l'intérêt de ses ayant cause.

Cette solution, si on l'accepte, devra être suivie sans qu'il y ait à distinguer si les actes dont il s'agit sont antérieurs ou postérieurs à la transcription de l'acte de vente, il suffira qu'ils aient précédé la déclaration de command.

On essaiera peut-être de distinguer sur un autre point. Si, dira-t-on, l'acheteur n'a point reçu mandat d'acheter pour la personne qu'il désigne à titre de command, si c'est de sa propre initiative et pour son avantage particulier qu'il a stipulé, en achetant, la faculté d'élire, il peut évidemment y renoncer et c'est précisément ce qu'il est censé faire lorsqu'il dispose en son nom du bien qui a fait l'objet de la vente. Mais il n'en saurait être ainsi dans le cas contraire; car comment pourrait-il, par un effet de sa volonté, se soustraire aux obligations nées du mandat dont il s'est chargé? Il a acheté, non pour lui, mais pour son mandant; à quel titre dès lors s'attribuerait-il le bénéfice d'un contrat qu'il a conclu par ordre et pour le compte d'un tiers? A la vérité, son mandant est resté inconnu du public, mais qu'importe! cette circonstance ne peut point faire qu'il ait contracté pour lui-même, alors qu'il est constant qu'il a contracté pour un autre.

Je me rangerais volontiers à cet avis, si l'acheteur avait, en achetant, déclaré qu'il traitait par ordre et pour le compte d'un tiers qu'il ferait connaître plus tard. Dans ce cas, en effet, personne n'ignore qu'il a acheté, non pour lui, mais pour une tierce personne dont il est le représentant, et qu'ainsi, juridiquement parlant, ce n'est pas lui, mais la personne qu'il fera connaître plus tard, qui a été partie au contrat; personne, dis-je, ne l'ignore, ni le vendeur, puisque c'est à lui directement que la déclaration a été faite, ni les tiers qui ont traité avec l'acheteur, puisque le titre qu'il a rendu public par la voie de la transcription ou qu'il leur montre, dans le cas où il ne l'a point fait transcrire, porte avec lui le signe du rôle qu'il a joué au contrat. Si donc ils traitent avec lui, ils ne font rien de solide, car l'acte qu'ils passent n'est qu'une tentative de fraude contre le droit d'autrui (V. ci-dessus, p. 222).

Mais cette hypothèse n'a rien de commun avec celle que nous étudions. Précisons bien les faits. L'acheteur a stipulé la faculté d'élire, mais il n'a point déclaré qu'il agissait par ordre et pour le compte d'un tiers ; c'est *en son nom* qu'il a acheté, et c'est lui par conséquent qui, provisoirement au moins, devient propriétaire de la chose vendue. Il se peut, il est vrai, qu'il ait agi en vertu d'un mandat, mais comme il n'est point fait mention au contrat du pouvoir qu'il a reçu, le contrat reste à son compte tant qu'il n'a pas usé de la faculté de command qu'il s'est réservée. Le mandant ne saurait d'ailleurs se prévaloir envers les tiers des droits personnels que son mandat lui confère contre l'acheteur; car puisqu'il a voulu que ses droits restassent secrets et qu'il a souffert que l'acheteur prît au regard du public, le titre de *proprétaire*, il lui a par là même laissé tous les pouvoirs que ce titre comporte, consentant ainsi et implicitement à ce que le mandat qu'il a tenu secret fût comme non avenu et inexistant à l'égard des tiers. Ceux-ci ont pris soin d'étudier, avant de traiter avec l'acheteur, l'acte de vente qui l'a investi de la propriété; ils y ont vu qu'il avait acheté en son nom, sous la faculté d'élire, et comme cette faculté, stipulée en ces termes, constitue *un droit auquel il est libre de renoncer si son intérêt le lui commande*, ils ont dû croire que puisqu'il consentait à disposer en son nom du bien par lui acheté, il renonçait par là même au droit d'élire, et qu'ainsi ils pouvaient traiter avec lui en toute sécurité. Ce serait donc violer toute justice à leur égard que de les tromper dans leur attente.

Modifions l'espèce. L'achat, nous le supposons toujours, a été fait en vertu d'un mandat dont il n'a pas été parlé au contrat; seulement, l'acheteur a pris soin de stipuler une faculté de command. L'acte de vente étant transcrit, le mandant n'attend oint que l'acheteur le fasse connaître; il se révèle lui-même, soit par la transcription d'une expédition de la procuration qu'il a donnée à l'acheteur, soit par une transcription effectuée d'après le mode que nous avons indiqué ci-dessus, page 221. La revente consentie par l'acheteur ou les hypothèques par lui constituées depuis cette transcription, seront-elles opposables au mandant? Je ne le pense pas. Le mandant est propriétaire du jour même de la vente, sous la condition qu'il sera désigné par l'acheteur, ainsi que celui-ci est tenu de le faire. Or, toute propriété conditionnelle, pourvu d'ailleurs qu'elle ait été transcrite dès le jour même où elle a été transmise, remonte, quant à ses effets, au jour où s'est passé le fait juridique qui en a opéré la transmission (V. le nº du 1er mars, p. 67 et s.). Lors donc que l'acheteur élira le mandant, la propriété de l'immeuble vendu passera en la personne de ce dernier, non point seulement du jour où il aura été élu, mais du jour même de la vente. Que si l'acheteur refuse d'accomplir l'obligation dont il est tenu, le mandant obtiendra un jugement qui la tiendra pour accompli. Dans ce cas encore, la propriété acquise par le mandant remontera au jour de la vente, et comme la transmission conditionnelle qui avait eu lieu à son profit avait été transcrite en temps utile, cette rétroactivité se produira, à compter de la transcription, envers et contre tous.

31 *ter*. Qu'on me permette enfin une dernière hypothèse. Ces détails sont fatigants peut-être, mais en pareille matière, il est bon de tout prévoir.

L'acheteur a traité avec faculté d'élire ; son titre étant transcrit, il a élu un tel, Paul, par exemple, pour command, après quoi, il a disposé de l'immeuble au profit d'un tiers. Il en a disposé avant que Paul eût accepté l'élection faite en sa faveur. —Que décider alors? L'acceptation faite par Paul remontera-t-elle au jour de la déclaration, et fera-t-elle, par sa rétroactivité, tomber l'acte émané de l'acheteur?

Ici encore plusieurs distinctions sont nécessaires.

Et d'abord, si l'élection de Paul n'a pas été transcrite, ou si elle ne l'a été qu'après l'acte dont il s'agit, il est clair qu'elle est nulle et de nul effet à l'égard du tiers acquéreur.

Que si, au contraire, elle a été transcrite, une sous-distinction se présente alors.

L'acheteur n'était-il que le *mandataire* de Paul : dès qu'il l'a désigné, il y a eu droit acquis pour ce dernier, droit irrévocable puisqu'en le désignant comme command, l'acheteur n'a fait qu'accomplir l'obligation dont il était tenu, droit opposable aux tiers, puisqu'il a été, en temps utile, porté à leur connaissance.

N'avait-il stipulé la faculté d'élire que dans son propre intérêt, pour en user ou n'en pas user à son gré, l'élection qu'il a faite n'est qu'une *offre* adressée à la personne élue, et tant que cette élection reste à l'état d'offre, c'est-à-dire aussi longtemps qu'elle n'est point acceptée, aucun lien n'ayant pu se former entre lui et le command, il demeure libre de la retirer. Qu'on ne dise point que la personne élue est propriétaire sous la condition suspensive de son acceptation, et qu'ainsi son adhésion, si elle la donne, remonte au jour de l'élection : lors, en effet, qu'une proposition a lieu, aucun effet de droit n'en peut sortir, pas même un effet conditionnel, tant que la personne qu'elle concerne ne l'a pas accepté; car là où il n'y a point de convention, et il n'y a point de convention sans le concours de deux volontés, la loi n'intervient pas. Ce point de droit est élémentaire : les simples offres n'obligent d'aucune manière celui qui les a faites, et pourvu qu'il les retire avant qu'elles aient été acceptées, il demeure libre de tout engagement. L'acheteur qui a élu un command peut donc révoquer tant qu'elle n'a pas été acceptée par la personne élue, l'offre qu'il lui a faite, et c'est précisément ce qu'il est censé avoir voulu faire lorsqu'il a disposé, en son propre nom et au profit d'un tiers, du bien dont il était le maître de conserver la propriété.

Il n'y a, en un mot, de droit acquis pour le command qu'après qu'il a accepté l'offre qui lui a été faite, si d'ailleurs elle n'était point expressément ou tacitement retirée quand il l'a acceptée; droit acquis à l'égard de l'acheteur, mais non à l'égard des tiers, tant que les actes qui contiennent la déclaration et l'acceptation du command n'ont pas été transcrits.

32. D'autres hypothèses appellent notre attention. Supposons qu'un propriétaire ratifie la vente d'un immeuble consentie en son nom par un tiers qui s'est porté fort pour lui : de quel jour date, dans ce cas, la mutation de propriété? Du jour de la vente consentie par le porte-fort, ou du jour de la ratification par le propriétaire? L'acte de vente et l'acte de ratification doivent-ils être transcrits l'un et l'autre? Suffit-il, au contraire,

de la transcription de l'un d'eux? A supposer qu'il suffise de faire transcrire l'un ou l'autre, lequel d'entre eux devra l'être?

M. Troplong a touché ce point, mais il l'a mal élucidé. La vente faite par un gérant officieux constitue, dit-il, une vente *conditionnelle*, puisqu'elle est subordonnée, quant à sa validité, à la ratification qui pourra en être faite par celui dont on a géré l'affaire; si donc il approuve ce qui a été fait, s'il y donne son adhésion, cette ratification rétroagissant au jour de la vente consentie par le gérant, c'est de ce jour même que date la mutation de propriété qu'elle engendre (1).

Cette idée étant donnée, c'est-à-dire, étant admis que la vente dont il s'agit est une vraie vente *conditionnelle*, M. Troplong en devrait naturellement déduire l'annulation des actes passés par le propriétaire *pendente conditione*, ou, en d'autres termes, pendant le temps qui a précédé la ratification. Mais cette logique rigoureuse n'est point la sienne. Il est bien vrai, dit-il, qu'à l'égard de l'acheteur la mutation de propriété remonte *au jour même de l'acte de vente consenti par le gérant*, mais à l'égard du propriétaire, au nom duquel cet acte a été passé, elle ne prend date que *du jour de la ratification*.

Ainsi, la ratification qui est rétroactive à l'égard de l'un ne le serait pas à l'égard de l'autre!

Nous n'avons pas besoin de dire que ces solutions sont exclusives l'une de l'autre, et qu'ainsi l'une des deux doit forcément disparaître. Si, en effet, la vente que le propriétaire a ratifiée n'existe *quant à lui* que du jour où il y a adhéré par son consentement, si ce consentement sans lequel elle ne peut valoir laisse debout et pleinement valables les actes qu'il a consentis *medio tempore*, c'est qu'apparemment elle n'a jamais rien eu de conditionnel. Et s'il est vrai que le vendeur n'a cessé d'être propriétaire qu'à compter du jour de la ratification, il est non moins certain que la mutation de propriété n'a pas pu avoir lieu au profit de l'acheteur le jour même de la vente. Comment, en effet, aurait-il pu acquérir, même conditionnellement, une propriété que l'autre partie *conservait à l'état de propriété pure et simple?*

Laissons là ces impossibilités, et hâtons-nous de rentrer dans la vérité des règles. La promesse qui a été faite du futur con-

_____

(1) Comm. de la loi du 23 mars 1855, n° 55.

sentement du propriétaire n'a pu avoir contre lui *aucun effet de droit ;* elle ne l'a même pas obligé *conditionnellement* : car un lien, quel qu'il fût, lui eût été contraire, et personne ne peut, sans notre ordre exprès ou tacite, nous obliger à l'encontre de notre intérêt. Dès lors, quelqu'un croira-t-il jamais qu'un contrat qui jusqu'à ce jour n'a eu aucune existence, pas même une existence imparfaite, puisse avoir un effet rétroactif contre l'une des parties? (V. ci-dessus, p. 219.)

Au reste, nous appelons de M. Troplong à M. Troplong lui-même. Lui souvient-il de la doctrine qu'il a émise au sujet des ventes à l'essai? Qu'il nous permette de la mettre ici sous ses yeux. Lors, dit-il, qu'une vente a été faite sous la condition que l'acheteur essaiera la chose vendue et fera connaître son sentiment dans un certain délai, son adhésion à la vente *n'a aucun effet rétroactif.* « L'événement de la condition suspensive ne rétroagit, en effet, *qu'autant qu'il y a engagement réciproque de part et d'autre.* Mais lorsqu'il n'y a engagement *que d'un seul côté* et que l'acheteur est libre de se départir, il n'en est pas de même; il n'y a vente parfaite que lorsque l'acheteur a consenti; auparavant, la vente n'existait pas (1), et l'événement de la condition ne peut faire qu'il y ait eu contrat à une époque où il n'y avait pas consentement synallagmatique » (2).

On devine sans peine l'arme que M. Troplong nous fournit contre lui. S'il est vrai, dirons-nous, que le propriétaire, au cas où il a *seul pris l'engagement de vendre,* conserve intacte, *nonobstant la promesse qui l'oblige dès à présent,* la propriété de sa chose, si cette chose ne passe dans le domaine de l'acheteur qu'à partir du moment où il adhère à la vente *et sans rétroactivité au jour de la convention primitive,* n'est-il pas manifeste qu'à bien plus forte raison il doit en être de même dans le cas où, l'acheteur ayant seul pris l'engagement d'acheter, le propriétaire qui n'a rien promis *est resté libre de toute obligation ?*

Nous pouvons donc placer notre doctrine sous l'autorité de

---

(1) Il est bien entendu que cette théorie des ventes à l'essai est inacceptable (V. à ce sujet et par analogie les nᵒˢ 28, 33 et 39); mais ce point importe peu; l'argument que j'en déduis contre M. Troplong n'en souffre aucunement.

(2) *Comm. de la vente,* nᵒ 113.

M. Troplong, et dire avec lui que, le propriétaire n'ayant, dans l'espèce, pris aucun engagement d'aliéner, le consentement qu'il donne plus tard à la vente que l'acheteur s'était obligé à souscrire ne peut avoir aucun effet rétroactif, et qu'ainsi ce n'est qu'à sa date et pour l'avenir seulement que s'opère la mutation de la propriété de la chose vendue.

Concluons-en que l'acheteur qui voudra se mettre en règle à l'égard des tiers devra, *dans tous les cas*, faire transcrire l'acte de ratification. Mais cette transcription suffira-t-elle? Sans aucun doute, si l'acte ainsi mis sous les yeux du public caractérise et précise pleinement, par les énonciations qui s'y trouvent, la vente qui a eu lieu. Dans le cas contraire, il faudra également transcrire l'acte de vente (1).

M. Troplong suit un autre système. La vente consentie par le gérant doit être transcrite; elle doit même l'être *immédiatement* (2).

Quelle peut être l'utilité de cette transcription *immédiate?* Si le propriétaire refuse de ratifier le contrat promis en son nom, elle n'aura eu d'autre effet que d'occasionner des frais sans objet. Que s'il ratifie, elle deviendra, sans doute, efficace dès ce moment, si d'ailleurs elle concourt avec la transcription de l'acte de ratification; mais si on suppose les deux actes transcrits le jour même de la ratification, le résultat ne sera-t-il pas le même? Dès lors à quoi bon prendre les devants? Tant que la vente n'est pas ratifiée, la transcription qui en est faite est vaine et sans objet, puisque l'acte dont elle révèle l'existence n'a opéré aucune mutation de propriété, pas même une mutation conditionnelle. Ce qui le prouve avec la dernière évidence, c'est que de l'aveu même de M. Troplong (si du moins nous l'avons bien compris), les droits acquis du chef du propriétaire depuis la transcription de la vente, mais rendus publics avant la transcription de l'acte de ratification, seraient pleinement opposables à l'acheteur.

On peut donc tenir pour certain :

1° Que la transcription de l'acte de ratification est toujours nécessaire;

---

(1) V. en ce sens MM. Rivière et Huguet, nos 57 et 58.

(2) *Comm. de la loi du 23 mars* 1855, n° 128.

2° Qu'elle suffit, si l'acte qui constate la ratification précise et caractérise la vente qui a eu lieu ;

3° Qu'il y faut joindre, dans le cas contraire, la transcription de l'acte de vente ;

4° Qu'il n'y a aucune utilité à faire transcrire cet acte tant que celui qui constate la ratification n'a pas été lui-même transcrit.

Encore un mot. Tant que le propriétaire n'adhère point à la vente promise en son nom, il n'y a d'obligé que le gérant officieux qui s'est porté fort pour lui. Le droit qu'a l'acheteur n'est par conséquent qu'une *pure créance ;* si donc il cède son droit à une tierce personne, son droit à la ratification de la vente qui lui a été promise et, par suite, son action éventuelle en dommages et intérêts contre le porte-fort, cette cession n'aura pas besoin d'être *transcrite* pour produire son effet à l'égard des tiers ; il suffira qu'elle soit *notifiée* au débiteur cédé ou par lui acceptée dans un acte authentique, conformément à l'article 1690 du Code Napoléon.

33. Prenons l'hypothèse inverse à celle que nous venons d'étudier, supposons qu'un propriétaire vende un immeuble à une tierce personne qui l'achète, non point pour elle, mais pour une autre personne qu'elle désigne et pour qui elle se porte fort : que décider dans ce cas? La ratification par laquelle l'acheteur donne son consentement au marché conclu dans son intérêt n'a-t-elle son effet que dans l'avenir, comme dans la précédente hypothèse, ou bien remonte-t-elle, quant à son effet, jusqu'au jour de la vente acceptée par le porte-fort?

Bien que les auteurs soient d'accord pour nier cette rétroactivité, nous l'admettons, au contraire, sans hésiter. Suivant nous, la vente a, dans l'espèce, existé, non point sans doute comme vente pure et simple, mais comme vente *conditionnelle*, du jour même où le propriétaire a traité avec le porte-fort de l'acheteur. Et en effet, un consentement a été, dès ce jour, donné et accepté ; il a été donné par le propriétaire du bien à vendre, accepté par le porte-fort ; celui-ci l'a accepté non pour lui et dans son intérêt, mais pour le compte et le profit de l'acheteur éventuel dont il a promis l'engagement. C'est donc à ce dernier qu'appartient le bénéfice de l'acte auquel le propriétaire a déclaré adhérer dès à present. Or cet acte, quel est-il, si ce n'est une vente? Qu'on dise que cette vente n'a pas encore toute sa per-

fection, nous ne le contesterons pas; il est, en effet, plus qu'é-
vident qu'au moment de sa formation elle ne lie que le vendeur, puisque l'acheteur éventuel, dans l'intérêt duquel elle
intervient, ne s'engage à rien ; mais toujours est-il qu'elle
existe comme vente *unilatérale*, c'est-à-dire à l'état de vente
subordonnée au consentement de l'acheteur, et par conséquent
à l'état de vente *conditionnelle* (1).

Si on admet notre système, la transcription de l'acte de vente
intervenu entre le propriétaire et le porte-fort suffira pour
mettre à l'abri de tout péril la propriété conditionnelle de
l'acheteur éventuel. Il ne sera même pas nécessaire, lorsque la
vente aura reçu toute sa perfection par l'adhésion de l'acheteur,
de porter à la connaissance des tiers la ratification qu'il en aura
faite. Du moment, en effet, qu'ils avaient été instruits que le
vendeur avait cessé d'être propriétaire sous la condition suspensive de cette ratification, ils devaient s'abstenir de traiter
avec lui (2).

Que si, au contraire, on se range à l'opinion commune, si
l'on admet que, dans l'espèce, la ratification par laquelle l'acheteur adhère à la vente stipulée à son profit ne produit son effet
qu'à compter de sa date et pour l'avenir seulement, elle devra
nécessairement alors être transcrite. Mais sa transcription suffira-t-elle, à supposer, bien entendu, qu'elle contienne tous les
éléments essentiels de la vente, les noms des parties, la désignation de l'immeuble vendu et le prix de vente? MM. Rivière
et Huguet pensent que non. « L'acte de ratification, disent-ils,
« ne forme point à lui seul le titre de l'acheteur qui ratifie ; il
« faut y joindre l'acte d'acquisition. Ce titre doit également
« être transcrit (n° 59). » Nous ne partageons point leur avis.
Le conservateur doit transcrire tout acte authentique ou sous
seing privé qu'on lui présente ; ce n'est pas à lui, en effet,
qu'appartient le droit de soulever la question de savoir si cet
acte est ou n'est pas régulier, s'il est complet ou non. Son office
est tout passif. Il devra donc, s'il en est requis, transcrire
l'acte de ratification qui lui sera présenté. Or, cette transcrip-

(1) V. n° 27. Nous reviendrons sur ce point lorsque nous aurons à traiter,
sous le n° 39, des promesses unilatérales de vendre.

(2) V. ce que nous avons dit à ce sujet, mais notamment n° 28. V. aussi
ce que nous disons plus bas sous le n° 34.

tion est pleinement suffisante, puisqu'elle contient, nous le supposons, tout ce qui est indispensable pour décrire exactement la vente dont elle affirme l'existence au public (1).

34. Nous avons eu trop de fois l'occasion de traiter des ventes conditionnelles (2) pour avoir à y revenir; mais nous croyons nécessaire, avant de passer à d'autres matières, de clore celle-ci par l'examen d'un point qui s'y rattache. Nos lecteurs savent déjà que la mutation qu'opèrent les ventes conditionnelles ne prend date à l'égard des tiers qu'à compter du jour où elles ont été transcrites. Ils se rappellent également qu'au cas où la condition vient à s'accomplir, le droit qu'acquièrent alors les acheteurs remonte, quant à ses effets, jusqu'au jour de la vente, si d'ailleurs elle a été transcrite le jour même de sa passation. Nous sommes fixés à cet égard. Mais reste la question de savoir si, quand la condition s'est accomplie, l'acheteur doit porter à la connaissance des tiers l'événement qui est venu rendre définitive et irrévocable en sa personne la propriété conditionnelle que la vente lui avait transmise? A première vue, l'affirmative parait certaine. Si, dira-t-on, la loi a placé les mutations immobilières sous le régime de la publicité, si elle a exigé que les actes qui les constatent soient transcrits sur les registres des conservateurs et mis, par cette voie, à la disposition du public, n'est-ce point afin de mettre les tiers en position de s'assurer, sans aller chercher ailleurs des éléments d'appréciation, si ceux qui ont le titre apparent de propriétaires le sont réellement? Or, comment cette vérification se fera-t-elle, si l'acheteur peut, sans aucun péril pour lui-même, tenir caché et occulte l'événement qui l'a subrogé à l'ancien propriétaire? La transcription dira bien à ceux qui la consulteront que la propriété de l'immeuble réside dans la personne du vendeur ou dans celle de l'acheteur; mais comme elle ne leur apprendra pas lequel des deux est propriétaire, ils se verront forcés pour le découvrir de rechercher si la condition qui affectait la vente est accomplie ou défaillie; de là des enquêtes, dont rien ne garantira la véracité. Au lieu d'une propriété facile à suivre et à vérifier, nous n'aurons alors qu'une propriété perpétuelle-

---

(1) Consultez, au reste, les nos 26 et 27. — V aussi ce que nous disons ci-dessous, sous le n° 34.

(2) V. les nos 14, 15, 16, 17, 28 et 33.

ment équivoque. La loi nouvelle n'a pas pu laisser subsister dans l'établissement de la propriété de telles incertitudes!

Nous reconnaissons que cette propriété, qui peut-être réside en telle personne, peut-être en telle autre, peut jeter quelque trouble dans l'établissement des droits réels immobiliers ; mais c'est tout ce que nous pouvons et devons concéder. Il n'existe, en effet, dans la loi aucune disposition, à notre connaissance du moins, d'où l'on puisse déduire la nécessité de révéler au public *les événements* de toute nature qui, lorsqu'ils s'accomplissent, peuvent avoir une influence plus ou moins directe sur les droits existants ou même en créer de nouveaux. On transcrit des *actes*, on ne transcrit point des *faits*.

Si d'ailleurs la loi avait eu pour le principe de la publicité un respect aussi absolu et aussi exclusif que celui qu'on lui prête, si elle avait cru devoir l'élargir au point de le faire pénétrer jusque là où on prétend le conduire, elle aurait évidemment pris la peine d'organiser la procédure ou le mode d'application de cette extension. Or l'a-t-elle fait? Comment portera-t-on à la connaissance des tiers les événements qu'on devra rendre publics? Si nous supposons, par exemple, qu'une vente ayant été faite sous la condition *si navis venerit*, le vaisseau est arrivé ou qu'il a fait naufrage, comment en instruira-t-on les tiers? Que fera-t-on transcrire? La déclaration de l'acheteur, celle du vendeur, ou celle des deux parties? Si elles ne sont point d'accord, fera-t-on une enquête? Faudra-t-il un jugement? Dans tous les cas, fera-t-on une transcription principale ou une simple mention en marge de la transcription de la vente? Quel délai enfin les parties auront-elles pour se mettre en règle? Sur ces divers points la loi est absolument muette, et le silence qu'elle garde à cet égard montre suffisamment, ce nous semble, qu'ils ne l'ont point frappée, ou tout au moins qu'elle n'a pas jugé convenable de pousser si avant la perfection de la publicité. Elle a pensé sans doute, et avec une grande raison, selon nous, qu'en passant, sans aucune transition, du secret si complet des transmissions à leur publicité absolue, elle courrait le risque de compromettre par un aussi brusque revirement l'avenir du régime qu'elle allait fonder. En aucune chose, mais en législation surtout, il n'est donné à l'homme de toucher du premier jet à la perfection ; il n'y arrive que par degrés, après mille tâtonnements et des efforts inouïs. Ne nous étonnons donc point si la transcription, telle qu'elle a été conçue et organisée, a, comme toute autre institution, ses imperfections et ses lacunes. Gardons-nous de croire surtout que les registres du conservateur soient un livre si merveilleusement complet qu'il suffise d'y jeter les yeux et de le parcourir pour y apprendre tout ce qu'il importe de savoir. Si vive et si étendue que soit la lumière qui en résulte, que de choses pourtant restent encore dans l'ombre! Consultons-les au sujet d'une vente qui s'y trouve décrite : qu'apprendrons-nous? Peu de choses assurément! Et d'abord cette vente si formellement affirmée a-t-elle eu lieu réellement? Ne se peut-il pas que l'acte où elle est relatée et qui a été reproduit sur le registre soit un acte mensonger, l'œuvre d'un faussaire? C'est donc un premier point à éclaircir et, notons-le, à vérifier en dehors des indications que la transcription peut fournir. Admettons que le fait soit constant : une vente est intervenue entre telle et telle personnes, au sujet de tel immeuble; mais cette vente est-elle *valable ?* Le vendeur qui l'a consentie était-il ou non capable d'aliéner? Était-il majeur ou mineur, interdit ou non? Supposons-le en tutelle : son tuteur a-t-il ou non obtenu du conseil de famille une autorisation à l'effet de vendre? Cette autorisation, à supposer qu'elle existe, a-t-elle ou non été homologuée? Toutes questions qu'il importe de se poser et qu'on ne pourra résoudre que par des renseignements pris en dehors de la transcription ; car la loi n'exige point qu'on transcrive sur le registre, à côté de l'acte de vente, tous les actes accessoires qui de près ou de loin se rattachent à sa validité. Elle n'a pas été jusque-là. La transcription est nécessairement limitée et restreinte dans son objet. Elle dit aux tiers qui la consultent qu'il s'est passé, à telle date, entre telle et telle personne, au sujet de tel immeuble, une convention qui, *à la supposer réellement existante et valable,* est translative de propriété ; si cette aliénation n'est que conditionnelle, les tiers en sont instruits. Mais cette aliénation a-t-elle réellement eu lieu, est-elle valable, la condition à laquelle elle était subordonnée est-elle accomplie ou défaillie? la transcription ne peut pas le dire et ne le dit point. C'est aux tiers à compléter, par d'autres voies, les renseignements qui leur manquent (1).

_____

(1) V. ce que nous avons dit à ce sujet sous les n°s 26, 27 et 28.

35. Lorsqu'un bien est vendu moyennant un prix laissé à l'arbitrage d'un tiers dont les parties conviennent (art. 1592), la vente existe, non point sans doute à l'état de vente pure et simple, puisque sa perfection est subordonnée à un événement futur et incertain, la détermination du prix par l'arbitre désigné, mais comme vente conditionnelle, susceptible par conséquent de produire ses effets du jour même de sa passation, si elle se complète et se consolide par l'accomplissement de la condition qui l'affecte. L'acheteur, s'il est prudent, n'attendra donc point, pour faire transcrire son titre, que le prix ait été déterminé ; il le fera transcrire le jour même de la passation de son contrat. Autrement, la détermination du prix, au lieu de rétroagir jusqu'au jour de la vente, s'arrêterait au jour de la transcription (1).

36. Modifions l'espèce. Supposons que la détermination du prix soit laissée à l'arbitrage d'un tiers que les parties ne nomment point quant à présent, mais qu'elles devront désigner plus tard : que décider alors ? Plusieurs auteurs, parmi lesquels nous citerons M. Troplong, enseignent qu'en ce cas, la vente n'est point valable. Et, en effet, disent-ils, chacune des parties pouvant, par son refus de concourir à la nomination de l'arbitre, empêcher indéfiniment la détermination du prix, le contrat manque de certitude et d'efficacité, puisqu'il est au pouvoir de chacune des parties de le tenir perpétuellement en suspens. Qu'on ne dise point que si l'une des parties refuse de concourir à la désignation de l'arbitre, la justice pourra, sur la demande de l'autre partie et d'accord avec elle, le désigner elle-même : ce serait, en effet, substituer l'œuvre du tribunal à ce qui doit être l'œuvre des contractants, et par conséquent dénaturer leur convention. D'ailleurs, ajoute M. Troplong, le droit romain suivait cette décision, et c'est une raison de plus pour la suivre. A la vérité, Facchinée la combat, mais Pinellus la tient pour bonne (2).

Ces raisons sont-elles bien concluantes ? Examinons.

La loi romaine étant favorable au système que M. Troplong

_____

(1) V. sur ce point ce que nous avons dit pag. 68, n° 14.

(2) *Comm. de la vente*, I, n° 157. V. dans le même sens Delvincourt, III, p. 125 ; M. Duranton, XVI, n° 114 ; deux arrêts, l'un de la Cour de Limoges, 4 avril 1826, l'autre de Toulouse, 5 mars 1827.

propose, M. Troplong ne manque point de citer la loi romaine. C'est son droit, bien entendu, et nous ne le blâmons point d'en avoir usé. Mais la convention que *la loi romaine* écartait comme nulle, *la loi française* la tenait pour bonne. « On peut, dit Pothier, vendre une chose pour le prix qu'elle sera estimée par des experts *dont les parties conviendront ;* il est vrai que certains interprètes ont soutenu que cette convention constitue un contrat innomé plutôt qu'une *vraie vente ;* mais ces subtiles distinctions de contrat ne sont point admises en droit français et ne sont d'aucun usage dans la pratique » (1). Quoi de plus démonstratif? N'est-il pas vrai que notre ancienne jurisprudence condamne formellement le système de M. Troplong? Comment se fait-il dès lors qu'il ne la cite point? Quelles singulières et fâcheuses inductions on en pourrait tirer ! Tout au moins restera-t-on convaincu que l'autorité de Pothier est assurément de poids à balancer l'autorité de Pinellus.

Mais laissons ce point et abordons le fond du débat. L'une des parties contractantes a promis la propriété de sa chose moyennant un prix que l'autre partie s'est engagée à lui payer; il a été convenu entre elles que ce prix sera ultérieurement fixé par un arbitre qu'elles nommeront plus tard. Certes, cette convention ne blesse ni l'ordre public, ni les bonnes mœurs; le fait qu'elle a pour objet, la nomination d'un arbitre, n'a rien d'impossible en soi. Dès lors où est la raison de ne pas la respecter? Qu'on ne dise point que, chacune des parties étant absolument maîtresse de faire ou de ne pas faire ce qu'elle a promis, puisqu'il n'existe aucun moyen de les contraindre, s'il leur plaît de résister, leur convention est nulle par défaut de lien ! Cela serait parfaitement exact, sans doute, s'il était vrai qu'au cas où l'une d'elles refuse de tenir sa promesse, les juges ne peuvent point, sur la demande de l'autre partie et d'accord avec elle, faire la désignation qui lui est due. Mais ce recours à la justice est la sanction légale de toute convention librement faite, si d'ailleurs elle ne porte en elle rien qui soit de nature à l'empêcher de valoir. Et il faut bien qu'il en soit ainsi, puisqu'autrement toutes les conventions qui ont un *fait* pour objet ne seraient que de vains pourparlers qui n'engageraient personne.

(1) *Traité de la vente,* n° 25

La loi ne tolère point les résistances injustes. Le fait promis est-il si essentiellement inhérent à la personnalité de celle des parties qui le doit qu'on ne puisse pas, sans le dénaturer ou lui enlever toute son utilité, le faire accomplir par un tiers ? l'exécution effective et directe de l'obligation n'étant point judiciairement possible, le créancier obtient, à la place du bénéfice qui lui est dû et qu'on lui refuse, une somme d'argent qui lui en tient lieu. Son utilité est-elle, au contraire, indépendante des qualités personnelles du débiteur ? le créancier s'adresse alors à la justice, qui lui accorde le bénéfice auquel il a droit, soit en désignant un tiers qu'elle charge de faire, aux frais du débiteur, ce qui a été promis, soit en procédant elle-même à l'exécution du fait à accomplir.

Qu'on suppose, par exemple, deux choses vendues sous une alternative : sera-t-il donné à celle des parties à laquelle le choix appartient de mettre la vente à néant en refusant d'indiquer celle des deux choses sur laquelle elle entend concentrer l'effet du contrat? L'autre partie restera-t-elle désarmée en présence de ce refus obstiné? N'est-il pas vrai qu'elle pourra, recourant à la justice, demander que le tribunal fasse lui-même le choix d'où dépend son droit?

M. Troplong ne reconnaît-il point lui-même que la personne qui, sans s'obliger, a accepté *une promesse de vendre* faite à son profit, peut obtenir de la justice l'exécution directe de cette promesse quand son débiteur refuse obstinément de l'accomplir (V. le n° 116 de son *Comm. de la vente*)?

Ces principes sont élémentaires, et il y a lieu de s'étonner qu'un magistrat aussi éminent les ait méconnus dans l'espèce. Par quelle secrète raison, ou par quel écart de logique refuse-t-il à la justice la faculté de désigner un arbitre alors qu'il lui reconnaît, en principe, le droit de procurer au créancier le bénéfice effectif et direct de l'obligation souscrite à son profit? Elle ne pourrait point sans doute remplacer par un arbitre de son choix l'arbitre nommé dans le contrat, mais décédé sans avoir rempli son mandat. Dans ce cas, en effet, la nomination qu'elle ferait dénaturerait la convention des parties sous prétexte de l'exécuter, puisque chacune d'elles pourrait légitimement soutenir qu'elle n'a consenti à traiter qu'en considération de sa confiance dans la moralité et l'expérience du mandataire, auquel elle avait confié le soin et la défense de son intérêt; mais dans l'espèce, rien de semblable n'a lieu. Les parties n'ayant point désigné individuellement la personne qui devra être appelée à les représenter quant à la fixation du prix, aucune d'elles ne peut dire que les qualités particulières et personnelles de tel ou tel expert sont entrées pour quelque chose dans la convention qu'elle a faite. Dès lors rien ne fait obstacle à l'application du droit commun.

Si donc l'une des parties s'obstine dans son refus de concourir à la désignation de l'arbitre qu'elle a promis de nommer, sous quel prétexte abritera-t-elle une résistance que la bonne foi réprouve et que la morale condamne ? Quel intérêt légitime blessera-t-on en elle si on la force de rentrer dans le devoir et de respecter la loi de son contrat ? Qu'elle ne dise point qu'on lui fait violence ! on ne fait en effet qu'accomplir sa promesse. A quel titre s'en plaindrait-elle ? Si d'ailleurs ce mode de procéder la blesse, que ne fait-elle elle-même ce à quoi elle s'est obligée !

La convention qui fait l'objet de ce débat serait certainement valable, valable comme vente conditionnelle, si elle contenait la clause qu'en cas de refus de l'une des parties l'arbitre sera nommé par la justice : les auteurs que je combats le reconnaissent. Or, cette clause existe au contrat par cela seul que la clause contraire ne s'y trouve point. Elle y est en effet sous-entendue ; car comme on ne peut pas supposer que les parties aient voulu faire un acte nul et inutile (art. 1157), il est naturel de penser qu'il a été entendu entre elles que leur traité serait placé sous l'autorité de la loi, et par conséquent sous la sauvegarde des moyens de coërcition qu'elle a organisés contre la résistance des débiteurs de mauvaise foi (1).

Nous n'ignorons point, au reste, tout le parti qu'on peut tirer contre cette solution des doctrines de Pothier rapprochées des dispositions de notre Code. En principe, pourra-t-on dire, le prix de vente doit être fixé *par les parties elles-mêmes*. A côté de cette règle, Pothier place deux exceptions. Le prix, dit-il, peut être déterminé, soit par un arbitre que les parties désignent par leur contrat même, soit par un arbitre qu'elles devront ul-

---

(1) V. en ce sens M. Duvergier, xvi, n° 153. V. aussi, Paris, 14 février 1809, 6 juillet 1812 ; 18 novembre 1831 ; Montpellier 13 février 1828.

térieurement désigner. Or, qu'ont fait les rédacteurs du Code?
Ils ont, dans l'art. 1591, maintenu l'ancienne regle que *le prix
doit être déterminé par les parties elles-mêmes;* mais ont-ils reproduit les deux exceptions qu'admettait Pothier? Non : ils n'en
ont reproduit qu'une, la première. La vente faite moyennant
un prix laissé à l'arbitrage d'un tiers est par eux déclarée valable; mais pour peu qu'on arrête son attention sur les termes
de l'art. 1592 où ce point est réglé, on demeure convaincu
qu'ils visent exclusivement le cas où la désignation de l'arbitre
a lieu au moment même de la passation du contrat. Les travaux
préparatoires du Code lèvent d'ailleurs tous les doutes que l'on
pourrait conserver à cet égard. « Le prix de vente, disait
M. Faure au Tribunat, doit être déterminé par les parties. Elles
peuvent, il est vrai, convenir qu'un tiers l'arbitrera, *mais il est
nécessaire que ce tiers soit bien indiqué.* » M. Grenier est plus explicite encore : « Les conditions nécessaires pour que dans ce
cas la vente existe sont, dit-il, qu'il n'y ait qu'un *seul* arbitre qui
soit chargé de la fixation du prix et qu'il soit *expressément désigné par les parties.* » Ainsi , des deux exceptions dont parle
Pothier, une seule est maintenue. La seconde n'a donc point
lieu dans notre droit.

Ces considérations sont certainement graves, et nous concevons
sans peine qu'elles aient déterminé M. Duranton à dire que la
vente dont le prix doit être arbitré par un tiers qui sera
ultérieurement nommé, n'est qu'un simple projet d'où ne peut
sortir aucun effet de droit, pas même un effet conditionnel.
Mais si on les juge décisives, dans l'espèce, si l'on croit devoir
s'en tenir aux termes de la loi judaïquement interprétée, jusqu'où ne sera-t-on point forcé d'aller? Ainsi on en devra conclure
1° que la vente n'a aucune existence légale au cas où la fixation du prix a été confiée *à deux arbitres,* quoique nommés par
le contrat même; 2° que si elle a été faite pour un prix qui
devra être fixé par un arbitre sur la nomination duquel elles
auront à s'entendre plus tard, elle est également nulle, *quoiqu'elles soient expressément convenues que, faute de s'entendre, la
désignation de l'arbitre pourra être faite par la justice.* Or, personne
n'est allé jusque-là. M. Duranton lui-même tient la vente pour
valable dans les deux cas. Les textes qu'on nous oppose n'ont
donc point l'autorité qu'on leur prête. Et si l'on peut s'en écarter dans les deux cas que nous venons de rapporter, où est la

raison de leur accorder une autorité plus grande dans l'espèce
particulière que nous étudions? Puisqu'on juge la vente valable
dans le cas où la fixation du prix a été confiée *à deux arbitres*, quoique l'art. 1592 ne vise expressément que le cas où *un seul arbitre* a été nommé, c'est qu'évidemment, de l'aveu même des
auteurs que nous réfutons, ce texte n'a rien d'exclusif. La phrase
qui le termine en précise l'objet. Lorsque les parties ont pris soin
de désigner elles-mêmes l'arbitre qui devra fixer le prix, la
vente ne se formera point, si ce tiers désigné ne veut ou
ne peut remplir son mandat; car alors il ne sera point
permis à la justice de lui substituer un arbitre de son choix.
C'est là tout ce que la loi a entendu dire. Quant à la question
de savoir si la vente faite moyennant un prix laissé à l'arbitrage
d'un tiers qui sera ultérieurement nommé, est ou n'est point
valable, elle ne s'en occupe point; elle la laisse donc dans le
domaine des règles constitutives du droit commun; or, d'après
ces règles, nous croyons l'avoir démontré, la validité conditionnelle de la vente dont il s'agit ne saurait être sérieusement contestée. Nous en concluons qu'aussitôt qu'un arbitre aura été nommé
soit à l'amiable, par les parties elles-mêmes, soit par la justice
dans le cas où elles n'auront pas pu se mettre d'accord, et que le
prix aura été fixé par l'arbitre désigné, la vente se trouvant com-
plétée alors par l'accomplissement de la condition à laquelle sa
perfection était subordonnée rétroagira jusqu'au jour de la convention qui en avait fixé les bases. Si donc elle a été transcrite
dès ce même jour, tous les actes consentis par le vendeur, *medio tempore*, au préjudice de l'acheteur, seront nuls et de nul effet à l'égard de ce dernier (V. ci-dessus le n° 34).

Il n'en sera pas de même dans le système de M. Troplong,
si on l'accepte. La nomination de l'arbitre par les parties, à supposer qu'elles s'entendent sur ce point, donnera bien à leur
convention restée subsistante la nature et les caractères d'une
vraie vente; mais, comme antérieurement elle n'avait aucune
existence, pas même une existence conditionnelle, la mutation
à laquelle elle donnera lieu, après que le prix aura été fixé, ne
se produira qu'à la date de la nomination de l'arbitre et pour
l'avenir seulement, ce qui laissera subsister et parfaitement valables les actes antérieurement consentis par le vendeur; l'a-
cheteur devra les subir tous. Dès lors il sera inutile de transcrire, à sa date, l'acte qui constate la convention, puisque tant

que l'arbitre ne sera point nommé, elle n'existera même pas à l'état de vente conditionnelle. La transcription ne deviendra nécessaire qu'à compter du jour où l'arbitre aura été désigné.Deux actes devront alors être transcrits, savoir : 1° l'acte qui constate la convention primitive ; 2° l'acte contenant la désignation de l'arbitre ; à moins pourtant que l'acte de nomination ne contienne lui-même toutes les énonciations descriptives de la vente, auquel cas sa transcription suffira (1).

37. M. Bigot-Préameneu, voulant expliquer au conseil d'État l'influence que *l'alternativité* peut avoir sur un contrat, faisait remarquer « qu'au cas où deux choses ont été vendues sous une alternative il y a incertitude sur celle des deux qui devra être livrée; d'où il faut conclure *qu'aucune propriété n'est transmise que par le paiement.* Jusque-là, ajoutait-il, la propriété reste sur la tête du vendeur. »

Prise à la lettre, et dans le sens qu'elle semble avoir, cette idée nous conduirait à dire que les ventes alternatives, étant simplement *productives d'obligations,* ne sont point opposables aux tiers, et qu'ainsi il est inutile de les transcrire tant qu'elles n'ont pas été amenées à l'état de ventes pures et simples par la détermination de celle des deux choses qu'elles devront avoir exclusivement pour objet.

Cette solution, nous n'hésitons point à le dire, est inadmissible. Il est bien vrai que c'est le *paiement,* c'est-à-dire la tradition de l'une des deux choses vendues qui, le plus ordinairement, en opérera la transmission; mais s'il en est ainsi, c'est que le paiement réalise *la condition* à laquelle cette mutation était subordonnée; elle doit donc, quant aux effets qui lui sont propres, rétroagir au jour même de la vente.

Lors, en effet, que deux choses sont vendues sous une alternative, la vente se dédouble en deux ventes, *conditionnelles* toutes les deux, et ayant chacune pour objet l'une seulement des deux choses comprises dans l'alternative. De ces deux ventes, l'une seulement vaudra : car l'accomplissement de la condition qui parfera l'une des deux fera forcément défaillir la condition à laquelle l'autre est subordonnée. Si je vous vends, par exemple, ma maison A ou ma maison B, à votre choix, deux propriétés vous sont acquises, conditions

(1) V. aussi ci-dessus le n° 34.

nelles toutes les deux, savoir : la propriété de la maison A sous
la condition suspensive que le choix portera sur elle, ou la propriété de la maison B, également sous la condition qu'elle sera
l'objet du choix à intervenir.

Le choix se faisant ordinairement par la tradition même de
l'une des deux choses promises et au moment où elle a lieu,
M. Bigot-Préameneu a pu dire avec raison que la propriété
n'est transférée que par le paiement de l'un des deux objets
compris dans l'alternative; mais, soit que le choix s'effectue
au moment de la tradition, soit qu'il se place à une époque
antérieure, il constitue toujours l'accomplissement de la condition à laquelle était subordonnée la mutation de propriété;
or, cette condition devant, conformément au droit commun,
rétroagir au jour même du contrat, la propriété de la chose
sur laquelle le choix se sera fixé passera dans le domaine de
l'acheteur franche et quitte de tous les droits que le vendeur
aura pu consentir *medio tempore*. De là, pour l'acheteur, l'obligation de faire transcrire son titre dès le jour même de la
vente, et sans attendre qu'elle devienne pure et simple par la
réalisation du choix auquel elle est subordonnée; autrement,
la rétroactivité de son droit ne serait point opposable aux tiers.
v. *Revue pratique* n°ˢ 14 et 34. Quant à l'acte contenant la
désignation de celle des deux choses qui devra être ou qui a
déjà été livrée, l'acheteur pourra le faire transcrire, afin de
dégager sa propriété des doutes qui, en la tenant équivoque,
pourraient nuire à son crédit; mais il n'y est point obligé (1).

38. Nous arrivons aux promesses *réciproques* de vendre et
d'acheter.

Un propriétaire a promis de vendre pour tel prix un tel immeuble à une autre personne qui a promis de l'acheter au prix
indiqué. Leur convention est valable, cela n'est point douteux;
mais quelle en est la nature et quel effet produit-elle? est-ce
une *vraie vente*, ou n'est-ce qu'un contrat *innomé?* est-elle
translative de propriété ou *simplement productive d'obligations?*

La pensée de la loi sur ce point a été déposée dans l'art. 1589,
dont voici les termes : «La promesse de vente VAUT VENTE,
lorsqu'il y a consentement réciproque des deux parties sur la
chose et sur le prix. »

Singulière solution! Les parties sont tombées *d'accord sur la*

(1) V. le n° 34, v. aussi le n° 28.

chose et sur le prix, et cependant, à ne consulter que les termes de la loi, leur convention *n'est pas une vente*. Ce n'est pas une vente, mais *elle vaut vente !*

Quelle idée se cache donc sous cette énigme?

MM. Troplong et Marcadé en ont donné l'explication suivante :

Il est certain, disent-ils, qu'à ne s'attacher qu'au sens apparent des termes de la loi, la règle que «la promesse de vendre *vaut vente* quand il y a consentement réciproque des parties sur la chose et sur le prix,» devrait être entendue en ce sens, que les promesses de vendre et d'acheter un tel bien pour un tel prix constituent une *vraie vente*, une vente *actuelle* et *dès à présent translative de propriété ;* mais lorsqu'on descend au fond des choses et qu'on demande à l'histoire l'interprétation de cette formule, on voit bien vite qu'elle ne signifie point ce qu'elle paraît dire. Nos anciens auteurs n'ont jamais, en effet, disputé sur la question de savoir si les promesses réciproques de vendre et d'acheter devaient ou non être assimilées *à une vente actuelle :* jamais personne ne songea à contester les différences par lesquelles la nature même des choses sépare ces deux espèces d'actes ; on se demandait seulement si, au cas de refus par l'une des parties d'exécuter sa promesse, l'autre partie n'avait que le droit de réclamer d'elle des dommages et intérêts, ou si elle pouvait obtenir, par la voie judiciaire, l'avantage qu'elle avait eu en vue en contractant, c'est-à-dire la *formation de la vente* qui lui avait été promise. Cette dernière opinion ayant prévalu, on imagina de dire que la convention dont il s'agit *valait vente*, pour exprimer cette idée qu'elle assurait, avec une parfaite certitude, la passation de la vente promise, puisqu'elle procurait à chacune des parties le droit d'obtenir un jugement qui, attendu le refus de la part du défendeur de passer contrat et à défaut par lui de le faire dans tel délai, tenait la vente pour conclue.

Ainsi, la promesse de vendre, jointe à la promesse d'acheter, n'a jamais été considérée comme l'équivalent d'une *vraie vente*, d'une *vente actuelle*. Si on disait d'elle qu'elle *valait vente*, c'était uniquement en ce sens qu'elle donnait à celle des parties qui tenait à la passation de la vente la faculté de l'obtenir en s'adressant à la justice, qui, sur sa demande, consentait pour la partie récalcitrante.

Or, quel a été l'objet de l'art. 1589? A cet égard aucun doute n'est permis. Tout le monde sait qu'en l'écrivant, la loi s'est uniquement proposé de mettre fin aux controverses engagées sur ce point dans l'ancien droit (Voy. Malleville, III, p. 359 et 360). Et comment les a-t-elle fait cesser? En reproduisant, sans y rien ajouter et sans en rien retrancher, les *mêmes expressions* dont on se servait autrefois pour exprimer la théorie dont il vient d'être parlé. Quoi de plus naturel, dès lors, que de les entendre dans le même sens? Rien d'ailleurs n'est plus rationnel ni plus sage que cette interprétation. Les parties ont voulu, non point vendre et acheter *dès à présent*, mais, ce qui est bien différent, prendre l'engagement réciproque de vendre et d'acheter à une époque ultérieure. Faite dans ces termes, leur convention n'a en soi rien de contraire à l'ordre public; pourquoi ne pas la respecter? Où la loi puiserait-elle le droit de la dénaturer, en substituant une vente *présente* à la vente *future* qu'elles ont promis l'une et l'autre de conclure?

Dans ce système, la vente n'existe point tant qu'elle n'a pas été réalisée soit à l'amiable, par une seconde convention, si les parties tombent d'accord à cet effet, soit, dans l'hypothèse contraire, au moyen d'un jugement qui la tiendra pour conclue. Jusque-là la propriété de la chose dont la vente a été promise, continuera de résider dans la personne du futur vendeur, qui, par conséquent, en pourra disposer à son gré, sauf, s'il use de son droit, à payer les dommages et intérêts dont le rendra passible envers l'autre partie l'inexécution de sa promesse (1).

Bien que cette doctrine paraisse fort logique, on ne saurait pourtant l'accepter. M. Troplong lui-même ne l'eût point proposée, s'il se fût rappelé les judicieuses observations que nous lui devons sur la codification du contrat de vente. « Pensons-y bien, dit-il, le Code n'a pas toujours vécu d'emprunts, il a aussi son originalité propre, et de profondes innovations doivent nous mettre en garde contre l'anachronisme. » Nous sommes de son avis. Il faut savoir, si l'on ne veut point courir le risque de donner un perpétuel démenti aux doctrines de notre Code, rejeter dans la classe des idées qui ont fait leur temps les théories de notre vieux droit, et se bien convaincre que Pothier

---

(1) M. Troplong, sur l'art. 1589; Marcadé sur le même article.

lui-même, ce guide ordinairement si sûr, n'offre plus, en général, que des idées inapplicableset sans valeur,tant sont radicales les différences qui séparent nos deux législations (1). Parmi ces différences il en est une surtout qu'il importe de signaler. Dans notre ancien droit, la vente ne déplace point par elle-même la propriété de la chose vendue ; cet effet n'est produit qu'après coup et par un fait complexe postérieur, la tradition de la chose promise et le paiement du prix. Sous l'empire du Code, au contraire, elle fait passer directement,par sa toute-puissance et sans le secours d'aucun acte étranger, le domaine de la chose vendue du patrimoine du vendeur dans celui de l'acheteur (art. 1583).

Cette innovation, on le conçoit sans peine, doit toujours être présente à l'esprit de ceux qui, interrogeant les dispositions de notre Code sur la vente, cherchent le véritable sens des règles par lesquelles ce contrat se gouverne aujourd'hui. Autrement, ils seraient, à chaque pas, victimes des plus cruelles méprises. C'est ainsi, par exemple, qu'ils se verraient forcés de dire avec l'art. 1582, que la vente est restée dans notre droit ce qu'elle était autrefois. Mais personne ne s'y est trompé ; et, bien que les rédacteursdu Code aient eu la maladresse de reproduire, à peu de chose près dans les mêmes termes, la formule par laquelle nos anciens auteurs la définissaient, on n'hésite point néanmoins à reconnaître qu'elle est passée dans notre droit avec des caractères et des effets tout nouveaux.

Or, s'il en est ainsi de la vente elle-même, si, bien que l'art. 1582 la présente comme une cause *simplement productive d'obligations*, elle constitue, conformément à l'art. 1583, une *aliénation* de la chose qu'elle a pour objet, nous voilà naturellement conduits à reconnaître également que les promesses de vendre et d'acheter qui, dans l'origine, équivalaient à l'ancienne vente, c'est-à-dire à une convention purement génératrice d'obligations, équivalent aujourd'hui à la vente du Code Napoléon, et par conséquent à une convention translative de propriété. Décider le contraire c'est passer, sans le voir, par dessus l'art. 1583 de notre Code et prendre pour base de ses décisions une législation qui n'est plus. M. Troplong n'a point songé sans doute qu'en procédant ainsi il a précisément commis cet anachro-

_____

(1) V. la préface de M. Troplong sur le contrat de vente.

nisme contre lequel il a lui-même si éloquemment protesté.

Il suffit d'ailleurs, si l'on veut rester convaincu de l'esprit d'innovation qui a présidé à la rédaction de l'art. 1589, de le rapprocher des vieux textes d'où il a été tiré. Nos anciens auteurs disaient bien, il est vrai, que les promesses réciproques de vendre et d'acheter *valaient* vente; mais comme ils sentaient que l'idée littéralement contenue en cette formule n'était pas l'équivalent exact du principe qu'ils entendaient énoncer, ils ne s'en servaient jamais qu'après l'avoir expliquée, et en prenant soin d'en déterminer le véritable sens par quelque correctif. Or, qu'ont fait les rédacteurs du Code? ils ont reproduit l'ancienne formule, cela est parfaitement vrai; ils l'ont conservée dans sa rédaction primitive, je le concède encore. Mais ont-ils également reproduit, par quelques expressions explicatives, les commentaires par lesquels nos anciens auteurs lui attribuaient un sens tout autre que celui que comportaient ses termes? Rien, ni dans l'art. 1589, ni même dans les travaux préparatoires du Code, n'y fait allusion. La règle est partout énoncée purement et simplement, sans aucune expression additionnelle pour l'expliquer (1). La promesse de vente... *vaut vente,* nous dit-on! Au lieu d'ajouter, ainsi qu'on le fait dans l'art. 1585, sur un autre point, que cette convention vaut vente *en tel* ou *tel sens,* on laisse au lecteur le soin d'interpréter lui-même les termes de la règle établie. Dès lors qu'en conclure, si ce n'est que dans la pensée de la loi le principe qu'elle consacre a le sens et la portée que ses termes comportent, qu'en un mot la promesse de vente... est bien réellement, par elle-même et sans le secours ultérieur d'un autre contrat ou d'un jugement, une *vraie vente,* la vente de l'art. 1583?

Qu'on écarte cette interprétation, et alors on déshonore la loi, tant on la suppose folle ou coupable. Précisons bien les faits. La loi se trouve en présence d'une convention par laquelle deux parties ont promis, l'une de vendre, l'autre d'acheter un tel bien pour tel prix. Tous les éléments d'un contrat de vente, *res, pretium* et *consensus,* s'y trouvent réunis. Il s'agit de qualifier cette convention, et de déterminer par la qualification qui lui sera donnée les effets qui lui seront propres. Suivant MM. Troplong et Marcadé, la loi se serait dit: « Cette convention *ne forme*

---

(1) V. Fenet, xiv, p. 153 et 189.

point le contrat de vente, elle oblige seulement à le passer à une époque ultérieure. Ainsi, tandis que la vente est *translative de propriété*, les promesses réciproques de vendre et d'acheter ne sont que génératrices *d'obligations ;* d'où toutes les différences existantes entre l'acquisition d'un *droit réel* et l'acquisition d'un droit *personnel.*» Et cette même loi serait venue nous dire, après les avoir ainsi distinguées et séparées dans sa pensée, que ces deux conventions sont l'équivalent l'une de l'autre ! En vérité cela se peut-il? Quelqu'un admettra-t-il jamais que des hommes de bon sens aient pu dire, écrire et répéter à plusieurs reprises que la promesse de vente « *a toute la force d'une vente,*» qu'elle en produit « *tous les effets,* » qu'en un mot et sous une dénomination différente « elle est une *vraie vente* (1), » alors que dans leur pensée elle était juste *l'inverse et l'opposé d'une vente?*

On conçoit cette assimilation dans notre ancien droit. La vente n'étant elle-même que productive d'obligations, il en résultait une identité à peu près parfaite entre les effets qui lui étaient particuliers et ceux que la loi avait attachés aux promesses réciproques de vendre et d'acheter. La différence n'existait guère que dans les mots, ou tout au plus quant à la procédure des actions auxquelles les parties devaient recourir lorsque l'une d'elles refusait de tenir son engagement. Au fond et *effectu inspecto,* le résultat était le même dans les deux contrats (2). Dès lors on comprend qu'on ait pu dire autrefois sans

(1) V. Fenet, xiv, p. 153 et 189.

(2) Dans la vente, la chose sur laquelle les parties avaient contracté passait aux risques de l'acheteur. En était-il de même dans le cas où deux personnes s'étaient *réciproquement* engagées, l'une à vendre, l'autre à acheter? Nos anciens auteurs ne s'expliquent pas sur ce point, ou du moins ce qu'ils en disen test si peu net, qu'il est impossible de se faire une idée exacte de leur doctrine à cet égard. M. Troplong est pourtant très affirmatif sur cette question ; mais il est tombé à ce sujet dans une erreur bien singulière. La chose destinée à devenir l'objet de la vente que les parties s'étaient engagées à conclure demeurait, dit-il, aux risques de celle d'entre elles qui avait promis de la vendre. A l'appui de cette décision, notre savant auteur nous renvoie au n° 479 du *Traité de la vente* de Pothier. Or, Pothier, M. Troplong prend le soin de nous l'apprendre lui-même (n° 115), ne *s'est nulle part occupé des promesses réciproques de vendre et d'acheter.* Comment donc aurait-il pu émettre l'idée qu'on lui prête? La vérité est qu'il n'a jamais dit ce qu'on lui fait dire. Le no 479 auquel on nous renvoie n'a trait, en effet, qu'aux promesses *unilatérales* de vendre.

M. Troplong s'est élevé souvent avec une éloquente indignation contre les

inconvénient et sans trop blesser la vérité, que la promesse de vente... *vaut vente*. Mais dans notre droit actuel et sous l'empire des règles nouvelles qui régissent la vente, cette ancienne formule, si elle avait aujourd'hui encore le sens qu'elle avait à son origine même, ne serait plus qu'un mensonge indigne. Quelle analogie, même indirecte, y aurait-il, en effet, entre la vente et la promesse de vendre... entendue selon nos adversaires? Au lieu de converger vers des résultats identiques, elles se sépareraient au contraire pour produire, chacune de son côté, des effets diamétralement opposés. Or n'est-il pas vrai — les lecteurs de bonne foi ne me contrediront pas sur ce point — que si les rédacteurs du Code avaient eu l'intention de consacrer entre ces deux conventions de si profondes différences, ils les eussent certainement indiquées par quelque phrase explicative ?

Ils ont pensé sans doute que, du moment qu'il était admis que la vente promise devait être tenue pour conclue, au cas où l'un des contractants méconnaissant sa promesse ne la voulait point tenir, il était bon et juste de le déclarer *de plano* plutôt que d'imposer au créancier la nécessité d'une instance sans objet. Et en procédant ainsi ils n'ont fait que se conformer aux vues générales qui les ont constamment dirigés. Partout, en effet, on les voit, supprimant les formalités inutiles, les détours superflus, dégager notre droit des entraves dont l'avait chargé l'esprit formaliste de nos anciens auteurs. C'est ainsi que, dans l'art. 1251-3°, la subrogation qui y est réglée a été affranchie de la nécessité de la réquisition à laquelle elle était autrefois subordonnée (1). N'est-il pas dès lors bien naturel d'admettre que l'art. 1589 a été conçu dans le même esprit? La loi, se substituant au lieu et place du juge, en fait l'office. C'est donc par sa disposition même, *recta via*, instantanément et sans le secours de l'intervention de la justice, que la vente promise est tenue pour conclue.

Dans quel but d'ailleurs aurait-elle refusé aux promesses réciproques de vendre et d'acheter l'effet qu'elle attache à la vente? Serait-ce afin de conserver à celui qui a promis de vendre

écrivains qui négligent les enseignements de l'histoire. Mais que dire de ceux qui, par la légèreté de leurs leçons, font douter de son utilité même ? (V. *Revue pratique de droit français*, t. 1er, p. 274 à 277 et p. 512.)

(1) V. à ce sujet mon *Traité des subrogations personnelles*, p. 398.— V. aussi, dans la *Revue pratique*, p. 102, un article de M. Bonnier dans le même sens.

le titre de propriétaire? Mais pourquoi le lui laisser? ne s'est-il
point engagé envers l'autre partie à lui transférer la propriété
de la chose sur laquelle elle a compté? Dès lors quoi de plus
juste que d'assurer, dès à présent et par une mutation immédiate, l'exécution de sa promesse? Lui fait-on préjudice en lui
retirant le droit de transporter à des tiers la propriété qu'il a
déjà promise à un autre? Se peut-il même qu'il ait, en contractant, songé à se réserver une faculté aussi peu morale! Or,
puisqu'il est impossible de justifier par aucun motif cette retenue de la propriété, c'est donc avec une parfaite raison que
la loi la déclare transmise du jour même de l'échange des promesses (1).

Si on accepte notre système, celle des parties qui aura promis
d'acheter aura un intérêt marqué à faire transcrire sans le
moindre retard l'écrit, quel qu'il soit, où les promesses se trouveront relatées. En procédant ainsi, elle assurera contre les
actes postérieurs du promettant l'entière et parfaite exécution
de son contrat.

Dans le système de M. Troplong, cette transcription n'étant
d'aucune utilité, il sera prudent de ne point la faire, afin d'en
éviter les frais. L'acheteur n'aura quelque intérêt à révéler aux
tiers l'existence de son droit qu'après que les promesses auront
été transformées en une véritable vente. Il devra alors faire
transcrire soit l'acte de la vente, si elle a été conclue à l'amiable,
soit, dans le cas contraire, le jugement qui la tiendra pour conclue.

Ajoutons que, si celle des parties qui a promis d'acheter
cède le droit que lui a conféré la promesse de vendre, le cessionnaire qui voudra se mettre en règle au regard des tiers
devra, suivant nous, faire *transcrire* son acte de cession, tandis
qu'il suffira, selon la doctrine de M. Troplong, qu'il *le notifie* au
promettant.

39. Le Code n'ayant traité nulle part des promesses *unilatérales* de vendre ou d'acheter, les questions qui se rattachent à
cette matière ne se peuvent résoudre qu'à l'aide des règles par
lesquelles se gouvernent les conventions en général.

---

(1) V. en ce sens MM. Dalloz (*Enregistrement*, chap. i, 5, 8); R. de Villargues (*Promesses de vente*, n° 13); Duranton (xvi, n° 51); Duvergier (i, n° 124);
Zachariæ (ii, p. 483).

Une question préalable s'offre à notre examen. Les promesses *unilatérales* de vendre ou d'acheter sont-elles valables et, par suite, obligatoires? A cet égard, il importe de bien s'entendre. Et d'abord, il est plus qu'évident qu'au cas où je vous propose la vente ou l'achat d'un tel bien pour tel prix, ma proposition n'est qu'une offre, une simple sollicitation qui ne m'oblige pas tant que vous ne l'avez pas acceptée. Aussi longtemps que vous gardez le silence, je demeure libre de la retirer, et si je la révoque avant que vous vous la soyez appropriée par votre acceptation, il n'est plus en votre pouvoir de m'obliger.

Supposons qu'on l'a acceptée en temps utile : deux cas sont alors à considérer.

Avez-vous consenti à acheter le bien que j'ai proposé de vous vendre, ou à me vendre le bien que j'ai proposé de vous acheter? nous tombons dans l'hypothèse de la vente ordinaire, ou tout au moins des promesses synallagmatiques de vendre et d'acheter, lesquelles valent vente (V. ci-dessus, n° 38, p. 518 et suiv.).

Vous êtes-vous, au contraire, borné à accepter ma proposition, sans prendre envers moi aucun engagement? nous avons alors la promesse *unilatérale* de vendre ou d'acheter : *unilatérale*, c'est-à-dire non accompagnée de la promesse réciproque d'acheter ou de vendre, mais *acceptée* cependant.

Devons-nous dire que cette convention est parfaitement juridique et à ce titre pleinement valable? Cela peut paraître inutile, tant la chose est manifeste. Il s'est cependant trouvé des auteurs pour soutenir l'opinion contraire, et, ce qui est plus fâcheux peut-être, des cours impériales pour la consacrer. La Cour de cassation ne s'est-elle point ralliée elle-même à ce singulier sophisme qu'une *convention* par laquelle l'une des parties a promis à l'autre un certain fait, fait parfaitement licite et facilement réalisable, ne constitue qu'un simple pourparler qui n'engage personne? Mais comme il faut toujours que l'évidence finisse par triompher, la vérité est restée maîtresse du terrain; la validité des promesses unilatérales de vendre ou d'acheter n'a plus de contradicteurs aujourd'hui.

Quant aux effets qu'elles peuvent produire, il importe, croyons-nous, de distinguer la promesse *d'acheter* de la promesse de *vendre*.

Dans le premier cas, la convention est simplement *obligatoire;* elle fait naître une *créance* au profit du propriétaire de la chose que l'autre partie a promis d'acheter, mais elle ne renferme aucune *aliénation.* Remarquons, en effet, que le propriétaire n'a fait que *stipuler* au contrat; dès-lors comment pourrait-il y avoir mutation, même conditionnelle, de propriété, en vertu d'une convention dans laquelle le *propriétaire n'a rien promis ?* Il est clair que, de même qu'il demeure libre de toute promesse, et par conséquent de tout engagement, de même la chose reste intacte et entière dans son domaine.

La promesse unilatérale d'*acheter*, bien qu'acceptée par l'autre partie, n'appartient donc sous aucun rapport au régime de la transcription. Que si, plus tard, une vente a lieu, soit que les parties la réalisent à l'amiable, soit qu'en cas de désaccord, il intervienne, sur la demande du propriétaire, un jugement qui la tienne pour conclue, on devra transcrire alors, non point l'acte descriptif de la convention primitive, mais l'acte de vente ou le jugement qui en tiendra lieu (1).

Suivant l'opinion générale des auteurs, la promesse unilatérale *de vendre* est absolument de même nature que la promesse unilatérale d'acheter. Sans doute, dit-on, celle des parties au profit de laquelle elle a été faite et qui l'a acceptée, en peut déduire le droit d'obtenir plus tard, soit à l'amiable, soit par l'autorité des juges, la vente qui lui a été promise; mais quant à présent, et jusqu'à ce qu'elle soit conclue, cette vente en perspective n'a aucune existence, pas même une conditionnelle : car pour qu'une vente existe, même à l'état de contrat conditionnel, il faut absolument que, dans la prévision de la réalisation qu'elles ont en vue, les parties consentent, dès à présent, l'une à vendre, et l'autre à acheter, et, dans l'espèce, *ce concours de volontés fait défaut.* L'acheteur éventuel n'a, en effet, consenti ni à acheter dès à présent, ni même à acheter plus tard; il n'a rien promis. Ainsi, en ce qui le concerne, *point de consentement à la vente.* Quant au propriétaire, il a *promis de vendre; mais a-t-il vendu ?* Non assurément; car autre chose est conclure un contrat, autre chose est promettre de le conclure plus tard. Dès-lors, comment pourrait-il y avoir une vente quelconque là où il n'existe, quant à présent, au-

---

(1) En ce sens, MM. Rivière et Huguet, n° 53 ; M. Troplong, n° 52.

cun consentement pour la former? Et remarquez qu'alors
même qu'il serait vrai et parfaitement exact de dire que le
consentement du propriétaire existe *hic et nunc*, toute vente
resterait encore impossible; car, encore une fois, la vente la
plus imparfaite suppose forcément l'intention *de vendre* chez
l'une des parties et chez l'autre l'intention d'acheter, ce qui
n'a pas lieu dans l'espèce (1).

Bien que M. Duranton (2) soit seul à soutenir la thèse contraire, nous n'hésitons point à nous ranger à son avis.

Analysons le contrat soumis à notre examen. Si tenant
compte, avant tout, du but que les parties s'y sont proposé,
nous nous attachons moins aux mots qu'elles ont employés
pour exprimer leur intention, qu'à leur intention même, nous
y découvrons aisément, et avec la plus parfaite exactitude,
tous les caractères d'une vente conditionnelle, ainsi que tous
les éléments nécessaires à sa perfection. Celle des parties dont
l'offre a été acceptée, a déclaré qu'elle était prête à vendre,
pour tel prix, un bien à elle appartenant. La vente aurait donc
eu lieu immédiatement et comme vente *synallagmatique*, si
l'autre partie eût été, dans le même instant, décidée à y donner son adhésion. Mais comme elle n'avait pas encore de parti
pris, elle s'est bornée à accepter le consentement du vendeur
tout en réservant le sien propre. Il y a eu par conséquent une
vente offerte et acceptée, une vente actuelle, puisque le concours des volontés qui la constitue existe lui-même dès à présent, mais conditionnelle, puisqu'elle est subordonnée, quant
à sa perfection, à la volonté de l'acheteur éventuel. Qu'on ne
dise point qu'au lieu de consentir *à une vente présente*, le propriétaire s'est seulement engagé *à vendre plus tard*. Ce serait
mal comprendre sa pensée; et ce qui le prouve, c'est que si
pendant que les parties sont encore en présence l'une de l'autre, celle d'entre elles qui a réservé son consentement venait
tout à coup à le donner, la vente existerait à l'instant même à
l'état de vente synallagmatique, sans qu'il fût nécessaire d'un
nouveau consentement de la part du vendeur. La seule question qu'on aurait à soulever, serait celle de savoir si la vente

---

(1) V. en ce sens Toullier (ix-92), Duvergier (i-123), Troplong (i-123),
Rivière et Huguet (53).

(2) xvi-53.

conclue dans ces circonstances est pure et simple ou à terme ;
quant à son existence même, elle échapperait certainement
à toute controverse.

Il nous semble manifeste, en un mot, qu'au cas où un propriétaire prend envers vous l'engagement présent, mais unilatéral, de vous vendre à telle époque un tel bien pour tel prix,
il consent réellement, et dès à présent, à vous le vendre, *si à
l'époque fixée* vous consentez à l'acheter. La convention intervenue entre vous et lui se résume donc, au fond, en une vente
présente subordonnée à votre consentement éventuel, comme
à un événement futur et incertain dont elle dépend.

Dans notre système, l'acte où se trouveront décrites la promesse unilatérale de vendre et l'acceptation de cette promesse
devra être transcrit immédiatement, si l'acheteur éventuel
tient à mettre à l'abri des actes ultérieurs du vendeur la propriété conditionnelle dont il est, dès à présent, investi (V. ci-
dessus le nº 14).

40. La vente qui a tout à la fois un immeuble et des effets
mobiliers pour objet, est évidemment sujette à la formalité de
la transcription. L'acte qui la constate devra être transcrit en
son entier, s'il n'a été stipulé qu'un seul prix. Que si, au contraire, la somme à payer a été divisée en deux sommes appliquées séparément, l'une à l'immeuble, l'autre aux objets mobiliers, deux ventes existent alors, contenues, il est vrai, dans
un acte commun, mais parfaitement distinctes. Il suffira donc,
dans ce cas, de transcrire en son entier, non point l'acte qui a
été dressé, mais la partie de l'acte où se trouvera décrite la
vente de l'immeuble. Nous aurons, au reste, à revenir sur ce
point, lorsque nous traiterons de la procédure de la transcription (chap. 8).

41. On s'est demandé s'il est nécessaire de transcrire l'acte
par lequel un héritier cède à un tiers son droit indivis sur un
immeuble déterminé de la succession. A notre avis, la question ne saurait être douteuse : la transcription est indispensable. Peut-être nous reprochera-t-on d'être aussi affirmatif ; des
objections seront proposées sans doute. La loi, dira-t-on, ne
soumet à la formalité de la transcription que les actes translatifs de propriété immobilière, ou de droits réels susceptibles
d'hypothèques. Dans l'espèce, la cession a pour objet non point
l'immeuble à l'occasion duquel les parties ont traité, mais, ce

qui est bien différent, *le droit indivis* que le cédant avait sur cet immeuble. Or, ce droit, par sa nature même, est essentiellement incompatible avec le droit d'hypothèque (art. 2118 combiné avec les art. 2204 et 2205). L'acte qui en a opéré la transmission échappe donc à la formalité de la transcription.

Cette objection n'est point nouvelle pour nous; on sait déjà qu'elle n'est au fond qu'une pure subtilité. Nous nous bornerons donc à rappeler ici que la loi nouvelle régit, sinon par ses termes positifs, au moins par l'évidence de ses vues, tout acte translatif d'un droit en vertu duquel le cédant aurait pu hypothéquer soit purement et simplement, soit éventuellement et sous une certaine condition, l'immeuble sur lequel ce droit est établi (1).

42. On a également essayé de soutenir que l'acte par lequel un héritier cède à un tiers, non point tel ou tel immeuble de la succession ou son droit indivis sur cet immeuble, mais la succession elle-même, telle qu'elle se comporte, ne tombe point sous l'application de la loi nouvelle, dans le cas où la nature des biens dont se compose l'actif héréditaire est inconnue au moment de la cession. Et, en effet, a-t-on dit, au lieu de céder des biens immobiliers, qui peut-être n'existent pas, l'héritier cède son droit à la succession, le *jus hereditarium*, c'est-à-dire une chose qui n'a rien de corporel, *nil fundale*, et par conséquent un bien sur lequel aucune hypothèque ne peut être assise, puisqu'aux termes de l'art. 2118, l'usufruit est le seul parmi les immeubles incorporels qui soit susceptible d'hypothèque.

Si cette décision devait être suivie sur ce point, on la devrait, par *a fortiori*, appliquer au cas où l'héritier cède, non point la succession, mais le droit qu'il peut y avoir, *incertum hereditatis;* il est, en effet, évident qu'une *prétention* à une succession n'est point, à la considérer en elle-même et abstraction faite des biens qu'elle peut avoir pour objet, susceptible de faire la matière d'une hypothèque. Mais il faut laisser là toutes ces subtilités, et s'en tenir au principe que nous avons

---

(1) Dans le même sens, MM. Rivière et Huguet. Mais notez qu'en adoptant cette solution, ces auteurs contredisent la doctrine qu'ils ont émise au sujet de la transmission de la propriété conditionnelle. (Consultez notre n° 15).

posé dans le numéro précédent. L'héritier qui vend la succession à laquelle il se dit appelé, ou même simplement le titre plus ou moins fondé en vertu duquel il y peut prétendre, fait passer de son domaine dans le domaine d'un autre, un droit qui, à la vérité, n'est point par lui-même, et abstractivement parlant, susceptible d'être hypothéqué, mais qui l'autorisait à constituer, sur les immeubles héréditaires, des hypothèques valables, bien qu'éventuelles ; cela suffit pour que l'acte qui en opère la transmission doive être porté à la connaissance des tiers (1).

43. Les ventes annulables ou rescindables peuvent être ratifiées : nous aurons à nous demander si leur ratification est ou non sujette à la formalité de la transcription. Les auteurs qui se sont occupés de cette question la résolvent tous négativement. Peut-être accepterons-nous la solution contraire; mais il nous est impossible, quant à présent, d'engager une controverse sur ce point. Les éléments de décision nous manquent. Nous aurons, en effet, à les déduire des principes par lesquels se gouvernent *les renonciations aux droits réels immobiliers* (V. la sect. III.)

44. La résolution d'une vente pour défaut de paiement du prix n'opère aucune mutation de propriété : elle efface et fait disparaître, tant dans le passé que pour l'avenir, celle qui a eu lieu; mais là se borne l'effet qu'elle produit. L'acheteur contre lequel elle est prononcée *n'aliène* point l'immeuble qui fait retour au vendeur; il est réputé ne l'avoir jamais acquis : donc, point de transcription. Toutefois, il importe que les tiers soient avertis de ce nouvel état de choses. De là pour l'avoué qui obtient un jugement de résolution l'obligation d'en requérir la mention en marge de la transcription de l'acte de vente (Voir l'explication de l'art. 4).

Mais que décider au cas où le vendeur non payé convient avec l'acheteur de la résolution de la vente? Cette convention a-t-elle réellement les caractères et les effets d'*une véritable* résolution? N'est-ce pas plutôt, sous une fausse qualification, une *seconde vente*, et par conséquent une *seconde aliénation ?* De bonnes et fortes raisons militent en faveur de cette seconde interprétation. Remarquons tout d'abord que, sous l'empire des

(1) Dans le même sens, MM. Rivière et Huguet (53), Troplong (58).

principes qui nous régissent, l'exécution du contrat de vente, quant à son effet principal, est concomitante à sa perfection ; car, dès qu'elle existe, la propriété de la chose vendue passe immédiatement à l'acheteur, en vertu d'une tradition consensuelle que la loi sous-entend (art. 1138). Dès ce moment donc les choses ne sont plus *entières*. Or, Pothier nous apprend qu'il a toujours été admis, de son temps, qu'aussitôt que les choses n'étaient plus entières, la vente cessait d'être résoluble *au gré des parties* (1).

Ajoutons qu'à l'instant même de la perfection de la vente, toutes les hypothèques légales ou judiciaires établies sur les biens de l'acheteur viennent s'asseoir et s'établir sur l'immeuble dont il acquiert la propriété. Le désistement volontaire qu'il ferait de la vente blesserait donc l'intérêt d'autrui. Or, les principes élémentaires de notre droit répugnent à ce résultat. Dès qu'une hypothèque est établie, son existence est indépendante des actes que le débiteur pourra faire dans l'avenir.

Qu'on ne dise point que la faculté qu'ont les parties de résoudre la vente *en justice*, de la résoudre même à l'encontre des hypothèques établies du chef de l'acheteur sur l'immeuble vendu, implique, par *a fortiori*, la faculté de s'en départir à *l'amiable* et avec des effets absolument identiques ! La loi, en effet, a pu permettre le premier mode de résolution et prohiber le second ; elle l'a pu sans inconséquence, car ces deux modes de procéder se séparent par une différence dont elle a dû tenir compte. Lorsque les parties s'adressent à la justice, les créanciers de l'acheteur, avertis par la publicité que tout procès entraîne avec lui, peuvent intervenir aux débats pour la sauvegarde de leurs droits. Ils établiront, par exemple, que si le débiteur n'est point en mesure de payer dès à présent, il le pourra bientôt, auquel cas la résolution sera provisoirement suspendue (art. 1655). Or, c'est beaucoup déjà que d'obtenir un délai. Que si, à l'expiration du terme fixé par le tribunal, la position de leur débiteur ne s'étant point améliorée, l'impossibilité où il était de payer son prix subsiste encore, ils pourront, se substituant en son lieu et place, désintéresser eux-mêmes le vendeur, si leur intérêt le leur conseille, et par la

_____

(1) M. Duranton, xvi, 387.

consolidation de la vente, consolider leur propre droit. Cette faculté d'intervention déjoue les projets de fraude quand elle ne les prévient point. Mais quelles garanties les créanciers de l'acheteur trouveront-ils dans une résolution consentie à l'amiable et sous le manteau de la cheminée? Ils n'en auront aucune, et leur débiteur, maître absolu de leur droit, en pourra disposer à son gré et selon son bon plaisir! C'est ce que la loi n'a pas dû permettre. Aussi ne parle-t-elle nulle part des résolutions *volontaires*, et le silence qu'elle garde à cet égard est d'autant plus décisif qu'on trouve partout, dans nos anciens auteurs, de très longs développements sur cette matière. Ce qui est plus démonstratif encore, c'est la disposition, on ne peut plus explicite, de l'art. 1184 : « *La résolution*, y est-il dit, *doit être demandée en justice.* » La loi nouvelle vient elle-même à l'appui de cette donnée. Elle ne traite, en effet, elle aussi, que des résolutions *judiciaires*. Si les résolutions de gré à gré étaient permises, elle ne les eût certainement pas passées sous silence; car, les motifs qui l'ont conduite à organiser la publicité dont elle traite dans l'art. 4 étant absolus, sa disposition, à cet égard, eût été elle-même générale, c'est-à-dire applicable tant aux résolutions amiables qu'aux résolutions judiciaires.

Ce système nous a longtemps séduit, et ce n'est qu'après de bien vives hésitations que nous nous sommes décidé à l'abandonner. Pothier, sur lequel on l'appuie, nous a suggéré notre première raison de douter. Cet éminent jurisconsulte ne dit point, en effet, que la résolution volontaire n'est plus possible *dès que les choses ne sont plus entières*. Sa formule et sa pensée sont tout autres. Les parties, dit-il, peuvent se désister de la vente, *même après la tradition de la chose vendue, si d'ailleurs le prix est encore dû*. Ce n'est qu'autant qu'elle a été exécutée *de part et d'autre* que le repentir n'est plus permis. Dans ce cas, la convention par laquelle les parties déclareraient abandonner leur contrat et s'en départir, ne le résoudrait point; car il n'y a plus lieu de se désister d'un acte qui a été entièrement consommé : *non potest intelligi discessio nisi ab eo quod cœptum et nondum consummatum est* (1). Or, bien que dans notre droit la vente soit par elle seule, et dès l'instant même de sa perfection, translative de propriété, on ne peut

_____

(1) *Traité de la vente*, nos 328 et 329.

point pour cela prétendre qu'elle est *entièrement consommée* dès qu'elle existe ; elle ne l'est qu'à demi ou partiellement : car tant que l'acheteur ne s'est point libéré, la transmission de propriété qu'elle a opérée est incomplète, puisqu'elle n'a lieu que sous la condition résolutoire du paiement du prix. Jusque-là, rien n'est définitif, et, par conséquent, rien n'est irrévocable. Autrement, la résolution judiciaire elle-même serait-elle possible ?

Si donc l'ancien droit peut être ici de quelque poids, c'est évidemment dans le sens et en faveur des résolutions volontaires.

L'autorité de Pothier étant mise à l'écart ou plutôt nous venant en aide, les textes qu'on nous oppose perdent par là même la valeur démonstrative qu'ils semblent avoir. Les articles 1655 et 1656 n'ont, en effet, rien d'exclusif. La loi, il est vrai, n'y règle que les résolutions judiciaires ; mais si elle passe sous silence les résolutions de gré à gré, il n'est certainement point permis d'en conclure qu'elle entend les prohiber. Si elle n'en parle point, c'est qu'elle a pensé. sans doute, qu'elle n'avait pas à intervenir *là où il n'y a point de différend à régler*. Bien plus, et loin qu'on puisse tirer de ces textes une induction quelconque contre les résolutions amiables, c'est tout au contraire l'indication inverse qu'on en peut déduire. Les tribunaux, en effet, n'ont, en général, d'autre office que de *vérifier les droits des parties lorsqu'ils sont contestés*. Si donc ils peuvent résoudre la vente pour défaut de paiement du prix, dans le cas où le vendeur et l'acheteur sont en débat sur ce point, on en doit naturellement conclure que cette résolution est possible en soi et par conséquent réalisable sans le secours de la justice. Du moment qu'une cause de résolution existe réellement, qu'importe le mode choisi par les parties pour atteindre le but ? La loi n'a aucun intérêt légitime à leur imposer les lenteurs et les frais d'un procès, alors qu'elles sont d'accord entre elles ! Nous n'ignorons point qu'à raison de l'importance de certains contrats, elle réserve aux tribunaux le droit de les résoudre. Mais que fait-elle alors ? Elle prend soin de s'en expliquer de la manière la plus formelle. La résolution, dit-elle, ne peut être poursuivie *qu'en justice* ; toute résolution *volontaire* est nulle (art. 307 et 1443) (1). Or, y a-t-il rien de semblable

_____

(1) La séparation de biens dont il est question dans ces articles n'est point

dans les art. 1654, 1655 et 1656? La loi y déclare-t-elle que la résolution *ne pourra avoir lieu qu'en justice?* Non, elle n'a rien d'exclusif : sa rédaction énonce une *faculté* et non une *obligation.* Le vendeur non payé *peut,* dit-elle, recourir aux tribunaux, à l'effet d'obtenir la résolution de la vente.

Il est vrai qu'aux termes de l'art. 1184, la résolution *doit être demandée en justice,* ce qui semble exclure la résolution *volontaire;* mais si on rapproche cette disposition de cette autre règle, énoncée dans le même article, savoir que « *la résolution n'a pas lieu de plein droit,* » il est facile de voir que ces deux idées n'en font qu'une, ou, si l'on veut, que la première n'est que l'explication ou le développement de la seconde. La loi n'a point pensé que le retard qu'une partie apporte à l'exécution de ses obligations dût fatalement entraîner la résolution de son contrat et la priver du bénéfice qu'elle en peut tirer. Des circonstances malheureuses et imprévues expliquent et justifient peut-être son inaction. Si elle est dans l'impuissance de payer dès à présent, peut-être le pourra-t-elle dans quelques jours. L'équité demande donc qu'on examine sa position et qu'on en tienne compte si elle est favorable. De là la règle que *la résolution n'a pas lieu de plein droit.* Si le débiteur en retard est de bonne foi, s'il est établi, qu'il a la ferme intention de payer et qu'il le pourra faire prochainement, un délai de grâce lui sera accordé. Mais cette appréciation des faits, qui la fera? L'autre partie? Ce serait la constituer juge dans sa propre cause, ce qui ne se peut pas. La question de savoir si le débiteur en retard mérite qu'on lui vienne en aide ne peut donc être vidée qu'en justice. La loi n'a pas voulu dire autre chose. La résolution *n'a pas lieu de plein droit,* voilà sa pensée principale et essentielle. La justice appréciera si la résolution doit ou non être prononcée sur-le-champ, c'est la conséquence du principe établi. Le tout se résume en une règle d'équité. Or, l'équité est-elle blessée lorsque le débiteur en retard, reconnaissant qu'il est dans l'impuissance de payer, acquiesce à la résolution, afin d'éviter un procès qu'il perdrait inévitablement? Est-ce qu'alors le contrat est *résolu de plein droit?* La loi sévirait contre l'acheteur, au lieu de le protéger, si elle le

une résolution proprement dite, puisqu'elle laisse subsister le contrat de mariage dans le passé; mais elle le résout au moins pour l'avenir.

contraignait de s'engager dans les voies judiciaires, alors qu'il sait mieux que personne que le conflit qu'il soulèverait ne pourrait tourner qu'à son désavantage.

L'art. 1184 ne signifie donc, selon nous, rien autre chose, si ce n'est que l'inexécution du contrat par l'une des parties n'entraîne point fatalement sa résolution, et qu'ainsi il subsiste tant qu'elle n'a pas été convenue et arrêtée entre les parties, ou prononcée en justice, dans le cas où le débiteur en retard sollicite un délai que l'autre partie refuse de lui accorder.

Quant au silence que la loi nouvelle garde au sujet des résolutions volontaires, nous en sommes peu touché. Elle est, en effet, trop incomplète pour qu'on puisse en tirer une induction décisive contre notre solution. Il n'y est point parlé notamment des *annulations* ou *rescisions* de contrats par la voie amiable. Personne pourtant ne conclura du silence qu'elle garde sur ce point, que les contrats annulables ou rescindables ne peuvent être annulés ou rescindés *qu'en justice*. Il y a donc, à cet égard, une lacune dans la loi. Dès lors, faut-il s'étonner qu'elle ait également passé sous silence les *résolutions* volontaires?

Ainsi rien, ce nous semble, ni l'autorité historique, ni les textes de la loi, ni la raison de droit, ne fait obstacle à la validité des conventions résolutoires des contrats résolubles. Nous n'entendons point, sans doute, soutenir que la convention par laquelle le vendeur et l'acheteur déclarent se départir de leur contrat constituera toujours et dans tous les cas une véritable résolution ; il se peut qu'elle ne soit, au fond, qu'une seconde vente, déguisée sous une fausse qualification. C'est ce qui aurait lieu, par exemple, s'il était démontré que, les ressources de l'acheteur lui permettant de satisfaire à son obligation, ce n'est que par un pur repentir de leur premier contrat que les parties ont songé à l'abandonner. Mais s'il est constant, au contraire, que la résolution était inévitable par suite de l'impossibilité où s'est trouvé l'acheteur de désintéresser le vendeur, et qu'ainsi leur accord pour remettre les choses au même état qu'auparavant, n'a eu d'autre but que d'éviter un procès sans objet, alors la vente est bien réellement résolue tant dans le passé que pour l'avenir. Cette résolution étant valable, les créanciers hypothécaires de l'acheteur en devront subir

l'effet, de même que si elle avait eu lieu en justice. Et en le décidant ainsi, nous ne violons aucun principe; nous ne faisons
point, ainsi qu'on le dit, préjudice au droit d'autrui. L'acheteur, ne l'oublions point, n'avait acquis qu'une propriété résoluble. Les hypothèques acquises de son chef, sur l'immeuble entré dans son patrimoine, n'existaient donc elles-mêmes
que sous une condition résolutoire (article 2125). Or, du
moment que cette condition s'accomplit, tout disparaît, la
propriété de l'acheteur et par suite les droits dont elle a été
grevée de son chef. Ses ayant-cause ne sauraient se plaindre de cette résolution, car ils ont dû s'y attendre, et c'est
volontairement qu'ils en ont accepté le risque. Tout ce qu'ils
peuvent légitimement prétendre, c'est que la condition qui
affectait leur droit n'est pas accomplie : ainsi ils seraient
certainement admis à démontrer que leur débiteur avait des
ressources suffisantes pour éviter la résolution, auquel cas la
convention à laquelle il a donné son adhésion serait traitée
comme une seconde et véritable vente; mais s'il reste établi
qu'il n'a consenti à se départir de la vente que parce qu'il était
réellement dans l'impuissance de payer, la condition d'où dépendait sa résolution se trouvant accomplie, leur droit tombera
forcément. Cette révocation, au reste, n'est point un effet direct de la convention de résolution ; elle a son principe ailleurs,
dans le défaut de paiement du prix ; la convention de résolution prouve seulement que cette condition est accomplie (1).

Donc, de deux choses l'une :

La convention par laquelle les parties ont déclaré se départir de la vente n'est-elle au fond qu'une véritable rétrocession
de la propriété, une seconde vente déguisée sous le voile d'une
résolution? le vendeur jouant à son tour le rôle d'acheteur devra faire transcrire son contrat.—Cette transcription ne serait
nécessaire, d'après M. Troplong, qu'autant que la première
vente aurait été transcrite. Mais, à cet égard, nous pensons
qu'il se trompe, et nous estimons que le vendeur, devenu
acheteur, fera bien de transcrire dans tous les cas. Autrement
qu'arriverait-il si l'acheteur dont le titre est aujourd'hui sans

_____

(1) V. en ce sens M. Troplong, *Vente*, n° 691, et un arrêt de la Cour de
cassation, 10 mars 1836 (Dev., 1836, 1, 167 ; J. P. xxii, 1152).

valeur, le faisait néanmoins transcrire ? Il est bien évident que le vendeur n'aurait alors aucune sécurité.

La convention intervenue entre le vendeur et l'acheteur constitue-t-elle, au contraire, une véritable résolution de la vente ? son effet se produit envers et contre tous, indépendamment de toute publicité. Il n'est point nécessaire de la faire *transcrire*, puisqu'elle n'opère aucune mutation de propriété; la mention en marge de la transcription de la vente résolue n'est point non plus obligatoire, puisque l'art. 4 qui a organisé ce mode de publicité ne l'applique qu'aux résolutions *judiciaires* (1).

§ 4. — DE L'ÉCHANGE. — DE LA DATIO IN SOLUTUM.

SOMMAIRE.

45. L'échange n'étant au fond, et sauf quelques différences étrangères à notre sujet, qu'une espèce particulière du contrat de vente, nous n'avons rien à en dire : les règles qui ont

(1) MM. Rivière et Huguet, n°° 5 à 13; Troplong, *Transcription*, n° 144.

fait l'objet de nos études dans le précédent paragraphe recevront ici leur application.

Il est à peine utile de faire remarquer qu'au cas où deux immeubles situés dans des arrondissements différents ont été échangés l'un contre l'autre, la transcription doit être faite dans les bureaux respectifs de leur situation.

M. Troplong, auquel nous empruntons cette observation, la restreint à l'échange (n° 134) ; mais il est bien évident que la règle qu'il énonce a une tout autre portée que celle qu'il lui donne. Son objet même la rend, en effet, applicable à toute aliénation, de quelque nature qu'elle soit. Ainsi, point de doute que la vente de plusieurs immeubles différemment situés ne doive être transcrite dans chacun des ressorts de leur situation.

46. La *datio in solutum* et la vente se touchent par tant de points, l'analogie qui les unit est si grande, que la loi les a elle-même plusieurs fois confondues (V. l'art. 1595, C. Nap.). L'acte par lequel un débiteur donne à son créancier, en paiement de sa dette, une chose autre que celle qu'il lui doit rentre donc dans la théorie générale du contrat de vente.

M. Troplong en conclut « que, si *après une séparation de biens entre époux*, des immeubles *personnels* du mari sont donnés à la femme en restitution de sa dot, sous le régime dotal, ou en paiement de ses reprises, sous le régime de la communauté, la transcription est nécessaire » (n° 61).

Sans nul doute, la transcription sera nécessaire ; mais pourquoi restreindre cette règle au cas spécial où la *datio in solutum* intervient après *une séparation de biens ?* est-ce que la transcription ne sera pas également indispensable si, *après la dissolution du mariage*, des immeubles personnels du mari sont abandonnés, à titre de *datio in solutum*, soit à la femme, par les héritiers du mari, soit par le mari aux héritiers de la femme? A l'inverse, la femme ne peut-elle point, *même pendant le mariage, et quoique la communauté dure encore*, recevoir en paiement de ses reprises quelques-uns des propres de son mari (art. 1595-2°)? Nous pensons même, et c'est aussi l'opinion générale, qu'elle pourrait recevoir dans ce cas, au même titre et dans le même but, des immeubles *de la communauté*. Or, n'est-il pas vrai que, dans l'une et l'autre hypothèse, les tiers doivent être avertis que les biens ainsi abandonnés sont sortis du patrimoine du mari ou de la communauté pour entrer dans celui de la femme ?

47. Une question plus intéressante appelle notre attention. La transcription est-elle nécessaire lorsqu'après la dissolution du mariage ou la séparation de biens, des immeubles de la communauté sont prélevés par l'un ou l'autre des époux pour se remplir de ses reprises? M. Troplong tient pour l'affirmative. « Si, dit-il, l'on est d'avis, comme nous l'avons été, que l'époux qui exerce contre la communauté son droit à restitution ou à des indemnités, agit comme *créancier*, et que les immeubles qu'il reçoit ne lui sont attribués qu'à *titre de paiement*, et comme mode de libération, l'opération est une translation de propriété, et l'acte doit être transcrit. Il n'y a pas à distinguer entre le mari et la femme, entre le cas où la femme accepte et le cas où elle répudie la communauté » (n° 62).

Nous sommes de l'avis de M. Troplong : oui, le droit de prélèvement n'est qu'une *pure créance;* mais nous pensons qu'en ce qui touche au moins la question en litige, les distinctions qu'écarte l'éminent magistrat doivent, au contraire, être reçues. Plaçons-nous, en effet, à son point de vue et voyons l'état des choses au cas où la femme accepte. Une masse *indivise* de biens est à partager ; sur *cette masse*, des prélèvements ont lieu. Cela fait, quel résultat avons-nous? Les biens que chaque époux a reçus en paiement de ses reprises étaient *indivis* avant qu'ils eussent été prélevés. Dès que le prélèvement en a été effectué, l'époux auquel ils ont été attribués en a eu la propriété *exclusive*. Le prélèvement fait donc, quant aux biens qu'il a pour objet, *cesser l'indivision*. Dès lors, comment n'y pas voir un *acte de partage*, et par conséquent un acte affranchi de la formalité de la transcription (1)?

M. Troplong protestera sans doute contre cette donnée. Que les prélèvements fassent partie des *opérations* du partage, cela est évident, dira-t-il ; mais ils ne sont pas *le partage même*, puisqu'ils le précèdent. L'effet *déclaratif* du partage ne s'applique qu'aux choses contenues *dans les lots* des copartageants ; or, les immeubles donnés à l'un des époux en paiement de ses reprises n'entrent point dans son lot; car le lot d'un copartageant, c'est ce que lui donne le tirage au sort ou la licitation,

<hr>

(1 En ce sens, MM. Rivière et Huguet, n° 31.

et dans l'espèce rien de semblable n'a eu lieu. L'époux auquel
les immeubles ont été attribués pour le remplir de ses reprises, les a reçus, non point en qualité de *copartageant*, mais
comme *créancier*, et, par conséquent, en vertu d'un titre spécial. Le prélèvement n'est donc point *un partage*; ce n'est
qu'une *datio in solutum* (*Contrat de mariage*, nos 399 et 1675).

Nous ne saurions accepter cette explication. On *ne partage*,
d'après M. Troplong, que ce qui reste après les prélèvements
effectués. L'effet déclaratif du partage n'a trait qu'aux choses
comprises dans les lots des copartageants ou que la licitation
leur attribue. Selon nous, au contraire, on partage toute la
masse indivise, et tout acte passé pour faire cesser *l'indivision*
est un partage. A l'appui de notre proposition, nous citerons
d'abord l'article 888 qui la consacre dans les termes les plus
formels. Tout acte, y est-il dit, qui fait cesser l'indivision, est
un partage soumis, à ce titre, aux règles propres à cette espèce
de contrat. La qualification que les parties ont pu lui donner
n'en change point la nature. Qu'elles l'aient appelé vente,
échange, ou qu'elles lui aient appliqué toute autre dénomination, il n'importe; c'est uniquement par son résultat que se
déterminent sa nature et ses effets. Il suffit qu'il *divise* ce qui
était *indivis* pour qu'il ait tous les attributs d'un partage proprement dit. Or, n'est-il point manifeste que les prélèvements
font cesser l'indivision quant aux biens auxquels ils s'appliquent? Dès lors, qu'importe à quel titre, et en vertu de quel
droit ils ont lieu? Ce sont des *datio in solutum*, nous voulons
bien le concéder, mais constituent-ils un acte principal, *étran-*
ger aux biens indivis entre les époux? c'est ce qu'il nous est impossible d'admettre. Ils ne sont donc au fond qu'un incident du
partage, un acte accessoire qui s'identifie et s'incorpore avec
lui, puisqu'avec et comme lui ils concourent à faire cesser
l'indivision.

Jusqu'où, d'ailleurs, ne faudrait-il pas aller dans le système
contraire? On sait qu'en matière de rapport, et lorsqu'il existe
dans la succession des immeubles à peu près semblables à celui que l'un des héritiers est tenu de rapporter, les autres héritiers ont le droit de les *prélever* (art. 859). Prenons une espèce
plus saisissante encore. Lorsqu'un des héritiers a reçu du défunt des sommes d'argent, soit à titre de prêt, soit à titre de
don (art. 829), le rapport dont il est tenu s'effectue *en moins*

prenant, c'est-à-dire au moyen *d'un prélèvement* que chacun de ses cohéritiers est autorisé à faire d'abord sur l'argent de la succession, ensuite sur le mobilier, puis aussi et subsidiairement sur les immeubles (art. 869). *Après ces prélèvements*, il est procédé, sur ce qui reste dans la masse, à la composition des lots et à leur tirage au sort (art. 831). Entre cette espèce et celle que nous étudions, l'analogie est frappante. Bien plus, les articles 831 et 1474, qui les régissent, sont absolument identiques dans leur rédaction. Si donc les règles admises par M. Troplong sont justes et bien fondées en elles-mêmes, qu'en faudra-t-il conclure? que les prélèvements entre héritiers n'ont aucun des caractères et des attributs du partage. Mais alors que seront-ils? des actes *translatifs de propriété?* Admettons cela, et nous voilà conduits aux conséquences les plus absurdes! Faut-il les mettre en évidence? est-il nécessaire de montrer que les héritiers investis seront alors obligés de subir toutes les charges réelles dont les biens prélevés auront été grevés du chef de leur cohéritier pendant l'indivision? Devonsnous ajouter que les prélèvements ainsi qualifiés seront par là même à l'abri de la rescision, si énorme que soit d'ailleurs la lésion dont ils seront infectés? Nous n'insistons pas. M. Troplong admettra lui-même avec nous que ces résultats sont impossibles. Or, les écarter, c'est rentrer dans la théorie générale du partage, et reconnaître que les biens prélevés sont régis par l'article 883, quoique pourtant l'héritier auquel ils sont attribués ne les tienne ni de l'attribution *d'un lot par la voie du tirage au sort, ni d'une licitation.*

Que notre savant maître nous permette d'ailleurs de lui demander son avis sur la question suivante. Un immeuble de la communauté a été prélevé par la femme : de qui tient-elle la propriété exclusive de cet immeuble? de qui, en un mot, est-elle l'ayant cause? de la communauté pour partie et de son mari pour l'autre partie? C'est là qu'il en faut venir, si le prélèvement effectué à son profit est réellement un acte *translatif de propriété.* Mais s'il en est ainsi, la portion de propriété qui lui est transmise par son mari lui arrivera avec les charges réelles dont il aura pu la grever, non-seulement durant la communauté, mais encore après sa dissolution. Est-ce l'avis de M. Troplong? Nous ne lui ferons pas l'injure de le penser. Mais comment éviter ce résultat dans son système?

Dira-t-il que la femme tient son droit tout entier de la communauté? soit! Mais alors de quel jour s'est effectuée la transmission? du jour du prélèvement? Cela est impossible, puisqu'à ce moment la communauté étant dissoute n'avait plus aucune propriété à transmettre.

Essaiera-t-il de faire remonter la transmission jusqu'au jour où la communauté s'est dissoute? Ce serait accepter notre système et reconnaître que le prélèvement est régi par l'art. 883.

Quel parti prendra-t-il enfin? soutiendra-t-il que l'immeuble passe à la femme *à titre de propre*, et qu'ainsi elle le reprend comme un bien qui a été sien *ab initio?* Mais si elle ne le tient ni de son mari, ni de la communauté, si elle le reprend comme un bien *dont elle a toujours eu la propriété* (*Contrat de mariage*, nos 400 et 1633), comment se fait-il que M. Troplong ait mis toute l'énergie de son talent à nous démontrer que la femme exerce ses reprises en qualité de *créancière*, et que les immeubles qu'elle prélève lui sont attribués à titre de *datio in solutum* (*Contrat de mariage*, nos 374 et suiv.; *Transcription*, no 62)? Qui ne sait, d'ailleurs, que la *datio in solutum* étant un mode d'aliéner et d'acquérir, il est absolument impossible qu'elle s'effectue au profit du propriétaire de la chose qu'elle a pour objet?

Tenons-nous-en donc à ce que nous avons dit. Les prélèvements par lesquels les époux exercent leurs reprises ne sont qu'un mode particulier de liquidation: ils servent à déterminer, parmi les biens indivis, ceux dont chaque époux aura désormais la propriété exclusive; à ce titre, ils font *partie du partage;* la formalité de la transcription ne les régit point par conséquent.

Il en serait différemment, bien entendu, des prélèvements exercés par la femme *sur les biens personnels de son mari*, en cas d'insuffisance des biens de la communauté. Alors, en effet, la *datio in solutum* conserve sa propre nature et ses attributs ordinaires. Dans ce cas, il ne peut plus être question *de partage*, puisqu'au lieu d'une masse indivise à partager entre deux copropriétaires, nous n'avons plus qu'un débiteur d'un côté, et un créancier de l'autre.

La même solution s'appliquera sans peine aux reprises de la femme renonçante; car, soit qu'elle les exerce sur les biens compris dans l'actif de la communauté qu'elle a répudiée, soit qu'elle les prenne sur ceux dont le mari a toujours eu la propriété, elles ne constitueront, dans l'un et l'autre cas, qu'une *datio in solutum* proprement dite, étrangère à toute idée de partage, et, par conséquent, un acte translatif de propriété.

Ainsi, dans notre système, et pour nous résumer, la formalité de la transcription n'est *jamais* applicable aux reprises du mari; car, de deux choses l'une : ou la femme accepte la communauté ou elle la répudie. Au premier cas, les reprises du mari constituant l'un des actes du partage sont simplement déclaratives de propriété comme le partage lui-même. Dans le second, il ne saurait être question des reprises du mari, puisque la communauté lui reste entière, dettes et biens.

Quant aux reprises de la femme, une distinction est nécessaire. Répudie-t-elle la communauté, ses reprises doivent être transcrites, quels que soient les biens sur lesquels elle les exerce. L'accepte-t-elle, une sous-distinction est à faire : les prélèvements effectués en biens communs se rattachant au partage, avec lequel ils s'identifient, sont, à ce titre, dispensés de toute publicité. Ceux qu'elle exerce, en cas d'insuffisance de la communauté, sur les biens personnels de son mari constituent, au contraire, des *datio in solutum* sans aucun mélange avec le partage. La mutation de propriété qu'ils opèren n'existe donc complète et entière qu'à compter du jour où ils ont été transcrits (1).

(1) Une question devenue célèbre par l'autorité et le nombre des jurisconsultes qui en ont fait l'objet de leur étude, est, en ce moment, pendante devant la Cour suprême qui la doit résoudre solennellement, toutes chambres réunies. Son importance nous détermine à en dire quelques mots.

Un propre de la femme a été aliéné. Le prix en provenant a été versé dans la communauté, et il n'en a pas été fait remploi. Dans ce cas, porte l'art. 1470, « il y a lieu au prélèvement de ce prix sur la communauté au profit de la femme. »

Ce prélèvement s'exerce d'abord sur l'argent comptant, puis, à défaut de numéraire, sur les effets mobiliers, subsidiairement sur les immeubles (art. 1471), et enfin, quand les biens de la communauté sont insuffisants, sur les biens personnels du mari (art. 1472).

Quelle est la nature de ce droit de prélèvement? à quel titre la femme l'exerce-t-elle? Est-ce comme *créancière* ou comme *propriétaire*? peut-elle s'en prévaloir même à l'encontre et à l'exclusion des créanciers de la communauté? Pendant longtemps la question n'a été douteuse pour personne. Lors, disait-on, qu'un propre de la femme a été vendu, deux cas bien distincts sont à considérer :

S'il a été fait, sous les conditions prescrites par les art. 1434 et 1435, remploi du prix, le bien nouvellement acquis a été subrogé au lieu et place du propre aliéné. La femme en a, par conséquent, la propriété exclusive du jour

§ 5. —DES CONTRATS DE MARIAGE ET DE SOCIÉTÉ.

SOMMAIRE.

48. Plusieurs questions ont été soulevées à l'occasion du contrat de mariage et diversement résolues. Point de difficulté dans le cas où les époux ont accepté la communauté légale sans la modifier. La nécessité de la transcription de leur con-

même du remploi ! d'où, pour elle, le droit, quand arrive la dissolution de la communauté, de le reprendre, non point comme un créancier, *en paiement de ce qui lui est dû*, mais comme *un propriétaire* reprend, là où il la trouve, envers et contre tous, la chose qui lui appartient.

Que si, au contraire, le prix provenant du propre a été versé dans la caisse de la communauté, et sans remploi, la théorie n'est plus et ne peut plus être la même. Aucun droit de propriété ne réside alors en la personne de la femme. Son propre, elle ne l'a plus. Or, quel autre bien le remplace? Le prix qu'on en a tiré lui a été, il est vrai, subrogé; mais cette subrogation n'a duré qu'un instant de raison. Lors, en effet, qu'un époux acquiert, à titre de propre, un bien qui se consomme *primo usu*, ce bien passe à l'instant même dans le domaine de la communauté; car elle en acquiert l'usufruit (art. 1401-2°), et devenir usufruitier d'une chose fongible, c'est en devenir propriétaire par là même, sous l'obligation de rendre une chose semblable (art. 587).

Ainsi, l'argent provenant du propre aliéné est entré tout d'abord dans le domaine particulier de la femme, mais pour en sortir instantanément et tomber aussitôt dans l'actif commun, sauf, ainsi que le dit très expressément et en propres termes l'art. 1470, « l'indemnité qui sera DUE à la femme par la communauté. » N'est-il pas vrai, dès lors, que de même que la communauté est DÉBITRICE du prix qu'elle a touché, la femme en est CRÉANCIÈRE? et si la femme n'a plus le titre de *propriétaire*, si son *droit de propriété* s'est trans-

trat ne se fait pas sentir dans ce cas. On est d'accord sur ce point.

formé en un simple *droit de créance*, comment, et à quel titre, pourrait-elle en déduire un droit d'exclusion contre les autres créanciers de la communauté? S'ils se présentent pour concourir avec elle sur les immeubles de son mari, elle les exclura en vertu de son hypothèque légale (art. 2121); mais en ce qui touche les biens de la communauté, quelle cause de préférence invoquera-t-elle? où est écrit le privilége dont on prétend l'investir? Or, puisqu'il lui est impossible d'appuyer sur un texte précis et positif la position exceptionnelle qu'elle veut prendre, le droit commun la régit forcément, et, selon le droit commun, la perte résultant de l'insolvabilité d'un débiteur doit être proportionnellement supportée par chacun de ses créanciers (V. en ce sens MM. Rodière et Pont, *Traité du contrat de mariage*, I, 834; — Pont, *Revue critique de légis. et de juris.*, II, p. 600; III, p. 436 et 898; IV, p. 552; VI, p. 522; — Serrigny, professeur à Dijon, même revue, V, p. 162; — Valette, *le Droit*, n du 25 avril 1855; — Mimerel, *Revue critique*, IV, p. 406; — Ancelot, *Revue critique*, mai 1855; — Merville, avocat général à la Cour impériale d'Amiens, *Revue pratique de droit français*, I, p. 115.)

Cette doctrine avait, jusqu'à ce jour, paru si solide qu'il semblait qu'il fût à l'abri de toute controverse. Mais tout à coup une ligue puissante s'est formée contre elle. M. Troplong ayant soutenu que la femme, soit qu'elle accepte la communauté, soit qu'elle la répudie, exerce ses reprises *par préférence* aux créanciers de la communauté, la Cour de cassation et, à son exemple, plusieurs auteurs de mérite, sont entrés résolûment dans cette voie nouvelle. A-t-on eu raison? je ne puis me décider à le croire, et plus je réfléchis sur cette importante question, plus je demeure fermement convaincu que la solution qu'on en donne aujourd'hui restera, dans la jurisprudence, comme un exemple célèbre de cet esprit de vertige qui, à certaines époques, s'empare, on ne sait comment et pourquoi, des jurisconsultes passés maîtres dans la science. Jamais, en effet, on n'imagina plus de fausses raisons, plus de pétitions de principes, d'impossibilités juridiques et de contradictions au service de l'erreur. Qu'on me permette, à ce sujet, de mettre en lumière les idées diverses par lesquelles M. Troplong a séduit et convaincu tant d'esprits judicieux.

Et d'abord, quelle est la nature du droit de prélèvement? est-ce un droit préexistant *de propriété*? n'est-ce qu'une simple *créance*? Là, dit-on, est le point essentiel et capital de la question. Or, comment M. Troplong le résout-il?

La femme est, dit-il, *créancière* du prix provenant de la vente de ses propres, et versé, sans remploi, dans la caisse de la communauté (n° 374). *Une somme d'argent, voilà ce qui lui est dû* (n° 399). C'est donc comme *créancière* qu'elle exerce contre la communauté son droit à l'indemnité qui lui est due (n° 62, explication de la loi sur la transcription).

Qui ne croirait, d'après ces citations, que le droit de prélèvement n'est *qu'un pur droit personnel*? Mais continuons :

« Nous accordons, ajoute notre savant auteur, que l'époux reprend, à titre *de propriétaire*, et non à titre de *créancier* proprement dit, la chose qu'il prélève (n° 389). » '

Déjà le doute commence.

La femme, dit ailleurs M. Troplong, est *propriétaire* du prix qu'elle a droit de prélever (n° 393); elle est propriétaire, *ab initio*, d'une somme d'argent (n°s 394 et 400). Le prélèvement qu'elle en fait s'opère donc à titre *de propriété*, et non à titre *de créance* (n° 1633).

49. Mais s'ils ont ameubli un ou plusieurs de leurs immeubles, soit d'une manière complète et absolue, soit seule-

Ici le doute disparaît : le droit de prélèvement consiste en une *propriété initiale ou originelle* établie sur les choses à prélever.

Que croire en présence de ces affirmations contraires?

Reprenons l'une des idées qu'on vient de lire. La femme, nous dit l'éminent magistrat, est *propriétaire du prix* de ses propres.

Mais comment cela se peut-il? Tant que le prix est dû par l'acquéreur, la femme en est *créancière ;* dès qu'il est payé, la communauté, qui en acquiert l'usufruit (art. 1401-2º), en acquiert par là même la propriété (art. 587). Comment donc la femme pourrait-elle en être propriétaire? Les écus qui ont été payés se sont d'ailleurs confondus, avec les autres biens, dans la masse commune ; peut-être n'existent-ils plus déjà, car le mari en a pu disposer. Or, comment concevoir un droit de propriété établi sur une chose qui a cessé d'avoir une existence *individuelle ?*

Soit, dirai-je, la femme est *propriétaire du prix de ses propres ;* mais si à la dissolution de la communauté, il n'existe point d'argent sur lequel elle puisse exercer sa reprise, à quel titre recevra-t-elle les effets mobiliers ou les immeubles qu'elle est alors autorisée à prélever? Suivons encore M. Troplong sur ce point.

Ce que la femme a le droit de prélever à titre de propriétaire, c'est, dit-il, *le prix* de ses propres ; elle ne reçoit des biens en nature qu'à titre de *datio in solutum,* c'est-à-dire en paiement de *sa créance* (nºs 392 et 400).

C'est donc, à ce qu'il semble, comme *créancière* qu'elle prélève, à défaut d'argent, des effets en nature.

Mais notre savant maître nous apprend ailleurs qu'elle les reprend à titre *de propres* (nº 1648), ce qui implique l'idée d'une propriété initiale, et par conséquent antérieure à la dissolution de la communauté. Il affirme même, sur une autre question, que le prélèvement des immeubles s'opère à titre *de propriété,* et non à titre de *créance* (nº 1633).

Est-ce assez de contradictions, et croit-on qu'un système bâti sur de telles assises soit bien solide?

Passons à d'autres données.

Lors, nous dit encore M. Troplong, qu'un propre de la femme a été vendu, et que le prix en provenant a été versé dans la caisse de la communauté, cet apport n'est *qu'un dépôt ;* la communauté est donc dans la condition d'un individu qui ayant reçu un dépôt doit le rendre précisément en nature (nºs 390, 393, 1621 et 1638). M. Troplong paraît tenir beaucoup à cette idée; elle lui semble essentielle. C'est elle qui est le fondement principal de la doctrine dont il s'est constitué l'ardent défenseur. Or, je ne sache pas qu'on ait jamais rien écrit de plus faux. Quoi! la communauté reçoit, à titre *de dépôt,* les écus dont se compose le prix des propres, et par conséquent à la charge de les rendre *in specie* (art. 1915)! Mais s'il en est ainsi, comment se fait-il que le mari ait sur ce prix un droit si étendu de disposition qu'il puisse le comprendre dans les libéralités qu'il lui plaît de faire, ou même l'employer à ses plaisirs (art. 1401, 587 et 1422 combinés entre eux)? Ainsi, d'une part, obligation pour la communauté de conserver en nature, et par conséquent sans y toucher, les écus qui ont été versés dans sa caisse; d'autre part, faculté pour le mari d'en faire tel usage qu'il lui plaira. Que M. Troplong essaie de concilier ces idées; eût-il le génie de Dumoulin, il n'y parviendrait point.

La vérité est qu'au lieu d'un *dépôt,* nous avons juste un agencement contraire. La femme n'ignore point que le prix à provenir de ses biens personnels

ment jusqu'à concurrence d'une certaine somme (art. 1506 et 1507), que décider alors? Plaçons-nous d'abord dans la pre-

devra être versé dans la caisse de la communauté qui en aura l'usufruit, et qu'ainsi son mari aura le droit de le toucher et d'en disposer selon qu'elle l'entendra. Lors donc qu'elle consent à la transformation de ses propres en argent, elle consent implicitement, par là même, à élargir et faciliter le mouvement des affaires de son mari en substituant à des biens placés en dehors de son pouvoir, des capitaux dont il aura désormais la pleine et entière disposition. Y a-t-il en cela, je le demande, rien qui ressemble à un dépôt? qu'en donnant son consentement à l'aliénation de ses propres, la femme y mette pour condition que les sommes qu'elle en retirera resteront entre les mains des acquéreurs qui en serviront l'intérêt au mari ou qu'elles seront déposées chez un notaire jusqu'à ce que le mari en ait fait le remploi, cette combinaison n'aura assurément rien que de très légitime; mais en dehors de ces hypothèses, et alors que l'argent est versé dans la communauté, il est manifeste que le mari le reçoit, non pour le garder inactif, mais pour l'employer aux besoins de la communauté. C'est un secours que sa femme lui apporte, un supplément de crédit qu'elle lui ouvre. Je dirai même qu'elle ne pourrait pas exiger que cet argent restât, à titre de dépôt, dans la communauté; elle ne le pourrait pas, car son mari, qui avait le droit de jouir des propres aliénés, a de même le droit de jouir des sommes qu'ils ont produites, et ce serait le priver de cette jouissance que le forcer de les conserver *in specie* et improductives.

Admettons d'ailleurs l'idée de M. Troplong; considérons comme un *dépôt* l'apport que fait la femme du prix de ses propres. Si les espèces ou billets ainsi déposés dans la communauté sont restés intacts et reconnaissables, elle les prélèvera, *à titre de propriété*, et par conséquent à l'exclusion des autres créanciers, cela est de toute évidence; mais si ces valeurs n'existent plus dans leur individualité, si elles se sont mêlées et confondues avec les autres biens, si le mari en a disposé, il est non moins certain qu'au lieu d'un droit de propriété, elle n'aura plus alors qu'un droit à une indemnité, *une simple créance*. Or, cette hypothèse étant la plus fréquente, M. Troplong ne gagne rien à soutenir que le versement de ces espèces dans la communauté n'est qu'un dépôt.

Mais qu'importe si cet argument lui échappe! Le droit exclusif de la femme n'en saurait souffrir tant sont nombreuses les raisons de décider. Et, en effet, n'a-t-elle point une espèce *de droit de rétention* (n° 1638)?

Ou, mieux encore, *une sorte de gage tacite* (n° 1641)?

Ou, si on le préfère, un droit de *distraction* (n° 1642)?

Ou, enfin, un droit de *délibation* (n° 1642), ou de *détraction* (n° 389)?

« Réfléchissons d'ailleurs à ceci : Qu'est-ce que la femme au moment de la dissolution de la communauté? C'est un créancier *saisi de ses gages*. *Elle veille sur ses gages*, dit Lebrun, et il faut ajouter *qu'elle en a la possession*, car elle est là *présente au milieu de ce qui fait son assurance et sa garantie*. Pourquoi donc s'étonnerait-on si, créancière de ses reprises, elle se paie par préférence et par l'effet d'une sorte de droit de rétention, sans que les autres créanciers, non saisis, puissent quereller cet avantage laissé à la faveur de la dot (n° 1638)? »

Cette démonstration a pu paraître à quelques-uns la découverte d'une science profonde; pour nous, nous n'y voyons que la distraction d'un bon esprit qui, s'étant passionné pour une mauvaise cause, ne sait qu'accumuler des affirmations à son service. Et, en effet, *ce droit de rétention* dont il se prévaut sans cesse, où est-il écrit? *Ce droit de gage* dont il argumente, quel texte l'établit? Ce droit de *détraction*, de *distraction* ou de *délibation*, qu'est-ce au juste? Un droit distinct du droit *de prélèvement*? Que M. Troplong nous dise alors

mière de nos deux hypothèses. Un ou plusieurs immeubles,
nommément désignés, ont été ameublis *sans aucune limitation*

quelle loi le consacre. Le droit *de prélèvement* lui-même? Mais, et c'est M. Troplong qui nous l'apprend, l'article 1471, où ce droit est établi, ne peut pas
servir de point d'appui au privilége de la femme (n° 1637).

La femme, ajoute-t-il, est *saisie de ses gages ; elle veille sur eux, elle les
possède,* puisqu'elle est là *présente au milieu de ce qui fait son assurance* et sa garantie.

Cela est-il bien vrai? Je le concède pour le cas où la communauté est dissoute par le *prédécès du mari;* mais si on la suppose dissoute, soit par l'effet
d'un jugement de séparation de corps ou de biens, soit par le prédécès de la
femme, comment dire encore que la femme ou ses héritiers sont là *présents au
milieu de ce qui fait leur assurance et leur garantie?* ils n'ont alors aucune saisine ; ils ne possèdent rien, ils ne veillent sur rien, puisque tout est entre les
mains et en la possession du mari.

Au reste, qu'importe que la femme soit ou non saisie de ses gages, qu'elle
veille ou non sur eux? La loi a-t-elle donc placé au nombre des priviléges la
possession qu'un créancier peut avoir des biens destinés à le payer? Le créancier qui, ayant succédé à son débiteur, accepte sa succession sous bénéfice d'inventaire détient aussi ses gages ; il veille sur eux, puisqu'il est là présent sur
ce qui fait son assurance et sa garantie. M. Troplong le paierait-il, pour cela,
par préférence aux autres créanciers?

« Après tout, ajoute-t-il, les créanciers avaient un moyen bien simple
d'empêcher cette préférence ; c'était d'exiger que la femme parlât au contrat
passé avec eux, et devînt leur obligée personnelle. »

Mais, répondrai-je, les créanciers qui ont traité avec le mari antérieurement
à la célébration du mariage, n'ont pas pu user de ce secours. J'ajoute qu'il en
est de même de ceux dont la créance est née d'un délit ou d'un quasi-délit
commis par le mari pendant le mariage. La considération qu'invoque M. Troplong n'a donc aucune valeur.

Le privilége qu'il accorde à la femme sur les biens de la communauté trouverait, suivant lui, sa confirmation dans l'observation suivante : « Les propres
du mari sont, dit-il, le dernier objet sur lequel la femme peut exercer son recours pour être payée de ses reprises. Il faut qu'elle épuise préalablement les
meubles et les immeubles de la communauté. Les biens de la communauté sont
donc *plus étroitement engagés* que les immeubles propres de son mari. Mais,
je le demande, quelle serait la sanction de ce droit de la femme sur les biens
de la communauté si elle n'avait pas un prélévement par privilége sur les créanciers de la communauté? Quoi donc ! elle aurait une hypothèque sur les propres du mari, dont l'assujettissement est beaucoup plus éloigné, et elle n'aurait aucun droit réel préférable sur les biens de la communauté! Il n'est pas
possible d'admettre un pareil résultat (n° 1641). »

Nous voici enfin en présence d'un argument qui a sa valeur; mais bien qu'il
paraisse embarrassant au premier abord, il est facile pourtant d'en triompher.
Ce n'est, en effet, qu'en torturant la loi, que M. Troplong se l'approprie. Si
elle exige que la femme exerce ses reprises d'abord sur les biens de la communauté, et subsidiairement sur les propres de son mari, c'est qu'il est naturel
qu'elle se paie sur la masse à liquider, quand cette masse suffit à la satisfaire.
La communauté est son débiteur direct; son mari n'est, en effet, que le garant
ou le répondant de la communauté. C'est donc aux biens de son débiteur immédiat et principal qu'elle doit s'attaquer tout d'abord. Or, ce mode de procéder implique-t-il sérieusement l'induction qu'en tire M. Troplong? On peut, à

de somme. Cette clause est-elle translative de propriété et soumise, à ce titre, à la formalité de la transcription ?

la vérité, s'étonner que les biens de la communauté, débiteur direct et principal des reprises de la femme, soient libres de toute affectation réelle, tandis qu'une hypothèque pèse sur les biens du mari, quoiqu'en définitive il ne soit débiteur qu'accessoirement et comme caution de la communauté ; mais cette anomalie n'est qu'apparente. La loi s'est montrée pleine de prévoyance et de sagesse. Elle a pensé avec raison qu'une garantie était due à la femme ; mais toute garantie créée en dehors du droit commun affecte le crédit du débiteur qui la subit. Cela posé, que serait-il arrivé si l'hypothèque légale de la femme eût embrassé tout à la fois les biens communs et les biens personnels du mari? Le crédit de la communauté eût évidemment souffert, et, par suite, l'intérêt de la femme eût été atteint lui-même, car étant l'associée de son mari, tout ce qui le touche et l'entrave dans l'administration de la communauté, la blesse elle-même directement. Il en est différemment de l'hypothèque établie sur les biens personnels du mari. La femme, qu'elle a pour objet de protéger, en souffe, sans doute, dans une certaine mesure, son associé ne pouvant pas être atteint dans son crédit particulier sans que son crédit social n'en soit un peu amoindri ; mais le préjudice qu'elle lui cause indirectement n'est pas assez marqué et assez considérable pour contrebalancer le profit qu'elle en retire. De là la distinction que fait la loi entre les biens de la communauté et les biens personnels du mari. Cette différence n'a vraiment rien que de très rationnel. Qu'un associé stipule une hypothèque sur les biens particuliers de son associé administrateur de leur intérêt commun, on le conçoit sans peine, et cela se voit fréquemment dans la pratique, mais une hypothèque assise sur le fonds commun serait un contre-sens dont il n'existe point d'exemple.

Une observation bien simple, mais parfaitement décisive, vient à l'appui de cette interprétation. M. Troplong reconnaît lui-même que la femme, quand elle reste commune, est exclue par ceux des créanciers auxquels les immeubles de la communauté ont été hypothéqués (n° 1646). Elle exclut, au contraire, en vertu de son hypothèque légale, les créanciers hypothécaires inscrits sur les biens personnels du mari, lorsque leur inscription est postérieure à l'aliénation de ses propres (art. 2135–4°). Les biens de la communauté sont donc, dirai-je en m'appuyant sur l'autorité de M. Troplong, *moins énergiquement affectés aux reprises de la femme* que les *propres immobiliers du mari !*

Et ce qui est plus décisif, c'est que les raisons qu'invoque M. Troplong en faveur des créanciers inscrits sur les biens de la communauté, militent au même titre et avec la même force dans l'intérêt des créanciers chirographaires. C'est ce que je vais essayer de démontrer.

Si, dit-il, le mari avait vendu un immeuble de la communauté, la femme serait sans action contre l'acquéreur. Or, si le mari a pu vendre, il a pu hypothéquer, et la femme doit respecter l'hypothèque aussi bien que la vente (n° 1646).

Si l'on effaçait l'hypothèque concédée au créancier par le mari, comment concilierait-on cet effet rétroactif avec le droit du mari seigneur et maître de la communauté, et faisant acte légitime quand il en aliène ou qu'il en hypothèque les effets (même n°)?

La femme qui accepte la communauté, accepte d'ailleurs et ratifie les actes que son mari a faits comme représentant de la société. Qu'en résulte-t-il? C'est que le mari, quand il hypothèque un conquêt de la communauté, agit tant au nom de la femme qu'en son propre nom. Dès lors, comment pourrait-elle

MM. Rivière et Huguet distinguent. L'ameublissement émane-t-il du mari, les parties ne sont point tenues de le faire

méconnaître une hypothèque qu'elle est réputée avoir consentie elle-même par l'intermédiaire de son représentant légal, son mari (même n°)?

Si elle veut se payer avec les valeurs de la communauté, elle doit les recevoir telles qu'elles sont par l'effet de la puissance maritale. Lors, en effet, que le mari hypothèque un conquêt de communauté, il n'agit pas en vertu d'un droit *provisoire*, *résoluble* ou *conditionnel*; il dispose d'un bien sur lequel il a un droit *complet*. La femme ne saurait donc rien infirmer de ce qui a été fait, et les articles 1470 et 1471 n'ont pas un mot d'où l'on puisse argumenter pour lui conférer ce droit (même n°).

Je me joins de grand cœur à M. Troplong sur ce point. Ses raisons sont décisives et parfaitement concluantes; mais il a le tort d'arrêter sa logique en chemin. Qu'il me permette de la mener jusqu'au bout.

Si, dirai-je, le mari peut *aliéner et hypothéquer* les biens de la communauté, à plus forte raison peut-il les *obliger* au paiement des dettes qu'il contracte (art. 2092) : qui peut le plus, peut le moins.

Puisqu'il fait un acte légitime quand il hypothèque les biens, *à fortiori* fait-il aussi un acte légitime quand il les oblige.

S'il représente sa femme quand il hypothèque, il la représente également quand il s'oblige ; et, puisqu'en acceptant la communauté, elle accepte et ratifie tous les actes qu'il a passés dans la limite de ses pouvoirs, comment et à quel titre pourrait-elle méconnaître les obligations qu'il a contractées au nom de la communauté, c'est-à-dire tant au nom de la femme qu'au sien propre?

Si, quand il hypothèque, il agit, en vertu d'un droit *plein*, *entier et définitif*, il ne se peut pas qu'il agisse, quand il s'oblige, en vertu d'un droit *provisoire*, *résoluble* ou *conditionnel*; autrement, quel étrange pouvoir serait le sien! Ainsi, qu'on suppose qu'il contracte un emprunt avec hypothèque sur les conquêts de communauté: l'obligation, née de ce contrat, serait, au regard de la communauté, *provisoire* ou *résoluble*, tandis que l'hypothèque, c'est-à-dire l'accessoire de cette obligation conditionnelle, serait *définitive et parfaitement établie*. Une aussi ridicule anomalie n'entra jamais dans la pensée de la loi. Le pouvoir du mari sur les biens de la communauté est *un*, et puisque la loi l'a fait *complet*, quant à l'hypothèque, il est manifeste qu'elle l'a également constitué *entier* quant à l'obligation.

M. Troplong ajoute que vouloir affranchir la femme des effets des hypothèques légitimement constituées sur les immeubles de la communauté, « c'est porter atteinte au pouvoir du mari, limiter un droit que l'art. 1421 a établi plein et entier, porter les plus funestes atteintes au crédit, et blesser la bonne foi et la confiance dans ce qu'elles ont de plus essentiel (n° 1646). » Mais, est-ce donc respecter ce pouvoir et lui laisser toute son étendue que soutenir que le gage des créanciers chirographaires devra disparaître complétement devant le droit de la femme? Cette résolution éventuelle des obligations émanées du mari ne porte-t-elle donc aucune atteinte à son crédit? M. Troplong croit-il que cette absorption des biens de la communauté par la femme, au préjudice des créanciers, ne blesse pas, pour un peu, dans ce qu'elles ont de plus essentiel, la confiance et la bonne foi! Eh quoi! la loi aurait dit aux tiers : « Vous pouvez traiter en toute confiance avec le chef de la communauté; je lui confère les pouvoirs les plus étendus, des pouvoirs presque souverains ; il peut vendre, plaider, transiger et hypothéquer comme le pourrait faire un propriétaire ordinaire, et avec la même solidité. Considérez-le, en un mot, comme le seigneur et maître de la communauté. » Et cette même loi aurait refusé à cet adminis-

transcrire, et elles n'ont aucun intérêt à le faire. Émane-t-il de la femme, sa transcription est indispensable (nᵒˢ 36 à 38).

trateur si puissant, à ce seigneur et maître, le pouvoir de s'obliger avec stabilité ! elle lui aurait retiré la faculté qu'elle accorde à de simples administrateurs ! Elle lui aurait laissé toute liberté quant aux actes les moins nécessaires et les plus compromettants, et lui aurait lié les mains quant aux faits les plus habituels, les plus indispensables ! En vérité, cela se peut-il ? j'en appelle à la bonne foi et au bon sens de M. Troplong lui-même !

Son système a prévalu pourtant. La Cour de cassation s'y est ralliée; de nombreux travaux ont été publiés pour le soutenir. Mais chose remarquable, de même que la Cour répudie la plupart des motifs invoqués par M. Troplong, chacun des auteurs qui se sont constitués ses partisans combat à son tour l'argumentation de ses devanciers. C'est ainsi que M. Brésillion, entré le dernier dans la lice, prend soin tout d'abord d'établir que, jusqu'à ce jour, le privilége de la femme n'a eu aucune base solide. La dialectique dont il a fait preuve dans ce travail de démolition est irréprochable. J'y renvoie le lecteur (V. *la Revue critique de législation et de jurisprudence*, t. VIII, p. 411).

Mais a-t-il été aussi heureux dans la seconde partie de son travail? Examinons.

Voici, en résumé, la donnée de sa théorie.

La communauté devient propriétaire des sommes d'argent réservées ou provenant de la vente des propres des époux qui y ont été absorbées (art. 1401-2º et 587), ou des biens à l'acquisition desquels ces sommes ont servi sans déclaration d'emploi (art. 1401-3º).

M. Brésillion concède ce point. Cet aveu en implique un autre. Si la communauté est *propriétaire* des valeurs qui s'y sont confondues au détriment du patrimoine personnel de la femme, celle-ci n'en est et n'en peut être que *créancière*. M. Brésillion est trop bon logicien pour nous contredire à cet égard.

Ainsi, *tant que dure la communauté*, la femme est simplement *créancière* de ses reprises; son droit change-t-il de nature *lorsqu'arrive la dissolution de la communauté ?* M. Brésillion l'affirme. Oui, dit-il, tant que la communauté dure, elle est propriétaire de tous les biens qui s'y sont confondus, mais après sa dissolution, une partie de ces mêmes biens devient *ipso jure* et, sauf liquidation, la propriété de la femme. On ne lui disputerait certainement pas la qualité de propriétaire si, avant la dissolution de la communauté, le mari lui avait cédé, à titre de remploi, des biens compris dans l'actif commun (art. 1592-2º). Or, *ce que le mari n'a pas fait*, la loi *le fait pour lui*. Ce remploi *légal* supplée au défaut *de remploi conventionnel*.

Cela posé, le privilége de la femme ne rencontre plus aucun obstacle. La loi ne veut point, dit M. Brésillion, que la femme, soit qu'elle accepte la communauté, soit qu'elle la répudie, subisse, *sur sa fortune particulière*, l'effet des actes passés par son mari, et auxquels elle n'a point personnellement participé. Accepte-t-elle la communauté, son *obligation*, de même que sa *contribution* aux dettes, est renfermée *dans la limite de l'émolument dont elle bénéficie en sa qualité de commune* (art. 1483); la répudie-t-elle, toutes les dettes de la communauté restent au compte et à la charge de son mari (art. 1494). On le voit donc, lorsqu'arrive la dissolution de la communauté, quel que soit le parti que la femme prenne, la restitution de *ses propres* lui est assurée *complète, entière, libre*,, en un mot, *de toute charge*. Or, les biens qu'elle prélève *étant légalement subrogés aux propres qu'elle ne retrouve point en nature*, ne font point partie de l'émolument dont elle bénéficie en qualité de commune; ils lui font donc retour francs et quittes des dettes tombées dans la communauté du chef de

M. Troplong écarte cette distinction. Suivant lui, la transcription de l'ameublissement n'est *jamais* nécessaire.

son mari. Autrement, il ne serait plus vrai de dire qu'elle n'en est tenue que jusqu'à concurrence de sa part *dans la chose commune,* lorsqu'elle accepte la communauté ou qu'elle en est complétement affranchie, quand elle la répudie, puisque, dans l'un et l'autre cas, une portion *de ses propres* servirait à désintéresser les créanciers avec lesquels elle se trouve en conflit.

Cette argumentation est assurément fort logique, une fois admis le principe qui lui sert de point d'appui. S'il est vrai, en effet, qu'à l'instant même où la communauté se dissout, un *remploi légal subroge aux propres aliénés les biens que la femme a le droit de prélever,* il est clair qu'elle les reprend au même titre que ses biens restés propres en nature, et par conséquent à l'exclusion des créanciers de la communauté.

Mais à l'inverse, s'il est établi que son droit reste, *après la dissolution de la communauté,* ce qu'il était *durant la communauté,* c'est-à-dire *une simple créance,* il est non moins évident qu'elle n'aura, et ne pourra avoir, que le droit de venir en concours et au marc le franc avec eux. Ce concours sera cause, il est vrai, qu'elle ne recevra pas le montant intégral de sa créance; mais, parce qu'elle n'obtiendra pas *tout ce qui lui sera dû,* s'ensuit-il qu'elle paiera *de suo* les autres créanciers? La conséquence serait, en vérité, bien singulière. Si elle était juste, elle le serait également à l'égard des autres créanciers, en sorte qu'ils seraient tous réputés se payer les uns les autres. On conçoit sans peine que cette idée est inadmissible. Lorsqu'un débiteur est insolvable, tous ses créanciers subissent, chacun proportionnellement au montant de ce qui lui est dû, l'effet de son insolvabilité. Leurs créances sont réduites, parce que le gage commun est insuffisant pour les payer toutes et chacune intégralement; mais aucun d'eux n'est censé payer les autres jusqu'à concurrence de ce qu'il ne reçoit point lui-même.

La question à résoudre se résume donc en ces termes : Est-il vrai ou non que certains biens, communs à l'origine, sont, dès l'instant même de la dissolution de la communauté, *subrogés de plein droit* aux propres aliénés et assimilés, à ce titre, aux biens restés propres en nature?

Or, cette subrogation légale, comment la prouve-t-on? M. Brésillion invoque, pour l'établir, d'une part, un texte de la loi, d'autre part, un passage des travaux préparatoires du Code. C'est, dit-il, par voie de *prélèvement* que la femme est remplie de ses reprises; telle est la disposition de l'art. 1470. Une fois ses prélèvements effectués, ainsi que ceux du mari, *le surplus se partage entre les époux.* Que conclure de là, si ce n'est que chaque époux est propriétaire des biens que la loi l'autorise à prélever en remplacement de ses propres comme il l'était des propres eux-mêmes auxquels ces biens se trouvent virtuellement subrogés à partir du jour de la dissolution de la communauté? « La pensée du législateur, ajoute-t-il, n'a pas été autre. C'est, en effet, à l'occasion des *remplois* que, dans son rapport au Tribunat, M. Duveyrier s'occupe des reprises des époux. Il y voit *un véritable remploi* s'effectuant sur la masse de la communauté. M. Duveyrier le dit en termes formels. A propos de la règle qui permet à la femme de recourir subsidiairement sur les biens de son mari, il se sert constamment de l'expression remploi : Si, dit-il, *l'immeuble vendu appartient au mari, le* REMPLOI *ne s'exerce que sur la masse de la communauté. Au contraire, si l'immeuble appartient à la femme, et si les biens de la communauté sont insuffisants* A REMPLOI, *il s'exerce sur les biens personnels du mari.* »

Ainsi, c'est sur un mot, sur le mot *prélèvement,* que repose tout le système

Nous estimons, au contraire, qu'elle l'est *toujours*.

Et d'abord, il est bien évident que la distinction proposée

de M. Brésillion, et quel mot! Je ne sache pas qu'il y en ait un autre dans le droit dont le sens soit plus vague, plus général, et par conséquent plus susceptible de se plier aux divers systèmes dans lesquels on le fait entrer comme élément de démonstration. On peut, en effet, prélever, soit des biens dont on a la propriété exclusive (art. 1470-1o), soit une certaine somme stipulée à titre de préciput (art. 1515), soit enfin des valeurs communes jusqu'à concurrence des indemnités dont la communauté est *débitrice* (art. 1470-3o).

Le mot prélèvement n'implique donc point nécessairement l'idée d'un droit exclusif de propriété sur les biens à prélever. S'il avait le sens qu'on lui attribue si arbitrairement, on serait forcé d'en conclure que dans l'hypothèse d'un préciput stipulé au profit de la femme, la somme ou la quantité de biens qu'elle peut prélever en nature avant tout partage lui est attribuée à l'exclusion des créanciers de la communauté. Or, quelqu'un ira-t-il jusque-là? Dira-t-on que le droit de prélèvement est plus fort que le droit des créanciers avec lesquels la femme se trouve en conflit? ce serait la violation formelle de l'art. 1519!

Ainsi, reconnaissons-le, le droit de prélèvement peut résider tout aussi bien en la personne d'un *créancier* qu'en la personne d'un *propriétaire*. Dès lors, on n'en peut rien conclure pour ou contre le privilége de la femme. L'article 1470 laisse par conséquent la question indécise. Mettons-le hors du débat.

Me sera-t-il permis d'invoquer des textes à mon tour? M. Brésillion soutient qu'à l'instant même où la communauté se dissout, la *créance* de la femme se transforme *ipso jure* en un droit *de propriété*. Je nie, au contraire, cette transformation, et je l'écarte, d'une part, avec l'article 1408, où l'on voit la communauté constituée, non-seulement pendant qu'elle existe, mais *même après sa dissolution*, DÉBITRICE DU PRIX provenant de l'aliénation d'un propre de la femme; d'autre part, avec l'article 1473, aux termes duquel les récompenses *dues* par la communauté aux époux emportent *les intérêts* de plein droit *du jour de la dissolution de la communauté*, ce qui implique nécessairement cette idée qu'aux yeux mêmes des rédacteurs du Code, les récompenses sont de véritables *créances*, et qu'elles conservent ce caractère *même après que la communauté* est dissoute, puisque les *créances* sont les seuls droits qui soient susceptibles de produire *des intérêts* Qu'on ne dise point que la communauté ayant cessé d'exister, il ne peut plus être question de *créance*, puisqu'il n'y a plus de *débiteur*. La communauté est, en effet, pareille à une société; bien que dissoute, elle subsiste pour sa liquidation. M. Troplong en fait lui-même la remarque. « Après la dissolution de la communauté, il y a encore, dit-il, une prolongation d'existence pour liquider le passé » (no 400).

Cette survivance de la communauté à elle-même n'a rien de forcé, rien d'illégal. On peut, si l'on veut, la qualifier de fiction, mais notre droit est plein de fictions semblables. N'est-il point vrai, par exemple, qu'un défunt est réputé vivant, lorsque sa succession est acceptée sous bénéfice d'inventaire, ou, qu'au lieu d'héritiers pour le représenter, il n'a laissé que de simples successeurs aux biens? Toute personne qui a cessé d'être et n'a point de représentant, continue de vivre légalement et fictivement tant que sa condition pécuniaire n'est point liquidée; tel est le droit commun. Dès lors, faut-il s'étonner que la communauté soit réputée exister encore même après sa dissolution? Qu'importe, après tout, que cela paraisse bizarre, si cela est! Or, les articles 1408 et 1473 ne nous apprennent-ils point, l'un, que la communauté *devient, à l'époque de la dissolution*, débitrice envers la femme d'un certain prix de vente, l'autre, que les indemnités dont elle était créancière ou débitrice

par MM. Rivière et Huguet est inadmissible. « Lors, disent-ils, qu'un immeuble est ameubli par la femme, *la propriété en*

pendant qu'elle fonctionnait, deviennent, *après sa dissolution, productives d'inté-rêts pour ou contre elle* ?

M. Brésillion a cru trouver la justification de sa doctrine dans le mot *remploi* dont s'est servi M. Duveyrier pour qualifier les reprises de la femme. Mais sous ce rapport encore, il s'est fait illusion. L'expression *remploi* n'a pas, en effet, la signification qu'il lui prête. En veut-il la preuve ? je la puis déduire de ses propres aveux. Lorsque la femme exerce ses reprises sur les biens personnels de son mari, elle n'agit, dit-il, qu'en qualité de *créancière*. Or, que dit à son tour M. Duveyrier ? Que les *remplois* de la femme s'exercent, quand la communauté est insuffisante, sur les biens personnels du mari. » Les remplois dont parle M. Duveyrier ne sont donc, de l'aveu même de M. Brésillion, que *des créances en remploi* !

Je veux insister sur ce point. Les partisans du privilége de la femme le limitent tous aux biens de la communauté. Cette limitation est-elle logique ? quelle preuve en donne-t-on ? On la trouve partout affirmée, mais nulle part établie. Et comment, en effet, la démontrer ? est-ce que les articles invoqués à l'appui du droit de propriété, que la loi attribue, dit-on, à la femme pour l'exercice de ses reprises, n'embrassent point, dans la même disposition, les biens personnels du mari et les biens de la communauté (art. 1472 et 1495) ? M. Duveyrier, cité tout à l'heure, et M. Siméon, ne nous apprennent-ils point que les *remplois* et *prélèvements* de la femme s'exercent, en cas d'insuffisance des biens communs, sur les biens personnels du mari (Fenet., t. XIII, p. 727 et 737) ? Si donc les mots *remplois et prélèvements* dont se sont servis les rédacteurs du Code, et qu'on retrouve dans les textes de la loi (1470, 1471 et 1473), impliquent pour la femme un *droit de propriété exclusive* sur les biens à prélever, ce droit existe forcément jusque sur les biens personnels du mari. Décider le contraire, c'est faire du droit de fantaisie, ou, mieux encore, c'est nier l'évidence même !

Donc, de deux choses l'une :

Si M. Brésillion persiste à dire que la femme n'exerce ses reprises qu'en qualité de *créancière*, au cas où elle agit sur les biens personnels de son mari, il reniera par là même, et implicitement, tous les arguments dont il s'est servi pour établir qu'elle agit en vertu d'un *droit exclusif de propriété* lorsqu'elle prélève des biens de la communauté. Ce point n'a pas besoin de démonstration tant il est évident.

Que si, au contraire, il continue à soutenir que les prélèvements de la femme s'exercent sur les biens de la communauté, en vertu d'un remploi légal, la logique le poussant jusqu'au bout, il sera forcé de reconnaître qu'ils s'exercent au même titre sur les biens du mari quand ceux de la communauté font défaut. Mais alors, à quelles conséquences bizarres ne se verra-t-il pas contraint ! Ainsi, il lui faudra aller jusqu'à dire que la femme prime les créanciers de son mari, *même sur ses propres mobiliers !* Ce n'est pas tout ! Si la femme, quand les biens de la communauté sont insuffisants, peut agir *avec le titre de propriétaire,* sur les immeubles personnels de son mari, comment les choses se passeront-elles à l'égard des créanciers chirographaires avec lesquels elle se trouvera en conflit ? Son hypothèque, si elle l'invoquait, leur laisserait le droit de faire vendre, à la chaleur des enchères, les biens affectés à sa sûreté, et d'obtenir par cette voie peut-être un prix supérieur au montant de ses reprises. Avec le droit de propriété qu'on lui attribue, cette garantie des créanciers disparaîtra

passe à la communauté d'une manière aussi complète que celle des meubles (art. 1507). » Cet ameublissement appartient

complétement. Le régime hypothécaire se trouvera ainsi faussé dans ce qu'il a de plus essentiel.

Ainsi, dès qu'on accepte l'idée d'un droit de propriété se substituant au lieu et place du droit personnel des époux, on se jette dans des embarras inextricables, on aboutit fatalement à des conséquences qui, étant inadmissibles, se retournent, pour le combattre, contre le principe même qui les produit.

Dans l'idée inverse, au contraire, tout est simple et parfaitement juridique. La femme réunit alors en elle deux qualités distinctes, savoir, d'une part, la qualité de *commune* ou *d'associée*, et, d'autre part, la qualité de *créancière* quant aux indemnités que lui devait et que lui doit encore la communauté.

Associée, elle a droit à une portion du fonds social, mais à la charge de contribuer au paiement des dettes, sauf à elle à restreindre son obligation dans la limite de son émolument, en faisant inventaire (art. 1483), ou même à s'en décharger complétement en renonçant à son titre d'associée (art. 1494).

Créancière, elle vient en concours et au marc le franc avec les autres créanciers.

Y a-t-il en cela rien qui ne soit parfaitement conforme au droit commun ? N'est-ce pas ainsi que les choses se passent à l'égard du créancier devenu héritier bénéficiaire de son débiteur ?

Héritier, il a droit aux biens du défunt, mais sous l'obligation de payer, dans la limite de son émolument, les dettes de la succession.

Créancier, il subit la loi commune et ordinaire du concours.

Faisons un autre rapprochement. Personne n'ignore que, dans les commandites, les associés, simples bailleurs de fonds, ne sont tenus des dettes sociales que jusqu'à concurrence de leur apport dans la société (art. 26, *C. com.*). Leur permet-on pour cela de prélever, *par préférence aux autres créanciers*, les sommes qu'ils ont avancées à la société en dehors de leur mise ? Je n'ai pas besoin de dire que cette prétention, si elle était jamais soulevée, serait partout jugée inadmissible. Par quelle secrète raison la juge-t-on légitime dans la personne des femmes communes ? Serait-ce qu'il existe des différences essentielles entre la condition de la femme commune et celle d'un associé commanditaire ? Ce n'est certes point l'avis des rédacteurs du Code. « Toutes les fois, nous dit M. Duveyrier, que la communauté a tiré un profit des biens personnels de l'un des époux, celui-ci doit avoir récompense ou indemnité de ce préjudice. *C'est la règle simple des sociétés qui veut que chaque associé* PRÉLÈVE, *avant tout partage, ce qu'il a fourni au-dessus de la mise commune ou convenue* » (Fenet, t. XIII, p. 726).

Qu'on me permette une dernière citation ; je la tire du discours de M. Berlier : « Si, dit-il, la communauté est acceptée, il faudra faire une masse commune de l'actif et du passif, et *après l'acquittement des charges* et le prélèvement réciproque des biens personnels des époux, faire le partage du surplus. Si quelques-uns des propres ont été aliénés, le remploi s'en fera préalablement sur la masse » (Fenet, t. XIII, p. 675). Quelqu'un dira-t-il encore que dans la pensée des rédacteurs du Code *les charges de la communauté ne viennent qu'après les reprises de la femme* ? Il semble même, à ne s'en tenir qu'aux termes du passage qu'on vient de lire, que c'est précisément le règlement inverse qui a lieu. Je ne vais point jusque-là, mais au moins m'accordera-t-on que les dettes de la communauté envers les tiers ne sont point au-dessous des indemnités dont elle est tenue envers la femme.

donc, comme tout autre acte translatif de propriété, au régime de la transcription. « Mais, ajoutent-ils, il n'en est point de même de l'ameublissement consenti par le mari : cet acte n'a rien de translatif, puisque la communauté ne constitue point un être moral capable d'acquérir la propriété des biens ameublis. Il est vrai que la femme a, sur les biens qui composent la communauté, un droit qui va frapper l'immeuble ameubli; mais ce droit n'est ni un droit de propriété, ni un démembrement de ce droit. La transcription de l'ameublissement, qui émane du mari, n'est donc point nécessaire. »

Cette explication nous étonne. Comment se fait-il que la communauté qui, de l'aveu même de MM. Rivière et Huguet, *devient propriétaire des immeubles apportés par la femme*, soit jugée par eux incapable d'acquérir la propriété des biens ameublis par le mari? où trouvent-ils le principe de cette différence? Serait-ce dans l'article 1507? Mais la loi y déclare, au contraire, dans les termes les plus absolus, et conséquemment sans faire aucune distinction, que l'effet de l'ameublissement déterminé est de rendre les immeubles qui en sont frappés *biens de la communauté* comme les meubles mêmes!

Admettons, au reste, que la communauté ne soit point une personne morale distincte de la personne des époux. Tout ce qu'on en pourra conclure, c'est qu'au lieu de la communauté, nous aurons, dans l'espèce, la femme pour acquéreur, non point, sans doute, de l'immeuble en son entier, mais d'une portion *indivise*. Que si MM. Rivière et Huguet persistent à soutenir que cette *copropriété*, que la femme acquiert sur l'immeuble ameubli par son mari, n'est point un droit de propriété, bien assurément ils ne convaincront personne.

Quant à M. Troplong, il n'hésite point à reconnaître que l'ameublissement, soit qu'il émane du mari, soit qu'il émane de la femme, opère une véritable *mutation de propriété*. Cet effet de l'ameublissement une fois admis, il semble que sa transcription devient indispensable. M. Troplong en fait encore l'aveu. « Mais, ajoute-t-il, si on y regarde avec attention, on verra que la communauté, en vue de qui elle existe, a, au contraire, intérêt à ce qu'elle ne soit pas réalisée. »

A l'appui de sa proposition, M. Troplong fait l'espèce suivante :

Supposons, d'une part, dit-il, que l'immeuble ameubli ait

été aliéné, dès avant le mariage, par l'époux qui alors en avait la propriété, d'autre part, que cette aliénation n'ait pas été transcrite. Si l'ameublissement est transcrit, l'acquéreur de l'immeuble n'étant plus à temps pour opérer utilement la transcription de son titre, la propriété qui lui avait été transmise sortira de son domaine pour entrer dans l'actif de la communauté et y rester. Qu'arrivera-t-il alors ? la communauté conservera l'immeuble ameubli, nous le concédons ; mais s'il lui reste, ce ne sera, bien entendu, qu'à la charge de subir l'obligation de garantie dont sera tenu l'époux aliénateur envers l'acquéreur évincé. Cette obligation, étant née d'un fait antérieur au mariage, entrera, en effet, dans son passif, et cela, *sans récompense.* Si donc, d'un côté, la transcription de l'ameublissement lui permet de conserver l'immeuble ameubli, elle la place, d'autre part, sous le coup des dommages et intérêts qu'elle aura à payer. Dès lors, quel profit en retire-t-elle ?

Il y a plus, c'est que la communauté *gagnera à ne pas transcrire;* si, en effet, elle ne transcrit point, elle sera évincée de l'immeuble ameubli, mais elle aura alors une *action en garantie contre l'époux duquel émane l'ameublissement.* Donc, dans ce cas, le défaut de transcription la préservera de toute perte ; au lieu qu'elle en supportera une si elle fait transcrire (n° 65).

M. Troplong se trompe évidemment quant à la différence qu'il établit entre les deux cas que nous venons de rapporter. La transcription de l'ameublissement ne peut point, en effet, *nuire à la communauté.* Nous admettons qu'au cas où elle conservera l'immeuble ameubli, le paiement des dommages et intérêts dus à l'acquéreur évincé pourra être poursuivi contre elle ; mais est-il également vrai qu'ils resteront *sans récompense* à sa charge ? C'est ce qu'il nous est impossible d'admettre. La démonstration que nous avons à proposer sur ce point nous est suggérée par M. Troplong lui-même. « Si, dit-il, la communauté est évincée de l'immeuble ameubli, l'époux, auteur de l'ameublissement, lui doit garantie de cette éviction » (*Contrat de mariage,* n° 1998). Et, bien entendu, il en est ainsi, soit que l'éviction procède de son auteur, soit qu'elle procède de son fait personnel (art. 1628). Or, cette obligation de garantie implique, pour l'époux qui a fait l'ameublissement, l'obligation de prendre, *à sa charge exclusive,* les dommages et intérêts qu'elle pourra être contrainte de payer pour la conservation

de l'immeuble. Autrement, où serait l'utilité de l'ameublissement? Cet excédant d'apport, si solennellement promis, et en
vue duquel peut-être des concessions importantes ont été
faites du chef de l'autre conjoint, ne serait donc au fond qu'un
acte frauduleux? La loi ne saurait prêter sa sanction à la
déloyauté. Toute manœuvre employée pour tromper quelqu'un oblige son auteur à réparer le préjudice né de la mauvaise foi (V. par analogie l'art. 1514).

Laissons cet incident, il est étranger à notre débat. Nous
reconnaissons avec M. Troplong que, dans l'espèce où il s'est
placé, la communauté n'a aucun intérêt à faire transcrire , et
la raison en est bien simple. Les aliénations, *quoique non transcrites*, conservent néanmoins leur plein et entier effet à l'égard
de l'aliénateur et de tous ceux qui, à un titre quelconque, succèdent à l'obligation personnelle dont il est tenu envers l'acquéreur (V. l'explication de l'art. 3). Or, c'est précisément ce
qui a lieu dans l'espèce. La communauté succède, en effet, à
l'engagement personnel de l'époux aliénateur de l'immeuble
qu'il a ameubli. De là, pour elle l'obligation de respecter l'a-
liénation qui lui est opposée. Dès lors, elle n'a , sous ce rapport, aucun intérêt à transcrire.

Ainsi les droits constitués, dès avant le mariage, sur l'immeuble ameubli, subsistent, *quoique non transcrits*, contre la
communauté , eût-elle d'ailleurs et dès le jour même où elle
a commencé d'exister procédé à la transcription de l'ameublissement.

Mais c'est tout ce que nous pouvons concéder , et il nous est
impossible d'admettre avec M. Troplong que cette transcription
soit *dans tous les cas* une mesure vaine et sans objet. Supposons la communauté dissoute et non liquidée : si, pendant
que les biens sont encore dans l'indivision, le mari aliène un
immeuble tombé de son chef dans la communauté , la femme
sera-t-elle obligée de subir l'effet de cette aliénation ? Sans aucun doute , si l'ameublissement d'où est né son droit indivis
est resté clandestin. Supposons-le , au contraire, transcrit : en
sera-t-il encore de même ? le droit de la femme disparaîtra-t-
il , nonobstant la publicité qu'il a reçue , devant le droit de
l'acquéreur ? mais où serait la raison de cette spoliation ? serait-ce que la femme mérite moins de protection qu'un acquéreur ordinaire ? Elle a, en vertu d'un acte légitime , acquis

la propriété indivise d'un immeuble; cette acquisition a été rendue publique. A quel titre donc les tiers pourraient-ils acquérir le droit de la méconnaître et de la faire tomber? Or, s'il en est ainsi, si la femme sauvegarde, par la transcription de l'ameublissement, le droit indivis qu'elle en déduit, comment M. Troplong pourra-t-il soutenir encore qu'au lieu d'avoir quelque intérêt à la requérir, la femme gagne au contraire à ne point la faire?

Modifions notre hypothèse. Si l'immeuble ameubli par le mari tombe dans le lot de la femme, comment les choses se passeront-elles? Le partage étant simplement *déclaratif de propriété*, elle ne sera point tenue de le faire transcrire, cela est évident; mais quant à l'ameublissement pourra-t-elle, sans aucun inconvénient, le laisser clandestin? si elle le fait transcrire les tiers auxquels il aura été notifié seront-ils, néanmoins, autorisés à le méconnaître?

A notre sens, et nous sommes convaincu que M. Troplong se rangera à notre avis, ces solutions sont inadmissibles l'une et l'autre. Et d'abord quel est le fondement direct et primitif du droit exclusif qu'a aujourd'hui la femme sur l'immeuble ameubli? le partage? non, car cet acte n'est que déclaratif d'un droit *antérieurement acquis*. Or, ce droit antérieurement acquis, d'où vient-il, si ce n'est de l'ameublissement? C'est en vertu de cet acte que l'immeuble ameubli a cessé d'appartenir au mari pour devenir le bien propre de sa femme; il doit donc être transcrit, puisqu'il est translatif de propriété!

La transcription avertira les tiers que, le mari ayant cessé d'être propriétaire de l'immeuble par lui apporté dans la communauté, il a, par là même, perdu, au moins à partir du jour où la communauté s'est dissoute, le droit d'en disposer au préjudice de sa femme. Sous quel prétexte dès lors prétendraient-ils maintenir comme bons et valables les droits qu'ils tiennent de lui? S'il en était ainsi, la propriété de la femme serait perpétuellement incertaine et précaire dans ses mains, puisqu'il serait au pouvoir de son mari de l'anéantir au gré de son intérêt.

La transcription de l'ameublissement consenti par le mari a donc au moins cet effet de mettre le droit de la femme à l'abri des actes par lesquels il pourrait tenter de l'anéantir, une fois la communauté dissoute.

Tout ce que nous venons de dire de l'ameublissement émané du mari s'appliquera sans peine à l'ameublissement consenti par la femme. A-t-il été transcrit, les droits que la femme devenue veuve ou ses héritiers constitueront sur les biens ameublis seront primés par le droit du mari ou de ses héritiers. Est-il resté clandestin, les biens qu'il a pour objet seront légalement maintenus, au regard des tiers et aussi longtemps que durera sa clandestinité, dans le domaine de la femme ou de ses héritiers.

Une autre hypothèse peut se présenter. Supposons un immeuble ameubli par le mari et aliéné par lui, *à titre gratuit*, durant le cours de la communauté : si l'ameublissement a été transcrit, cette donation sera évidemment nulle et de nul effet à l'égard de la femme (art. 1423) ; que si, au contraire, il n'a reçu aucune publicité, elle devra être maintenue, car, ainsi que nous le montrerons plus tard en combattant sur ce point M. Troplong, les *donataires*, de même que les *acquéreurs à titre onéreux*, peuvent se prévaloir du défaut de transcription.

— Nous arrivons enfin à l'ameublissement d'un ou de plusieurs immeubles avec indication d'une certaine somme (articles 1506 et 1507). A première vue, il semble qu'il ne rentre à aucun titre dans le système de la transcription. On n'y trouve, en effet, aucun des caractères des actes translatifs de propriété ou constitutifs de droits réels susceptibles d'hypothèque.

Le mari, si c'est lui qui l'a consenti, peut faire, relativement à l'immeuble ameubli, les mêmes actes que par le passé, et avec la même capacité : ses pouvoirs de propriétaire n'ont subi aucune atteinte. Dès lors, où est la nécessité d'avertir les tiers ?

Que si on le suppose émané de la femme, le mari pourra, sans doute, durant la communauté, hypothéquer, jusqu'à concurrence de la somme promise, l'immeuble ameubli (article 1508) ; mais cette faculté qui lui est conférée n'enlève à la femme ni le droit d'aliéner, ni le droit de consentir des hypothèques, soit avec l'autorisation de son mari, soit sous l'autorisation de justice. Si elle ne peut point à elle seule disposer de l'immeuble sur lequel est à prendre la somme qu'elle a promise, son incapacité vient, non pas de l'ameublissement, mais du *mariage* même. Or, ce contrat a sa publicité propre (V. les art. 75, 1391 et 1394 C. N.), et ce n'est point par la voie de la transcription qu'on en révèle l'existence aux tiers.

· Et d'ailleurs, ajoutera-t-on, à quel titre l'ameublissement dont il s'agit relèverait-il de la transcription ? Ce n'est ni un acte de mutation, ni un acte constitutif d'un droit réel *susceptible d'hypothèque;* car le *droit d'hypothèque* qu'il confère au mari' *ne peut point lui-même être hypothéqué;* il est donc complétement en dehors des termes de la loi.

Nous croyons néanmoins que la transcription peut être nécessaire et avoir son utilité même dans ce cas. Il résulte, en effet, des termes de l'art. 1508 que l'ameublissement limité à une certaine somme « oblige l'époux qui l'a consenti à comprendre dans la masse, lors de la dissolution de la communauté, un ou plusieurs de ses immeubles dans la limite de la somme par lui promise. » S'il satisfait à cette obligation et que l'immeuble par lui compris dans la masse partageable tombe, par l'effet du partage, dans le lot de son conjoint, les tiers devront être évidemment avertis que tel immeuble est sorti du patrimoine de l'un des époux pour entrer dans le patrimoine de l'autre. Or que transcrira-t-on ? Ce ne sera point l'acte de partage, puisque cet acte n'est que déclaratif de propriété. Ce sera donc l'ameublissement lui-même; c'est lui, en effet, qui contenait, en germe du moins, le principe de la mutation qui a eu lieu. Peut-être pourtant serait-il mieux de soutenir que cet apport constitue une véritable *datio in solutum.* On devrait alors en dresser un acte et le faire transcrire. Au reste, peu nous importe qu'on transcrive tel ou tel acte, pourvu que les tiers soient avertis.

50. Sous le régime de la communauté réduite aux acquêts, et sous le régime sans communauté, un droit de jouissance est constitué, dans le premier cas, au profit de la communauté, dans le second, au profit du mari, sur les biens de la femme. Le mari doit-il alors transcrire? a-t-il quelque intérêt à le faire? MM. Rivière et Huguet tiennent l'affirmative. Un droit a été constitué, disent-ils; ce droit n'est autre chose, à quelques différences près, qu'un usufruit ordinaire (V. l'art. 1533). L'acte par lequel il a été établi appartient donc au régime de la loi nouvelle. On peut objecter, il est vrai, que ce droit étant conféré au mari dans le but déterminé de satisfaire aux charges du mariage, il en résulte qu'il est rigoureusement attaché à la personne et à la qualité du mari, et qu'ainsi celui-ci ne peut ni l'aliéner, ni l'hypothéquer; mais qu'importe qu'il ne soit point susceptible d'hypothèque dans les mains du

mari? ne l'était-il point en la personne de la femme avant qu'elle l'eût détaché du droit de propriété dont il faisait partie? Or, cela suffit pour la soumettre à la formalité de la transcription.; car il est de principe que pour savoir si un droit doit ou non être rendu public, il faut le considérer, non par rapport à celle qui l'acquiert, mais relativement à celui qui le transmet.

Ce principe étant donné, il en faut conclure, et c'est, en effet, ce que font MM. Rivière et Huguet, que les aliénations et les hypothèques consenties par la femme avant le mariage seront maintenues à l'encontre de la jouissance du mari, ou qu'au contraire, elles resteront sans effet à son égard, suivant que les acquéreurs des biens ou les créanciers hypothécaires se seront ou non conformés les premiers à la loi de publicité (n°s 143 à 146).

Suivant M. Troplong, au contraire, la situation exceptionnelle dans laquelle se trouve placé le mari rend inutile et sans objet la transcription de son titre. Nous sommes complétement de son avis sur ce point. La transcription du contrat de mariage ne donnerait point, en effet, au mari le droit de méconnaître, fussent-ils restés clandestins, les actes passés par sa femme avant le mariage. Usufruitier *universel*, il est, à ce titre, et dans la limite de son droit, associé à l'obligation de garantie que la femme a contractée envers les tiers qui ont contracté avec elle (art. 612). Or, point d'éviction possible, du chef d'un garant : *quem de evictione tenet actio eumdem agentem repellit exceptio.*

Quant aux aliénations ou aux hypothèques consenties par la femme pendant le mariage, de deux choses l'une : ou il les aura autorisées, et alors comment pourrait-il méconnaître l'effet d'un acte auquel il a volontairement participé? ou elles auront été consenties avec l'autorisation de justice, et alors son droit, quoique non transcrit, restera plein et entier (art. 1535 argument). On ne saurait, en effet, admettre à le contester les ayants cause de sa femme. Ils n'ont point ignoré qu'elle était mariée, puisqu'elle ne s'est mise en rapport avec eux que sous l'intervention de la justice. Le droit de jouissance de son mari leur a donc été révélé en temps utile. Tout au moins devaient-ils, s'ils avaient des doutes à cet égard, se renseigner. Ils le pouvaient et la loi leur en fournissait le moyen (V. les art. 1391 et art. 1394 C. N.). D'où cette alternative : ont-ils agi en connaissance de cause, connaissaient-ils le droit du mari quand ils ont traité avec la femme, ils ont tacitement consenti à en subir l'effet : toute prétention contraire serait entachée de mauvaise foi, et comme telle écartée. La jouissance du mari leur est-elle restée inconnue, ont-ils été convaincus quand ils ont traité avec la femme qu'elle était séparée de biens, ils ont manqué de prudence alors, et il est juste qu'ils subissent la peine de la faute grossière qu'ils ont commise.

51. — La même solution devra être appliquée au régime dotal, si la dot est universelle ou à titre universel.

Mais supposons-la à titre particulier. La femme a constitué en dot un seul immeuble ou plusieurs immeubles individuellement déterminés : le mari a-t-il intérêt à faire transcrire son titre? s'il néglige de remplir cette formalité, court-il quelque risque ? la question comporte, selon nous, une distinction.

Dans l'espèce, le mari, simple usufruitier à titre particulier, n'est point associé à l'obligation de garantie contractée par sa femme envers les tiers qui, dès avant le mariage, ont acquis d'elle, soit la propriété des biens qu'elle a plus tard constitués en dot, soit des hypothèques sur ces biens. Il peut donc, rien ne s'y oppose alors, les évincer dans la limite de son droit de jouissance ; mais, bien entendu, il ne le peut qu'autant que la transcription de son titre a précédé la transcription des aliénations ou l'inscription des hypothèques qui lui sont opposées (1).

En ce qui touche les aliénations et les hypothèques consenties par la femme pendant le mariage, dans les cas exceptionnels où il lui est permis d'aliéner et d'hypothéquer, la publicité du droit du mari ne le mettra point à l'abri des actes qu'il aura autorisés, de même que sa clandestinité ne le fera point disparaître devant ceux qui auront été passés avec l'autorisation de justice. Tout ce que nous avons dit plus haut (p. 126) sur un cas analogue recevra ici son application.

52. — Nous ne dirons rien des communautés et des sociétés universelles ou à titre universel. Le Code en traite, mais, en fait, elles ne sont guère usitées dans nos mœurs. On peut d'ailleurs leur appliquer, par analogie, ce que nous avons dit de l'ameublissement sans restriction à une certaine somme.

Les sociétés particulières n'exigent point non plus de longs développements. Nous avons cependant une difficulté assez grave

(1) Dans le même sens, M. Troplong, nᵒˢ 87 et 88.

à soulever à leur occasion. Il se peut qu'un associé promette, à titre d'apport, soit un immeuble en toute propriété, soit un droit réel de jouissance sur cet immeuble. A défaut de transcription, cet apport restera destitué de tout effet à l'égard des tiers. Point de difficulté à cet égard. Mais une troisième hypothèse est possible. On peut, en effet, supposer qu'un associé, propriétaire d'un immeuble, s'est engagé envers la société *à l'en faire jouir tant qu'elle durera*. L'apport ainsi formulé établit entre l'associé et la société des rapports à peu de chose près semblables à ceux que fait naître le contrat de louage entre un propriétaire et son preneur; dès lors il y a lieu de se demander s'il appartient au régime de la loi nouvelle et à supposer qu'elle le régisse, à quel titre et dans quelle mesure elle le gouverne.

L'assimile-t-on *à un bail ordinaire*, on devra le transcrire, si la société a été faite sans aucune limitation de temps, ou pour une durée de plus de dix-huit années. Mais, *quoique non transcrit*, il sera opposable aux tiers pendant dix-huit ans au moins (art. 3).

Le considère-t-on comme l'apport d'un droit *d'usufruit* avec l'engagement additionnel et personnel pris par l'associé envers la société de lui procurer la jouissance continue et quotidienne de l'immeuble qu'il a pour objet, peu importe alors la durée de la société; fût-elle établie pour ne durer qu'un an, le droit dont elle a été investie devra être transcrit. A défaut de transcription il demeurera à l'égard des tiers qui satisferont en temps utile aux prescriptions de la loi nouvelle, nul *pour le tout* (art. 3).

Que si enfin, on n'y veut voir qu'un apport à part, un apport *sui generis* et sans aucun point de contact soit avec le contrat de louage proprement dit, soit avec une constitution d'usufruit sa transcription ne sera pas nécessaire *puisqu'il ne sera point opposable aux tiers*.

Pris à la lettre et à ne voir que la subtilité rigoureuse des principes, ce dernier parti serait seul admissible.

L'associé, dirait-on, n'a promis ni la *propriété*, ni *l'usufruit* de son immeuble; il a simplement pris *l'engagement d'en faire jouir la société tant qu'elle durera*. Cette obligation lui étant *personnelle* sera opposable sans doute à ses successeurs universels; mais à quel titre l'opposer à ses successeurs particuliers? et si elle n'est pas opposable aux tiers, où est la nécessité de la transcrire? A la vérité, *la créance de jouissance* que le contrat de louage procure au preneur (1) n'est point dans son effet limitée à la personne du bailleur et de ses successeurs universels; mais si les acquéreurs même à titre particulier sont, *ipso jure*, subrogés au bailleur quant à l'obligation personnelle dont il est tenu, s'ils doivent tenir sa place au regard du preneur, ce n'est qu'en vertu d'une disposition qui étant exceptionnelle par essence ne peut être étendue par analogie d'un cas à un autre.

Cette solution, doit-elle, en définitive, être admise? Nous ne le pensons pas. Elle repose, si nous ne nous trompons, sur une fausse interprétation de l'apport promis. Comment, en effet, croire que les parties l'aient entendu en ce sens que l'associé duquel il émane restera libre de le reprendre indirectement, en aliénant l'immeuble qu'il a pour objet? Un droit aussi exorbitant est trop essentiellement contraire aux rapports que la société établit entre les associés, à la stabilité et à la prospérité de l'entreprise en vue de laquelle ils se sont réunis, pour qu'on puisse supposer qu'il ait été stipulé d'une part et accordé de l'autre. Il nous faudrait pour l'admettre une clause si clairement explicative de l'intention des parties à cet égard que le doute ne fût pas même permis; mais en l'absence de cette clause, il nous paraît évident que l'associé qui promet à la société de lui procurer *la jouissance quotidienne* d'un immeuble dont il est propriétaire, ou, ce qui revient au même, *de l'en faire jouir tant qu'elle durera*, entend lui conférer *quelque chose de plus* et non *quelque chose de moins*, qu'un droit réel de jouissance. Nous interprétons donc son apport en ce sens que la société aura un droit réel de jouissance sans pour cela prendre à sa charge les risques et l'entretien de l'immeuble sur lequel son droit sera établi. D'où pour elle la nécessité de transcrire son titre sous peine de voir son droit destitué de tout effet à l'égard des tiers.

(1) On a longtemps discuté sur la question de savoir si le droit du preneur est un droit *réel*; mais aujourd'hui il serait bien difficile de ne point reconnaître, qu'aux yeux mêmes du législateur, ce droit, bien qu'opposable aux tiers, ne constitue pourtant qu'un simple *droit personnel*. « La loi, dit M. de Belleyme dans son rapport au Corps législatif, a dû assujettir à la transcription tous les actes qui, *sans constituer des droits réels*, imposent cependant à la propriété des charges qui sont de nature à en altérer sensiblement la valeur. Tels sont *les baux à long terme...* Nous ne nous sommes point dissimulé, ajoute-t-il, que la publicité donnée *aux baux* était une invasion faite dans le domaine *des droits personnels*; mais elle nous a paru absolument nécessaire. »

§ 6. — DES REMPLOIS.

SOMMAIRE.

53. Nous n'avons rien à dire du remploi concernant le mari, ni même du remploi relatif à la femme, lorsque l'acte où se trouvent énoncées l'origine des deniers employés à l'acquisition et la déclaration de remploi renferme en même temps son acceptation. Mais une question non moins grave qu'intéressante, grave par l'importance des intérêts qu'elle met en jeu, intéressante par le côté scientifique qui la caractérise, se rattache au cas où l'acte d'acquisition et l'acte de ratification ont eu lieu séparément et à des dates différentes.

Nous aurons bientôt à examiner sur cette hypothèse les difficultés qu'elle soulève au point de vue de la transcription; mais avant de les aborder, il importe d'établir le principe même sur lequel nous aurons à nous appuyer pour les résoudre. A cet égard, nous avons à nous demander si l'acceptation du remploi, par la femme, ne produit son effet qu'à sa date, ou si elle rétroagit au jour même de l'acquisition. Ainsi, les aliénations consenties par le mari, les hypothèques acquises de son chef dans l'intervalle entre l'acquisition et l'acceptation sont-elles ou non valables, et par suite, opposables ou non à la femme acceptante?

54. Et d'abord que déciderons-nous, si le mari a déclaré acheter au *nom* et *pour le compte de sa femme*, avec les deniers provenant de l'aliénation de l'un de ses propres et pour lui servir de remploi? L'acte, nous le supposons, ne contient aucune clause directe ou indirecte d'où l'on puisse induire la preuve que le mari a entendu acheter pour lui-même, en prévision du cas où sa femme refusera de prendre à son compte le marché conclu en son nom; il a joué au contrat un rôle unique, celui de gérant d'affaires. Ces faits étant admis, les solutions juridiques auxquelles ils peuvent donner lieu sont d'une extrême simplicité.

La femme refuse-t-elle son adhésion, le contrat manque de se former faute d'un acheteur; personne n'est obligé, ni le mari, puisqu'il n'a rien promis en son nom, ni la femme, puisqu'elle n'était liée que sous une condition que son refus de ratifier a fait défaillir.

Donne-t-elle, au contraire, sa ratification, les choses se passent alors comme si son mari avait eu, dès le principe, un mandat à l'effet de la représenter : *ratificatio mandato æquiparatur.* C'est elle, par conséquent, qui, par une fiction de droit, est réputée avoir parlé au contrat. C'est en elle et directement que prend naissance l'obligation de payer le prix; en elle encore et directement que s'opère la mutation de propriété. En d'autres termes, elle devient l'ayant cause, non point de son mari, car n'ayant rien acquis il n'a rien pu lui transmettre, mais du vendeur lui-même avec lequel elle est censée avoir contracté directement.

La propriété lui arrivant, *rectâ viâ*, du domaine du vendeur dans le sien propre, sans s'arrêter même pendant un instant

de raison dans le patrimoine de la communauté, elle la reçoit
à la vérité avec toutes les charges dont elle peut être grevée
du chef du vendeur auquel elle succède, mais sans avoir
à [subir aucun des actes émanés de son mari. S'il a, dans
l'entre-temps des deux actes, aliéné l'immeuble par lui
acheté, ou s'il l'a grevé d'hypothèques, le droit qu'il a consenti est frappé d'une nullité radicale, puisqu'il a disposé
de la chose d'autrui.

Du moment, en un mot, que la femme qui ratifie l'acte
passé en son nom, est réputée l'avoir autorisé dès le principe,
elle acquiert par ce mandat fictif tous les avantages que lui
aurait procurés un mandat réel antérieur, ou concomitant au
jour même de la vente. Or, c'est un principe élémentaire de
notre droit que le mandataire acquiert, par son mandant, dès
le jour même du contrat conclu en son nom, envers et contre
tous, la propriété de la chose qu'il est réputé avoir achetée
lui-même. Il est vrai qu'aux termes de l'art. 1338 la ratification ne rétroagit point au préjudice des tiers ; mais nous
avons montré déjà que cette disposition est étrangère à l'acte
par lequel une personne accepte le contrat passé en son nom
par un gérant d'affaires (1).

L'art. 1121 du Code Napoléon semble pourtant faire
échec à notre doctrine. « On peut, y est-il dit, stipuler pour
autrui, lorsque telle est la condition d'une stipulation qu'on
fait pour soi-même ou d'une donation qu'on fait à un autre.
Celui qui a fait cette stipulation ne peut plus la révoquer, *si
le tiers a déclaré vouloir en profiter.* » Cette disposition montre très clairement, dira-t-on, que la personne au nom de laquelle un contrat a été passé par un tiers, n'acquiert absolument rien, *tant qu'elle n'a pas accepté le droit stipulé à son
profit.* Jusque-là l'opération restant concentrée dans les rapports du promettant avec le gérant d'affaires, celui-ci reste
maître de revenir sur ce qu'il a fait et de s'attribuer le bénéfice du contrat qu'il révoque. La stipulation qu'il a faite dans
l'intérêt de la personne au nom de laquelle il a parlé n'était
qu'une offre qu'il lui adressait, et une offre est révocable aussi

(1) V. p. 58. — Dans le même sens, M. Labbé, agrégé à la faculté de
droit de Paris, *Dissertation sur les effets de la ratification des actes d'un gérant
d'affaires,* p. 43.

;ongtemps u'elle n'a pas été acceptée. Le mari peu donc, dans l'espèce, révoquer le marché qu'il a conclu dans l'intérêt de sa femme et se substituer en son lieu et place. Or, si, les choses étant encore entières, c'est-à-dire pendant que la femme délibère sur le parti qu'il lui importe de prendre, il dispose *en son propre nom* de l'immeuble par lui acheté ou s'il l'hypothèque, que fait-il, si ce n'est, dans le premier cas, révoquer implicitement son offre, ou la modifier dans le second? Dès lors à quel titre la femme pourrait-elle contester et méconnaître la validité de ces actes? Si son mari a disposé de l'immeuble, aucune ratification n'est plus possible, puisqu'alors il n'y a plus d'offre à accepter. S'il l'a simplement hypothéqué, la ratification est possible sans doute, car l'offre subsistant, quoique modifiée, peut encore être acceptée; mais, comme une acceptation ne saurait avoir plus d'étendue que l'offre qu'elle a pour objet, l'hypothèque consentie par le mari reste complètement en dehors de la ratification, et par suite à l'abri de ses atteintes.

Au premier abord, ce raisonnement paraît fort concluant; mais, bien que la loi semble lui servir elle-même de point d'appui, il ne résiste point à un examen réfléchi.

L'art. 1121 se rattache, il est vrai, par certains côtés, à la th orie de la gestion d'affaires, mais d'une manière éloignée et toute secondaire. Précisons-en bien l'objet. *Paul*, vendeur, stipule de l'acheteur, d'une part, un prix pour lui-même, et, d'autre part, un certain avantage, par exemple, une rente viagère, au profit de *Jean*. Qu'y a-t-il au fond de cette convention? Deux choses distinctes. Paul stipule tout d'abord un prix pour lui-même; puis sur ce prix il en détache une partie pour l'attribuer, sous la forme d une rente viagère, à Jean auquel il veut faire une libéralité. Dans ce but et pour l'atteindre, il est censé dire à l'acheteur : « Je vous vends telle chose pour tel prix; mais, au lieu de me le payer tout entier, vous en retiendrez une partie à titre de rente viagère au profit de Jean : vous serez l'instrument de ma libéralité; c'est vous qui l'exécuterez, je vous donne mandat à cet effet. » L'acheteur accepte et prend à sa charge le service de la rente. Ainsi, remarquons-le, Jean ne recevra aucune libéralité du chef de l'acheteur; le donateur, c'est Paul, Paul qui a fourni le prix de la rente et s'en trouve d'autant appauvri. Aussi est-il certain que si Jean venait à succéder tout à la fois au vendeur et à l'acheteur, il ne serait tenu à rapport qu'envers la succession du premier.

La stipulation qui a eu lieu implique donc l'idée d'une libéralité offerte directement par le stipulant au tiers dans l'intérêt duquel il a stipulé. Or, tant que cette offre n'a pas été acceptée, il n'y a et il ne peut y avoir entre celui qui l'a faite et celui auquel elle est adressée qu'une simple pollicitation, c'est-à-dire un acte essentiellement révocable.

Mais dans notre hypothèse rien de semblable n'a lieu. Aucune révocation n'est possible alors, car quelle partie pourrait la faire?

Le mari? mais quelle offre a-t-il faite? Il n'a pas entendu contracter avec sa femme et faire passer dans son patrimoine quelque chose du sien. Or, s'il n'a rien proposé, qu'a-t-il à reprendre? Comment pourrait-il révoquer un contrat qui n'est pas le sien, auquel il n'a pas été partie? Dès que ce contrat a été conclu, le rôle du mari a été achevé, complétement fini.

Le vendeur? à quel titre le pourrait-il? est-ce qu'il n'a point accepté, sous la condition d'une ratification ultérieure, le mari comme mandataire de la femme? Or, du moment qu'il a consenti à traiter avec lui comme s'il avait réellement cette qualité et les pouvoirs qu'elle confère, les choses doivent se passer à son égard comme s'il avait contracté avec un mandataire véritable.

Ainsi le droit de révocation ne peut résider ni en la personne du mari, puisque le contrat qu'il a fait *n'est pas le sien*, ni en la personne du vendeur, puisqu'il y a donné son consentement sous une condition indépendante de sa volonté. Ils se réuniraient pour le révoquer qu'ils ne le pourraient pas encore, car bien qu'associés dans ce but, ils ne représenteraient toujours que des incapables (1).

Nous croyons donc fermement que, dans l'espèce donnée, 1° aucune révocation n'est possible ni du chef du mari, ni du chef du vendeur; — 2° que la propriété de l'immeuble acheté par le mari passe directement de la personne du vendeur en celle de la femme qui ratifie; — 3° que la femme, devenant propriétaire en vertu du contrat même qui a été

_____

(1) V. en ce sens M. Labbé, De l'effet de la ratification des actes d'un gérant d'affaires, p. 25 et suiv. ; 44 et suiv.

conclu en son nom et que par une fiction légale elle est réputée avoir autorisé dès le principe, ne doit avoir à subir aucun des actes émanés soit de son mari, quelle que soit d'ailleurs leur date, soit même du vendeur, dans l'intervalle entre la vente et la ratification.

Mais depuis la loi nouvelle et en ce qui touche les ayants cause du vendeur, cette théorie ne recevra son application complète qu'autant que la vente aura été transcrite le jour même de sa passation. Dans le cas contraire, c'est-à-dire s'il s'est écoulé un intervalle entre la vente et la transcription, la ratification, au lieu de remonter, quant à son effet, jusqu'au jour de la vente, s'arrêtera au jour de la transcription.

Quant à l'acte de ratification, la femme pourra le faire transcrire si elle le juge à propos; mais elle n'y sera pas obligée. La transcription de la vente suffit pleinement à la conservation de son droit (1).

Nous ajoutons que, même en l'absence de la transcription de l'acte de vente, elle n'a rien à craindre du côté de son mari : car la propriété n'ayant jamais reposé sur sa tête, on ne peut pas dire qu'il soit, au regard des tiers, dans la condition d'un propriétaire apparent.

55. Si, modifiant l'espèce, nous nous plaçons dans l'hypothèse prévue et réglée par l'art. 1435, la question se complique. Précisons bien les faits.

Un immeuble a été acheté par le mari. L'acte d'achat ne porte point que le marché a été conclu au nom et pour le compte de la femme, mais il y est dit que l'acquisition a été faite avec les deniers provenus de l'aliénation de l'un de ses propres (2) et pour lui servir de remploi. Si elle refuse son adhé-

---

(1) La théorie que nous avons déjà exposée sur ce point, p. 59 et 507, a été acceptée par M. Labbé (p. 63 et suiv.).

(2) Bien que la loi suppose que l'aliénation du propre à remplacer est déjà *consommée* au moment où le mari, qui achète, fait les déclarations prescrites par l'art. 1435, nous ne pensons pas qu'on en puisse conclure qu'elle exclut par là même le remploi *in futurum* de deniers à provenir d'un tel propre destiné à être prochainement vendu. Ce point a été longtemps contesté ; mais aujourd'hui les doutes paraissent avoir cessé : R. de Villargues (*Rép.*, v° *Remploi*, n° 39) ; Coulon (*Quest.* III, p. 413) ; Glandaz (*Encycl.*, v° *Communauté*, n° 264) ; Rodière, et Pont I, n° 512 ; Marcadé, sur l'art. 1435 ; Troplong, II.

sion à cet arrangement, l'opération restera au compte du mari, puisqu'il l'a conclue en son propre nom. Point de difficulté à cet égard. Mais peut-elle l'accepter nonobstant l'opposition de son mari ? Le remploi une fois effectué, remontera-t-il, comme dans la précédente hypothèse, au jour même de la vente ? Avec qui la femme sera-t-elle réputée avoir contracté ? Sera-t-elle l'ayant cause direct du vendeur, ou l'ayant cause en sous-ordre de son mari ?

Bien que capitales et d'un intérêt pratique journalier, ces questions sont passées presque inaperçues dans la science. Les auteurs qui les traitent n'en parlent qu'incidemment et sans apercevoir les difficultés qu'elles soulèvent. Mais elles viennent d'acquérir, par l'ampleur et le talent avec lesquels elles ont été récemment étudiées dans un travail que nous avons déjà cité (1), toute l'importance qui leur est due. Deux systèmes, diamétralement opposés l'un à l'autre, sont nés de ce débat. Nous aurons à rechercher, après les avoir séparément exposés, si, entre ces doctrines, il n'y aurait point de place pour une solution intermédiaire.

56. PREMIER SYSTÈME. — *Le mari qui fait, dans un acte d'acquisition, les déclarations prescrites par l'art. 1435, acquiert pour lui seul la propriété de l'immeuble qu'il achète. Ces déclarations, toutes spéciales à ses rapports avec sa femme, ne sont que* L'OFFRE D'UNE REVENTE *ou* D'UNE DATIO IN SOLUTUM *qu'il lui adresse et qu'il peut révoquer au gré de son intérêt. Si la femme l'accepte en temps utile, un contrat nouveau se forme alors, dont l'effet est de faire passer, du domaine du mari dans celui de sa femme, la propriété de l'immeuble qu'il lui transmet.*

Cette interprétation prend son point d'appui dans le rapprochement des art. 1434 et 1435. Le premier vise le cas où il est dit dans l'acte par lequel le mari acquiert un immeuble, que l'acquisition qui y est relatée est faite *des deniers provenus de l'aliénation de l'un de ses propres et pour lui servir de remploi.* Dans cette hypothèse les déclarations, bien qu'énoncées dans l'acte d'acquisition, n'ont aucun trait, cela

---

n° 1154. Angers, 5 février 1819 ; Poitiers, 19 janvier 1825 ; Cass., 23 novembre 1826 ; Bordeaux, 12 janvier 1830 ; Paris, 27 mars 1847.

(1) Dissertation de M. Labbé sur l'effet de la ratification des actes d'un gérant d'affaires.

n'est douteux pour personne, aux rapports du mari avec le vendeur. Complétement et absolument étrangères à ce dernier, elles n'ont d'autre objet que d'établir, par avance, le règlement que les époux auront à faire entre eux au jour de la dissolution de la communauté. Or, s'il en est ainsi dans l'espèce réglée par l'art. 1434, pourquoi décider autrement, alors qu'on se trouve dans l'hypothèse prévue par l'art. 1435? Les déclarations à faire dans l'un et l'autre cas ne sont-elles point prescrites dans les mêmes termes? Et puisqu'elles sont identiques quant à la forme, quoi de plus naturel que d'admettre qu'elles sont également, quant au fond, conçues et exprimées dans le même esprit?

Cela posé, une pensée bien simple se présente tout d'abord à l'esprit. Le vendeur, disons-nous, n'a pas entendu se mettre en rapport de droit avec la femme de son acheteur. Il ne la connaît point : car elle n'a parlé au contrat, ni par elle-même, puisqu'elle était absente, ni par son mari, puisqu'il n'y a joué qu'un rôle unique, le sien propre. A la vérité, il a été dit dans l'acte de vente que les deniers à employer au paiement du prix proviennent de l'aliénation d'un propre de la femme; il a été ajouté que le bien acquis avec ces deniers lui servirait de remploi. Mais ces énonciations de l'origine des deniers destinés au paiement du prix, et du motif qui a fait agir le mari, ne regardent que ses rapports avec sa femme. Elles sont tellement étrangères au vendeur qu'on les pourrait insérer dans l'acte de vente, soit à son insu, soit même malgré lui. C'est donc uniquement avec le mari qu'il a contracté ; c'est entre eux et uniquement entre eux que la vente se concentre et produit ses effets.

Ainsi une première mutation a lieu du vendeur au mari. La femme n'a encore rien acquis. L'immeuble acheté passe par conséquent tout d'abord, du chef du mari, dans la communauté dont il forme un conquêt, ainsi que M. Tronchet en a fait la remarque au conseil d'État (1). Dès lors n'est-il pas vrai que la femme ne peut l'acquérir qu'en *sous-ordre* et par l'effet d'un contrat nouveau intervenu entre elle et son mari? Qu'importe, en effet, que le mari ait déjà manifesté son intention à cet égard par les énonciations qu'il a fait insérer

(1) Fenet, t. XIII, p. 563.

dans l'acte d'acquisition? Ces énonciations n'ont que la valeur d'une simple *proposition*, et toute *offre* qui n'est pas encore acceptée est essentiellement révocable au gré de celui qui l'a faite. Or, le mari rétracte implicitement sa proposition lorsqu'il dispose en son nom de l'immeuble par lui acheté. Que s'il le greve de servitudes ou d'hypothèques, il laisse, à la vérité, son offre subsistante, mais modifiée ou, si l'on veut, en partie révoquée. La femme devra donc, si elle l'accepte en cet état, subir toutes les charges acquises du chef de son mari auquel elle succédera.

En un mot, et pour nous résumer, tant que l'offre implicite que le mari a faite à sa femme n'a pas été acceptée, il demeure maître de la révoquer. S'il use de son droit, toute acceptation ultérieure est impossible. Si l'acceptation intervient en temps utile, un contrat se forme alors, mais alors et pour l'avenir seulement : car, lorsque deux volontés destinées au même but ne sont point concomitantes en date, le contrat qu'elles constituent n'a sa perfection qu'à compter du jour où elles se trouvent concourir. La femme doit donc, en ce cas, subir toutes les charges acquises du chef du mari dans l'entre-temps de l'acquisition à l'acceptation du remploi (1).

57. Dans ce système et à supposer qu'on l'accepte, deux actes devront être transcrits, l'acte d'acquisition et l'acte d'acceptation ; le premier, afin de mettre la communauté et, plus tard, la femme à l'abri des aliénations totales ou partielles que le vendeur pourra consentir ; le second, afin de la mettre à couvert contre les actes ultérieurs de son mari.

58. *Deuxième système.* — *Le remploi effectué dans les conditions prescrites par l'art. 1435 remonte, quant à ses effets, au jour même de la vente, non-seulement à l'égard du mari, mais encore à l'encontre de ses ayants cause, quels qu'ils soient.*

Lors, en effet, que le mari achète un immeuble sous la double déclaration que l'acquisition est faite avec les deniers provenus de l'aliénation d'un propre de sa femme et pour lui servir de remploi, l'acte passé dans ces conditions se ramène à

---

(1) Nous avions indiqué déjà les bases de ce système dans nos *Répétitions écrites* (t. 3, art. 1435). Elles ont été acceptées par MM. Rodière et Pont [*Traité du contrat de mariage*, t. I, nos 507, 511) et par M. Marcadé (t. V, p. 473).

deux achats, unis par une alternative et par conséquent conditionnels tous les deux. Et d'abord il est évident que le mari achète pour lui-même ; mais il est non moins certain qu'il achète également au nom et pour le compte de sa femme : car qu'importe que les mots *au nom et pour le compte* de la femme ne soient point expressément énoncés dans l'acte de vente? Ils y sont sous-entendus, et comme tacitement compris dans la déclaration que le mari achète avec les deniers prove- nus de l'aliénation d'un propre de sa femme et pour que le bien qu'il acquiert lui serve de remploi.

Le mari achète donc à la fois, mais sous une alternative, pour sa femme ou pour lui-même, pour sa femme, si elle ra- tifie l'opération, pour lui-même, si elle ne consent point à la prendre à son compte.

Refuse-t-elle la ratification, le mari reste acheteur définitif. C'est en sa personne et uniquement en elle que s'opère la mutation de propriété. Que si, après coup et par un arrange- ment nouveau, la femme consent à recevoir en paiement de sa créance contre la communauté le bien nouvellement ac- quis, la chose sera possible sans doute, mais alors nous ne serons plus dans l'hypothèse prévue et réglée par l'art. 1435; l'art. 1595-2° nous régissant, nous aurons, à la place d'un *rem- ploi* proprement dit, une *datio in solutum* ordinaire. La femme deviendra l'ayant cause, non point du vendeur, puisqu'elle a refusé d'acheter le bien qu'il a vendu, mais de son mari, puisque l'acquisition qu'elle fera aura son principe dans le contrat qu'elle passera avec lui. Et, comme il est impossible qu'une mutation de propriété remonte plus haut que le contrat même qui l'opère, l'immeuble passera dans le domaine de la femme en l'état où il se trouvera au moment de la *datio in so- lutum*, et par conséquent avec toutes les charges acquises du chef du mari, antérieurement à cette époque.

Accepte-t-elle à son compte le marché qui a été conclu, le mari s'effaçant alors, un rapport direct s'établit entre elle et le vendeur avec lequel elle est réputée avoir contracté par le ministère de son mari. C'est du vendeur par conséquent qu'elle tient l'immeuble qu'elle acquiert. Elle ne reçoit rien de son mari, car n'ayant rien acquis il n'a rien pu lui trans- mettre. Son acquisition ayant son principe dans le contrat intervenu entre elle et le vendeur, son droit se rattache à la date même de ce contrat et se produit, à partir de cette époque, envers et contre tous. En d'autres termes, l'opération s'analyse, non point comme une *datio in solutum*, mais comme une *gestion d'affaires*. Dès lors, tout ce que nous avons dit dans l'espèce précédente (p. 134 et suiv.), pour le cas où le marché a été expressément conclu au nom de la femme, reçoit ici son application.

Les preuves apportées à l'appui de ce système paraissent décisives (1), tant elles sont fortes et nombreuses.

Remarquons tout d'abord que, dans le système qui, restreignant l'achat aux rapports du vendeur et du mari, ne veut voir dans la double déclaration énoncée dans l'acte que l'*offre* d'une *datio in solutum* adressée par le mari à sa femme, on est fatalement conduit aux plus bizarres résultats. Alors, en effet, on a *deux mutations* parfaitement distinctes : l'une, du vendeur au mari; l'autre, du mari à sa femme. D'où l'on est forcé de conclure, d'une part, qu'au lieu d'un droit proportionnel pour l'achat et d'un droit fixe pour la ratification, la Régie peut exiger, en outre du droit de ratification, un double droit proportionnel (2); d'autre part, que la femme, devenue acquéreur en sous-ordre, doit subir toutes les hypothèques ou autres charges dont le bien peut être grevé, non-seulement du chef du vendeur, l'auteur direct de son mari, mais encore du chef de son mari, son propre auteur. Ce qui n'est pas moins étrange, c'est que ces conséquences se produiront si court qu'on suppose l'intervalle de temps écoulé entre la vente et la ratification. Bien plus, elles seront inévitables lors même que l'acceptation aura eu lieu au moment de la vente et par un seul et même acte; car il sera toujours vrai de dire que, la propriété ayant, *pendant un instant de*

---

(1) Nous les tirons en partie de la Dissertation de M. Labbé.

(2) En ce qui touche la mutation opérée du mari à la femme, le droit devra être calculé sur la moitié seulement de la valeur de l'immeuble, si on admet avec certains auteurs que la communauté ne constitue point une personne morale distincte de la personne des époux.

La régie, au reste, reconnaît implicitement que le remploi réglé par l'art. 1435 s'analyse en une véritable gestion d'affaires; car, jusqu'à ce jour, elle n'a perçu qu'un seul droit. Mais, si nous sommes bien informé, elle paraîtrait vouloir entrer à cet égard dans une voie nouvelle.

raison, fait impression sur la tête du mari, la femme la tenant de ses mains ne pourra la recevoir qu'avec les hypothèques légales et judiciaires auxquelles il peut être soumis.

Ces résultats sont assurément bien fâcheux, personne ne le contestera. Or, par cela même qu'ils sont désastreux, non-seulement pour la femme, puisque le bien qu'elle aura en propre restera affecté hypothécairement à certaines dettes de son mari, mais encore pour le mari lui-même, puisque les droits à payer au fisc montent au double, on peut affirmer sans crainte que, loin de concorder avec l'intention probable des parties, ils s'en éloignent, au contraire, de la manière la plus marquée. Comment, en effet, admettre que le mari ait agencé l'opération dans un sens si contraire à l'intérêt de la femme et même au sien propre ? Combien n'est-il pas plus naturel de penser qu'il a entendu précisément agir dans le sens opposé ? — Cette interprétation est d'autant plus rationnelle qu'elle concorde avec l'intérêt du vendeur lui-même : car s'il a la femme pour obligé direct, au lieu d'un débiteur, il en aura trois, la femme d'abord, puis, de son chef, la communauté, et enfin, du chef de la communauté, le mari, conformément au principe posé dans les articles 1409 2° et 1419.

A ces considérations, si pressantes par elles-mêmes, vient se joindre une autorité non moins forte, la tradition. Citons Pothier tout d'abord. « En attendant, dit-il, le consentement « de la femme, la déclaration faite par le mari par le contrat « d'acquisition que l'héritage est acquis pour tenir lieu de « remploi des propres de la femme, tient *en suspens* l'état et la « qualité de l'héritage. Si la femme ratifie et consent cette dé- « claration, les ratifications ayant un effet *rétroactif*, suivant « la règle de droit *Ratihabitio mandato comparatur*, l'héritage « sera censé avoir été, *dès l'instant de son acquisition*, acquis « pour tenir lieu du remploi de la femme, et *avoir toujours* « *été en conséquence propre de communauté de la femme par subro-* « *gation* » (1).

Personne ne refusera de reconnaître que Pothier est ici complétement dans la théorie de *la gestion d'affaires*. On conçoit sans peine, en effet, que dans le système du remploi par la voie d'une *datio in solutum* effectuée entre le mari et la

(1) Traité de la communauté, n° 200.

femme aucune *rétroactivité* n'est possible; rien alors ne tient *en suspens l'état et la qualité de l'héritage;* il est *certain,* au contraire, que la propriété réside en la personne du mari, non point seulement à l'état de propriété conditionnelle, mais comme un droit pur et simple. L'*incertitude* de la propriété pendant que la femme délibère, la *rétroactivité* de la ratification, ne se comprennent qu'autant qu'on admet avec Pothier que le mari, gérant l'affaire de sa femme, l'a représentée au contrat de vente.

D'Aguesseau est peut-être plus formel encore. « La ratifica-« tion de la femme a, dit-il, un effet *rétroactif au temps de* « *l'acte.* S'il en est ainsi par rapport à celui qui gère seulement « les affaires d'autrui, à plus forte raison à l'égard du mari « qui est censé le procureur de sa femme » (1).

On a essayé d'affaiblir, par une citation empruntée aux travaux préparatoires du Code, l'énergique secours que notre vieux droit nous apporte. M. Tronchet, a-t-on dit, a répudié la théorie de Pothier, puisqu'il a positivement fait remarquer, dans une discussion soulevée au conseil d'État, « que l'immeuble acquis par le mari est *conquêt de communauté* tant que l'acceptation de la femme ne lui a point donné la qualité de propre » (2).

M. Tronchet a, en effet, émis cette opinion; mais ne se serait-il point trompé? Ce qui nous autorise à le penser, c'est que les termes mêmes et l'esprit de l'art. 1435 protestent de la manière la plus énergique contre ce qu'il a dit, tandis qu'ils concordent dans la plus parfaite harmonie avec le sentiment de Pothier. Insistons sur ce point.

« Lors, dit Pothier, que c'est pour tenir lieu de remploi des « propres de la femme que le mari acquiert un héritage, il « faut pareillement que la déclaration soit faite *par le contrat* « *d'acquisition,* que l'héritage est acquis pour tenir lieu de « remploi. Mais cette déclaration *n'est pas seule suffisante;* il « faut en outre que la femme accepte... » (3). Toutefois, il n'est point nécessaire que « son consentement soit donné par le

(1) 27e plaidoyer.
(2) Fenet, t. 13, p. 563.
(3) Traité de la communauté, n° 119.

« contrat ni dans le même temps ; elle peut le donner *ex inter-*
« *vallo* » (1).

Or, que dit le Code ? Mot pour mot ce que disait Pothier.
L'*acte d'acquisition* doit contenir les déclarations relatives au
remploi... Ces déclarations *ne suffisent point ;* il faut en outre
que la femme accepte... son acceptation peut intervenir *ex intervallo,* puisqu'on n'exige point qu'elle fasse son choix *in con-
tinenti.*

Où trouver, nous ne dirons pas une plus grande analogie,
mais une plus parfaite identité ? Dès lors comment admettre
que les rédacteurs du Code ont entendu abandonner l'idée de
Pothier, alors qu'on les voit apporter tous leurs soins à en reproduire exactement la formule ? Personne ne croira à cette
innovation, à moins qu'on ne leur fasse l'injure de penser
qu'ils ont procédé au rebours du plus vulgaire bon sens.

Mais ce n'est point tout ! cette déclaration de l'origine des
deniers employés à l'acquisition et de sa destination, quel en
peut être l'objet ? On le conçoit aisément dans le système de
Pothier. L'acceptation du remploi par la femme devant rétroagir au jour même de la vente, et, par cette rétroactivité, faire
tomber tous les droits acquis du chef du mari dans l'entre-
temps de la vente à la ratification, il importe que les tiers
puissent, avant de les accepter, reconnaître, par l'examen du
titre qui leur sera présenté, le danger d'éviction auquel ils
resteront soumis. Il y a là une mesure préventive qui prépare
et justifie la rétroactivité de la ratification que la femme pourra
donner plus tard. Mais si le mari acquiert la propriété pure et
simple de l'immeuble qu'il achète, s'il est vrai que la ratification à intervenir ne peut avoir lieu que *sauf le droit des tiers,*
où est l'utilité et quel besoin y a-t-il de les prévenir à l'avance
d'un événement éventuel qui, à le supposer réalisé, restera
comme non avenu à leur égard ?

Quant au remploi concernant le mari, les déclarations que
prescrit l'art. 1434 ont un but déterminé et facile à saisir. Il
est indispensable, en effet, que son intention de prendre, au
lieu et place de son propre aliéné, le bien qu'il achète, soit
connue et manifestée au moment même de l'acquisition,
afin qu'il ne puisse pas arbitrairement, au gré de son intérêt

(1) Traité de la communauté, no. 200.

et selon les résultats ultérieurs de l'opération, la prendre à son compte ou la laisser à la charge de la communauté. Mais dans l'hypothèse réglée par l'art. 1435, la déclaration que fait le mari dans l'acte d'acquisition ne prévient point cette alternative : car la femme, pouvant différer son option jusqu'au moment de la dissolution de la communauté, a par là même la faculté d'attendre que les chances de l'opération se dessinent avant de prendre parti. On est donc forcément amené à reconnaître qu'en dehors de la rétroactivité de l'acceptation de la femme, les énonciations prescrites par la loi constituent un véritable non-sens.

Résumons nos avantages.

Admet-on que les déclarations insérées, à la requête du mari, dans l'acte d'acquisition ne sont que l'*offre d'une datio in solutum* qu'il adresse à sa femme, à quels résultats fâcheux ne va-t-on point arriver?

1º On entrave le remploi, puisqu'on expose la femme aux dangers et aux inconvénients d'une acquisition en sous-ordre.

2º On donne à ce qui a été fait un sens peu compatible avec l'intention probable des parties.

3º On méconnaît l'autorité historique, ce qui est d'autant moins permis, qu'il est certain qu'en cette matière Pothier a été le guide constant des rédacteurs du Code.

4º Enfin on ramène à une formalité vaine et sans objet les prescriptions de l'article 1435, et en cela on se met en révolte ouverte avec les principes les plus élémentaires de notre droit, puisqu'il est universellement admis qu'en cas de doute on doit naturellement supposer que la loi a voulu atteindre un certain but plutôt que de la réduire *ad non esse*.

Reconnaît-on, au contraire, qu'en faisant énoncer dans l'acte d'acquisition l'origine des deniers avec lesquels il en paiera le prix et son intention d'acquérir en remploi, il déclare par là même qu'il entend gérer l'affaire de sa femme, tous ces inconvénients, toutes ces contradictions disparaissent.

Le remploi devient facile alors, puisque rien n'y fait plus obstacle; l'intention probable des parties n'est plus méconnue; la tradition est respectée; la loi enfin a un sens raisonnable.

Dès lors comment hésiter entre deux systèmes dont l'un

choque et blesse les choses les plus respectables, tandis que le second les lie entre elles dans la plus parfaite harmonie ?

Faut-il répondre à l'objection que l'on prétend tirer des inconvénients attachés à cette interprétation ? « Si, a-t-on dit, la femme acquiert, sous la condition suspensive de son consentement ultérieur, l'immeuble acheté par son mari, le droit de propriété restera *incertain* et *en suspens* tant qu'elle n'aura pas fait connaître le parti qu'elle entend prendre. Les actes passés par le mari n'offrant alors aucune solidité, les tiers s'abstiendront de traiter avec lui. De là une entrave à la circulation des biens et par suite une atteinte au crédit. »

Nous ne le contestons pas. Oui, la propriété restera incertaine et en suspens, aussi longtemps que la femme n'aura point donné ou refusé sa ratification. Mais remarquez que ce résultat, quoique prévu par Pothier, ne l'empêchait point de persister dans sa doctrine. Ajoutez qu'il n'a rien d'anormal, puisque les aliénations conditionnelles que la loi autorise ont précisément le même inconvénient. L'intérêt du mari en souffrira sans doute; mais cette situation précaire ne l'a-t-il pas volontairement acceptée? C'est lui-même qui l'a créée; à quel titre donc s'en plaindrait-il? D'ailleurs si elle lui pèse, il peut la faire cesser. Personne n'ignore, en effet, qu'au cas où un achat a été fait par un gérant d'affaires au nom et pour le compte d'un tiers, celui-ci peut être mis en demeure de désavouer ou d'approuver, dans un certain délai, l'acte intervenu dans son intérêt. Or, cette voie est certainement ouverte au mari; car il ne se peut pas, tant ce privilège serait exorbitant, que la loi ait investi la femme du droit d'attendre, avant de se décider, que les chances de l'opération se soient dessinées. Qu'on n'objecte point que, la femme étant sous l'influence de son mari, il est à craindre qu'il ne choisisse son moment pour la presser d'opter. Cette considération ne saurait être d'aucun poids, car elle n'est pas entrée dans les vues de la loi. Ce qui le prouve, c'est que le délai accordé à la femme pour se décider s'arrête précisément à l'époque où elle rentre dans la plénitude de son indépendance, c'est-à-dire au moment de la dissolution de la communauté.

Peut-être nous opposera-t-on, dans une seconde objection, les principes mêmes par lesquels la gestion d'affaires se gouverne. « Remarquez, pourra-t-on nous dire, que l'acceptation du remploi n'est plus possible, *dès que la communauté est dissoute*. Or, en serait-il ainsi s'il était vrai qu'en achetant, le mari a géré l'affaire de sa femme ? Est-ce que la personne dont l'affaire a été gérée n'a point, dès l'instant même de la formation du contrat conclu dans son intérêt et en son nom, un droit acquis, à l'abri de toute révocation, qui ne peut, en un mot, défaillir que par son refus de ratifier ? N'est-il pas vrai que, tant qu'elle n'a pas été mise en demeure de prendre parti, son consentement peut intervenir utilement, à quelque époque que ce soit, fût-ce même après le décès du gérant ou de la personne qui a contracté avec lui ? »

Cette argumentation est spécieuse, sans doute, mais au fond elle n'a aucune valeur. Nous avons dit déjà que celui dans l'intérêt duquel une affaire a été gérée, peut être mis en demeure de la ratifier ou de la répudier dans un certain délai. Or, qui ne voit qu'à raison même des caractères particuliers de l'opération complexe dont elle fait partie, la gestion accomplie par le mari dans l'intérêt de sa femme porte en elle une mise en demeure implicite ? Sans doute le mari a acheté pour elle ; mais il a aussi acheté pour lui-même, en prévision du cas où elle refusera de prendre le marché à son compte. Dès lors, il serait déraisonnable de supposer qu'il a consenti à lui conférer la faculté de retarder son option même au-delà de la dissolution de la communauté, et de prendre à cette époque le marché pour elle s'il a tourné à bien, ou de le répudier s'il a tourné à mal. Il est bien plus naturel de penser qu'il a été tacitement entendu qu'une fois la communauté dissoute, elle sera, sans qu'il y ait besoin de lui adresser une sommation à cet effet, déchue de son droit d'option. — Que si on écarte cette donnée, nous répondrons alors à l'objection qui nous est faite par une objection de même nature. Si, dirons-nous, les déclarations insérées par le mari dans l'acte d'acquisition doivent s'interpréter dans le sens d'une *datio in solutum* offerte à sa femme, comment se fait-il qu'elle ne puisse plus l'accepter après la dissolution de la communauté ? Cela se conçoit lorsqu'on se place dans l'hypothèse d'une dissolution arrivée par le décès du mari ou par celui de la femme : l'offre qui n'est point acceptée s'éteint en effet de plein droit dès que celui qui l'a faite, ou auquel elle a été adressée vient à décéder ; mais lorsque la communauté est dissoute *du vivant même des époux,* comment justifier alors l'extinction de l'offre adressée par le mari à sa femme ? Dira-t-on que la loi a fait ici une exception aux règles ordinaires ? Nous le voulons bien, mais qui ne voit que nous pouvons précisément faire la même réponse ? Ainsi, quel que soit le système qu'on accepte, on aboutit forcément à une exception.

59. Cette doctrine, nous l'avouerons sans peine, est fortement motivée. Au premier abord, elle attire à elle la conviction par les séductions de sa logique ; mais lorsque, l'examinant avec une mûre attention, on la serre de près, on ne tarde point à découvrir que, bien qu'irréprochable en apparence, elle cache un vice essentiel. C'est ce que nous allons essayer de démontrer.

Nous appelons l'attention du lecteur sur le point de droit suivant. Si, pendant que la femme délibère, l'immeuble acheté par le mari périt par cas fortuit, qui, dans le système de M. Labbé, supportera cette perte ?

Nous pouvons, sans hésiter, mettre la femme hors de cause. Quant à elle, le doute n'est même point possible : il est certain que la chose achetée ne saurait être à ses risques, tant qu'elle ne l'a pas acceptée en remploi.

La laisserons-nous aux risques du vendeur ? « Pourquoi non ? dira-t-on. N'a-t-il pas consenti deux achats, l'un à la femme si elle donne son consentement, l'autre au mari si elle refuse, deux achats *conditionnels,* puisqu'ils sont l'un et l'autre subordonnés à un événement *futur* et *incertain ?* Or, dans les ventes conditionnelles, la chose vendue demeure, tant que la condition n'est pas accomplie, aux risques du vendeur (art. 1182). »

Cette solution, si nous l'acceptions, nous fournirait, contre la doctrine que nous combattons, une objection à laquelle il serait bien difficile de répondre. Nous avouerons pourtant qu'elle ne nous semble point admissible. Il est bien vrai qu'au regard du mari et de la femme l'achat qui a eu lieu est conditionnel dans leurs rapports de l'un à l'autre ; mais à l'égard du vendeur, la vente est réellement pure et simple. Elle n'a rien d'incertain, rien d'éventuel : car les conditions qui tiennent l'achat en suspens, dans les rapports des époux entre eux, sont agencées de telle façon que, l'une d'elles ve-

nant à défaillir, l'autre se trouvera forcément accomplie par
là même. Et, en effet, de deux choses l'une : si la femme
accepte le marché conclu en son nom, c'est elle qui est
l'acheteur ; si elle refuse de le ratifier, c'est le mari qui
achète. A tout événement le vendeur est sûr d'avoir un acheteur. Dès lors, où est l'*incertitude ? A priori*, l'acheteur est inconnu sans doute, mais l'*inconnu* et l'*incertain* sont deux
choses qu'on ne saurait confondre. Bien qu'on ne sache point
dès l'abord lequel des époux sera l'acheteur, il est constant,
néanmoins, que l'un des deux le sera, et cela suffit pour enlever à la vente le caractère de conditionnalité qu'on tenterait
en vain de lui imprimer. Il est d'ailleurs plus qu'évident qu'au
lieu d'une vente incertaine et problématique, le vendeur a cru
et voulu faire un contrat définitif dès le principe, et, par
suite, à l'abri des éventualités de l'avenir.

Ainsi les risques ne le regardent point. Nous avons déjà dit
qu'on ne peut pas les laisser au compte de la femme : c'est
donc à la charge du mari qu'ils demeurent.

Or, comment concilier ce résultat avec le principe admis
par M. Labbé, que le mari ne peut point aliéner ou hypothéquer, au préjudice de sa femme et à l'encontre de son droit
d'option, l'immeuble acheté pour lui servir de remploi ? S'il
n'a pas le droit de garder pour lui le marché qu'il a conclu, si
la propriété ne réside point dès à présent et d'une manière
certaine en sa personne, d'où vient que toutes les éventualités fâcheuses auxquelles elle est exposée demeurent à sa
charge ? On lui fait, en vérité, une bien étrange position ! Cette
chose qu'il vient d'acheter, il ne peut ni l'aliéner, ni l'hypothéquer, car n'en pouvant point disposer avec sécurité pour
les tiers, personne ne consentira à traiter avec lui ; si elle
s'améliore, sa femme, quoi qu'il fasse, viendra lui ravir cette
bonne fortune ; toutes les prérogatives que la propriété confère lui sont retirées une à une ; il n'est propriétaire qu'au
point de vue des charges que cette qualité entraîne ! Une
aussi grosse inconséquence est-elle admissible ? Qui croira
que le mari a pu consentir à se placer dans une situation si
essentiellement contraire à son intérêt ? L'invraisemblable ne
se présume point.

Mais, dira-t-on, que ne met-il sa femme en demeure de
faire son option ? S'il use de ce moyen, et la prudence le lui

conseille, dès le jour même de sa sommation, l'immeuble acheté passera aux risques de sa femme. Sa condition n'a donc rien de bien fâcheux, puisqu'il peut échapper à ses périls par un acte qu'il est maître d'accomplir aussitôt qu'il le juge à propos.

Nous avons besoin de nous expliquer à cet égard. Le mari pourrait mettre sa femme en demeure de donner ou de refuser sa ratification, nous le reconnaissons ; mais la sommation qu'il lui ferait notifier dans ce but aurait-elle pour effet de l'exonérer immédiatement des périls attachés à sa situation ? C'est ce que nous ne saurions admettre. La femme ne peut pas, en effet, être contrainte de faire inopinément et à l'instant même une option qui, par la gravité des intérêts qu'elle engage, exige de sa part beaucoup de réflexion et une grande prudence. Ce ne sera que lorsque la valeur de l'immeuble sera bien établie à ses yeux, qu'elle pourra se décider librement et en parfaite connaissance de cause. Il importe donc qu'elle se renseigne sur ce point, ce qui implique la nécessité d'un délai. Nous ne voulons point examiner si ce délai pourra être déterminé arbitrairement par le mari ou s'il devra s'adresser à la justice pour le faire fixer ; nous nous bornons à en affirmer la nécessité, et personne, pensons-nous, ne songera à nous contredire à cet égard. Les risques auxquels peut être exposé l'immeuble resteront donc à la charge du mari, même après la sommation, pendant un temps plus ou moins long. Dès lors notre objection, quoique amoindrie, subsiste dans toute son énergie.

On pressent l'argument que nous en pouvons déduire. Si la chose achetée est aux risques du mari, c'est qu'évidemment *elle lui appartient*. Si elle doit périr pour lui, c'est aussi pour lui qu'elle devra s'améliorer. Or, s'il est appelé à profiter des améliorations qu'elle pourra recevoir, ce droit en implique forcément un autre, à savoir la faculté de conserver l'opération à son propre compte, et par suite d'empêcher le remploi en révoquant l'offre implicite qu'elle renferme dans l'intérêt de la femme.

Ce n'est pas à dire pour cela que le premier des deux systèmes que nous avons exposés doive être admis dans toutes ses parties. Nous n'entendons point non plus abandonner complétement le second. Mais si nous ne nous trompons, il faut, pour être dans le vrai, les combiner entre eux. Précisons notre pensée.

Le mari qui fait, dans l'acte par lequel il achète un immeuble, les déclarations qu'exige l'art. 1435 pour la validité du remploi, ne stipule point exclusivement pour lui seul ; il stipule également pour sa femme. Dès lors on ne peut point dire que l'immeuble acheté passe, par l'effet d'une *datio in solutum*, du domaine du mari dans celui de sa femme. Sa ratification la faisant considérer comme ayant été, dès l'origine, partie au contrat de vente, c'est du vendeur qu'elle tient directement la propriété qu'elle acquiert. Nous concédons tout cela.

Nous soutenons seulement qu'il y a eu, de la part du mari, une *offre* adressée à sa femme, offre, non point sans doute d'une *datio in solutum*, mais *d'une subrogation aux effets du contrat d'acquisition*. La stipulation qu'il a faite s'analyse très facilement en ce sens : « J'achète, est-il censé dire, j'achète pour moi et en mon nom, mais je me réserve la faculté de mettre ma femme en mon lieu et place, s'il lui convient de prendre l'opération pour elle. » C'est, en quelque sorte, comme s'il avait acheté *avec déclaration de command*, sauf qu'il a, dès le principe même, désigné la personne qui lui sera subrogée, si elle consent, ainsi qu'il lui en fait l'offre, à prendre sa place au contrat. Les choses se passeront donc, à supposer que la femme accepte, comme si elle avait directement acheté elle-même ; la personne du mari s'effacera ; celle de la femme restera seule en cause. Mais tout le monde sait que la faculté de déclaration de command ne lie en aucune façon l'acheteur qui se l'est réservée, et qu'ainsi elle est révocable, *même après qu'il a désigné la personne qu'il entend mettre en son lieu et place*, tant que la personne désignée n'a pas accepté l'offre de subrogation qui lui est faite. Jusque-là la propriété de la chose acquise réside en sa personne, purement et simplement, ce qui implique le droit d'en disposer à son gré et aussi valablement que dans l'hypothèse d'un achat ordinaire (1).

Cette donnée étant admise, les propositions suivantes demeurent incontestables :

---

(1) V., p. 63, no 31, notre théorie des achats avec faculté de command.

1° Si la femme accepte la subrogation qui lui est offerte, elle prend la place de son mari au contrat, et elle est réputée y avoir parlé elle-même en son propre nom. C'est elle, par conséquent, qui est l'acheteur direct. Au lieu de deux mutations successives, l'une du vendeur au mari, l'autre du mari à sa femme, nous n'en avons qu'une, effectuée directement du vendeur à la femme. Ainsi point de double droit de mutation ; exonération pour la femme des hypothèques légales ou judiciaires établies sur les biens de son mari. Peu importe que ces hypothèques aient pris naissance avant ou depuis l'achat ; car, quand bien même on les supposerait postérieures, elles n'impliqueraient point, puisqu'elles sont indépendantes de la volonté du mari, la révocation de l'offre de subrogation qu'il a faite à sa femme.

2° Cette subrogation *rétroactive* ne peut se produire avec les effets qui lui sont propres qu'autant qu'elle a été acceptée *en temps utile*, c'est-à-dire alors que l'offre que la femme en avait reçue était encore subsistante. Or, cette offre a cessé d'exister du moment que le mari a disposé en son nom de l'immeuble par lui acheté, soit qu'il l'ait aliéné, soit qu'il l'ait simplement hypothéqué. On ne peut pas, en effet, admettre, à moins d'une clause bien formelle à cet égard, qu'il a entendu maintenir, dans l'intérêt de sa femme, une offre si peu compatible avec la nature de l'acte auquel il s'est livré.

Dans ce système tout s'enchaîne, tout s'explique avec une merveilleuse simplicité.

Les déclarations que prescrit l'art. 1435 trouvent leur explication et leur raison d'être dans la *rétroactivité* du remploi, quand il est accepté en temps utile (1).

L'autorité de l'histoire n'est point méconnue, puisque nous reconnaissons avec Pothier que, l'acceptation de la femme rétroagissant au jour de l'acquisition, l'immeuble qu'elle ac-

---

(1) Le remploi, quand il a lieu, rétroagit au jour de l'acquisition, en ce sens, 1° que l'immeuble que la femme acquiert lui vient franc et quitte des hypothèques générales établies sur les biens du mari ; 2° que les produits qui en sont provenus et qui n'ont point le caractère de *fruits* ne sont tombés dans la communauté qu'à charge de récompense au profit de la femme, conformément à l'art 1403.

quiert est réputé avoir été *ab initio* propre de communauté.

Nous marchons d'accord avec M. Tronchet, puisque nous décidons, conformément à son avis, que le remploi n'est plus possible, lorsque l'immeuble dont le mari a fait l'acquisition a été par lui aliéné ou hypothéqué (1). M. Labbé s'inscrit, au contraire, contre cette autorité. Cet éminent jurisconsulte s'est trompé, dit-il. Mais M. Tronchet n'était point seul de son avis. Le consul Cambacérès et M. Treilhard déclarèrent, en effet, qu'ils s'y ralliaient. Qu'ils se soient tous trompés, nous le voulons bien; mais l'erreur du législateur, c'est la loi même.

Des inconvénients, nous n'en trouvons nulle part, à aucun point de vue (2). La Régie n'a qu'un seul droit à percevoir; a

---

(1) Fenet, t. 13, p. 563.

(2) Toutefois, ne soyons pas trop absolu. Notre doctrine, de même au reste que celle de M. Labbé, peut amener un résultat fâcheux; nous devons le signaler.

Bien que la loi exige qu'il soit dit dans l'acte d'acquisition qu'elle est faite avec *les deniers provenus de l'aliénation du propre de la femme* et pour lui servir de remploi, il n'est point essentiel pourtant que le prix soit payé comptant au moment de l'acquisition. Souvent même le paiement immédiat est impossible, le mari n'ayant point touché encore ou n'ayant touché qu'en partie le prix du propre de sa femme. Bien plus, s'il l'a reçu, il a pu l'absorber dans les affaires de la communauté, auquel cas il pourra le remplacer par une autre somme; car il n'est pas indispensable que les deniers qui servent à l'acquisition de l'immeuble destiné au remploi soient identiquement les mêmes pièces de monnaie qu'il a reçues lui-même. Dans ces diverses hypothèses, il prendra, le plus souvent, des termes pour payer. Cela posé, qu'arrivera-t-il s'il ne paie pas? La femme qui aura donné sa ratification, au moment même de l'acquisition ou postérieurement à cette époque, mais avant l'échéance des termes de paiement, devra-t-elle payer *de suo* le vendeur que son mari n'aura pas satisfait? Il le faudra bien: car, par la rétroactivité de sa ratification, tous les effets de la vente se produiront directement en sa personne, tant passivement qu'activement. Qu'on ne dise point que, le vendeur étant censé avoir accepté par avance, et en paiement du prix qui lui est dû, la créance de la femme contre son mari, celui-ci est seul tenu envers lui; cette présomption serait purement arbitraire et d'autant plus inadmissible qu'elle aurait pour effet, si on l'acceptait, d'enlever au vendeur le privilége affecté par la loi à la sûreté de sa créance.

Ainsi toute femme qui accepte en remploi un immeuble acquis par le mari, dans les termes et conditions de l'art. 1435, mais non payé, se place dans les liens d'une obligation personnelle envers le vendeur. C'est à elle à se

circulation des biens n'est pas entravée ; l'immeuble acquis est aux risques du mari, et c'est justice, puisque le mari a toutes les prérogatives attachées au titre de propriétaire. Les droits des tiers sont sauvegardés ; ceux de la femme ne sont point compromis. Qu'exiger de plus? où trouver un système plus concordant dans ses résultats et appuyé sur de plus fortes raisons?

60. Reste un point à élaborer. Quelles règles devons-nous suivre quant à la transcription des actes de vente et de ratification? Point de difficulté dans le système de M. Labbé. La transcription de l'acte de vente suffira pleinement par elle-même et par elle seule à la sauvegarde des droits de la femme. Que si aucun des deux actes n'a été transcrit, elle aura tout à craindre du chef du vendeur ; mais du chef de son mari elle sera pleinement à couvert, nonobstant la clandestinité de son titre (V. ci-dessus, p. 138).

Mais que devra-t-on décider si on accepte notre manière de voir sur la nature du remploi? Il sera évidemment nécessaire de transcrire l'acte de vente, afin d'apprendre aux tiers que le vendeur, ayant cessé d'être propriétaire de l'immeuble vendu, a perdu le droit d'en disposer. Cette transcription faite, rien ne sera plus à craindre du chef du vendeur. Mais la transcription de l'acceptation est-elle également obligatoire? On sait qu'à partir du jour où elle intervient, le mari, qui jusqu'alors était le maître de son offre et la pouvait retirer à son gré, ne le peut plus désormais. Dès ce moment un changement essentiel s'opère dans la condition des parties. Le mari s'efface complétement. Ce n'est plus lui qui est l'acheteur ; ce n'est plus en lui que résident le titre de propriétaire et les pouvoirs que cette qualité confère ; sa femme lui est subrogée, subrogée rétroactivement. C'est donc en sa personne que sont désormais la propriété et le droit de l'aliéner ou de l'hypothéquer. Or, ce déplacement, quel acte le produit? L'acceptation du remploi. Ne semble-t-il point dès lors que cet acte doive être mis sous les yeux des tiers?

bien renseigner, et, lorsqu'elle découvre que le prix d'acquisition est encore dû, à ne donner sa ratification qu'après qu'il sera payé. Si elle passe outre, ce sera à ses risques et périls.

Quelles raisons donnera-t-on à l'appui de l'opinion contraire? Examinons. « La transcription de la vente, pourra-t-on dire, a fait connaître aux tiers que la propriété ne résidait plus en la personne du vendeur; elle les a, en outre, prévenus que le titre de propriétaire et les pouvoirs attachés à cette qualité résideront en la personne du mari jusqu'à la date de l'acceptation du remploi et, à partir de cette époque, en la personne de la femme. Ils n'ignorent donc rien de ce qu'il leur importe de savoir. Dès lors à quel titre la transcription de l'acceptation du remploi serait-elle obligatoire? quelle mutation nouvelle de propriété cette acceptation opère-t-elle? La femme n'acquiert point à nouveau et du chef de son mari l'immeuble qu'elle accepte en remploi; elle est simplement, ce qui est bien différent, réputée le tenir directement du vendeur et en vertu de la vente originaire. Or, cette vente a été transcrite! A la vérité la transcription qui a eu lieu n'apprend point aux tiers qui, du mari ou de la femme, est actuellement propriétaire, car tant qu'on ignore si le remploi a été ou non utilement effectué, l'assiette définitive de la propriété reste forcément inconnue; mais, et déjà nous en avons fait la remarque (1), la transcription n'a pas été conçue et organisée en vue d'une publicité complète et absolue, appropriée à chacun des faits qui, par leur nature, touchent au crédit public. Ainsi, lorsqu'une vente a lieu, il est essentiel d'apprendre aux tiers que le propriétaire de cette chose a cessé de l'être; mais là s'arrête la prescription de la loi. Si l'achat a été fait par deux acheteurs sous une alternative, ou par un seul sous une condition suspensive, les tiers auront à rechercher, en dehors des registres du conservateur, si cette alternative a cessé, ou si cette condition est accomplie; la transcription ne leur doit à cet égard aucun renseignement. Il suffit qu'elle leur ait fait connaître l'alternativité de l'achat ou sa conditionnalité. En mettant sous leurs yeux cette modalité de la vente elle leur a révélé un danger; c'est à eux de l'éviter par des renseignements pris en dehors d'elle. Ainsi, dans l'espèce, ils ne devront traiter avec le mari qu'après s'être assurés que l'acceptation du remploi n'a point fait passer en la personne de la femme la propriété de l'immeuble vendu. »

(1) P. 74, n° 34.

Cette solution doit-elle prévaloir sur la première? Nous avons longtemps hésité sur ce point. Il nous a semblé tout d'abord qu'il était impossible de laisser dans l'ombre la subrogation d'un acheteur à un autre, et que, de même qu'il est absolument nécessaire de faire savoir aux tiers que le vendeur n'a plus le pouvoir de disposer de la chose vendue, de même il est essentiel qu'ils sachent, quand intervient l'acceptation du remploi, que la propriété qui résidait, avec les pouvoirs qu'elle confère, en la personne du mari, résidera désormais en la personne de la femme. Mais en y réfléchissant plus mûrement nous sommes resté convaincu que cette doctrine, quoique très rationnelle assurément, dépasserait le but que s'est proposé la loi nouvelle (1). On peut consulter ce que nous avons dit à cet égard, pages 74 et suiv. Les principes que nous y avons exposés doivent recevoir ici leur application (2). Les actes *translatifs de propriété* sont seuls d'ailleurs soumis à la formalité de la transcription. Or, l'acceptation du remploi n'a rien de translatif, puisque l'acquisition que fait la femme a son principe dans le contrat de vente auquel elle est réputée avoir parlé elle-même.

61. Il est d'usage, dans certaines localités, d'insérer dans le contrat de mariage la clause « que le mari sera tenu d'effectuer le remploi des deniers à provenir de l'aliénation des propres de la femme. » Suivant l'opinion générale, le remploi, bien qu'obligatoire alors, se gouverne absolument de la même manière que le remploi *facultatif* (3). Certains auteurs (4), au contraire, enseignent qu'en ce cas la clause énoncée au contrat de mariage renfermant une acceptation anticipée du remploi, il a lieu de plein droit, si d'ailleurs l'acte d'acquisition contient les déclarations prescrites par l'art. 1435.

La transcription de l'acte d'acquisition suffira-t-elle, même dans ce dernier système, pour mettre le droit de la femme à

---

(1) Nous avons, p. 67, n° 31 *ter*, émis, sur un cas analogue, une opinion contraire au principe que nous avons cru devoir accepter plus tard. Elle ne saurait subsister, nous la rétractons.

(2) V. aussi ce que nous disons sous le n° 65.

(3) En ce sens, Zachariæ, III, p. 426, note 50; MM. Rodière et Pont, I, n° 517; Marcadé sur l'art. 1497, II; Benech, *De l'emploi et du remploi*, p. 98; Troplong, *Contrat de mariage*, II, n° 1140.

(4) Merlin, *Répert.*, v° *Dot*, § 10; Toullier, XIV, n° 152.

l'abri des actes de son mari ? Nous le pensons. On nous opposera sans doute que les tiers qui ne connaissent point la clause énoncée au contrat de mariage et en vertu de laquelle le remploi a lieu *de plano* seront naturellement conduits, dans l'ignorance de cette acceptation, à suivre la foi du mari, et qu'ainsi nous créons, contrairement à l'esprit de la loi, un piége où leur droit viendra périr. En fajt, ce danger existe, nous ne le contestons pas ; mais légalement parlant, on ne saurait nous l'opposer. La loi, en effet, a organisé, quant au contrat de mariage lui-même, un certain mode de publicité (V. les art. 75, 1391 et 1394, C. N., rectifiés par la loi du 10 juillet 1850). Or, dumoment qu'un acte est, par les soins de la loi, mis à la disposition des tiers, ils sont réputés par là même connaître les clauses diverses dont il se compose. S'ils les ignorent, ils sont en faute, et *quod quis ex culpa sua damnum sentit, non intelligitur damnum sentire.*

62. Il se peut que le contrat de mariage porte « qu'en cas qu'il soit aliéné des propres de la femme, le premier conquêt sera réputé un propre nécessaire. » Le remploi a lieu alors de plein droit, même contre le gré de la femme, et en l'absence des énonciations prescrites par l'art. 1435. Telle est du moins l'opinion de M. Troplong.

« Le contrat de mariage fait, dit-il, la loi des époux; chacun d'eux la doit subir. L'achat qu'a fait le mari devient le fait de la femme, puisqu'il a eu lieu en vertu d'un mandat émané d'elle. Il a pu sans doute être effectué à de mauvaises conditions, et peut-être n'est-il pas à sa convenance; mais la faute en est au contrat de mariage » (1).

Nous ne voulons point discuter ce point de droit; mais nous devons nous demander comment, dans ce système, la formalité de la transcription devra être remplie. Point de difficulté si l'acte d'acquisition contient, d'une part, la clause énoncée au contrat de mariage, et, d'autre part, la mention que l'acquisition qui y est relatée est la *première* depuis l'aliénation du propre de la femme. Sa transcription ne laissera rien à désirer : les tiers y trouveront tout ce qu'il leur im-

---

(1) Contrat de mariage, II, n° 1138. — En sens contraire, MM. Zachariæ, III, p. 426, note 50. Rodière et Pont, I, n° 517. Marcadé, sur l'article 1497, II.

porte de savoir. Mais si, nous plaçant dans l'hypothèse contraire, nous supposons que l'acte dont il s'agit ne contient aucune de ces énonciations, que décider alors ? Suffira-t-il de le transcrire tel qu'il se comporte ? Nous irions jusque-là ! la logique du principe que nous avons accepté nous y contraint. La clause énoncée au contrat de mariage est réputée connue des tiers; c'est un point que nous croyons avoir suffisamment établi et sur lequel nous n'avons point à revenir (V. p 159). Quant à l'objection qu'on peut tirer contre nous de cette circonstance que les tiers ne sauront point, dans l'espèce, si l'acquisition décrite dans l'acte transcrit est ou non la *première* depuis l'aliénation du propre de la femme, elle ne saura t nous arrêter. Les tiers, nous le répétons, n'ignorent point, puisqu'ils sont réputés avoir consulté le contrat de mariage, que l'immeuble acheté par le mari appartient *peut-être* à la femme. Ce *peut-être* leur étant révélé, ils doivent s'enquérir et rechercher s'il existe ou non, entre l'aliénation du propre de la femme et l'acquisition relatée dans l'acte mis sous leurs yeux, une acquisition antérieure. Ils ne seront point trompés s'ils sont attentifs.

Comment, d'ailleurs, procéderait-on dans le système contraire ? Quand même on joindrait à la transcription de l'acte d'acquisition la transcription du contrat de mariage, cette double transcription serait encore insuffisante, puisqu'elle n'apprendrait pas aux tiers si l'acquisition qui leur est révélée a été ou non effectuée la *première* depuis l'aliénation du propre. Exigera-t-on la mention de cette priorité en marge de l'un ou de l'autre des actes transcrits? Mais procéder ainsi, ce serait faire la loi : car, dans le système de publicité qu'elle a organisé quant aux actes translatifs de propriété, il n'est traité nulle part des annotations marginales.

§ 7. — DES RETRAITS. — DU RÉMÉRÉ. — DE LA CONDITION RÉSOLUTOIRE.

SOMMAIRE.

63. Importance des retraits dans notre ancien droit. Trois seulement ont été maintenus.

64. De la nature et des effets du retrait.

65. Le retrait n'est point soumis à la formalité de la transcription.

65. *Quid* lorsqu'il donne lieu à un jugement ? Renvoi.

67. De même que le retrait, le réméré n'a pas besoin d'être transcrit. — *Quid* s'il donne lieu à un jugement ?

68. Il en est de même de la condition résolutoire réalisée.

63. Merlin nous apprend qu'autrefois on comptait jusqu'à vingt-cinq retraits. Trois seulement sont restés debout dans le droit actuel, savoir : *le retrait successoral* (art. 841), *le retrait d'indivision* (art. 1408), et enfin *le retrait litigieux* (art. 1699).

64. Les rédacteurs du Code ont précisé les cas dans lesquels ces retraits ont lieu et les conditions auxquelles leur exercice est subordonné. Mais quelle est leur nature, quels effets produisent-ils? A cet égard les textes de la loi sont absolument muets. Ainsi, lorsqu'on demande si le retrait effectué constitue ou non une cession nouvelle, ils ne répondent rien; si le retrayant tient son droit du vendeur ou de l'acheteur écarté, rien; si le retrait est ou non rétroactif dans ses effets, rien; si enfin les hypothèques et servitudes acquises du chef de l'acheteur sur la chose qu'on lui reprend sont ou non opposables au retrayant, rien encore. Force nous est donc de nous retourner vers le passé et de lui demander les principes qui doivent nous servir de guide. M. Portalis semble lui-même nous convier à cette étude, lorsqu'il nous prévient, dans son exposé de motifs, que l'article 1699 n'a fait que consacrer l'ancienne jurisprudence en matière de retrait litigieux. Bien plus et quoiqu'il ne s'explique pas sur la nature de ce droit, un mot de son discours est pour nous un trait de lumière: « Lors, dit-il, qu'un droit litigieux est cédé, l'adversaire du cédant peut se faire *subroger* au cessionnaire. » Le retrait ne serait donc que *la subrogation d'un acheteur à un autre*. Telle est,

11

en effet, l'idée que nous en donnent nos anciens auteurs. Pothier en fait la maxime générale de ses commentaires, le critérium sous lequel il abrite la plupart de ses doctrines. *Le retrait*, dit-il partout et toujours, *n'est autre chose que le droit de prendre le marché d'un autre et de se rendre acheteur à sa place* (1).

Cette manière d'envisager le retrait sert à en déterminer les effets. L'illustre Tiraqueau (2), Grimaudet (3), son fidèle disciple, et Pothier (4), d'après eux, les résument en une formule remarquable par sa rigoureuse précision. « L'effet du retrait, disent-ils, est de détruire l'achat en la personne de l'acheteur et de le faire passer en celle du retrayant. » Celui-ci est donc réputé avoir acheté directement du vendeur, tandis que l'acheteur qu'il écarte est censé n'avoir ni acheté ni acquis l'héritage qu'on lui reprend, et en avoir payé le prix non pour lui, mais pour le retrayant. C'est ce qu'exprime très bien Dumoulin. Les choses se passent, dit-il, en parlant du retrayant et de l'acheteur écarté, *perinde ac si retrahens immediate emisset ab ipso venditore, et primus emptor non est amplius in consideratione perinde ac si non emisset* (5).

Ainsi le retrait n'entraîne point *la résolution* de la vente; encore moins opère-t-il une *ession nouvelle*. Le contrat primitif est toujours subsistant. Il subit à la vérité une modification, puisque le retrayant y prend la place de l'acheteur originaire; mais, comme à la faveur d'une fiction juridique cette subrogation s'effectue *rétroactivement*, le contrat, qu'en fait elle modifie, est en droit à considérer comme s'il avait été réellement dès le principe ce qu'elle le fait. Si donc on veut avoir une idée exacte du retrait et des effets que sa nature comporte, il suffit de remplacer dans l'acte de vente le nom de l'acheteur primitif par celui du retrayant, et de supposer, par

---

(1) Introd. à la cout. d'Orl. tit. xviii, n° 1er; — Traité des fiefs, nos 692 et 780; Traité des retraits, nos 1er, 422 et 425; Traité de la vente, n° 597. — Bourjon, *Du retrait lignager*, chap. préli., n° iii; Duplessis, *Du retrait*, chap. 1er, p. 275.

(2) Traité du retrait lignager, n° 14.

(3 Liv. 7, chap. 24.

(4) Traité de la vente, n° 597; Traité des retraits, nos 425 et 430.

(5) Tit. 1er, § 15, glos. i, nos 5 et 6. — V. aussi Dargentré, sur la cout. de Bretagne, art. 71, glos. i, n° 10. — Leprêtre, cent. 2. chap. 82. — Lapeyrère, let. R, décision 148, p. 393.

la pensée, que cet acte n'a jamais contenu que les noms du vendeur et de l'acheteur actuel. Là est toute la théorie du retrait. Ainsi, sans prétendre passer en revue et mettre en lumière les nombreuses applications que cette fiction peut recevoir (1), n'est-il pas certain qu'il en résulte que le retrayant est l'ayant cause, non point de l'acheteur qu'il écarte, mais du vendeur avec lequel il est réputé avoir traité directement, et qu'alors les aliénations totales ou partielles consenties par l'acheteur originaire, même *avant* le retrait, ne lui sont en aucun cas oppo-

65. Mais que décider sous l'empire de la loi nouvelle? Le sables (2)?

(1) V. à cet égard un excellent article de M. Labbé, *Revue critique*, t. VI, p. 144.

(2) Bourjon, *Du retrait lignager*, 4e partie, chap. I, sect. 1re, n° III. Pothier, *Traité des retraits*, n° 431 ; *Traité des fiefs*, n° 780. — Toutefois Bourjon (chap. III, n° I) et Duplessis (chap. IX, sect. 1re, p. 340) nous apprennent que le retrait du demi-denier n'a point d'effet rétroactif, « d'où il s'ensuit, disent-ils, que les hypothèques acquises du chef de l'acquéreur écarté subsistent contre le retrayant; autrement ce retrait s'exerçant longues années après l'acquisition serait un piége pour les créanciers qui n'y sauraient parer, ce qu'on ne peut admettre. » Mais cette exception, loin de tenir la règle en échec, ne faisait que la confirmer.

—Nous croyons devoir, avant de quitter ce point, traiter brièvement une question pratique qui s'y rattache.

Lorsque la femme use du droit de retrait que lui confère l'article 1408, l'immeuble qu'elle reprend lui vient franc et quitte de toutes les hypothèques et autres charges dont il a pu être grevé du chef du mari. Elle peut même, lorsqu'elle ne le trouve point dans la communauté, le revendiquer contre les tiers acquéreurs qui le détiennent. A cet égard on est d'accord.

La plupart des auteurs qui se sont occupés de ce point ajoutent que les tiers peuvent prévenir cette éviction en exigeant l'intervention de la femme aux actes qu'ils font avec son mari.

Ce tempérament au principe devra certainement être suivi, si on admet que la femme peut se prononcer et fixer son droit *même durant la communauté*; mais, à part M. Troplong, personne ne lui reconnaît cette faculté. L'article 1408, l'exclut, dit-on, implicitement, puisqu'il ne permet l'option que *lors de la dissolution de la communauté*. Ce n'est point d'ailleurs arbitrairement, ajoute-t-on, que l'exercice de ce droit a été ainsi suspendu. Cette suspension a, en effet, sa raison d'être et une raison décisive, puisqu'elle est déduite des circonstances mêmes qui servent à expliquer et justifient la prérogative dont la femme a été investie. Le mari ayant, dans l'espèce, préféré son intérêt propre à celui de sa femme, la loi, qui craint qu'il n'abuse de son autorité pour peser sur le choix qu'elle a le droit de faire, prévient ce danger en renvoyant à la dissolution de la communauté l'époque de l'option.

On peut accepter cette donnée, mais c'est évidemment manquer de logique que d'essayer d'en modifier l'effet par le tempérament qu'on y apporte; car s'il est vrai que durant la communauté la femme est, ainsi qu'on l'affirme, légalement réputée *incapable d'exercer librement son droit*, il est alors plus qu'évident qu'elle ne peut pas être contrainte, *tant que la communauté dure*, de faire connaître le parti qu'elle entend prendre, et qu'ainsi tout acte qui

retrait est-il, *quoique non transcrit*, opposable aux ayant-cause de l'acheteur évincé? A cet égard, notre solution est déjà connue. Les subrogations rétroactives d'un acheteur à un autre ne sont point soumises à la formalité de la transcription. Dès qu'elles existent, elles produisent leur effet en-

aurait pour effet d'engager directement ou indirectement la prérogative dont elle jouit est à l'avance frappé de nullité. Dès lors, comment veut-on qu'elle puisse valablement consentir aux aliénations que son mari lui propose de valider? Est-ce que ce consentement, s'il devait avoir effet contre elle, n'emporterait point une renonciation à son droit d'option ou plutôt n'impliquerait point son option elle-même? Cela est bien évident; car si l'aliénation qu'elle approuve lui était opposable, que lui resterait-il? une simple créance contre son mari et la communauté!

Ainsi, dès qu'on part de cette idée que l'exercice du droit d'option a été renvoyé à la dissolution de la communauté, parce que tant que la communauté dure la femme est inhabile à faire un choix libre et conforme à son intérêt, on est forcé de reconnaître que le bien acquis par le mari demeure, pendant le même temps, frappé d'une inaliénabilité aussi radicale que celle qui résulte du régime dotal.

Ce résultat donne-t-il la véritable pensée de la loi? Nous ne pouvons nous décider à le croire. Le mari, dit-on, étant réputé avoir voulu s'approprier le bénéfice d'une acquisition qui naturellement devait revenir à sa femme, la loi se défie de lui et paralyse les mauvais desseins qu'elle lui prête en plaçant sa femme sous la sauvegarde d'une présomption d'incapacité. Mais où sont écrites toutes ces présomptions? d'où les tire-t-on? serait-ce de l'article 1408? mais cette disposition n'a nullement le caractère prohibitif qu'on lui suppose. On n'y voit point que l'option *ne pourra avoir lieu que lois de la dissolution de la communauté*. Ses termes sont simplement énonciatifs. Lors de la dissolution de la communauté, y est-il dit, la femme pourra prendre pour elle ou laisser dans l'actif commun l'immeuble acquis par son mari. On lui accorde une *faculté*, mais quelle *obligation* lui impose-t-on? Nous admettrons, si l'on veut, que le texte de la loi est amphibologique et susceptible de sens divers, puisqu'il peut signifier que l'option ne peut être faite *qu'après* la dissolution de la communauté, ou, au contraire, qu'elle peut l'être *même après* cette époque; mais tout ce qu'on en pourra conclure, c'est qu'il ne peut point servir à révéler, à préciser la véritable pensée qui y a été déposée. Quant aux travaux préparatoires du Code, on n'y trouve absolument rien qui puisse militer pour ou contre l'une ou l'autre de ces interprétations.

Or, lorsque le sens d'une règle reste si obstinément caché, quoi de plus naturel que de recourir aux sources mêmes d'où elle a été tirée? Remontons donc jusqu'à Pothier. Sa doctrine est bien simple. « Lors, dit-il, qu'un immeuble appartient en propre, mais par indivis, à la femme, qu'arrivera-t-il si le mari acquiert la part du cohéritier de sa femme?

« Point de difficulté s'il est dit dans l'acte que le mari y a paru *pour sa femme, en sa qualité de mari* : si la femme *ne le désavoue* point, l'acte qu'il a fait est censé, en ce cas, n'être autre chose qu'un acte *tenant lieu du partage qui était à faire entre elle et son cohéritier*. Son mari n'a été que son *gérant d'affaires*.

« Il en est de même si l'acte d'acquisition porte qu'un tel a vendu sa part à un tel, *mari* de la femme avec laquelle le vendeur était dans l'indivision. Cette qualité de *mari* qu'on a donnée dans l'acte à l'acheteur montre suffisam-

vers et contre tous. Tel est le principe auquel nous nous sommes rallié dans le paragraphe précédent (n° 60, p. 72). Or, le retrait, nous l'avons démontré, n'est autre chose que la subrogation d'un acheteur à un autre. La loi de la transcription ne le régit donc point !

Cette solution, au reste, n'a rien de choquant, rien même d'essentiellement contraire au pricipe de la publicité. Le droit du retrait est, en effet, écrit dans un acte public, dans la loi même (Code Nap., art. 841, 1408 et 1699). Lors donc que l'acte de vente avertit les tiers qu'un immeuble appartenant par indivis à une femme commune a été acheté par son mari, en son propre nom, qu'un héritier a vendu sa part dans la succession ouverte à son profit, ou enfin qu'un droit litigieux entre deux parties a été cédé par l'une d'elles à un tiers, ils savent, ou, ce qui revient au même, ils doivent savoir que l'acheteur dénommé dans l'acte pourra s'effacer par la suite et y être remplacé par sa femme, dans le pre-

---

ment qu'il a acheté, non en son propre nom, mais en sa qualité de *mari*, c'est-à-dire d'administrateur des droits de sa femme. »

Ces deux hypothèses n'offrant aucune difficulté, les rédacteurs de notre Code ne les ont pas reproduites.

« Mais, ajoute Pothier, s'il a été dit dans l'acte qu'un tel a vendu sa part indivise à un tel, sans ajouter la qualification de *mari* d'une telle avec laquelle le vendeur était dans l'indivision, l'achat fait en ces termes devra-t-il, même dans ce cas, passer comme *un acte de partage que le mari aura fait pour sa femme?* Pour la négative on fera remarquer que n'étant point dit dans l'acte que l'acquéreur y a paru au nom de sa femme ou en la qualité de son mari, il doit être censé avoir acheté en son propre nom et par conséquent pour son compte personnel. Néanmoins j'inclinerais à penser que, bien qu'il ne soit pas dit dans l'acte que l'acheteur a traité au nom de sa femme ou en la qualité de son mari, on doit facilement présumer que c'est en cette qualité plutôt qu'en son propre nom qu'il a conclu l'opération ; car sa qualité de mari et d'administrateur de la personne et des biens de sa femme fait naturellement supposer que dans les actes qui se rattachent à ses affaires, c'est comme son mari et pour elle qu'il y intervient. Un partage de succession d'immeubles échus à sa femme excède, il est vrai, son pouvoir d'administrateur ; mais tout ce qu'on est en droit d'en conclure, c'est qu'elle peut, si elle le juge à propos, refuser de ratifier l'acte que son mari est réputé avoir fait pour elle. » (*Traité de la communauté*, n°s 150 et 151.)

Voilà, à notre avis, la pensée que les rédacteurs du Code ont voulu exprimer dans l'article 1408. Or, lorsqu'on se place au point de vue de Pothier, il est manifeste que la femme peut, à quelque époque que ce soit, et immédiatement même *après la passation de l'acte*, y donner son adhésion ou le répudier. Où serait, en effet, la raison de décider autrement? Comment la loi pourrait-elle craindre l'abus de l'autorité maritale, dans une hypothèse où précisément elle présume que le mari n'a eu en vue que l'intérêt de sa femme ?

mier cas, par son cohéritier, dans le second, par l'adversaire du cédant, dans le troisième. La publicité de la vente sert ainsi à la publicité de l'éventualité du retrait. Ceux-là seulement seront trompés qui manqueront de prudence (1).

Cependant M. Troplong (n° 247) proteste : « Dès que le retrait a lieu, il surgit, dit-il, une circonstance grave qui modifie le contrat primitif. La vente n'est plus faite au profit des parties originaires; or, n'est-il pas clair que l'acte translatif de propriété n'est pas complet, si, au lieu de l'acheteur définitif, on ne désigne au public que l'acheteur éliminé? Dès lors ne faut-il pas que le registre des transcriptions reproduise les deux opérations successives? »

Si la publicité que prescrit la loi avait pour but de mettre en lumière tous les faits qui se rattachent de près ou de loin aux mutations de propriété, et par suite de fournir aux tiers, par la seule inspection des registres du conservateur, tous les renseignements qu'il peut leur importer d'avoir, M. Troplong aurait raison peut-être ; mais il sait mieux que nous assurément que la transcription n'a point cette perfection (2).

Lorsqu'intervient un acte qui, de sa nature, est translatif de propriété, la loi exige qu'il soit mis sous les yeux des tiers, tel qu'il se comporte ; mais là s'arrête sa prescription. Ainsi cet acte est-il valable? La personne qui l'a consenti était-elle ou non capable d'aliéner? S'il a été passé sous une condition suspensive ou résolutoire, cette condition est-elle accomplie, défaillie ou encore en suspens? La propriété acquise par l'acheteur réside-t-elle encore en sa personne? est-elle, au contraire, rentrée, par l'effet d'une résolution de plein droit ou consentie à l'amiable, dans le patrimoine du vendeur. Que les tiers s'enquièrent et se renseignent! Sur ces divers points, la transcription ne leur doit aucun secours. M. Troplong le proclame lui-même lorsqu'il décide avec nous qu'il n'est point nécessaire de porter sur les registres, à côté ou en marge de la transcription de la vente, les procurations et autorisations qui s'y rattachent (n°s 126 et 127).

Il le reconnaît encore lorsqu'il déclare que le retour de la propriété en la personne du vendeur, par l'effet d'un réméré

---

(1) Dans le même sens, MM. Rivière et Huguet, n° 49.
(2) V. ce que nous avons dit ci-dessus, n° 34, p. 74.

ou d'une résolution consentie à l'amiable pour défaut de paiement du prix, se produit envers et contre tous indépendamment de toute publicité. Or, si la transcription n'est point nécessaire dans le cas où la propriété passe rétroactivement de la personne de l'acheteur en celle du vendeur, où est la raison de l'exiger quand un nouvel acheteur prend rétroactivement, et en vertu d'un droit que personne n'ignore, puisqu'il est écrit dans la loi, la place de l'acheteur dénommé dans l'acte transcrit? Est-ce que les deux cas ne sont pas, quant au point engagé dans ce débat, liés entre eux par la plus parfaite analogie ?

Nous pouvons d'ailleurs faire, dans notre sens, un raisonnement si essentiellement démonstratif qu'il touche à l'évidence même.

Le retrait, nous dit M. Troplong, doit être transcrit. S'il doit l'être, nous en devrons conclure que les aliénations et les hypothèques consenties par l'acheteur *depuis le retrait, mais avant la transcription*, seront opposables au retrayant. Cela posé, quel parti M. Troplong prendra-t-il quant aux actes passés par l'acheteur *avant le retrait* et, par conséquent, *à une époque où il était impossible de le transcrire ?*

Dira-t-il que ces actes seront maintenus nonobstant le retrait ? Mais s'il en était ainsi, que deviendrait le droit éventuel du retrayant? La prérogative qu'il tient de la loi dépendrait donc du bon plaisir de l'acheteur ! Nous n'avons pas besoin de dire que cette solution est inadmissible. Personne n'admettra que l'acheteur puisse déchirer de sa main les articles 841, 1408 et 1699.

Distinguera-t-il entre les actes *antérieurs* et les actes *postérieurs* au retrait? Qu'il considère alors à quelle étrange anomalie il sera forcé d'aboutir!

Jusqu'au retrait, l'acheteur n'a, *même au regard des tiers*, qu'une propriété *résoluble;* les aliénations qu'il consent sont par conséquent résolubles comme le droit dont il est investi. Mais vient le retrait. Qu'arrive-t-il alors? la chose du monde la plus singulière. La propriété *résoluble* de l'acheteur se transforme par l'effet du retrait, et tant qu'il n'est pas transcrit, en une propriété *définitive!* Le retrait qui, par son éventualité, le rendait incapable de consentir des aliénations au préjudice du retrayant, le relève de cette incapacité dès qu'il existe. Ainsi, tant que la propriété réside en sa personne, il ne peut rien ; il peut tout dès qu'il cesse d'être propriétaire !

La loi n'est point parfaite assurément; mais, bien que nous l'ayons critiquée en plus d'un point, nous ne pouvons nous résoudre à mettre à son compte une aussi folle contradiction. Elle aurait pu, sans doute, peut-être même l'aurait-elle dû, soumettre le retrait au droit commun de la publicité, sous peine, pour le retrayant qui n'aurait pas satisfait à cette prescription, de subir tous les droits acquis du chef de l'acheteur, soit depuis, soit même avant le retrait ; mais on comprend sans peine que ce système n'aurait été possible et légitime qu'à la condition d'accorder au retrayant un certain délai après le retrait effectué pour se mettre en règle. Dès lors n'est-il pas vrai que, par cela même que la loi n'a fixé à cet égard aucun délai, elle a implicitement exonéré le retrait de la formalité de la transcription?

66. Nous nous sommes placé jusqu'ici dans l'hypothèse d'un retrait exercé à l'amiable ; mais il se peut que le retrayant soit obligé de recourir à la justice et d'obtenir, si l'acheteur résiste, un jugement qui tiendra le retrait pour accompli. Alors se présentera la question de savoir si ce jugement devra ou non être porté en marge de la transcription de l'acte de vente. Nous l'examinerons sous l'article 4 (chap. V.)

67. La vente à réméré, de même que la vente pure et simple, doit être transcrite. La transcription avertit les tiers que le vendeur a cessé d'être propriétaire et que la propriété qu'il n'a plus réside actuellement en la personne de l'acheteur ; ils sont en même temps prévenus que ce double effet n'est point irrévocable, et qu'ainsi l'acheteur ne peut leur conférer que des droits révocables comme le sien ; ils savent, enfin, que si le réméré n'est point exercé dans le délai stipulé, l'acheteur, devenant alors propriétaire incommutable, pourra désormais conférer sur l'immeuble resté dans son domaine des droits stables et définitifs ; que si, au contraire, le vendeur use de son droit en temps utile, l'acheteur cessant d'être propriétaire dans le passé et pour l'avenir, tous les droits qu'il aura consentis après ou même avant le réméré seront comme non avenus à l'égard du vendeur. Mais si cette condition résolutoire s'accomplit, comment en seront-ils instruits? La loi aurait dû peut-

être exiger qu'il en fût fait mention en marge de l'acte transcrit; mais cette mention n'a été prescrite que pour le cas où
la vente est résolue *en justice*. Ainsi le jugement qui prononce
un réméré est soumis, sous la sanction particulière dont il est
parlé dans l'article 4, au principe de la publicité (voy. l'explic.
de cet article). Quant au réméré exercé *à l'amiable*, nulle précaution n'a été prise dans l'intérêt des tiers : c'est à eux à ne
point s'endormir dans une imprudente confiance.

68. Ce que nous avons dit du réméré s'adapte sans peine à
toute espèce de résolution. Ainsi, lorsqu'une aliénation qui a
été transcrite se trouve révoquée par l'effet d'une condition
résolutoire accomplie , la propriété fait retour en la personne de l'aliénateur, non point seulement à l'égard de l'acquéreur évincé, mais encore à l'égard des tiers et sans le secours de la publicité. Que si pourtant, un conflit s'élevant
entre les parties, la justice est obligée d'intervenir, le jugement qui prononcera la résolution devra, suivant nous du
moins, être porté en marge de la transcription de l'acte résolu.
Nous nous expliquerons sur ce point sous l'art. 4.

─────

§ 8. — DES CESSIONS DE BIENS.

SOMMAIRE.

69. La cession de biens pouvant se faire, soit sous l'autorité de justice, soit à l'amiable entre le débiteur et ses créanciers, nous aurons à l'examiner sous ce double aspect.

70. — I. Quand elle a lieu *en justice*, la loi en détermine
elle-même les effets. « La cession judiciaire, porte l'art. 1269,
ne confère point aux créanciers la propriété des biens abandonnés; elle leur donne seulement le droit de les faire vendre
et d'en percevoir les revenus. » Ainsi , elle se résume en un

mandat, par lequel le débiteur mettant ses créanciers en son lieu et place, les investit d'un pouvoir suffisant pour transformer ses biens en argent et s'en distribuer le prix entre eux, selon le droit de chacun en particulier.

Ce mandat est tout à la fois judiciaire et à titre onéreux ; judiciaire, puisqu'il a lieu sous l'autorité de justice, à titre onéreux, puisqu'il intéresse également le mandataire et le mandant. Concluons-en, d'une part, que le débiteur ne peut point, le révoquant unilatéralement, reprendre des mains de ses créanciers le pouvoir qu'ils tiennent de lui, et, d'autre part, qu'il est incapable de disposer de ses biens à leur préjudice. Les aliénations qu'il en ferait emporteraient en effet, si elles devaient rester valables, la révocation implicite de la cession, et on comprend qu'il ne peut point lui être donné d'anéantir ou d'amoindrir, par une voie détournée, les effets d'un acte qui l'oblige. Il s'est, dans l'intérêt de ses créanciers, dessaisi de l'administration de ses biens; dès ce moment donc il cesse de les représenter. Le pouvoir d'aliéner réside non plus en sa personne, mais en eux. Ils sont d'ailleurs *saisis de leur gage*, et il a toujours été admis que le gage des créanciers, quand il est entre leurs mains ou placé sous l'autorité de justice, constitue un droit réel opposable aux tiers.

Ainsi, et bien que par elle-même la cession de biens n'opère aucune mutation de propriété, elle a néanmoins cet effet important de *déplacer le pouvoir d'aliéner*. On comprend sans peine dès lors, combien il serait utile de porter à la connaissance des tiers l'innovation qu'elle engendre. En devons-nous conclure qu'à défaut de transcription elle restera destituée de tout effet à l'égard des tiers? MM. Rivière et Huguet, qui ont touché ce point, n'ont pas aperçu les difficultés de solution qu'il soulève. « La cession, se bornent-ils à dire, ne dépouille poi t le débiteur de la propriété de ses biens; il n'est donc point nécessaire de la faire transcrire. » (n° 39.) Mais, peut-on répondre tout d'abord, qu'importe qu'elle ne désinvestisse point le débiteur de la propriété de ses biens, si en définitive elle doit avoir, à l'égard des tiers qui traiteront avec lui, des effets analogues à ceux qu'entraînerait une véritable mutation de propriété? Après tout, si les actes translatifs de propriété ou constitutifs de droits réels susceptibles d'hypothèque doivent être rendus publics, n'est-ce point

parce qu'ils *déplacent* ou modifient *le pouvoir d'aliéner* ? Or, la
la cession de biens n'a-t-elle pas cet effet? Elle rentre donc à
ce titre, sinon dans les termes, au moins dans l'esprit
de la loi. Ecartons les extensions arbitraires, ne donnons
point à la loi une portée qu'elle n'a pas; mais laissons-lui
toute l'étendue que sa nature comporte. Vouloir à tout prix
faire prévaloir sur sa pensée le sens grammatical de ses termes, c'est tout à la fois violer l'excellente règle de l'art. 1156,
et se condamner sur divers points aux plus ridicules solutions (1). Et, par exemple, dans l'espèce même, à quelles conséquences ne se verra-t-on pas conduit si on se rallie au système de MM. Rivière et Huguet? Lorsqu'un débiteur remet un
immeuble à ses créanciers pour sûreté de sa dette, ce *nantissement*, connu sous le nom d'*antichrèse*, n'est opposable aux
tiers qu'à partir du jour où la transcription leur en a révélé
l'existence (art. 2, n° 1er). La cession de biens implique, à
n'en point douter, un véritable nantissement, quelque chose
de plus même que l'antichrèse, puisqu'elle confère aux
créanciers cessionnaires un droit que n'a pas le créancier antichrésiste, la faculté de faire vendre, sans passer par la filière
des formes si lentes et si ruineuses de la saisie, les biens qu'ils
détiennent pour leur sûreté. Or, comment admettre que la
loi ait affranchi de la formalité de la transcription le nantissement qu'implique la cession de biens, alors qu'on la voit soumettre au régime de la publicité le gage moins étendu que
confère l'antichrèse ? Une distinction aussi peu motivée ne serait point seulement inconséquente, elle serait absurde.

Ajoutons une dernière considération. La loi réglementaire
de la saisie nous la fournit. On sait qu'aux termes de l'art. 678
du Code de procédure le gage judiciaire que la saisie confère
aux créanciers poursuivants doit être notifié aux tiers par la
voie de la transcription. Ce n'est qu'à partir du jour où cette
formalité a été remplie que le débiteur se trouve désinvesti
du droit de disposer, à l'encontre des saisissants, des biens
qu'ils ont, pour leur sûreté, placés sous l'autorité de justice
(art. 686). Or la cession judiciaire, si on la considère dans ses
effets, est entre les parties l'équivalent d'une saisie. Elle en
tient lieu en quelque sorte. Le pouvoir de disposer n'est-il

(1) Voir ce que nous avons dit à ce sujet, t. 1er, p. 104, 105 et 110.

point, en effet, paralysé en la personne du cédant de même qu'en la personne du saisi! Le gage judiciaire que la saisie confère aux créanciers saisissants, la cession ne le confère-t-elle point aux créanciers cessionnaires? L'analogie est donc complète. Dès lors il semble bien difficile d'admettre entre deux situations si parfaitement semblables une différence aussi marquée que celle qu'on propose.

Quoique ces raisons ne manquent point de force, elles ne nous paraissent point décisives pourtant. Il est, en effet, impossible d'admettre d'une manière générale que tout acte qui enlève à un propriétaire l'exercice de son droit de disposer, soit par cela même soumis à l'empire de la loi nouvelle. Ce principe, si nous l'acceptions, nous conduirait trop loin. Ainsi il en faudrait déduire l'obligation de faire transcrire les jugements déclaratifs d'*interdiction* ou de *faillite* et plusieurs autres actes qu'il est inutile d'énumérer. Or comment aller jusque-là?

Quant à l'analogie qui peut exister entre la cession de biens et l'antichrèse relativement à certains effets qui leur sont communs, elle nous conduirait également à des conséquences inadmissibles. La même analogie existe, en effet, et sous le même rapport, entre l'antichrèse et les jugements déclaratifs de faillite, et bien certainement personne n'admettra que ces jugements soient soumis à la formalité de la transcription.

Les ressemblances qui unissent la cession de biens à la saisie fournissent un argument plus solide ; mais nous l'écartons par une raison qui, si nous ne nous trompons, est décisive. La loi affecte à la saisie et à la cession de biens deux titres particuliers (art. 673 à 748, pour la saisie, 898 à 906, C. pr., pour la cession). Chacun de ces actes est organisé à part, par un ensemble de règles formant un système complet qui, en conséquence, doit se suffire à lui-même. Tout a été prévu et il n'y a aucune lacune à combler. La cession de biens, de même que la saisie, a été soumise au régime de la publicité ; il n'y a de différence, à cet égard, qu'au point de vue du mode employé pour porter l'une ou l'autre à la connaissance des tiers : tandis qu'on transcrit la saisie (art. 678), on insère la cession dans un tableau placé en évidence dans certains lieux publics que la loi détermine (art. 903, C. pr.). La cession a donc sa publicité propre : dès lors où est la nécessité de chercher ailleurs des règles à cet égard (1)?

71. — II. Dans le cas où la cession est *volontaire* les parties en règlent les effets au gré de leur intérêt commun. La convention qu'elles arrêtent dans ce but est leur unique loi (art. 1267). Ainsi elles peuvent convenir : 1° Que le débiteur sera libéré intégralement ou partiellement moyennant l'abandon de ses biens en toute propriété. — Cet arrangement n'est, sous un autre nom, qu'une véritable *datio in solutum*. Sa transcription est donc nécessaire (V. t. II, p. 354).

2° Que les créanciers auront seulement le droit de faire vendre, sans subir les formes compliquées et onéreuses de la saisie, les biens que leur débiteur leur abandonne et d'en percevoir les revenus à leur profit jusqu'à la vente. — Dans cette hypothèse, l'acte ne saurait être soumis à la formalité de la transcription. Il en sera de même si la cession ne porte point avec elle son explication : car alors les parties seront réputées l'avoir entendue dans le sens que la loi y attache elle-même quand elle est judiciaire. Mais si nous ne nous trompons, elle ne sera dans l'un et l'autre cas opposable aux tiers qu'autant qu'elle aura été rendue publique conformément à l'art. 903 du Code de procédure. Les parties ont, par la voie amiable, créé un état de choses en tous points semblable à la cession judiciaire; les créanciers cessionnaires doivent donc, s'ils veulent conserver le bénéfice, remplir les formalités auxquelles sont subordonnés les effets.

3° Que les biens du débiteur seront remis aux créanciers pour en percevoir le revenu en déduction de ce qui leur est dû, sous la faculté, si, à cette époque, ils ne sont point intégralement payés, de les faire vendre selon les formes prescrites par l'art. 904 du Code de procédure. — La transcription nous

---

(1) Cette publicité a été *prescrite dans l'intérêt des tiers*. MM. Berlier et Mouricault, dans leur exposé de motifs sur l'art 903 du Code de procédure, en ont fait la remarque. Or, dire qu'un acte devra être porté à la connaissance des tiers, c'est implicitement reconnaître qu'aussi longtemps qu'il ne sera point mis sous leurs yeux, il demeurera non avenu à leur égard. Il est vrai que les jugements déclaratifs de faillite sont opposables aux tiers, à compter *de leur date*, et par conséquent avant même qu'ils aient été rendus publics, conformément à l'art. 442 du Code de commerce; mais cette anomalie que la loi consacre par un texte formel (v. l'art. 443, C. de com.) ne saurait être étendue, par analogie, d'un cas à un autre.

paraîtrait alors nécessaire. Si nous avons décidé le contraire dans l'espèce précédente, c'est que, l'opération prise en masse constituant une cession de biens, le nantissement ne s'y trouve qu'incidemment et comme une suite de l'effet principal qu'elle produit. Il nous a semblé dès lors qu'il ne pouvait ni en changer la nature, ni la soumettre à des conditions ou formalités que cette nature ne comporte point : *accessorium sequitur principale*. Mais, dans notre dernière hypothèse, c'est précisément le contraire qui a lieu. L'arrangement intervenu entre les parties a, en effet, un nantissement pour objet direct et principal; la cession n'y figure qu'au second plan, comme un accessoire ajouté pour en compléter l'effet : or, du moment que l'antichrèse y prévaut, elle absorbe et attire à elle la cession qui la complète.

Lors, en un mot, que deux opérations soumises, chacune de son côté, à un mode de publicité qui lui est propre, sont mêlées et confondues dans un même acte, cet acte doit être rendu public, non point deux fois, cela ferait double emploi, mais une fois seulement et d'après le mode propre à celle des deux opérations qui en est l'objet direct et principal (1).

§ 9. DE LA TRANSACTION.

SOMMAIRE.

_____

(1) V. au n° 18, p. 33, ce que nous avons dit à ce sujet.

valeur assez importante pour constituer l'équivalent exact ou le prix de l'immeuble que reçoit ou que retient l'autre partie.

75. La transaction est-elle, *même en ce qui regarde le droit litigieux sur lequel elle intervient,* soumise au régime de la publicité? Quels sont, en autres termes, sa nature et ses effets? N'est-elle que *déclarative* de la propriété réclamée par celle des parties qui obtient ou qui conserve l'objet litigieux? Ne serait-elle pas plutôt *translative* ou tout au moins *extinctive* du droit de celle des parties qui se désiste? — Controverse.

72. La transaction a eu, dans tous les temps, à Rome, dans notre ancienne jurisprudence et de nos jours encore, le privilége de soulever, entre les maîtres les plus illustres, des débats animés et pleins d'intérêt. Les anciens feudistes eurent à l'examiner particulièrement au point de vue de sa nature et de ses caractères. Était-elle *translative* ou simplement *déclarative* de propriété? Constituait-elle, en faveur de celle des parties qui obtenait ou qui conservait la possession de l'immeuble litigieux, *un titre nouveau,* ou n'était-elle que la reconnaissance de son propre titre, *tituli prœtensi confessio?* Question difficile et ardue, mais intéressante surtout, puisque l'exercice des retraits et la perception des lods ou des droits de mutation lui étaient subordonnés. Son importance n'a fait que grandir dans le droit actuel; car, outre qu'elle se rattache comme autrefois à la perception de l'impôt, elle engage aujourd'hui la matière même de la transcription. Quant aux difficultés de solution qui la rendent si délicate, elles n'ont rien perdu de leur gravité, et bien qu'elle ait exercé la sagacité de nos jurisconsultes les plus éminents, il est encore vrai de dire, avec le savant Urceolus : *Hœc materia difficilis et speculativa est.*

73. Mettons de côté, toutefois, deux points, qui, par leur nature, sont forcément en dehors de toute controverse.

Qu'on ait pu discuter et qu'on discute encore la nature des transactions, *quant aux objets litigieux qui en forment la matière,* nous le concevons sans peine ; mais en ce qui touche les biens *non contestés* qui peuvent y entrer comme prix des concessions que l'une des parties fait à l'autre, il est certain que, de même que les contrats ordinaires, elles sont tantôt productives ou extinctives d'obligations, tantôt translatives, constitutives ou extinctives de droits réels. Si, par exemple, Primus et Secundus, entre lesquels la maison A est en litige, conviennent, d'une part, qu'elle restera à Primus, et, d'autre part, que Secundus recevra, en échange de sa concession, une maison B appartenant à Primus, cet arrangement sera bien certainement translatif de propriété quant à la maison B. Que si Primus conserve la maison A, à la charge par lui de consentir sur la maison B un droit d'usufruit au profit de Secundus, ou d'abandonner une servitude qu'il a sur l'un des biens de ce dernier, la transaction sera évidemment alors constitutive ou extinctive d'un droit réel. Elle sera donc, dans ces différents cas, soumise au régime nouveau de la publicité (art. 1er- 1°, et art. 2- 1° et 2°).

74. Elle y serait également soumise, si l'une des parties s'engageait à payer à l'autre une somme ou toute autre valeur assez élevée pour servir de prix à l'immeuble qu'elle obtient ou qu'elle conserve. Cet arrangement ne serait, en effet, qu'une *vraie vente*, déguisée sous l'apparence trompeuse d'une transaction : *Magis quod actum quam quod scriptum inspiciendum* (1).

75. Ainsi, le doute n'est possible qu'en ce qui touche l'objet litigieux, et encore faut-il supposer qu'il est attribué par portions à chacune des parties, ou, si l'une d'elles l'obtient en totalité, que la somme ou valeur qu'elle s'engage à payer en retour de cette concession est trop minime pour constituer l'équivalent ou le prix de l'entier qu'elle obtient ou qu'elle conserve. A ces conditions, et dans ces limites, la nature de la transaction peut être controversée.

Toutefois, elle ne devrait plus l'être si, nous plaçant dans la sphère de la pure érudition, nous devions admettre l'autorité générale comme le critérium de l'infaillibilité ; car s'il est un point sur lequel les jurisconsultes aient fini par se mettre d'accord, c'est sans contredit le caractère simplement *déclaratif* de la transaction.

Ce qu'on obtient par la transaction, disait le célèbre Deluca, nous appartient non point *jure novo, sed jure primævo* (2).

---

(1) Pothier, *Traité de la Communauté*, n° 111.
(2) *De feudis*, Disc. 47, n° 9.

Il est certain, ajoutait Dumoulin, cette lumière du droit, qui, par sa haute raison, mérita l'insigne honneur de voir son autorité citée à l'égal de celle de Papinien (1) ; il est certain, disait-il, que la transaction ne constitue point un titre nouveau au profit de celle des parties qui obtient ou qui conserve l'objet litigieux ; elle ne transfère aucun droit. Son effet consiste uniquement dans la suppression d'un doute qui, pesant sur la propriété de l'une des parties, la tenait incertaine et litigieuse : *Clarum est quod nullum dominium transfertur, nec novum jus nec novus titulus adquiritur, sed sola liberatio controversiæ* (2).

Le judicieux interprète de notre droit coutumier, d'Argentré, bien que contradicteur passionné et systématique des doctrines de Dumoulin, l'approuvait en ce point, et répétait avec lui : *Eum qui rem ex transactione obtinuit, rem habere videri ex eo titulo quem in lite deduxerat* (3). *Transactio*, ajoutait-il ailleurs, *litem et ambiguitatem dirimit, sed materiam primariam juris non generat... non est titulus, sed tituli prætensi confessio.*

« Lors, disait de son côté Pothier, que l'une des parties obtient ou conserve la chose litigieuse, l'argent qu'elle paie en retour constitue, non point le prix de cette chose, mais le prix du désistement de l'autre partie (4). Aussi est-elle réputée en avoir acquis la propriété en vertu de son titre originaire » (5).

Cette interprétation n'a rencontré partout que des adhésions. Reproduite par Merlin d'abord (6), elle fut plus tard soutenue et développée avec un rare talent par MM. Championnière et Rigaud dans leur beau traité *Des Droits d'enregistrement* (7). Deux jurisconsultes éminents, M. Zachariæ (8) et M. Valette (9), lui ont prêté l'appui de leur autorité.

---

(1) Saumaise cité par Brodeau, *Vie de Dumoulin*.
(2) § 33, Glos. 1, n° 67.
(3) Sur l'art. 266 de la Coutume de Bretagne, chap. 3.
(4) *Vente*, n° 646.
(5) *Communauté*, n° 164.
(6) *Répertoire*, V° *Partage*, § 11.
(7) T. 1er, n°s 595 et suiv.
(8) § 421.
(9) *Revue étrangère et française*, t. x.

Enfin, M. Troplong (1), et tout récemment MM. Rivière et Huguet (2) s'y sont ralliés sans hésiter : « Les transactions, disent-ils , sont simplement *déclaratives de propriété;* elles échappent, par conséquent, à la formalité de la transcription ! »

Le procès semble donc jugé, jugé en dernier ressort. Nous croyons cependant pouvoir en appeler. L'autorité des noms et la possession ne sont, après tout, que des présomptions, des préjugés, considérables sans doute, contre lesquels il n'est point permis de s'inscrire à la légère, mais qu'en fin de compte il est de notre devoir de combattre quand la réflexion nous a convaincu qu'ils n'ont servi, jusqu'à ce jour, qu'à obscurcir la vérité. Nous pourrions d'ailleurs opposer aux autorités que nous venons de citer d'autres illustrations, et montrer que, si la nature *déclarative* de la transaction peut prendre son point d'appui dans la tradition, la possession qui l'abrite n'a pas été pourtant exempte de troubles et de protestations. Ceux qui ont étudié les péripéties de ce solennel débat n'ignorent point, en effet, que Tiraqueau (3), Fonmaur (4), Poquet de Livonière (5) et Basnage (6), amendant la doctrine de Dumoulin et de d'Argentré, soutinrent contre eux que la transaction est *translative de propriété,* sinon dans tous les cas, au moins lorsqu'elle déplace la possession de l'objet litigieux; et, remarquez qu'à cet égard ils avaient sur leurs adversaires un avantage incontestable : car, tandis que Dumoulin et d'Argentré n'apportaient à l'appui de leur doctrine que l'autorité de leur haute raison, Tiraqueau et les auteurs qui s'étaient rangés à son avis le justifiaient par un texte même des coutumes d'Anjou et de Normandie.

Quant au droit romain, et bien qu'on nous l'oppose, il nous serait facile d'établir que les textes qu'on y peut puiser, loin de nous être hostiles, militent au contraire en notre faveur. Nous pourrions notamment nous faire fort des lois 8 , C., *De usucap. pro empt.,* et 29, D., *De usurp. et usucap.* La

---

(1) T. XVII, *Transactions,* nos 7 et suiv. — *Transcription,* nos 69 et suiv.
(2) *Transcription,* nos 19 et suiv.
(3) *Retrait lignager,* § 1, glos. 14, no 16.
(4) No 214.
(5) Liv. 3, chap. IV, sect. 7.
(6) Page 346.

transaction y est, en effet, présentée comme une *juste cause de possession* pour l'usucapion, *justa causa transferendi dominii*, et, par conséquent, comme un acte véritablement translatif de propriété, quand il émane *a domino* (1).

Enfin, et à supposer qu'il fût bien établi que, selon la loi romaine et la majorité de nos vieux auteurs français, la transaction n'est que *déclarative* de propriété, nous ne serions point pour cela vaincu et sans ressources. Les travaux préparatoires de notre Code nous pourraient, en effet, fournir des armes nouvelles. Nous invoquerions, d'une part, l'article 16 du projet, aux termes duquel la transaction, à la différence de la cession, n'entraînait *aucune garantie* quant aux objets litigieux; d'autre part, la suppression de cette disposition sur la demande du premier consul et de Berlier, qui l'attaquèrent et la firent écarter, *à cause de son injustice* (2).

Une tradition aussi contradictoire ne saurait avoir, on nous le concédera sans peine, l'autorité de la souveraine raison et enchaîner à ce titre notre liberté d'examen. Faisons donc abstraction de tout ce qui a été dit, écrit ou pensé jusqu'à ce jour sur la question posée; supposons-la nouvelle, et, l'esprit libre de toute préoccupation historique, consentons à n'invoquer, pour la résoudre, que le secours du pur raisonnement.

A notre sens, la transaction n'a, du moins en principe, aucun effet *translatif;* mais, bien loin qu'elle ait un caractère *déclaratif*, elle y répugne, au contraire, et de la manière la plus énergique, par sa nature même, par sa propre essence. Voilà ce que nous nous proposons de démontrer.

Et d'abord, quel point d'appui donne-t-on au système admis? On a cru pouvoir l'établir sur une analogie dont la loi fournit le principe; mais il nous sera facile de montrer que le rapprochement qu'on invoque n'a aucune espèce de fondement.

« Les jugements, a-t-on dit, n'éteignent ni ne déplacent les droits engagés au procès; ils les fixent seulement, ils les consolident, en indiquant celle des parties en la personne de la-

----

(1) M. Pellat, *Exposé des principes généraux sur la propriété et ses démembrements*, p. 474 et 475.

(2) Fenet., t. xv, p. 97.

quelle ils résident. Les transactions ont été assimilées par la loi même aux jugements (l. 20, C., *De transact.*; art. 2052, C. N.): elles n'ont donc, comme eux, qu'un effet *récognitif* ou *déclaratif*. »

Les jugements ne sont ni *extinctifs*, ni *translatifs* des droits débattus entre les parties, nous le reconnaissons; les transactions ont été assimilées aux jugements, la loi est formelle. Mais cette assimilation est-elle complète, absolue? Personne ne l'a jamais soutenu, et nos adversaires n'osent pas eux-mêmes l'admettre (1)! L'assimilation des transactions aux jugements n'existe donc *qu'à un certain point de vue*. Or, si l'on considère le lien qui unit l'article 2052, où elle est écrite, aux articles 2053 à 2058 qui la développent ou la modifient, on reste convaincu qu'elle a trait *seulement aux causes de rescision* dont il est traité dans ces textes. Les transactions ont l'autorité de la chose jugée, puisqu'elles en ont la *solidité* et l'*irrévocabilité*. Elles en ont l'irrévocabilité : car, de même que les jugements, et à la différence des contrats ordinaires, elles ne peuvent pas être attaquées *pour cause d'erreur de droit...* Tel est le point de vue, le point de vue unique, auquel la loi songeait quand elle a édicté l'article 2052. Nous en trouvons la preuve dans le rapport de M. Bigot-Préameneu au Corps législatif. « C'est, dit ce jurisconsulte éminent, l'*irrévocabilité* de la transaction qui la met au rang des contrats qui sont le plus utiles à la paix des familles; aussi l'une des plus anciennes règles de droit est que les transactions ont une *force* pareille à l'autorité de la chose jugée » (2). Ce qui est peut-être plus décisif encore, c'est que la loi romaine dont on a fait notre article 2052 se réfère précisément à *une demande en rescision.*

Ainsi, la *force* de la transaction est la même que celle du jugement. Sous ce rapport, l'assimilation est exacte. Mais ces deux espèces d'actes ont-elles *des effets semblables et de même nature?* C'est ce que la loi n'a jamais dit, et c'est même ce qu'elle ne pouvait pas dire; car, si elle eût poussé l'analogie jusque-là, elle se serait mise en désaccord avec l'article 2048, où elle considère la transaction comme *un acte de renonciation.*

(1) Fenet, t. xv, p. 108.
(2) *Voir* notamment M. Troplong, n°s 129 et suiv.

Quel rapprochement, en effet, peut-on faire entre une *renon-ciation* et un *jugement ?* Est-ce que la partie qui a succombé est réputée *avoir renoncé* à son droit ? Comment cela se pourrait-il ? La loi présume que le droit qu'elle prétendait avoir *n'a jamais existé en sa personne.* Or, qui ne voit que cette présomption est précisément incompatible avec l'idée d'une renonciation ?

Nous allons plus loin. Suivant nous, l'assimilation qu'on prétend établir entre les transactions et les jugements, n'est point seulement contraire à la notion du pur droit, elle blesse la morale elle-même. A première vue, cette proposition paraît n'être qu'un imprudent paradoxe. Il nous sera pourtant bien facile d'en démontrer l'exactitude.

Soit l'espèce suivante. J'affirme que telle maison que vous possédez m'appartient ; de là, entre nous un litige. Nous convenons que la maison vous restera, mais qu'en retour de la concession que je vous accorde, vous me donnerez la somme de 1,000 fr.

Traduisons cette convention dans le sens que nos adversaires y attachent.

« La maison que vous possédez, serai-je censé vous dire, est *bien réellement à vous ; je n'y ai aucun droit,* j'en fais volontiers l'aveu. Mais, comme certaines apparences existent à mon profit, je puis vous faire un procès, et, avec un peu d'habileté, triompher peut-être. Donc, ou donnez-moi 1,000 fr., ou je vous traîne devant les tribunaux. »

N'est-il pas vrai qu'ainsi entendue, la transaction a tous les caractères d'une violence morale, et se résume, s'il nous est permis de dire la chose dans toute son énergie, en une espèce de *chantage !* Cette somme, que l'une des parties a reçue, quel droit y avait-elle ? Aucun ! Quel équivalent a-t-elle donné en échange ? Aucun ! Nous nous trompons : elle a, en retour de cette somme, pris l'engagement de ne rien faire à l'encontre du droit *certain* de l'autre partie. N'est-ce pas, en bon français, comme si elle avait dit : « Je pourrais essayer de vous voler et y réussir peut-être ; je n'en ferai rien, je vous le promets ; mais, comme il est juste que tout service rendu ait son corrélatif, vous me paierez 1,000 fr. ? »

Ce point serait-il inexact ? Alors où sera la vérité ? Si je reconnais que la chose que vous possédez *est vôtre,* que vous en êtes le légitime propriétaire, j'avoue par là même *que je n'y ai aucun droit.* Or cet aveu répugne par essence à tout équivalent pécuniaire. En effet, de deux choses l'une : suis-je convaincu que la chose que je consens à vous laisser vous appartient réellement, la stipulation d'un prix en retour de cette concession n'est et ne peut être, de ma part, qu'un acte déloyal, une immoralité. Ai-je la conviction contraire, comment puis-je alors reconnaître que la chose que je disais mienne tout à l'heure, a toujours été vôtre? Mon aveu est et ne peut être qu'un véritable contre-sens, un acte dont je ne me rends point compte, ou, si on le préfère, un mensonge employé à dessein pour faire passer, sous le voile d'un aveu, de mon domaine dans le vôtre la chose en litige.

En d'autres termes, la nature même de la transaction s'élève et proteste contre l'effet qu'on lui attribue; car, par cela seul que je transige, j'affirme que dans ma conviction le droit contesté existe non en la personne de mon adversaire, mais en la mienne. Transiger et reconnaître comme *certain* le droit de son adversaire, sont deux choses qui, étant entre elles contradictoires par essence, s'excluent réciproquement.

La transaction est donc tout autre chose que l'aveu du droit de l'une des parties par l'autre. Plaçons-nous, pour l'apprécier, au point de vue de l'honnêteté; supposons deux parties loyales et consciencieuses, et recherchons, dans cette supposition, ce que chacune d'elles se propose : la vraie nature de la transaction frappera alors tous les yeux.

Lorsque je stipule de vous une somme d'argent en retour de la chose que je consens à vous laisser, je n'entends nullement reconnaître qu'elle vous appartient, que vous en êtes et que vous en avez été le légitime propriétaire; ce que je fais, l'argent que je reçois, protesteraient contre un pareil aveu. Cette interprétation irait donc tout au rebours de ma pensée. « La chose que vous possédez, vous dis-je, m'appartient; telle est du moins ma conviction. Vous la dites vôtre, et votre conviction à cet égard est égale à la mienne. Vous vous trompez, assurément, les apparences vous abusent. Mais comme, en définitive, je pourrais succomber si j'entrais en lutte avec vous, et que d'ailleurs il me convient d'assurer mon repos, même au prix d'un sacrifice, je suis prêt à transiger. Je n'userai point contre vous du droit que je crois avoir; *j'y re-*

nonce, mais en échange de cette concession vous me paierez telle somme. »

Ainsi, je vous propose et vous acceptez *l'abandon de mon droit*, non point, sans doute, de mon droit *certain*, puisque son existence est en litige, mais de mon droit tel quel, de mon droit *douteux*. C'est ce que la loi suppose elle-même, puisque dans l'article 2048, que nous avons déjà cité, elle donne à la transaction la qualification *de renonciation*.

La transaction est donc, du côté de la partie qui se désiste, *une renonciation* et, par conséquent, un acte *abdicatif* du droit que cette partie croit avoir à l'objet litigieux.

On a été plus loin. « La transaction, a-t-on dit (1), est une renonciation, sans doute, mais une renonciation *in favorem*; or, renoncer à son droit *en faveur d'une personne déterminée*, c'est implicitement lui en faire l'abandon pour qu'elle en retire tout le parti possible et puisse même l'invoquer au cas où elle viendrait à être attaquée du chef d'un tiers (arg. tiré de l'art. 9 de la nouvelle loi).

De son côté, si le possesseur de l'objet litigieux consent à payer un prix en échange de la renonciation qu'il obtient, dans quel but le fait-il, si ce n'est pour consolider sa position et se mettre hors de toute atteinte? Craignant que son titre ne soit impuissant à le défendre, il cherche dans la transaction un secours contre toute attaque ultérieure, de quelque côté qu'elle vienne, c'est-à-dire un titre accessoire propre à corroborer celui dont il est déjà nanti et, au besoin, à le suppléer. Telle est bien certainement l'intention commune des parties. « Nous ne savons, dit l'une d'elles à l'autre, lequel de nous « est le propriétaire légitime de l'objet litigieux. Peut-« être est-ce moi, peut-être est-ce vous. Votre droit est donc « douteux et incertain, comme le mien. Si nous réunissions « nos deux titres en votre personne ou en la mienne, celle « d'entre nous qui les tiendrait réunis ainsi dans sa main au-« rait une sécurité complète, puisqu'au lieu d'un titre elle en « aurait deux, dont l'un est certainement le bon. Donc, tran-

---

(1) La thèse qu'on va lire a été soutenue par M. Vernet, dans le dernier concours qui a eu lieu à Paris. Malheureusement nous n'avons point assisté à cette discussion, et peut-être la reproduisons-nous très imparfaitement; mais si M. Vernet estime que sa pensée a été défigurée, la *Revue* est toute à sa disposition : il sera le bien-venu parmi nous. — (M. Vernet n'a point réclamé.)

« sigeons. Donnez-moi telle somme et je renoncerai à mon
« droit ; j'y renoncerai en votre faveur : vous en tirerez le parti
« que vous pourrez, un excellent parti peut-être. »

La transaction se résume donc en *une cession* que l'une des
parties fait à l'autre du droit qui réside en sa personne,
c'est-à-dire du droit tel quel, droit douteux ou certain, qu'elle
croit avoir à l'objet litigieux.

Entendue autrement, la transaction ne suffirait point toujours à son objet. La partie qui obtient ou qui conserve la chose
en litige n'aurait, il est vrai, rien à craindre du chef de son
adversaire ; à ce point de vue, elle serait pleinement à couvert. Mais si elle était attaquée par un tiers, quel secours la
transaction lui apporterait-elle ? Aucun ! Il ne lui servirait de
rien d'avoir transigé ; le sacrifice qu'elle a fait n'aurait point
sa compensation ou son équivalent. Or ces résultats sont
évidemment inadmissibles.

Mais, pour être mieux compris, il nous faut recourir à une
espèce.

Primus, possesseur de la maison A, est défendeur à une
action en revendication formée contre lui par Secundus. Tertius, intervenant au procès, soutient que la maison, objet du
litige, lui appartient.

Les parties originaires transigent entre elles. Primus reçoit
de Secundus une somme d'argent et lui fait en retour l'abandon de sa prétention.

N'est-il pas vrai que cette transaction équivaut *à une cession ?* « Voulez-vous, a dit Primus à Secundus, me donner telle
« somme ? je renoncerai à mon droit *en votre faveur*. Peut-être
« vous sera-t-il fort utile, car qui sait si celui que vous croyez
« avoir suffira à votre défense ? S'il est insuffisant, le mien vous
« viendra en aide, et peut-être lui devrez-vous de triompher. »
Or, il ne peut venir en aide à Secundus qu'autant qu'on suppose que la transaction l'a fait passer en la personne de ce
dernier. *Son extinction* irait donc en sens inverse du but
que les parties ont eu en vue. Dès lors pourquoi la supposer ?

Cette interprétation blesserait-elle quelque principe de
notre droit ? Tout au contraire ! La loi, en effet, la fait sienne.
Il suffit, pour s'en convaincre, de se reporter à l'article 1701
du Code Napoléon. « Lors, y est-il dit, que le possesseur d'un

héritage litigieux achète le droit de l'un de ses adversaires, la cession doit être respectée. » Or, quelle différence y a-t-il entre cette cession et la transaction dont nous venons de parler? Les deux hypothèses sont identiques de tous points; en réalité, elles n'en font qu'une. Si la loi en a traité au titre *de la vente*, c'est qu'elle a voulu embrasser dans la même disposition toutes les opérations qui, de même que la cession proprement dite, font passer le droit litigieux de l'une des parties à l'autre. C'est ainsi qu'elle y a compris la *datio in solutum* (V. le n° 2 de l'art. 1701), bien que pourtant cet arrangement ne soit pas une véritable vente.

Dans ce système, tout est simple et logique. Secundus, resté seul aux prises avec Tertius, peut se prévaloir contre lui, soit du titre qui lui est propre, soit de celui que la transaction lui a transmis du chef de Primus. Triomphe-t-il, par le secours de l'un ou de l'autre de ces titres, la maison en litige est reconnue sienne; il n'a plus rien à craindre de personne. Succombe-t-il, Tertius est réputé propriétaire, non point seulement au regard de Secundus, mais aussi dans ses rapports avec Primus, puisque ce dernier a été partie au procès par Secundus, son cessionnaire.

Que de complications au contraire, lorsqu'on se place dans le système inverse! Qu'adviendra-t-il, en effet, si on admet que la transaction est *simplement déclarative* du droit de celle des parties qui paie le désistement de l'autre? ou même *simplement extinctive* du droit de la partie qui se désiste? Secundus n'aura alors qu'un titre à faire valoir, un titre unique, celui qui lui est propre. Quant au titre de Primus, il n'en sera point question au procès : car qui pourrait l'y produire? Secundus? il n'en est point investi. Primus? il n'est plus en cause. La transaction intervenue entre Primus et Secundus profitera donc à Tertius, bien qu'il y soit resté étranger! Mais comment cela se peut-il? la règle *res inter alios acta...* a-t-elle donc cessé d'exister?

Sans doute, objectera-t-on peut-être, la transaction ne doit point profiter à Tertius, et s'il triomphe, Primus pourra revenir contre lui. « Vous ne pouvez point, lui dira-t-il, m'op-
« poser la transaction que j'ai faite avec Secundus : car elle
« est, à votre égard, *res inter alios acta*. Secundus ne peut point
« lui-même m'empêcher d'user de mon droit contre vous,

« car dans quel but et sous quel prétexte s'y opposerait-il?
« J'avais, il est vrai, pris l'engagement de ne point m'en pré-
« valoir contre lui ; mais, du moment qu'il est hors de cause,
« et que je puis agir *sans lui faire aucun préjudice,* ma liberté
« d'action reste entière. Le débat est donc désormais con-
« centré entre nous ; vidons-le. »

Soit, répondrons-nous, Primus pourra revendiquer contre
Tertius. Mais s'il triomphe, Secundus ne pourra-t-il point à
son tour revenir avec succès contre lui? Cela est bien évident:
car, le jugement obtenu par Primus contre Tertius étant *res
inter alios judicata* à l'égard de Secundus, le droit de ce dernier restera, au regard de Primus, intact et tout-puissant, tel,
en un mot, que l'a fait la transaction.

Ce n'est point tout! Secundus, après avoir triomphé contre
Primus, ne pourra-t-il point être recherché à nouveau par
Tertius? Cela n'est point douteux. Un jugement a été, en effet, rendu entre Secundus et Tertius ; entre eux, ce jugement
conserve toute sa valeur. Or, que porte-t-il? Que la maison
en litige appartient non à Secundus, mais à Tertius.

Où s'arrêter? Qui ne voit que nous tournons fatalement
dans un cercle sans issue?

Dira-t-on que nous embrouillons à plaisir le débat, et qu'on
peut le simplifier et le résoudre par une fin de non-recevoir?
Examinons. « Si, nous répondra-t-on, Primus revendique la
maison dont Tertius a été reconnu propriétaire dans ses rapports avec Secundus, cette revendication devra tomber *faute
d'un intérêt légitime* en la personne du demandeur. Primus
n'a, en effet, aucun intérêt à obtenir la maison restée aux
mains de Tertius, puisque, aussitôt qu'elle lui serait délaissée,
elle lui serait reprise par Secundus. »

Admettons cela, qu'en résultera-t-il? Que Tertius bénéfi-
ciera seul de la transaction. Dès lors, nous voilà ramenés à
notre point de départ. Notre première objection revient dans
toute son énergie.

On aboutit donc fatalement à une impasse sans issue ou à
la violation de l'un des principes les plus élémentaires de
notre droit.

— Ainsi, d'après cette donnée, la transaction n'aurait point
pour effet d'éteindre et de mettre à néant le droit douteux
de la partie qui se désiste; elle en investirait l'autre partie.

Devons-nous aller jusque-là? Exceptionnellement, oui ; en principe, non.

Suivant nous, deux cas bien distincts sont à considérer.

Si nous supposons que, la propriété d'une chose étant contestée entre *trois* prétendants, deux des parties engagées transigent entre elles, leur transaction, nous en faisons l'aveu, n'est autre chose, sous un nom impropre, que la cession dont il est parlé dans l'article 1701. Il nous semble, en effet, évident qu'en ce cas celui des trois adversaires qui paie le désistement de l'un des autres entend, non point supprimer et mettre à néant le droit de ce dernier, mais, au contraire, l'acquérir pour s'en servir, au besoin, contre la partie avec laquelle il reste aux prises. A la vérité, l'acte qui a eu lieu a été passé sous le titre de *transaction ;* mais qu'importe le nom que les parties lui ont donné? la qualification inexacte attribuée à un acte n'empêche point que cet acte ne soit réellement celui que les contractants ont eu en vue. Ce qu'ils ont voulu l'emporte sur ce qu'ils ont dit : *Non sermoni res sed rei est sermo subjectus* (art. 1156, C. N.).

La transaction intervenue sur un objet contesté entre deux prétendants seulement devra également être considérée comme une cession, s'il est constant ou démontré qu'au moment où elle a eu lieu les parties avaient un juste sujet de craindre l'intervention d'un troisième prétendant; car il est clair alors que la partie qui a obtenu ou conservé la possession de l'objet litigieux aura cherché dans la transaction un titre auxiliaire, un appui contre le danger auquel elle restait exposée.

Mais quand deux parties seulement sont aux prises, et qu'au moment où elles transigent rien ne fait présumer que l'objet en litige pourra être réclamé plus tard du chef d'une tierce personne, ou, à plus forte raison, lorsque, par la nature même du droit, il est certain que le débat ne peut exister qu'entre elles, la transaction se sépare alors complétement de la cession. Dans le premier cas, en effet, la partie qui a obtenu le désistement de l'autre n'a nullement songé à se fortifier contre le danger de l'intervention d'un adversaire éventuel, puisqu'elle était convaincue qu'elle n'avait qu'un adversaire unique, celui avec lequel elle a contracté. Dans le second, notre interprétation est plus manifeste encore, puisqu'à raison de la nature même du droit contesté, son extinction est seule possible. Ainsi, qu'on suppose qu'une vente étant attaquée pour cause de dol ou de lésion, le vendeur renonce à sa prétention en retour d'une somme d'argent que lui paie l'acheteur : n'est-il pas certain qu'en ce cas la transaction est purement *extinctive* de l'action dont le vendeur se croyait nanti ? Cette action ne pouvant être intentée que contre l'acheteur ou ses ayants-cause, comment aurait-il pu songer à s'en faire investir ? C'eût été viser à l'impossible, puisqu'une action ne peut pas exister activement et passivement en la même personne.

Mettons notre distinction en lumière par l'espèce suivante :

Primus revendique la maison A contre Secundus qui la possède. Tertius intervient au procès et la dit sienne. Secundus, transigeant alors avec Primus, en obtient l'abandon de sa prétention : — cette transaction n'est autre chose qu'une *cession*. L'article 1701 la régit ; nous lui appliquons donc le système que nous avons exposé plus haut (V. p. 183 et suiv.).

Modifions l'espèce. Primus et Secundus sont, quant à présent, seuls aux prises, et rien ne donne lieu de craindre l'intervention d'un tiers prétendant. Secundus stipule de Primus l'abandon de sa prétention et lui en paie le prix : — cette transaction n'a aucun rapport avec la cession ; elle ne déplace point le droit abandonné, elle l'éteint, non point même absolument, mais en tant seulement qu'il pourrait préjudicier à Secundus.

Cela posé, admettons que Tertius, auquel personne ne songeait, vienne revendiquer à son tour la maison dont Secundus a conservé la possession : celui-ci ne pourra point produire au procès le titre de Primus, car ce titre ne lui a pas été transmis. Il n'aura donc, pour se défendre, que le secours qu'il pourra tirer du titre qui lui est propre. Supposons qu'il succombe : Primus, resté nanti de son titre, pourra alors s'en prévaloir contre Tertius et triompher peut-être, sans avoir à craindre aucun recours du chef de Secundus : « Vous ne pouvez point, dira-t-il à Tertius, m'opposer la transaction que j'ai faite avec Secundus, car elle est à votre égard *res inter alios acta*. Secundus ne peut point m'empêcher lui-même d'user de mon droit contre vous, car dans quel but et sous quel prétexte s'y opposerait-il? J'avais, il est vrai, pris l'engagement de ne point m'en prévaloir *contre lui;* mais, du moment qu'il est mis hors de cause et que je puis agir *sans lui faire aucun préjudice,* ma liberté d'action reste entière. Le débat se trouve donc désormais concentré entre nous. Vidons-le. »

Au reste, et en ce qui touche le point de vue que nous traitons, que la transaction soit *extinctive* ou *translative,* il n'importe; elle devra être transcrite dans tous les cas, puisque, selon les termes de la loi, toute convention qui opère le déplacement d'un droit réel, ou qui, sans le déplacer, l'*éteint,* est soumise au régime de la publicité (art. 1-1° et 2°; art. 2-1° et 2°). Il est vrai que la transaction ne transfère ou n'éteint qu'un droit *douteux,* mais qu'importe encore? La loi ne distingue pas si le droit qui passe d'une personne à une autre, ou qui cesse d'exister, était *litigieux* ou *certain.* Elle ne pouvait même pas, elle ne devait pas distinguer : car elle aurait manqué de logique si elle avait permis de tenir clandestins des actes qui, en définitive, ont pour effet d'anéantir, en la personne de leur auteur, un droit qu'il pouvait céder à un tiers, ou sur lequel il pouvait constituer, non point sans doute une hypothèque solide et sûre, mais une hypothèque telle quelle, une hypothèque incertaine et douteuse comme le titre dont il était investi.

Ainsi, qu'on suppose qu'après avoir transigé celle des parties qui s'est désistée du droit qu'elle paraissait et qu'elle croyait avoir, le cède, comme droit litigieux, à un tiers : croit-on que cette cession devra rester nulle, nonobstant la clandestinité de la transaction? MM. Rivière, Huguet (1) et Troplong (2) l'affirment; leur autorité pourra faire naître des doutes; pour nous, nous sommes convaincu qu'ils se trompent. Et, en effet, de ces trois choses, l'une :

La transaction a-t-elle fait *passer* le droit litigieux de l'une des parties à l'autre, elle a dû être transcrite;

L'a-t-elle *éteint,* elle a dû l'être encore ;

L'a-t-elle laissé *subsistant* en la personne de celui des contractants qui en était nanti, il a pu alors le céder et le transmettre à un tiers.

---

(1) *Quest. sur la transcr.,* n°s 19 et suiv.
(2) *Transcription,* n°s 69 et suiv.

§ 10. DES VENTES ADMINISTRATIVES.

SOMMAIRE.

76. Les aliénations dites *administratives*, telles que les ventes consenties, soit par l'État, soit par un département, une commune ou un établissement d'utilité publique, sont soumises au régime de la loi nouvelle.

77. Les concessions de chemins de fer, de canaux, échappent au contraire à son empire.

76. — Les biens composant le domaine privé de l'État, des départements et des communes, sont aliénables sous certaines formes et conditions. Il en est de même de ceux qui appartiennent à des corporations relevant de l'État, telles que les hospices, les fabriques, les établissements ecclésiastiques, certaines communautés religieuses, ou plus généralement les établissements d'utilité publique.

Nous avons à ce sujet une question assez délicate à examiner.

Lorsqu'un bien sort du domaine d'une personne publique pour entrer dans le patrimoine d'une personne privée, l'acte qui opère cette mutation est-il ou non soumis à la formalité de la transcription?

Peut-être s'étonnera-t-on de nous voir mettre ce point en litige. La loi nouvelle est, en effet, si générale dans ses termes, qu'elle semble répugner par essence à toute limitation. Tout acte translatif de propriété sera transcrit, dit-elle. Rien assurément ne saurait être ni plus absolu, ni plus impératif. Que le bien déplacé soit de telle nature ou de telle autre, il n'importe, si d'ailleurs il est immobilier. Peu importe également la condition de l'aliénateur ou de l'acquéreur. Nulle distinction ne tempère la règle établie. Elle atteint donc, sans exception, *tout acte entre-vifs qui déplace la propriété*, et par conséquent les aliénations administratives de même que les aliénations ordinaires.

Ce n'est point l'avis de M. Troplong. « Il est facile de voir, dit-il, que, quelle que soit la nature des aliénations administratives, la loi nouvelle ne les a pas envisagées dans ses prévisions. Qu'est-ce, en effet, que la transcription ? *Un acte de méfiance* de la part du nouveau propriétaire contre son vendeur. Or cette méfiance peut-elle exister vis-à-vis de l'État, et peut-on craindre que l'État ayant vendu un terrain à un citoyen vende ensuite ce terrain à un autre ?...... Il est certain que les auteurs de la loi (*ils l'ont solennellement déclaré*) n'ont pas pu penser que l'État et les départements, qui ne peuvent vendre qu'au moyen d'une loi précédée de toutes les précautions usitées en pareille matière, arrivent jamais à porter préjudice aux droits accordés à des citoyens » (n° 80).

Mettons hors de cause un point accessoire de cette argumentation.

Les auteurs de la loi *ont solennellement déclaré*, M. Troplong l'affirme, *que les aliénations administratives échappent par leur nature à la règle commune.*

Nous sera-t-il permis de dire toute notre pensée à cet égard? Et d'abord, cette déclaration solennelle, qui l'a faite? Où a-t-elle eu lieu? Dans quel document officiel la trouve-t-on consignée? Nous avons consulté avec la plus scrupuleuse attention les documents législatifs que le *Moniteur* nous a transmis, et partout la loi nous est apparue avec le caractère de généralité que ses termes lui impriment. Personne, en effet, ni M. Suin, dans son exposé de motifs, ni M. de Belleyme, dans son rapport, ni enfin aucun des membres du Corps législatif, dans ses critiques ou ses observations sur les textes du projet, n'a fait allusion, de près ou de loin, directement ou indirectement, au privilége dont l'existence est si solennellement affirmée. C'est donc *au Sénat* que ce point de droit aurait été soulevé; il y aurait même donné lieu à de judicieuses observations. Que des observations aient été faites dans le sens qu'indique M. Troplong, la chose est possible. Nous acceptons comme certain le fait en lui-même. Mais ces observations, quelle portée ont-elles? Ne sont-elles que l'expression individuelle de la pensée de l'un de Messieurs les sénateurs, la phrase incidente ou quelque parenthèse de son discours? Ont-elles donné lieu à quelque débat? Le commissaire du gouvernement les a-t-il faites siennes en s'y associant? Y a-t-il eu accord entre les parties, ou le débat est-il resté à l'état de controverse? Nous ne savons; les délibérations du Sénat sont lettre close pour le public. Or, quelle induction peut-on tirer d'une discussion dont personne, en dehors du

Sénat, ne connaît les termes? Comment les tribunaux, si on venait à l'invoquer devant eux, pourraient-ils la vérifier? Et s'il ne leur est point donné de l'apprécier, de quel droit en feraient-ils la base de leur décision?

Nous pouvons d'ailleurs, allant plus loin, faire toutes les concessions qu'on exigera de nous. Oui, dirons-nous, des observations ont été faites au Sénat en faveur de ceux qui tiennent leur droit de l'État.... ou d'un établissement public; ces observations étaient pleines de sagesse, nous le reconnaissons; le commissaire du gouvernement les a faites siennes en les approuvant, nous ne le contestons pas; nous reconnaîtrons même que le Sénat tout entier s'y est rallié par une expresse et solennelle adhésion. Mais qu'importe tout cela? Est-ce que le Sénat a été institué pour fixer le sens des lois, les amender et en modifier les termes? Ses pouvoirs sont d'une tout autre nature. Gardien du pacte fondamental et des libertés publiques, il s'oppose à la promulgation des lois, lorsqu'elles portent atteinte à la Constitution, à la morale ou à la religion. Là s'arrête son droit. Il le dépasserait et commettrait un excès de pouvoir s'il tentait d'aller plus loin. La loi soumise à son examen est au-dessus de lui-même, quand la Constitution l'approuve et qu'elle n'a rien de contraire à la morale ou à la religion. Il ne lui appartient point d'en étendre ou d'en restreindre la portée par ses commentaires. Les explications qu'il en donne, les déclarations qu'elle lui inspire n'ont par conséquent aucune valeur législative : le tribunal qui en ferait l'un des attendus de sa décision méconnaîtrait la lettre et l'esprit de la Constitution.

La loi du 23 mars 1855 demeure donc, pour la justice comme pour nous-même, telle qu'elle est sortie du Corps législatif. Or, nous l'avons démontré, ses termes sont absolus; aucune observation, déclaration ou explication n'est venue dans la discussion en amoindrir l'étendue.

Reste l'argument que M. Troplong tire de l'esprit de la loi. « La transcription, dit-il, est un acte de méfiance de l'ayant cause contre son auteur; or, cette méfiance ne saurait exister au regard de l'État ou d'un département; la transcription appliquée aux aliénations qui émanent d'eux n'a par conséquent aucune raison d'être. »

Nous concédons, quant à l'État, et même, si l'on veut, quant aux départements, la première partie de ce raisonnement; mais M. Troplong a perdu de vue sans doute que sa proposition embrasse également les aliénations consenties par les communes, les hospices, les fabriques, les communautés religieuses autorisées, ou plus généralement les établissements d'utilité publique. Or, de bonne foi, croit-on que dans le monde pratique ces personnes juridiques inspirent une plus grande confiance que les particuliers? Quel est le créancier qui, ayant une hypothèque sur leurs biens, oubliera de l'inscrire? A tort ou à raison, ceux qui entrent avec elles en relation d'affaires ne négligent jamais de placer leurs droits sous la garantie des mesures conservatoires que la loi met à leur disposition.

La transcription d'ailleurs n'a point exclusivement pour objet de mettre l'acquéreur à l'abri de *la mauvaise foi* ou de la *déloyauté* de l'ancien propriétaire; c'est aussi une précaution prise contre l'*oubli*, ou tout au moins contre l'*erreur*. Or, ne se peut-il point que les administrateurs d'un établissement aliénateur, perdant de vue l'aliénation qui a eu lieu, aliènent de nouveau la chose sortie de son patrimoine? Si le bien aliéné consiste en une parcelle de terrain détachée d'un domaine dont elle faisait partie, notre hypothèse n'aura assurément rien d'exagéré. On la concevra mieux encore si, au lieu d'une aliénation, on suppose la constitution d'une simple servitude. Les administrateurs actuels d'un département, d'une commune ou d'un établissement public, connaissent-ils toujours d'ailleurs avec une parfaite exactitude les actes de leurs devanciers? Personne ne l'affirmera.

Nous devons, au reste, aller plus loin. La transcription n'est point seulement un acte de méfiance ou de prudence contre la déloyauté, l'oubli ou l'erreur de l'ancien propriétaire ou de ses successeurs; c'est encore un moyen pour l'acquéreur de mettre son acquisition à l'abri de certains actes *indépendants* de la volonté de son auteur. Tout le monde sait, en effet, que les hypothèques résultant des jugements atteignent tous les biens de la partie condamnée, et par conséquent ceux-là mêmes qu'elle a précédemment aliénés, si l'acquéreur n'a pas eu le soin de se mettre à couvert par la transcription de son titre. Dès lors, comment M. Troplong a-t-il pu penser que la transcription des ventes administratives ne serait, dans le

système de la loi nouvelle, qu'une mesure vaine et inutile?
Ignore-t-il combien sont fréquentes les condamnations pécuniaires prononcées contre les établissements publics, et, s'il faut
tout dire, contre l'État lui-même?

Mais ce n'est pas tout. La transcription a une double utilité. Et d'abord elle enlève à l'ancien propriétaire la faculté
de consentir des aliénations ou de constituer des hypothèques
nouvelles au préjudice de son ayant-cause (art. 3). En outre,
elle éteint par sa toute-puissance, et sans le secours d'aucune
formalité ultérieure, toutes les hypothèques judiciaires ou
conventionnelles, assises sans inscription, du chef des précédents propriétaires, sur l'immeuble aliéné (art. 6). Cela posé,
comment, dans le système de M. Troplong, les choses se passeront-elles quant aux hypothèques secrètes, constituées sur
les biens d'un établissement public, soit du chef de l'établissement lui-même, soit du chef de ses auteurs les anciens propriétaires (1)? La question nous semble fort embrouillée, et
M. Troplong, si habile qu'il soit, aura de la peine à s'en
tirer.

Dira-t-il que la transcription, à supposer que l'acquéreur
transcrive, arrêtera le cours des inscriptions, conformément
à l'art. 6 de la nouvelle loi, et qu'ainsi l'immeuble qui lui a
été transmis restera entre ses mains affranchi des hypothèques non inscrites dont il était grevé? Mais la nouvelle loi ne
lui est point applicable, M. Troplong l'affirme; or, s'il ne la doit

---

(1) Les communes peuvent certainement s'obliger sous la garantie d'une
affectation hypothécaire. A la vérité leurs biens sont insaisissables, et sans le
droit de saisie l'hypothèque semble destituée de toute efficacité; mais à défaut
du droit de saisie, leurs créanciers sont investis d'un autre droit qui le remplace et en tient lieu. Lors, en effet, qu'une commune qui a des dettes à payer
ne s'exécute pas elle-même, ses créanciers peuvent faire vendre ses biens après
en avoir obtenu l'autorisation par un décret déterminant les formes de la vente
(art. 46 de la loi de 1837).

Si les communes peuvent garantir leurs engagements par des hypothèques
conventionnelles, il va de soi que les condamnations pécuniaires prononcées
contre elles grèvent également leurs biens d'une hypothèque judiciaire.

Enfin il est plus qu'évident que les hypothèques acquises du chef des anciens propriétaires sur les biens qu'elles acquièrent par succession ou autrement
subsistent contre elles, de même qu'à l'égard d'un acquéreur ordinaire.

point subir quant aux charges qu'elle impose, à quel titre aurait-il droit aux bénéfices qu'elle confère?

M. Troplong invoquera-t-il l'art. 2166 du Code Napoléon? Prétendra-t-il que l'aliénation des biens appartenant à un établissement d'utilité publique purge par elle-même, et sans le secours de la transcription, les hypothèques non inscrites auxquelles ils étaient affectés? Mais cette disposition a depuis longtemps cessé d'exister: l'art. 834 du Code de procédure l'avait supprimée. Si d'ailleurs on la maintenait dans l'espèce, quelle étrange anomalie ne créerait-on point? Comment, en effet, justifierait-on l'infériorité exceptionnelle dans laquelle on laisserait les hypothèques assises sur les biens des établissements d'utilité publique? Quoi! le gage hypothécaire qu'on tiendrait d'une commune ou d'un hospice aurait moins de solidité que les hypothèques constituées par un simple particulier? Ne voit-on pas qu'en décidant ainsi on sévit contre eux sous prétexte de les protéger? Il est clair, en effet, qu'on ne peut point amoindrir les sûretés qu'une personne peut offrir sans énerver par là même son crédit.

Quel parti reste donc à prendre? M. Troplong soutiendra-t-il que l'article 834 du Code de procédure, bien qu'abrogé lui-même, est applicable dans l'espèce, puisque la loi qui l'abroge ne la régit point? Si on accepte cette donnée, les créanciers hypothécaires des établissements d'utilité publique pourront s'inscrire aussi longtemps que les tiers acquéreurs ne transcriront point leur titre d'acquisition, et même après la transcription effectuée, pendant quinze jours encore. Ainsi les ayants-cause d'une commune, d'un hospice, ou de tout autre établissement d'utilité publique, seront dans une classe à part; ils ne participeront point au bénéfice du droit commun. Leurs auteurs en souffriront eux-mêmes: car, tandis que d'après la loi nouvelle ils pourraient exiger dès le jour même de la transcription, quand le bien aliéné est à cette date libre de toute inscription, le paiement du prix qui leur est dû, leur action restera, dans le système de l'art. 834 du Code de procédure, paralysée pendant les quinze jours accordés aux créanciers pour s'inscrire!

Cependant M. Troplong persiste. «La transcription n'est point, dit-il, applicable aux ventes administratives; elle est un acte *judiciaire*, si l'on peut ainsi parler; elle est du domaine

des tribunaux; et comme l'interprétation des actes administratifs est de la compétence *de l'administration,* comme il appartient à celle-ci de déclarer, en cas de doute, l'étendue de la
vente et ce qu'elle comprend, il est clair que la transcription
telle qu'elle est organisée dans la loi du 23 mars 1855, contiendrait, si elle était appliquée aux actes administratifs, un
empiétement sur la ligne de démarcation qui sépare le domaine des tribunaux de l'administration. »

La portée de cet argument nous échappe. Les conflits que
les ventes administratives peuvent faire naître *entre les parties contractantes* ont été placés dans la juridiction exceptionnelle des tribunaux administratifs, nous le concédons. L'interprétation des clauses obscures ou ambiguës, invoquées par
ou contre l'administration, demeure dans leur domaine exclusif, nous ne le contestons pas. Mais le débat auquel peut donner lieu le défaut de transcription soulève-t-il une interprétation d'acte? Est-ce qu'il existe entre l'administration et la
partie avec laquelle elle a contracté? Les acheteurs successifs
qui ont traité avec elle sont seuls aux prises. Sans doute celui
d'entre eux qui succombera recourra contre l'administration, et alors peut-être restera-t-on dans la compétence ad-
ministrative. Mais il n'en saurait être de même de la prétention qu'élève l'un de ses ayants-cause contre l'autre. Quant à
eux, la question à vider est une pure question de propriété,
puisqu'il s'agit uniquement de savoir auquel des deux appartient l'immeuble litigieux. Le débat se résume ainsi en
une véritable revendication, et par conséquent en un procès
purement civil qui, à ce titre, relève naturellement des tribunaux ordinaires. Si l'administration avait vendu un bien dont
elle croyait avoir, mais dont elle n'avait pas la propriété, l'action en revendication formée contre son ayant-cause par le
propriétaire légitime de la chose vendue ne serait certainement point dans les attributions des tribunaux administratifs;
la jurisprudence est depuis longtemps fixée en ce sens. Or,
quelle différence caractéristique y a-t-il entre cette espèce et la
nôtre? Qu'on nous permette une autre hypothèse : supposons
que l'administration ait aliéné un bien grevé d'hypothèques du
chef des anciens propriétaires, est-ce que les questions d'inscription, de radiation, de purge, d'ordre et autres de même
nature que soulèveront ces hypothèques seront jugées admi-

nistrativement? M. Troplong lui-même n'oserait pas aller jusque-là. Mais en nous concédant ce point, il reconnaîtra implicitement que l'attribution aux tribunaux civils des conflits de propriété auxquels peuvent donner lieu les ventes administratives non transcrites ne constitue nullement un empiétement sur la ligne de démarcation établie entre les tribunaux et l'administration.

Si l'argument que nous nous efforçons d'écarter était fondé et décisif, dans l'espèce, M. Troplong se condamnerait lui-même sur un autre point de son Traité. Qu'il veuille bien, en effet, se rappeler qu'il exige la transcription des sociétés, civiles ou commerciales, car il ne distingue point, lorsqu'elles renferment, de la part de l'un des associés, un apport immobilier (n° 63). Or, s'il était vrai que la transcription est inapplicable quand la convention d'où résulte la mutation de propriété a un caractère spécial qui la place, quant à son interprétation, en dehors de la juridiction des tribunaux *civils*, les sociétés *commerciales* portant stipulation d'un apport immobilier échapperaient forcément à son empire, de même que les ventes administratives. M. Troplong a donc sur deux espèces parfaitement analogues deux solutions diamétralement opposées.

S'il n'applique point aux ventes administratives ce qu'il dit des sociétés commerciales, c'est qu'il s'est laissé séduire par cette idée que l'acquéreur qui tient son droit de l'État, d'un département, d'une commune ou d'un établissement d'utilité publique n'a aucun intérêt à transcrire. Cette donnée n'est point exacte, nous croyons l'avoir démontré; mais fût-il parfaitement vrai que le danger que nous avons signalé est purement imaginaire, qu'en pourrait-on conclure? On pourrait sans doute en prendre texte pour montrer que les lois, si sages et si utiles qu'elles soient en principe, rencontrent parfois dans leur application des hypothèses particulières où leur utilité n'apparaît point. C'est ainsi, par exemple, que la formalité de la transcription a été appliquée aux actes portant renonciation à un droit d'usage ou d'habitation, quoique pourtant elle ne soit en ce cas qu'une mesure vaine et sans objet(1); mais quand la loi est formelle, qu'importe qu'elle soit plus ou moins parfaite! Quelle qu'elle soit, elle nous oblige.

(1) C'est ce que nous démontrerons lorsque nous expliquerons l'art. 2, n° 2.

M. Troplong nous l'enseigne lui-même. La loi qui procède en grand se justifie suffisamment, dit-il, quand son utilité générale est avérée; et quoique le motif qui lui sert de raison d'être ne s'applique point à certains cas particuliers, ces hypothèses ne sont point pour cela en dehors d'elle (n° 77).

77. Quant aux décrets portant concession d'un chemin de fer, d'un canal.... nous sommes de l'avis de M. Troplong. La loi nouvelle ne les atteint pas; il nous serait facile de le démontrer, mais toute discussion à cet égard manquerait d'intérêt.

---

§ 11. — DES ADJUDICATIONS, ET DES EXPROPRIATIONS POUR CAUSE D'UTILITÉ PUBLIQUE.

SOMMAIRE.

droit de l'acquéreur qu'elle dépossède. Toutefois, celui-ci peut renoncer au bénéfice de cette résolution et maintenir son contrat, lorsqu'il y a intérêt. Dans le premier cas, le défaut de transcription du jugement d'adjudication ne peut être opposé que par les ayants-cause de l'aliénateur originaire. Dans le second, les ayants-cause de l'acquéreur dépossédé peuvent seuls s'en prévaloir.

86. Des adjudications sur enchère du sixième ou sur folle-enchère. Doivent-elles être tout à la fois mentionnées en marge de la transcription de la première adjudication, conformément à l'art. 4 de la loi nouvelle, et transcrites, d'après l'art. 1er de la même loi? — *Quid* si le dernier adjudicataire ne fait point transcrire son titre?

87. Des adjudications sur licitation. Elles sont ou non soumises à la formalité de la transcription, suivant qu'elles ont lieu au profit d'un enchérisseur étranger ou de l'un des colicitants. — Du cas où, l'indivision existant entre trois personnes ou un plus grand nombre, plusieurs d'entre elles ou toutes moins une se sont réunies pour se porter indivisément adjudicataires de l'immeuble licité. — Renvoi.

88. Des expropriations pour cause d'utilité publique. Sont-elles exclusivement régies par la loi du 3 mai 1841, ou au contraire par la loi du 23 mars 1855? Suivant M. Cabantous, la première de ces deux lois n'a été modifiée *sous aucun rapport* par la seconde. — Critique de ce système.

78. L'adjudication a toujours été considérée comme une vraie vente. C'est ainsi qu'elle est qualifiée par tous les auteurs qui en ont traité, et, ce qui est plus décisif, par la loi elle-même, ainsi qu'on s'en peut convaincre en se reportant aux articles 1596, 1649 et 1684 du Code Napoléon. Elle diffère sans doute, à certains égards, de la vente ordinaire ; mais les caractères particuliers qui la distinguent ne font point qu'elle ne réunisse en elle, sous tout autre rapport, la véritable nature et les caractères essentiels de la vente volontaire.

Nul ne peut acheter sa propre chose : car acheter c'est acquérir, et l'acquisition d'une chose qui déjà est nôtre implique une impossibilité aussi réelle que juridique.

Il semble donc que l'adjudication est par essence, et par conséquent dans toutes les hypothèses possibles, un acte *translatif de propriété*. Ce n'est pourtant qu'une fausse apparence. Si, en principe, l'adjudication, de même que la vente ordinaire, a pour but et pour effet d'opérer une mutation de propriété, il n'est point rare qu'elle tende à un tout autre but et produise un tout autre effet. Nous pouvons citer, dans cet ordre d'idées et en première ligne, l'adjudication sur *licitation* entre cohéritiers, ou plus généralement entre les copropriétaires d'une chose indivise. Qu'est-ce, en effet, que la licitation, sinon une voie de droit introduite pour faire cesser une indivision, une forme particulière du partage, *modus divisionis, imo ipsa divisio rei non divisibilis?* L'adjudication qui la consomme ne constitue donc, comme le partage dont elle tient lieu, qu'un acte simplement *déclaratif de propriété.* Mais, bien entendu, il n'en est ainsi qu'autant que l'adjudicataire est un des colicitants. Si c'est un tiers, on rentre dans la théorie de la vente, puisque la chose qu'il obtient passe du domaine des licitants dans le sien propre.

Nous avons, en outre, des adjudications *confirmatives d'une acquisition antérieure.* Il arrive, en effet, fréquemment, qu'un *acquéreur,* poursuivi du chef des créanciers hypothécaires des anciens propriétaires, se porte adjudicataire de sa propre chose, afin de mettre son acquisition à l'abri de la résolution qui l'affecte en faveur du poursuivant. C'est ainsi qu'aux termes mêmes de l'art. 2189 du Code Napoléon, « l'acquéreur ou le donataire d'un immeuble mis aux enchères sur la poursuite d'un créancier hypothécaire peut le *conserver* en se portant dernier enchérisseur. » Il est clair qu'en ce cas l'acte qui intervient n'a rien de *translatif :* car, au lieu de déplacer la propriété en la faisant passer d'une tête sur une autre, il la laisse et la fixe, au contraire, dans le patrimoine de l'adjudicataire où elle se trouvait déjà. Il *n'acquiert* donc point la chose qui lui est adjugée; il la *conserve,* selon l'expression même de la loi. Ainsi, loin de supprimer son titre originaire et de le remplacer par un titre nouveau, l'adjudication qu'il obtient le confirme et le consolide en le purifiant de la condition résolutoire qui le tenait révocable (1).

Le même résultat a lieu toutes les fois que, sur une enchère du sixième (art. 708, C. pr.) ou du dixième (art. 573, C. com.), l'adjudicataire menacé de voir lui échapper la chose qui lui a été adjugée s'en porte une seconde fois dernier enchérisseur. Déjà, en effet, elle lui a été transmise par la première adjudication. Cette transmission n'est point pure et simple, sans

(1) Consultez MM. Rigaud et Championnière, III, n° 2155 ; M. Gabriel Demante, *Exposition raisonnée des principes de l'enregistrement,* n° 210.

doute ; on peut même discuter la question de savoir si la condition qui l'affecte est *suspensive* ou *résolutoire*. Mais, quel que soit le parti que l'on prenne à cet égard, la seconde adjudication ne sera et ne pourra être que la confirmation d'une acquisition antérieure, puisqu'elle réalisera la condition suspensive, ou fera défaillir la condition résolutoire, qui tenait incertaine la première adjudication.

Enfin, il est généralement admis qu'au cas où les biens d'une succession bénéficiaire sont mis aux enchères publiques, soit sur la poursuite des créanciers de la succession, soit même sur la propre initiative de l'héritier, celui-ci peut s'en porter enchérisseur pour son propre compte et en obtenir l'adjudication. Or, dit-on, l'héritier bénéficiaire, adjudicataire d'un bien de la succession, ne l'acquiert point, puisqu'il l'avait déjà ; il le conserve. L'adjudication n'est donc ici encore qu'un acte confirmatif d'un titre préexistant. A notre avis, cette proposition est trop absolue : nous aurons bientôt à le démontrer ; mais comme elle est vraie à certains égards, nous pouvons, sans inconvénient, la maintenir dans le système général que nous venons d'élaborer.

Ainsi, parmi les adjudications, celles-ci produisent l'effet d'une *vente*, celles-là l'effet d'un *partage*, d'autres enfin l'effet *d'un acte confirmatif d'une acquisition préexistante.*

Donc, trois sortes d'adjudications bien distinctes, savoir : les adjudications *translatives*, les adjudications *déclaratives* et enfin les adjudications *confirmatives* de propriété.

Ces actes étant divers dans leurs effets, il eût été logique d'appliquer à chacun d'eux une dénomination propre à le caractériser et à le distinguer des autres. La pauvreté de notre langue juridique ne l'a point permis sans doute. Trois idées essentiellement disparates entre elles se sont trouvées ainsi groupées sous l'expression unique d'*adjudication*. On devine déjà quelles complications vont naître de cette fâcheuse confusion.

Mais ce n'est pas tout ! Si les adjudications sont en général des *jugements*, elles ne sont que des *actes* en certains cas. La qualification de *jugement* ne saurait, en effet, convenir aux adjudications sur enchères reçues *par un notaire*.

Remarquons enfin que, de même qu'un jugement, quoique *d'adjudication*, peut *n'être pas translatif de propriété*, un jugement peut, à l'inverse, être *translatif de propriété*, bien que n'étant point d'*adjudication :* Tels sont les jugements d'expropriation pour cause d'utilité publique.

Cette variété dans les faits pèse lourdement sur l'interprétation de la règle qui les régit. Ainsi, quels sont, parmi ces actes divers, ceux que vise la loi nouvelle et ceux qu'elle n'atteint pas? C'est ce qu'il est difficile d'apercevoir, tant sa formule est brève et concise : « Sera transcrit, dit-elle, *tout* « *jugement d'adjudication, autre que celui rendu sur licitation au* « *profit d'un cohéritier ou d'un copartageant.* » Prise au pied de la lettre, cette disposition est exempte de toute obscurité. Nous la pouvons, en effet, décomposer en deux parties : l'une, qui est le principe; l'autre, l'exception.

L'exception n'a trait qu'aux adjudications *déclaratives de propriété :* donc, pouvons-nous dire, la règle embrasse — car elle comprend naturellement tous les cas que l'exception ne régit point — non-seulement les adjudications *translatives* de propriété, mais encore celles que nous avons appelées *confirmatives* d'une acquisition antérieure.

La règle établie ne vise que les adjudications qui ont lieu par *jugement :* donc, pouvons-nous ajouter, celles qui ont lieu *par acte devant notaire* demeurent en dehors d'elle.

Ainsi nous devrions, à ne consulter que les termes de la loi, décider :

1° Que les jugements d'adjudication, autres que ceux qui ont lieu sur licitation au profit d'un cohéritier ou d'un copartageant, sont soumis à la formalité de la transcription, soit qu'ils transfèrent, soit qu'ils confirment la propriété, et qu'ainsi les acquéreurs qui se portent adjudicataires de leur propre chose, de même que les adjudicataires de la chose d'autrui, doivent transcrire l'adjudication prononcée à leur profit;

2° Que les adjudications, quelle que soit leur nature, et par conséquent les adjudications translatives elles-mêmes, échappent au régime de la publicité, lorsqu'elles ont lieu *par acte devant notaire.*

Ces solutions, personne ne le conteste, sont en parfaite concordance avec les termes de la loi. Mais, ajoute-t-on aussitôt, il est non moins certain qu'elles la blessent dans son esprit. Le 1° de son art. 1er contient, en effet, toute sa pensée: *Les mutations de propriété* doivent être rendues publiques.

Telle est la règle. Les dispositions qui la suivent n'en sont que le développement ou des applications particulières. C'est donc par elle qu'on les doit interpréter. Or, si l'on consent à se placer à ce point de vue, on est forcé de reconnaître :

1° Que le 4° du même article embrasse toutes les adjudications *translatives de propriété*. Qu'elles aient eu lieu en justice ou par-devant notaire, il n'importe. Du moment qu'elles intéressent les tiers, elles appartiennent au régime de la publicité.

2° Qu'à l'inverse, celles qui ne font que confirmer une acquisition antérieure sont, par leur nature, en dehors de la règle établie : car, lorsqu'au lieu de déplacer la propriété, un acte intervient qui la consolide et la fixe dans le patrimoine où les tiers savent déjà qu'elle se trouve, le besoin de la publicité ne se faisant plus sentir, la nécessité de la transcription perd toute raison d'être.

La pensée de la loi se dégage donc claire et lumineuse lorsqu'on s'attache à son esprit. Dès lors qu'importe, dit-on, que ses termes en obscurcissent la notion ? Ne l'étouffons point par un asservissement aveugle et machinal à l'empire des mots ! Cette puérile superstition ne ferait qu'engendrer partout des résultats ridicules ou de déplorables injustices.

Ainsi, le débat se concentre tout entier entre la *lettre* et l'*esprit* de la loi. L'interprète peut-il déduire d'une disposition générale et absolue quant à ses termes, une règle limitée et restreinte dans son application, et à l'inverse, mais sous un autre rapport, l'étendre à des cas que sa formule n'embrasse point ?

Le peut-il, alors que le texte soumis à son examen est parfaitement clair et exempt même de toute ambiguïté ? Là est la question.

Nous avons eu à nous expliquer sur ce point dès le début même de la loi (1). Le 4° de l'article 1er, disions-nous alors, ne prête nullement à l'amphibologie. Il est parfaitement clair et aussi précis que possible. Dès lors, comment diviser en deux règles inverses l'une à l'autre la règle unique qu'il prescrit ? Ce serait aller trop loin, par deux raisons également fortes : la première, c'est que la loi ne distingue point; la seconde,

(1) **V.** notre *Examen critique du Commentaire de M. Troplong sur les privilèges*, 2e partie, n° **335**.

c'est qu'elle a pris soin de prévenir toute distinction. Et, en effet, que dit-elle? Que *toute* adjudication sera transcrite! Ainsi, au lieu d'ajouter après le substantif *adjudication* une expression limitative, elle en a, au contraire, généralisé le sens par l'adjectif *toute* qui le précède. Qu'exiger de plus démonstratif?

Dira-t-on que, si les jurisconsultes qui ont eu l'honneur de rédiger, d'expliquer ou de voter cette disposition, n'ont point songé à placer un terme limitatif à côté du mot général *adjudication,* c'est que par une inadvertance regrettable ils ont cru qu'à l'exception de celles qui ont lieu sur licitation au profit d'un cohéritier ou d'un copartageant *toutes les adjudications sont translatives de propriété?* Mais comment croire à un pareil oubli? Qui ne sait qu'à côté des adjudications *translatives* les lois placent les adjudications simplement *confirmatives* de propriété? Or, se peut-il que des magistrats du haut parquet, des présidents de chambre, des avocats pleins de talent et de savoir, aient ignoré ce que personne n'ignore? Et d'ailleurs, s'ils n'avaient eu en vue que les adjudications translatives de propriété, comment expliquer le mot *toute* qu'ils ont placé en tête de leur disposition? Cette expression n'aurait aucun sens dans ce système; on n'y pourrait voir qu'une protestation que la loi aurait écrite de sa propre main contre elle-même!

Dira-t-on, en outre, que s'ils n'ont parlé que des *jugements* d'adjudication, c'est qu'ils ont perdu de vue les nombreuses adjudications qui se font *par acte notarié?* Mais alors que n'auront-ils point oublié?

Que l'on considère quelles mutilations, suppressions et additions il faudra faire subir à la loi pour accommoder son texte à sa pensée présumée!

1° Le mot *toute* n'y a été placé que par mégarde; il la dénaturerait en lui imprimant une étendue qu'elle n'a pas : supprimons-le.

2° L'expression *adjudication* n'y peut point rester seule, puisqu'elle ferait supposer que la règle établie est générale, tandis qu'il est évident qu'elle n'est que spéciale; donc, au mot *adjudication,* ajoutons le limitatif : *translative de propriété.*

3° L'exception qui termine le texte y est inutile, ou plutôt elle n'y a aucun sens : car, s'il est vrai que dans la pensée de la loi il n'a trait qu'aux adjudications *translatives de propriété,* il ne se peut pas qu'elle ait senti le besoin d'en exclure, par une disposition formelle, des adjudications *non translatives*. On ne retire, en effet, on n'excepte de la règle que ce que la règle comprendrait à la supposer seule. Ainsi les mots : *autres que les adjudications qui ont lieu sur licitation au profit d'un cohéritier ou d'un copartageant*, ne sont, dans la loi, qu'une superfluité sans objet : mettons-les de côté.

4° Certaines adjudications pouvant avoir lieu *par-devant notaire*, les mots *jugements d'adjudication* sont inexacts ; remplaçons-les par ceux-ci : *actes d'adjudication*.

Ainsi, il faut ou prendre la loi telle qu'elle se comporte et lui laisser le sens que ses termes impliquent, ou se résigner à reconnaître qu'elle a, dans une disposition composée à peine de quelques mots, commis nous ne savons combien d'erreurs, quatre au moins !

Cette alternative nous avait rendu très circonspect, et, par une prudente abstention, nous avions réservé plutôt que résolu cet important débat. Quand le texte et l'esprit de la loi sont en sens inverse l'un de l'autre, et que pour faire prévaloir la pensée présumée du législateur on est forcé de supposer qu'il l'a formulée au rebours du plus vulgaire bon sens, l'opinion générale peut seule puiser en elle une autorité assez grande pour faire une aussi grave affirmation. Nous avons donc attendu que le procès fût instruit et en état. Aujourd'hui, l'instruction est complète ; le jugement est porté et prononcé en dernier ressort. Les hommes pratiques que nous avons consultés, les jurisconsultes avec lesquels nous en avons conféré, les magistrats qui ont bien voulu nous éclairer de leur avis, et enfin tous les auteurs qui ont écrit sur ce point, MM. Rivière et Huguet (1), Grosse (2), Ducruet (3), et enfin M. Troplong (4), se prononcent tous dans le même sens. Que le législateur soit condamné, dit-on de toutes parts, mais que la loi reste sauve. Cette unanimité met fin à nos hésitations. Nous reconnaissons donc, d'une part, que, parmi les adjudications, celles-là seulement sont soumises à la formalité de la transcription , qui sont *translatives de propriété ;* d'autre

---

(1) *Questions,* n°s 115 et suiv.

(2) Commentaire de la loi du 23 mars 1855, n° 62.

(3) Études sur la même loi, p. 4 et 5.

(4) Commentaire de la même loi, n°s 100 et suiv.

part, que les adjudications de cette nature doivent être transcrites sans qu'il y ait à distinguer si elles ont eu lieu *par jugement* ou *par acte notarié.*

Toutefois, et bien que ce principe nous paraisse désormais
acquis à la science, nous croyons devoir l'examiner pratique-
ment dans les applications diverses qu'il peut recevoir.

79. Occupons-nous d'abord des adjudications sur saisie
pratiquée contre un propriétaire par ses créanciers personnels. Une difficulté assez grave s'y rattache.

Personne n'ignore que les adjudications de cette nature ont
été soumises, dès avant la loi nouvelle, à un système particulier de publicité et de transcription. Lors, en effet, qu'un
immeuble a été placé sous la main de la justice et que la saisie qui a été pratiquée a été dénoncée au propriétaire qu'elle
atteint, il en doit être donné avis aux tiers. Ces deux faits
sont placés sous leurs yeux, par la double transcription du
procès-verbal de saisie et de l'exploit de dénonciation sur un
registre à ce destiné au bureau des hypothèques de la situation de l'immeuble saisi (art. 678, C. pr.). Dès que cette formalité est remplie, le saisi ne peut faire *aucune aliénation* au
préjudice des créanciers poursuivants (art. 686). Sous ce rapport, leur gage est désormais à l'abri de tout péril. Mais, bien
qu'en général la faculté *d'aliéner* et la faculté *d'hypothéquer*
n'existent point séparément (art. 2124), la loi, les distinguant
dans l'espèce, a laissé subsister l'une tout en supprimant
l'autre. Ainsi, quoiqu'il soit *incapable d'aliéner*, le saisi conserve plein et entier *le droit d'hypothéquer* (1). Ce droit ne cesse
que par l'adjudication, et à compter seulement du jour où
elle a été portée en marge de la transcription de la saisie
(art. 716, C. pr.). « Les tiers, disait le rapporteur de la loi,
trouveront dans cette mesure le complément des procédures
et une révélation suffisante de la transmission de propriété (2). » L'adjudicataire qui a rempli cette formalité se

(1) V. en ce sens tous les auteurs qui ont écrit sur l'art. 686 du Code de
procédure.

(2) Là est la justification de notre proposition. Si, en effet, la mention de
l'adjudication en marge de la transcription de la saisie est prescrite *dans l'intérêt des tiers*, on est bien obligé de reconnaître avec nous que l'adjudication
ne prend date à leur égard qu'à compter du jour où cette formalité a été

trouve donc pleinement à couvert dans l'avenir. Il n'a rien à craindre des actes ultérieurs du propriétaire auquel il a succédé.

Telle est la condition que lui fait le Code de procédure. Mais cette théorie subsiste-t-elle encore? La loi nouvelle ne l'a-t-elle point abrogée ou tout au moins modifiée? En d'autres termes, l'adjudicataire qui tiendra à se mettre en règle devra-t-il, d'une part, faire transcrire le jugement d'adjudication en marge de la transcription de la saisie, et, d'autre part, le faire transcrire sur le registre ordinaire des mutations de propriété?

M. Lemarcis, avocat du barreau de Rouen (1), et M. Tenin, employé principal du bureau des hypothèques à Paris (2), estiment que la première de ces formalités est pleinement suffisante. Nous laissons parler M. Lemarcis : « Nous avons vu, dit-il, que les jugements d'adjudication doivent être transcrits. Est-ce à dire pour cela que jusqu'à l'accomplissement de cette formalité le droit de l'adjudicataire ne saurait rien avoir à craindre? Il faut distinguer. Quant aux adjudications sur saisie immobilière, il nous semble évident que le droit de l'adjudicataire ne saurait rien avoir à craindre ; car le saisi, qui, dès la transcription de la saisie, a perdu le droit d'aliéner au détriment des créanciers inscrits et du saisissant, ne recouvre point ce droit sans doute après l'adjudication. Le résultat contraire serait trop bizarre, et certes l'intention de la loi n'a pas été de le consacrer. Dans ce cas donc, la loi manquera de sanction. »

MM. Rivière et Huguet (3) paraissent se ranger à cet avis. Mais ils font remarquer que, bien qu'il soit vrai que l'adjudicataire n'a rien à craindre des actes que le propriétaire exproprié pourra passer *dans l'avenir*, il ne s'ensuit point qu'il

remplie. Autrement, c'est-à-dire si l'adjudication suffisait, par elle-même et par elle seule, pour enlever à l'ancien propriétaire la faculté de consentir des hypothèques opposables à l'adjudicataire, sa mention en marge de la transcription de la saisie ne serait plus qu'une formalité vaine et inutile, puisqu'elle serait destituée de toute sanction.

(1) Explic. de la loi du 23 mars 1855, p. 24.

(2) Essai de commentaire sur la loi du 23 mars 1855, p. 11 et 12.

(3) *Questions*, n° 124.

n'ait aucun intérêt à faire transcrire. Il suffit, pour s'en convaincre, de considérer que la transcription de son titre d'adjudication sur le registre des mutations de propriété peut seule le mettre à l'abri des aliénations que le saisi a pu consentir, *soit avant la saisie, soit même depuis, mais avant qu'elle eût été transcrite.* Nous montrerons, en effet, plus tard, qu'entre ces aliénations et l'adjudication, la préférence reste acquise à l'acte premier transcrit.

Admettrons-nous cette distinction ? Quant au règlement du conflit de l'adjudicataire avec les tiers acquéreurs dont le titre est antérieur à la transcription de la saisie, nous l'avons toujours tenu pour exact (1). L'adjudicataire prudent ne paiera donc son prix qu'après avoir fait transcrire son titre et s'être assuré qu'il n'existe, sur le registre des mutations, aucune transcription antérieure ayant trait à l'immeuble qui lui a été adjugé.

Mais supposons qu'il n'ait, *quant au passé*, aucune inquiétude : pourra-t-il alors, sans courir aucun danger *dans l'avenir*, négliger de remplir cette formalité ? La transcription de la saisie suffira-t-elle pour rendre nulles à son égard les aliénations que l'ancien propriétaire pourra consentir ? La mention de l'adjudication en marge de la transcription de la saisie aura-t-elle, par elle-même et par elle seule, une vertu assez grande pour éteindre, en la personne de ce dernier, le droit d'hypothéquer ? Bien que le doute soit permis et la controverse possible, nous n'hésitons point à nous prononcer, sur l'une et l'autre question, dans un sens négatif. L'état civil de la propriété consiste dans les registres *des mutations;* c'est là que les tiers doivent recourir pour se renseigner ; là par conséquent que doivent être consignés tous les actes qui la font passer d'une personne à une autre. Les jugements d'adjudication y doivent donc être transcrits ; car, loin que la loi les ait placés dans un ordre privilégié ou exceptionnel, elle a pris soin, au contraire, de les laisser, par une disposition formelle, sous l'empire du droit commun. Qu'on ne dise point que les *adjudications sur saisie* n'étaient point spécialement présentes à sa pensée quand elle l'a formulée ; cette donnée

---

(1) V. notre *Examen critique du Commentaire de M. Troplong sur les privilèges*, 2e partie, nos 352, 353 et 357.

est évidemment inadmissible : les adjudications de cette nature, étant les plus fréquentes, ont dû, en effet, frapper tout
particulièrement son attention. La règle qu'elle a établie reste
donc absolue.

Peut-être est-il à regretter qu'une exception n'ait pas été
faite en faveur des aliénations sur saisie. La transcription
prescrite par l'art. 678 du Code de procédure prévient , en
effet, les tiers qu'un tel, propriétaire actuel de tel immeuble,
est menacé d'expropriation; la mention du jugement d'adjudication en marge de cette transcription leur apprend que l'expropriation est consommée. Dès lors, qu'exiger de plus ? La
transcription de l'adjudication sur le registre des mutations
n'est, à ce qu'il semble, qu'une formalité vaine et surabondante, puisqu'elle a pour objet de placer sous les yeux des
tiers un acte qui déjà leur a été révélé. Néanmoins, qu'importe ! la loi aurait pu être mieux faite, nous le voulons
bien, mais son imperfection nous donne-t-elle le droit de la
méconnaître ?

On se récrie et on nous répond par une réduction à l'absurde. Quoi ! nous dit-on, tant que la procédure d'expropriation ne sera point achevée, complète, le saisi, *bien que proprié-*
taire, sera privé, par l'effet de la transcription de la saisie, de
l'exercice de son droit d'aliéner, et cette faculté renaîtra en
sa personne par l'effet de l'adjudication , c'est-à-dire précisément au moment *où il perdra le droit de propriété lui-même!* Se
peut-il, en vérité, que la loi ait commis une aussi folle inconséquence? Est-ce que le jugement d'adjudication efface la
transcription de la saisie ? Cesse-t-elle d'avertir les tiers que
l'immeuble qui y est décrit a été placé sous la main de la justice? Et puisqu'elle subsiste en droit et en fait, d'où vient
qu'on la destitue de toute efficacité dans l'avenir?

D'où cela vient? d'une raison bien simple! Si le débiteur
pouvait valablement aliéner le bien que ses créanciers ont
placé sous la main de la justice, la saisie n'aurait aucune solidité, puisqu'elle tomberait par l'effet même des aliénations
qu'il pourrait consentir. A la vérité, les créanciers hypothécaires la pourraient renouveler contre les tiers acquéreurs;
mais la loi n'a pas dû permettre qu'on pût les contraindre de
répéter indéfiniment des poursuites qu'à leur tour viendraient
anéantir de nouvelles aliénations. De là le principe que le

14

saisi ne peut plus, une fois la saisie transcrite, consentir aucune aliénation au préjudice des créanciers poursuivants. La transcription de la saisie et l'effet légal qui y est attaché ont donc pour objet direct et immédiat d'assurer la continuation et la fin des poursuites valablement commencées. Or, dès que ce résultat est acquis, et il est assuré aussitôt que l'adjudication est consommée, l'intérêt des créanciers poursuivants étant pleinement sauvegardé, la transcription qui a eu lieu à leur requête n'a plus d'objet, et, par suite, aucune raison de continuer juridiquement ses effets dans l'avenir. Du moment, en un mot, que la propriété a été réellement transmise à l'adjudicataire, celui-ci reste seul en rapport avec l'ancien propriétaire. Les créanciers poursuivants disparaissent complétement du débat; l'avenir ne les concerne point. S'il est nécessaire de faire des actes conservatoires de la mutation qui a eu lieu, c'est évidemment à l'adjudicataire, à lui exclusivement, et sous sa responsabilité personnelle, qu'incombe l'obligation de les accomplir. S'il les néglige, il ne pourra imputer qu'à lui-même le dommage qui l'atteindra. Qu'y a-t-il en tout cela de si inconséquent? La condition de l'adjudicataire est la même que celle d'un acquéreur ordinaire. Dès lors, où est la raison de l'affranchir du droit commun? Il est vrai que son acquisition a reçu un grand éclat, que les formalités qui l'ont précédée lui ont imprimé une certaine publicité; mais la loi nouvelle ne vise-t-elle que les aliénations qui se font dans le cabinet d'un notaire ou entre les parties, sous le manteau de la cheminée? Les adjudications sur licitation, les ventes judiciaires des biens d'un mineur ou d'une succession bénéficiaire, ne se font point à huis-clos, que nous sachions. On les transcrit pourtant. Que dire surtout de l'adjudication des biens d'un failli? Nul autre acte peut-être n'est environné d'une publicité plus grande : en conclura-t-on qu'elle est opposable aux tiers dès qu'elle existe et indépendamment de sa transcription?

Que nos adversaires considèrent à quelles conséquences ils sont conduits dans leur système! Une saisie a été transcrite; l'adjudication faite, l'adjudicataire néglige de la faire porter en marge de la transcription de la saisie : sera-t-elle néanmoins opposable aux tiers? Sans aucun doute. Car, par la transcription même de la saisie et indépendamment de toute

mention ultérieure de l'adjudication, le saisi est privé de
l'exercice du droit d'aliéner. Nous aurons ainsi une mutation
de propriété qui, *bien que non transcrite*, existera envers et
contre tous! Rien ne la révèle aux tiers; car, si la transcription de la saisie les a prévenus qu'un tel immeuble était *mis en
vente*, elle ne leur apprend point s'il a été ou non vendu. Elle met
sous leurs yeux un *projet* de vente; mais ce projet a-t-il
abouti? Le débiteur n'a-t-il point fait tomber la saisie en désintéressant le poursuivant? L'immeuble mis aux enchères
a-t-il trouvé des enchérisseurs? Voilà ce qu'il leur importerait
d'apprendre et ce qu'ils ne savent point. Si même on suppose
qu'ils consultent la transcription de la saisie longtemps après
qu'elle a été faite, ils seront naturellement amenés à penser
que l'adjudication n'a pas eu lieu, puisqu'ils ne la trouvent
nulle part mentionnée; ils la devront subir néanmoins. Or,
ce résultat est-il juste? Est-il surtout conforme au texte et à
l'esprit de la loi nouvelle? Ne formera-t-il au moins qu'une
exception, une exception restreinte à un cas tout spécial? Non
assurément. Nos adversaires seront obligés, la logique les y
contraindra, d'étendre et de généraliser leur système. Ils
devront, en effet, l'appliquer:

1° Aux ventes sur conversion de saisie: car elles sont précédées de la transcription de la saisie, et le propriétaire est, à
partir de cette transcription, incapable d'aliéner au préjudice
des créanciers poursuivants (art. 743 et 748, C. pr.).

2° Aux adjudications des immeubles vendus sur la poursuite
des syndics d'une faillite (art. 572, C. com.). Et, en effet, de
même que le saisi devient, dès que la saisie est transcrite,
incapable d'aliéner au préjudice du saisissant, le failli perd
de même, à partir du jugement déclaratif de sa faillite, le
droit de disposer de ses biens à l'encontre de ses créanciers
(art. 443, C. com.). Le jugement d'où naît cette incapacité
reçoit, par son insertion dans les journaux et la voie des affiches (art. 444, C. com.), une publicité non moins grande que
celle que la saisie peut recevoir de la transcription. L'analogie
est parfaite; le résultat devra donc être le même.

3° Aux adjudications des immeubles vendus par des créanciers après une cession de biens; car, en ce qui touche l'objet
de ce débat, elles sont absolument semblables aux adjudications sur saisie. On sait, en effet, que, dès que la cession existe,

le débiteur qui l'a faite perd le droit de disposer des biens qu'elle comprend : elle concorde donc, sous ce rapport, avec la saisie. Elle s'y rattache encore par un autre côté : car, si la saisie doit être transcrite, la cession doit être mentionnée dans un tableau public à ce destiné dans l'auditoire du tribunal et dans le lieu des séances de la mairie (art. 903, C. pr.). Le moyen de publicité est différent, mais la publicité acquise est la même.

4° Aux adjudications sur enchères du sixième, après une adjudication sur saisie.

5° Aux adjudications sur folle enchère, si, dans les diverses hypothèses qui viennent d'être énumérées, l'adjudicataire ne satisfait point à ses obligations.

6° Enfin, aux adjudications sur enchère du 10°, lorsqu'un bien faisant partie d'une faillite a été vendu sur la poursuite des syndics (art. 573, C. com.).

Combien d'adjudications resteront donc dans la règle ? Comment dire encore qu'*en principe* les adjudications doivent être transcrites ? La proposition inverse sera seule vraie; l'exception prendra la place de la règle ; ainsi mutilée et transfigurée, la loi restera méconnaissable ! Il faudra même, si l'on consent à rester logique jusqu'au bout, porter la main jusque sur l'article 6 et lui faire subir à son tour une restriction qu'assurément ses termes et son esprit ne comportent point. « Les hypothèques, y est-il dit, peuvent être valablement inscrites, même après l'aliénation de l'immeuble sur lequel elles sont établies et aussi longtemps qu'elle n'a pas été transcrite. « Or, si l'adjudication opère, par elle-même et sans le secours de la transcription, une mutation opposable aux tiers, on sera forcé de reconnaître que, dès qu'elle existe et avant même qu'elle soit transcrite, l'immeuble adjugé passe à l'adjudicataire, tant au regard des créanciers hypothécaires du saisi qu'à l'égard du saisi lui-même. Le cours des inscriptions se trouvera ainsi clos et arrêté à la date même de l'adjudication. Qu'importe, dira-t-on, que la loi embrasse par la généralité de ses termes les aliénations de toute nature? la raison de droit et la logique des principes en excluent les aliénations forcées.

Ainsi, tandis que la loi est partout simple, absolue, une, partout on la fait complexe et relative. Ce n'est point nous,

assurément, qui nierons l'influence de la raison de droit dans
l'interprétation des lois; nous nous inscririons contre nous-
même, si nous protestions contre la logique des principes.
Mais lorsque pour faire admettre l'idée qu'ils patronnent, on
est obligé de mutiler les textes au point de les rendre mécon-
naissables, les principes qu'on invoque sont-ils bien fondés?
Sachons nous mettre en garde contre un double écueil: « L'interprète, dit M. Dupin, doit savoir éviter également et ce
servilisme qui nous rend esclave de la lettre qui tue, et cet
esprit d'indiscipline qui souvent donne la mort à la loi. »
Entre ces deux extrêmes est la vraie sagesse. Nous consentons
à reconnaître, nonobstant la généralité des termes du 4° de
l'article 1er, que les adjudications translatives de propriété sont
seules soumises à la formalité de la transcription; cette concession n'offre aucun danger pratique : car, loin qu'elle défi-
gure l'homogénéité de la loi, elle la rétablit, au contraire, dans
la plus parfaite symétrie ; à ce titre, elle rentre dans les limites d'une sage et juste interprétation. Mais ce serait, ce nous
semble, se jeter dans l'arbitraire, que d'aller jusqu'à dire que,
parmi les adjudications qui opèrent un déplacement de propriété, celles-là seulement doivent être transcrites, qui n'ont
été précédées d'aucune transcription ou formalité propre à en
faire présumer l'existence. Les textes protestent de la manière
la plus énergique contre cette donnée, et il ne nous est point
démontré que l'esprit de la loi lui vienne en aide. La transcription des adjudications sur saisie n'a point, nous en
avons fait l'aveu, le même degré d'utilité que celle des aliénations ordinaires ; mais c'est s'abuser que de croire qu'elle
n'est, en ce cas, qu'une formalité vaine et sans objet. La loi
a dû, en effet, la prescrire, afin de prévenir les lacunes fâcheuses qu'aurait laissées dans la série des transmissions et
par suite dans l'établissement de la propriété, l'absence des
ventes forcées sur le registre ordinaire des mutations. N'est-
ce pas ainsi d'ailleurs qu'elle a procédé sur un cas analogue ?
Car, si elle exige que le privilége du vendeur, bien que décrit
sur le registre des mutations, soit en outre couché sur le
registre des inscriptions (1), dans quel but le fait-elle, si ce

---

(1) Art. 2108, C. Nap. Cet article a été maintenu en vigueur par la nouvelle loi ; nous le démontrerons plus tard.

n'est afin de perfectionner sa publicité et de ne laisser aucune lacune dans le tableau des charges dont l'immeuble peut être grevé? « Il importe, disait M. Jolivet au conseil d'Etat, que le « registre des inscriptions soit complet (1). »

A chaque acte sa place particulière : les priviléges et hypothèques, sur le registre qui leur est propre ; les saisies, sur le registre spécial qui leur est affecté; aux adjudications, ou plus généralement aux actes qui déplacent la propriété, le registre des mutations. L'ordre, la facilité des recherches, l'établissement exact de la propriété, et, par suite, la sécurité des tiers, sont à ce prix.

Ainsi, à notre avis et dans notre conviction, rien ne peut remplacer la transcription du jugement d'adjudication. C'est en vain que l'adjudicataire le fait mentionner en marge de la transcription de la saisie; cette formalité ne le met point à couvert contre les actes ultérieurs que pourra faire l'ancien propriétaire. Mais si elle ne supplée point la transcription de son titre, la réciproque n'est point vraie. Dans notre système, la mention des adjudications en marge de la transcription des saisies n'a plus d'objet; la loi nouvelle l'a implicitement abrogée.

80. Nous passons à une autre espèce. Un immeuble a été aliéné; l'acquéreur, au lieu de purger, prend la voie du délaissement; les créanciers hypothécaires inscrits poursuivent, sur un curateur, la vente de l'immeuble délaissé : s'il est adjugé au délaissant, l'adjudication devra-t-elle être transcrite?

L'affirmative pourra être soutenue, si on admet avec certains auteurs que le délaissement emporte de plein droit, *hic et nunc*, l'abandon *de la propriété acquise*. Le délaissant ayant cessé d'être propriétaire de l'immeuble qui lui est adjugé, l'adjudication prononcée à son profit constitue, dira-t-on, une acquisition nouvelle, ce qui la range dans la classe des adjudications translatives.

Nous nous hâtons de dire que cette donnée juridique est de tous points inadmissible. Et d'abord le délaissement n'est point une *abdication de la propriété*; ce n'est même pas un abandon de la possession civile, c'est-à-dire de la possession considérée au point de vue des avantages par-

____

(1) Fenet.

ticuliers que la loi y attache. L'acquéreur qui délaisse n'a,
en effet, d'autre but que de se soustraire aux ennuis et à
la honte qu'entraîne avec elle une procédure en expropriation. Or, il suffit, pour atteindre ce résultat, qu'il cesse de
détenir l'immeuble à l'occasion duquel il est poursuivi. Le
délaissement n'est donc que l'abandon de la détention de
l'immeuble ou *de la possession de fait.* Quant à la propriété
et même quant à la possession civile, l'immeuble abandonné demeure, jusqu'à l'expropriation, dans le domaine
de l'acquéreur. Telle était la doctrine de Loyseau dans l'ancien droit. « Il faut prendre garde, dit-il, que celui qui délaisse
l'héritage pour les hypothèques *n'en quitte que la simple détention ou occupation.* Il serait bien mal avisé d'en quitter la
propriété, vu que si elle est vendue par décret, et qu'il reste
quelque argent du prix après la dette hypothécaire acquittée,
ce sera toujours autant de sauvé pour lui..... Ainsi, ajoute-
t-il en résumant ses idées sur ce point, le délaissement a
même effet que la cession de biens, après laquelle le cessionnaire ne perd point la propriété de ses biens, jusqu'à ce qu'ils
aient été actuellement vendus ; et partant, s'il se veut départir de la cession, il les peut reprendre, supposé qu'ils ne
soient pas encore vendus ; et après qu'ils sont vendus, c'est à
lui le reste du prix d'yceux, après ses dettes payées » (1).
Cette doctrine fit fortune dans le monde savant ; elle ne ren-
contra partout que des partisans. Les auteurs les plus exacts,
Brodeau (2), Denizart (3) et Pothier (4) s'y rallièrent comme
à un principe hors de toute controverse. « Le détenteur qui
a délaissé l'héritage, disent-ils, n'est jamais dépouillé de la
propriété qu'il n'y ait une vente faite par décret, après le délaissement, sur le curateur qu'on y fait nommer. *La propriété
et la possession civile de l'héritage restent toujours fictivement
permanentes sur la tête du délaissant.* » — Rien n'indique qu'en
passant de notre ancienne jurisprudence dans notre droit

---

(1) *Traité du déguerpissement*, liv. v, chap. xiv, nᵒ 1ᵉʳ, et vi, chap. vii,
nᵒˢ 1ᵉʳ et suiv.

(2) Sur l'art. 79 de la Coutume de Paris.

(3) Au mot *Déguerpissement.*

(4) Introd. à la Cout. d'Orl., *Hypoth*, nᵒ 51. — Traité de l'hypothèque,
nᵒ 119.

actuel, le délaissement y ait changé de nature (1). Les rédacteurs du Code, personne ne l'ignore, ne s'écartent point facilement des idées reçues, alors surtout qu'elles se placent
sous le patronage des maîtres dont ils aiment à suivre les
leçons et sous l'autorité d'une pratique de plusieurs siècles.
S'ils innovent parfois, c'est qu'alors ils y sont en quelque sorte
contraints par l'évidence même de l'imperfection ou de l'injustice de l'institution qu'ils abandonnent. Dans tous les cas,
ils ne s'y décident qu'après de solennelles discussions. Or,
quels adversaires le délaissement considéré comme l'abandon
de la simple détention a-t-il rencontrés, soit au conseil d'État
soit au Tribunat? A quelles protestations a-t-il donné lieu?
Dans quelles controverses le trouve-t-on engagé? Les travaux
préparatoires du Code ne nous ont transmis à cet égard aucun
enseignement. Quant aux textes, ils ne sont, à peu de chose
près, que la reproduction littérale du Commentaire de Loyseau. La nomination d'un curateur au bien délaissé (art. 2174,
2ᵉ alinéa), la faculté de le reprendre en payant les dettes hypothécaires et les frais (art. 2173), ou, s'il est vendu, de
bénéficier de l'excédant du prix de vente sur le montant des
sommes dues aux créanciers hypothécaires des précédents
propriétaires (art. 2177, 2ᵉ alinéa), toute l'ancienne doctrine
s'y trouve maintenue sans la moindre altération. Cette concordance si parfaite de la loi nouvelle avec l'ancienne loi nous
semble décisive, et à moins de nier absolument l'autorité de
la tradition, il nous paraît impossible de ne point reconnaître
qu'en cette matière le Code s'en est tenu purement et simplement aux errements du passé (2).

(1) Le délaissement ne donnait point ouverture aux lods dans l'ancien droit,
il en est de même aujourd'hui : la régie ne perçoit que le droit fixe.

(2) Les textes fournissent contre cette doctrine deux objections que nous
devons examiner.

La première est tirée de l'art. 2172, aux termes duquel il faut être capable
d'*aliéner* pour pouvoir *délaisser*. La nature d'un acte et la capacité nécessaire
pour le faire valablement étant liées par la plus étroite affinité, chacune d'elles,
dira-t-on, peut servir à déterminer l'autre. Ainsi, soit donné un acte innomé :
quelle capacité exigera-t-on de ceux qu'il intéresse ? On examinera sa nature,
ou, ce qui revient au même, l'effet qu'il est destiné à produire. S'il doit opérer une
mutation de propriété, ceux-là seulement pourront le faire qui seront capables d'aliéner. Cette première donnée a son corrélatif nécessaire. On conçoit,

Ainsi, le tiers détenteur qui se porte adjudicataire de l'immeuble qu'il a délaissé, ne l'acquiert point à nouveau; l'ad-

en effet, sans peine, que si la nature d'un acte peut servir à déterminer quelle capacité il faut avoir pour le faire valablement, la logique des choses implique forcément la réciproque. Or, ceux-là seulement peuvent *délaisser* qui peuvent *aliéner*. Le délaissement emporte donc, aux yeux de la loi même, une véritable *abdication de la propriété*.

Nous ne reconnaissons point cette prétendue logique des choses. Il est bien vrai que les actes d'*aliénation* ne sont permis qu'à ceux qui sont capables d'aliéner. Mais la réciproque n'existe point. La capacité d'aliéner est souvent prescrite pour l'accomplissement de certains actes qui, sans être des aliénations proprement dites, en ont néanmoins toute l'importance par la gravité des suites qu'ils doivent ou peuvent avoir. C'est ainsi, par exemple, que les renonciations au bénéfice d'une prescription accomplie ne peuvent émaner que d'une personne capable d'aliéner (art. 2222), bien que pourtant elles ne soient que déclaratives ou récognitives de la propriété d'autrui. Dès lors, il n'est plus vrai de dire que, par cela seul que la loi place la validité d'un acte sous la garantie de la capacité d'aliéner, elle le considère comme un acte d'aliénation. Du moment que cette capacité est appliquée par elle à deux espèces d'actes, la question de savoir si les opérations qui lui sont subordonnées sont ou non translatives de propriété reste forcément entière. Nous croyons même qu'en principe on la doit résoudre négativement. Lors, en effet, que la loi traite des actes d'aliénation, tels que la vente, l'échange, la donation, l'abandon d'un mur ou d'un fossé mitoyen, jamais elle ne dit expressément qu'ils ne pourront être faits que par ceux qui seront capables d'aliéner. Le silence qu'elle garde à cet égard lui est en quelque sorte imposé par le soin de sa propre dignité; car, qu'y aurait-il de plus puéril, tranchons le mot, de plus ridicule, qu'un texte élaboré tout exprès à l'effet de nous apprendre que, pour faire une *aliénation*, il faut être capable d'*aliéner*? Lors donc que, par une disposition formelle et toute spéciale, elle subordonne la validité d'un acte à la capacité d'aliéner, c'est qu'évidemment cet acte ne constitue point à ses propres yeux une véritable aliénation. Sa disposition s'explique en ce cas et se justifie par des considérations particulières. Ainsi, quant au délaissement, si elle ne le permet qu'aux détenteurs capables d'aliéner, c'est que, bien qu'il n'opère point *hic et nunc* une aliénation, il l'implique dans l'avenir ou du moins la fait craindre, puisque le délaissant ne peut la prévenir qu'à la charge de payer, d'une part, les frais qui ont été faits, et, d'autre part, le montant intégral des sommes inscrites.

L'art. 2172 n'offre donc rien de concluant contre notre système. Nous pouvons même, nous en emparant, le tourner contre nos adversaires.

A défaut de ce texte, on nous opposera sans doute le premier alinéa de l'art. 2177. Le délaissement, y est-il dit, *fait renaître les servitudes et autres droits réels que le tiers détenteur avait sur l'immeuble avant sa possession*. Si, dira-

judication qu'il obtient n'est que la confirmation de son acquisition antérieure; donc point de transcription.

t-on, l'abandon de l'immeuble efface même dans le passé les effets extinctifs que l'acquisition avait produits par confusion, c'est qu'apparemment il efface rétroactivement l'acquisition elle-même. Autrement nous aurions un effet sans cause !

Bien que ce raisonnement paraisse rigoureusement logique, nous restons fermement convaincu qu'au fond il n'a rien de fondé. Le rétablissement des servitudes que le délaissant avait sur l'immeuble avant de l'acquérir n'implique point, en effet, nécessairement la résolution immédiate et rétroactive de son acquisition ; il suffit, pour s'en convaincre, de se placer au point de vue de la loi. L'acquéreur étant aux prises avec les créanciers hypothécaires qui l'actionnent, les choses doivent se passer comme si leur gage était encore en la possession de leur débiteur : car l'aliénation qui en a été faite ne doit ni leur profiter au préjudice de l'acquéreur, ni bénéficier à ce dernier à leur propre détriment. De là le principe que l'immeuble délaissé sera par eux mis aux enchères et vendu en son état primitif. Là est toute la pensée de la loi ; elle n'a pas voulu dire autre chose. Et ce qui prouve bien qu'elle ne considère point ce rétablissement des servitudes comme un résultat incompatible avec le maintien du titre de l'acquéreur, c'est que par le deuxième alinéa du même article elle décide que l'excédant du prix d'adjudication sur le montant des sommes dues aux créanciers des précédents propriétaires, sera attribué aux créanciers personnels du délaissant, et par conséquent au délaissant lui-même. Si la chose adjugée n'était réellement la sienne au moment de l'adjudication, lui en attribuerait-on le prix ? On est donc ainsi forcé d'accepter notre explication, ou de reconnaître que, la loi ayant déposé dans le même article deux idées exclusives l'une de l'autre, il est impossible d'en tirer aucune induction pour ou contre notre système.

Remarquons d'ailleurs qu'aux termes de l'art. 2174, la vente de l'immeuble délaissé se poursuit sur un curateur spécial, nommé à cet effet; or, ce mode de procéder n'a aucune raison d'être dans le système que nous combattons. Si, en effet, le délaissement emportait par lui-même la résolution du titre de l'acquéreur, l'aliénation se trouvant ainsi anéantie rétroactivement, la propriété ferait retour en la personne de l'aliénateur; ce serait donc sur ce dernier que l'expropriation devrait être poursuivie.

Enfin, cette résolution serait-elle rationnelle ? Serait-elle juste surtout? C'est ce que nous ne saurions admettre. Et d'abord, de la part de l'acquéreur à titre gratuit, elle est inexplicable, puisqu'en ce cas elle n'a vraiment aucun objet. Quel intérêt, en effet, le donataire peut-il avoir à renoncer dès à présent à son titre de propriétaire? Lorsqu'elle a lieu au profit d'un acquéreur à titre onéreux, elle a son utilité sans doute, puisqu'elle l'affranchit des suites que l'acquisition peut avoir à son préjudice, et notamment des risques dont

Au reste, cette solution resterait vraie, quand même on admettrait, contrairement à notre opinion, que le délaissement emporte par lui-même et *de plano* la résolution de la première acquisition. Cette résolution, à la supposer fondée, n'a, en effet, rien d'irrévocable : car, ayant lieu dans l'intérêt exclusif du délaissant, il y peut renoncer s'il le juge à propos. Or, c'est précisément ce qu'il est réputé faire lorsqu'il reprend l'immeuble délaissé ou qu'il en obtient l'adjudication. Les deux cas sont semblables, sauf que, dans le premier, il est obligé de désintéresser intégralement les créanciers inscrits, tandis que, dans le second, il ne les paie que jusqu'à concurrence du prix auquel l'immeuble lui a été adjugé. Il y a donc dans l'une et l'autre hypothèse, non point une acquisition nouvelle, mais, ce qui est bien différent, une révocation de la résolution née du délaissement, et par conséquent une simple confirmation de l'acquisition originaire.

Ainsi, quel que soit le système dans lequel on se place, l'adjudication prononcée au nom et pour le profit du délaissant n'est point sujette à la formalité de la transcription.

81. Il n'y a point à distinguer à cet égard entre les délaissants, acquéreurs à titre onéreux, et les délaissants, acqué-

---

il s'était chargé ; mais comment la justifier alors ? Quoi ! voilà un acquéreur qui se repent d'avoir acheté, et il lui sera donné de résoudre son acquisition par ce motif unique qu'il aura été sommé par un créancier hypothécaire d'avoir à payer ou à délaisser ! Il pourra, par un délaissement précipité, se soustraire aux conséquences du contrat qu'il a volontairement et librement accepté ! La résolution aura lieu par la toute-puissance de sa volonté, instantanément et sans sommation préalable au vendeur ! Si ce dernier, offrant de le mettre à l'abri de l'éviction dont il est menacé, demande un délai à cet effet, on ne l'écoutera pas ! Si même il apporte, le lendemain du délaissement, une quittance signée des créanciers poursuivants, ou un acte portant consentement de leur part à suspendre leurs poursuites, on lui répondra qu'il est trop tard, et il devra subir la résolution de son contrat ! Et quelle résolution ! Si les choses tournent à bien, le délaissant conservera le bénéfice de son acquisition (art. 2177, deuxième alinéa); que si, au contraire, l'immeuble périt en tout ou en partie par suite de quelque cas fortuit, cette perte ne l'atteindra pas. Il sera et ne sera point propriétaire, au gré de son intérêt. A lui toutes les chances favorables, à l'aliénateur tous les risques !

L'esprit si éminemment équitable de notre Code en matière de résolution (consultez les art. 1184, dernier alinéa, 1653, 1655, deuxième alinéa, et 1656) proteste de la manière la plus énergique contre cette injuste inégalité.

reurs à titre gratuit. Il est vrai qu'à première vue on est porté
à croire que le donataire ou le légataire auquel est adjugé
l'héritage délaissé n'en est plus propriétaire en vertu de son
titre originaire, puisqu'en retour de la propriété dont il est
investi, il est tenu de payer le prix d'adjudication; mais il ne
faut pas un grand effort d'esprit pour reconnaître que cette
apparente interversion dans le titre, le droit et la qualité de
l'acquéreur, devenu adjudicataire de la chose qui lui a été
donnée ou léguée, n'est qu'une trompeuse illusion. S'il eût
repris l'immeuble délaissé — et il le pouvait sous la condi·
tion de désintéresser intégralement les créanciers inscrits —
cette reprise l'aurait évidemment laissé dans sa condition
première, avec son titre originaire de donataire ou de légataire, sauf son recours contre qui de droit. Or, s'il lui est permis de se rendre adjudicataire du bien qu'il a délaissé et qu'il
a laissé mettre aux enchères, dans quel but cette faculté lui
est-elle accordée, si ce n'est afin de lui procurer l'avantage
de le conserver en payant les créanciers jusqu'à concurrence
seulement de la somme que l'adjudication aura fixée comme
étant la représentation de la plus haute valeur de leur gage?
L'argent qu'il débourse n'est donc point, à proprement parler,
un véritable prix ; et la preuve, c'est que le paiement
qu'il en fait l'investit d'une action en recours contre les débiteurs qu'il a libérés (art. 871, C. N.), ce qui n'aurait pas lieu
si l'adjudication prononcée à son profit transformait son acquisition originaire en une acquisition nouvelle et à titre
onéreux. La loi est d'ailleurs formelle en ce sens, puisqu'elle
applique la franchise de la transcription tant au *donataire*
qu'à l'*acquéreur à titre onéreux* qui se rend adjudicataire de
l'immeuble dont il a déjà la propriété (art. 2189, C. N.) (1).

Toutefois, mais en ce qui touche le légataire seulement,
une objection pourra être faite. « Si, dira-t-on, le propriétaire
qui se porte adjudicataire de sa propre chose n'est point tenu
de transcrire le jugement d'adjudication, c'est qu'en ce cas

---

(1) M. Gabriel Demante (*Exposition raisonnée du droit d'enregistrement*)
fait remarquer que le donataire adjudicataire de sa propre chose continue de
la posséder *pro donato* , et qu'ainsi son titre demeure révocable pour ingrati·
tude ou survenance d'enfant (art. 957, 960, C. N.), réductible en cas d'excès
de la quotité disponible (art. 921 et suiv., C. N), etc., etc.

cette formalité n'aurait aucun objet, puisqu'elle se confondrait et ferait double emploi avec la transcription du titre originaire de l'adjudicataire. Or, cette considération fait défaut quand l'adjudicataire est le *légataire* de l'immeuble mis aux enchères : car, dans l'espèce, l'adjudication confirme un titre antérieur qui n'a reçu aucune publicité. Sa transcription ne sera donc point sans objet; dès lors elle est nécessaire, puisqu'elle est utile. »

Ce raisonnement, quoique spécieux, ne nous touche point. Il serait sans doute fort utile d'apprendre aux tiers que tel immeuble laissé par un défunt n'appartient point à ses héritiers légitimes (1) ; mais, du moment que la loi a cru devoir, à tort ou à raison, attribuer aux legs un effet absolu indépendant de toute condition de publicité, ce serait la mettre en contradiction avec elle-même que de supposer qu'un legs confirmé sur adjudication ne sera opposable aux tiers qu'à partir du jour où il aura été transcrit. Dès que le testateur est mort, le legs qu'il a fait est *réputé connu*, et par conséquent *légalement tenu pour public*. Cette présomption de publicité suppléant la formalité de la transcription, les choses doivent se passer comme si le legs avait été réellement transcrit.

82. La doctrine que nous venons d'exposer s'adapte sans peine, et même par *a fortiori*, au tiers acquéreur qui, étant resté détenteur de l'immeuble, s'en est porté adjudicataire sur une saisie directement pratiquée contre lui (art. 2169), ou sur une surenchère du dixième (art. 2185).

83. Devons-nous l'étendre au cas où un immeuble faisant partie d'une succession bénéficiaire est adjugé à l'*héritier*? MM. Rivière, Huguet (2) et Troplong (3) n'hésitent point : l'affirmative leur paraît certaine. « L'acceptation bénéficiaire, disent-ils, ne peut pas être assimilée à une renonciation ; elle modifie, sans doute, à certains égards, les effets de la saisine, mais elle ne les détruit point. L'héritier conserve donc, quoique bénéficiaire, sa qualité d'héritier et par conséquent son titre de propriétaire : *heres sub beneficio inventarii est verus heres, quamvis sub certis modificationibus, et est verus dominus*

---

(1) *V.* ce que nous avons dit à ce sujet, p. 6 et suiv.

(2) *Questions théoriques*, n° 120.

(3) *Transcription*, n° 102.

rerum hereditariarum (1). Cette donnée admise, la nature de l'adjudication d'un immeuble héréditaire à l'héritier bénéficiaire se trouve par là même déterminée. Adjudicataire de *sa propre chose*, il ne l'acquiert point, il la conserve. Or, si l'adjudication qu'il obtient n'a d'autre effet que de *confirmer*, en la consolidant (2), une acquisition antérieure affranchie par sa nature de toute condition de publicité, où est la nécessité de la rendre publique ? Exiger sa transcription, ce serait tout à la fois violer la règle, puisqu'on ne transcrit que les actes translatifs de propriété, et accomplir une formalité inutile, puisque, dans l'espèce, le titre d'héritier que l'adjudicataire conserve l'investit d'un droit qui, bien que non transcrit, est opposable aux tiers. »

Quoique cette doctrine paraisse fort rationnelle, nous ne la croyons point fondée.

La condition de l'héritier bénéficiaire est d'une nature mixte. On ne peut, en effet, s'en bien rendre compte qu'en se plaçant à un double point de vue.

Dans ses rapports avec toutes personnes autres que les créanciers et les légataires, l'héritier, même bénéficiaire, représente le défunt ; sa condition est absolument semblable à celle d'un héritier pur et simple : *est verus heres et verus dominus rerum hereditariarum*.

A l'égard des créanciers héréditaires, le défunt est, par l'effet du bénéfice d'inventaire, réputé vivant ; sa succession le représente. C'est en lui, en sa personne fictive, que réside la propriété des biens qu'il a laissés. Ses créanciers l'ont toujours et n'ont que lui pour débiteur. Tout se passe donc comme s'il vivait encore. Dès lors la personne de l'héritier s'efface. S'il a des rapports avec les créanciers, ce ne peut être ni en qualité de propriétaire, ni comme débiteur : il n'a d'autre titre vis-à-vis d'eux que celui d'*un administrateur comptable* (art. 803, C. N.). S'il était propriétaire des biens, il serait personnellement tenu des dettes, car ces deux idées sont corrélatives par essence. Les dettes lui sont personnellement étrangères ; il est donc personnellement étranger à la propriété des biens.

---

(1) Dumoulin, § 43, glose I, n° 143.
(2) Pothier, Cout. d'Orl., introd. aux fiefs, n° 126.

Qu'on ne croie pas que cette théorie soit une œuvre de fantaisie. Nous l'empruntons à ceux de nos anciens maîtres qui, ainsi que le dit M. Troplong, ont eu la gloire de contribuer à la rédaction du Code Napoléon. « Quoique l'héritier bénéficiaire — c'est Pothier qui parle — soit dans la vérité un vrai héritier et un vrai successeur du défunt, néanmoins l'effet du bénéfice d'inventaire est de le faire considérer, vis-à-vis des créanciers de la succession, plutôt *comme un administrateur que comme le vrai héritier et le vrai propriétaire des biens*; car, ajoute-t-il, le bénéfice d'inventaire opère à l'égard des créanciers une séparation de la succession et de la personne. de l'héritier qui l'a acceptée » (1). Lebrun n'est pas moins explicite : « Nous sommes accoutumés, dit-il, à distinguer en France deux sortes d'héritiers, l'héritier pur et simple et l'héritier bénéficiaire et nous l'avons dispensé (l'héritier bénéficiaire) d'être poursuivi sur ses propres biens; nous ne l'avons pas même considéré *comme un véritable possesseur et propriétaire* » (2). Cette doctrine porte en elle un caractère si marqué d'évidence qu'elle domine jusqu'à nos adversaires eux-mêmes. « Dans ses rapports avec les créanciers, disent MM. Rivière et

(1) *Successions*, chap. III, § VI et VII.

(2) *Traité des successions*, liv. III, chap. IV, nᵒˢ 1er et 68. — Loyseau gourmandait fort vivement les partisans de cette idée. « Elle est généralement suivie, disait-il; mais ceux qui sans opinion préjugée voudront plutôt donner place à la raison, quoique non pratiquée, que suivre une pratique déraisonnable, reconnaîtront sans peine que cette séparation de la personne et des biens de l'héritier d'avec la personne et les biens du défunt, n'est qu'une folle et fantasque imagination, pleine d'injustices, d'absurdités et de déshonneurs. La vérité est que l'héritier bénéficiaire est vraiment héritier et représente la personne du défunt aussi bien que l'héritier pur et simple, et que partant les obligations du défunt passent aussi bien en sa personne et que ses biens lui sont absolument acquis comme à l'autre. Il est certain que le bénéfice d'inventaire ne fait nul obstacle à la confusion du patrimoine du défunt avec celui de l'héritier; le seul effet qu'il produise est de limiter son obligation aux dettes, aux forces de la succession. Mais dans cette limite il peut être actionné tant sur ses biens personnels que sur les biens héréditaires. » (Traité du déguerpissement, liv. II, chap. III, nᵒˢ 1 à 24.)—Les rédacteurs du Code, qui connaissaient ce conflit, l'ont fait cesser par une disposition aussi nette que formelle : « L'effet du bénéfice d'inventaire, porte l'art. 802, est de donner à l'héritier l'avantage *de ne pas confondre ses biens personnels avec ceux de la succession.* » La doctrine de Loyseau a donc été écartée.

Huguet, l'héritier bénéficiaire *n'est point le représentant du défunt, c'est la succession qui est censée propriétaire.* » Or, si de leur propre aveu la propriété des biens ne réside point en la personne de l'héritier bénéficiaire, par quel effort de logique parviendront-ils à démontrer qu'au cas où quelqu'un des biens de la succession lui est attribué par adjudication, cette attribution n'est que la *confirmation d'une propriété précédemment acquise ?* N'est-il pas vrai qu'une fois admise cette idée que la propriété des biens héréditaires réside en la personne fictive du défunt, on est forcé de reconnaître que le bien adjugé à l'héritier passe du domaine de la succession dans le sien propre, et qu'ainsi cette adjudication opère une véritable mutation de propriété? L'héritier bénéficiaire qui se rend adjudicataire des biens de la succession est donc un acheteur, au même titre que le serait un adjudicataire étranger (1). Nous nous étonnons dès lors que M. Troplong ait pu dire que la transcription de cette adjudication serait *contraire aux principes.* Bien loin qu'ils la condamnent, ils la prescrivent, au contraire, de la manière la plus formelle.

Quant aux évictions qu'elle peut prévenir, elles sont, en quelque sorte, chimériques, tant elles sont peu probables, nous en faisons l'aveu; mais, bien qu'il semble que l'héritier adjudicataire ait sa sécurité complète, il peut cependant se présenter des hypothèses où le défaut de transcription de son titre d'adjudicataire amènera la perte de son droit. Soit l'espèce suivante : Paul a vendu ou donné à Jacques l'un de ses immeubles; cette aliénation n'a pas été transcrite. Paul décède et sa succession est acceptée sous bénéfice d'inventaire. Les choses étant en cet état, les créanciers héréditaires poursuivent la vente de l'immeuble dont le défunt a disposé en son vivant, et l'héritier bénéficiaire s'en rend l'adjudicataire. Ainsi Jacques et l'héritier bénéficiaire sont l'un et l'autre acquéreurs du même immeuble; ils ont pour auteur la même personne, le défunt. Lequel des deux dès lors restera propriétaire, si ce n'est celui qui le premier fera transcrire son titre (voir ci-dessus, p. 207 et 208, une solution semblable sur un cas analogue)?

Nous pouvons, allant plus loin, montrer qu'alors même

(1) En ce sens, cassat., 27 mai 1835; Paris, 31 août 1843.

que l'héritier a la certitude que l'immeuble qui lui a été
adjugé n'a pas été aliéné par le défunt en son vivant, la transcription de son titre peut le mettre à l'abri d'un danger auquel le laisserait exposé l'inaccomplissement de cette formalité. Qu'on suppose, en effet, qu'après avoir acquis cet immeuble, il fasse aux créanciers l'abandon des autres biens
compris dans la succession : il cessera alors de les administrer,
ce qui nécessitera l'organisation d'une administration nouvelle. Or, ne pourra-t-il point arriver que le nouvel administrateur, soit par ignorance de la première adjudication, soit
par collision avec les créanciers poursuivants, mette une seconde fois aux enchères l'immeuble ou tout au moins quelque parcelle de l'immeuble qui a été adjugé à l'héritier bénéficiaire? Et n'est-il pas vrai qu'en ce cas la préférence resterait
à celui des deux adjudicataires qui le premier aurait satisfait
à la loi de la transcription?

84. Nous avons jusqu'à présent raisonné dans l'hypothèse
d'une adjudication prononcée au profit de l'acquéreur de
l'immeuble mis aux enchères. Il nous reste à prévoir le cas
où l'adjudicataire est un enchérisseur étranger. Quels sont
alors la nature et les effets de l'adjudication? Opère-t-elle la
résolution rétroactive du droit de l'acquéreur qu'elle évince?
N'y doit-on voir, au contraire, qu'une aliénation nouvelle
laissant subsister le droit de l'acquéreur, mais le transportant
de sa personne en la personne de l'adjudicataire? Ainsi, plaçons-nous dans l'hypothèse d'une adjudication sur délaissement ou sur saisie pratiquée contre l'acquéreur : quelle est
la personne dont l'adjudicataire est l'ayant-cause? Tient-il
directement son droit du chef de l'aliénateur originaire ou
de l'acquéreur évincé?

Cette matière est fort délicate. Nous avons cherché à
l'éclairer par l'étude de notre ancienne jurisprudence ; mais
les éléments de décision que nous y avons découverts sont
si confus, si peu précis, qu'il est impossible d'en tenir
compte. Quant aux textes de la loi, loin qu'ils puissent
aider à résoudre la question, ils la compliquent au contraire; ils militent, en effet, avec une égale force, pour ou
contre deux systèmes contradictoires et inconciliables entre
eux. Il suffit, pour s'en convaincre, de mettre en regard l'une
de l'autre les deux dispositions dont se compose l'art. 2177.

15

Tandis que la première implique la résolution rétroactive du droit de l'acquéreur, la seconde le suppose à l'inverse maintenu, mais transmis en la personne de l'adjudicataire par l'effet d'une aliénation dans laquelle l'acquéreur joue le rôle d'aliénateur. Que nous dit, en effet, la loi tout d'abord ? « Que les servitudes et droits réels que le tiers détenteur avait sur l'immeuble avant sa possession, renaissent après l'adjudication. » Les choses sont donc, sous ce rapport, remises au même état qu'auparavant. Or, ce retour rétroactif à l'ancien état des choses, implique forcément la résolution rétroactive de la propriété ; car, si elle subsistait, la confusion qu'elle a produite subsisterait comme elle : tant que la cause tient, l'effet subsiste.

On a cependant soutenu que ce rétablissement des droits réels du détenteur évincé peut s'expliquer sans le secours d'une révocation rétroactive de son acquisition. La confusion, a-t-on dit, n'est point, à proprement parler, une *cause d'extinction des servitudes* . il n'y faut voir qu'une impossibilité matérielle d'exécution, dont l'effet est de paralyser *en fait* l'exercice du droit qu'elle atteint. Or, de même que celui qui a une taie dans l'œil recouvre la vue quand la taie est ôtée, de même l'acquéreur reprend ses servitudes dès qu'il perd la propriété qui lui faisait obstacle.

Cette comparaison, quoique fort ingénieuse, n'est rien moins qu'une grosse hérésie. Lorsque le propriétaire d'un fonds dominant acquiert le fonds servant, son acquisition entraîne une confusion *révocable* ou *irrévocable* comme elle. A-t-elle lieu sous une condition résolutoire expresse ou tacite, l'extinction de la servitude est comme elle résoluble. Si donc la condition qui l'affecte vient à se réaliser, tout tombe rétroactivement, l'acquisition et la confusion qu'elle avait produite. L'acquisition est-elle au contraire pure et simple, ou, ce qui revient au même, la condition résolutoire qui la tient révocable vient-elle à défaillir, la confusion qu'elle a engendrée est tout aussi définitive qu'elle l'est elle-même. C'est vainement que l'immeuble acquis passe, par l'effet d'une aliénation nouvelle, de la personne du propriétaire actuel en la personne d'un nouvel acquéreur : cette transmission ne faisant pas que la première acquisition n'ait réellement existé et que même elle n'existe encore, l'effet qu'elle a produit reste subsistant. A la vérité, la propriété est ôtée de la personne de l'acquéreur par l'aliénation qu'il en fait lui-même, d'où l'on est porté à dire que son acquisition se trouve effacée, au moins quant à son effet et dans l'avenir; mais c'est précisément en ce point que consiste l'erreur : car, bien loin qu'une revente consentie par un acheteur efface l'effet de la première vente, elle le perpétue, au contraire, puis-qu'elle le fait passer de l'acheteur originaire en la personne de l'acquéreur qui lui succède.

Concluons : le rétablissement ou la survie des servitudes n'est possible qu'autant qu'on suppose résolue rétroactive-ment, c'est-à-dire effacée même dans le passé, l'acquisition qui les avait éteintes. La loi les déclare rétablies par l'effet de l'adjudication; cet effet est donc résolutif du droit de l'acqué-reur évincé!

Mais, ajoute aussitôt la loi : « Ses créanciers personnels, après tous les créanciers inscrits sur les précédents proprié-taires, exercent leur hypothèque à leur rang sur l'immeuble adjugé. » S'il en est ainsi, c'est qu'évidemment, aux yeux de la loi même, l'adjudication transmet, au lieu de le résoudre, le droit de l'acquéreur à l'adjudicataire ; car s'il était résolu rétroactivement et par suite considéré comme n'ayant jamais existé, les hypothèques dont il a été grevé tomberaient forcé-ment, par application du principe *resoluto jure dantis, resolvi-tur jus accipientis* (art. 1183 et 2125).

Ainsi, de même que le rétablissement des servitudes que la confusion avait éteintes implique nécessairement la résolu-tion rétroactive de l'acquisition qui l'avait produite, de même le maintien des hypothèques inscrites du chef de l'acquéreur évincé entraîne forcément la conséquence inverse.

Dans le premier système, la personne et le droit de l'acqué-reur évincé s'effacent complétement : au lieu de deux alié-nations nous n'en avons qu'une, l'adjudication, la première aliénation étant réputée n'avoir jamais existé. L'adjudicataire est donc l'ayant-cause direct et immédiat de l'aliénateur ori-ginaire.

Dans le second, au contraire, deux aliénations successives ont eu lieu : l'une, la vente ou la donation, d'où sont nés les droits de l'acquéreur originaire; l'autre, l'adjudication, qui les a transmis de sa personne en la personne du nouve acquéreur, l'adjudicataire. Celui-ci a donc pour auteur direct et immédiat, non point le vendeur primitif ou le donateur, mais l'acheteur ou le donataire auquel il succède.

Cette contradiction légale a lourdement pesé sur l'interprétation doctrinale et pratique de la loi. Ainsi, M. Troplong, voulant donner la raison du second chef de l'article 2177, n'a rien trouvé de mieux que l'étrange explication qu'on va lire : « Le délaissement par hypothèque ne détruit point, dit-il, les hypothèques concédées par le tiers détenteur. On ne peut appliquer au délaissement la maxime : *Resoluto jure dantis resolvitur jus accipientis*; car il ne constitue pas une aliénation. Le délaissant reste maître de l'héritage; c'est, en effet, ce que notre article décide positivement, puisque, loin de déclarer résolues les hypothèques concédées par le délaissant, il leur conserve rang sur le prix, si elles viennent en ordre utile » (1).

Le délaissement n'opère point la résolution du droit du délaissant, nous le reconnaissons ; mais, dans l'espèce, il n'est plus question du *délaissement*, il s'agit de l'*adjudication* à laquelle il a donné lieu ou de celle qui a été prononcée à la suite d'une saisie pratiquée directement contre le tiers acquéreur. Or quelle est la nature de cette adjudication? Sur ce point, *le seul en cause*, M. Troplong garde un prudent silence; toutefois, il y a lieu de présumer que dans sa pensée l'adjudication elle-même n'a rien de résolutoire, puisqu'elle laisse subsister les droits des ayant-cause de l'acquéreur qu'elle évince. Mais si elle laisse les choses *en l'état où elles sont au moment où elle intervient*, comment se fait-il qu'aux termes de la première disposition du même article, et selon la judicieuse observation de M. Troplong, cette même adjudication ait pour effet *de rétablir l'ancien état de choses* quant aux servitudes et autres droits réels que l'acquéreur avait sur l'immeuble avant de le posséder (2)?

Nous trouvons la même insuffisance et le même défaut de logique dans le savant traité de MM. Rigaud et Championnière (3) : « La première vente, disent-ils, n'est anéantie ni par voie d'annihilation, ni même par voie de résolution.

(1) *Hypoth.*, n° 843.
(2) *Hypoth.*, n° 841.
(3) Traité des droits d'enregistrement, n° 2159.

L'acheteur qui délaisse est véritablement exproprié. C'est sur lui que la vente est opérée, puisqu'il demeure propriétaire jusqu'à l'adjudication. Il n'a cessé d'avoir été acquéreur, et la mutation faite à son profit n'est point effacée, à tel point que ses créanciers personnels sont appelés à prendre part à ce prix de la vente nouvelle (art. 2177.) » — La Cour de cassation (1) paraît s'être ralliée à cette interprétation; elle a, en effet, jugé que l'adjudication, après délaissement, est passible d'un droit indépendant de celui qui a été acquitté par le délaissant. — Mais qui ne voit que le raisonnement qui sert de fondement à cette décision est boiteux? Si l'acquisition du délaissant est maintenue, d'où vient que les servitudes qu'il avait sur l'immeuble avant de l'acquérir revivent par l'effet de l'adjudication? Là est la difficulté. Or, loin de l'aborder pour la résoudre, nos auteurs ont soin de l'éluder. Leur système reste donc incomplet. Quant à la Cour de cassation, son arrêt se résume en une pure et simple affirmation.

Loyseau, qui s'est occupé spécialement de cette matière, ne peut guère nous venir en aide, quoique M. Troplong ait placé en lui toute sa confiance et le fond de sa doctrine. S'il l'avait étudié dans toutes ses parties et suivi dans toutes ses déductions, peut-être l'eût-il attaqué au lieu de l'admirer. « L'adjudicataire, dit Loyseau, est tenu de payer au seigneur un droit de mutation indépendant du droit qu'a déjà payé l'acquéreur évincé; car, suivant la théorie très véritable de Dumoulin sur l'art. 21 de la coutume de Paris, la *résolution* qu'opère l'adjudication *n'a point un effet rétroactif* » (2).

Si elle n'a point d'effet rétroactif, par quelle secrète puissance efface-t-elle la confusion née de l'acquisition qu'elle laisse subsister? Une résolution qui fait disparaître dans l'avenir le contrat qu'elle atteint, tout en le laissant debout et subsistant dans le passé, n'est et ne peut être qu'un véritable non-sens; car, ainsi que l'indique l'étymologie grammaticale du mot,

---

(1) 19 avril 1826.

(2) Liv. VI, ch. VII, nᵒ 17. — Cette décision de Loyseau nous étonne. La Coutume de Paris, sur laquelle il la fonde, ne reconnaissait qu'un seul droit exigible (art. 79); elle laissait, en effet, au seigneur l'option entre les deux ventes, et lui imposait l'obligation de restituer le droit de la première quand il préférait percevoir sur la seconde.

résoudre ou rescinder un contrat, c'est l'anéantir en arrière, dès son commencement même, de manière qu'il soit réputé n'avoir jamais eu aucune existence. Loyseau croit se tirer d'affaire par la poétique allégorie de l'œil qui recouvre la vue après qu'on l'a délivré de la taie qui l'affectait; mais fleur de rhétorique n'est point toujours raison.

« Si, dit ailleurs Loyseau, l'héritage est augmenté de prix ou que l'acquéreur en ait eu bon marché, et qu'après le délaissement il soit vendu davantage par décret, il retire par forme de *dommages et intérêts* le prix entier de l'adjudication, parce que s'il n'eût point été évincé d'y-celui, il l'eût pu vendre tout autant » (1). Là, à notre avis, est la preuve que, selon Loyseau lui-même, la résolution de la première aliénation est complète ou absolue; car si l'acquéreur ne perdait que pour l'avenir la propriété de l'immeuble acquis par l'adjudicataire, il aurait droit au prix d'adjudication, non plus *par forme de dommages et intérêts,* mais, ce qui est bien différent, en qualité d'aliénateur ou de vendeur. Dès lors, quel est au juste le fond de sa doctrine? En somme, il n'en a aucune, puisque ses décisions se heurtent dans un perpétuel conflit.

Ainsi, l'histoire de notre droit, les textes de la loi, l'explication des auteurs, tout nous fait défaut. Quel parti devrons-nous donc prendre?

Nous avons été tout d'abord porté à soutenir le principe de la résolution. Le premier alinéa de l'art. 2177, nous disions-nous, suppose nécessairement que le droit de l'acquéreur s'efface, non-seulement pour l'avenir, mais encore dans le passé. Il est vrai qu'aux termes du deuxième alinéa du même article, les créanciers qui ont acquis du chef du tiers détenteur des hypothèques sur l'immeuble dont il est évincé, en conservent le bénéfice et les exercent à leur rang sur le prix d'adjudication; mais il ne faut voir là qu'une modification au principe de la résolution. La loi n'a pas voulu que l'acquéreur pût par son fait, c'est-à-dire en délaissant ou en se laissant exproprier, faire tomber les hypothèques qu'il a consenties: on les maintient donc, par une fiction de droit dont l'effet est de faire considérer comme maintenu lui-même le droit de l'acquéreur évincé; mais cet effet n'existe qu'au regard de

_____

(1) Liv. VI, chap. VII, n° 9.

ses créanciers hypothécaires et dans la limite seulement de leur intérêt. Ce résultat, bien que fort singulier, a cependant un analogue dans la loi même. N'est-ce pas ainsi, en effet, que les choses se passent dans l'hypothèse d'une donation résolue pour cause d'ingratitude? « La révocation de la donation pour cause d'ingratitude, porte l'art. 958, ne préjudicie point aux hypothèques que le donataire a pu imposer sur l'immeuble dont la propriété fait retour au donateur. » Ainsi, bien que la révocation remette les choses au même état qu'auparavant, et que par la rétroactivité de son effet elle rétablisse les servitudes ou autres droits réels que le donataire avait sur l'immeuble avant de le posséder, la donation est légalement réputée subsistante au regard de ses créanciers hypothécaires: son droit tombe rétroactivement; les hypothèques dont il l'a grevé restent debout.

Cette donnée admise, tout s'éclaire dans l'énigmatique article 2177. L'acquisition du tiers acquéreur qu'évince l'adjudication est évidemment révoquée, et révoquée rétroactivement, puisque les servitudes et autres droits qu'il avait sur l'immeuble sont rétablis et maintenus dans leur état primitif; néanmoins, cette résolution ne préjudicie point aux hypothèques dont il l'a grevé pendant le temps qu'il en a eu la propriété. A ce point de vue, l'adjudication ne *résout* point son droit, elle le *transmet*. Mais, comme il n'a été fait de réserve que dans l'intérêt de ses créanciers hypothécaires, il s'ensuit qu'en ce qui le concerne, et aussi au regard de ses créanciers chirographaires, les choses se gouvernent entièrement par le principe de la résolution. Tout se passe alors comme si l'immeuble avait été saisi et vendu directement sur le précédent propriétaire. C'est lui qui est réputé en être l'aliénateur direct; c'est donc à lui qu'est dû directement le prix d'adjudication, à lui par conséquent qu'appartient l'excédent de ce prix sur le montant des créances inscrites. Il est vrai que l'acquéreur évincé peut, en vertu de sa créance de garantie, saisir cet excédent et l'arrêter entre les mains de l'adjudicataire; mais comme le même droit de saisie appartient également aux créanciers chirographaires de son garant, il devra, s'ils l'invoquent, subir leur concours.

Cette interprétation nous a longtemps séduit; mais nous y avons découvert, en l'examinant de plus près, des vices essen-

tiels qui nous ont contraint de l'abandonner. Fixons-nous bien
sur la condition respective des parties. Quiconque fait une
aliénation à titre onéreux s'engage tacitement envers l'acquéreur à le mettre à l'abri de toute éviction, ce qui implique
l'obligation de le libérer des hypothèques établies sur l'immeuble qu'il lui transmet (art. 1626).

Cette obligation constitue, au contrat, une condition résolutoire tacite (art. 1184).

La nature de cette condition est bien connue. Et d'abord il
est manifeste que la résolution n'a pas lieu de plein droit, par
cela seul que l'aliénateur n'a point satisfait à ses obligations.
En second lieu, il est non moins certain qu'il n'a point qualité
pour l'invoquer lui-même contre l'acquéreur; autrement il
faudrait lui reconnaître le droit de faire résoudre son contrat
en le violant, ce qui serait absurde. L'inexécution de ses obligations crée un droit *contre lui*, d'où pour l'acquéreur la faculté de demander, au gré de son intérêt, la résolution ou le
maintien de son contrat (art. 1184).

Dans l'espèce, l'acquéreur évincé n'a aucun intérêt à abandonner son contrat. S'il le faisait résoudre, il agirait contre
lui-même : car, tandis que sa qualité de *propriétaire-vendeur* lui
permet de retenir pour lui-même et à l'exclusion des créanciers chirographaires de son vendeur l'excédant du prix d'adjudication sur le montant des sommes inscrites, sa créance de
garantie ne lui attribuerait peut-être qu'un simple dividende
d'indemnité. Or, si tout cela est vrai, comment, à quel
titre et sous quel prétexte déclarera-t-on son droit résolu?
Quoi! parce que son vendeur aura manqué à ses engagements,
il faudra qu'il perde le bénéfice de son contrat, et que, subissant la peine de la faute commise à son préjudice, il enrichisse
le coupable à ses dépens? Mais alors que deviendra le principe
que la condition résolutoire attachée à l'inexécution du contrat par l'une des parties constitue *un droit contre elle et une
faculté pour l'autre partie?* La loi sera appliquée au rebours de
ses prescriptions, la logique pratiquée à l'envers et toute justice méconnue! Que sera-ce si on se place dans l'hypothèse
d'une éviction subie par un donataire! Qu'on me permette
une espèce à ce sujet : Paul a reçu, à titre de donation, un
immeuble affecté par hypothèque à une dette personnelle du
donateur. Quel parti va-t-il prendre? Il aurait intérêt à pur-

ger, mais il n'a point d'avances. Force lui est donc de se laisser exproprier. Le prix d'adjudication donne un excédant de 10,000 francs sur le montant de la dette inscrite. Dans le système de la résolution, cette somme sera attribuée au donateur. Le donataire n'y pourra prétendre , ni comme propriétaire de l'immeuble adjugé , puisqu'il sera réputé n'en avoir jamais eu la propriété, ni comme créancier du donateur, puisqu'en sa qualité de donataire il n'a droit à aucune garantie. Ainsi la chose donnée fera retour au donateur, parce qu'il n'aura point satisfait son créancier ! Le donataire sera spolié de son droit, parce qu'il aura été trop pauvre pour payer de ses deniers la dette du donateur ! De semblables résultats se réfutent par eux-mêmes, et il suffit de les indiquer pour montrer que la doctrine qui les produit est inadmissible.

Nous reconnaissons que le rétablissement des servitudes et autres droits réels que l'acquéreur dépossédé avait sur l'immeuble avant sa possession est, juridiquement parlant, incompatible avec le maintien de son contrat et la transmission de son droit ; mais qu'importe, si l'équité l'approuve ! La loi a voulu tenir une balance égale entre les créanciers hypothécaires et l'acquéreur de leur gage. L'aliénation qui l'a fait passer dans son patrimoine ne doit point leur préjudicier. Ainsi les servitudes actives établies au profit de l'immeuble aliéné, sur tel ou tel autre immeuble de l'acquéreur, seraient certainement réputées encore existantes à leur égard. Or, à cette idée il fallait un corrélatif, autrement elle eût cessé d'être légitime : car, s'il est juste que l'aliénation de leur gage ne leur cause aucun préjudice, la même justice ne veut point qu'ils s'enrichissent aux dépens de l'acquéreur qu'ils évincent. De là le rétablissement des servitudes établies à son profit sur l'immeuble qu'on lui reprend. La loi a préféré l'équité à la subtilité du droit.

On pourra, si l'on veut, soutenir qu'à l'égard des créanciers inscrits du chef des précédents propriétaires, il y a résolution de la première aliénation, ou tout au moins que les choses se passent, quant à eux, comme si elle était révoquée ; mais si nous ne nous abusons, il est impossible de ne point reconnaître qu'au regard de toute autre personne et sous tout autre rapport, l'adjudication n'est et ne peut être que translative du droit de l'acquéreur qu'elle évince à l'adjudicataire qu'elle investit. Elle n'a rien de résolutoire dans les rapports de l'acquéreur dépossédé, soit avec l'adjudicataire, soit avec l'aliénateur originaire et ses créanciers chirographaires. Le véritable exproprié, c'est l'acquéreur évincé; c'est lui qui est l'aliénateur de l'immeuble qui a été adjugé; c'est sa propre chose qui a été aliénée.

Concluons-en : 1° Que l'adjudication sur délaissement ou sur saisie directement pratiquée contre un tiers acquéreur est passible d'un droit indépendant de celui qui a été ou qui devra être acquitté par l'acquéreur dépossédé (1);

2° Que si l'adjudicataire est évincé, il pourra directement recourir en garantie contre son auteur, l'acquéreur auquel il a succédé, sauf, s'il y a lieu, l'action en sous-garantie de ce dernier contre l'aliénateur originaire (2).

3° Que, le prix d'adjudication étant la représentation de la chose de l'acquéreur dépossédé, celui-ci y a droit en qualité de *propriétaire* et par conséquent à l'exclusion de l'aliénateur originaire et de ses créanciers chirographaires.

4° Qu'enfin — et en ce point nous rentrons dans notre sujet — le défaut de transcription du jugement d'adjudication pourra être invoqué, non point par les tiers qui, nonobstant la transcription de la première aliénation, auront traité avec l'aliénateur originaire, mais par ceux-là seulement qui seront les ayants-cause de l'acquéreur dépossédé (3).

---

(1) Championnière et Rigaud, t. 3, n° 2159. — Cassat., 19 avril 1826.

(2) Nous le supposons acquéreur à *titre onéreux*.

(3) Au reste, et bien que ce mode de procéder ne soit point usité, nous reconnaissons que l'acquéreur mis en demeure de délaisser ou de payer peut immédiatement recourir en résolution contre son vendeur. La révocation de son contrat lui enlèvera, il est vrai, le droit de profiter de l'excédant du prix d'adjudication sur le montant des sommes inscrites du chef des précédents propriétaires ; mais elle lui procurera le double avantage de l'exonérer des risques que son acquisition avait mis à sa charge, et de l'obligation de garantie que l'adjudication ferait naître contre lui au profit de l'adjudicataire.

S'il prend ce parti, l'expropriation devra être poursuivie non point sur un curateur, mais sur l'aliénateur originaire en la personne duquel la propriété fera retour (les frais et loyaux coûts du contrat résolu ne seraient point, en ce cas, à la charge de l'adjudicataire : l'art. 2188 ne vise en effet que l'adjudication sur enchère du dixième).

85. Par une bizarrerie dont il est difficile de se rendre compte, l'adjudication sur enchère du dixième a un tout autre caractère que celle qui précède. C'est ce qui résulte de l'article 2188, aux termes duquel « l'adjudicataire est tenu au-delà de son prix d'adjudication de restituer à l'acquéreur ou au donataire dépossédé *les frais et loyaux coûts de son contrat.* » Cette obligation n'aurait, en effet, aucune raison d'être si, nonobstant l'adjudication, le contrat de l'acquéreur demeurait en sa force et vertu.

Ainsi, dans l'espèce, la personne de l'acquéreur que l'adjudication dépossède s'efface complétement ; il est réputé n'avoir jamais eu la propriété de l'immeuble qui a été mis aux enchères. Ce n'est point lui qui aliène ; la chose aliénée n'est point la sienne. La mutation de propriété qu'opère l'adjudication a donc lieu directement de l'aliénateur originaire à l'adjudicataire. Au lieu de deux aliénations successives, nous n'en avons qu'une, l'adjudication.

Il en résulte : 1° Qu'il n'est dû qu'un seul droit de mutation (1) ;

2° Que ce droit n'est dû que par l'adjudicataire, puisque l'acquéreur est réputé n'avoir été propriétaire à aucun moment. Ainsi les sommes payées par ce dernier doivent être comptées en déduction à l'adjudicataire, sauf à celui-ci à en tenir compte lui-même à l'acquéreur dont il prend la place ;

3° Que l'adjudicataire a pour garant non point l'acquéreur dépossédé, mais l'aliénateur originaire ;

4° Que le défaut de transcription du jugement d'adjudication ne peut être invoqué que par les ayants-cause de l'au-

---

Nous aurons alors toutes les conséquences inverses à celles que nous avons ci-dessus exposées.

Mais si, au lieu d'entrer dans cette voie, l'acquéreur restant en cause laisse aller les choses jusqu'à l'adjudication, la résolution de son contrat ne sera plus possible alors, puisqu'il aura pris, dans l'expropriation, le rôle de propriétaire, et par suite le titre d'aliénateur. Toutefois, comme il peut soutenir que s'il n'a point dès l'abord agi en résolution, c'est qu'il a compté que son vendeur le mettrait à l'abri de l'adjudication, en désintéressant les créanciers poursuivants, il pourrait recourir contre lui par une véritable action en garantie.

(1) Championnière et Rigaud, III, n° 2154.

teur de l'acquéreur dépossédé ; les tiers qui traitent avec ce dernier ne peuvent point s'en prévaloir.

Cette conséquence est incontestable si on suppose que le jugement a été mentionné en marge de la transcription de l'aliénation que l'adjudication a résolue ou révoquée. Dans ce cas, en effet, les tiers ont été prévenus qu'en traitant avec l'acquéreur dépossédé ils se mettaient en relation de droit avec un non-propriétaire. Ils ne peuvent donc qu'imputer à leur incurie le dommage qu'ils subissent.

Dans l'hypothèse inverse, cet avertissement faisant défaut, il semble qu'ils ne devraient point subir l'effet de la résolution. Ce n'est là pourtant qu'une fausse apparence. Il est vrai que, selon l'article 4 de la loi nouvelle, les jugements qui prononcent la résolution d'une aliénation doivent être portés en marge de la transcription de l'acte résolu ; mais il est de principe aujourd'hui que la sanction attachée à l'inobservation de cette formalité consiste uniquement dans l'amende qu'encourt l'avoué qui a négligé de la remplir. Nous montrerons d'ailleurs, lorsque nous aurons à commenter cette disposition, qu'elle ne s'applique point aux adjudications *résolutoires-translatives*.

— Cette théorie marche sans entrave lorsque le prix d'adjudication est absorbé par les créanciers hypothécaires inscrits du chef des précédents propriétaires ; la résolution du droit de l'acquéreur dépossédé est alors manifeste. Mais comment les choses se passeront-elles si, par aventure, l'immeuble est vendu pour un prix supérieur au montant des sommes inscrites ? Les auteurs que nous avons consultés sur ce point n'éprouvent aucun embarras. « Les choses se passeront, disent-ils, de la manière la plus simple : le prix d'adjudication, représentant la chose adjugée, est directement dû *au propriétaire aliénateur* de cette chose ; elle appartenait, dans l'espèce, non point à l'acquéreur dépossédé, puisque par la résolution rétroactive de son contrat, il est réputé n'en avoir eu la propriété à aucune époque, mais à son auteur, le vendeur originaire ou le donateur, auquel elle est censée avoir fait retour ; c'est donc à ce dernier, à lui seul, à lui exclusivement, que revient le prix qu'elle a produit. Les créanciers hypothécaires de l'acquéreur évincé n'y ont eux-mêmes aucun droit, car leur hypothèque ne saurait subsister alors que le droit de propriété de leur auteur tombe et s'efface tant dans le passé que pour l'avenir : *resoluto jure dantis resolvitur jus accipientis* (art. 2125). Aussi la loi s'est-elle bien gardée de répéter au chapitre *de la Purge* l'article 2177, aux termes duquel les créanciers de l'acquéreur évincé à la suite d'un délaissement ou d'une saisie, exercent, sur le prix d'adjudication, après l'acquittement des dettes hypothécaires des précédents propriétaires, l'hypothèque qu'ils tiennent de lui. Tout ce qu'il peut prétendre — et encore le faut-il supposer acquéreur à titre onéreux — c'est que la garantie qui lui est due l'investit contre son auteur d'une créance en vertu de laquelle il peut saisir et arrêter, entre les mains de l'adjudicataire, ce qui reste du prix d'adjudication après les dettes hypothécaires payées ; mais, comme les créanciers chirographaires de son débiteur ont un droit égal au sien, il ne pourra, subissant leur concours, que venir par contribution avec eux » (1).

Quelle que soit la logique apparente de cette solution, nous la rejetons sans hésiter. Nous n'admettrons jamais que le retard qu'un donateur met à payer sa propre dette, ou que la poursuite hypothécaire des créanciers des anciens propriétaires, puisse avoir pour effet de révoquer, à son profit, la libéralité qu'il a librement faite. Cette révocation ne serait qu'une spoliation, puisqu'elle n'aurait d'autre fondement que la négligence du donateur, qui en profiterait, ou un pur accident. Encore bien moins concéderons-nous qu'un vendeur puisse, par son fait, disons mieux, par sa faute, en négligeant, à dessein peut-être, d'exécuter ses engagements, enlever à son acheteur le bénéfice de son contrat. On ne saurait souscrire à un pareil résultat sans mettre la loi en contradiction non-seulement avec la pure raison ou l'équité, mais encore avec elle-même. Et d'abord on conçoit sans peine qu'une résolution fondée sur la faute de l'une des parties contractantes, et invoquée par elle contre l'autre, est la chose du monde la plus déraisonnable et la plus injuste qui se puisse imaginer. On nous accordera également qu'elle crée dans la

---

(1) En ce sens, MM. Troplong, *Hypoth.*, nos 962 et 971 ; — Bioche, vo *Surenchère*, no 241. — Consultez, en outre, deux arrêts : l'un de la Cour de cassation, du 12 novembre 1834, rapporté par Dalloz (35, 1, 23) ; l'autre de la Cour de Bordeaux, du 27 février 1829, donné par Sirey (29, 2, 325).

loi la plus étrange des anomalies. N'est-il pas de principe, en effet, qu'au cas où l'une des parties a manqué à ses engagements, l'autre partie peut, à son choix, demander la résolution ou le maintien de son contrat (art. 1184)? Si donc, dans l'espèce, la résolution a lieu de plein droit, contre la volonté de l'acquéreur et à l'encontre de son intérêt, quel fondement lui donnera-t-on? La pure raison? l'équité? le droit commun? Non. Ce sera une résolution sans motif, une spoliation, par conséquent!

Ce n'est point tout : si l'acquéreur, au lieu d'user du droit de purge, que la loi lui confère, avait délaissé l'immeuble ou attendu la poursuite des créanciers hypothécaires, l'excédant du prix sur le montant des sommes inscrites lui serait resté (art. 2177). Or, comment parviendra-t-on à justifier cette distinction? L'acquéreur qui purge est-il moins favorable que celui qui délaisse ou qui nécessite, par son inaction, la saisie directe de l'immeuble entre ses mains? Mais c'est précisément l'inverse qui a lieu! Car, tandis que le délaissement ou l'absence de toute offre de paiement nécessite l'expropriation de l'immeuble et tous les inconvénients qu'elle entraîne, tant pour l'acquéreur et l'aliénateur que pour les créanciers inscrits, la purge tend, au contraire, à la prévenir. Dès lors, que l'on considère à quel résultat on arrive dans le système de la résolution : l'acquéreur perd le bénéfice de son acquisition parce qu'il a tenté de la défendre; on lui retire le profit qu'elle devait lui procurer; on le dépouille, parce qu'il a fait un acte que la prudence, la défense de son droit, l'intérêt de tous et les conseils de la loi lui commandaient d'accomplir!

Ainsi entendue, la loi perdrait toute son autorité, tant elle serait dénuée de toute raison. Nous sommes donc fermement convaincu que, si elle n'a point reporté au chapitre *de la Purge* la disposition qu'elle applique, dans le deuxième alinéa de l'article 2177, à l'acquéreur qui a délaissé ou qui s'est laissé exproprier, le silence qu'elle garde en ce point ne peut s'expliquer que par la supposition d'un oubli. Peut-être même a-t-elle pensé qu'il était inutile, tant la chose lui a semblé manifeste, d'accorder expressément à l'acquéreur qui purge la faveur dont il jouirait s'il avait provoqué et rendu nécessaire, par un délaissement ou par son inaction, la poursuite des créanciers qui l'évincent. Le chapitre *de la Purge* contient d'ailleurs des lacunes d'un autre genre, lacunes qu'on ne refuse point de combler par des analogies tirées, soit du droit général, soit des dispositions particulières au délaissement. Ainsi, bien qu'il n'y soit point dit que les servitudes et autres droits réels que l'acquéreur avait sur l'immeuble avant sa possession renaîtront par l'effet de l'adjudication, quelqu'un en conclura-t-il que le premier alinéa de l'article 2177 est inapplicable aux adjudications sur enchère du dixième? Soutiendrat-on que l'acheteur évincé n'a droit, en cas de purge, à aucune garantie, ce recours n'étant expressément réservé qu'en faveur de l'acquéreur qui a délaissé ou qui a attendu la poursuite des créanciers (art. 2178)? Personne n'ira jusque-là. Or, si sous ces différents rapports on tient pour juste et logique de suppléer à l'insuffisance de la loi, soit par des analogies, soit à l'aide du droit commun, notre procès est forcément gagné. Où est, en effet, la différence entre l'adjudication sur délaissement ou sur saisie et l'adjudication sur enchère du dixième? Nous nous trompons, des différences existent, mais elles militent toutes en faveur de l'acquéreur qui a tenté d'éviter l'expropriation en recourant au bénéfice de la purge. C'est donc, au lieu d'un *à pari*, un *à fortiori* que nous pouvons déduire de l'article 2177. Quant au droit commun, nous l'avons déjà fait connaître : la résolution qui a pour fondement l'inexécution des engagements de l'une des parties étant exclusivement introduite en faveur de l'autre, celle-ci peut, à son choix et au gré de son intérêt, se départir de son contrat ou le maintenir.

L'acquéreur évincé ou qui est menacé de l'être peut donc, en cas de purge, déclarer qu'il renonce à son droit de résolution et par suite au remboursement des frais et loyaux coûts de son contrat (1). En ce cas, la mutation de propriété qu'opérera l'adjudication se produira directement de l'acquéreur évincé à l'adjudicataire; d'où toutes les conséquences que nous avons signalées page 231.

---

(1) Cette déclaration peut être faite, soit avant l'éviction, soit au moment de l'adjudication, soit enfin par un acte postérieur. Dans tous les cas, à moins pourtant qu'on n'ait eu le soin de la faire insérer dans le cahier des charges, il sera bon de la faire notifier aux parties intéressées, c'est-à-dire tant à l'adjudicataire qu'au vendeur originaire ou au donateur.

86. Les adjudications sur enchère du sixième (art. 708, C. pr.), ou sur folle enchère (art. 733 C. pr.), ont un double effet : elles effacent par voie d'annihilation la première adjudication, et transfèrent du débiteur saisi au nouvel adjudicataire la propriété de la chose adjugée (1). Nous aurons donc à rechercher si elles doivent être tout à la fois mentionnées en marge de la transcription de la première adjudication, conformément à l'article 4 de la loi nouvelle, et transcrites, d'après l'article 1er de la même loi. Mais ce point trouvera sa place sous la théorie des jugements portant résolution des actes translatifs de propriété. Tout ce que nous pouvons dire quant à présent, c'est que le dernier adjudicataire qui ne fera point transcrire son titre devra subir l'effet des actes que le débiteur saisi aura passés avant la saisie ou qu'il pourra consentir dans l'avenir, tandis qu'il n'aura absolument rien à craindre du chef du premier adjudicataire.

87. Les biens indivis qu'on licite peuvent être adjugés soit à l'un des colicitants, soit à un étranger. Au premier cas, la licitation est un *partage* ; c'est une *vente* dans le second. Les adjudications sur licitation échappent donc à l'empire de la nouvelle loi, ou y sont soumises, suivant que l'adjudicataire est l'un des colicitants ou un enchérisseur étranger. Point de difficultés à cet égard. Mais que décider au cas où, l'indivision existant entre trois personnes ou un plus grand nombre, plusieurs d'entre elles, ou même toutes moins une, se sont réunies pour se porter indivisément adjudicataires de l'immeuble licité? Quelle est alors la nature de la licitation? Est-ce un partage, une vente, ou un acte intermédiaire? En autres termes, est-elle affranchie de la formalité de la transcription? y est-elle soumise, au contraire? Cette question rentre, par sa nature, dans la théorie générale du partage. C'est là que le lecteur en trouvera la solution.

88. Un point fort délicat nous reste à examiner. Bien que *les jugements d'expropriation pour cause d'utilité publique* ne soient point *des adjudications proprement dites*, ils ont au moins, avec elles, cet effet commun d'opérer la mutation de l'immeu-

---

(1) Consultez MM. Rigaud et Championnière, III, nos 2140 et suiv.; M. Gabriel Demante, *Exposition raisonnée des principes de l'enregistrement*, nos 194, 198 et suivants.

ble qu'ils ont pour objet. Ils constituent donc de véritables aliénations et par conséquent *des actes translatifs de propriété*. Il en est de même des traités amiables par lesquels les particuliers cèdent à l'État ceux de leurs biens qui sont sujets à l'expropriation, c'est-à-dire qui ont été compris dans les plans déposés aux mairies en vertu des arrêtés des préfets. Sur l'un et l'autre point, tout le monde est d'accord. Mais à quel régime les aliénations de cette nature sont-elles soumises? Quelle loi les gouverne? la loi du 3 mai 1844, ou la loi du 23 mars 1855? Des intérêts fort graves se rattachent à cette question.

Ainsi, reconnaît-on que la loi du 3 mai 1844 est SEULE applicable dans l'espèce, on sera forcé d'en conclure:

1° Qu'à partir du moment même de l'expropriation et sans le secours de la transcription, l'État devient propriétaire, non point seulement dans ses rapports avec l'exproprié, mais aussi à l'égard des tiers;

2° Que les créanciers privilégiés ou hypothécaires peuvent utilement inscrire leur droit de préférence non-seulement après l'expropriation consommée, mais encore pendant quinze jours à compter de la transcription du jugement ou de l'acte d'expropriation (art. 17);

3° Que les femmes bien que veuves, les mineurs quoique devenus majeurs, ou les interdits relevés de leur interdiction, leurs héritiers et leurs cessionnaires, conservent, indépendamment de toute inscription, le droit de venir, sur le montant du prix ou de l'indemnité, au rang que leur assigne l'hypothèque légale dont ils sont investis (art. 17);

4° Que les créanciers subrogés dans l'effet d'une hypothèque légale doivent être colloqués entre eux eu égard à la date certaine des actes de subrogation.

Admet-on, au contraire, que les expropriations pour cause d'utilité publique, de même que les adjudications ou tout autre acte d'aliénation, appartiennent au régime nouveau de la loi du 23 mars 1855, il en résultera:

1° Que l'administration ne deviendra propriétaire, dans ses rapports avec les tiers, qu'à compter du jour de la transcription de son titre d'acquisition, et qu'ainsi le paiement du prix ou de l'indemnité sera considéré comme non avenu à l'égard de ceux qui, ayant acquis, du chef de l'exproprié, des

16

droits réels sur l'immeuble qu'il leur a présenté comme sien, auront eu le soin de les conserver, en se conformant à la loi de la publicité (art. 3);

2° Que le cours des inscriptions sera arrêté, non plus seulement par l'expiration des quinze jours qui suivront la transcription du jugement ou de l'acte d'expropriation, mais par le fait même de la transcription (art. 6);

3° Que les femmes veuves, les mineurs devenus majeurs, les interdits relevés de l'interdiction et leurs héritiers, qui, au moment de l'expropriation, n'étaient déjà plus dans l'année de grâce dont il est parlé à l'article 8, seront, de même que des créanciers hypothécaires ordinaires, déchus de leur droit de préférence sur le montant du prix ou de l'indemnité, faute d'une inscription prise avant la transcription du jugement ou de l'acte d'expropriation;

4° Que le montant de la collocation afférent à la créance d'une femme mariée devra être distribué à ses subrogés, non plus, comme autrefois, eu égard à la date certaine des cessions, mais conformément au règlement prescrit par la loi nouvelle (art. 9).

Quel parti prendrons-nous dans cet important débat? C'est ce que nous nous sommes demandé au début même de la loi (1); mais, comme alors nous étions imbu de l'idée qu'on la devait interpréter judaïquement, nous n'hésitâmes point à reconnaître qu'elle laissait en dehors de ses dispositions et par conséquent sous l'empire du droit qui leur est spécial, les mutations dont nous nous occupons. « Bien que les expressions *actes translatifs de propriété*, dont elle se sert dans le n° 1 de son article 1er, aient un sens très étendu, elles ne s'appliquent point pourtant, disions-nous, aux jugements qui opèrent un déplacement de propriété. Ce qui le prouve, c'est que les actes de cette nature ont dans le même article un numéro qui leur est propre et spécial, aux termes duquel *tout jugement d'adjudication* doit être transcrit. Quoique translatifs de propriété, les jugements d'expropriation pour cause d'utilité publique ne constituent point des aliénations *par voie d'adjudication*; la loi nouvelle ne les régit donc point. »

(1) V. notre *Examen critique du Commentaire de M. Troplong sur les privilèges*, n° 335.

Cette idée, que nous ne faisions qu'indiquer, a été universellement admise (1). M. Cabantous (2), qui l'a systématisée, l'a étendue aux traités amiables par lesquels les particuliers cèdent à l'État, moyennant un prix débattu, ceux de leurs biens que l'expropriation doit atteindre. « Ces traités ne constituent point, dit-il, de *véritables contrats*, puisque l'une des parties, le propriétaire qui cède sa chose, subit une nécessité légale. Dès lors, dans quelle disposition de la loi nouvelle les fera-t-on rentrer? Dans le 1° de l'article 1er? Mais il n'y est question que des aliénations *contractuelles* ou *volontaires*. Dans le 4° du même article? Mais la loi n'y vise que les aliénations *sur adjudication*. Invoquera-t-on des analogies? Mais les traités dont il s'agit se rapprochent bien plus des jugements d'expropriation que des contrats proprement dits. Or, nous venons de démontrer que la nécessité de la transcription ne s'applique point aux jugements de cette nature.

« A ces arguments de texte viennent se joindre des considérations d'un autre ordre. Si la loi a voulu que les aliénations fussent transcrites, c'est évidemment *afin de les rendre publiques*. Or, la loi du 3 mai 1841 avait déjà pourvu, dans les plus larges proportions, à ce besoin de publicité. Ainsi, première enquête avant la déclaration d'utilité publique; deuxième enquête avant la désignation définitive des propriétés à exproprier; avertissements collectifs par voie de proclamations, d'affiches, d'insertions dans les journaux; publication, par les mêmes moyens, soit du jugement d'expropriation, soit des actes portant acquisition amiable.... Toutes ces formalités ne sont-elles point essentiellement propres à donner à l'expropriation la plus grande et la plus solennelle publicité? La loi nouvelle n'avait donc rien à faire en cette matière. La transcription n'eût été dans ce vaste ensemble de moyens de publications qu'un acte vain et destitué de toute utilité. La loi du 3 mai 1841 la prescrit sans doute; mais, au lieu d'en faire le fondement de la mutation à l'égard des tiers, elle n'y voit qu'un simple moyen de purge.

« Le droit spécial qu'elle a établi exclut d'ailleurs, par sa na-

(1) V. MM. Rivière et Huguet, *Questions*, no 353 ; M. Ducruet, *Etude sur la transcription*, p. 5 ; M. Troplong, *Transcription*, n° 103.

(2) Dissertation, *Revue critique*, 5e année, p. 92.

ture et par son but, toute application possible du régime nouveau. L'expropriation pour cause d'utilité publique étant, en effet, destinée à faire passer les immeubles qui en sont l'objet, non dans le domaine privé de l'État, mais dans le domaine public, il importe, d'une part, qu'aucun intérêt privé ne puisse empêcher ce résultat de s'accomplir, et, d'autre part, qu'il soit acquis dans le plus bref délai. C'est afin d'atteindre ce double but que le législateur de 1841 a cru devoir convertir tous les droits réels établis sur l'immeuble exproprié en droits de préférence sur le prix d'expropriation lui-même, indépendamment de toute formalité ultérieure. Or, qui ne voit qu'introduire dans ce système le principe de la transcription, tel que l'entend la loi du 23 mars 1855, ce serait y apporter la plus grande perturbation?

« Ainsi, dès qu'il existe, le jugement ou l'acte d'expropriation est opposable aux tiers. L'article 3 de la loi nouvelle n'a point d'application en cette matière. Il en est de même des articles 6 et 8 : car elle forme un tout complet et homogène dont les diverses parties doivent être ramenées à une pensée unique et commune; les articles 6 et 8 n'étant qu'un corollaire des articles 1 et 2, ces textes divers reçoivent nécessairement, dans leur application, les mêmes restrictions. Il serait d'ailleurs étrange que la loi du 3 mai 1841 fût maintenue au profit de l'État et abrogée au préjudice des créanciers privilégiés et hypothécaires avec lesquels il se trouve en rapport. Elle ne peut pas plus être scindée que la loi nouvelle ; le droit exceptionnel qu'elle établit doit être maintenu ou disparaître en son entier. Nous avons démontré qu'il a été conservé quant à la transcription des titres de propriété; il l'est donc également en ce qui touche l'inscription des priviléges et hypothèques. »

Telles sont les solutions proposées par **M. Cabantous.** Il les résume en cette proposition générale qui leur sert à la fois de lien mutuel et de conclusion : « La loi du 3 mai 1841 n'est, dit-il, aucunement atteinte ni modifiée par l'effet de celle du 23 mars 1855; en matière d'expropriation pour cause d'utilité publique, les règles concernant la transcription, soit à l'égard de l'administration, soit par rapport aux créanciers, restent exactement et complétement ce qu'elles étaient auparavant.»

Nous repoussons cette doctrine. En la combattant, nous

nous critiquerons nous-même, puisque nous avons été des premiers à l'admettre. Mais cette considération ne saurait nous arrêter. Nous croyons avoir commis une erreur, et nous croirions manquer à notre devoir si, au lieu d'essayer de la réparer en la mettant en lumière, nous apportions notre effort et notre application à la dissimuler.

Les expropriations pour cause d'utilité publique ne rentrent, dit-on, dans aucune des dispositions de la loi nouvelle. Est-ce bien exact? Si, prenant les textes en eux-mêmes, abstraction faite de l'esprit de la loi, nous les interprétons en grammairien, le 4° de l'article 1er nous échappera forcément; il n'y est, en effet, question que des *jugements d'adjudication*, et on ne saurait, sans méconnaître le sens usuel des mots, appliquer aux expropriations pour cause d'utilité publique la qualification d'*adjudication*. Nous renonçons donc au bénéfice de cette disposition. Mais ne nous sera-t-il point permis de nous retrancher dans le 1° du même article? Remarquez combien ses expressions sont générales : TOUT ACTE, y est-il dit, qui opère un déplacement de propriété devra être transcrit. Quoi de plus absolu! Au lieu d'employer les mots *contrat* ou *convention*, dont le sens est spécial à certains faits, la loi a déposé sa pensée dans une expression qui, par sa nature, est exclusive de toute limitation. Et comme si elle avait craint qu'on ne tentât plus tard de restreindre la portée de son principe, elle a pris soin, quoique ce fût inutile, puisque le mot *acte* a par lui-même un sens absolu, elle a, disons-nous, pris soin de placer à côté de cette expression un adjectif qui, selon les règles de la grammaire, embrasse, sans exception ni réserve, entièrement et complétement, l'universalité des cas auxquels peut s'adapter l'idée qu'il qualifie.

« Cette disposition, nous dit-on, n'a point le sens absolu que nous lui donnons; ce qui le prouve, c'est que la loi a cru devoir faire plusieurs autres dispositions pour étendre à *certains actes d'aliénation* la règle qu'elle établit. »

Notre réponse est bien simple. Nous reconnaissons que le 1° de l'article 1er ne comprend point les aliénations qui font l'objet spécial des numéros qui le suivent; mais nous soutenons — et nous pensons qu'en ce point personne ne nous contredira — qu'il embrasse *tous les actes* entre-vifs, *translatifs de propriété*, autres que ceux qui ont été compris dans une disposition particulière. Or, parmi les dispositions spéciales à certains actes, nulle d'entre elles n'a trait aux expropriations pour cause d'utilité publique.

« Le 4° de l'article 1er, nous objecte-t-on encore, traite des *jugements* translatifs de propriété; le 1° du même article est donc étranger aux aliénations qui sont l'effet *d'un jugement*. »

Ce raisonnement pèche par sa base. Le 4° qu'on nous oppose, ne visant que les jugements d'*adjudication*, laisse forcément sous l'empire du 1° tous les jugements qui sont translatifs de propriété sans être d'*adjudication*.

Si d'ailleurs nous avions tort quant aux *jugements* d'expropriation, nous aurions évidemment raison quant aux expropriations *amiables*. Il est, en effet, bien manifeste que les traités qui interviennent entre les particuliers et l'administration ne sont point des *jugements*, et qu'ainsi le 4° dont il s'agit ne les concerne point.

On insiste pourtant. « Ces traités, nous dit-on, ont plutôt l'apparence que la réalité des *contrats,* puisque le propriétaire qui consent à l'expropriation de son bien ne peut point l'éviter. La convention à laquelle il souscrit doit donc être assimilée au jugement lui-même d'expropriation; elle le supplée et en tient lieu. Or, l'expropriation par jugement n'est point soumise à la formalité de la transcription; l'expropriation amiable doit donc également en être affranchie. »

Cette objection nous embarrasse peu : il nous suffira d'en changer les termes pour nous l'approprier et la tourner contre nos adversaires. La justice, dirons-nous, n'intervient entre les particuliers et l'État qu'au cas où les parties ne sont point parvenues à s'entendre sur le montant du prix d'expropriation. Son office consiste alors à les mettre d'accord en le fixant elle-même. Elles *contractent* ainsi, par son intermédiaire, de la même manière qu'un vendeur et un acheteur contractent par l'entremise d'un mandataire auquel ils ont confié la fixation du prix de vente. Dès lors on peut dire qu'au fond, et juridiquement parlant, les *jugements* d'expropriation constituent de véritables *traités*, des contrats proprement dits. Ils en produisent les effets; ils en ont les prérogatives : c'est par conséquent à eux qu'on les doit tout au moins assimiler. Or, les traités d'expropriation, nous l'avons établi, sont soumis à la formalité de la transcription; donc.....

« Soit, nous dira-t-on peut-être, les jugements d'expropriation ont la plus grande analogie avec les traités amiables qui interviennent entre les propriétaires et l'administration ; mais ces jugements, mais ces traités eux-mêmes ne sauraient être assimilés à des ventes *volontaires*; or, le 1° de l'article 1er ne s'applique évidemment qu'aux aliénations qu'on est libre de faire ou de ne pas faire, et parmi les aliénations *forcées*, le 4° du même article ne vise que celles qui ont lieu par la voie *d'un jugement d'adjudication*. »

Cette donnée serait logique, et nous l'admettrions volontiers, s'il nous était démontré que la loi ne vise, dans le 1° de son article 1er, que les actes *volontaires;* mais nous contestons cette prétendue limitation ; nous ferons mieux encore, nous l'écarterons par une réduction à l'absurde. Qu'on la maintienne, et on se verra forcé de reconnaître que la formalité de la transcription n'est applicable :

Ni aux adjudications qui ont lieu sur enchères reçues par un notaire après conversion de saisie, conformément au Code de procédure : elles appartiennent, en effet, aux aliénations *forcées*, ce qui les exclut du 1° de l'article que nous expliquons, et n'ont point lieu par voie de *jugement*, ce qui les tient en dehors des termes du 4° du même article ;

Ni aux actes ou jugements par lesquels le propriétaire d'un mur en cède la mitoyenneté à un propriétaire voisin : ces cessions sont, en effet, des aliénations *forcées* (art. 661, C. N.), et on ne peut point dire d'elles que ce soient des *adjudications;*

Ni enfin aux actes ou jugements par lesquels les propriétaires voisins cèdent sur leurs héritages un droit de passage au propriétaire enclavé (art. 682, C. N.) (1).

(1) Quelques auteurs enseignent qu'en cas d'enclave, le droit de passage existe de plein droit en vertu de la disposition de la loi (Dur., v, n°429; Marc., sur les art. 682 à 685). Dans ce système, le traité ou le jugement intervenu entre les parties ne serait que le règlement de l'indemnité à payer. Dès lors il n'y aurait point lieu de le transcrire. — Nous n'acceptons point cette manière de voir. L'art. 682 applique au droit de passage le principe établi par les art. 661 et 662, quant à la mitoyenneté du mur; or, dans cette dernière hypothèse, la mitoyenneté n'existe pas de plein droit; le propriétaire voisin n'a que le droit de l'*acquérir*, ainsi que le dit l'art. 660. Dès lors, où est la raison de décider autrement quant au droit de passage? L'art. 682 ne confère au propriétaire enclavé que le droit de *le réclamer*, c'est-à-dire de se

Quelqu'un acceptera-t-il ces conséquences? Or, si elles sont inadmissibles, comment admettre le principe qui les produit?

On voit donc qu'en ce qui touche les textes, on les peut aisément plier à notre système. Admettons d'ailleurs qu'ils soient peu explicites, nous devrons alors leur venir en aide, puisque nous avons reconnu qu'on ne devait point les interpréter au pied de la lettre. La loi a évidemment voulu que tout acte entre-vifs qui déplace la propriété fût mis sous les yeux des tiers; là est sa pensée incontestable, toute sa pensée; là est par conséquent le droit commun. Or, si les jugements d'expropriation pour cause d'utilité publique déplacent la propriété — et personne ne le peut contester — ils doivent forcément rester sous l'empire de la règle, à moins qu'il n'existe des raisons particulières de les placer dans un ordre à part et exceptionnel. Ces raisons existent-elles? Toute la question est là.

« Elles existent, a-t-on dit. L'expropriation pour cause d'utilité publique est entourée d'une grande publicité, puisque le jugement qui la consomme est publié, affiché, inséré dans les journaux. Aussi l'expérience a-t-elle montré que tous ses effets, tels qu'ils sont réglés par la loi du 3 mai 1841, se produisent sans aucun inconvénient et sans préjudice pour personne. Dès lors, où est la nécessité de la transcrire? Dans quel but la loi aurait-elle prescrit la publicité d'un acte qui a reçu déjà la publicité la plus parfaite? »

On s'est, à cet égard, fait illusion. La publicité de l'expropriation par affiches sur les murs et insertions dans les journaux est, en effet, *rien moins que parfaite*. Et d'abord, il est bien évident qu'elle ne saurait renseigner directement ceux qui ne savent point lire; en second lieu, il est non moins certain qu'elle est à peu près nulle quant à ceux, et ils sont nombreux, qui n'ont point l'habitude de s'arrêter devant les murs pour y lire les placards et affiches de toute espèce dont ils sont couverts, ou qui ne reçoivent point le journal de la localité. Ajoutez que les affiches ne restent sur les murs que pendant un temps fort court, que les journaux sont sujets à mille causes d'oubli, de perte ou de destruction. Dès lors, que

le faire attribuer moyennant indemnité : « Le bien public, disait Bourjon (*Droit commun*, liv. 4, tit. 1er, partie 2, chap. 1er, n° 1), rend *telle vente forcée.* »

l'on considère combien est fugitif et temporaire le bruit qui
se fait autour de l'expropriation ! Quoique publique à son
origine, elle rentre bientôt dans la plus parfaite obscurité et
par conséquent dans la classe des actes clandestins. Il est vrai
que la condition nouvelle que reçoivent les biens dans les
mains de l'Etat porte en elle un élément stable et permanent
de publicité ; mais entre l'expropriation et le moment où les
biens expropriés sont affectés à l'usage public auquel ils sont
destinés, il peut s'écouler un long intervalle de temps pendant lequel ce signe visible et matériel de la mutation fera
défaut. Que sera-ce si les terrains acquis ne reçoivent point
leur destination ou s'ils ne la reçoivent qu'en partie (art. 50 et
60 de la loi du 3 mai 1841) ? Les anciens propriétaires pourront, sans doute, en demander la remise (art. 61); mais s'ils
n'usent point de leur droit de préemption, l'État les conservera dans son domaine privé ou les concédera à des
tiers. Croit-on alors qu'après 10, 15 ou 20 années écoulées depuis l'expropriation, la publicité qu'elle a reçue à son origine
subsistera dans toute sa plénitude? Personne n'osera l'affirmer.

Au reste, quand même il serait vrai que la publicité qu'on
obtient par la voie des affiches et des journaux a toute la perfection qu'on lui prête, nous ne concéderions point pour cela
qu'elle pût suppléer la transcription et en tenir lieu. Rappe-
lons-nous, en effet, que les adjudications sur saisie doivent
être transcrites, quoique pourtant elles reçoivent, par les
procédures qui les précèdent , les accompagnent et les
suivent, une très grande notoriété : transcription de la saisie
sur un registre particulier, dépôt, lecture et publication du
cahier des charges au greffe du tribunal, affiches sur les murs,
insertion dans les journaux, réinsertion s'il y a lieu, mention
du jugement en marge de la transcription de la saisie, rien
n'y manque. Tant de formalités sont assurément bien propres
à sauvegarder les intérêts des tiers. Or, si nonobstant cet ensemble de mesures prescrites en vue d'atteindre la plus parfaite publicité, les adjudications doivent néanmoins être cou-
chées sur le registre ordinaire des mutations de propriété
(v. le n° 79), il est impossible de soutenir que dans l'esprit de
la loi nouvelle la transcription des expropriations pour cause
d'utilité publique ne serait qu'une formalité vaine et sans ob-

jet. Et, ce qui est plus décisif peut-être, c'est que la loi du 3 mai 1841 la prescrit elle-même, non point, sans doute, dans l'intérêt des tiers qui pourront traiter dans l'avenir avec les anciens propriétaires, mais afin de mettre ceux qui ont des droits acquis sur les immeubles expropriés en mesure de les conserver et de les faire valoir. Là, à notre sens, est la preuve manifeste et irrécusable qu'aux yeux mêmes de la loi, la publicité par la voie des affiches et insertions dans les journaux n'est ni assez sûre, ni surtout assez stable, pour suppléer la transcription et en tenir lieu.

Une dernière considération nous est opposée. « L'expropriation pour cause d'utilité publique, nous dit-on, répugne, par sa nature et ses caractères essentiels, à l'application du régime nouveau ; sa spécialité même ne permet point de la gouverner par d'autres règles que celles qui lui sont propres ; si on la soumettait au droit commun, on y apporterait une sorte de perturbation. »

La portée de ce raisonnement — nous le saisissons mal sans doute — nous échappe complétement.

Veut-on dire que l'application du régime nouveau à la matière de l'expropriation *modifiera* en certains points la loi du 3 mai 1841 ? Nous ne le contesterons assurément pas, car il est plus qu'évident que le propre des lois nouvelles est d'innover et par conséquent de modifier l'ancien état des choses. Mais en vérité que conclure de là ?

Entend-on nous faire comprendre qu'en soumettant au droit commun les expropriations pour cause d'utilité publique, nous allons jeter le désordre dans cette matière, entraver l'administration dans l'exercice de son droit, lui susciter mille embarras et créer des lenteurs funestes à l'intérêt public ? Nous protestons alors de toutes nos forces contre ces allégations. Oui, nous touchons à l'ancienne loi ; mais qu'importe, si nous la modifions en l'améliorant ! Or, il nous est facile de démontrer, d'une part, qu'en modifiant la loi du 3 mai 1841 par la loi du 23 mars 1855 nous n'apportons aucune entrave à l'exercice du droit d'expropriation ; qu'au lieu de créer des lenteurs, nous supprimons des délais établis contre l'administration ; qu'en un mot, loin de lui nuire, nous la favorisons ; d'autre part, qu'en laissant complétement cette matière sous l'empire de l'ancienne loi, on porte, par des résultats dénués de toute raison et de toute justice, la plus grave atteinte au crédit public.

Si on adopte notre système, l'expropriation et la mutation qu'elle entraîne ne prenant date à l'égard des tiers qu'à compter du jour où elle a été transcrite, nous n'avons aucune distinction à faire entre les actes que le propriétaire a passés *après* l'expropriation, mais avant sa transcription, et ceux qui l'ont précédée. Les premiers sont tout aussi valables que les seconds, puisqu'au regard des tiers l'exproprié demeure propriétaire tant que l'administration n'a point fait transcrire son titre. En faut-il conclure que les tiers acquéreurs dont le titre est *postérieur* à l'expropriation peuvent, s'ils transcrivent en temps utile, évincer l'administration et la contraindre à procéder directement contre eux par expropriation nouvelle ? Non, assurément. Ils ne peuvent, en effet, avoir plus de droits que les acquéreurs *antérieurs* à l'expropriation ; leur condition ne peut être que la même. Or, qu'on suppose qu'un immeuble ayant été vendu en tout ou en partie et la vente transcrite, l'administration ait par erreur procédé contre l'ancien propriétaire : l'expropriation, quoique prononcée contre un non-propriétaire, n'en sera pas moins valable ; l'article 1599, aux termes duquel la vente de la chose d'autrui est nulle, n'a point d'application en cette matière. « *Les actions en revendication*, porte l'article 18 de la loi du 3 mai 1841, et toutes autres actions réelles, ne peuvent arrêter l'expropriation ni en empêcher l'effet : le droit des réclamants est transporté sur le prix, et l'immeuble en demeure purgé. » L'exproprié a été, en un mot, comme le mandataire de ses ayants-cause ; il les a représentés au regard de l'administration. Peu importe, — car la loi ne distingue pas, — la nature du droit qu'ils tiennent de lui : que ce soit la pleine propriété ou un simple démembrement, tel qu'un droit d'usufruit ou une servitude réelle, le résultat est toujours le même. Ainsi les tiers acquéreurs de la pleine propriété, ainsi les usufruitiers, ainsi les acquéreurs de servitudes réelles, dont le titre est *antérieur* à l'expropriation, ne peuvent point la critiquer, quoiqu'elle soit faite sans leur participation et à leur insu ; leur droit réel se convertit en un droit de préférence sur le prix. A plus forte raison, ou tout au moins par analogie, en doit-il être de même de ceux dont l'acquisition se place dans l'intervalle de l'expropriation à la transcription.

Notre doctrine se résume dans cette idée bien simple, que le prix d'expropriation doit être affecté par préférence à tous ceux qui, ayant acquis des droits réels sur l'immeuble, soit avant, soit même *après* l'expropriation, ont eu le soin de les conserver en procédant en temps utile à la transcription de leur titre d'acquisition. L'administration, qui ne veut point s'exposer à payer deux fois, doit donc, d'une part, faire transcrire son propre titre, et, d'autre part, afin de reconnaître ceux entre les mains desquels elle doit payer, lever un état des transcriptions antérieures à la sienne.

Ce système n'est-il pas bien sage? Quel reproche lui adressera-t-on? Comment peut-on dire que nous jetons la perturbation dans la matière de l'expropriation et créons des entraves à l'administration, alors qu'elle peut se mettre à l'abri de tout péril en remplissant une formalité que l'ancienne loi, d'accord avec son intérêt, lui commande d'accomplir? Si, à notre insu, nous l'entraînons dans des embûches, si, sans le comprendre, nous la blessons par quelque côté dans son intérêt, qu'on nous signale les graves inconvénients qui nous échappent. Peut-être alors changerons-nous d'avis; mais jusque-là nous resterons fermement convaincu que la solution que nous proposons a le double avantage d'être parfaitement juste et de ne léser personne.

Qu'on nous dise également quel intérêt nous méconnaissons, et à quel point de vue nous gênons l'administration lorsque nous lui imposons l'obligation de respecter, *sans distinction de leur date*, toutes les hypothèques dont l'inscription aura précédé la transcription de son titre. Que lui importe qu'elles aient pris naissance avant ou après l'expropriation? Le paiement qu'elle fera aux mains des créanciers inscrits en ordre utile ne lui assurera-t-il point, dans tous les cas, une pleine et entière sécurité?

Quel préjudice enfin lui fera-t-on si on admet avec nous que la transcription de son titre purge par elle-même de plein droit et instantanément les hypothèques *non inscrites?* Le délai de quinzaine pendant lequel on les pouvait utilement inscrire, même après la transcription du jugement d'adjudication (art. 17 de la loi du 3 mai 1841), n'était qu'un dérivé de l'article 834 du Code de procédure; or, cet article a été abrogé : la faculté qu'il laissait aux créanciers retardataires a été jugée dangereuse. Dès lors, où est la raison de la maintenir au regard de l'administration? Par quel effort de logique prouvera-t-on que nous lui sommes contraire, alors que nous proposons de l'affranchir du délai dans lequel l'ancienne loi renfermait son droit de libération ? Bien loin de lui nuire, nous la favorisons, puisque nous la faisons participer aux avantages que la loi nouvelle accorde aux acquéreurs les plus vulgaires. Quant aux créanciers hypothécaires que nous atteignons, nous ne faisons que leur appliquer le droit commun. A quel titre donc se plaindraient-ils? S'ils sont déchus de leur hypothèque, ils ne peuvent s'en prendre qu'à eux-mêmes : *jura vigilantibus scripta sunt.*

Devons-nous ajouter que, si la femme devenue veuve, le mineur devenu majeur, l'interdit relevé de son interdiction, ont été placés par la loi nouvelle sous l'empire du droit commun lorsqu'ils ont laissé, sans inscrire leur hypothèque légale, s'écouler l'année de grâce qui leur est accordée à cet effet (art. 18), c'est que, passé ce délai, il n'y a plus une seule raison de leur faire une condition à part? Cela posé, nous nous demandons dans quel but on prétend maintenir, en cas d'expropriation, une prérogative qui, étant destituée de toute raison d'être, a été jugée dangereuse et injuste dans les cas ordinaires. Qu'importe à l'administration la déchéance qu'encourront les créanciers qui ne se seront point mis en règle? Sous quel rapport en souffrira-t-elle ? Le conflit que suppose l'article 8 ne peut naître qu'entre les créanciers de l'exproprié ; or, si l'administration est complètement désintéressée dans ce débat, pourquoi ne pas le régler conformément au droit commun?

Ainsi, sous quelque rapport qu'on l'envisage, l'application de la loi nouvelle aux expropriations pour cause d'utilité publique n'offre aucun inconvénient ; elle ne pèche ni contre la logique, ni contre la justice, ni contre l'utilité pratique ; en l'écartant, au contraire, on crée un système plein d'inconséquences, de désordres et d'injustices. Si le lecteur veut nous suivre dans l'examen des espèces suivantes, il lui sera aisé de se convaincre que notre proposition n'a rien d'exagéré.

1º Des bâtiments considérables, des terrains d'une grande

étendue, ont été acquis en vue de l'établissement d'un chemin de fer ; mais le tracé ayant été plus tard modifié, ces immeubles n'ont point reçu ou n'ont reçu qu'en partie la destination publique qui a motivé leur acquisition. Les anciens propriétaires n'ayant point usé de leur droit de préemption, les biens expropriés restent ainsi à l'état de propriétés particulières dans le domaine privé de l'État. Ces faits étant donnés, supposons, d'une part, que l'administration n'a point fait transcrire ses titres d'acquisition, et, d'autre part, qu'il s'est écoulé plusieurs années depuis l'expropriation : n'est-il pas vrai qu'alors ces nombreuses et importantes mutations seront, en fait, destituées de toute publicité ? Or, si, bien que clandestines, elles sont opposables aux tiers acquéreurs de bonne foi, toute justice ne sera-t-elle point violée à leur égard ? Et que sera-ce, si l'État ayant disposé des biens restés dans son domaine privé, ses ayants-cause ne font point transcrire leur titre d'acquisition ? Dira-t-on, avec MM. Bressoles et Troplong, que ces nouvelles mutations, quoique non transcrites, auront un effet absolu (V. le n° 76) ? Quelles lacunes alors dans l'ordre des transmissions ! que d'incertitudes et de difficultés dans l'établissement de la propriété ! Si tout cela est vrai, M. de Belleyme se faisait une étrange illusion lorsqu'il affirmait, au Corps législatif, que la loi nouvelle avait pour objet et qu'elle aurait pour effet de fournir aux tiers intéressés un moyen *toujours sûr* de reconnaître la propriété et de la suivre *dans toutes les mains* par où elle peut passer.

2° Paul a vendu à *Primus*, qui a négligé de faire transcrire son titre, l'usufruit *d'un champ* A. Peu après, il en a été exproprié pour cause d'utilité publique. Dans l'intervalle de l'expropriation à sa transcription, *Secundus* achète du même Paul l'usufruit d'un domaine dans lequel se trouve compris le champ A dont il vient d'être parlé. Cette seconde constitution d'usufruit a été, nous le supposons, immédiatement transcrite. Nous avons donc, quant au fonds A, deux usufruitiers aux prises. Le premier a tenu son droit clandestin ; il s'est mis en révolte contre la loi. Le second, au contraire, s'est empressé de lui obéir. Lequel des deux, l'emportant sur l'autre, verra son droit réel converti en un droit de préférence sur le prix d'expropriation ? L'usufruitier diligent ? Rien assurément ne serait ni plus rationnel ni plus juste. Mais prenons garde !

l'administration est en cause, et là où elle intervient tout se passe et se règle conformément au régime de la clandestinité. Or, dans ce système, *Primus* ayant acquis le premier et avant l'expropriation, est, à son égard, le seul et véritable usufruitier; c'est à lui par conséquent que revient la somme représentative de la valeur de l'usufruit du fonds exproprié. Ainsi, *Secundus*, bien qu'acquéreur de bonne foi, devra subir l'effet d'un droit qu'on lui a tenu caché; il sera trompé dans son attente, atteint dans sa fortune, par ce motif dérisoire que l'administration est en cause! Est-ce logique? est-ce juste surtout? Mais laissons ce point. Nous avons à signaler des résultats bien plus bizarres et bien plus injustes encore.

3° Plusieurs années se sont écoulées depuis que Paul est devenu veuf. Il a eu la tutelle de ses neveux, mais elle a cessé depuis longtemps. Les deux hypothèques légales dont ses biens sont grevés n'ont été inscrites ni l'une ni l'autre. Les choses étant en cet état, Paul, voulant emprunter 20,000 fr., offre d'hypothéquer à la sûreté du prêt une maison dont la valeur s'élève au double de la somme qu'il sollicite. « Que risquez-vous, dit-il à Pierre, auquel il s'adresse? L'immeuble que j'affecterai à votre sûreté vaut deux fois la somme que vous me prêterez, et *il est libre de toute inscription*. A la vérité, deux hypothèques légales le grèvent; mais, comme elles n'ont pas été inscrites et qu'il s'est écoulé plus d'un an depuis que je suis devenu veuf et que j'ai cessé d'être tuteur, elles resteront sans effet à votre égard, puisque l'inscription que vous prendrez vous assurera à tout événement rang sur elles, conformément à l'article 8 de la nouvelle loi. » Pierre, se laissant convaincre, livre ses fonds, reçoit une hypothèque et l'inscrit immédiatement. Sa sécurité lui paraît complète; mais combien il s'abuse! Tandis qu'il se croit hors de toute atteinte, un péril imminent tient sa créance à pile ou face dans le jeu des événements les plus singuliers. Supposons, en effet, qu'un chemin de fer soit décrété pour être établi dans le voisinage de la maison qui a été hypothéquée : passera-t-il à droite, passera-t-il à gauche? Grave et importante question d'où dépend toute la fortune de notre créancier! La maison qui fait sa sûreté est à droite, admettons-le. Si le chemin passe à gauche, Paul ne sera point exproprié, et la créance de Pierre sera sauvée. S'il passe à droite, Pierre sera ruiné peut-être. La maison affectée à sa sûreté, se trouvant sur la ligne du chemin, devra disparaître, ce qui nécessitera son expropriation. Or, lorsqu'un immeuble est exproprié pour cause d'utilité publique, les droits des créanciers hypothécaires étant réglés conformément à l'ancien régime, les deux hypothèques légales établies sur la maison que l'expropriation enlèvera auront, quoique non inscrites, le pas sur l'hypothèque conventionnelle de Pierre (art. 2135 C. N.). Ainsi, l'indemnité représentative de la maison qui lui avait été affectée, *à l'exclusion de tout autre ayant-droit*, lui sera ravie par deux créanciers qui auront eu l'incurie de tenir cachée jusqu'au dernier jour l'hypothèque qui le ruinera ! Sa créance eût été sauvegardée si la maison qui formait son gage était restée dans le patrimoine de son débiteur ou si ce dernier l'avait vendue à un acquéreur ordinaire, et parce qu'elle a été comprise dans une expropriation, il se verra rejeté au dernier rang ! C'est en vain qu'en bon père de famille il aura rempli toutes les formalités prescrites pour la conservation de sa fortune ; vainement dira-t-il qu'il n'a livré ses fonds que sur la foi d'une garantie que la loi lui assurait pleinement efficace (art. 8). La prudence dont il a fait preuve, sa bonne foi, si manifeste qu'elle soit, ne le sauveront pas. On lui répondra que du moment que son gage a été exproprié, il importe que son droit périsse. Il importe..... à qui importe-t-il ? Nous ne savons. Ce qui est certain, c'est qu'un bon père de famille sera ruiné, sous ce burlesque prétexte qu'un chemin a été établi à droite plutôt qu'à gauche !

4° Plaçons-nous dans une dernière hypothèse. Plusieurs subrogations successivement consenties ont fait passer l'hypothèque légale d'une femme mariée à divers créanciers. Tous les subrogés, *sauf le premier*, se sont inscrits conformément à l'article 9 de la nouvelle loi. Si l'immeuble sur lequel est assise l'hypothèque qui leur a été cédée est saisi entre les mains du mari, ou si ce dernier le vend à un acquéreur ordinaire, le subrogé *non inscrit* ne pourra point, quoique le premier dans l'ordre des cessions, se prévaloir de son titre à l'encontre des subrogés ultérieurs : il subira la peine de sa négligence, et ce sera justice. Que si, au contraire, l'immeuble dont il s'agit est transformé en argent par l'effet d'une expropriation pour cause d'utilité publique, la loi nouvelle étant

écartée, on demeurera sous l'empire de l'ancien droit. Or,
tout le monde sait que, d'après le Code, les subrogations étant,
quoique occultes, opposables aux tiers, l'ordre de préférence
entre les cessionnaires de la même hypothèque se réglait, selon la jurisprudence établie, par la date des cessions. Le premier subrogé aura donc, dans l'espèce, le pas sur les cessionnaires qui le suivent dans l'ordre du temps. Ainsi, chose
bizarre! l'expropriation le relève de la faute qu'il a commise.
Elle dépouille les créanciers les plus diligents pour venir en
aide à un créancier coupable de la plus impardonnable incurie! Et tout cela, dans quel but? Si ces résultats devaient
profiter à l'administration, nous les accepterions volontiers,
car le bien public exige souvent le sacrifice des intérêts particuliers; mais, encore une fois, elle est complétement étrangère au débat. La préférence qu'on accorde au subrogé dont
le titre est resté clandestin sur les créanciers inscrits n'a par
conséquent aucune raison d'être; elle constitue donc tout à
la fois un non-sens et une grosse injustice.

M. Cabantous termine l'exposé de son système par un éloge
adressé au législateur. « En laissant, dit-il, en dehors de ses
dispositions les expropriations pour cause d'utilité publique,
la loi nouvelle a fait une exacte appréciation des exigences
d'une matière toute spéciale et témoigné d'un judicieux esprit de prudente réserve. » Nous ne sommes point de cet avis.
Si la loi avait réellement le sens qu'on lui donne, ses réserves
ne seraient que de grosses inconséquences, et au lieu de la
glorifier, il faudrait s'empresser d'en demander la réforma-
tion. M. Cabantous sait, en effet, mieux que nous, qu'elle a
eu principalement pour objet de fonder, sur des bases solides
et durables, l'institution de la Société du crédit foncier. Or,
comment cette Société pourra-t-elle fonctionner si les expropriations, dont le nombre va toujours croissant, doivent avoir,
pour les bailleurs de fonds même les plus prudents, les résultats désastreux que nous venons de signaler? Les plus minu-
tieuses précautions ne la mettront point à couvert, puisqu'il
pourra arriver que son inscription, bien que la première en
date d'hypothèque ou de subrogation, soit paralysée dans son
effet par des hypothèques ou des subrogations inconnues,
qu'une expropriation permettra de tirer de l'obscurité où on
les aura tenues cachées jusqu'au dernier moment. N'est-il

17

pas vrai que, dans ce système, elle n'aura aucune sécurité réelle, et qu'ainsi l'œuvre du législateur restera informe et incomplète ?

Plus nous réfléchissons sur cette importante question, et plus la solution que nous avons donnée nous semble juste et rationnelle. Nous espérons même que M. Cabantous, mieux éclairé et se rangeant à notre avis, nous viendra en aide en nous prêtant l'appui de sa haute autorité. Que si pourtant il estime que nous nous sommes trompé, nous aimons à penser qu'il tiendra à honneur de ne point nous laisser dans l'erreur. De trop graves intérêts sont engagés dans ce débat pour le laisser pendant et sans solution.

SECTION II

DES ACTES CONSTITUTIFS DE DROITS RÉELS NON SUSCEPTIBLES D'HYPOTHÈQUE.

§ 1er. — DE L'ANTICHRÈSE.

SOMMAIRE.

89. L'antichrèse est fort peu recherchée en pratique, quoique pourtant elle procure au créancier qui la reçoit la plus solide des garanties.

90. Le discrédit dans lequel elle est tombée tient à la nécessité où se trouvait le débiteur de mettre en la possession du créancier l'immeuble qu'il affectait à sa sûreté. Cette mise en possession n'ayant plus, sous l'empire de la loi nouvelle, aucune raison d'être, l'antichrèse peut être aujourd'hui constituée sans l'auxiliaire de la tradition.

91. *Inter partes*, le consentement du débiteur et du créancier suffit pour la former ; sa transcription la constitue *à l'égard des tiers*. Jointe à l'hypothèque, elle donnerait au créancier une sûreté telle qu'il n'aurait rien à envier, même aux créanciers les plus privilégiés.

92. Le droit qu'elle lui confère est *réel*, et par conséquent opposable aux tiers.

93. *Quid* lorsqu'elle se trouve aux prises avec une aliénation ou une constitution d'hypothèque ?

94. L'antichrésiste n'a point de privilége sur l'immeuble qui a été engagé à sa sûreté.

95. Mais il est investi d'un droit de jouissance en vertu duquel il s'approprie, à l'exclusion de tous autres créanciers, les fruits qu'il perçoit.

96. Il a, en outre, le droit de retenir, jusqu'à ce qu'il soit intégralement payé, l'immeuble qui lui a été engagé.

97. Le débiteur peut néanmoins l'aliéner, mais alors l'acquéreur ne peut s'en faire mettre en possession qu'après avoir désintéressé l'antichrésiste.

98. Il peut être saisi par les créanciers du débiteur et vendu sur leur poursuite, mais l'adjudicataire n'en peut également exiger la délivrance que sous la condition de satisfaire l'antichrésiste. Conséquences.

99. *Quid* dans le cas où la créance est accompagnée d'un terme non encore échu et stipulé dans l'intérêt particulier de l'antichrésiste ?

100. Quoique l'antichrèse procure indirectement au créancier un droit de préférence sur le prix de l'immeuble même, on ne doit point néanmoins la confondre avec le privilége proprement dit.

101. Conflit entre l'antichrèse et les priviléges généraux. La préférence appartient à l'antichrèse. Toutefois, cela n'est vrai qu'au regard des priviléges non inscrits ou dont l'inscription est postérieure à la transcription de l'antichrèse.

102. Comment se gouverne l'antichrèse au cas où l'immeuble qu'elle affecte est resté en la possession du débiteur ? Par quel procédé le créancier s'approprie-t-il alors les fruits destinés à l'acquittement de sa créance ?

103. La créance et l'antichrèse qui y est attachée sont-elles cessibles ? Distinction.

104. Par quelle voie et à quel moment la cession qui la déplace prend-elle date à l'égard des tiers ? Doit-on, à cet égard, suivre le Code Napoléon ou la loi nouvelle ?

89. Un débiteur remet, pour sûreté de sa dette, un immeuble à son créancier ; on convient que ce dernier en retiendra la possession *jure pignoris*, sous la faculté d'en percevoir les fruits, mais à la charge de les imputer, à titre de *dalio in solutum*, sur les intérêts, et, en cas d'excédant, sur le capital de sa créance jusqu'à parfait paiement. Tel est le nantissement immobilier, ou l'*antichrèse*.

Il n'en était point question dans le projet du Code.

Les tribunaux auxquels ce projet fut soumis protestèrent contre cet oubli. Tout ce qui tend, dirent-ils, à faciliter les conventions et à multiplier les libérations, est digne de l'attention du législateur. Or, de même que le cautionnement ou l'hypothèque qu'elle supplée, ou , mieux encore, comme le gage dont elle n'est, à vrai dire, qu'une espèce, l'antichrèse ouvre, élargit et consolide le crédit des débiteurs en mettant à l'abri de toute éventualité fâcheuse les droits des créanciers qui la reçoivent. Elle a donc, à ce titre, sa place marquée dans le Code.

Ces observations ayant paru justes, on s'empressa d'y faire droit; mais les faits n'ont point répondu aux vues de la loi. L'antichrèse est à peine connue en pratique.

Ce n'est point pourtant qu'elle soit compliquée dans sa constitution ; car, ainsi qu'on a pu le voir, ce qui frappe en elle, c'est précisément la facilité avec laquelle elle s'établit.

Ce n'est point non plus que la sûreté qu'elle procure au créancier qui la stipule soit insuffisante : *nul autre agissement peut-être n'est plus propre à environner le droit d'un créancier d'une plus solide garantie !* Plus sûre que la simple hypothèque, elle l'emporte sur le privilége lui-même; car, tandis que les créanciers hypothécaires ou privilégiés sur certains immeubles voient passer avant eux toute la cohorte des créanciers de l'article 2101 (art. 2105), l'antichrésiste ne cède le pas à personne. Cette donnée paraîtra paradoxale peut-être; tout à l'heure pourtant nous en donnerons la démonstration.

Mais si, sous ce double rapport, l'antichrèse n'a rien que de très favorable, elle porte en elle, à un autre point de vue, une imperfection, disons mieux, un vice essentiel qui l'a réduite, dans le monde des affaires, à un rôle extrèmement borné. Le nantissement, personne ne l'ignore, appartient à la famille des contrats réels qui, comme le prêt et le dépôt, exigent pour leur perfection la tradition de la chose qu'ils ont pour objet. L'article 2071 du Code Napoléon est formel à cet égard: « Le nantissement, y est-il dit, est un contrat par lequel un débiteur *remet* une chose à son créancier pour sûreté de la dette. » *Cette remise,* selon la remarque qu'en a faite M. Gary au conseil d'Etat (1), est *de l'essence* de cette espèce de contrats. Or, cette loi du nantissement, facile à observer quant au gage mobilier, est, en quelque sorte, impraticable

(1) Fenet, t. xv, p. 214.

quant à l'antichrèse, tant sont vifs les sentiments qu'elle blesse et graves les inconvénients qu'elle entraîne. Et d'abord, l'attache qui unit le propriétaire à son domaine est trop étroite, elle touche de trop près à son bonheur, à ses joies les plus intimes pour qu'il se décide facilement à le remettre entre les mains d'un tiers : cet abandon est un de ces sacrifices qu'on ne fait guère que contraint et forcé par les plus impérieuses nécessités. D'autre part, les créanciers, quoique naturellement portés à assurer le paiement de leur créance, sont peu disposés à se prêter à un accommodement qui aurait le double inconvénient d'engager leur responsabilité par l'administration qu'il mettrait à leur charge et d'exiger d'eux des soins qu'ils peuvent utilement employer ailleurs.

Que si pourtant les parties, passant outre, se décident, l'une, à remettre la possession et l'administration de sa chose à son créancier, l'autre, à s'en charger, cette remise crée un conflit d'intérêts peu propre à fonder la paix entre elles et surtout essentiellement contraire au bien public. Les rapports qu'elle établit sont, en effet, naturellement difficiles et irritants. L'un considère que sa chose est entre les mains d'un tiers qui en a toute l'utilité ; l'autre, que cette chose, qu'il améliore peut-être en la cultivant, appartient à un étranger auquel elle devra être rendue. De là une inimitié à peu près inévitable, et, par suite, une source inépuisable de procès. Ajoutez que l'antichrésiste, qui ne perd jamais de vue la restitution qu'il aura à faire, et qui, d'ailleurs, est pressé de rentrer dans ses fonds, ne s'attache que bien faiblement à la chose qu'il administre : au lieu de s'efforcer de l'améliorer, il ne songe qu'à en retirer, même en la malmenant, tout le profit qu'elle pourra donner dans le plus bref délai. De là une dépréciation de la propriété.

Ces inconvénients, quoique graves, sont en partie paralysés lorsque le débiteur et le créancier sont unis entre eux par de bons rapports, et, par exemple, par un lien de parenté ou d'alliance. Ainsi on conçoit sans peine qu'après avoir promis une dot en argent, le constituant remette un immeuble à son gendre, sous cette stipulation que les fruits qu'il en retirera en l'administrant se compenseront avec les intérêts, et, en cas d'excédant, avec le capital de la dot ; ou encore qu'une femme veuve retienne, aux termes de son contrat de mariage, ou reçoive, en vertu d'une clause du partage de la communauté, la jouissance des biens de son mari, jusqu'au remboursement intégral de ses reprises. Mais, en dehors de ces hypothèses, le nantissement immobilier est, à quelques exceptions près, complétement délaissé.

Il est assurément plus que fâcheux qu'une institution de crédit soit, par son imperfection même, réduite à l'état de lettre morte. Personne ne nous blâmera donc si nous essayons, en lui venant en aide, de ramener à elle l'attention et la confiance du public. Mais par quel procédé lui porter secours? La voie à suivre à cet égard nous paraît bien simple.

90. Le discrédit dans lequel l'antichrèse est tombée tient exclusivement, ainsi qu'on a pu s'en convaincre, à l'obligation où se trouve le débiteur de remettre l'immeuble qu'il engage en la possession du créancier et de lui en confier l'administration. Si donc cette remise cessait d'être une condition essentielle du nantissement, l'antichrèse serait par là même dégagée des embarras pratiques qui l'entravent. Le problème à résoudre se trouve dès lors ramené en ce point : peut-on, sous l'empire de la loi nouvelle, constituer une antichrèse sans l'auxiliaire de la tradition de l'immeuble qu'on engage? Or, si nous ne nous trompons, l'affirmative est certaine.

Quel était, en effet, le fondement de cette remise? à quelle idée se rattachait-elle? Examinons.

Les rédacteurs du Code l'auraient-ils prescrite par application du principe romain que, pour constituer un droit réel, il fallait ajouter à la convention des parties la prise de possession de fait? Mais cette idée a été abandonnée et remplacée par la règle contraire; Les droits réels, porte l'article 1138, s'établissent et se transfèrent sans le secours de la tradition, par la toute-puissance du consentement des parties !

Auraient-ils considéré que, sans la remise de l'immeuble aux mains du créancier, rien n'aurait été plus fragile, et plus illusoire que la garantie de l'antichrèse(1)? C'est ce que nous ne saurions admettre, et cela pour deux raisons également décisives. Du moment, en effet, qu'on reconnaît que l'antichrèse confère au créancier qui la reçoit un droit réel en vertu du-

---

(1) M. Troplong, du Nantissement, n° 26.

quel il peut, à l'exclusion de tout autre créancier, se faire attribuer les fruits à provenir de l'immeuble affecté au paiement de sa créance, sa sûreté subsiste sérieuse et réelle, alors même que la possession et l'administration de son gage demeurent aux mains de son débiteur. Il est vrai que s'il le détenait lui-même, sa sécurité serait plus grande, mais sa condition, quoique amoindrie lorsqu'elle ne s'appuie point sur la possession de son gage, ne cesse point pour cela d'être excellente et privilégiée. C'est, au reste, ce que nous établirons bientôt. Et d'ailleurs quand même il serait parfaitement exact que sans la possession de l'immeuble engagé, l'antichrèse ne procurerait à l'antichrésiste qu'une garantie peu solide, par quel secret motif le législateur l'aurait-il prohibée? N'est-il pas vrai qu'un contrat qui, bien qu'imparfait, appelle, par la sécurité telle quelle qu'il inspire, la circulation des capitaux et par elle le développement de l'agriculture ou le progrès de l'industrie, mérite d'être protégé à tous égards, et qu'ainsi la loi qui, loin de le favoriser, y mettrait obstacle, procéderait au rebours du simple bon sens? Car, que ferait-elle par cette sotte et ridicule tyrannie, si ce n'est méconnaître, sans profit pour personne, et au grand préjudice de la société, l'excellent principe de la liberté des conventions?

La prohibition du nantissement *consensuel* et indépendant de la tradition ou de la remise de la chose engagée s'explique donc par d'autres motifs. Le *jus pignoris* qu'il confère étant opposable aux tiers, la loi a pensé, si nous ne nous trompons, qu'il importait, dans l'intérêt des ayants-cause éventuels du débiteur et afin d'éviter les fraudes dont ils pourraient être victimes, si cette précaution n'était prise, que le droit qu'ils auront à subir leur fût révélé par un signe extérieur propre à frapper les yeux. De là la nécessité de la remise de la chose engagée aux mains du créancier où d'une tierce personne qui la possède pour le compte et dans l'intérêt de ce dernier. La publicité résultant de cette tradition n'est point parfaite, sans doute; elle prête, en effet, à l'équivoque, puisqu'elle n'apprend point aux tiers la qualité ou le titre en vertu duquel le créancier détient l'immeuble qui lui a été remis et par suite la nature du droit dont il est investi; mais elle a, au moins, cet effet important d'éveiller leur attention et par conséquent de les mettre en garde contre toute surprise. Pour peu qu'ils

soient prudents, la vérité leur sera aisément et bien vite connue. Si donc ils traitent avec le débiteur sur la foi de ses déclarations et s'il les trompe, ils ne pourront imputer qu'à
leur imprudente confiance le dommage qu'ils subiront : *cu-
riosus esse debet creditor!*

Cela posé, de deux choses l'une :

Si, repoussant comme inadmissible l'application que nous
proposons, on décide que la loi est restée étrangère à toute
idée de publicité et de crédit, lorsqu'elle a prescrit la remise
aux mains de l'antichrésiste de l'immeuble qu'il reçoit en
nantissement, la nécessité de cette tradition ne sera plus
qu'un contre-sens, puisqu'il sera impossible d'y voir autre
chose que la reproduction de cette loi romaine que les rédacteurs du Code ont si solennellement proclamée contraire à
l'esprit philosophique de notre temps (art. 711 et 1138). Quelle
autorité lui conserver dès lors? Les parties pourront s'y conformer, sans doute, si elles le jugent à propos ; mais à quel
titre les soumettre au tyrannique empire d'une disposition
déduite par inadvertance d'un principe depuis longtemps
abandonné et contre laquelle proteste, de la manière la plus
énergique, la pensée dont la loi s'est partout inspirée?

Que si, au contraire, on admet avec nous que c'est uniquement dans un intérêt de publicité et afin que les tiers puissent
apprécier le crédit de ceux avec lesquels ils se mettent en rapport d'affaires, que la loi a voulu que l'immeuble donné en
nantissement ne reste point en la possession du propriétaire
qui l'engage, cette prescription, quoique pleine de sens et de
sagesse alors qu'on la considère au point de vue du Code Napoléon et abstraction faite des innovations qu'il a subies, ne
serait encore qu'un non-sens, une disposition vaine et sans
objet si on la maintenait toute-puissante et obligatoire sous
l'empire du principe qu'a consacré la loi nouvelle. Il est clair,
en effet, que du moment que l'antichrèse doit être, pour valoir à l'égard des ayants-cause du débiteur, couchée, parmi les
autres droits réels, sur un registre mis à la disposition des tiers,
qu'ils peuvent consulter tous les jours et à chaque heure du
jour, le droit de l'antichrésiste reçoit, par cette voie, une publicité plus grande que celle qui pourrait résulter de la remise en ses mains de l'immeuble affecté à sa sûreté, et qu'ainsi
cette remise n'étant plus essentielle à la perfection du nan-

tissement cesse par là même d'être obligatoire pour l'avenir : la transcription la supplée et en tient lieu.

91. Ainsi se trouve établie notre proposition; l'antichrèse, que le Code avait rangée parmi les contrats *réels*, appartient désormais à la nombreuse famille des contrats *consensuels*. *Inter partes*, le consentement du débiteur et du créancier suffit pour la former; sa transcription sur les registres du conservateur la constitue *ergà omnes*. Nous n'hésiterions donc pas à reconnaître comme régulière et parfaitement valable, soit entre les parties, soit même à l'égard des tiers, mais, bien entendu, sous la condition de la transcription, la convention par laquelle un débiteur, voulant garantir son créancier contre toutes les éventualités de l'avenir, lui céderait, à titre de nantissement, les revenus d'un immeuble et le subrogerait, à cet effet, en tous ses droits et actions sur lesdits revenus, pour s'en prévaloir et les exercer contre qui, quand et comme il avisera, mais sans lui remettre la possession de l'immeuble ainsi engagé. Ce nantissement *consensuel* deviendrait, si la pratique, l'appréciant exactement, consentait à entrer dans la voie que nous lui indiquons, l'accessoire habituel de toute constitution d'hypothèque. Le créancier aurait alors deux garanties, qui, par le mutuel secours qu'elles se prêteraient, lui donnerait une sûreté telle qu'il n'aurait rien à envier, même aux créanciers les plus privilégiés.

Mais ce point de droit ne peut être compris et bien établi que par l'étude des rapports que crée l'antichrèse entre le créancier qui la reçoit et les ayants-cause du débiteur qui la donne. Hâtons-nous donc de nous placer sur ce terrain.

92. L'antichrèse, réduite à ses propres forces, ne transférerait, suivant quelques auteurs, qu'un droit *purement personnel*, bon à opposer au débiteur qui l'a constituée et à ses créanciers *chirographaires*, mais sans aucune efficacité à l'égard des tiers, et, par conséquent, impuissant à se produire à l'encontre des droits réels acquis, *même postérieurement*, sur l'immeuble que l'antichrésiste détient (1) pour sa sûreté (2). M. Troplong a mis au service de cette doctrine toutes les ressources de sa logique et toutes les séduc-

_____

(1) Nous traiterons plus bas des effets de l'antichrèse *nouvelle*.

(2) MM. Delvincourt, t. III, p. 444 ; Dalloz, v° Nantissement, p. 401.

tions de son style; mais, quelque effort qu'il ait fait pour l'établir solidement, il n'a convaincu personne. La réalité du droit dont est investi l'antichrésiste n'est plus contestée aujourd'hui (1); disons mieux, elle n'est même plus contestable; car on ne résiste pas à la loi, et la loi, intervenant au débat, l'a vidé conformément à l'opinion générale. Elle veut, en effet, que l'antichrèse soit transcrite; or, si le droit de l'antichrésiste était, à raison de sa personnalité, comme inexistant à l'égard des tiers, l'eût-on soumis au régime de la publicité? Qu'on ne dise point qu'étant, quoique purement personnel, opposable aux créanciers chirographaires du débiteur (2), la loi a dû, *dans leur intérêt*, le rendre public. Cette explication est inadmissible, car, ainsi que nous le verrons bientôt (3), la transcription ne trouvant sa place que dans *un conflit de droits réels*, les créanciers chirographaires des parties n'ont, en aucun cas, qualité pour se prévaloir de son omission.

93. Il est donc bien entendu, 1° qu'au cas où l'antichrésiste se trouve aux prises avec un tiers acquéreur de l'immeuble engagé, l'antichrèse prévaut sur l'acquisition ou l'acquisition sur l'antichrèse, suivant la date de leurs transcriptions ; l'acte premier transcrit l'emporte sur l'autre.

2° Que, dans l'hypothèse d'un conflit entre une antichrèse et une hypothèque, c'est l'antichrèse qui l'emporte, si sa transcription a *précédé* l'inscription de l'hypothèque; dans le cas contraire, la préférence reste à l'hypothèque.

Mais quels sont, au juste, les effets de l'antichrèse? quelle sûreté procure-t-elle au créancier? quels rapports, en un mot, établit-elle entre l'antichrésiste et les ayants-cause de son débiteur? C'est ce qu'il importe d'examiner.

Mettons hors de cause tout d'abord plusieurs points sur lesquels il ne saurait y avoir aucune difficulté.

94. 1° Le créancier antichrésiste n'a point, comme le gagiste, de privilége sur la chose qu'il détient : si donc il arrive qu'elle soit transformée en argent, soit sur sa propre poursuite, soit à la requête et diligence des créanciers hypothé-

---

(1) V. notre *Exam. crit. du comm. de M. Troplong sur les priv. et hypot.*, nos 228 et suiv.

(2) V. ci-dessus, p. 265.

(3) Sous le commentaire de l'art. 3.

caires ou privilégiés dont l'inscription a *précédé* la trans-
iption de l'antichrèse, sa sûreté disparaît. Le prix de vente
est alors distribué, *au marc le franc,* entre lui et les créanciers chirographaires, s'il n'a d'ailleurs, et à un autre titre,
un privilége ou une hypothèque à leur opposer. Quant aux
créanciers privilégiés ou hypothécaires, ils le priment tous.
Il n'y a même pas à distinguer, à cet égard, entre les créanciers inscrits *avant* et les créanciers inscrits *après* la trans-
scription de l'antichrèse; car, dès que l'immeuble engagé est
transformé en argent, soit sur la poursuite d'un créancier
auquel l'antichrèse n'est point opposable, soit à la diligence de
l'antichrésiste, elle tombe, et, en s'effaçant, elle le rejette dans
le droit commun ou parmi les créanciers chirographaires.

95. 2° Tant qu'il détient l'immeuble dont la jouissance a
été affectée à sa sûreté, il a, sur les fruits qu'il en retire, un
droit en vertu duquel il se les approprie en déduction de sa
créance. Là est sa sûreté. L'antichrèse l'investit donc d'un
privilége sui generis, puisque le droit qu'elle lui confère sur
les fruits qu'il perçoit lui est attribué à l'exclusion de tout
autre créancier. M. Gary en a fait la remarque dans son discours au Corps législatif (1).

96. 3° Elle lui procure, en outre, le droit de retenir, tant
qu'il n'est point intégralement payé, l'immeuble dont elle
affecte la jouissance : « Le débiteur, porte l'article 2087, ne
peut, avant l'entier acquittement de sa dette, réclamer la
jouissance de l'immeuble donné en antichrèse. »

Ainsi, l'antichrésiste n'est tenu de se dénantir qu'autant
qu'on le paie, et cela est vrai, de quelque part que viennent
les poursuites dirigées contre lui. Qu'il soit recherché par les
ayants-cause de son débiteur ou qu'il le soit par son débiteur
lui-même, il n'importe : *son droit de rétention* n'étant que la
sanction, la sauvegarde, ou *l'accessoire de son droit exclusif
sur les fruits,* est naturellement de même nature que le privilége dont il assure la conservation, c'est-à-dire absolu comme
lui, et, par conséquent, opposable à tous ceux qui ne peuvent
point puiser, dans un droit réel acquis et conservé antérieurement à la transcription de l'antichrèse, la faculté de la méconnaître.

(1) Fenet, t. xv, p. 220.

97. Est-ce à dire pour cela que le débiteur ne pourra point aliéner l'immeuble qu'il a remis aux mains de l'antichrésiste? Non point, assurément. Il peut en disposer puisqu'il en a la propriété, mais, comme on ne transmet que les droits qu'on a et tels qu'on les a, nous soutenons, et, pensons-nous, personne sur ce point ne songera à nous contredire, que, s'il le vend ou s'il le donne, l'acquéreur n'en pourra exiger la délivrance que sous la condition de rendre l'antichrésiste complétement indemne. Les choses demeureront ainsi dans le même état qu'auparavant ; rien ne sera changé, si ce n'est la personne du propriétaire.

98. Reste un point à élaborer. Les créanciers chirographaires du débiteur, ses créanciers privilégiés ou hypothécaires inscrits *postérieurement* à la transcription de l'antichrèse, peuvent-ils, ou non, saisir valablement l'immeuble qu'il a donné en antichrèse et le transformer en argent par la voie de l'adjudication?

A notre avis, la question n'est point susceptible d'une solution absolue dans un sens ou dans l'autre. Ainsi, nous n'admettons point que le droit de rétention soit exclusif du droit de saisie, ou, à l'inverse, le droit de saisie du droit de rétention. Ces deux droits, quoique rivaux, n'ont, en effet, rien d'incompatible entre eux; au lieu de s'exclure réciproquement, ils subsistent à côté l'un de l'autre.

Cette combinaison se tire, d'une part, de la *réalité* du droit de rétention, et, d'autre part, indépendamment de la réalité de ce droit, de la nature même du droit de saisie. C'est ce que nous allons essayer de démontrer.

Le droit qu'a le débiteur de vendre ses biens pour payer ses dettes et le droit de les saisir, attribué à ses créanciers, n'en font qu'un; lors, en effet, qu'une personne s'oblige, elle cède tacitement à ses créanciers, pour le cas où elle ne l'exercerait pas elle-même, le droit de transformer ses biens en argent, pour en employer le prix à l'acquittement de ses dettes. Lors donc qu'ils procèdent à la saisie de ses meubles ou de ses immeubles, ils se substituent en son lieu et place et font pour elle et en son nom ce qu'elle aurait dû faire elle-même; ils la représentent comme un mandataire représente son mandant. De là les deux conséquences suivantes :

1° Les biens d'un débiteur sont ou ne sont point saisissables, suivant qu'il peut ou ne peut point les aliéner lui-même.

L'immeuble donné en antichrèse reste aliénable (1); il demeure saisissable, par conséquent.

2° Les biens saisis et mis en vente ne peuvent passer à l'adjudicataire, de même qu'à un acquéreur ordinaire, qu'avec les charges qui les grèvent, c'est-à-dire en l'état où ils sont dans le patrimoine du débiteur saisi (art. 717, C. pr.).

Cela posé, rappelons que le droit de rétention dont est investi l'antichrésiste entrave, dans une certaine mesure, l'exercice du droit de propriété. Le propriétaire de la chose retenue ne pouvant en obtenir la délivrance ou la restitution, tant qu'il n'a pas éteint la dette que l'antichrèse a pour objet de garantir, son droit d'aliénation se trouve par là même amoindri ou paralysé, puisqu'il n'est plus entier; il peut, sans doute, nous en avons déjà fait la remarque, disposer de la chose retenue; mais, comme il ne peut la transférer qu'en l'état où elle se trouve dans son propre domaine, l'acquéreur, devenu son ayant-cause, ne peut la reprendre aux mains de l'antichrésiste qu'après l'avoir pleinement satisfait (2).

Or, ce qui est vrai de l'*aliénation volontaire* l'est également de l'*expropriation forcée*, car, la saisie n'étant que l'exercice, par les créanciers saisissants, du droit d'aliénation qu'a leur débiteur, l'adjudication est nécessairement faite du chef et au nom du saisi. Dès lors, et de même que le débiteur et ses ayants-cause ordinaires ne peuvent exiger le délaissement de l'immeuble engagé qu'après avoir éteint la dette à la sûreté de laquelle il est affecté, de même l'adjudicataire ne peut s'en faire mettre en possession qu'il n'ait, au préalable, satisfait l'antichrésiste.

Les saisissants doivent donc faire énoncer dans le cahier des charges que le bien saisi et mis en vente étant aux mains d'un créancier qui a le droit de le retenir, *jure pignoris*, jusqu'à l'entier acquittement de sa créance, l'adjudication n'aura lieu qu'autant que l'enchère la plus forte sera au moins égale au montant des sommes dont il répond, et à la charge par l'adjudicataire de payer directement le prix d'adjudica-

(1) V. ci-dessus, p. 268.
(2 V. ci-dessus, p. 268.

tion à l'antichrésiste lui-même, jusqu'à concurrence de ce qui lui est dû.

Tous les droits sont ainsi sauvegardés. Les créanciers saisissants gagnent à la saisie, puisqu'elle leur procure l'excédant du prix d'adjudication sur le montant des sommes dues à l'antichrésiste. Quant à ce dernier, loin de lui nuire, elle tend à le faire payer plus tôt qu'il ne le serait, s'il conservait la possession de l'immeuble. Dès lors à quel titre s'en plaindrait-il ?

99. Toutefois, si sa créance était accompagnée d'un terme non encore échu et stipulé *dans son intérêt particulier,* l'adjudicataire ne pourrait point, même en offrant de le désintéresser dès à présent, le contraindre au délaissement immédiat de l'immeuble qui lui a été remis pour sa sûreté. Il s'est, en effet, créé une position particulière et personne n'a qualité pour la lui ravir : le débiteur la subit par l'effet de l'obligation qu'il a contractée; elle s'impose à ses ayants-cause par la *réalité* du droit de rétention compris dans l'antichrèse. Les tiers devraient donc, en ce cas, être avertis, par une clause spéciale du cahier des charges, que s'ils se portent adjudicataires de l'immeuble mis en vente, ils n'en pourront obtenir le délaissement qu'à l'échéance du terme stipulé dans l'intérêt de l'antichrésiste (1).

(1) L'art. 2184 fournit contre notre système un argument que nous devons indiquer. Les acquéreurs de biens immobiliers, peut-on dire, sont investis du droit d'éteindre, *dès à présent,* toutes les créances échues, ou même *non échues,* au paiement desquelles sont affectés, par privilége ou par hypothèque, les biens qui leur ont été transmis ; et il en est ainsi, car aucune distinction n'est faite à cet égard, même au cas où les termes non échus ont été stipulés dans l'intérêt propre des créanciers. La loi a pensé, avec raison, que si les acquéreurs étaient obligés d'attendre, pour affranchir les biens passés dans leur domaine des charges qui les grèvent, l'échéance des termes stipulés par les créanciers dans leur intérêt personnel, la circulation des biens se trouverait entravée au grand préjudice de l'intérêt public. Or, la nature même de ce motif le généralise et le rend applicable aux aliénations de toute espèce, indépendamment de la nature des biens aliénés et des charges dont ils peuvent être grevés.

Nous avons cru devoir écarter cette extension de l'art. 2184; mais si on l'admet, il restera toujours ce point, que l'antichrésiste ne sera tenu de se dessaisir qu'après qu'il aura été payé.

100. Ainsi l'antichrésiste obtient indirectement, par la réalité de son droit de rétention, un droit de préférence sur le prix de l'immeuble même. Mais si, à certains égards, cette préférence se rapproche du *privilége proprement dit*, elle s'en sépare par une différence essentielle que nous avons déjà fait pressentir. Le droit de préférence que le privilége procure au créancier a lieu *dans tous les cas,* c'est-à-dire, sans qu'il y ait à distinguer comment la chose grevée a été transformée en argent. Qu'elle ait été vendue sur la poursuite soit du débiteur, soit de ses créanciers ordinaires, ou qu'elle l'ait été sur la saisie du créancier privilégié, il n'importe : dans l'un et l'autre cas, le privilége produit son effet ordinaire. Il n'en est point de même du droit de rétention. Si la chose retenue est vendue par le propriétaire ou sur la poursuite de ceux auxquels l'antichrèse est opposable (1), l'antichrésiste n'en pouvant être dessaisi qu'autant qu'il est complétement rendu indemne, l'acquéreur est obligé de laisser entre ses mains, en tout ou en partie, le prix de vente, ce qui indirectement lui procure sur les autres créanciers un véritable droit de préférence. Mais quand il procède lui-même à la vente, ou lorsqu'elle a lieu à la diligence des créanciers à l'égard desquels son droit de rétention est destitué d'effet (2), les choses se passent différemment (3) : il ne peut alors ni venir sur le prix par préférence aux autres créanciers, puisqu'il n'a point de privilége, ni prétendre retenir, jusqu'à ce qu'il soit payé, la chose vendue. Et, en effet, l'a-t-il lui-même saisie et mise aux enchères ? il a, par là même, consenti à l'aliénation et par conséquent à toutes les suites qu'elle entraîne, ce qui implique, de sa part, une renonciation au droit qu'il avait de rester nanti jusqu'à l'acquittement de sa créance. A-t-elle été vendue sur la poursuite des créanciers privilégiés ou hypothécaires inscrits *antérieurement* à la transcription de l'antichrèse, comment pourrait-il exciper de son droit de rétention

---

(1) Voy. ci-dessus, p. 266, n° 93, 2°.

(2) Voy. ci-dessus, p. 266, n° 93, 2°.

(3) A première vue, cette distinction paraît bizarre ; mais lorsqu'on l'examine de près, on reste convaincu de sa sagesse. (Voy. à cet égard notre *Exam. crit. du Comment. de M. Troplong sur les privil.*, 2ᵉ partie, p. 678 et 677.)

alors que ce droit est réputé inexistant à l'égard du créancier poursuivant?

101. Certains créanciers ont paru si favorables que la loi leur a conféré sur les immeubles de leur débiteur un privilége en vertu duquel ils priment tous les créanciers, quels qu'ils soient (art. 2101 et 2105, C. Nap.). Que faudra-t-il pourtant décider si, parmi les créanciers qu'ils priment, l'un d'eux se trouve nanti d'un droit de rétention? Sa rétention devra-t-elle céder le pas à leur privilége ou leur privilége à sa rétention? Ainsi peuvent-ils, lorsqu'ils sont en conflit avec un antichrésiste, saisir l'immeuble affecté à sa sûreté et le faire vendre *sans tenir aucun compte du droit qu'il a de le retenir jusqu'à ce qu'il soit intégralement payé?* Telle est la question que nous avons posée dès le début; nous l'avons, on se le rappelle, résolue en faveur de l'antichrésiste (1); le moment est venu de fournir nos preuves à l'appui de notre solution.

L'article 2105, que nous venons de citer, règle un conflit de *privilége à privilége;* mais nulle loi, que nous sachions, n'a prévu ni réglé le cas où un *privilége* se trouve aux prises *avec un droit de rétention.* Ce conflit ne peut donc être vidé qu'à l'aide des règles que nous peut fournir la nature même de ce droit. Or, du moment qu'on admet que le débiteur, propriétaire de l'immeuble donné en antichrèse, ne peut le retirer des mains de l'antichrésiste qu'après s'être complétement libéré, il devient manifeste que ses créanciers ne peuvent point, par la voie d'une adjudication sur saisie, transférer à un tiers le droit d'évincer le détenteur sans le désintéresser au préalable; car, comment feraient-ils pour céder, du chef de leur débiteur, un droit qu'il n'a point lui-même? La chose retenue par l'antichrésiste n'est entrée dans leur gage et par suite dans leur privilége qu'avec la condition sous laquelle elle existe dans le patrimoine de leur débiteur; donc, de même qu'il ne la peut vendre que sous l'affectation qui la grève et, par conséquent, qu'à la charge par l'acquéreur de désintéresser le rétenteur, s'il tient à entrer en possession dès à présent, de même, ils ne la peuvent saisir et la faire mettre aux enchères que sous la même affectation; car lors-

(1) P. 260.

qu'ils la saisissent pour la faire vendre, ce n'est, en définitive, que le droit de leur débiteur qu'ils invoquent et qu'ils exercent (1)

Ainsi, ils peuvent la saisir et la faire mettre aux enchères, mais sous la condition de faire insérer au cahier des charges la clause dont il a été ci-dessus parlé (Voy. p. 444).

En autres termes, tout obstacle apporté au droit de saisie pèse indirectement sur le privilége et le paralyse. Ainsi le débiteur a-t-il, dans ses biens, *un droit d'usage ou d'habitation*, ce droit étant *incessible* (art. 631 et 634, C. Nap.), et par là même *insaisissable* (art. 2204, C. Nap.), ses créanciers, quoique munis d'un privilége général, ne peuvent point l'atteindre.

Qu'on suppose encore qu'un débiteur ait dans son patrimoine une créance non encore échue : si les créanciers qui ont sur elle un privilége général pratiquent une saisie-arrêt, le tiers saisi ne sera certainement point tenu de leur compter, avant l'échéance du terme existant à son profit, les fonds dont il est débiteur. Or si ce débiteur ne peut point être privé du terme qui le protége contre toute recherche actuelle, pourquoi en serait-il différemment à l'égard de l'antichrésiste ? Il ne doit la restitution de l'immeuble qu'il détient qu'à partir du moment où il sera intégralement payé ; un terme existe donc à son profit. Dès lors, sous quel prétexte le lui pourrait-on ravir ?

Mais, bien entendu, notre solution n'est applicable qu'aux créanciers qui ont négligé de s'inscrire ou qui ne se sont inscrits qu'après la transcription de l'antichrèse ; car en ce qui touche ceux dont l'inscription est antérieure à cette époque, l'antichrèse est légalement réputée inexistante (art. 2091, 1er alinéa, C. N.).

102. Ainsi se gouverne l'antichrèse lorsque l'immeuble dont elle affecte la jouissance a été mis en la possession de l'antichrésiste. Mais comment les choses se passeront-elles dans l'hypothèse contraire (2)?

Point de difficulté quant aux rapports de l'antichrèse avec les ayants-cause du débiteur. Il nous semble, en effet, évi-

---

(1) V. ci-dessus, p. 443 et 444.
(2) Voy. ci-dessus, p. 440, no 91.

dent qu'ils appartiennent entièrement au régime dont nous venons de tracer les règles. Il est vrai que l'antichrésiste ne possède point l'immeuble engagé à sa sûreté et qu'ainsi il n'a point à proprement parler de droit de rétention, mais qu'importe! n'a-t-il point sur l'immeuble même *un droit de jouissance ?* Cela n'est point douteux, car céder, par avance, non point telle ou telle récolte déterminée, mais d'une manière générale, les fruits à provenir d'un domaine, c'est évidemment, alors que la cession est faite à titre de nantissement et pour la *sûreté* d'une dette, affecter, quant à la jouissance, l'immeuble même qui les doit produire. Or un droit directement établi sur un bien est essentiellement *réel*, c'est-à-dire attaché pour le suivre partout où il passera au bien qu'il affecte et par conséquent opposable tant aux ayants-cause du constituant qu'au constituant lui-même. L'antichrésiste, il est vrai, n'exerce point par lui-même la jouissance dont il est investi, mais qu'importe encore! le droit d'un usager cesse-t-il d'être *réel* au cas où le domaine dont il a l'usage est possédé et administré par le propriétaire? La transcription de l'antichrèse a d'ailleurs prévenu les tiers (1) que l'immeuble qu'elle a pour objet étant affecté, quant à la jouissance, à la sûreté d'une dette, le débiteur l'administre non pour lui, mais pour le compte et le profit de l'antichrésiste, et qu'ainsi s'ils l'acquièrent, les choses resteront quant à eux ce qu'elles sont au regard du débiteur dont ils deviendront les ayants-cause.

Dès lors quel principe violerons-nous si nous décidons qu'au cas où l'immeuble, dont la jouissance a été cédée à titre de nantissement, passe, par l'effet d'une aliénation volontaire ou d'une aliénation sur saisie, du patrimoine du débiteur dans le domaine d'un tiers, l'acquéreur ou l'adjudicataire doit acquitter la dette à la sûreté de laquelle le bien qu'il acquiert est affecté, si mieux il n'aime l'administrer pour le compte de

_____

(1) Remarquons que, dans l'espèce, l'antichrèse, si elle n'était transcrite, serait nulle et de nul effet, même au regard des créanciers chirographaires du débiteur. Ils pourraient, en effet, invoquer alors non point précisément le défaut de transcription, puisque selon la loi nouvelle ce droit ne leur compète point (V. l'explic. de l'art. 3), mais l'absence de la remise de l'immeuble aux mains de l'antichrésiste (art. 2071, C. N.).

l'antichrésiste et, à chaque perception de fruits, vider ses mains entre les siennes?

Quant au procédé par lequel l'antichrésiste s'appropriera les fruits qui lui ont été cédés, nous l'emprunterons au droit commun. Ce n'est point, en effet, chose rare qu'un propriétaire-administrateur soit tenu, par suite de quelque droit réel établi sur l'immeuble dont il perçoit les fruits, d'en rendre compte à celui en la personne duquel ce droit réside. Ainsi, pour ne prendre qu'un exemple parfaitement approprié à notre matière, supposons un droit d'usage établi sur un immeuble dont la possession et l'administration ont été, par une clause du contrat ou du testament qui l'a constitué, laissées aux mains du propriétaire : quels seront en ce cas les rapports des parties? par quel mode d'action l'usager mettra-t-il son droit en pratique?

Remarquons tout d'abord qu'à mesure qu'ils sont perçus et avant même qu'ils lui soient effectivement livrés, les fruits détachés du sol entrent *de plano* dans son domaine. Or ce principe admis, et personne assurément ne songera à le contester, l'exercice du droit d'usage échappe à toute complication.

Les fruits sont-ils encore pendants par branches ou par racines, l'usager pourra s'adresser au propriétaire et obtenir de lui l'autorisation de les percevoir lui-même.

Cette autorisation lui est-elle refusée, il attendra que la récolte soit faite, et dès que les fruits seront détachés du sol, il les revendiquera, puisqu'ils sont siens, et demandera, afin de les sauvegarder contre le danger d'une aliénation frauduleuse, que, jusqu'à ce qu'il soit statué sur sa revendication, ils soient séquestrés ou remis à la garde d'un tiers, chargé, sous sa responsabilité, d'en assurer la conservation. Nous ajoutons qu'il n'aurait, en ce cas, rien à souffrir d'une saisie-brandon pratiquée par les créanciers du propriétaire, alors que les fruits étaient encore adhérents au sol; car, ainsi que le dit très bien M. Valette, le droit d'appréhender en nature tels ou tels objets s'exerce dans toute sa plénitude et sans aucune limitation possible (1). Il est bien entendu, au reste, qu'il pourrait lui-même recourir à la saisie-brandon, afin d'obtenir par cette

---

(1) M. Valette, *Traité des priv. et hyp.*, t. **1ᵉʳ**, p. 124.

voie et pour sa parfaite sécurité l'établissement immédiat d'un gardien à la récolte.

Le propriétaire a-t-il, en l'absence de ces mesures conservatoires, vendu et livré à des tiers les fruits qu'il a perçus, deux cas seront alors à considérer :

Si la récolte a été vendue sur pied ou coupée, mais étant encore gisante sur le sol qui l'a produite, ou même engrangée, mais dans les bâtiments servant à l'exploitation du domaine dont elle provient, les tiers acquéreurs n'ont pas dû ignorer le droit qu'avait sur elle l'usager, car son titre ayant été transcrit est légalement tenu pour connu de tous ceux auxquels il l'oppose. Cette présomption légale ne leur permettant point d'exciper de leur erreur ou de leur bonne foi, rien ne les pourra soustraire aux poursuites en revendication ou en dommages et intérêts qu'il pourra diriger contre eux.

Que si, au contraire, ils ont agi de bonne foi — ce qui est possible, car il se peut, si l'on se place en dehors des trois hypothèses que nous avons faites dans le paragraphe précédent, qu'ils aient ignoré la provenance ou l'origine des fruits par eux acquis, — la maxime qu'en *fait de meubles* la possession vaut titre, les mettra alors à l'abri de toute recherche; mais l'usager pourra leur donner, par la voie d'une notification, avis que les fruits qui leur ont été vendus et livrés lui appartenaient, et qu'ainsi le prix d'acquisition, s'ils le doivent encore, doit être payé et laissé entre ses mains, auquel cas ils seront tenus de s'abstenir de tout paiement, tant que leur véritable créancier restera douteux. L'usager devra donc, pour faire cesser ce doute, former contre eux une demande en paiement, mais en ayant soin de mettre en cause le vendeur des fruits, afin que, par un seul et même jugement, le débat soit réglé sur ses divers chefs.

La même procédure s'adaptera sans peine aux fruits civils. L'usager, après avoir fait, entre les mains des locataires ou des fermiers, opposition au paiement des loyers ou des fermages échus, s'en fera judiciairement reconnaître le créancier direct, en suivant le procédé dont il vient d'être parlé.

Ainsi et alors même qu'il n'administre point, l'usager n'est point pour cela désarmé; mille ressources lui sont ouvertes pour la conservation et l'exercice de son droit : pour peu

qu'il soit prudent et attentif, sa sécurité est complète. Or, la
condition de l'antichrésiste est absolument la même que celle
de l'usager, puisque le droit compris dans l'antichrèse se
résume en un droit *réel* de jouissance sur l'immeuble qu'elle
affecte. Tout ce que nous avons dit de l'usager, au cas où il
n'administre pas, s'appliquera donc à l'antichrésiste, lorsque
l'administration de l'immeuble engagé à sa sûreté aura été
laissée aux mains du propriétaire.

103. Avant de quitter cette matière, nous avons à nous
demander si la créance de l'antichrésiste, et son accessoire l'antichrèse, sont ou non *cessibles*. L'affirmative n'est point douteuse, si on se place dans l'hypothèse où la possession et l'administration de l'immeuble engagé sont restées au débiteur;
car alors rien ne fait obstacle au droit qu'ont, en général, les
créanciers de disposer de leurs créances et des accessoires
qui servent à leur garantie. La même solution devra évidemment être suivie, même au cas où le créancier administre, si
on suppose que, par une clause à forfait de l'antichrèse et
afin d'éviter des comptes ultérieurs, il a été convenu que, si
importante que soit la quotité des fruits qu'il percevra, ils
lui tiendront lieu d'intérêts (1); ou encore s'il a été stipulé
que, si fortes ou si minimes que soient les récoltes à percevoir, sa créance sera éteinte après tant d'années de jouissance.
Qu'on ne dise point que le débiteur n'a peut-être consenti à
se dessaisir de la possession de son domaine qu'à cause de la
confiance que lui inspiraient les qualités personnelles du
créancier aux mains duquel il l'a remis, et qu'ainsi le contrat
intervenu entre eux ayant été fait *intuitu personæ*, le créancier ne peut point céder ses droits à un tiers, puisque ce serait par cette voie, et contrairement à la loi tacite de leur
convention, mettre le débiteur en relation avec un nouvel
administrateur; cette considération ne saurait faire obstacle
au droit de cession : car, bien qu'elle ait sa valeur, une autre

(1) Il est bien entendu que cette convention n'est licite qu'autant qu'il
existe une certaine proportion entre le revenu probable de l'immeuble engagé
et l'intérêt légal de la créance ; elle serait, en effet, usuraire, et à ce titre elle
serait nulle, si, excluant toute espèce d'*alea*, elle devait nécessairement, ou
d'une manière à peu près certaine, procurer au créancier des intérêts que la
loi ne tolère point.

considération, d'un ordre supérieur, l'emporte et prévaut sur
elle. Les droits dont la principale utilité eût été détruite par
une complète immobilité ont été, en effet, et dans des vues
d'intérêt général, déclarés cessibles, quoique la cession qui
les déplace puisse parfois modifier, altérer même, à certains
égards, la condition de la partie qui les subit. C'est ainsi notamment qu'une créance munie d'un cautionnement est cessible, bien que pourtant la cession doive, par la mutation
qu'elle opère, mettre la caution en rapport avec un créancier
beaucoup plus rigoureux peut-être que le créancier originaire; ainsi encore, que l'usufruitier, le fermier et le locataire peuvent disposer de leur droit, nonobstant l'intérêt que
peut avoir le propriétaire à ne point entrer en relation avec
l'inconnu qui leur succède. Tel est le droit commun, la règle
applicable toutes les fois que les parties, ou la loi pour elles,
n'y ont point expressément ou implicitement dérogé. L'antichrèse reste donc, dans les hypothèses où nous nous sommes
placé, soumise à son empire; puisqu'il n'y a été fait aucune
exception.

Mais que décider si, se plaçant dans le cas le plus habituel,
on suppose, d'une part, que l'antichrésiste administre lui-
même l'immeuble qui lui a été remis en nantissement;
d'autre part, que les fruits qu'il en retirera s'imputeront,
jusqu'à due concurrence, sur les intérêts et le capital de sa
créance? Pourra-t-il, même dans cette hypothèse, mettre une
tierce personne à sa place? Nous ne le pensons point.

Remarquez, en effet, que, dans l'espèce, l'extinction de la
dette devant être d'autant plus prompte que sera plus
considérable la quotité des fruits que produira l'immeuble
engagé, le débiteur a un intérêt tout direct, essentiel et évident à ce que l'administration ne passe point aux mains d'un
tiers moins habile que l'antichrésiste auquel il l'a confiée. Dès
lors il nous semble manifeste qu'en ce cas, et nonobstant le
silence des parties, l'antichrésiste ne peut point disparaître du
contrat et en altérer la condition en mettant à sa place un
nouvel administrateur : la nature de leur convention parle
pour elles! L'article 1763 nous fournit, à cet égard, une analogie que personne ne récusera, tant elle est saisissante et
décisive.

104. La créance et l'antichrèse qui fait sa sûreté étant, sauf

le cas que nous avons réservé en dernier lieu, susceptibles de changer de mains, nous avons à rechercher par quelle voie et à quel moment la cession qui les déplace prend date à l'égard des tiers. Le cessionnaire qui voudra mettre son droit à l'abri des actes ultérieurs du cédant devra-t-il, conformément à la loi nouvelle, faire transcrire son titre d'acquisition, ou suffira-t-il qu'il le notifie (1) au débiteur cédé, conformément à l'article 1690 du Code Napoléon? Cette question ne saurait, à notre sens du moins, donner lieu à de sérieuses controverses. Remarquons tout d'abord que la notification du titre du cessionnaire au débiteur cédé imprime à la cession une publicité de même nature et à peu de choses près aussi parfaite que celle que sa transcription lui pourrait donner. N'est-il pas vrai, en effet, qu'avant de se mettre en rapport de droit avec un créancier, les tiers qui se proposent de traiter avec lui, relativement à sa créance, s'adressent préalablement au débiteur, afin d'en obtenir les renseignements qu'il leur importe d'avoir? La loi, qui présume qu'il ne les trompera point, se fie à lui, et, l'assimilant à un conservateur d'hypothèques ou du moins lui en attribuant l'office, le charge de leur apprendre si sa dette existe encore, et à supposer qu'elle existe, si son corrélatif, la créance, est ou non restée en la personne du créancier originaire. La notification de la cession au débiteur cédé équivaut donc à sa transcription; dès lors il est naturel qu'elle en tienne lieu. C'est ce qu'a pensé la loi nouvelle, puisqu'aucune de ses dispositions n'a trait de près ou de loin à l'acte par lequel un antichrésiste fait passer de sa personne en la personne d'un tiers la créance et l'antichrèse dont il est nanti. On ne peut, en effet, ni lui appliquer l'article 1er, aux termes duquel la transcription régit tout acte translatif de propriété ou de *droits réels susceptibles d'hypothèques*, car, bien que le droit qui résulte de l'antichrèse soit réel et immobilier, il n'est point néanmoins susceptible d'hypothèque; ni l'article 2, car il n'y est question, en ce qui touche l'antichrèse, que des actes où elle est *constituée* par le débiteur qui l'établit, ou abandonnée par le créancier qui y *renonce:* or, *la céder,* ce n'est point *la con-*

---

(1) Cette notification n'est même point nécessaire lorsque la cession a été acceptée par le débiteur dans un acte authentique (art. 1690, C. N.).

stituer; ce n'est point non plus y *renoncer;* c'est la *transmettre.*

Ainsi, l'acte portant cession de l'antichrèse a sa publicité propre et toute organisée par le Code Napoléon; la loi nouvelle l'a complétement passé sous silence; dès lors, comment veut-on qu'elle le régisse?

Toutefois, une objection nous sera faite peut-être. La loi nouvelle, personne ne l'ignore, soumet à la formalité de la transcription l'acte par lequel l'antichrésiste *renonce* à son droit d'antichrèse. Cette transcription est évidemment prescrite dans l'intérêt des ayants-cause éventuels *de l'antichrésiste;* car l'extinction de l'antichrèse ne pouvant avoir, quant au débiteur, d'autre effet que de dégrever son bien, et, par suite, de consolider son crédit en augmentant ses ressources, point n'est besoin d'en donner avis au public. La loi nouvelle a eu, en effet, pour but de mettre à l'avance sous les yeux des tiers, non point les actes qui, étant extensifs de notre domaine immobilier ne peuvent que leur profiter, mais simplement ceux qui, étant incompatibles avec leur propre droit, l'écarteraient s'ils en devaient subir l'effet (1). Cette donnée admise, on devine sans peine l'argument qu'on en pourra déduire contre nous. S'il est vrai, dira-t-on, que la transcription de la *renonciation* à l'antichrèse doit être transcrite dans l'intérêt des ayants-cause à venir de l'antichrésiste, c'est-à-dire des tiers qui pourront traiter avec lui, relativement à sa créance et en considération de la garantie qui en assure le paiement, il doit en être logiquement de même de l'acte par lequel il en dispose au profit d'un cessionnaire, car, en ce qui touche le point que nous traitons, les deux cas sont absolument semblables. Il est clair, en effet, que, soit qu'il la cède, soit qu'il y renonce, il s'en dépouille et perd avec elle le droit d'en disposer pour l'avenir. Qui ne voit dès lors que la *cession* et la *renonciation* intéressent les tiers de la même manière et au même degré? Or, puisqu'elles ont un résultat identique, un effet qui leur est commun, pourquoi ne pas les traiter de même? Ce serait faire injure à la loi que les distinguer l'une de l'autre, car ce serait admettre que, contrairement aux données du plus simple bon sens et de la plus

_____

(1) V. t. 1er, p. 222; t. 2, p. 73; t. 3, p. 189, ce que nous avons dit à ce sujet.

vulgaire logique, elle a, afin de les régler différemment, séparé deux actes unis entre eux par la plus étroite connexité (1).

Ce raisonnement ne manquerait point de force ; peut-être même le devrait-on tenir pour décisif si, par un privilége particulier, la loi d'où on le déduit était d'une telle perfection qu'on dût admirer en elle l'étroite corrélation de ses parties et leur exacte proportion entre elles; mais que de lacunes on y rencontre, que de contradictions la déparent! Prenons pour exemple la disposition par laquelle elle prescrit la transcription des actes contenant *renonciation à un droit d'usage ou d'habitation* (art. 2, n° 2). Qui nous dira jamais dans quelles vues les actes de cette nature ont été soumis au régime de la publicité! La loi a-t-elle songé à sauvegarder l'intérêt des tiers qui traiteront dans l'avenir avec le propriétaire dont le bien est libéré des charges qui le grevaient? Mais, loin de leur nuire, l'extinction des droits d'usage et d'habitation ne peut que leur être utile. Quant à eux, il n'y a point de fraude à craindre, de piége à prévenir; dès lors point n'est besoin de publicité.

A-t-elle entendu venir au secours des ayants-cause éventuels du renonçant? Mais en ce qui touche les droits d'usage et d'habitation, celui en la personne duquel ils résident *ne peut avoir aucun ayant-cause*, puisqu'il ne peut ni les *céder*, ni les *hypothéquer* (art. 631, 634 et 2118, C. Nap.). La transcription des renonciations aux droits d'usage et d'habitation n'a donc aucune raison d'être; on n'y peut voir qu'une de ces formalités vaines et sans objet auxquelles on aurait peine à croire si on ne savait jusqu'où peut parfois aller l'inattention du législateur. Dès lors, faut-il s'étonner qu'il ait prescrit la transcription de la renonciation à l'antichrèse, et qu'il ait, par son silence, exonéré de cette formalité un acte analogue, la cession de la créance que l'antichrèse garantit?

Invoquera-t-on l'analogie? Dira-t-on que la cession de la créance et l'abandon de l'antichrèse étant identiques dans leur résultat, au point de vue des rapports de l'antichrésiste avec les tiers, le silence que la loi garde quant au premier de ces deux actes se trouve naturellement réparé par ce qu'elle dit

---

(1) M. Grosse soutient, mais par d'autres motifs, que la cession de la créance doit être transcrite (n°° 110 et 111).

du second, conformément au principe *ubi eadem ratio, ibi idem jus?* Mais alors où s'arrêter? Croit-on que *l'abandon* de l'antichrèse n'ait d'autre analogue que la *cession* de la créance? Est-ce que le *paiement* de la dette, la *compensation,* la *novation* et la *confusion* n'ont point également pour effet d'éteindre l'antichrèse en éteignant la créance à laquelle elle est attachée? Faudra-t-il donc que ces événements soient placés sous les yeux des tiers? Le débiteur, quoique bien et dûment libéré, n'aura-t-il sa sécurité complète qu'autant qu'il aura mis sa libération sous la sauvegarde de la publicité? Personne n'ira jusque-là! Cessons donc de croire que l'analogie puisse, en pareille matière, combler toutes les lacunes de la loi : qu'elle lui vienne en aide alors qu'il s'agit d'expliquer les termes impropres ou amphibologiques qui ont pu obscurcir sa pensée, nous le concevons sans peine et nous l'admettons (1); mais c'est tout ce que nous pouvons concéder. Il faut *aux déchéances* un autre point d'appui qu'une simple analogie : elles constituent, en effet, une véritable *peine,* puisqu'elles se traduisent par la ruine de celui qui les subit; or, les peines ne s'étendent point, par le raisonnement, d'un cas à un autre : *nulla pœna sine lege.*

Ajoutons enfin que le système que nous combattons jetterait la justice, si elle s'y ralliait, dans un imbroglio juridique dont il lui serait, nous ne dirons pas simplement difficile, mais impossible de sortir. Quelques mots sur ce point.

L'antichrésiste a deux droits distincts, savoir : d'une part, un droit principal et personnel, *la créance;* d'autre part, un droit réel attaché accessoirement à la créance, *l'antichrèse.*

On nous concédera sans peine qu'en ce qui touche son droit principal la loi nouvelle lui est complétement étrangère, et qu'ainsi s'il le cède, l'acte par lequel il le transmet appartient exclusivement au régime de publicité organisé par le Code Napoléon dans l'article 1690. Qu'importe, en effet, que la cession comprenne, dans l'espèce, un droit réel et accessoire en même temps que la créance! Cette circonstance ne saurait évidemment la soustraire aux règles qui lui sont propres *quant à la transmission du droit principal* qu'elle a pour objet.

(1) Voy. ce que nous avons dit à ce sujet, t. 1er, p. 105, 110 et 111.

Ce point admis, on en devra conclure qu'une fois la cession notifiée au débiteur cédé ou acceptée par lui dans un acte authentique, l'investiture du cessionnaire étant, quant à la créance qui lui a été cédée, entière et complète, est par là même absolue, c'est-à-dire opposable tant aux tiers qui pourront traiter dans l'avenir avec le cédant qu'au débiteur cédé lui-même.

Or si la cession est, en ce qui touche l'antichrèse, soumise au régime de la transcription, comment les choses se passeront-elles dans ce conflit de la loi nouvelle avec l'ancienne? Prenons les faits suivants :

Primus, auquel la créance a été cédée munie de la garantie qui en fait la sûreté, s'est contenté de notifier son titre au débiteur cédé ;

Secundus, cessionnaire postérieur, a fait transcrire le sien.

Lequel de ces deux ayants-cause du cédant l'emportera sur l'autre?

Ni l'un ni l'autre ne se peut dire investi, tout à la fois, de la *créance* et de l'*antichrèse*, puisqu'ils n'ont, chacun de son côté, rempli que l'une des deux formalités auxquelles était soumise cette double acquisition.

Ont-ils donc acquis, chacun séparément, le droit auquel correspond et s'applique la formalité qui lui est propre? Mais comment cela se peut-il?

Et d'abord il est plus qu'évident que l'*antichrèse* ne peut pas exister isolément en la personne de *Secundus*. Les fruits qu'elle a pour objet sont, en effet, l'équivalent des intérêts ou du capital de la créance à laquelle ils ont été affectés; or cette créance appartient à un autre; dès lors à quel titre *Secundus* pourrait-il se les approprier?

Quant à *Primus*, que lui servirait d'avoir la créance sans l'antichrèse? Du moment qu'on lui méconnaîtrait le droit de bénéficier des fruits destinés au paiement de la dette, on réduirait sa créance à néant, car la maintenir dans son efficacité à côté et indépendamment de l'antichrèse dont l'émolument ou le profit resterait à *Secundus*, ce serait tout simplement admettre l'absurde, puisque ce ne serait rien moins que contraindre le débiteur *à payer deux fois*.

En somme, la créance consistant dans le droit d'exiger le paiement de la dette, et l'antichrèse dans le droit d'acquérir en paiement des sommes dues les fruits de l'immeuble affecté à la sûreté de la créance, prétendre séparer ces deux droits et rompre entre eux toute relation, c'est fatalement aboutir à un double non-sens, ou, si on le préfère, à une double impossibilité juridique, puisque c'est vouloir, en autres termes, que le droit d'encaisser le bénéfice de la dette réside là où la créance n'est point, ou à l'inverse, que la créance existe là où fait défaut le droit au paiement.

Résumons-nous. En passant sous silence l'acte par lequel un antichrésiste cède ses droits à un tiers, la loi nouvelle l'a implicitement laissé sous l'empire de l'ancien droit. Aussitôt donc que l'une ou l'autre des formalités prescrites par l'article 1690 du Code Napoléon a été remplie, la cession est réputée connue de tous ceux qui ont intérêt à la connaître. Dès lors, il ne se peut pas que le cessionnaire, bien qu'investi *ergà omnes* du droit *principal* qui lui a été cédé, n'ait point également la saisine complète et absolue de l'antichrèse ; car personne n'admettra jamais qu'un acte soit, aux yeux de la loi, entaché de clandestinité *quant à son effet accessoire*, alors qu'elle le tient pour connu de tous quant *à son effet principal* (1).

---

§ 2. — DES SERVITUDES RÉELLES. — DES SERVITUDES PERSONNELLES AUTRES QUE L'USUFRUIT, OU DES DROITS D'USAGE ET D'HABITATION.

SOMMAIRE.

105. La loi ne pouvait pas, sans manquer de logique, ne pas soumettre au régime de la publicité les actes constitutifs de servitude, d'usage ou d'habitation.

106. Examen de la question de savoir si les constitutions de servitudes *apparentes* doivent ou non être transcrites. Solution affirmative. — Conséquences singulières. — Tempérament apporté au principe.

107. Résumé de cette matière.

(1) V. ce que nous avons dit sur un cas analogue, t. 1er, p. 77 et suiv.

105. Constituer une servitude, c'est *aliéner* son domaine, non point sans doute absolument, mais en partie, puisque c'est en détacher, pour le transmettre à un tiers, l'un des attributs dont il se compose. Cette aliénation, quoique moins grave que l'aliénation de la propriété intégrale, intéresse néanmoins, dans une certaine mesure, les ayants-cause éventuels du constituant; dès lors elle ne devait point rester clandestine : car, de même qu'au cas d'une entière aliénation, il importe que les tiers soient prévenus que l'ancien propriétaire, étant dépouillé de tout droit, n'en pourra plus transmettre aucun; de même il est indispensable qu'ils sachent par avance, au cas où, tout en restant propriétaire, il a amoindri son droit par l'établissement d'une servitude dont il l'a grevé, qu'il ne pourra plus désormais, s'il l'aliène, transmettre qu'une propriété démembrée, ou, s'il l'hypothèque, conférer qu'une garantie incomplète. La loi serait donc restée boiteuse, si, après avoir soumis au principe conservateur

de la publicité tout acte *translatif de propriété ou d'usufruit,*
elle eût, par une inconséquence inexplicable, permis la clandestinité des actes constitutifs de servitudes. Mais nous n'a-
vons point ce défaut de logique à lui reprocher ; désormais
les servitudes n'existeront à l'égard des tiers qu'autant
qu'elles leur auront été, au préalable, notifiées par la voie
de la transcription.

106. Aucune distinction n'ayant été faite à cet égard, les
auteurs en ont conclu que la règle établie s'applique même
aux servitudes *apparentes* (1).

Devons-nous accepter cette solution? Nous en avons longtemps douté. Il est bien vrai, nous disions-nous, que le texte
de la loi est clairement et formellement absolu ; mais, bien
qu'il y soit dit, très formellement aussi et dans des termes
non moins absolus, que *tout acte* constitutif de servitude devra être transcrit, il n'est pas un auteur qui ne reconnaisse
que cette disposition n'a trait qu'aux *actes entre-vifs*, et
qu'ainsi elle laisse en dehors d'elle *les actes de dernière volonté* (2). Les textes n'ont donc point une si grande omnipo-
tence qu'on soit tenu de les suivre aveuglément, au prix des
plus grands sacrifices, et alors même que l'équité, le simple
bon sens et l'esprit manifeste de la loi se réunissent pour
protester contre eux et en limiter la portée. Or, si on persiste
à laisser au n° 1er de l'article 2 toute l'étendue que ses termes
comportent; si, au lieu de l'interpréter sainement, en le com-
binant avec l'esprit et les principes généraux du droit ordinaire, on le prend au pied de la lettre pour l'expliquer isolément, abstraction faite de ses rapports avec les dispositions
du Code Napoléon, et pour l'appliquer dans toute sa rigueur,
à quels bizarres et fâcheux résultats ne sera-t-on point conduit?

Attachons-nous à les mettre en lumière.

Les servitudes que nous appelons aujourd'hui *apparentes*
et qu'autrefois on appelait *visibles* (3) portent et puisent en
elles-mêmes, c'est-à-dire dans les signes matériels et exté-

(1) MM. Lemarcis, comm. de la loi sur la transcr., p. 19; Lesenne,
comm. de la même loi, n° 42; Victor Fons, juge au tribunal civil de Toulouse, Précis de la loi sur la transcr., p. 28.

(2) V. ci-dessous, le n° 109.

(3) Pothier, *Traité de la vente,* n° 199.

rieurs de leur existence, les éléments d'une publicité telle
qu'il est impossible qu'elles échappent à ceux qui, ayant intérêt à les connaître, prennent le soin de se renseigner. Un
acheteur, dit Pothier, n'achète point un fonds sans le visiter
par lui-même ou par quelqu'un de sa part, et par conséquent
sans s'apercevoir des servitudes *visibles* dont il est grevé.
Aussi tenait-on partout, dans l'ancien droit, que la *forme*,
l'estat et *la face de l'œuvre font partie de la chose elle-
même* (1); et qu'ainsi c'est une règle certaine, que tout immeuble affecté de servitudes *apparentes* est réputé vendu *en
l'état où il se trouve.*

Dès lors, il est clair que si les servitudes de cette nature
appartiennent au régime de la transcription, la loi nouvelle
aura commis une étourderie impardonnable, puisque, par la
plus étrange des contradictions, elle aura considéré *comme
clandestins* des droits qui, par leur propre manière d'être,
sont *nécessairement publics.*

Bien plus, on sera forcé d'admettre qu'au lieu de marcher
d'accord avec le Code Napoléon, elle en a méconnu ou au
moins ignoré l'esprit. Remarquez, en effet, d'une part, qu'aux
termes de l'article 690, les servitudes *apparentes* peuvent
être acquises par prescription, ce qui implique leur *publicité*,
puisque, selon l'article 2229, on ne prescrit que les droits qui
par leur nature sont susceptibles d'une possession *publique ;*
d'autre part, qu'au cas où elles grèvent un héritage qui a
été vendu, elles ne donnent lieu à aucune garantie au profit
de l'acquéreur, bien qu'elles n'aient pas été déclarées au contrat, ce qui ne peut se justifier que par cette considération,
déduite de leur propre manière d'être, qu'étant *visibles*, il y
a lieu de présumer que l'acheteur, qui avait tant d'intérêt à
les connaître, n'en a point ignoré l'existence (art. 1638).

Cela posé, que l'on considère l'étrange alternative qu'on
nous fait !

Ou la loi a supprimé la sage présomption de l'article 1638,
ou elle l'a maintenue.

Si elle l'a supprimée, dans quel but, par quels motifs l'a-
t-elle fait ? Voilà ce qu'on ne nous dira jamais. Nous aurons
donc ainsi une abrogation inexpliquée et inexplicable !

---

(1) Guy-Coquille, sur Nivernais, tit. x, art. 2.

Si elle l'a maintenue, ce sera bien autre chose : on devra reconnaître alors qu'ayant appliqué au même fait, entre les mêmes parties et à des points de vue identiques, la double présomption de *publicité* et de *clandestinité*, le même acquéreur sera légalement réputé *ignorer* ce qu'il est légalement réputé *connaître!*

Mais ce n'est pas assez encore. Si la loi est faite ainsi qu'on le dit, elle n'est pas seulement destituée de toute raison; un vice bien plus grave l'entache et la déshonore : elle est *immorale;* car, se traduisant et se résumant toujours en un secours accordé à la mauvaise foi, elle n'est et ne peut être *qu'un encouragement à la fraude!* Et en effet, qu'on suppose qu'un terrain, qui vaudrait 50,000 fr. s'il était libre d'une servitude de vue dont il est grevé au profit d'une maison voisine, a été vendu 20,000 fr. : les signes extérieurs, matériels et visibles de la charge que l'acheteur devra subir lui en ont nécessairement révélé l'existence; il ne se peut pas qu'il l'ait ignorée. Dès lors il est certain, constant, avéré que les parties ont entendu, l'une vendre, l'autre acheter un terrain, non point exempt et libre de tout assujettissement propre à l'amoindrir dans sa valeur, mais au contraire avec la charge qui le déprécie en le grevant. Ainsi s'explique et se justifie la modicité du prix pour lequel il a été vendu. Or, que va-t-il arriver, si le propriétaire du fonds dominant n'a point fait transcrire le titre constitutif du droit de vue établi à son profit? Il sera permis à l'acheteur de soutenir qu'il a entendu acquérir une propriété *pleine, entière, exempte de toute charge,* quoiqu'il soit constant et avéré qu'au contraire il l'a achetée telle qu'elle se comportait, c'est-à-dire *comme fonds servant;* la justice, forcée de l'écouter et de prêter les mains à ce honteux mensonge, devra proclamer qu'il a, en effet, acheté, moyennant la modique somme de 20,000 fr., un terrain qu'il n'aurait pas obtenu peut-être pour 50,000 fr., si la servitude dont il se débarrasse n'en avait point réellement amoindri la valeur!

Cette insigne spoliation du droit d'autrui fait naître une telle indignation et donne lieu à de si invincibles répugnances qu'aussitôt qu'on l'annonce on sent le besoin de lutter contre elle et d'y faire obstacle. Mais par quelle voie y échapper? Invoquera-t-on la mauvaise foi de l'acheteur, et,

lui faisant l'application du principe *fraus omnia corrumpit*,
dira-t-on qu'il ne peut point conserver le bénéfice d'un contrat si visiblement déloyal? Ce moyen serait peu sûr; car,
ainsi que nous le montrerons plus tard, le défaut de transcription ne peut plus être suppléé ni regardé comme couvert
par cette considération que les tiers auxquels est opposé un
acte non transcrit en ont eu connaissance par une autre voie
que la transcription. Faut-il donc en conclure que l'acquéreur
d'une servitude apparente qui, en fait, l'a établie avec les
signes extérieurs qui la caractérisent, mais qui n'a point fait
transcrire son titre d'acquisition sera, dans tous les cas, absolument désarmé lorsqu'il se trouvera aux prises avec l'acquéreur postérieur du fonds servant? Nous ne pouvons nous résigner à le penser. Tout au moins essaierons-nous de lui venir
en aide.

La loi sur la transcription suppose qu'*un même droit* a été,
par deux actes successifs émanés du même auteur, cédé à
deux personnes différentes, et, par exemple, que le même
immeuble a été successivement, par deux actes distincts et
chaque fois en toute propriété, vendu par la même personne
à deux acheteurs, qui n'en peuvent rester nantis l'un et l'autre, puisqu'ils l'ont acquis séparément et chacun d'eux pour
le tout. Ce conflit de droits rivaux et exclusifs a rendu son
intervention nécessaire; elle le vide en décidant que celui des
deux acheteurs qui, le premier, aura transcrit son titre, sera
et restera propriétaire, fût-il d'ailleurs le dernier dans l'ordre
des achats; et comme la question de savoir s'il a ou non
connu, avant d'acheter, la première vente serait devenue une
source inépuisable de procès, elle a défendu de la soulever :
toute vente qui n'a pas été transcrite est, par une présomption, que la morale n'approuve point toujours, mais que
l'ordre public commande, réputée ignorée des tiers auxquels
on l'oppose. Après tout, si le premier acheteur est dépouillé,
le second ne s'enrichit point pourtant à ses dépens, puisque
la chose qu'il acquiert et qu'il conserve n'est que l'équivalent du prix qu'il a payé ou qu'il devra payer (1); il a pu

_____

(1) Il est généralement admis que le défaut de transcription ne peut point
être invoqué par un *donataire*. Nous aurons à examiner plus tard si cette solution est fondée ou non.

croire d'ailleurs qu'en tenant son titre secret et, par suite, en laissant la propriété résider, du moins en apparence, mais très ostensiblement du reste, en la personne du vendeur, le premier acheteur a par là même laissé implicitement à ce dernier le pouvoir d'en disposer.

La même théorie est applicable au cas où deux ayants-cause du même auteur prétendent à des droits distincts, mais incompatibles, et, par exemple, l'un à l'*usufruit*, l'autre à la *pleine propriété* d'un même immeuble.

Mais quelle application peut-elle recevoir dans l'hypothèse où les deux droits auxquels ils prétendent n'ont rien d'incompatible entre eux? Si, par exemple, après avoir vendu à Paul l'usufruit de ma maison, je la vends à Jacques, sous la déclaration formelle et expresse du droit d'usufruit dont elle est grevée, où sera le conflit, et s'il n'en existe aucun, où sera la raison d'être de l'intervention de la loi? Qu'importe que la première vente ait été ou non transcrite, du moment que le droit qu'elle a constitué n'a pas été, par la seconde vente, *promis au second acheteur?* Celui-ci ne peut réclamer que le droit *qu'il a acheté* et dont il a payé ou dont il aura à payer le prix, et, dans l'espèce, il est constant, son titre d'acquisition suffit à l'établir, qu'il n'a acheté la maison que *moins l'usufruit qui la grève!*

Or, entre cette hypothèse et la nôtre où est la différence? Qu'on ne dise point que le terrain a été vendu et acheté *en toute propriété,* puisqu'il n'a été fait au contrat aucune mention de la servitude qu'on invoque aujourd'hui contre l'acheteur! Cette donnée manquerait d'exactitude dans la plupart des cas; car personne n'ignore que, selon une pratique très ancienne et de nos jours encore fort en usage, les actes de vente portent habituellement :

Que l'immeuble est vendu *tel qu'il se comporte et que l'acheteur a déclaré bien connaître ;*

Ou : *chargé de ses charges ;*

Ou encore : *pour passer à l'acheteur, ainsi que le vendeur en a joui.*

Nous concéderons, si l'on veut, que les notaires appelés à recevoir les contrats de vente y font un tel abus de ces clauses et les prodiguent avec tant de facilité qu'il serait, en général, fort dangereux d'y voir autre chose qu'une de ces phrases

que le rédacteur de l'acte y écrit par habitude et, en quelque
sorte, à l'insu des contractants. Les juges peuvent donc n'en
tenir aucun compte, lorsqu'ils ont la conviction que les parties n'en ont pas été frappées ou qu'elles n'y ont attaché aucune importance. Mais veut-on savoir sur quel fondement
repose ce pouvoir discrétionnaire des juges, en autres termes,
comment on justifie le droit qu'on leur reconnaît de peser
ces réserves et de les rejeter, quoique formelles? Les auteurs
que nous avons consultés à cet égard sont tous d'accord. Si
ces énonciations, disent-ils, n'ont, en général, aucune valeur,
c'est que, outre qu'elles sont presque toujours de style, elles
ne portent habituellement que *sur ce qui est apparent.* Quand
en effet l'acheteur déclare *bien connaître l'immeuble qu'on
lui vend*, ou qu'il l'achète *chargé de ses charges*, ou enfin *tel
qu'il se comporte*, ces déclarations n'ont trait qu'à l'état *apparent et visible de la chose vendue.*

De là nous concluons que, s'il est raisonnable et même juste
de ne voir en elles que des phrases de style qui, par elles
seules, ne signifient absolument rien quant aux charges *occultes* dont peut être grevée la chose vendue, on doit, au
contraire, reconnaître qu'en ce qui touche les servitudes *apparentes* ou autres charges *publiques*, elles ont un sens trop
clairement positif et sont d'une opportunité trop manifeste
pour qu'on puisse les écarter comme non avenues.

Nous pouvons, au reste, aller plus loin et concéder qu'en
ce qui regarde les charges *visibles* elles-mêmes, ces clauses
sont le plus souvent vaines et sans objet; mais si nous affirmons que leur inutilité tient uniquement à cette considération qu'elles sont *sous-entendues au contrat*, quelqu'un son-
gera-t-il à nous contredire? Qui n'avouera qu'au cas où la
chose à vendre est grevée de charges qui, étant *apparentes
et visibles*, sont nécessairement connues des parties, il est tacitement entendu entre elles que le vendeur l'offre et que
l'acheteur l'accepte *telle qu'elle se comporte et en l'état où elle
se trouve?* Toute autre supposition serait, nous ne dirons
point seulement immorale ou contre toute vraisemblance,
mais contraire à l'esprit et mieux encore aux dispositions les
plus formelles de la loi elle-même. Rappelons, en effet,
qu'aux termes des articles 1638 et 1641, la garantie dont est
tenu le vendeur n'embrasse que les charges *non apparentes*

ou les vices *cachés* de la chose vendue; or, si l'acheteur doit subir, sans aucun recours contre son vendeur, les servitudes *apparentes* établies sur l'immeuble qui lui a été transmis, ce ne peut être évidemment que parce qu'étant présumé les avoir connues, il est manifeste que le prix qu'il en a offert et que le vendeur a accepté a été d'autant moins élevé que le droit de propriété dont il est l'équivalent est moins étendu ou moins complet. Dès lors, et puisqu'il a implicitement consenti à subir la servitude qu'on lui impose, par quel subtil détour pourrait-il l'écarter et s'en affranchir? Qui ne voit à quel singulier résultat on serait conduit si, sous prétexte qu'elle ne lui a pas été révélée par la voie de la transcription, on lui concédait le droit de la méconnaître? L'acquéreur qu'il évincerait recourrait contre son auteur, qui se trouverait ainsi, sinon directement et par voie immédiate, au moins médiatement et par contre-coup, soumis à une garantie dont la loi l'affranchit par une disposition formelle.

Donc qu'on choisisse.

Veut-on que la loi nouvelle soit dans tous les cas applicable à l'établissement des servitudes *apparentes :* qu'on ne dise plus alors, avec l'art. 1638 du Code Napoléon, qu'en ce qui touche les servitudes dont peut être grevée la chose vendue la garantie du vendeur ne s'étend point à celles qui sont *apparentes* ou *visibles*.

Reconnaît-on, au contraire, que cette distinction subsiste et qu'ainsi nulle garantie n'est due à l'acquéreur pour les servitudes apparentes qu'il est tenu de subir : qu'on avoue alors avec nous que les servitudes de cette nature sont, quoique non transcrites, opposables aux ayants-cause du constituant comme au constituant lui-même.

Or, si nous ne nous abusons, le choix entre ces deux partis ne saurait être douteux; car comment prêter aux rédacteurs de la loi nouvelle l'idée d'une abrogation aussi peu motivée? Comment surtout croire à cette innovation, alors qu'on les voit, protestant de leur respect pour le Code Napoléon, dire et répéter partout qu'il ne s'agit point de porter une main sacrilége sur ses dispositions et que, bien loin de lui faire violence ou de troubler ses principes en se heurtant à son esprit, ils entendent que la règle nouvelle qu'ils introduisent s'harmonise avec eux dans la plus parfaite concordance :

« Nous ne vous proposons, dit M. Suin, que des dispositions
pour ainsi dire *additionnelles ;* or , *compléter,* ce n'est point
détruire. » « Nous voulons, ajoute M. de Belleyme, combler
un vide *sans changer un seul mot ou un seul article de la loi
existante.* »

Ainsi, point d'hésitation possible : les acquéreurs sont, par
une présomption consacrée par le Code Napoléon et *respectée
par la loi nouvelle,* réputés connaître les servitudes *apparentes* établies sur le fonds qu'ils acquièrent ; qu'importe, dès
lors, qu'elles aient été ou non transcrites ? Ils les doivent subir
dans tous les cas ; car, les ayant connues avant de traiter , il
est légalement constant qu'ils ont acheté non la pleine et entière propriété de l'immeuble qui leur a été transmis , mais
simplement la propriété, *moins le droit réel qui en a été détaché pour constituer la servitude établie.*

Changeons les faits. Qu'on suppose qu'un terrain sur lequel
a été récemment établie, au profit d'une maison nouvellement construite, une servitude de vue, ait été vendu par
correspondance ou hors la présence des lieux à un acheteur
qui, les connaissant de longue date, ne les a pas visités à
nouveau ; qu'on admette, en outre, d'une part, que la servitude qui les modifie n'a été ni déclarée par le vendeur, ni
mentionnée dans l'état de transcription que l'acheteur a pris
soin de lever avant d'acheter, ce qui l'a amené à penser qu'ils
étaient restés dans leur primitif état ; d'autre part, que le
prix de vente est en rapport avec la valeur qu'avait le terrain
alors qu'il était libre de la charge qui aujourd'hui le déprécie : que décider alors ? L'acheteur ne pourra-t-il point, en
présence de ces circonstances, et à les supposer non contes-
tées ou bien établies, refuser de subir la servitude en se pré-
valant de la circonstance qu'elle n'a pas été transcrite ?

A première vue, l'affirmative paraît certaine. Et, en effet,
quel droit a-t-on, dans l'espèce, promis à l'acheteur ? N'est-il
pas vrai — tous les faits de la cause l'établissent clairement
— qu'il a acheté et qu'on lui a vendu la propriété *pleine, entière et absolue* du terrain dont il s'agit, et par conséquent,
un droit incompatible avec la servitude qu'on lui oppose. Un
conflit de droits réels existe donc, qui appelle forcément l'action de la loi nouvelle. Or, pour qu'elle intervienne, il suffit
que son intervention soit nécessaire (V. ci-dessus, p. 289).

Cette solution, quoique fort sage assurément, et surtout parfaitement équitable, sera pourtant inadmissible, si on admet que la nouvelle loi a laissé debout, sans y toucher, le principe de l'article 1638 du Code Napoléon. Le propriétaire du fonds dominant pourra, en effet, en déduire en sa faveur un argument décisif. « La loi, dira-t-il à l'acquéreur du terrain, ne vous accorde *aucune garantie* relativement à la servitude que je revendique contre vous. Si elle vous refuse à ce sujet tout recours contre votre vendeur, c'est qu'apparemment elle présume qu'ayant visité les lieux par vous-même ou par un tiers qui vous a renseigné, vous avez agi *en parfaite connaissance de cause*, ou, en autres termes, que vous avez connu, avant d'acheter, le véritable état des choses, et qu'ainsi le prix de vente a été d'autant moins élevé qu'est plus forte la dépréciation que fait subir au terrain qui vous a été vendu la charge qui le grève. Dès lors, comment pourriez-vous prétendre que vous n'aviez ni visité, ni fait visiter le terrain dont s'agit, que la servitude qui le déprécie était inconnue de vous quand vous avez acheté ; qu'en un mot, le prix que vous avez offert est la représentation de là valeur qu'aurait le terrain, à le supposer libre de toute charge ? Ce serait protester contre l'interprétation de la loi et vous inscrire contre elle, ce qui ne vous est point permis ; car, aux termes de l'art. 1352, *nulle preuve n'est admise contre la présomption de la loi lorsque, sur le fondement de cette présomption, elle refuse, ainsi qu'elle le fait dans l'espèce, toute action en justice.* »

Ce raisonnement manque-t-il de logique ? Qu'on dise qu'il pèche contre la vérité et par suite contre l'équité, nous en ferons l'aveu ; mais n'est-ce point le propre de toute présomption légale de toucher, par ses points extrêmes, à l'absurde, et par conséquent, à l'injuste ?

En résumé, la loi, présumant que les servitudes apparentes dont un bien peut être grevé sont connues de tous ceux qui ont intérêt à les connaître, ce bien, légalement parlant, ne figure jamais, dans les actes d'aliénation auxquels il donne lieu, que comme *fonds servant*. Dès lors, à quel titre les tiers qui l'acquièrent comme tel pourraient-ils se prévaloir de la circonstance que les servitudes qui le déprécient n'ont pas été transcrites ? La loi veut sans doute qu'ils *conservent* dans son intégralité le droit qu'ils ont cru et entendu acquérir; mais elle ne va point, que nous sachions, jusqu'à leur permettre d'obtenir *au-delà de ce qui leur a été promis*, ou, ce qui revient au même, de se faire attribuer après coup un droit qu'ils ont consenti à laisser en dehors de leur contrat, puisqu'ils ne l'ont point stipulé.

Tel est le système qui nous avait séduit tout d'abord. Nous dirons tout à l'heure comment nous avons été amené à l'abandonner, sinon totalement, au moins en partie.

Mais une autre hypothèse s'offre à notre examen. Nous verrons bientôt qu'en cas de conflit entre l'acquéreur d'un droit réel qui n'a point fait transcrire son titre et un créancier hypothécaire qui a placé son hypothèque sous la sauvegarde d'une inscription, la préférence appartient à ce dernier, son titre fût-il d'ailleurs postérieur en date à celui de l'acquéreur qu'il évince (art. 3). Ce principe étant donné, qu'on suppose que le propriétaire d'un bien grevé d'une servitude *apparente*, mais *non transcrite*, se marie, qu'il devient tuteur, comptable de l'Etat, administrateur d'un établissement public, ou qu'un jugement est obtenu contre lui par l'un de ses créanciers : quelle sera, à supposer remplie la formalité de l'inscription, dans le cas où cette mesure sera nécessaire, l'étendue de l'hypothèque légale ou judiciaire qui se trouvera aux prises avec la servitude établie sur le fonds qu'elle affectera? L'affectera-t-elle *en toute propriété*, ou seulement *déduction faite* de la charge qui le déprécie?

Si on admet le premier parti, la loi sera satisfaite peut-être, mais à quel prix? Quoi! ce fonds ne vous appartient *qu'en partie;* personne ne l'ignore, c'est la présomption même de la loi, et si vous vous mariez, si vous acceptez une tutelle... cette même loi affectera, de sa propre autorité, le fonds *tout entier* à la sûreté de votre femme ou de votre mineur! Elle s'emparera d'un droit qui, ostensiblement, publiquement et bien réellement appartient *à un tiers*, elle l'en dépouillera pour sauvegarder la fortune de vos créanciers! Par quelle secrète et si puissante raison justifiera-t-on une aussi grosse atteinte à l'équité! Quel besoin impérieux de sécurité ou de crédit public la légitime! Qu'on essaie de l'abriter sous un prétexte tel quel, eût-on le génie de Dumoulin, on n'y réussira point. Quoi qu'on fasse, elle se résumera toujours en une *spoliation sans motifs du droit d'autrui*.

Néanmoins, si telle est la loi, il faudra bien la suivre ; car *stulta lex, sed lex*. Or, selon l'opinion générale, il est impossible de l'entendre autrement ; le doute n'est même point permis, nous ont dit plusieurs jurisconsultes éminents avec lesquels nous avons l'honneur d'être en rapport scientifique, et dont nous aimons à prendre l'avis dans les cas difficiles : toutes les servitudes appartiennent au régime de la transcription, les servitudes *apparentes* comme les servitudes occultes, puisque la loi ne distingue pas. Telle est la disposition claire, formelle et absolue de l'art. 2. Les droits réels *non transcrits*, si anciens qu'ils soient d'ailleurs quant au titre qui les constitue, ne sont point opposables *aux tiers*. Ainsi le prescrit l'art. 3. Donc ils sont comme inexistants à l'égard des créanciers qui ont une hypothèque inscrite sur l'immeuble qu'ils affectent.

Nous avons longtemps essayé de lutter contre cette interprétation ; mais quelque effort que nous ayons fait pour la combattre, nous n'avons jamais pu parvenir à accommoder un raisonnement tel quel au service de la thèse que nous désirions faire prévaloir.

Force nous est donc de le reconnaître, les servitudes *non transcrites* ne sont point, fussent-elles d'ailleurs *apparentes*, opposables aux créanciers qui ont une hypothèque légale ou judiciaire acquise et conservée sur le fonds servant.

Cette concession nous contraint d'aller plus loin. Si, en effet, la loi les tient comme non avenues lorsqu'elles font préjudice à une hypothèque légale ou judiciaire, on ne peut point, sans se jeter dans l'arbitraire, admettre qu'elles seront et demeureront pleinement efficaces à l'égard des créanciers auxquels le fonds qu'elles affectent aura été hypothéqué conventionnellement, quoique d'ailleurs il n'en soit fait aucune mention directe ou indirecte dans l'acte constitutif de l'hypothèque.

Ce n'est pas tout. Le droit que nous accordons aux créanciers qui ont stipulé une hypothèque et auxquels les servitudes apparentes établies sur le fonds hypothéqué n'ont pas été déclarées, nous devons forcément, si nous voulons rester logique jusqu'au bout, l'accorder également aux tiers acquéreurs eux-mêmes, lorsque leur titre d'acquisition ne mentionne point, même indirectement, les charges qu'on leur oppose.

107. On voit, dès lors, comment, en définitive, se résume notre système :

1° Les servitudes apparentes, mais non transcrites, ne sont, en aucun cas, opposables aux créanciers nantis d'une hypothèque légale ou judiciaire acquise et dûment conservée sur le fonds servant;

2° Quant aux tiers acquéreurs du fonds qu'elles affectent, une distinction est nécessaire :

Ils les doivent subir lorsque le propriétaire aliénateur du fonds sur lequel elles sont établies a eu soin de les déclarer expressément en l'aliénant, ou même implicitement en stipulant qu'il l'aliénait *chargé de ses charges*, ou *en l'état où il se trouve et tel que l'acheteur a déclaré le bien connaître*, etc. Dans ce cas, en effet, c'est comme *fonds servant* qu'il a figuré au contrat; l'acheteur a consenti à l'acquérir comme tel. Or, s'il n'a acheté qu'un fonds *servant*, comment pourrait-il revendiquer un fonds *libre?*

Que si, au contraire, leur titre d'acquisition n'en fait aucune mention, expresse ou implicite, elles ne leur sont point opposables; car alors le fonds qu'elles affectent leur ayant été vendu purement et simplement sans aucune limitation directe ou indirecte, ils sont réputés avoir entendu l'acquérir comme fonds libre. Ils l'ont stipulé *en toute propriété;* la loi veut qu'ils conservent tout ce qui leur a été promis; c'est donc en toute propriété qu'il passe et demeure dans leur patrimoine.

3° La même distinction s'adapte sans peine aux actes constitutifs d'une hypothèque conventionnelle. Les servitudes apparentes, mais non transcrites, seront ou ne seront point opposables au créancier, suivant qu'elles lui auront été ou non déclarées, expressément ou implicitement, par le débiteur duquel il tient son droit.

La loi a pensé sans doute que les signes matériels par lesquels se révèlent les servitudes apparentes ne sont pas toujours si en saillie qu'ils ne puissent pas échapper à un acheteur peu attentif; que d'ailleurs les ventes se font fréquemment hors la présence des lieux, par la voie d'un mandataire qui, n'étant point directement intéressé à se renseigner, peut se tromper et induire en erreur ceux qu'il représente; qu'après tout enfin, l'acheteur qui voit les indices extérieurs d'un état de choses contraire à la propriété peut ne pas l'apprécier exactement et croire qu'il y a eu de la part du propriétaire avec lequel il traite un simple acte de tolérance dont le propriétaire voisin a profité. L'application de la transcription aux servitudes même apparentes met fin à toutes ces incertitudes. Désormais les acheteurs devront consulter, non plus comme autrefois, l'état matériel et ostensible de l'immeuble qu'ils veulent acquérir, mais le grand livre de la propriété ou les registres du conservateur. S'ils n'y trouvent point décrites les servitudes apparentes établies sur le fonds qu'ils achètent, la loi les admet à soutenir qu'ils n'ont pas aperçu les signes extérieurs et révélateurs des charges qu'on leur oppose, ou, s'ils en ont été frappés, qu'ils ont pensé que l'état de choses qui leur a été révélé n'existait que provisoirement, à titre de bon voisinage ou de tolérance, et qu'ainsi, une fois l'acquisition faite, ils auraient le droit de le faire cesser.

108. Quoi qu'il en soit, on comprend sans peine qu'avec ce système tout nouveau rien ne reste debout dans l'article 1638 du Code Napoléon : la théorie de la garantie n'a plus, quant aux servitudes établies sur le fonds vendu, d'application possible. Et, en effet, de ces deux choses l'une :

Ou les servitudes dont est grevé l'immeuble qui fait la matière de la vente ont été transcrites, et alors, fussent-elles *occultes* ou *secrètes* quant à leur manière d'être, leur transcription leur ayant imprimé un caractère de publicité légale, l'acheteur sera réputé les avoir connues avant d'acheter ; car il ne lui sera point permis de prétendre qu'il a été assez imprudent pour contracter sans, au préalable, recourir aux registres que la loi a mis à sa disposition pour le renseigner. Or, les servitudes, même non apparentes et quoique non déclarées au contrat, ne donnent lieu à aucune garantie lorsqu'il est constant que l'acheteur qui les subit les a connues avant d'acheter. Ce point n'a jamais été contesté par personne. On devra donc dire des servitudes, même occultes, qui auront été *transcrites,* ce que l'article 1638 disait autrefois des servitudes *apparentes.*

Ou le titre qui les a constituées n'a pas été transcrit, et alors, fussent-elles *apparentes,* l'acheteur étant réputé les avoir ignorées au moment de la vente, elles ne lui sont pas opposables. Dès lors il ne peut pas être question de garantie.

Ainsi disparaît l'une des distinctions que le Code avait cru devoir établir entre les servitudes occultes et les servitudes apparentes. Les rédacteurs de la loi nous ont, il est vrai, solennellement et à plusieurs reprises, déclaré qu'ils entendaient, en la décrétant, combler un vide *sans changer un seul mot ou un seul article de la loi existante;* mais, bien évidemment, on ne peut voir dans cette affirmation qu'une simple manière de parler, car il est clair que prétendre innover en laissant chaque chose à sa place, c'est tout simplement viser l'impossible.

Toutefois, l'acheteur pourra certainement, dans le cas où les servitudes qui lui seront opposées n'auront pas été transcrites, renoncer au droit de se prévaloir du défaut de leur transcription. La loi nouvelle se trouvant ainsi écartée, l'article 1638 du Code Napoléon reprendrait alors tout son empire.

109. Ainsi, et sauf le tempérament que nous avons cru devoir y apporter, nous nous soumettons à l'opinion commune: toute servitude, *de quelque nature qu'elle soit*, devra être transcrite. Nous devrions même, à ne considérer que les termes de la loi, dire : quelle que soit sa nature *et de quelque manière qu'elle soit constituée;* mais on se rappelle que nous avons eu déjà l'occasion de faire remarquer qu'à l'exemple des legs translatifs *de propriété ou de droits réels susceptibles d'hypothèque,* les legs *constitutifs de servitude, d'usage ou d'habitation* sont exonérés de la formalité de la transcription (1). Les mots : *tout acte..*, dont se sert la loi dans le 1° de l'article 2 s'expliquent et s'interprètent par leur corrélation avec le 1° de l'article 1er, où il n'est parlé que des actes *entre-vifs.* L'observation en a été faite au Corps législatif par le rapporteur de la commission, M. de Belleyme : « La relation établie entre les articles 1 et 2 ne permet point, dit-il, de supposer qu'ils s'appliquent à autre chose qu'à des actes entre-vifs. »

110. Une difficulté plus délicate a été soulevée. Aux termes de l'article 1er de la nouvelle loi, les actes translatifs de pro-

_____

(1) V. p. 9 et 10. — Cette solution, que nous proposions déjà dans notre *Exam. crit. du comm. de M. Troplong sur les priv.,* 2e partie, p. 1031, a été acceptée par tous les auteurs qui ont écrit sur la transcription.

priété ou de droits *réels susceptibles d'hypothèque* doivent être transcrits. L'article 2 de la même loi veut qu'on transcrive également les actes constitutifs de *servitude réelle, d'usage et d'habitation.* Du rapprochement de ces deux dispositions, il résulte que, sous la dénomination *de droits réels susceptibles d'hypothèque,* la loi entend désigner les démembrements du droit de propriété *autres que les servitudes réelles ou les droits d'usage et d'habitation.* Cela posé, on s'est demandé si les *donations* constitutives d'un droit de *servitude, d'usage et d'habitation* sont ou non soumises au régime de la transcription.

Pourquoi non, s'écriera-t-on sans doute? la loi n'est-elle point formelle? *Tout acte* constitutif d'*une servitude réelle,* d'un droit *d'usage ou d'habitation* sera transcrit, dit-elle. Or, comment, en présence d'une disposition aussi claire et surtout aussi absolue dans son expression, aboutir à une distinction quelconque? Passe encore s'il existait quelque raison décisive ou tout au moins plausible de séparer, quant aux tiers intéressés à les connaître, les actes *à titre gratuit* des actes *à titre onéreux ;* mais fut-il jamais une distinction plus dénuée de sens? Comment! si j'ai acheté un immeuble qui m'a été vendu libre et que j'ai dû, en effet, d'après l'état négatif de transcription que j'ai eu la précaution de lever avant d'acheter, croire *exempt de toute charge,* les servitudes dont il a été grevé en secret et qui, jusqu'à ce jour, sont restées occultes, me seront néanmoins opposables, à supposer que celui qui les revendique soit un *donataire?* S'il les avait acquises à titre onéreux, et qu'il les revendiquât afin d'éviter de perdre le prix qu'il a dépensé pour les acquérir, il me serait donné, en l'absence de la transcription de son titre, de l'écarter, et parce qu'il les aura reçues à titre gratuit, sans rien payer, je les devrai subir! Mais voici qui est plus bizarre encore. Deux acquéreurs de servitudes, un *acheteur* et un *donataire,* m'actionnent sans fonder leur prétention sur un titre transcrit; l'un combat pour éviter de perdre, l'autre pour conserver le bénéfice d'une liberté qui me ruine, et tandis que le premier me devra céder le pas, il faudra que je le cède au second ! Ayons, s'il se peut, plus de foi dans la sagesse de la loi, et ne la déshonorons point en lui prêtant d'aussi folles conceptions.

111. Tel n'est point pourtant le sentiment général. Les auteurs sont, il est vrai, unanimes pour critiquer, au point de vue législatif, la distinction dont nous venons de parler; on peut même, à ce sujet, voir, dans M. Troplong (1), le profond étonnement qu'elle lui cause; mais tout en la déplorant, ils la tiennent en général pour constante. L'argument sur lequel ils la fondent a, selon eux, toute la simplicité, mais toute l'énergie, d'une démonstration mathématique.

Parmi les donations, celles-là seulement, disent-ils, doivent être transcrites qui ont pour objet *des biens susceptibles d'hypothèque.* Telles sont les expressions de l'article 939 du Code Napoléon.

Les *servitudes réelles,* prises séparément du fonds dominant, les *droits d'usage et d'habitation,* ne peuvent pas être hypothéqués : car, aux termes de l'art. 2118, l'hypothèque ne peut être assise que sur des biens immobiliers par leur nature et sur leurs accessoires, ou sur *l'usufruit* de ces mêmes biens.

Les donations ne sont donc point, *d'après le Code Napoléon,* soumises à la formalité de la transcription lorsqu'elles sont constitutives *de servitude, d'usage et d'habitation* (2).

Or, ce qui est vrai sous l'empire du Code Napoléon, l'est encore aujourd'hui, puisque la loi nouvelle a pris soin de déclarer, par une disposition expresse, « qu'elle n'entend point déroger aux dispositions de ce Code, relatives aux donations, et qu'ainsi ces dispositions *continueront* à recevoir leur exécution (3). »

112. Cependant M. Troplong proteste (4). « Il est bien vrai, dit-il, que les donations qui ont pour objet l'établissement *d'une servitude, d'un droit d'usage ou d'habitation* sont, d'après le Code Napoléon, opposables aux tiers, même en l'absence de la transcription de l'acte où elles sont relatées; la

---

(1) Comm. de la transcr., nos 111 et 112.

(2) MM. Duranton, t. VIII, n° 504 ; Zachariæ, t. v, p. 326, et ses annotateurs, MM. Aubry et Rau, note 8 ; Poujol, art. 939, n° 3 ; Dalloz, v° *Dispos. entre-vifs,* ch. 4, sect. 2, art. 5, n° 2 ; Marcadé, sur l'art. 939 ; Troplong, *Donations,* n° 1163 ; Rivière et Huguet, n° 431.

(3) V. en ce sens MM. Rivière et Huguet, n° 431.

(4) Comm. sur la transcr., n° 112.

loi nouvelle, nous ne le nions point, a laissé sous l'empire de
ce Code tout ce qui concerne la publicité des actes portant
donation. Mais, ajoute-t-il, nous ne pouvons nous persuader
que l'article 11, où cette réserve de l'ancien droit a été déposée, ait la portée qu'on lui prête. » Et, en effet, que dit la
loi nouvelle? Qu'elle ne déroge point aux dispositions du Code
Napoléon relativement à la transcription des actes portant donation ; mais en quoi est-ce déroger à ce Code que *d'aller au-
delà de ses limites*, que *d'ajouter* à l'obligation de transcrire
prescrite pour certains actes, et de maintenir à leur égard,
dans toutes ses conséquences, une obligation analogue pour
d'autres actes *qu'il a omis* (1)? Notons-le bien, le Code Napoléon n'a point parlé des donations constitutives de droits
réels non susceptibles d'hypothèque ; il les a laissées dans le
droit commun alors existant, c'est-à-dire dans un état de
liberté par rapport à la transcription ; or, qu'arrive-t-il? Le
droit commun, qui était leur règle, change par la loi du
23 mars 1855 ; donc, elles doivent subir l'influence de ce
changement.

Ainsi, dans ce système, les donations dont nous nous occupons doivent être transcrites, non point d'après l'article 939
du Code Napoléon, puisqu'il *les a omises*, mais en vertu de la
loi nouvelle, dont la disposition embrasse, par la généralité de
ses termes, les actes à titre gratuit aussi bien que les actes à
titre onéreux.

113. Nous voudrions pouvoir nous rallier à cette doctrine ;
mais quoique le raisonnement sur lequel M. Troplong s'appuie soit spécieux, nous ne sommes nullement convaincu de
sa solidité.

« Régler les actes que le Code a *omis*, ce n'est point, nous
dit-on, déroger à ses dispositions, puisqu'on *ne change rien à
tout ce qu'il a établi ;* c'est tout simplement *y ajouter quelque
chose.* »

Or, y a-t-on bien songé? est-il vrai que le Code ait *omis* de
régler, quant à leur effet à l'égard des tiers, *telles ou telles
donations?* Qu'on dise, nous le voulons bien, qu'il n'a point
de texte *exprès et direct* touchant aux donations dont nous

---

(1) M. Grosse, avant M. Troplong, avait soutenu la même thèse (Comm.
de la loi sur la transcrip., n° 352).

parlons; mais les lois n'ont-elles donc que des dispositions *écrites*, formelles et catégoriques sur les matières qu'elles rè-glent? Voilà évidemment ce qu'aucun esprit judicieux n'ad-mettra jamais. Par la force même des choses, toute loi a ses dispositions *implicites*, et par là nous entendons les règles *tacites* qu'impliquent, par un argument *nécessaire* et *inévi-table*, les principes qu'elle établit expressément.

Qu'un lecteur attentif se reporte, par exemple, à l'article 2118 du Code Napoléon : il y lira bien certainement, d'une part, que les biens immobiliers, leurs accessoires réputés immeu-bles et l'usufruit de ces mêmes biens, peuvent être hypothé-qués à la sûreté d'un créancier ; d'autre part, que les droits réels d'une autre nature, tels que les servitudes, les droits d'usage et d'habitation, ne peuvent point faire la matière d'une hypothèque. De ces deux règles pourtant la première est *expresse* ou *écrite;* mais quoique la seconde ne se révèle point à nos yeux par des signes matériels, la loi la sous-entend si *nécessairement* et, par suite, si manifestement, qu'il est vrai de dire qu'elle y est aussi clairement visible et saisissable que si elle y était grossoyée en toutes lettres.

Il en sera évidemment de même de l'article 939, si les mots *biens susceptibles d'hypothèque*, qui s'y trouvent, ont le sens spécial et restreint qu'on leur donne. N'oublions pas, en effet, que la loi a entendu y régler ce point : *à quelle condition et à quel moment les donations qui ont des immeubles pour objet seront-elles opposables aux tiers?* Or, comment le résout-elle? Par une règle simple, unique, absolue, applicable à toute do-nation? Non! Elle a, M. Troplong le soutient, fait une dis-tinction essentielle :

La donation a-t-elle pour objet un *bien susceptible d'hypo-thèque*, elle ne prendra date à l'égard des tiers que sous la condition qu'elle sera transcrite et à compter seulement du jour où cette formalité aura été remplie.

Le droit dont le donateur se dépouille est-il, quoique im-mobilier, *insusceptible d'hypothèque?* Dès qu'elle sera parfaite entre les parties, son effet existera plein, entier, absolu, op-posable aux tiers, à sa date même, et sans le secours de la transcription.

Telles sont les deux dispositions, l'une *expresse* et *écrite,* l'autre *implicite* ou *sous-entendue*, dont se compose l'art. 939.

Cela posé, que l'on considère combien est étrange l'idée que nous combattons!

D'après le Code Napoléon, nous dit M. Troplong, les donations d'immeubles sont ou ne sont point sujettes à transcription *suivant que leur objet est ou n'est point susceptible d'hypothèque.* D'après la loi nouvelle, elles doivent être transcrites *dans tous les cas.* Mais quoique elle ait effacé la distinction que faisait implicitement l'article 939 du Code Napoléon, *cette disposition est encore aujourd'hui ce qu'elle était à son origine.*

Ce qui était *relatif* d'après cet article, devient *absolu* par la loi nouvelle ; elle soumet au régime de la *publicité* les actes qui, sous l'empire du Code, appartenaient au régime de la *clandestinité ;* néanmoins *rien n'est changé au Code* ; car en quoi est-ce déroger à un ancien état de choses que le remplacer par un régime tout nouveau?

Nous ne savons si ce paradoxe fera son chemin dans le monde judiciaire ; mais ce qui assurément n'est point douteux, c'est que les esprits sages seront unanimes pour reconnaître que le renvoi à l'ancien droit que la loi a déposé, *quant aux donations*, dans son article 11, signifie que, les articles 939 à 942 et *tels qu'ils se comportent* continuant à régir cette matière, les règles *expresses* ou *tacites* qu'ils consacrent lui seront seules applicables.

Mais, dit M. Troplong, qu'y aura-t-il de plus incomplet, de plus défectueux et de plus trompeur pour la bonne foi des tiers, que le système de la loi nouvelle, si les servitudes constituées *gratuitement* peuvent, sans danger aucun pour le propriétaire du fonds dominant, rester occultes, tandis que celles qui auront été établies à titre onéreux ne leur seront opposables qu'autant qu'au préalable elles auront été mises sous leurs yeux par la voie de la transcription! « Cette distinction, si on l'acceptait, rendrait la loi boiteuse, elle ôterait l'enchaînement, la symétrie et la logique de ses dispositions. »

Cette observation est pleine de justesse, nous ne le nions point ; mais qu'en peut-on conclure? La loi du 23 mars 1855 n'a point, que nous sachions, une telle perfection qu'on doive s'étonner de la voir parfois se placer à côté de la plus vulgaire logique!

Si d'ailleurs M. Troplong est convaincu qu'elle formera,

dans le système qu'il propose, un corps complet et remarquable par la symétrique harmonie de toutes ses parties, c'est qu'à l'exemple de ces pères de famille qui voient un Adonis dans l'enfant difforme qui les représente, il n'aperçoit point, quoique bien saillantes assurément, les défectuosités de l'œuvre qui lui est propre. Qu'il nous permette de lui rappeler qu'aux termes de l'article 941 du Code Napoléon, le défaut de transcription, pouvant être opposé au donataire *par toute personne qui y a intérêt,* peut l'être non-seulement par ceux qui ont acquis des droits réels sur l'immeuble donné, mais encore *par les créanciers chirographaires* du donateur. Telle est du moins l'opinion générale, et M. Troplong n'a point oublié que, dans son *Commentaire du titre des donations* (n°ˢ 1183 et 1184), ce point de droit lui a paru hors de toute controverse ; il est également certain, M. Troplong le reconnaît encore (1), que, dans le système de la loi nouvelle, les aliénations sont, *quoique non transcrites,* opposables aux créanciers chirographaires de l'aliénateur comme à lui-même. Cela posé, qu'arrivera-t-il, si on admet avec M. Troplong que les donations constitutives de droits réels autres que l'usufruit se gouvernent, non point d'après le Code, puisqu'il a omis de les régler, mais d'après la loi nouvelle, puisqu'elle les a, réparant l'oubli du Code, comprises dans le système qui lui est propre? On devra dire alors que les donations *non transcrites* seront ou ne seront point opposables aux créanciers chirographaires du donateur suivant la nature du droit conféré au donataire. Sont-elles translatives *de propriété* ou constitutives d'*un droit d'usufruit,* elles seront légalement tenues pour inexistantes à leur égard. Ont-elles, au contraire, pour objet l'établissement d'*une servitude* ou la constitution d'un *droit d'usage* ou *d'habitation,* ils les devront subir ! Or, que M. Troplong dise lui-même si le législateur qui consacrerait de telles distinctions obtiendrait, par le rigoureux et méthodique enchaînement de ses idées, l'admiration et l'estime de ses contemporains?

Ainsi, suppression d'une anomalie par une autre, tel est en somme tout le fond de son système.

La loi nouvelle étant écartée, l'article 939 du Code Napoléon

---

(1) Comm. de la loi sur la transcr., n° 146.

reste seul en cause. Quelle portée a-t-il? en autres termes, à quelles donations est-il applicable? Toute la question est là.

Nous avons toujours cru pour notre compte, qu'on doit l'entendre en ce sens, que toute donation doit être placée sous les yeux des tiers, lorsqu'elle doit avoir pour effet d'anéantir, en la personne du donateur, *en tout ou seulement en partie*, le droit *d'aliéner*, et, par suite, la faculté *d'hypothéquer* valablement l'immeuble qu'elle a pour objet. Cette donnée ressort trop clairement de la nature même du but que la loi a voulu atteindre pour qu'on puisse nous la contester, nous la tenons donc pour certaine. Or, qu'est-ce que constituer une servitude, un droit d'usage ou d'habitation, si ce n'est *aliéner en partie* le droit de propriété qu'on a sur l'immeuble que l'on grève et, par suite, perdre pour l'avenir, la faculté de l'hypothéquer *pour le tout?* Dès lors comment ne pas voir que la loi a dû nécessairement comprendre dans la même règle les donations qui transfèrent, du donateur au donataire, la *pleine propriété* de l'immeuble qu'elles ont pour objet et celles qui transfèrent simplement un démembrement de ce même droit?

Quant aux objections qu'on nous oppose, nous dirons, sans vouloir blesser personne, qu'elles nous frappent d'étonnement tant elles sont peu décisives. L'article 939, nous dit-on, n'a soumis à la formalité de la transcription que les donations de *biens susceptibles d'hypothèque;* constituer une servitude, établir un droit d'usage ou d'habitation sur un immeuble, c'est donner, non point le *bien* que l'on grève, mais ce qui est bien différent, *un droit sur un bien;* or, ce droit *n'est point susceptible d'hypothèque;* donc... etc.

Le lecteur judicieux a déjà deviné notre réponse. Lorsqu'un droit change de mains, dans quel but la loi veut-elle qu'on transcrive l'acte qui le déplace? est-ce pour apprendre aux tiers que l'acquéreur, en la personne duquel il réside actuellement, en pourra disposer désormais, l'aliéner ou l'hypothéquer? Non, son objet est tout autre! Elle veut simplement qu'ils soient prévenus qu'il a cessé d'appartenir à l'aliénateur, afin qu'ils sachent *qu'il en a perdu la disposition*. Si donc il est vrai, et ce point est incontestable, que la transcription de la donation a été prescrite uniquement dans l'intérêt des tiers qui pourront, dans l'avenir, se mettre en rapport d'affaires avec *le donateur*, ce n'est point évidemment dans le domaine *du donataire* qu'on doit considérer si la chose donnée *est ou n'est point susceptible d'hypothèque*. Il suffit qu'elle ait été telle, alors qu'elle faisait partie du patrimoine du donateur, pour que l'acte qui l'en fait sortir doive être placé sous les yeux du public. Or le propriétaire qui constitue sur sa maison un droit d'usage ou d'habitation, *que donne-t-il?* Le droit d'usage ou d'habitation *tel qu'il sera et se comportera en la personne du donataire?* La chose est tout simplement impossible ! il est plus qu'évident, en effet, qu'il ne peut donner que le droit qu'il a, et tel qu'il l'a lui-même. Or, quant à lui, qu'était-ce que ce droit d'usage ou d'habitation, si ce n'est *une fraction de son droit de propriété*, c'est-à-dire d'un droit *susceptible d'hypothèque*? ce n'est qu'après sa transmission et par conséquent au regard seulement du donataire et de ses ayant-cause qu'il prend, avec des caractères tout nouveaux, une dénomination principale et particulière : on l'appelle alors *droit d'usage* ou *d'habitation;* mais avant sa transmission et alors qu'il résidait en la personne du donateur, il se confondait avec la propriété même, puisqu'à ce moment il n'avait point d'existence propre. Le propriétaire qui constitue un droit d'usage ou d'habitation donne donc une portion de son droit de propriété et par conséquent un droit qui serait, dans ses mains, susceptible d'hypothèque comme et avec la propriété dont il le détache.

En autres termes et pour mettre notre pensée rigoureusement d'accord avec les termes de la loi, de même que donner *un bien,* c'est donner le droit de propriété que nous avons sur ce bien; de même constituer, à titre gratuit, un droit d'usufruit sur un immeuble, c'est donner son immeuble même ou son bien, non point sans doute intégralement et absolument, mais fractionnellement, c'est-à-dire *quant au droit d'en jouir.* Or, si la loi voit, dans l'établissement gratuit d'un droit d'usufruit, la donation, quant à la jouissance dont le donateur se dépouille, *de l'immeuble* même qu'il grève, pourquoi n'en serait-il pas de même de l'établissement de toute autre servitude et notamment de la constitution d'un droit d'usage ou d'habitation? car, après tout, qu'est-ce qu'un droit d'usage, si ce n'est un usufruit restreint?

Mais, nous dit-on, si constituer une servitude, c'est donner, dans l'une de ses qualités actives, *l'immeuble* sur lequel on l'établit, un propriétaire ne pourra donc jamais *donner des servitudes* (1) !

Sans doute ! mais s'il ne peut point donner des servitudes, qu'il n'a pas, puisque *res sua nemini servit*, il peut donner des démembrements de propriété qui, une fois séparés du droit principal dont ils faisaient partie, prennent le nom et les caractères d'une servitude. Il n'y a vraiment là rien qui doive étonner !

Il est si vrai, au reste, que donner une servitude sur un bien, c'est donner, sous un certain rapport, une portion de ce bien même, que nos adversaires, si paradoxale que cette idée leur paraisse dans l'espèce, la reconnaissent eux-mêmes, lorsqu'ils n'ont plus d'intérêt à la contester. C'est ainsi que Marcadé, l'un de ses adversaires les plus convaincus, fait remarquer sous l'article 1638 que « la gêne et la diminution de jouissance qu'apporte l'exercice d'une servitude passive constituent une éviction partielle de *la chose.* »

En somme, l'esprit de la loi nous est acquis : quiconque sera de bonne foi en fera l'aveu. Quant à ses termes, ils se plient facilement à l'interprétation que nous en avons donnée. Dès lors où est la raison de douter?

Au surplus, quand même il serait vrai que ses termes ne s'accordent point d'une manière parfaitement exacte avec l'intention que nous lui supposons, sa pensée est néanmoins si claire, si manifeste, qu'il faudrait la suivre encore, puisqu'il est de principe qu'on doit, dans l'interprétation des lois, s'attacher à la volonté du législateur plutôt qu'au sens littéral des formules, souvent fort inexactes, dans lesquelles il la dépose (2).

114. Ainsi, sauf l'exception relative au testament, tout acte, à titre onéreux ou gratuit, constitutif d'une servitude, doit être transcrit. Tout acte... dit la loi, ajoutons : fût-il un *partage !* mais c'est là un point que nous réservons pour le

---

(1) M. Marcadé, sur l'art. 939.

(2) V. en ce sens MM. Delvincourt, t. II, p. 482; Vazeille, n° 4 ; Grenier, t. II, n° 162; Coin-Delisle, art. 939, n° 11 ; Valette, à son cours ; — Riom, 24 mai 1842 (Dev. 42, 2, 340); Caen, 19 mai 1853 (Journ. du palais, 1854, 2, 394).

comprendre plus tard dans la théorie générale des actes simplement déclaratifs de propriété.

115. Que déciderons-nous relativement à la destination
du père de famille? Les servitudes qu'elle établit, soit sur le
fonds transmis à l'acquéreur, soit sur le fonds retenu par l'a-
liénateur, sont-elles sujettes à la formalité de la transcription?

Bien que la négative soit généralement admise, nous ne
croyons pas devoir la suivre.

Que transcrirez-vous? nous dit-on. La destination du père
de famille est un *simple fait*, et les faits, alors même qu'ils
sont générateurs de droits, ne se transcrivent pas (1).

Aucune convention n'est intervenue, en ce cas, entre le propriétaire du fonds dominant et le propriétaire du fonds servant (2); c'est donc de *la loi même* que résultent les servitudes ainsi constituées; or on ne transcrit point les droits
qu'on tient directement de la loi (3).

Aucune de ces propositions n'est admissible. Les servitudes qu'établit la destination du père de famille ne résultent
point *d'un simple fait*; encore bien moins naissent-elles de
la *seule autorité de la loi;* la vérité est qu'elles résultent *d'une
convention tacite* ou *sous-entendue entre les parties.* Faut-il à
cette idée une démonstration? A notre sens, cela ne serait
point nécessaire, tant la chose parle d'elle-même; mais la
simple évidence est souvent ce qui frappe le moins. Donc
discutons ou, mieux encore, laissons raisonner, à notre place,
un jurisconsulte dont nos adversaires ne récuseront point
l'autorité. « Deux héritages, dit M. Demolombe, sont réunis
dans la main d'un même propriétaire; il existe, de l'un à
l'autre, une relation telle qu'elle constituerait une servitude,
si les héritages appartenaient à des propriétaires différents.

« S'ils viennent à être divisés, le service qui, à ce moment,
existe de l'un envers l'autre, la vue, la conduite d'eau, le
droit de passage... continuera-t-il d'exister, mais en se transformant activement et passivement en une servitude? Faut-
il, au contraire, le supprimer de manière que la servitude ne

---

(1) MM. Rivière et Aug. François, *Explic. de la loi du* 23 *mars* 1855 *sur
la transcrip.*, nᵒ 38.

(2) M. Hervieu, Interprétation de la même loi, p. 172.

(3) M. Grosse, comm. de la même loi, nᵒ 85.

s'établisse point entre les deux héritages, par l'effet de la séparation? telle est la thèse à résoudre. Or qu'est-ce que cela,
si ce n'est purement et simplement une question *d'interprétation de volonté?*

« De deux choses l'une : ou l'acte d'aliénation s'explique
formellement sur le maintien ou sur la suppression du service, qui existe entre les héritages au moment de la division,
et alors il n'y a point de difficulté : la servitude, si c'est le
maintien du service qui est convenu, se trouve en ce cas
constituée directement *par titre.*

« Ou l'acte garde un complet silence au sujet du service
existant, et alors se présente la question de savoir quelle a été,
à cet égard, l'intention des parties contractantes. S'il est reconnu qu'elles ont voulu maintenir le service existant entre
les deux fonds, on s'est, dès longtemps, accoutumé à dire
que la servitude se trouve établie par la destination du père
de famille, c'est-à-dire par l'effet de l'arrangement suivant
lequel le propriétaire unique des deux fonds avait disposé
l'un d'eux pour l'usage et l'utilité de l'autre; mais la vérité
est que la servitude se trouve encore, dans ce cas, établie *par
titre,* c'est-à-dire *par la volonté même des parties à cet effet,
volonté qui est seulement tacite, au lieu d'être expresse.* On
sait, en effet, la maxime : *Eadem vis taciti atque expressi;*
et c'est fort justement, sous ce rapport, que l'article 692 déclare que la destination du père de famille vaut titre (1). »

Il suffit d'ailleurs de considérer la place qu'occupent les
articles 692 et 694 et surtout de les combiner avec les articles
639 et 686, pour rester convaincu qu'en dehors des servitudes qui dérivent de la situation naturelle des lieux (art. 640
à 648), ou que la loi établit elle-même, soit dans un intérêt
public ou communal (art. 650), soit pour l'utilité des particuliers, mais alors seulement en ce qui touche la mitoyenneté des murs, des haies et des fossés, la distance à observer
pour la plantation des arbres, la distance et les ouvrages intermédiaires requis pour certaines constructions, les vues
sur la propriété du voisin, l'égout des toits et le droit de réclamer un passage en cas d'enclave (art. 653 à 685), toutes
autres servitudes, *même celles qu'on dit nées de la destination*

_____

(1) *Servit.*, t. II, n° 804.

du père de famille, ont leur fondement immédiat dans *un fait de l'homme*, ainsi qu'il est dit dans la rubrique du chapitre où la destination du père de famille a été organisée. Or ce *fait de l'homme*, que peut-il être, si ce n'est une *convention*, ainsi que le dit encore très formellement l'article 639 (1) ? Enfin remarquons, et cette observation est décisive, que les articles réglementaires de la destination du père de famille ne sont qu'une application du principe consacré par l'article 686, aux termes duquel *les propriétaires peuvent*, sous certaines conditions, *établir* sur leurs propriétés ou en faveur de leurs propriétés telles servitudes que bon leur semble. C'est donc avec une parfaite raison qu'on a pu dire que les servitudes, autres que celles qui font l'objet des articles 640 à 685, dérivent toujours *de la volonté* des propriétaires respectifs; seulement la manifestation de cette volonté est, suivant les cas, différente : tandis qu'elle est *formelle* ou *expresse* dans l'hypothèse *du titre*, elle n'est que *présumée* ou *tacite* dans le cas de la destination du père de famille ou de la prescription.

Ainsi, dans l'espèce, une convention existe, seulement elle est *tacite* au lieu d'être *expresse*. Or les conventions *non écrites* ne sont point, que nous sachions, dispensées de la formalité de la transcription !

On a, il est vrai, soutenu le contraire, mais par une subtilité si misérable qu'il nous en coûte d'être obligé de la discuter. Comment, nous dit-on, la transcription pourrait-elle s'appliquer à un droit *non écrit ?* Transcrire c'est reproduire sur les registres du conservateur *l'acte* où se trouve décrite la convention génératrice du droit qu'on veut rendre public ; si cette convention n'est que *tacite*, il n'y a point d'acte qui la constate, et là où il n'y a point d'acte, comment procéder à la transcription ? Les transmissions de propriété ou de droits réels échappent donc, par la force même des choses, au droit commun de la transcription lorsqu'elles sont *non écrites*. C'est ce que la loi suppose elle-même, puisque ses dispositions n'ont jamais trait qu'aux *actes* translatifs de propriété ou constitutifs de servitudes.

---

(1) L'art. 639 eût été plus exact s'il eût dit : « Les servitudes dérivent... ou *de la volonté* des propriétaires. » Elles peuvent, en effet, être établies *par testament*, auquel cas il n'y a point *de convention*.

Si cette donnée est exacte, nous en devrons conclure que, à les supposer établies par des preuves présumées certaines *erga omnes* (1), les conventions *tacites* ou même expresses, mais simplement *verbales*, sont, *quoique occultes*, opposables aux tiers. On devra même aller jusqu'à dire que les conventions dont il a existé un titre, mais dont le titre a été, avant qu'on ait eu le temps de le faire transcrire, détruit par suite de quelque cas fortuit ou de force majeure, sont, de même que les conventions tacites ou les conventions verbales, dispensées de toute publicité.

Mais nous nous hâtons de reconnaître qu'on n'a jamais rien imaginé de plus faux. Quelques mots nous suffiront pour l'établir.

Les expressions *titre, acte*, ont, dans la langue du droit, deux sens bien différents. La loi les emploie, en effet, pour désigner tantôt un *écrit* destiné à faire preuve en justice d'un fait générateur ou extinctif d'un droit, l'*instrumentum* constatant *quod actum est*, c'est-à-dire *l'action* ou *l'acte* intervenu entre les parties, tantôt ce fait lui-même, *l'action* ou *l'acte* qui a eu lieu. C'est ainsi qu'on dit tous les jours : je suis propriétaire, je possède à *titre de vente*, pour dire qu'on est propriétaire, qu'on possède en vertu *d'un contrat de vente* (V. l'art. 2265). Ce qu'il y a de plus frappant, c'est que dans l'article 778 le mot *acte* qui s'y trouve deux fois exprimé, chaque fois, un sens particulier.

Cela posé, nous pourrions répondre à nos adversaires que lorsque la loi prescrit la transcription de tout *acte* translatif de propriété ou constitutif de droits réels, elle entend par le mot *acte*, non point *l'écrit* qui constate l'événement juridique d'où sont nés la mutation ou l'établissement du droit qu'il s'agit de rendre public, mais cet événement lui-même; car ce qui est *translatif* ou *constitutif* du droit à placer sous les yeux des tiers, ce n'est point assurément *l'écrit* où se trouve décrite la convention qui le transfère ou qui le constitue : cet effet translatif ou constitutif n'appartient et ne peut appartenir qu'à *la convention elle-même*. Ainsi, étant donné un contrat de vente, c'est bien certainement *le contrat* et non *l'écrit* où il est relaté qui opère la translation de propriété.

(1) V. ce que nous avons dit à ce sujet au n° 26.

Mais nous irons plus loin, nous concéderons, si l'on veut, que la loi, sans s'exprimer exactement, a entendu dire que tout écrit où se trouvera consigné un événement translatif ou constitutif d'un droit réel devra être transcrit; il n'en sera pas moins vrai que sa pensée essentielle, sa pensée principe, s'il est permis de s'exprimer ainsi, doit être traduite en ce sens que les événements qui déplacent ou qui créent des droits réels, devront être rendus publics sous peine d'être réputés inexistants au regard des tiers. Ceux en la personne desquels ces droits résident doivent donc se mettre en règle avec la loi. Ont-ils un titre, qu'ils le fassent coucher sur les registres du conservateur. La convention génératrice de leur droit est-elle *tacite*, ou expresse, mais *verbale*, qu'ils se procurent un titre. Ils peuvent, à cet effet, s'adresser à leur auteur et obtenir de lui une reconnaissance écrite et descriptive de la convention qu'ils doivent rendre publique, ou, s'il refuse de la donner, recourir à la justice qui l'accordera pour lui. L'acte ou le jugement ainsi obtenu étant porté sur le registre du conservateur, la loi sera pleinement satisfaite et leur droit aussi absolu que possible; que si, au contraire, ils persistent à le tenir secret, leur résistance à la loi portera sa peine, car la règle est générale : tout droit qui n'a pas été mis sous les yeux des tiers est, en ce qui les concerne, destitué de tout effet ou inexistant.

Ainsi, dans l'hypothèse qui fait l'objet de ce débat, la partie au profit de laquelle la servitude est établie doit avoir le soin, si elle tient à la mettre à l'abri de toute éviction ultérieure, de la faire énoncer dans l'acte même qui opère la séparation des deux héritages, ou, si elle a négligé de prendre cette précaution, d'obtenir soit de son auteur, soit, en cas de refus, de la justice, un titre ou un jugement déclaratif de la convention tacite qu'implique toute destination du père de famille. La formalité de la transcription pourra alors être accomplie et la servitude sauvegardée (1); sinon, son droit demeurant occulte, car dans le système de la loi nouvelle les signes apparents d'une servitude ne suffisent plus pour qu'elle soit légalement réputée publique, il devra subir toutes les conséquences attachées à la clandestinité des droits réels.

116. Cette solution, nous devons en faire l'aveu, est pleine

---

(1) V. à ce sujet ce que nous avons dit, au n° 26, des ventes *verbales*.

de désastres pour l'avenir, car elle se résume en cette idée :
que la destination du père de famille et la convention tacite
ne sont plus, quant à leur effet passif, admises et reçues qu'à
l'égard du propriétaire du fonds servant ou de ses ayant-
cause universels. Mais ici une espèce est nécessaire pour
inculquer la règle, tant elle est singulière, et surtout dangereuse.

Je vous ai vendu une maison dans laquelle j'ai établi des
fenêtres sur un jardin qui m'appartient et dont je suis resté
propriétaire. Vous avez fait transcrire votre titre d'acquisition et vous vous croyez en règle. Si l'acte que vous avez
rendu public contient la stipulation formelle du maintien des
fenêtres sur le jardin, nulle éviction ne pourra en effet vous
atteindre. Mais combien vous vous abusez dans le cas contraire ! Votre droit de vue n'étant pas transcrit alors, puisque
l'acte qui a été reproduit sur le registre du conservateur n'en
fait aucune mention, la loi le tiendra pour inexistant au regard des tiers auxquels le jardin pourra être transmis ou
hypothéqué comme fonds *libre*, c'est-à-dire sans déclaration
expresse ou implicite de la servitude qui le grève. Or, quelle
merci attendre des tiers avec lesquels vous vous trouverez aux
prises ? Personne n'ignore combien les créanciers hypothécaires, les femmes mariées notamment, lorsqu'elles ont des
reprises à exercer, sont âpres à poursuivre, coûte que coûte,
per fas et nefas, le paiement de leurs créances. Tenez donc
pour certain qu'ils saisiront, si je tombe en déconfiture, le
jardin resté dans mon patrimoine ; qu'ils le feront mettre
aux enchères et n'oublieront point de faire insérer au cahier
des charges que le fonds mis en vente étant, à leur égard,
libre de toute servitude, *même de vue*, l'adjudicataire aura le
droit de faire fermer vos fenêtres.

On voit d'après cela combien devront être attentifs les notaires qui désormais recevront des contrats de vente. Qu'ils
s'appliquent à corriger, par leur prudence, les fautes de
la loi.

117. Les servitudes peuvent être, en certains cas, établies
par la voie judiciaire. C'est ce qui a lieu, en cas d'enclave,
lorsque les propriétaires des fonds à assujettir refusent de
concéder à l'amiable le passage que réclame le propriétaire
du fonds enclavé (art. 682 à 685), ou encore dans le cas où le

propriétaire d'un fonds qu'il veut arroser ou assainir n'obtient pas à l'amiable de ses voisins la servitude de passage des eaux sur leur fonds ou la servitude d'appui que lui permettent de réclamer les lois des 29 avril 1845 et 11 juillet 1847. La justice intervient alors qui constitue, sur sa demande, la servitude que la loi lui permet d'acquérir, mais que refusent de lui concéder les propriétaires voisins. Ce n'est donc pas directement et immédiatement de la loi qu'il la reçoit; il la tient de la justice qui consent pour les propriétaires sur les fonds desquels elle l'établit. Au lieu d'un contrat amiable, nous avons un contrat judiciaire. Le jugement qui le constitue appartient donc au régime de la transcription (1).

118. Mais par une anomalie singulière, la servitude dont il est parlé dans la loi du 10 juin 1854, sur le libre écoulement des eaux pour le drainage, a lieu de plein droit et indépendamment de tout contrat ou jugement. « Elle est établie par la loi même, » a-t-on dit au Corps législatif (2). A ce titre elle échappe à la formalité de la transcription.

119. Quant aux servitudes acquises *par prescription,* nous en traiterons sous l'article 3.

SECTION III.

DES ACTES PORTANT RENONCIATION A DES DROITS DE PROPRIÉTÉ, D'USUFRUIT, D'ANTICHRÈSE, DE SERVITUDE RÉELLE, D'USAGE OU D'HABITATION.

SOMMAIRE.

120. — De l'utilité de la transcription des actes portant renonciation à des droits de propriété, d'usufruit, d'antichrèse, de servitude réelle, d'usage ou d'habitation.

121. — Cette matière, quoique bien simple en apparence, est pleine de difficultés.

(1) V. ci-dessus, p. 247.
(2) V. M. Demolombe, Servit., t. Ier, n° 246.

122. — Des différentes espèces de renonciations.

123. — Parmi ces renonciations, les unes appartiennent au régime de la loi nouvelle, tandis que les autres ont été laissées sous l'empire de l'ancien droit. A quels signes, à quels caractères reconnaît-on les renonciations qui doivent être transcrites, de celles qui peuvent ne pas l'être ? Exposition sommaire du système généralement admis sur ce point.

124. — Cette théorie ne doit, suivant nous, être acceptée que sous bénéfice d'inventaire. Exposition de notre système.

La loi nouvelle n'a visé que les renonciations *par acte entre-vifs.*

Elle est également étrangère aux actes qui, sous la qualification de *renonciations,* ne sont que des *refus d'acquérir* ou des *déclarations du droit d'autrui.*

Quant aux renonciations proprement dites, elles doivent, dans tous les cas, être transcrites :

Qu'elles soient unilatérales ou bilatérales, il n'importe ;

Qu'elles soient *transmissives* ou simplement *extinctives* du droit qu'elles ont pour objet, peu importe encore.

125. — Il n'y a point lieu de transcrire :

1º Les renonciations pures et simples soit à une succession légitime ou testamentaire, soit à une communauté ;

2º Les renonciations au droit de se prévaloir d'une prescription acquisitive. Et il en est ainsi alors même qu'on se place dans l'hypothèse où la renonciation a eu lieu après un jugement obtenu par le possesseur sur le fondement de la prescription dont il s'est expressément prévalu ;

Tempérament apporté à cette solution ;

3º L'acte par lequel un aliénateur renonce, en pleine capacité, à l'action en nullité en vertu de laquelle il pourrait reprendre rétroactivement la propriété qu'il a vendue alors qu'il était incapable ;

Tempérament apporté à cette solution ;

4º L'acte par lequel les héritiers d'un donateur ratifient une donation nulle pour vice de formes ;

5º Les actes portant désistement d'une action en revendication ;

6º Les actes par lesquels un demandeur en revendication renonce au bénéfice d'un jugement rendu à son profit ;

7º L'acquiescement à une action réelle ou mixte, ou même au jugement rendu sur l'une et l'autre action.

126. — On devra transcrire, au contraire :

1º La renonciation au droit de mitoyenneté (art. 650, C. N.) ;

2º L'abandon d'un fonds servant (art. 699, C. N.) ;

3º Les renonciations aux droits d'usufruit, d'antichrèse, de servitude, d'usage et d'habitation.— Cette disposition n'a aucune raison d'être quant au droit d'usage et d'habitation. En fait, elle est destituée de toute sanction ;

4º Les actes portant ratification d'une aliénation annulable ou rescindable pour cause de violence, de dol ou d'erreur. — Ce point est controversé.

127. — Application de cette solution aux actes portant renonciation :

1º A une action en réduction d'une donation ou d'un legs excédant la quotité disponible ;

2º A une action en réméré;

3º A une action en rescision pour cause de lésion ;

4º Au bénéfice de toute condition suspensive ou résolutoire affectant une aliénation ou une acquisition.

128. — La renonciation à l'action en résolution de vente pour défaut de paiement du prix demande une distinction.

129. — Des renonciations *tacites*. Doivent-elles être transcrites ? Distinction.

130. — Comment on transcrit les renonciations conventionnelles, quand elles sont écrites. *Quid* s'il existe deux actes constatant, l'un, l'offre du renonçant, l'autre, l'acceptation de la renonciation ?

131. — Comment on transcrit les renonciations tacites. Distinction.

132. — Les renonciations, soit à une succession légitime ou testamentaire, soit à une communauté, doivent être transcrites lorsqu'elles sont faites *aliquo dato*, ou gratuitement, mais alors au profit d'un ou de quelques-uns des co-ayant droit du renonçant. Comment procéder en ce cas à la formalité de la transcription ? Où cette formalité devra-t-elle être remplie ?

133. — Si l'acte de renonciation ne contient point la désignation individuelle des immeubles héréditaires, la transcription sera-t-elle suffisante ?

134. — De la renonciation faite *aliquo dato*, inscrite comme renonciation pure et simple sur le registre du greffe, et non transcrite.

De la renonciation pure et simple faite par acte notarié ou sous seing privé, transcrite sur le registre des transcriptions, mais non inscrite au greffe.

120. Institution de crédit, sécurité des tiers, voilà deux idées unies entre elles par la plus étroite solidarité. Supprimez l'une, à l'instant disparaît l'autre.

La sécurité des tiers ne peut être complète qu'à la condition de les mettre en état de s'assurer, par un moyen assez sûr pour ne les tromper jamais, si ceux avec lesquels ils entrent en rapport d'affaires sont réellement, et dans quelle mesure ils le sont, propriétaires du bien ou nantis du droit réel qu'ils offrent de céder ou d'hypothéquer.

De là la nécessité de transcrire non-seulement tout acte translatif de propriété et d'usufruit, ou constitutif d'antichrèse, de servitude réelle, d'usage ou d'habitation, mais encore « tout *acte portant renonciation à ces mêmes droits.* »

121. Cette disposition semble à l'abri du danger des controverses tant elle est nettement positive et surtout absolue dans ses termes. Au lieu de viser *telle ou telle renonciation parti-*

culière, la loi généralise : *toute renonciation,* dit-elle, devra être transcrite.

Ajoutons que par sa nature même, la renonciation est, à ce qu'il semble, forcément exclusive de toute distinction ; car quelles que soient les circonstances dans lesquelles elle intervient ou les causes qui la déterminent, qu'elle soit à titre onéreux ou à titre gratuit, entre-vifs ou testamentaire, son effet direct et immédiat est toujours le même, puisque dans toutes les hypothèses possibles elle retire à ceux qui la font la faculté d'aliéner ou d'hypothéquer le droit réel dont elle les désinvestit.

Le lecteur n'apprendra donc point, sans un profond étonnement, que cette loi si générale dans ses termes, si absolue par la nature même du sujet qu'elle règle, est, en fait, limitée et restreinte dans son application par des entraves dont il n'est point possible de l'affranchir. Subordonnée à des fictions qui, loin de se combiner avec elle, rompent l'harmonie de ses vues, la violentent dans son esprit et la troublent dans son principe même, elle subit le joug de distinctions pleines de difficultés, d'embarras et de non-sens ; mais examinons.

122. Le mot renonciation appartient à ces expressions qui, sous l'influence des habitudes relâchées de la pratique, ont été, jusque dans la loi même, appliquées à des faits juridiques de natures diverses. Ainsi, on en est venu à distinguer nous ne savons combien d'espèces de renonciation ; nous avons :

1° Les renonciations par *acte entre-vifs ;*

2° Les renonciations par *acte de dernière volonté ;*

3° Les renonciations qui ont lieu par le seul effet de la volonté du renonçant ou les renonciations *unilatérales ;*

4° Les renonciations qui ne sont parfaites qu'autant qu'elles sont acceptées par celui qui en doit bénéficier, ou les renonciations *conventionnelles ;*

5° Les renonciations qui transfèrent, d'une tête sur une autre, le droit qu'elles ont pour objet, ou les renonciations *translatives ;*

6° Les renonciations qui l'éteignent en la personne du renonçant, sans le transférer à une autre, ou les renonciations *purement extinctives ;*

7° Les renonciations qui le font cesser pour l'avenir sans l'éteindre dans le passé ;

8° Les renonciations qui le font considérer comme n'ayant jamais existé en la personne du renonçant ;

9° Les renonciations par lesquelles on répudie un droit dont on n'a pas encore été investi (1) par opposition à celles qui ont pour objet un droit acquis ;

10° Enfin, les renonciations déclaratives ou confirmatives du droit d'autrui.

123. Ces divers actes ne sauraient être, nous dit-on, indistinctement soumis au même principe ; il y a donc entre eux un triage à faire. Tandis que les uns relèvent de la transcription, les autres échappent à son empire. Mais à quels signes les reconnaître les uns des autres ?

Suivant MM. Rivière et Huguet, les renonciations *translatives* du droit qu'elles ont pour objet appartiennent seules au régime de la publicité ; et comme pour opérer la *transmission d'un droit*, il faut absolument la volonté de celui qui *l'acquiert* jointe à la volonté de celui qui *l'aliène*, ils en concluent que l'obligation de transcrire ne s'applique qu'aux renonciations *conventionnelles*. « Lors, disent-ils, que la loi soumet à la transcription tout acte portant renonciation aux droits ci-dessus rappelés, elle a eu en vue l'acte qui renferme

(1) Nous empruntons à M. Troplong (*Transcription*, n° 93), mais sans la bien comprendre, cette espèce de renonciation. Nous avions pensé jusqu'à ce jour qu'on ne pouvait renoncer qu'à des droits acquis, par cette raison, qui nous avait semblé péremptoire, que pour renoncer à une chose il faut qu'elle nous appartienne. Que si quelqu'un ou la loi vous offre un droit, vous pouvez sans doute ne point l'accepter ; mais nous nous étions habitué à ne voir dans cet acte que ce qui s'y trouve réellement, à savoir un simple *refus d'acquérir*.

Aux renonciations par lesquelles on répudie *un droit dont on n'a pas encore été investi*, le savant magistrat oppose « les renonciations *génératrices d'un droit qui se transfère d'une tête sur une autre.* »

Nous laissons cette singularité aux devineurs d'énigmes.

Mais voici qui est bien plus bizarre encore. M. Troplong a bien voulu prendre la peine de nous prévenir « que si une renonciation *à un droit d'usufruit* était faite *par testament* la transcription n'en serait pas nécessaire » (*Transcr.*, n° 92).

Ainsi, après les renonciations *aux droits qu'on n'a pas* et les renonciations *génératrices du droit qu'elles transfèrent*, les renonciations destinées à éteindre, au décès du renonçant, des droits que ce décès aura déjà éteints ! (Art. 617, C. N.)

le double consentement par suite duquel s'opère la transmission de ces droits (1). »

Mais après avoir admis ce principe, nos auteurs semblent l'abandonner. « Il y a cependant, ajoutent-ils sous forme de correctif à leur première proposition, certains cas où la transmission a lieu par le seul effet de l'abandon, c'est-à-dire de la *seule volonté* du renonçant. Tel est l'acte par lequel un propriétaire fait l'abandon d'un terrain pour s'affranchir de la servitude à laquelle il était soumis (art. 699, C. N.). Tel est encore celui où le propriétaire d'un mur mitoyen abandonne le droit de mitoyenneté pour se dispenser de contribuer aux réparations (art. 656, C. N.) Le propriétaire au profit duquel l'abandon a lieu ne pourrait pas refuser ; la transmission ne dépend point de lui, elle vient de la loi (2). »

Ces renonciations, si nous avons bien compris MM. Rivière et Huguet, seraient donc, quoique *unilatérales*, et par cela seul qu'elles sont *translatives* du droit abandonné, soumises à la formalité de la transcription.

M. Troplong admet le principe de MM. Rivière et Huguet, mais — du moins à ce qu'il semble — sans le tempérament qui le modifie. « Les renonciations dont s'occupe la loi ne sont point, dit-il, les renonciations *extinctives ;* ce sont les renonciations *translatives*. Ce ne sont point celles par lesquelles on répudie un droit dont on n'a pas encore été investi; ce sont celles par lesquelles on se dépouille, *en faveur de quelqu'un,* d'un droit acquis. La renonciation *extinctive* est *unilatérale;* la renonciation *in favorem* ou *transmissive* est *bilatérale* (3). »

Que si nous consultons les auteurs qui, avant ou après M. Troplong, ont écrit sur le même sujet, nous retrouvons partout la même donnée : les renonciations sont ou ne sont point sujettes à transcription suivant qu'elles opèrent ou non la *transmission* du droit qu'elles ont pour objet (4). Tel est le critérium sûr et infaillible auquel on nous convie de nous

(1) Questions, nos 68 et 69.
(2) Questions, n° 70.
(3) *Transcription*, n° 93.
(4) MM. Bressolles, n° 17 ; Lesenne, n° 27 ; Victor Fons, n° 15 ; Hervieu, p. 174.

rallier. Remarquez, en effet, nous dit-on, qu'aux termes du premier numéro de l'article 1er, la transcription n'est appliquée qu'aux actes *translatifs* : les actes *déclaratifs, confirmatifs,* ou simplement *extinctifs* échappent donc à son empire ! or là est la pensée fondamentale, essentielle, toute la théorie de la loi ; car le lien qui unit cette disposition à celles qui la suivent montre clairement que c'est partout la même idée qui se poursuit, se développe et s'étend. Les actes quels qu'ils soient, *conventions, jugements* ou *renonciations*, sont ou ne sont point sujets à transcription, suivant qu'ils sont ou ne sont point translatifs (1).

Ainsi étant donné un acte de renonciation à succession, quelle règle lui appliquerons-nous? Il devrait être transcrit à ne considérer que les termes de la loi ; mais le principe dirigeant, qui partout lui a servi de guide et auquel il faut toujours revenir, permettant de tempérer ce qu'elle a de trop absolu dans l'expression de sa formule, la question que nous venons de poser se résout par une distinction.

La renonciation est-elle pure et simple, elle n'a rien de *translatif*, car l'héritier qui l'a faite, étant réputé n'avoir jamais eu aucun droit à la succession (art. 785, C. N.), n'a pu en transférer aucun aux héritiers que la loi appelle à son défaut; dès lors point n'est besoin de la transcrire.

A-t-elle lieu *aliquo dato,* c'est-à-dire moyennant un prix ou tout autre équivalent pécuniaire que le renonçant reçoit de ses cohéritiers ou plus généralement de ceux auxquels elle profite, elle s'analyse alors en une acceptation tacite suivie d'une *cession* immédiate de l'hérédité (art. 780, C. N.). Il y a donc, en ce cas, par l'effet même de la renonciation, *transmission* du droit de l'héritier qui se retire aux héritiers qu'elle met en sa place. Or, du moment qu'elle appartient aux actes *translatifs de propriété*, elle passe forcément dans la catégorie des actes à transcrire.

Le résultat sera le même, si bien que, faite gratuitement, elle a lieu au profit *d'un ou de plusieurs des cohéritiers du renonçant;* car l'héritier qui, au lieu d'abandonner sa part purement et simplement, déclare en renonçant qu'il entend qu'elle soit attribuée à tels ou tels de ses cohéritiers nommément dé-

_____

(1) Voyez ce qui a été dit à ce sujet, au n° 78.

signés, entend évidemment en disposer à leur profit, ce qui implique la double intention de l'acquérir au préalable pour lui-même et de la faire passer, après l'avoir acquise, de sa personne en la leur (art. 780, C. N.).

Les renonciations soit à un legs, soit à une communauté, n'ont également rien de translatif, *lorsqu'elles sont faites purement et simplement ;* elles échappent donc, en ce cas, à la nécessité de la transcription.

Il en est de même, et par le même motif des actes par lesquels un possesseur renonce au droit de se prévaloir d'une prescription accomplie à son profit, ou un aliénateur au droit de faire annuler ou rescinder une aliénation affectée d'un vice qui la tient imparfaite et révocable. Les renonciations de cette nature ne sont, en effet, que *déclaratives du droit d'autrui* (1).

On devra, au contraire, transcrire les abandons dont il est traité dans les articles 656 et 699 du Code Napoléon. Le droit que le propriétaire abandonne passe, en effet, au propriétaire qui profite de la renonciation.

Les renonciations à un droit d'usufruit s'analysent elles-mêmes en une *transmission sui generis*, puisque le droit qu'elles retirent à l'usufruitier passe au nu-propriétaire, non point sans doute comme usufruit *formel*, mais converti en un usufruit *causal*. Il y a donc lieu de les transcrire.

Inutile d'ajouter qu'il en est de même, et par des raisons analogues, des renonciations aux droits d'antichrèse, de servitude réelle, d'usage ou d'habitation.

Toutefois les renonciations aux droits d'antichrèse et de servitude réelle pouvant être faites *par testament ,* nous devons faire remarquer qu'en ce cas elles ne seraient point sujettes à transcription. La loi nouvelle ne règle, en effet, que les transmissions *par actes entre-vifs* (2).

En somme, parmi les renonciations, celles-là seulement devront être transcrites qui seront tout à la fois *entre-vifs , transmissives* et *bilatérales* ou *conventionnelles.*

124. Si solide que cette théorie puisse paraître, il serait dangereux de la suivre aveuglément et sans y rien changer. Nous

(1) M. Troplong, *Transcription,* n°ˢ 96 et 97.
(2) Voyez les n°ˢ 3 et 4.

ne l'acceptons, pour notre compte, que sous bénéfice d'inventaire.

Voici, au reste, quelle est, en cette matière, notre manière de voir.

La loi n'a visé que les renonciations *entre-vifs;* les renonciations *testamentaires* restent donc soumises au régime du Code Napoléon. Nous concédons ce point (1).

Il nous paraît également certain qu'elle n'a aucun trait à certains actes qui, bien que portant, dans nos Codes eux-mêmes, la qualification de *renonciations*, ne sont, à vrai dire, que des refus *d'acquérir* ou des *déclarations du droit d'autrui.* Tout à l'heure nous nous expliquerons à cet égard.

Mais en ce qui touche les renonciations *proprement dites,* la règle établie est absolue. Aucune distinction n'en limite l'étendue, aucune condition n'en entrave l'application. Toute renonciation ayant trait à des droits de propriété, d'usufruit, d'antichrèse, de servitude réelle, d'usage ou d'habitation, doit être placée sous les yeux des tiers.

Ainsi, 1° qu'elle soit *unilatérale* ou *bilatérale,* il n'importe. On ne saurait, en effet, admettre que la loi ait eu l'étrange idée de subordonner l'application de son système aux controverses qu'a fait naître la question de savoir si les renonciations aux droits de propriété, d'usufruit ou de servitude sont parfaites par la seule manifestation de la volonté du renonçant, ou si pour valoir et devenir irrévocables elles ont besoin de l'acceptation du propriétaire qui en profite. Proudhon enseigne que l'acceptation est nécessaire (2) ; M. Demolombe tient qu'elle ne l'est pas (3). Or, croit-on de bonne foi que les tribunaux qui suivront la doctrine de M. Demolombe seront tenus d'en conclure que, les renonciations dont il vient d'être parlé pouvant être faites *unilatéralement*, il n'y a point lieu de les transcrire ? Nous n'insisterons pas sur ce point. Le lecteur comprend trop bien qu'une renonciation qui enlève au renonçant la faculté de disposer du droit réel qu'il abandonne, ap-

---

(1) Voyez les nos 3 et 4.

(2) T. V, nos 2211-2221. C'était aussi l'avis de Lebrun (*Success.*, liv. III, chap. 8, sect. 2, n° 53), et de Loyseau (*Déguerpiss.*, liv. VI, chap. 1, n° 20).

(3) *De la Distinct. des biens,* t. II, n° 733 *bis.*

partient au régime de la publicité , soit que pour la faire il
faille le concours des volontés de celui qui l'accorde et de
celui qui en profite, soit que la volonté du premier suffise :
la renonciation unilatérale produisant — si on la tient pour
valable — le même effet qu'une renonciation bilatérale, et les
tiers étant intéressés à connaître, non point la manière dont
elle a lieu, mais l'effet qu'elle produit, toute distinction qu'on
propose est, quant à la loi nouvelle, et au but qu'elle
veut atteindre, oiseuse et sans objet. Il est vrai, nous ne
l'ignorons point, que les actes que la loi appelle *renonciations*, dans le n° **2** de l'article 1er, reçoivent, dans le n° **3** du
même article, la qualification de *conventions ;* mais sa terminologie est-elle donc si rigoureusement exacte qu'on puisse
s'en emparer pour en déduire un véritable non-sens !

2° Qu'elle soit *transmissive* ou simplement *extinctive* du
droit du renonçant, ce point est peut-être plus indifférent
encore. C'est ce que nous allons essayer de démontrer.

Il n'y a point lieu, nous dit-on, de transcrire les renonciations qui *éteignent* sans le *transmettre* le droit qu'elles ont
pour objet ; mais lorsque nous demandons quels sont le fondement de cette limitation au principe de publicité, le motif qui
l'explique, l'intérêt qui la légitime, sa raison d'être en un
mot, qu'a-t-on à nous répondre ? Les auteurs qui la patronnent
sont à cet égard fort prudents : au lieu de s'expliquer ils se
sont soigneusement renfermés dans le plus parfait mutisme.
M. Troplong lui-même, bien qu'il écrive pour satisfaire le besoin d'investigation rationnelle et la curiosité savante de son
époque, est demeuré, dans l'espèce, tout à fait terre à terre.
Les esprits curieux qui discutant tout veulent se rendre compte
de tout, recourront à son commentaire dans l'espoir de s'y
éclairer, n'y trouveront aucune explication historique, philosophique, économique, morale ou autre qui puisse les satisfaire. Que conclure de là, si ce n'est que la loi, telle qu'on
l'entend, est réellement inexplicable ! Qu'a-t-elle voulu, en
effet ? Fonder le crédit en désignant aux tiers ceux avec lesquels ils doivent, sous peine de ruine, s'abstenir de traiter ;
or, si on consent à se placer à ce point de vue, pas n'est besoin
d'une grande contention d'esprit pour comprendre que par
cela seul qu'un propriétaire ou un usufruitier *cesse de l'être*,
les tiers doivent en être prévenus, qu'ils doivent l'être *dans*

tous les cas, c'est-à-dire sans qu'il y ait à rechercher *ce que devient le droit qui a cessé de résider en la personne du renonçant* ; car qu'importe qu'il s'éteigne ou qu'il passe en d'autres mains ! le résultat n'est-il point, quant à eux, identiquement le même, dans l'une et l'autre hypothèse? Est-ce qu'en effet celui qui *abandonne* son droit ne perd point la *faculté d'en disposer* tout aussi bien que celui qui le *cède?* Dès lors qu'adviendrait-il si, à la différence de la *cession* qui doit être rendue publique, la *renonciation extinctive* pouvait rester secrète? Nous aurions encore des propriétaires *apparents qui, en réalité, ne le seraient pas !* Le registre des transcriptions étant incomplet ne serait plus qu'un piége tendu à la confiance publique, une embûche où viendrait périr la fortune des pères de famille les plus ombrageux!

La distinction que nous combattons n'a donc aucune espèce de fondement; les termes de la loi y répugnent; son esprit la condamne ; où est dès lors la nécessité de l'admettre?

Nous avons, il est vrai, consenti à reconnaître que les jugements qui ne sont point *translatifs de propriété* échappent, par ce motif, à la formalité de la transcription (1) ; mais nous ne voyons pas qu'il y ait un rapport nécessaire entre un jugement confirmatif d'une acquisition antérieure et la renonciation à un droit acquis. Lorsqu'un acquéreur se porte adjudicataire d'un bien dont il est propriétaire, l'adjudication qui a lieu à son profit n'a point pour corrélatif l'extinction, en la personne d'une autre partie, d'un droit de propriété ou de tout autre droit réel susceptible d'hypothèque; elle n'a d'autre effet que de confirmer un état de choses que les tiers sont réputés connaître ; elle leur est donc étrangère. Dès lors nous concevons qu'on ne la transcrive point. Il n'en est pas de même des renonciations extinctives: elles intéressent les tiers au premier chef, puisqu'elles enlèvent au renonçant la faculté qu'il avait de disposer du droit qu'il abandonne. Le régime hypothécaire n'aurait donc plus, si les parties les pouvaient impunément tenir secrètes, cette base solide et sûre sur laquelle on a voulu le fonder.

125. En résumé, deux espèces de renonciations seulement sont à considérer, savoir :

_____

(1) V. les nos 78 et suiv.

1° Les renonciations improprement dites, ce qui comprend les *simples refus d'acquérir* et *les reconnaissances du droit d'autrui*;

2° Les renonciations *transmissives* ou simplement *extinctives* du droit qu'elles ont pour objet.

Les premières demeurent sous l'empire du Code Napoléon qui les régit; les secondes appartiennent à la loi nouvelle.

Ainsi, suivant nous, il n'y a point lieu de transcrire :

1° *Les renonciations, soit à une succession légitime ou testamentaire, soit à une communauté* (1). En transformant l'effet qu'elles produisent, la fiction de la loi les transforme elles-mêmes, en sorte que s'il est vrai de dire que le renonçant n'a rien transmis puisqu'il est réputé n'avoir jamais rien eu, il est tout aussi exact d'ajouter que l'acte auquel il s'est livré constitue, légalement parlant, non point une *renonciation*, mais, ce qui est différent, *un simple refus d'acquérir* (2). Les renonciations de cette nature ont d'ailleurs une publicité qui leur est propre, puisqu'elles sont décrites sur un registre ouvert à quiconque demande à le consulter (art. 784 et 1457, C. N.).

2° *Les renonciations au droit de se prévaloir d'une prescription acquisitive.* — Lorsque les conditions de temps et de possession sont accomplies, le possesseur n'est pas encore propriétaire de la chose qu'il a possédée; la prescription qui a couru à son profit ne sera, en effet, complète ou parfaite qu'autant qu'il consentira à s'en prévaloir (3); jusque-là, les effets qu'elle peut produire sont en suspens : l'invoque-t-il, la dernière condition à laquelle elle est subordonnée étant ac-

---

(1) La femme qui renonce est, en effet, réputée n'avoir jamais été commune. « Alors, dit Pothier, qu'une femme répudie la communauté, les enfants sont censés tenir de leur *père le total* des biens de cette communauté, car leur mère qui y a renoncé est censée n'y avoir jamais eu aucune part. (Introduc. au tit. XVII de la Coutume d'Orléans, sect. 6, art. 1er, § 1er). V. dans le même sens, Poquet de Livonière, liv. IV, chap. 3, sect. 5; Championnière et Rigaud, I, n° 560; Rodière et Pont, I, 885; Odier, I, n° 571; Troplong, n°s 1811 et 1812.

(2) Nous traitons plus loin (n° 132) des renonciations faites soit au profit d'un ou de plusieurs des cohéritiers du renonçant, soit au profit de tous, mais *aliquo dato.*

(3) Consultez le discours de M. Bigot-Préameneu, Fenet, t. XV, p. 577.

complie, tout se passe comme si, dès le jour même de sa possession, il était devenu réellement, et en vertu d'une juste cause d'acquisition, propriétaire du bien dont on lui conteste la propriété. Néglige-t-il, au contraire, d'en faire usage, y renonce-t-il, la condition d'où dépendait sa perfection étant défaillie, elle est par là même considérée comme non avenue. Il n'y a alors ni prescription, ni *acquisition*.

La renonciation à une prescription accomplie constitue donc non point une *contre-aliénation*, mais *une restitution de la chose d'autrui* ou *un simple refus d'acquérir* (2). A ce titre, la loi de la transcription ne l'atteint pas.

« Mais, ajoutent MM. Rivière et Huguet, si le possesseur avait opposé en justice le moyen résultant de la prescription et qu'un jugement eût été rendu conformément à ses conclusions, la renonciation qu'il ferait ensuite devrait être transcrite, car alors il y aurait transmission du droit à celui en faveur duquel la renonciation aurait été consentie (1). »

Cette solution trouve un solide point d'appui dans les articles 712 et 2219, aux termes desquels la prescription est *un mode d'acquisition*. Si, dira-t-on, le possesseur qui invoque la prescription accomplie à son profit *acquiert* par elle la chose qu'il a possédée, cet effet de droit étant désormais indépendant de sa volonté est par là même irrévocable. L'acquéreur peut, sans doute, si sa conscience le lui conseille, réparer dans l'avenir le préjudice que par erreur ou par mauvaise foi il a causé à l'ancien propriétaire; mais cette réparation exige et suppose une *contre-aliénation*, car un propriétaire réel ne peut point faire qu'il n'ait été réellement propriétaire dans le passé et jusqu'au moment où s'accomplit l'acte ou le fait nouveau en vertu duquel il cesse de l'être. La renonciation à une prescription accomplie et déjà invoquée n'est donc rien autre chose qu'une réelle et véritable *libéralité*, soumise, quant au fond et quant aux formes, aux règles ordinaires des donations.

Cette donnée admise, on la devra suivre sans rechercher si, au moment de la renonciation, le jugement qui l'a précédée

---

(1) V. Nos répétitions écrites sur le troisième examen du C. N., p. 656 (4e édit.).

(2) *Question*, n° 84.

avait ou non acquis force de chose jugée ; il n'y aura même pas à distinguer s'il y a eu ou non jugement ; car dès que par ses conclusions, le possesseur se sera mis à couvert sous la prescription accomplie à son profit, le bien en litige passant, dès ce moment dans son domaine, n'en pourra plus sortir que par l'effet d'une contre-aliénation.

Mais la doit-on admettre ? Nous ne pouvons, quant à nous, nous résigner à penser que la loi ait, de sa propre autorité, transformé en une donation un acte qui n'est réellement, dans l'intention des parties, que la restitution de la chose d'autrui. Les conséquences auxquelles on aboutit dans ce système nous portent d'ailleurs à tenir en suspicion l'idée sur laquelle on l'appuie. S'il est vrai, en effet, que cette restitution crée entre le possesseur qui la fait et l'ancien propriétaire qui la reçoit, les relations que la donation établit entre le donataire et le donateur, on sera forcé d'en conclure qu'elle sera *révocable* pour cause d'ingratitude ou de survenance d'enfant, *rapportable*, à supposer que l'ancien propriétaire succède au renonçant, ou enfin *réductible*, si elle dépasse la quotité disponible. Or, ces résultats nous semblent inadmissibles. Le raisonnement d'où on les déduit le serait donc lui-même !

Mais comment l'écarter ? Par quel raisonnement contraire en triompher ? Là est la difficulté. Bien qu'elle soit fort grave, nous ne la croyons point insurmontable.

Il est bien vrai que dès qu'elle est invoquée, la prescription produit son effet ; mais, si nous ne nous trompons, l'effet qu'elle produit n'est point tel qu'on puisse dire que dès ce moment elle constitue une acquisition si pleinement définitive et si essentiellement irrévocable, qu'il ne soit même pas au pouvoir de l'acquéreur de rétablir les choses dans leur primitif état, lorsque, par un repentir qui l'honore, il ne voit plus en elle qu'une spoliation dont il tient à décharger sa conscience.

On ne saurait, en effet, admettre que la loi se soit montrée rigoureuse à ce point. Qu'elle ait admis et toléré la prescription, elle l'a pu et même elle l'a dû, car d'impérieuses nécessités d'ordre public lui ont fait un devoir de décider qu'il y aurait un terme après lequel il ne serait plus permis de demander compte aux particuliers de l'origine de leur propriété ; mais dans quel but, dans quel intérêt aurait-elle

refusé à l'acquéreur le *droit au repentir ?* S'il trouve juste de
rendre à César ce qui, dans sa conscience, appartient réellement à César, quel préjudice fait-il à la société? Et si cet acte
d'honnête homme peut s'accomplir sans que le public en
souffre, où est la raison d'y faire obstacle? Or se peut-il qu'il
se soit trouvé une loi assez aveugle pour défendre un acte
*auquel elle peut et doit applaudir, sans qu'il en coûte rien à
la société?* C'est ce que personne ne croira jamais. Nous en
avons pour garant l'opinion générale des auteurs sur la nature de la prescription *libératoire*. Qu'on nous permette à cet
égard l'espèce suivante :

Un débiteur a obtenu, sur le fondement d'une prescription
et conformément à ses conclusions, un jugement déclaratif
de sa libération : le voici désormais protégé contre toute
poursuite par la double présomption résultant de la prescription et de l'autorité de la chose jugée.

Il se peut cependant que sa dette n'ait jamais été éteinte;
la loi, il est vrai, ne permet pas qu'on vérifie ce point, mais
si elle écarte cette recherche scrupuleuse de la vérité, c'est
uniquement à cause des difficultés et surtout des dangers
dont une telle preuve serait environnée. Or ces difficultés
n'existent plus, tout danger disparaît si le débiteur, renonçant au bénéfice de la double présomption qui le protége,
vient avouer sa dette et reconnaître la légitimité du droit dont
il avait injustement triomphé. Cet aveu restitue à son obligation la force civile que paralysait la présomption de son extinction. Dès cet instant les choses sont remises dans leur état
originaire, le créancier peut exiger le paiement de la dette,
la prestation qu'il fait constitue, non point une libéralité,
mais un acte à titre onéreux, un paiement ordinaire qui
n'est, ni pour le fond, ni pour la forme, soumis aux règles
par lesquelles se gouvernent les dispositions à titre gratuit.

Ainsi la prescription libératoire, *bien qu'invoquée par le
débiteur,* ne le libère point si absolument et si irrévocablement qu'il soit tenu de conserver quand même le bénéfice
d'une libération que, mieux avisé, il reconnaît contraire à la
vérité et par suite illégitime.

Or si telle est la nature de cette espèce de prescription —
et, nous le répétons, c'est ainsi qu'elle est partout entendue
et comprise — nous ne voyons pas par quelle secrète raison

la prescription acquisitive serait expliquée et interprétée dans un sens opposé; car s'il est vrai que, d'après la loi même, le débiteur qui, après avoir invoqué une prescription à l'effet de se libérer, satisfait néanmoins le créancier qu'il pourrait écarter, ne fait rien autre chose que payer sa dette originaire, pourquoi l'acte par lequel un possesseur qui, après s'être prévalu d'une prescription à l'effet d'acquérir, remet aux mains de l'ancien propriétaire le bien qu'il pourrait garder, serait-il autre chose *qu'une réelle et véritable restitution de la chose d'autrui?* Ces deux idées se tiennent par une si étroite affinité, qu'admettre l'une c'est implicitement accepter l'autre.

Ainsi, quoiqu'elle ait été déjà invoquée, eût-elle même donné lieu à un jugement, la prescription peut être rétroactivement effacée par la toute-puissance de la volonté du possesseur au profit duquel elle s'est accomplie. La renonciation qu'il accorde n'est donc, dans toutes les hypothèses possibles, qu'une *restitution* ou, ce qui revient au même, *un simple refus d'acquérir.* Dès lors elle n'est, en aucun cas, sujette à la transcription.

Mais, bien entendu, il sera toujours permis aux tiers intéressés d'établir en fait qu'elle n'est au fond qu'une libéralité, une vente même, ou toute autre aliénation à titre onéreux, déguisée sous l'apparence mensongère d'une restitution. Au premier cas, et à moins qu'on ne la suppose faite et expressément acceptée par acte authentique, elle serait nulle par défaut de formes et par suite destituée de tout effet; ajoutons qu'elle resterait nulle quand même elle aurait été transcrite, car, ainsi que nous le verrons bientôt, la transcription n'efface point des actes dont elle révèle l'existence au public, les vices dont ils peuvent être affectés. Au second cas, elle serait valable sans doute, valable quoique non transcrite, mais entre les parties seulement et leurs héritiers.

3° *L'acte par lequel un aliénateur renonce, en pleine capacité, à l'action en nullité au moyen de laquelle il pourrait recouvrer rétroactivement la propriété dont il a,* ÉTANT INCAPABLE, *consenti l'aliénation.* — Cette ratification n'est rien autre chose, en effet, que la reconnaissance du droit préexistant et complet de l'acquéreur. C'est ce que nous espérons démontrer par une analogie semblable à celle dont nous nous sommes servi dans la précédente hypothèse.

Un mineur emprunte une somme d'argent : ce débiteur est-il *valablement, civilement obligé?* Il le serait évidemment s'il était démontré qu'il a agi avec discernement, comme aurait pu faire un bon père de famille. Mais par quels moyens s'assurer qu'il était, au moment de l'emprunt, doué d'un discernement assez éclairé pour l'obliger valablement? La loi recule devant les difficultés et les dangers d'une telle preuve ! Elle protége donc le mineur par la présomption légale de la faiblesse de sa raison et de son inexpérience; son obligation est réputée n'être pas valable, parce qu'il est réputé être incapable. Mais comme, en définitive, il est possible qu'il ait été, en fait, capable de s'obliger valablement, la loi lui permet de renoncer, quand il le peut faire en parfaite connaissance de cause, au bénéfice de la présomption qui paralyse le droit du créancier, et c'est ce qu'il est censé faire lorsque, devenu majeur, il exécute volontairement l'obligation qu'il a contractée en minorité. Par ce paiement volontaire, il reconnaît que son obligation a existé complétement ou civilement dès le jour même où elle a pris naissance. Son aveu est la preuve, la seule que la loi admette, de sa préexistante validité.

Ces principes sont certains, personne ne les conteste, du moins à notre connaissance. Nous les pouvons donc, par analogie, appliquer aux aliénations !

Dès lors n'est-il pas vrai qu'au cas où un majeur, au lieu de faire annuler l'aliénation qu'il a faite en minorité, la ratifie, il reconnaît par un aveu implicite qu'ayant été par lui consentie en toute liberté d'action, sagement, utilement, comme l'aurait pu faire, en un mot, un bon père de famille, elle *a été réellement valable ab initio?* A proprement parler, il ne renonce point à son action en nullité ; il reconnaît plutôt qu'il n'y a aucun droit.

Toutefois, notre décision ne serait plus la même, si la ratification avait eu lieu postérieurement à la passation d'un acte impliquant de la part de l'aliénateur l'aveu contraire à celui dont nous nous sommes prévalu dans l'espèce précédente. Ainsi qu'on suppose qu'après avoir hypothéqué, en majorité, l'immeuble qu'il a vendu en minorité, il ratifie la vente dont il pouvait poursuivre l'annulation : on ne pourra point dire, en ce cas, que la ratification qu'il a consentie renferme la reconnaissance implicite que l'aliénation ratifiée a eu, *ab initio,* toute sa perfection; l'hypothèque qu'il a constituée sur l'immeuble vendu est, en effet, incompatible avec cette interprétation, car hypothéquer c'est implicitement se dire propriétaire, au moins conditionnel (art. 2124 et 2125), de l'immeuble qu'on affecte à la sûreté de sa dette. Les deux actes auxquels il a donné son consentement ne peuvent s'expliquer rationnellement, et marcher honnêtement d'accord qu'autant qu'on ne voit dans la ratification qui a suivi l'hypothèque une *renonciation proprement dite*, c'est-à-dire un acte *extinctif*, quant à l'avenir, de la propriété conditionnelle, en laquelle s'analyse toute action en nullité ou en rescision. La transcription serait donc nécessaire en ce cas. C'est, au reste, ce que nous démontrerons lorsque nous aurons à traiter, sous le n° 126-4°, de la ratification des aliénations annulables ou rescindables pour cause de violence, d'erreur ou de dol.

4° *L'acte par lequel les héritiers d'un donateur ratifient une donation nulle pour vice de formes.* — Il est, en effet, généralement admis que par cette ratification ils reconnaissent que, bien que faite en dehors des formes prescrites par la loi, la donation qu'ils respectent et qu'ils exécutent a été néanmoins consentie librement, en parfaite connaissance, et qu'ainsi elle a été valable dès son commencement.

5° *Les actes portant désistement d'une action en revendication.* — Quant au simple désistement d'instance, notre solution n'est point contestable; mais nous l'étendons même au désistement qui, portant sur le fond du droit, supprime tout, et l'instance actuelle et le droit de la renouveler. Qu'on ne dise point que les actes de cette nature, ayant la plus grande analogie avec les renonciations au droit de propriété, appartiennent, comme elles, au régime de la transcription (1); les analogies ne sont point, en effet, reçues en cette matière. Nous nions, d'ailleurs, que les deux cas soient semblables. *Renoncer* à un droit de propriété, c'est déclarer, d'une part, qu'on est réellement propriétaire, d'autre part, que l'on consent à abandonner le droit dont on est investi. Se *désister*, au contraire, c'est tout simplement reconnaître que le droit dont on s'est cru investi, et qu'on a revendiqué comme sien, n'est point nôtre. Il y a donc, en ce cas, non point la transmission,

_____

(1) M. Lesenne, n° 40.

ou tout au moins l'extinction d'un droit, mais une simple reconnaissance du droit d'autrui, ou, plus exactement encore,
la déclaration que le droit que nous avons cru et que nous
avons dit nôtre ne réside point en notre personne.

6° *Les actes par lesquels un demandeur en revendication
renonce au bénéfice d'un jugement rendu à son profit.* — Peu
importe que la demande sur laquelle le jugement est intervenu soit encore ou ne soit plus susceptible d'être mise à
nouveau en question par l'effet d'un recours ordinaire ou
extraordinaire. Nous ne distinguons point, parce que, suivant
nous, ou plutôt suivant l'avis de tout le monde, les jugements étant simplement *déclaratifs* des droits auxquels ils se
réfèrent, l'autorité que la loi attache à la chose jugée n'est et
ne peut jamais être qu'une simple présomption légale, une
preuve. Ainsi, quand, sur ma demande en revendication, mon
adversaire est condamné à délaisser entre mes mains l'immeuble qu'il détient, il est bien évident que cette condamnation n'opère aucune mutation. Qu'ai-je, en effet, prétendu et
soutenu au procès? Que *j'étais propriétaire* de l'immeuble en
litige! Dès lors, à quel titre la justice pourrait-elle m'en transférer la propriété? Elle peut le proclamer mien, et ordonner
à celui qui le détient de m'en faire la délivrance ou la restitution; mais là s'arrête sa puissance. Or, s'il est vrai que le demandeur en revendication n'acquiert aucun droit quand sa
prétention est admise, il est clair qu'il n'en aliène aucun
lorsqu'il renonce au bénéfice du jugement dont il pourrait
se prévaloir; il reconnaît simplement qu'il s'est trompé, et
que la justice, égarée par les renseignements inexacts qu'il lui
a donnés, s'est trompée comme et avec lui. Sa renonciation
n'est donc que la reconnaissance du droit d'autrui, ou, mieux
encore, *l'abandon d'une preuve qu'il reconnaît fausse.*

Il est bien entendu, au reste, que nous réservons toujours
aux tiers intéressés la faculté de démontrer, par toute espèce
de moyens, même par de simples présomptions, que, sous ce
désistement, se cache, soit une libéralité indirecte, soit une
vente, ou toute autre aliénation à titre onéreux (1).

7° *L'acquiescement à une action réelle ou mixte, ou même
au jugement rendu sur l'une et l'autre action.* —Car, dans l'un

_____
(1) V. ce que nous avons dit à ce sujet, p. 330.

et l'autre cas, le défendeur qui acquiesce n'aliène point la chose qu'il remet au demandeur; il reconnaît simplement qu'elle appartient à ce dernier.

Toutefois, il y aurait lieu de transcrire le jugement s'il déclarait l'existence d'une convention verbale sujette à transcription, mais non transcrite. C'est ce que nous aurons bientôt l'occasion d'expliquer (1).

126. On devra transcrire, au contraire :

1° *La renonciation par laquelle le propriétaire d'un mur mitoyen abandonne son droit de mitoyenneté, afin de se soustraire aux charges qui y sont attachées* (art. 650, C. N.);

2° L'abandon *que fait le propriétaire d'un fonds servant, afin d'échapper aux dépenses d'entretien et de conservation que le titre constitutif de la servitude met à sa charge* (art. 699, C. N.);

3° *Les renonciations aux droits d'usufruit, d'antichrèse, de servitude réelle, d'usage ou d'habitation.*

A cet égard, la loi ne s'est point parfaitement rendu compte de sa disposition.

Nous comprenons qu'on transcrive l'acte par lequel un usufruitier fait l'abandon de son droit; il importe, en effet, que les tiers sachent que l'usufruit qu'il pouvait céder et hypothéquer alors qu'il en était nanti a cessé d'être à sa disposition (2).

Qu'on rende public l'acte par lequel le propriétaire d'un fonds dominant renonce à telle ou telle servitude qui en augmentait la valeur, nous le concevons sans peine; le droit qu'il abandonne était, en effet, cessible et susceptible d'hypothèque, non point, il est vrai principalement, mais accessoirement et conjointement avec le fonds dont il était l'une des qualités actives; dès lors, il est bon que les tiers soient prévenus que, s'ils acquièrent ce fonds ou s'ils le reçoivent en garantie hypothécaire, ils ne doivent point compter sur la servitude qui y était, mais qui a cessé d'y être attachée.

Rien que de très rationnel jusque-là; mais quand la loi

---

(1) V. plus loin l'explic. des nos 3 des art. 1 et 2.

(2) Nous traiterons, sous l'art. 4, la question de savoir si l'extinction de l'usufruit *par abus de jouissance* (art. 618, C. N.) doit, sinon être transcrite, au moins portée en marge de la transcription de l'acte constitutif du droit éteint.

Quant à son extinction par le non-usage, V. ci-dessous le no 129.

ajoute qu'on devra également transcrire les renonciations aux droits d'*usage* et d'*habitation*, nous cessons de la comprendre. Les droits de cette espèce ne sont ni *cessibles*, ni *susceptibles d'hypothèque* (art. 631, 634, 2118, C. N.). Or, si l'usager ne peut ni les céder, ni les hypothéquer alors qu'il en est nanti, si les tiers le savent, et ils ne peuvent pas l'ignorer, puisque son incapacité est écrite dans la loi même, quel risque courraient-ils à supposer qu'on ne mît point sous leurs yeux la renonciation qui l'en dépouille? Et si nul péril ne les menace, où est le besoin d'un garde-fou devant eux?

L'obligation de prévenir les tiers que l'usager a cessé de l'être constitue donc un véritable non-sens, et par conséquent une disposition destituée à l'avance de toute sanction. Le propriétaire auquel elle est imposée peut sans danger n'y point satisfaire, car nul ne se pouvant prétendre l'ayant-cause de l'usager, il n'a rien à craindre de personne.

4° *Les actes portant ratification d'une aliénation annulable ou rescindable pour cause de violence, d'erreur ou de dol.* — Fixons exactement les termes de l'espèce dans laquelle nous nous plaçons. Si après avoir soulevé la question de violence, de dol ou d'erreur, l'aliénateur l'abandonnant reconnaissait la fausseté des faits sur lesquels il prétendait d'abord fonder sa prétention, ou même s'il déclarait que, bien qu'il ait été réellement menacé dans sa personne ou ses biens d'un mal considérable, il est néanmoins resté libre, et qu'ainsi ce n'est point sous l'empire de la crainte qu'il a contracté, ou que les machinations qui ont été employées pour le tromper ne l'ont point fait tomber dans l'erreur, cette ratification improprement dite ne serait que la reconnaissance d'une aliénation valable *ab initio*, et à ce titre il n'y aurait point lieu de la transcrire; mais telle n'est point notre hypothèse. Nous supposons qu'il a déclaré renoncer à son action en nullité, ou, ce qui revient au même, qu'il a ratifié une aliénation annulable pour cause de violence, de dol ou d'erreur. Or, il nous semble qu'en ce cas, la violence, le dol ou l'erreur étant constant, puisque, loin d'en nier l'existence, l'acquéreur l'a implicitement reconnue en acceptant la ratification dans les termes dont il vient d'être parlé, il est impossible de voir en elle autre chose qu'une renonciation *réellement extinctive*, extinctive dans l'avenir seulement, *d'une propriété conditionnelle*. Lors, en effet, qu'une aliénation est annulable ou rescindable, le droit qu'elle transfère à l'acquéreur est révocable comme elle, c'est-à-dire subordonné à l'événement futur et incertain de son annulation ou de sa rescision ; d'où cette proposition corrélative et nécessaire : la chose aliénée appartient à l'aliénateur *sous la condition suspensive de la même annulation ou rescision;* car toute condition *résolutoire* implique forcément la coexistence d'une condition suspensive. On comprend, en effet, sans peine que lorsqu'a lieu l'annulation ou la rescision d'un contrat translatif de propriété, les choses étant, de part et d'autre, remises au même état qu'auparavant, l'aliénateur recouvre rétroactivement la propriété que perd rétroactivement l'acquéreur; tandis que celui-ci est réputé n'avoir jamais rien acquis, celui-là est par là même censé n'avoir jamais rien aliéné.

Ainsi, l'action en nullité ou en rescision d'une aliénation annulable ou rescindable s'analyse en une propriété conditionnelle retenue par l'aliénateur. Cette propriété est cessible; elle est même susceptible d'hypothèque, ainsi qu'on le peut voir dans l'article 2125 du Code Napoléon. Dès lors, n'est-il pas vrai qu'au cas où l'aliénateur y renonce l'acte qui l'en dépouille doit être placé sous les yeux des tiers? La loi se serait, en effet, montrée bien imprévoyante, et surtout bien peu conséquente avec elle-même si elle avait souffert qu'il restât capable en apparence de disposer d'un droit dont elle lui retire la disposition.

Mais, nous dit-on, la renonciation à une action en nullité ou en rescision ne transfère aucun droit nouveau à l'acquéreur qui en profite !

Est-ce bien exact? L'acquéreur, nous l'avons démontré, n'avait, avant la ratification de son contrat, qu'une propriété incomplète ou révocable; la ratification l'a rendue irrévocable ou définitive; elle y a donc ajouté quelque chose, un élément nouveau! L'acquéreur, en effet, a en plus ce que l'aliénateur a en moins, à savoir la propriété conditionnelle qui était restée en la personne de ce dernier. En passant à l'acquéreur, elle s'est, il est vrai, éteinte par confusion, car la propriété suspensive et la propriété résolutoire sont tout aussi incompatibles en la même personne que la nue-propriété et l'usufruit sur la même tête; mais par son extinction même elle a complété la propriété imparfaite dont il était nanti, de la même manière que la réunion de l'usufruit à la propriété lui restitue toute la plénitude dont elle est susceptible. Il y a donc, en cas de ratification, sinon une transmission proprement dite, au moins l'équivalent d'une transmission.

Qu'importe, au reste, que la ratification soit ou ne soit point transmissive du droit qu'elle retire au ratifiant ! Est-ce qu'en l'éteignant elle ne lui retire point la faculté *qu'il avait* de le céder ou de l'hypothéquer? Or, s'il a pu en disposer, et s'il ne le peut plus, n'est-ce pas assez pour que les tiers en soient prévenus? Nous ne cesserons de le répéter, la transmission et l'extinction d'un droit qui était cessible et susceptible d'hypothèque sont, *quant aux tiers*, deux faits si parfaitement identiques, qu'à moins de méconnaître les notions de la plus vulgaire équité et du simple bon sens, il est impossible de les séparer pour les régler différemment.

Toutefois, une objection pourra nous être faite. Les ratifications, nous dira-t-on, ne sont que de *simples refus d'acquérir*, car dès qu'elles interviennent, le contrat qu'elles purifient du vice qui le tenait annulable étant réputé avoir été régulier et valable *ab initio*, il en résulte que les effets de droit qu'il a produits, sont réputés avoir été complets ou purs et simples dès le jour même de sa formation. Le ratifiant est donc, par une fiction de droit, considéré comme ayant cessé d'être complétement, absolument propriétaire dès le jour même du contrat qu'il ratifie. Dès lors quel droit la ratification lui a-t-elle retiré? Il n'a rien transmis, rien abandonné, car ayant tout aliéné par l'effet de son contrat et dès le jour même de sa formation, il n'a rien retenu de la propriété qu'il a transmise; il aurait pu la reprendre, mais il ne l'a pas voulu. Sa renonciation n'est donc, à proprement parler, qu'un *simple refus d'acquérir*.

Or, si le ratifiant ne transmet aucun droit, s'il n'en perd aucun, rien ne nécessite la transcription de la ratification.

Ce raisonnement serait spécieux peut-être si la fiction sur laquelle on le fonde était démontrée; mais y a-t-il un texte d'où on la puisse déduire? Nous n'en connaissons aucun quant à nous. Il est bien vrai qu'au cas où une condition résolutoire casuelle vient à défaillir, le contrat qu'elle affectait est réputé avoir été pur et simple dès le principe ; mais cette rétroactivité n'a jamais été appliquée aux ratifications, puisqu'elles laissent subsistants et pleinement efficaces les droits acquis du chef du ratifiant sur l'immeuble dont il était, avant qu'il eût renoncé à son action en nullité ou en rescision, propriétaire conditionnel (art. 1338, C. N.). Or, si l'ancienne loi n'a sauvegardé que les droits des tiers qui ont traité avec le ratifiant *antérieurement à la ratification*, si elle n'a pas également pris en mains l'intérêt de ceux de ses ayants-cause qui dans l'ignorance d'une ratification accomplie, mais restée clandestine, ont cru pouvoir acquérir de lui ou recevoir en garantie hypothécaire la propriété conditionnelle dont il paraissait nanti, cette distinction n'est plus possible dans l'esprit de la loi nouvelle ; car, en ce qui touche les tiers, ceux qui en l'absence de la transcription de la cession ou de la renonciation qu'ils ont consentie conservent *en apparence* le droit qu'ils n'ont plus, sont considérés et traités par elle comme si *réellement* ils l'avaient encore.

En somme, la ratification corrige l'aliénation antérieure qu'elle consolide ; elle y ajoute un élément nouveau en enlevant au ratifiant la propriété conditionnelle qu'il avait conservée. Or, du moment que les parties refont, en quelque sorte, le contrat qui a été antérieurement transcrit, qu'elles le complètent en y ajoutant ce qui y manquait pour sa parfaite perfection, et que cette addition entraîne l'extinction d'un droit que le ratifiant aurait pu céder ou hypothéquer, elles doivent, — le texte et l'esprit de la loi le veulent ainsi, — refaire, afin de la compléter elle-même, la transcription originaire, ce qui ne peut avoir lieu que par une addition sur les registres du conservateur, c'est-à-dire par la transcription de l'acte de ratification.

Une dernière objection que nous trouvons dans le commentaire de M. Troplong consiste à dire qu'après tout, et quel que soit le parti que l'on prenne sur la nature et les effets de la ratification, elle échappera toujours à la formalité de la transcription, puisque l'action en nullité ou en rescision qu'elle éteint est simplement *personnelle*, et par suite *non susceptible d'hypothèque*.

Chose bizarre ! Voilà une action dont l'effet sera tel, qu'à la supposer admise, le demandeur sera réputé n'avoir jamais cessé d'être propriétaire de l'immeuble qu'elle a pour objet ; elle fera tomber rétroactivement tous les droits acquis du chef du défendeur, et cette même action sera simplement personnelle ! personnelle ou *relative* quoique *générale* et *absolue dans son effet !* purement *personnelle*, bien qu'elle touche même aux droits *des tiers !* Quelqu'un le croira-t-il ? M. Troplong n'y croit point lui-même ; car s'il affirme, dans l'espèce, la personnalité des actions en rescision, c'est qu'il a perdu de vue ce qu'il a écrit sur les donations qui ont pour objet de biens susceptibles d'hypothèque. « Sont soumises à la tran « scription, dit-il, les donations d'actions de la banque immo « bilisées. La question est plus délicate à l'égard des dona- « tions d'actions immobilières, par exemple, d'une action *en* « *rescision.* La raison de douter est que ces actions ne sont « pas susceptibles d'hypothèque. Mais *elles donnent le droit* « *d'hypothéquer* éventuellement l'immeuble qui en est l'ob- « jet ; il n'en faut pas davantage pour que l'article 939 leur « soit applicable (1). »

Ainsi, M. Troplong le reconnaît, l'aliénateur qui donne à un tiers l'action en rescision en vertu de laquelle il peut reprendre comme s'il ne l'avait jamais perdue, la propriété qu'il a précédemment aliénée, cède une action *réelle*, puisqu'elle *donne le droit d'hypothéquer le droit qui en est l'objet;* or, si elle est réelle quand il la *cède*, par quel phénomène singulier serait-elle purement personnelle quand *il y renonce?*

Généralisée, la doctrine que nous venons d'exposer s'appliquera à tout acte par lequel l'aliénateur d'un immeuble ou ses héritiers renonceront à une action dont l'effet, à la supposer exercée et admise, amènerait l'*annulation*, la *rescision* ou la *résolution* rétroactive du droit de l'acquéreur. Si nous avons admis (V. le n° 125-3°) que les ratifications des aliénations annulables pour cause de minorité... ne sont point sujettes à transcription, c'est que nous avons été, à notre grand regret assurément, contraint par la logique des principes de reconnaître qu'elles sont simplement *déclaratives* de l'inexistence de toute action en nullité. Mais toutes les fois que la

(1) M. Troplong, *Transcr.*, n° 97.

ratification efface d'une aliénation précédente le vice qui *réellement* était en elle, sa transcription devient nécessaire, puisqu'alors elle est, en fait comme en droit, extinctive d'une propriété conditionnelle.

127. Ainsi, suivant nous, on devra transcrire la renonciation :

1° A l'action en réduction d'une donation excédant la quotité disponible ;

2° A une action en réméré, quand elle a lieu avant l'expiration du terme fixé pour l'exercice du droit du vendeur ;

3° A une action en rescision pour cause de lésion ;

4° Au bénéfice de toute autre condition suspensive ou résolutoire affectant une précédente aliénation ou acquisition.

128. Quant à l'action en résolution de vente pour défaut de paiement du prix, une distinction est nécessaire.

Le vendeur y renonce-t-il, tout en conservant sa créance, la renonciation doit être transcrite.

Fait-il à l'acheteur remise de l'obligation de payer le prix, la transcription n'est point nécessaire, car alors sa renonciation à son action résolutoire n'est plus qu'une suite ou l'accessoire d'un acte principal qui, bien qu'occulte, est opposable aux tiers. Les choses se passent, en ce cas, comme elles se passeraient si, après un paiement effectué par l'acheteur, le vendeur lui avait immédiatement remis, par don manuel, la somme versée entre ses mains.

129. Ainsi se gouvernent les renonciations *expresses*. Quant aux renonciations *tacites*, deux cas sont à considérer.

Celles qui résultent d'une prescription ont un effet absolu et indépendant de toute publicité (1). Ainsi, un vendeur en la personne duquel réside une action en nullité ou en rescision pour cause de violence, de dol ou d'erreur, a-t-il laissé passer, sans l'exercer, les dix ans que la loi lui avait concédés à cet effet (art. 1304, C. N.); un usufruitier, un usager, le propriétaire d'un fonds dominant, a-t-il laissé son droit s'éteindre par un non-usage continué pendant trente ans (art. 617,

(1) V. sur ce point notre commentaire de l'art. 3.—V. aussi notre Examen critiq. du comm. de M. Troplong sur les priv., n° 340.

625 et 706 C. N.) : la ratification ou la renonciation que ces prescriptions supposent produira son effet envers et contre tous sans le secours de la transcription.

Il en sera différemment, au contraire, des renonciations qu'impliquent certains faits émanés de l'ayant-droit et desquels on les induit par voie de raisonnement.

Ainsi, qu'on suppose que les héritiers d'un donateur remettent au donataire l'immeuble que le défunt lui a donné, mais par un acte nul pour vice de formes, ou qu'un vendeur livre en pleine liberté le bien qu'il a vendu sous l'empire d'une violence, la ratification qu'entraînera cette exécution volontaire devra, quoique tacite, être placée sous les yeux des tiers; sinon elle ne leur sera point opposable.

De même si le propriétaire d'un fonds auquel est attachée activement une servitude de ne pas bâtir autorise le propriétaire du fonds servant à y élever des constructions, la remise implicite en laquelle s'analyse cette autorisation ne sera absolue dans son effet qu'à compter du jour où elle aura été transcrite. Les tiers devraient donc, en l'absence de sa transcription, être admis à soutenir qu'ils ont pensé que les constructions élevées sur le fonds servant avaient eu lieu à l'insu du propriétaire du fonds dominant ou même sous ses yeux, mais sans aucune autorisation de sa part, et qu'ainsi le droit de les faire abattre existait plein et entier en sa personne.

130. Les renonciations conventionnelles et écrites seront rendues publiques par la transcription de l'acte où elles seront relatées. Que s'il existe deux actes constatant, l'un, l'offre du renonçant, l'autre l'acceptation de la renonciation, il sera bon de les transcrire tous les deux. Mais, si nous ne nous trompons, le défaut de transcription de l'acte d'acceptation ne serait point essentiel, car par cela même qu'il aura fait transcrire l'offre, le transcrivant sera réputé l'avoir acceptée. Nous n'hésiterions point surtout à suivre ce système au cas où, une renonciation ayant été notifiée, le propriétaire qui en doit profiter aurait fait transcrire l'acte de notification. Cette transcription impliquant l'acceptation de la renonciation, les tiers n'ignoreraient rien de ce qu'il leur importe de savoir.

131. Quant aux renonciations tacites, nous distinguerons :

Si le fait duquel on les peut induire est constaté par écrit, la transcription de l'acte où il est relaté sera pleinement suffisante.

Dans le cas contraire, on leur appliquera le mode de procéder particulier aux conventions expresses mais purement *verbales* (1).

132. Un dernier point nous reste à élaborer.

Les renonciations soit à une succession légitime ou testamentaire, soit à une communauté, sont affranchies de la formalité de la transcription, lorsqu'elles sont absolues et sans condition (V. ci-dessus le n° 125-1°).

Quant aux renonciations faites *aliquo dato* ou même gratuitement, mais au profit d'un ou de quelques-uns des co-ayant droit du renonçant, on les doit transcrire; car, n'étant, à vrai dire, que la *cession* de la succession acceptée (art. 780, C. N.), elles rentrent dans l'objet du 1° de l'art. 1er, aux termes duquel tout acte translatif de propriété appartient au régime de la publicité (2).

Mais comment procédera-t-on à la formalité de la transcription? où la devra-t-on remplir?

Cette question en implique une autre. Nous avons, en effet, à nous demander de quelle manière et en quelle forme se font les renonciations dont il s'agit. Personne n'ignore que, dans l'ancien droit, l'héritier pouvant valablement renoncer par acte notarié, la forme de cet acte se prêtait naturellement aux stipulations diverses dont la renonciation pouvait être l'objet; mais ce mode de procéder a été changé. Les renonciations ne se font plus aujourd'hui qu'au greffe du tribunal de première instance dans l'arrondissement duquel la succession s'est ouverte et sur un registre *particulier* tenu à cet effet (art. 784, C. N.). De là, une conséquence fort grave. La loi ayant organisé un registre spécial qu'elle a spécialement affecté aux renonciations, les greffiers qui le tiennent ne peuvent évidemment y inscrire que les déclarations auxquelles il est destiné. S'ils y couchaient des actes d'une autre nature et, par exemple, des conventions relatives à la succession ou des acceptations, ils perdraient, quant à ces énonciations, le caractère public

_____

(1) V. ce que nous avons dit à ce sujet, nos 26 et 115. V. en outre l'explic. des nos 3 des art. 1 et 2.

(2) Nous montrerons plus tard que la renonciation moyennant un prix ne peut point être assimilée à un partage, *même dans le cas où elle fait complètement cesser l'indivision.*

dont ils sont revêtus, puisqu'ils ne les pourraient faire qu'en violation de leur mandat. Or, les renonciations faites au profit d'un ou de plusieurs des cohéritiers du renonçant ou même au profit de tous, mais *aliquo dato*, que sont-elles ? Des *renonciations ?* Loin qu'elles en aient la nature, c'est tout au contraire par le caractère directement opposé que la loi les qualifie : elle les appelle elle-même des *acceptations.* Dès lors qu'en conclure, si ce n'est qu'elles ne peuvent pas être inscrites sur le registre dont il vient d'être parlé et qu'ainsi le greffier auquel les parties s'adressent doit leur refuser leur ministère ? Du moment qu'elles s'adressent à lui pour contracter, il n'a plus qualité pour les entendre (1).

A chaque chose la forme qui lui est propre. L'héritier qui entend attribuer à quelques-uns de ses cohéritiers la part qu'il consent à abandonner, leur offre une véritable libéralité ; donc qu'ils se rendent ensemble ou séparément chez un notaire et y réalisent, par les solennités requises, le contrat qu'ils ont en vue.

Quant à la renonciation *aliquo dato*, elle peut être faite en la forme qu'il plaît aux parties, par devant notaire, par acte sous seing privé ou même verbalement ; car constituant une vente ou une convention innomée qui en tient lieu, elle entre à ce titre dans la famille des contrats qui se forment par le seul consentement des contractants, de quelque manière qu'il intervienne, et qu'on appelle pour cela *purement consensuels.*

C'est donc l'acte de donation ou de cession qui devra être transcrit. Si la cession est verbale, on suivra le mode de procéder que nous avons développé sous le n° 26, et dont nous avons déjà fait l'application aux conventions tacites (V. ci-dessus le n° 115).

133. Dans tous les cas et à supposer que la succession ainsi transmise comprenne plusieurs immeubles situés dans des ressorts différents, la transcription devra être faite dans chaque ressort : point de difficulté à cet égard ; mais si l'acte de transmission étant, ainsi que sa nature le comporte, conçu en termes généraux, ne contient point la désignation individuelle des immeubles héréditaires, sa transcription sera-t-elle suffisante ? Les cessionnaires seront-ils, en ce cas, pleinement

---

(1) V. en ce sens M. Demolombe (t. II, n°s 442 à 443) et les auteurs qu'il cite.

à couvert et hors de toute atteinte ? Ce point est délicat. A première vue on est porté à penser que la transcription d'un acte où se trouve simplement indiquée la personne de l'aliénateur et de l'acquéreur, sans désignation du bien qui a été aliéné, ne satisfait point à la loi, puisqu'elle ne donne aux tiers qui la consultent qu'une partie des renseignements qu'elle leur doit; car que leur importe de savoir qu'un tel a fait une aliénation s'ils ne savent en même temps quels sont parmi ses biens ceux dont il a cessé d'être propriétaire? En les laissant dans le doute sur ce point essentiel, elle cache bien plus qu'elle ne révèle les piéges qu'ils doivent s'efforcer d'éviter. Dès lors ne semble-t-il point qu'ainsi mutilée et détournée du but auquel elle est préposée, elle doive être déclarée informe et par suite frappée d'une nullité radicale ?

Peut-être pourtant cette logique n'est-elle au fond qu'une fausse et trompeuse apparence. Nous admettons sans peine que la transcription d'un acte où il serait énoncé qu'un tel a vendu l'un de ses immeubles sans dire lequel n'apprendrait pas aux tiers tout ce qu'il leur importe de savoir, et qu'ainsi elle serait nulle. Mais, dans l'espèce, le titre de cession ne contient-il point la narration exacte de tout ce qui s'est passé? Comment dès lors sa transcription pourrait-elle induire en erreur les tiers qui la consulteront? qu'on suppose, par exemple, qu'après qu'elle a été effectuée, l'héritier renonçant cède à une tierce personne les droits héréditaires dont il a déjà disposé au profit de ses cohéritiers : est-ce que le second cessionnaire pourra soutenir que la transcription qu'il a consultée l'a trompé? Mais quel point lui a-t-elle caché? ne lui a-t-elle pas, en lui désignant la personne du cédant et celle du défunt auquel il a succédé, fait connaître tout à la fois la personne *de l'aliénateur et la chose aliénée ?* Il a su que la succession (la chose aliénée) n'appartenait plus au cédant; il l'a su par la transcription à laquelle il a recouru pour se renseigner ; elle lui a dit de s'abstenir et il a passé outre; donc qu'il subisse la peine, nous ne dirons point de son imprudence, mais de l'effort frauduleux qu'il a fait pour spolier le premier cessionnaire.

Changeons l'hypothèse. Le cédant a, postérieurement à la transcription de la cession qui le dépouille de ses droits successifs, vendu comme bien *héréditaire et indivis* un immeuble de la succession : n'est-il pas vrai que, dans cette espèce, comme dans la première, l'acheteur aura connu tout ce qu'il lui importait de savoir, et que s'il souffre quelque dommage, ce ne sera point parce que la transcription l'aura trompé, mais au contraire parce qu'il n'aura point tenu compte du danger qu'elle lui a révélé ! Ne l'a-t-elle pas, en effet, prévenu que le cédant n'avait plus aucun droit à la succession, et qu'ainsi y étant désormais étranger, aucun des biens dont elle se compose n'était resté dans son domaine même éventuel? Il a donc été prévenu que tout acte par lequel le cédant disposerait de tel ou tel des biens héréditaires ne serait qu'une tentative contre le droit d'autrui, et qu'en s'associant à son dessein il se rendrait coupable d'une fraude que la loi ne tolérerait point. Dès lors à quel titre pourrait-il se plaindre de l'éviction qu'il subit?

Enfin, supposons que depuis la transcription de la cession qu'il a faite de ses droits successifs à ses co-héritiers le cédant ait vendu un immeuble venant du défunt auquel il a succédé, mais qu'au lieu de le présenter à l'acheteur comme un bien *héréditaire* il l'ait cédé comme le tenant d'une autre source que la succession : que décider alors? Notre solution devra-t-elle être maintenue même en ce cas? Nous le pensons. De deux choses l'une : l'acheteur soutient-il qu'il a cru et entendu acheter un immeuble *héréditaire,* sa prétention est inadmissible, puisque la transcription de la cession l'a prévenu que son vendeur était désormais incapable de disposer des biens de la succession. Prétend-il, au contraire, que, trompé par l'affirmation qui lui a été faite, il a cru acquérir un bien *non héréditaire :* qu'importe alors que la transcription de l'acte par l'effet duquel son vendeur est devenu étranger à la succession soit parfaite ou non? Car qu'aurait-il dû faire? Exiger tout d'abord que son vendeur justifiât de sa qualité de propriétaire; or celui-ci n'ayant aucun titre à produire, la fausseté de son affirmation eût été démontrée par là-même.

Ainsi, dans l'espèce, le vendeur n'a pas pu prendre, au regard de son acheteur, le *titre de propriétaire :* car pour abriter son mensonge sous une apparence telle quelle, il lui aurait fallu invoquer son droit à la succession, ce que précisément il ne pouvait pas faire, puisqu'il affirmait que le bien dont il disposait lui appartenait en une autre qualité que celle d'héritier. Comment d'ailleurs aurait-il pu se prévaloir de ce droit? Ne l'avait-il point déjà cédé? Or, du moment que l'acte de cession qui l'en avait dépouillé avait été rendu public par la voie de la transcription, il est clair qu'à cet égard il ne pouvait abuser personne. Si donc l'acheteur s'est laissé tromper, il ne peut imputer qu'à son imprudente confiance l'erreur dans laquelle il a été induit. Sa faute n'a point d'excuse; il n'a pas été moins aveugle que ne le serait un acheteur qui, sur la foi d'un stellionataire hardi, et le croyant sur parole, achèterait un immeuble ayant toujours appartenu *à autrui*, mais que son vendeur lui présenterait comme sien. A quel titre dès lors prétendrait-il placer son intérêt sous la sauvegarde de la loi nouvelle? Elle ne vient en aide qu'à ceux qui ont traité avec une personne qui, bien qu'elle ne fût point propriétaire, paraissait l'être néanmoins, et dans l'espèce le vendeur n'était ni propriétaire réel, ni même propriétaire *apparent* de la chose vendue.

Notre doctrine s'adapte sans peine aux hypothèques *conventionnelles*. Mais la peut-on appliquer même aux hypothèques *légales* et *judiciaires?* Nous irions jusque-là. L'imperfection de la transcription dont nous traitons ne nous paraît pas assez essentielle pour attribuer aux ayants-cause du cédant la faculté de la méconnaître.

134. Une difficulté d'une autre nature pourra être soulevée; il arrivera, en effet, souvent qu'une renonciation faite *aliquo dato* sera déclarée comme renonciation *pure et simple* au greffier, qui l'inscrira comme telle sur son registre. Nous n'avons pas besoin de dire que cette prétendue renonciation conservera, nonobstant la fausse qualification qui la déguise, le caractère qui lui appartient réellement; les tiers intéressés seront donc admis à établir que, par un acte séparé, ouvertement ou secrètement, l'héritier qui l'a faite en a reçu le prix, et qu'ainsi elle constitue une véritable cession. Mais s'ils ont intérêt à l'écarter, leur sera-t-elle opposable, *quoique non transcrite?* On sait qu'aussitôt qu'elles sont inscrites sur le registre du greffe, les renonciations pures et simples ont un effet absolu; qu'au contraire, les renonciations *aliquo dato* ne prennent date à l'égard des tiers qu'à compter du jour où elles ont été transcrites. Dans l'espèce, le registre du greffe mentionne une renonciation qui n'a pas eu lieu; celle qui a

été réellement faite ne se trouve pas sur le registre des transcriptions; elle n'est donc point, dira-t-on, opposable aux tiers! Les cessionnaires du droit du renonçant sont en faute, car ils ont fait ce que la loi défend et n'ont point fait ce qu'elle ordonne; en somme, ils n'ont publié qu'un mensonge; la loi ne leur doit par conséquent aucune protection.

Telle est l'idée qui se présente naturellement à l'esprit. Néanmoins, et lorsqu'on y regarde de plus près, des doutes graves s'élèvent aussitôt pour la combattre.

Les tiers qui, se mettant en rapport d'affaires avec un héritier, achètent, soit sa part dans la succession, soit son droit indivis sur un immeuble héréditaire, ou qui le reçoivent en garantie hypothécaire, doivent au préalable vérifier s'il est ou non nanti du droit sur lequel ils traitent. A cet effet, ils ont deux registres à consulter, le registre du greffe, car là seulement se trouveront mentionnées les renonciations pures et simples qu'il a pu faire, le registre des transcriptions, puisque lui seul peut contenir les renonciations qui impliquent la *cession* de la succession. S'ils se renseignent à cette double source, ils sauront qu'une renonciation ayant eu lieu, l'héritier qui l'a faite n'a plus aucun droit qu'il puisse transmettre ou hypothéquer. Dès lors, que ne s'abstiennent-ils de traiter avec lui? S'ils passent outre, quelle excuse militera en leur faveur? Diront-ils qu'ils n'ont pas été suffisamment renseignés? Mais ils ont su tout ce qu'il leur importait de savoir; car qu'importe, quant à eux, que la renonciation qui leur a été révélée ait eu lieu purement et simplement, ou moyennant un prix? Est-ce qu'elle n'est point valable dans l'un et l'autre cas, et par suite nécessairement désinvestitive du droit qu'avait l'héritier qui l'a faite? Or, si son incapacité de disposer a été mise sous leurs yeux, s'ils l'ont connue, ou du moins s'ils ont pu la connaître; n'est-il pas juste qu'ils la subissent?

Ces raisons ne manquent point de force assurément; l'équité leur prête même l'appui de sa puissante autorité; nous ne croyons point pourtant qu'on les doive admettre. Rappelons, en effet, d'une part, que les tiers sont réputés ignorer les actes qui, étant soumis à la formalité de la transcription, n'ont pas été transcrits; d'autre part, qu'aucune preuve contraire n'est admise contre cette présomption de la loi : vainement leur oppose-t-on que ces mêmes actes ont reçu, par une

autre voie, une publicité telle qu'il ne se peut pas qu'il les ait
ignorés; en vain même offrirait-on d'établir qu'en fait ils les
ont connus. En dehors du mode de publicité organisé par la
loi, la présomption d'erreur sous laquelle elle abrite l'intérêt
des tiers demeure toute-puissante; rien ne prévaut contre
elle (1). Dès lors, il n'importe qu'en fait les ayants-cause du
renonçant aient su qu'au moment où ils traitaient avec lui il
n'avait plus aucun droit à la succession; s'ils affirment le contraire, la justice devra les croire, car ce serait violer la loi
qu'admettre la preuve de la fausseté de leur déclaration

Ainsi, la renonciation faite *aliquo dato*, mais non transcrite,
n'est point opposable aux tiers, fût-elle d'ailleurs inscrite, soit
telle qu'elle se comporte (2), soit comme renonciation pure et
simple sur le registre du greffe. A l'inverse, et par identité de
motifs, nous déciderions de même que la renonciation pure
et simple, faite par acte notarié ou sous seing privé, mais non
inscrite sur le registre du greffe, demeurerait comme non
avenue à leur égard (3), fût-elle d'ailleurs transcrite : la transcription des renonciations pures et simples sur le registre du
greffe est, en effet, une formalité d'ordre public de la même
nature que l'inscription des hypothèques ou la transcription
des mutations immobilières sur les registres du conservateur.

SECTION IV.

DES BAUX. — DES CESSIONS ET QUITTANCES DE LOYERS OU FERMAGES A ÉCHOIR.

SOMMAIRE.

135. — Suivant le droit romain, l'acheteur, s'il n'est convenu du contraire,
n'est point tenu d'entretenir le bail établi par le vendeur. — Inconvénients de ce système.

136. — Notre ancienne jurisprudence suit la loi romaine, mais en y appor-
tant un tempérament d'équité.

(1) V. l'explication de l'art. 3.

(2) Le greffier a pu oublier ou ignorer qu'il ne doit point inscrire sur son
registre les renonciations de cette espèce.

(3) Elle serait valable entre les parties.

137. — Le droit intermédiaire distingue : le bail *d'un bien urbain* n'est point opposable aux tiers acquéreurs. Quant au bail *d'un bien rural*, on sous-distingue : si le bail ne dépasse pas six ans, le nouvel acquéreur est obligé de l'entretenir jusqu'au terme fixé pour sa cessation. Dans le cas contraire, le droit d'expulsion est admis, mais subordonné à de telles conditions qu'en fait il est impraticable.

138. — Sous l'empire du Code Napoléon, le bail qui a date certaine est dans tous les cas opposable aux tiers acquéreurs. Le droit d'expulsion est supprimé, mais la clandestinité du bail est maintenue.

139. — La loi du 23 mars 1855 a fait disparaître la clandestinité des baux à long terme.

140. — Des raisons qui ont fait admettre le principe de publicité en cette matière. — Des actes dont la transcription est prescrite. — Transaction entre le principe de publicité et le besoin d'une limite.

141. — Les baux de plus de dix-huit ans sont seuls soumis à la formalité de la transcription. — Du colonage.

142. — Des paiements et cessions de loyers ou fermages non échus.

143. — La loi n'est peut-être pas allée assez loin dans l'intérêt des tiers. Ce qu'elle aurait pu faire.

144. — Des renouvellements de baux. — S'il y a lieu à transcription au cas où un bail ayant été renouvelé pour un temps qui n'excède point dix-huit ans, ce maximum se trouve néanmoins dépassé par l'addition des années nouvellement stipulées à celles qui restent à courir du bail existant. — MM. Martou, sur la loi belge, et M. Troplong, en France, tiennent la négative. — Réfutation de leur système.

145. — Distinction rejetée.

146. — Quand même il serait vrai que le bail primordial et son renouvellement constituent deux baux successifs, notre solution resterait debout néanmoins. Ainsi, nous irions jusqu'à dire qu'il y aurait lieu de transcrire, alors même que les parties auraient expressément déclaré, par une clause de renouvellement, qu'elles entendaient, non point proroger le bail courant, mais en faire un nouveau destiné à le remplacer quand il finira.

147. — De la cession du bail. — Ce que doit faire le cessionnaire pour se mettre complétement à couvert.

148. — Si la transcription de la cession est nécessaire lorsque le bailleur, intervenant au contrat, a accepté le cessionnaire au lieu et place du preneur et déchargé ce dernier. — L'affirmative est admise par MM. Rivière, Huguet et Troplong.—Réfutation de leur système.

149. — Mais nous supposons qu'il n'a rien été changé au bail transcrit, si ce n'est la personne du preneur, ou que si des modifications y ont été apportées elles n'aggravent point la condition du propriétaire. Dans le cas contraire, notre solution ne serait plus la même.

150. — Du sous-bail. — Il échappe à toute condition de publicité.

151. —Les actes par lesquels le propriétaire cède des loyers ou fermages à

échoir doivent tout à la fois être *transcrits* et *notifiés* quand la somme cédée
représente trois années de jouissance.

152. — Des cessions inférieures au maximum fixé ou qui étant inférieures
ont pour objet des loyers ou fermages échus.

135. Suivant la célèbre loi 9 , au Code, *De loc. et cond.*,
l'acheteur n'était point, *nisi hâc lege emerit*, tenu d'entretenir
le bail établi par le vendeur. Cette déduction logique de la
personnalité du droit du preneur entraînait avec elle des conséquences vraiment déplorables. Elle favorisait, il est vrai, la
circulation des biens et, sous ce rapport, on peut dire, dans
une certaine mesure, qu'elle avait son utilité, puisque chaque fois qu'un fonds passe d'une personne à une autre le
fisc perçoit un droit ; mais combien l'État est plus essentiellement encore intéressé au progrès de l'industrie et de l'agriculture ! M. Mouricault, dans son rapport sur l'article 1743 du
Code Napoléon, en fait très justement la remarque : « Qu'est-
ce, dit-il, qui importe le plus à l'État ? sont-ce les mutations
parmi les propriétaires ? Non assurément ; la bonne culture,
les grandes entreprises, l'entretien des canaux, la création
des prairies artificielles, l'augmentation des troupeaux, voilà
les objets qui font la prospérité des empires (1). » Or, quel
locataire consentira jamais à établir une industrie importante,
quel fermier entreprendra de grands travaux d'agriculture
en présence d'une éviction toujours menaçante ? Nulle entreprise sérieuse, dit à ce sujet M. Pont (2), n'est possible là où le
preneur, bien qu'il ait eu le soin de mettre son droit à l'abri
de toute contestation en lui donnant date certaine, n'a point
l'assurance de l'exercer dans toute son étendue et de se maintenir sur les lieux pendant toute la durée du bail, quelles
que soient les mutations que subira le fonds qu'il exploite.

La théorie romaine portait donc en elle un vice capital.

136. Notre ancienne jurisprudence la maintint néanmoins ;
elle se borna à en adoucir la rigueur par un tempérament
d'équité. L'acquéreur qui succédait au bailleur n'était point,
en effet, obligé d'entretenir le bail jusqu'au jour fixé pour
sa cessation, mais au moins devait-il laisser jouir le fermier

(1) Fenet, t. XIV, p. 353.
(2) Contin. de Marcadé, n° 385.

ou le locataire pendant un certain temps et ne pas l'expulser
en sur terme (1).

137. Le droit intermédiaire fit une distinction : s'agissait-il
d'*un bien urbain*, le bail, si court qu'il fût, n'était point opposable aux tiers acquéreurs; était-il *rural*, la loi sous-distin-
guait : si le bail ne dépassait point six ans, le nouvel acquéreur devait l'entretenir jusqu'à l'expiration du terme stipulé ;
dans le cas contraire, le droit d'expulsion était maintenu,
mais subordonné, quant à son exercice, à de telles conditions,
qu'en fait il était à peu de choses près impraticable et, dans
la plupart des cas, impratiqué : l'acquéreur qui voulait y
recourir devait, en effet, prendre l'engagement de cultiver
lui-même, signifier un congé et dédommager, à dire d'experts, le fermier jusqu'à concurrence des avantages que son
exploitation continuée pendant toute la durée du bail lui aurait procurés (2). En fait, le droit d'expulsion n'existait pas.

On favorisa ainsi le développement de l'agriculture, mais
au grand préjudice de l'équité et de la bonne foi publique,
car le bail à long terme étant, quoique secret, opposable aux
tiers, ceux-ci durent en subir l'effet, si désastreux qu'il fût.

138. Sous l'empire du Code Napoléon, ils le subissent dans
tous les cas : que le bail ait pour objet un immeuble urbain
ou qu'il ait trait à un fonds rural, il n'importe, pourvu qu'il
ait date certaine (art. 1743). Ainsi, le droit d'expulsion est supprimé, mais la clandestinité du bail est maintenue : bien
qu'occulte, les tiers acquéreurs sont contraints de l'entretenir.

139. Enfin, est venue la loi du 23 mars, qui a fait disparaître la clandestinité des baux à long terme. Les locataires et
fermiers peuvent en toute sécurité se livrer aux grandes entreprises, mais, si longtemps que doive durer leur bail, les
tiers n'en souffriront point, car, le connaissant, ils devront,
avant de traiter avec le bailleur, prendre en considération la
dépréciation de valeur qu'ils auront à subir.

140. Si nous ne savions combien il faut de temps à la lumière pour percer les ténèbres et par quels laborieux efforts

(1) Pothier, *Du louage*.

(2) Lois du 26 sept.-6 octob. 1791, sur la police rurale, sect. 2, art. 2
et 3.

l'homme se débarrasse de ses préjugés, il y aurait, en vérité,
lieu de s'étonner qu'une idée aussi simple et aussi juste n'ait
point, dès l'origine même du bail, frappé l'attention du législateur. Mais ce qui restera vraiment inexplicable, c'est
qu'après avoir poussé si loin le radicalisme de la publicité des
actes opposables aux tiers, la loi du 11 brumaire an VII ait
toléré la clandestinité des baux. Quoi de plus contradictoire ?
Qu'importe, en effet, que les droits auxquels le bail donne
naissance soient purement *personnels*, du moment que, par
l'effet d'une subrogation légale, ils s'imposent, de même que
les droits *réels*, aux ayant cause ultérieurs du propriétaire?
Qu'importe surtout si cet effet peut être désastreux pour ceux
qui le subissent ? Or, bien qu'à la différence de l'usufruit, le
bail n'affecte point directement la propriété, il lui imprime
parfois une telle dépréciation quant aux tiers entre les mains
desquels elle passe, qu'il vaudrait mieux pour eux la trouver
démembrée que d'avoir à subir la charge indirecte que leur
impose l'existence du bail. Lors, en effet, qu'un usufruit leur
est opposé, la privation de jouissance qu'ils subissent peut,
par la mort de l'usufruitier, leur faire retour dans un bref
délai. Ajoutons qu'après tout, si tant que dure le droit de
l'usufruitier ils se voient privés de l'utilité effective du fonds
qui leur a été transmis, au moins sont-ils exonérés des charges qu'elle entraîne (art. 605 à 609, C. N.). Dans le cas, au
contraire, où c'est un bail qui est produit contre eux, ils devront le subir non point seulement tant que vivra le locataire
ou le fermier, mais encore après sa mort, jusqu'à l'arrivée
du terme fixé par le contrat, si long qu'il soit, fût-il de 99
ans. Que sera-ce si, par une clause de son contrat ou par un
acte postérieur, le bailleur a, par avance, disposé des loyers
ou fermages à échoir? L'acquéreur devenu son ayant cause se
verra, par la plus injuste des singularités, constitué propriétaire d'un bien dont il aura *les charges* sans en avoir *les
revenus !* Si le fonds est en souffrance, si les bâtiments tombent de vétusté, si de grosses réparations ou même de simples
réparations d'entretien deviennent nécessaires, il faudra qu'il
avance ses capitaux et qu'il se ruine pour faire jouir le preneur; il n'aura même pas la ressource de s'exonérer de ses
obligations en faisant l'abandon d'un droit si onéreux, car
étant tenu, non point seulement *propter rem*, comme un

tiers acquéreur envers des créanciers hypothécaires, mais *personnellement*, comme le bailleur lui-même, rien ne pourra l'affranchir des charges du bail, et, coûte que coûte, il devra l'entretenir jusqu'à la dernière heure.

Faisons une autre hypothèse, supposons qu'après avoir passé un bail à long terme et disposé à l'avance de ses loyers ou fermages à échoir, le bailleur affecte par hypothèque, à la sûreté de ses dettes, l'immeuble dont il a aliéné les revenus : N'est-il pas vrai que le gage promis à ses créanciers ne sera qu'un leurre où leurs droits viendront périr? Car, s'ils le saisissent et le mettent en vente, quels enchérisseurs se décideront à acquérir une propriété qui pendant de longues années n'aura, pour celui qui en deviendra maître, que des effets passifs et ruineux? Si, par impossible, quelqu'un, passant outre, se présente pour l'acquérir, à quelles proportions n'atteindra pas alors la vilité du prix d'adjudication? Ainsi, quoi qu'il arrive, la perte totale ou partielle de leur créance est inévitable!

La loi de brumaire ne fut donc point conséquente avec elle-même; car on ne saurait concevoir rien de plus défectueux et, par suite, de plus trompeur pour la bonne foi des tiers qu'un régime de publicité où les actes les plus propres à consommer leur ruine peuvent rester secrets. La loi nouvelle, nous l'avons dit, n'est point tombée dans cet écart de logique. Convaincue qu'on ne peut assurer le développement du crédit immobilier que sous la condition de donner aux tiers intéressés la plus complète sécurité, elle a voulu qu'on mît sous leurs yeux le véritable état de la propriété immobilière, et qu'à cet effet on transcrivît non-seulement les *droits réels* qui l'amoindrissent en la grevant, mais encore les *droits personnels* qui, sans l'affecter directement, lui imposent néanmoins des charges de nature à la déprécier dans sa valeur vénale. On transcrira donc désormais : 1° les baux; 2° les paiements, et 3° les cessions de loyers ou fermages à échoir. Sinon lesdits baux, paiements et cessions demeureront limités, quant à leurs effets, aux rapports du preneur avec le bailleur et ses ayant cause universels.

Toutefois les baux faits pour un temps modéré sont trop usuels pour être assujettis aux formes gênantes et coûteuses e la transcription. La règle établie ne s'applique donc qu'aux baux qui, sortant des conditions ordinaires, peuvent, par leur durée excessive, faire subir aux fonds qu'ils ont pour objet une dépréciation assez grave pour motiver, dans l'intérêt des tiers, l'intervention de la loi. Il en est de même des paiements et des cessions de loyers ou fermages non échus. Les actes de cette espèce ne sont sujets à la transcription qu'autant que la somme qu'ils enlèvent au bailleur est assez importante pour créer, en la personne de ceux auxquels ils pourront être opposés, un intérêt légitime et sérieux à les connaître. La loi, disait au Corps législatif M. de Belleyme, a dû chercher une transaction équitable entre la rigueur du principe et le besoin d'une limite.

D'après le projet du gouvernement, la limite au-delà de laquelle le bail appartient au régime de la publicité avait été portée à 27 ans. La commission proposa une durée de 12 à 15 années. Le conseil d'État s'arrêta au chiffre de 18 ans.

141. Les baux de plus de 18 années sont donc seuls sujets à transcription. Mais tout contrat de louage immobilier dont la durée excède cette limite appartient au régime de publicité, car, sous l'expression générique *les baux*, la loi entend évidemment le bail à loyer, le bail à ferme et le colonage lui-même. Les termes de l'article 1711 et la place qu'occupe dans le chapitre *Du louage* l'article 1763, où la loi organise le colonage, ne laissent aucun doute sur ce point.

142. Quant aux paiements et cessions de loyers ou fermages non échus, ils ont été, d'un commun accord, affranchis de la formalité, lorsque la somme payée ou cédée n'est pas au moins équivalente *à trois années* de loyers ou fermages; peu importe, au reste, que la durée du bail producteur des loyers ou fermages dont le bailleur a disposé excède ou n'atteigne point 18 ans. Que les paiements ou transports aient été consentis au moment même du bail et mentionnés dans l'acte qui le constate, ou qu'ils aient eu lieu par un acte séparé et postérieur, il n'importe encore. Dans tous les cas, la règle est la même.

143. Peut-être n'a-t-on pas assez fait dans l'intérêt des tiers. Un bail de 12, de 15 ou de 18 ans, peut, en effet, causer de graves mécomptes aux acquéreurs et aux créanciers hypothécaires qui n'ont pas été mis en demeure de le connaître. Le préjudice sera surtout considérable si le bailleur a disposé de sa créance jusqu'à concurrence de ses loyers ou fermages d'une ou de deux années à échoir. Suivant les calculs de M. Pont (1), l'immeuble dont le revenu est aliéné pour plus d'une année, mais dont les charges habituelles restent néanmoins pendant ce temps au compte du propriétaire, subit une dépréciation égale environ *au dixième* de sa valeur. La transaction admise entre le besoin de publicité et la liberté des conventions manque donc de justice. La loi eût été plus prévoyante si, à l'exemple de la loi belge (2), elle eût soumis à son principe les baux dont la durée est insolite ou excessive selon le droit commun, c'est-à-dire ceux qui, dépassant les limites d'un acte ordinaire d'administration, équivalent, par la gravité des charges qu'ils imposent au fonds, à une aliénation partielle : nous avons nommé les baux de plus de neuf ans (art. 1429, 595 et 1718, C. N.).

Tout acte portant cession ou quittance d'une somme équivalente aux loyers ou fermages *de plus d'une* année appartenait également, par l'importance de la dépréciation domaniale qu'il entraîne, au régime de la publicité. Les cours d'appel proposèrent de l'y comprendre; M. Pont, dans son examen critique du projet de loi (3), et M. Duclos, dans son discours au Corps législatif, mirent en lumière la sagesse de cette proposition; mais la loi refusa obstinément de s'y rallier.

144. Les renouvellements de baux ont été, en Belgique et en France, l'objet d'une controverse. On s'est demandé ce qu'il faut décider, au cas où un bail ayant été, avant son expiration, renouvelé pour un temps qui n'excède point 18 ans, ce maximum se trouve néanmoins dépassé par l'addition des années nouvellement stipulées à celles qui restent à courir du bail originaire. Qu'on suppose, par exemple, qu'un bail appelé à durer 3 ans encore soit renouvelé pour 18 ans seulement: nous aurons alors, par le cumul du bail originaire et de son renouvellement, un chiffre de 21 années de jouissance. La transcription sera-t-elle ou non nécessaire en ce cas?

---

(1) *Revue critiq.*, t. IV, p. 165 et 166.

(2) Art. 1er de la loi du 16 déc. 1851 sur la révision du système hypothécaire.

(3) *Revue critiq.*, t. IV.

M. Martou, sur la loi belge (1), et, d'après lui, M. Troplong, sur la loi française (2), tiennent la négative. La loi, dit M. Martou, ne soumet à la transcription que le bail excédant 9 ans (18 ans en France); or cette règle étant exceptionnelle ne saurait être appliquée au renouvellement qui ne dépasse pas la limite fixée. « La nature des biens, ajoute M. Troplong, c'est d'être loués; le bail à ferme les met en valeur et dégage leurs revenus; nul ne saurait s'en plaindre que lorsque le bail, par sa durée *primordiale*, nuit à la vente de la chose. » Qu'on ne dise point que les parties contracteront l'usage des renouvellements, afin d'éluder les sages précautions de la loi et de tromper les tiers qu'elle a voulu protéger; ce serait une exagération manifeste : les fraudes seront certainement fort rares. Il est bien entendu, au reste, que, s'il était constant qu'un bail d'une durée excessive a été divisé adroitement et fictivement en plusieurs baux successifs, ce fractionnement frauduleux ne saurait le soustraire à l'empire de la loi : *Plus valet quod agitur quam quod simulatur.*

Si nous adoptons ce système, nous devrons, par analogie de motifs, aller jusqu'à dire qu'alors même que le renouvellement contiendrait quittance d'une somme équivalente à *cinq* années de fermages, à cheval, par moitié, sur le bail courant et sur le nouveau bail, sa transcription ne sera point nécessaire.

Ainsi, et au cas d'aliénation de l'immeuble, l'acquéreur devra entretenir le bail pendant le long intervalle de 21 années et sans la compensation des fermages pendant les cinq premières années qui suivront son acquisition. Le préjudice qu'il subira prendra, par sa gravité, les proportions d'un véritable sinistre. Mais si, recourant à la justice et soutenant devant elle que les parties n'ont pas pu combiner leur convention de manière à le ruiner à son insu, il invoque l'équité et la foi publique à l'appui de sa demande, la justice lui répondra par cette haute considération d'économie rurale et politique : « La nature des biens, c'est d'être loués; le bail à ferme les met en valeur; nul ne saurait s'en plaindre que

(1) Des priv. et hyp., ou comm. de la loi (belge) du 16 déc. 1831, n° 41.
(2) Trans., n° 117.

lorsque le bail, par sa durée *primordiale*, nuit à la vente de la chose. » Étrange raison ! Quoi ! si le bail porte, dès son origine même, une durée de plus de 18 ans, son existence devra être placée sous les yeux des tiers auxquels il pourra être opposé ; mais si ce long terme a été stipulé en deux fois, c'est-à-dire par le bail primordial et par un acte complémentaire, les parties pourront légitimement le tenir secret ! Cette distinction ne sera jamais, pour ceux qui prendront la peine d'y réfléchir, qu'un véritable non-sens. Que M. Troplong dise que la loi l'a faite, qu'il ajoute que l'inflexibilité des textes l'impose, nous pourrons le suivre et le combattre sur ce terrain ; mais quand il la soutient parfaitement rationnelle en elle-même, nous cessons de le comprendre.

M. Martou, que nous avons cité et auquel M. Troplong a emprunté le fond de sa doctrine, n'a point commis la même faute. « Sans doute, dit-il, la loi aurait dû prévoir l'hypothèse du renouvellement, et *il est étrange* qu'elle n'y ait point songé ; mais appartient-il à ses interprètes de combler ses lacunes ou d'en corriger les vices ? »

Non certes, il n'appartient à personne de refaire ou de redresser la loi quand elle est incomplète ou boiteuse : *stulta lex, sed lex ;* mais les interprètes n'ont point, que nous sachions, le droit de la déshonorer par des subtilités ridicules auxquelles elle n'a point songé. Or, la distinction qu'on lui prête, l'a-t-elle faite ? Là est toute la question.

Elle l'a faite, dit M. Troplong. « Si, en effet, un bail de dix-huit années a été renouvelé avant son expiration pour une période qui ne dépasse pas dix-huit nouvelles années, il y a là *deux baux successifs* individuellement exempts de la transcription et dont le cumul ne rend point nécessaire l'accomplissement de cette formalité. »

Dégageons de ce raisonnement, pour la combattre, l'idée principale qui lui sert de base. Est-il bien vrai qu'il y ait, au cas de renouvellement, *deux baux successifs*, distincts et indépendants, l'un devant cesser à l'expiration du terme stipulé par l'acte primordial, l'autre devant commencer quand le premier finira ? Nous ne saurions l'admettre, au moins d'une manière absolue. Qu'il y ait deux baux successifs au cas où le propriétaire passe, avant l'expiration du bail courant, un nouveau bail avec une personne autre que le pre-

neur actuel, nous ne le contestons pas ; nous reconnaissons
également que la transcription du second bail ne sera point
nécessaire si sa durée n'excède pas dix-huit ans et qu'il en
restera affranchi quand même les années pendant lesquelles
il doit durer étant jointes à celles qui restent à courir du
bail actuel donneraient un total supérieur au maximum fixé :
On ne saurait, en effet, exciper contre le second preneur de
l'existence du premier bail, car ce serait l'obliger en vertu
d'un acte auquel il est resté complétement étranger ; mais le
renouvellement est d'une tout autre nature. Les parties
entre lesquelles il intervient, le bailleur et le preneur actuel, n'ont certainement point l'intention d'organiser un
nouveau bail destiné à succéder au bail courant, alors que
celui-ci finira. Elles conviennent simplement qu'au lieu de
finir au terme fixé pour sa cessation, le bail existant continuera encore depuis cette époque jusqu'à telle autre qu'elles
déterminent. Lors donc qu'arrive l'époque où le bail devrait
finir d'après la convention primordiale, nous avons, non point
un nouveau bail qui commence, mais le bail originaire qui
subsiste et continue d'être en vertu de la convention complémentaire qui en a *prolongé* l'existence.

Cette explication paraîtra subtile peut-être ; mais qu'on la
place en présence des faits de chaque jour et elle s'imposera
avec toute l'autorité de l'évidence. Soit, par exemple, l'espèce
suivante. Un bail ayant été fait pour neuf ans seulement, le
locataire ou le fermier à peine entré en possession des lieux
porte avec inquiétude sa pensée sur l'époque où il pourra
être contraint de les abandonner. Il désirerait étendre son
commerce, donner à son industrie les plus vastes proportions
ou entreprendre de grands travaux d'agriculture, mais la durée trop restreinte de son bail est un obstacle insurmontable
à ses projets. Que fait-il alors ? Il sollicite du propriétaire une
prolongation : on convient qu'arrivé à sa neuvième année
d'existence, le bail continuera pendant 12 années nouvelles,
ce qui assure au preneur un total de 20 années complètes de
jouissance. Quelqu'un doutera-t-il que, dans l'espèce, l'accommodement intervenu entre les parties ne soit autre
chose, dans leur intention et par conséquent pour la loi elle-
même, qu'une convention complémentaire du bail, la simple
extension du délai précédemment stipulé et qu'ainsi la con-

vention primordiale et la convention postérieure qui la modifie en l'étendant ne se ramènent, par l'étroite solidarité qui les lie l'une à l'autre, à l'unité d'un même tout ? Or, qu'importe que la prolongation ou le renouvellement ait lieu peu après la passation du bail ou à une époque voisine de celle qui avait été fixée d'abord pour sa cessation ? Cette distinction n'est point possible ; on ne saurait l'admettre par deux raisons également décisives : la première, c'est que la loi ne la fait point ; la seconde, c'est qu'en fait elle n'a et ne peut avoir aucune influence sur la nature et les effets de l'acte dont nous apprécions les caractères ; car si les parties qui stipulent n'ont d'autre intention que d'allonger, de proroger le terme après lequel leurs droits réciproques doivent cesser, il est bien manifeste que leur accommodement à cet égard ne peut être que ce qu'il est réellement, une simple prolongation de bail. Et il est si vrai que telle est bien leur intention, elles songent si peu à stipuler un bail principal et distinct du premier, qu'au lieu de faire un nouvel acte, elles maintiennent le plus habituellement l'acte existant au bas ou au dos duquel elles déclarent *que le présent bail est prorogé jusqu'à telle époque.*

Consultons d'ailleurs les habitudes du commerce, faisons mieux encore, prenons nos analogies dans la loi elle-même, nous trouverons partout la preuve que si *renouveler* une chose, c'est, selon le langage ordinaire, tantôt la *remplacer par une autre*, tantôt, au contraire, lui attribuer une qualité qui lui manque, lui imprimer une force nouvelle, afin qu'ainsi rajeunie son existence se prolonge au-delà du terme que sa primitive nature assignait à sa durée, le même mot est toujours, selon la terminologie de la langue juridique, appliqué aux actes de la seconde espèce. Que le souscripteur d'un billet, par exemple, craigne de n'être point en mesure au jour de son échéance, il sollicitera de son créancier la faveur d'un renouvellement. Or, renouveler son obligation est-ce en contracter une seconde ? L'emprunteur qui obtient un nouveau terme pour payer emprunte-t-il deux fois ? Qui ne sait que dans ces diverses hypothèses le renouvellement se résume toujours en *la continuation*, jusqu'à une époque plus éloignée que celle qui avait été stipulée d'abord, *d'un état de choses existant?* Aussi est-il d'usage de le faire par l'une ou l'autre de ces déclarations mises au bas ou au dos de l'acte existant : *Le présent billet* est renouvelé pour six mois... le présent billet n'écherra qu'à telle date... le présent billet est prorogé jusqu'à telle époque, expressions peu propres assurément à se combiner avec l'idée de deux obligations successives. Enfin, n'est-il pas vrai que renouveler une inscription arrivée à une époque voisine des dix ans après lesquels elle cesserait de valoir si elle n'était rajeunie dans sa force primordiale, c'est, non point la supprimer et la remplacer par une autre, mais, au contraire, la maintenir dans son efficacité et en continuer l'effet pendant 10 années nouvelles ? C'est ce que la loi exprime elle-même lorsqu'elle expose dans l'article 2154 qu'au cas où les inscriptions n'ont pas été renouvelées dans les 10 ans de leur date, elles *cessent* de valoir, ce qui, par un *à contrario* nécessaire, implique l'idée que leur renouvellement en temps utile double le temps de leur existence légale. La pratique l'entend si bien ainsi qu'au lieu de prendre une inscription proprement dite, elle se contente d'une mention sommaire avec un renvoi à l'inscription renouvelée (1). « Le renouvellement d'inscription, dit la Cour de cassation, n'a d'autre objet que de *proroger* l'effet de l'inscription primitive et ne forme avec elle *qu'une seule et même inscription* » (2).

145. Une distinction nous sera proposée peut-être. La *prolongation* du bail et son *renouvellement*, dira-t-on, constituent deux actes parfaitement distincts, et ce serait commettre la plus lourde méprise que les confondre. Le premier, en effet, n'a point pour objet d'organiser un bail nouveau, destiné à prendre la place du bail existant, lorsque celui-ci finira, puisqu'il intervient précisément pour l'empêcher de cesser à l'époque fixée par l'acte primordial ; on n'y peut voir qu'une clause additionnelle qui, bien que faite après coup, se combine avec lui et en devient une partie intégrante. Il n'y a donc, dans l'espèce, qu'un bail, un bail unique, le bail originaire modifié seulement quant à sa durée. Dès lors, il est manifeste que, si les années nouvellement stipulées étant jointes aux années dont se composait le terme primordial, donnent

---

(1) Cassat., 22 févr. 1825 ; 29 juillet 1828.
(2) 14 juin 1831.

un total de plus de dix-huit années, la transcription est né-cessaire.

Le renouvellement, au contraire, est fait dans la prévision de la fin prochaine du bail courant, non point pour reculer l'époque où il doit cesser, mais pour lui substituer, quand il finira, un bail tout nouveau. Deux baux existent alors, le bail primordial et le bail destiné à le remplacer, deux baux dis-tincts et ayant chacun son organisation particulière. Or, si le dernier est indépendant du premier, s'il existe à part, soumis aux règles que détermine sa propre nature, à quel titre le soumettre à la formalité de la transcription, alors que la durée qui lui est propre ne dépasse point le maximum fixé par la loi ?

Quant au signe caractéristique de la distinction à faire entre la *prolongation* et le *renouvellement*, il est facile de le préci-ser. Si les parties se bornent à éloigner, jusqu'à une certaine époque, la fin du bail, elles font une simple prorogation. Que si, au contraire, elles stipulent, non-seulement un nouveau terme, mais encore des conditions différentes, telles que un prix autre que le prix primordial, des garanties qui n'exis-taient point dans le principe, des époques particulières de paiement, des charges ou des avantages dont il n'était point question au premier contrat, elles font, en ce cas, un nouveau bail, puisqu'elles organisent un état de choses tout nouveau.

Bien que cette transaction paraisse logique, nous ne croyons point devoir l'admettre. Si nous ne nous abusons, les moda-lités qu'un contrat peut recevoir après coup, ne sont point incompatibles avec sa *continuation*, lorsque d'ailleurs les élé-ments essentiels de son existence sont maintenus et conser-vés. Or, le renouvellement que nous venons de décrire, touche-t-il aux éléments constitutifs du bail qu'il a pour objet ? Lequel d'entre eux a disparu ? N'avons-nous pas encore le *même objet*, les *mêmes parties* et les *mêmes rapports entre elles ?* Qu'y a-t-il de changé ? Un nouveau terme a été stipulé, des garanties ont été ajoutées ou supprimées, le prix a été modifié en plus ou en moins, les époques de paiement ne sont plus les mêmes, le mode de culture a été changé...... mais qu'importe ! Toutes ces nouveautés, ne touchant qu'aux points accessoires du bail, s'analysent en une simple *modification* de sa manière d'être, ce qui implique la *continuation* de son existence. Qu'on

nous permette à ce sujet de reprendre l'une de nos précédentes analogies ; supposons un prêt fait à 4 pour 100, exigible dans un an et privé de toute garantie particulière : si
l'emprunteur, prévoyant qu'il ne sera point en mesure à l'échéance de sa dette, sollicite un nouveau délai et l'obtient sous
la double condition d'une garantie hypothécaire et de l'élévation du taux de l'intérêt, dira-t-on que cet accommodement
constitue une novation et par suite un prêt nouveau, succédant au prêt primordial ? « Lors, écrit Pothier, qu'il a été
passé quelque acte entre le créancier et le débiteur, par
lequel on aurait accordé un terme ou désigné un nouveau
lieu pour le paiement, ou par lequel on aurait accordé la faculté au débiteur de payer à une autre personne que le créancier, ou de payer une chose à la place de celle qui est due, ou
même par lequel le débiteur se serait obligé de payer une
plus grande somme, ou d'en payer une moindre, à laquelle le
créancier aurait bien voulu se restreindre, dans tous ces cas,
et autres semblables... il faut décider qu'il n'y a pas de novation et que les parties ont seulement voulu *modifier, diminuer* ou *augmenter la dette* plutôt que de *l'éteindre pour y
en substituer une nouvelle*, si elles ne s'en sont pas expliquées » (1). Or, entre ces diverses espèces et la nôtre, où est la
différence ?

Nous sommes donc fermement convaincu qu'à quelque
époque qu'il intervienne et si graves que soient les changements qu'il apporte à l'état de choses existant entre les parties, le renouvellement qu'elles organisent prend, dans tous
les cas, sa source dans le désir réciproque de prolonger, audelà de l'époque primitivement fixée pour sa cessation, l'existence du bail courant. A ce titre, on n'y saurait voir autre
chose qu'un simple pacte qui, bien que postérieur au contrat primitivement conclu, se joint et s'incorpore à lui pour
en faire désormais partie. Deux conventions ont eu lieu,
sans doute, mais comme elles ne constituent qu'un contrat
unique, un seul bail, elles devront être placées sous les yeux
des tiers toutes les fois qu'elles assureront au preneur une
jouissance de plus de 18 années à courir.

146. Au reste, quand même il serait vrai que le bail pri-

_____

(1) Oblig., nº 595.

mordial et son renouvellement constituent deux baux successifs, notre solution devrait rester debout néanmoins. L'esprit de la loi, personne ne le conteste, milite de la manière la plus directe et la plus énergique en sa faveur; c'est assez pour la faire admettre, car si les termes de la disposition qu'on nous oppose sont amphibologiques, tout au moins ne lui sont-ils point contraires. M. Martou s'est, en effet, trompé lorsqu'il y a lu que l'*acte de bail excédant neuf* ans (18 chez nous) est seul soumis à la formalité de la transcription; la disposition de la loi est tout autre : « On transcrira, y est-il dit, *les baux* excédant 9 années. » *Les baux*, dit également la loi française, appartiennent au régime de la publicité *lorsque leur durée excède* 18 *ans.* Or, n'est-il pas vrai que, par sa généralité, cette disposition embrasse tous les cas où le même preneur a, relativement au même bien, stipulé, soit par un bail unique, soit par un bail successif, plus de 18 années de jouissance à courir? Nous irions donc jusqu'à décider qu'il y aurait lieu de transcrire, alors même que les parties auraient expressément déclaré, par une clause de leur renouvellement, qu'elles entendaient, non point proroger le bail courant, mais en faire un nouveau destiné à le remplacer à l'époque où il finira. Lorsque des conditions de durée ont été, *dans un intérêt d'ordre public*, appliquées à certains contrats, les parties ne peuvent ni directement, ni indirectement, par une convention unique ou par des conventions répétées, dépasser les limites dans lesquelles les a enfermées la sagesse de la loi. C'est ainsi qu'il est universellement admis que les héritiers appelés à une même succession, ou plus généralement les communistes, ne peuvent jamais être engagés à demeurer forcément dans l'indivision pour plus de cinq ans, quelle que soient les différentes conventions qu'elles aient faites à cet égard. Autrement, dit-on, rien ne serait plus facile que de rendre indéfini l'état forcé d'indivision et d'éluder ainsi la vigilance du législateur. Or, qui ne voit que l'espèce à laquelle donne lieu l'article 815 et la nôtre sont absolument identiques? Pourquoi dès lors ne pas les régler de même?

147. Une difficulté d'une autre nature appelle notre attention. Le preneur pouvant céder son droit, on a soulevé la question de savoir si la cession de bail doit ou non être

transcrite, au cas où la jouissance cédée excède 18 années.

Ainsi posé, le débat n'a point ses limites naturelles. Le cessionnaire peut, en effet, se trouver aux prises, soit avec les ayant cause de son cédant, le preneur, soit avec les tiers qui, du chef du propriétaire, le bailleur, acquerront des droits réels sur l'immeuble donné à bail. Nous avons alors à nous demander s'il peut impunément, tant au regard des uns qu'au regard des autres, tenir son titre secret, et, à supposer la négative admise, par quelle voie il devra le rendre public.

Cette difficulté ne saurait être résolue, tant qu'on laissera pendante la célèbre question que fait naître la détermination exacte de la nature du droit du preneur.

Admet-on, en effet, que ce droit est *réel,* sa cession sera opposable aux tiers, dès qu'elle sera parfaite entre les parties, pourvu d'ailleurs qu'elle ait date certaine. On ne la transcrira point, car, parmi les actes *translatifs,* ceux-là seulement doivent être transcrits qui opèrent le déplacement d'un droit réel *susceptible d'hypothèque* et le droit du bailleur, fût-il réel, ne saurait être hypothéqué (art. 2118, C. N.). On ne la notifiera point au bailleur, puisque cette formalité n'a été appliquée qu'au transport des *créances* (art. 1689 et 1690, C. N.).

Le range-t-on, au contraire, parmi les droits *personnels,* n'y voit-on qu'une simple *créance,* l'acte par lequel le preneur en disposera au profit d'un tiers ne sera point sans doute régi par la loi nouvelle (1), mais il appartiendra évidemment au régime de publicité organisé par l'article 1690 du Code Napoléon.

Ainsi, le droit du preneur, le droit qu'il a cédé, est-il réel, la cession échappera à toute condition de publicité.

Est-il personnel, il ne sera point nécessaire qu'on le transcrive, mais on devra le notifier au bailleur.

Nous n'essaierons point de démontrer que la réalité du droit de bail n'a de sérieux appui que dans l'autorité de l'auteur qui en a fait l'un de ses plus chers et plus brillants paradoxes. Qu'il nous suffise de dire que si persévérants qu'aient été ses efforts pour vaincre la résistance de ses adversaires, ceux-ci sont restés maîtres du terrain. Ajoutons que les rares

---

(1) MM. Rivière et Huguet, quest. nos 150 et suiv.; M. Troplong, *Trans.,* en 118.

esprits qui se sont laissé séduire par l'éclat de sa discussion
plutôt que par la solidité de ses raisons, n'hésiteront point à
se ranger à l'opinion commune, s'ils consentent à prendre
leurs inspirations dans les travaux préparatoires de la nouvelle
loi. « On peut, dit M. de Belleyme, dans son rapport au Corps
législatif, diviser en trois classes les actes assujettis à la formalité de la transcription. La première et la seconde comprennent les actes relatifs à l'établissement *de la propriété
ou de ses démembrements.* La troisième se compose *des baux...*
La publicité, ajoute-t-il, serait restée incomplète et trompeuse
si elle n'avait été étendue jusqu'aux *démembrements de la
propriété*, mais on a dû aller plus loin et assujettir à la transcription tous les actes qui, *sans constituer des droits réels*, imposent cependant à la propriété des charges qui sont de nature
à en altérer sensiblement la valeur ; *tels sont les baux à long
terme.* Nous n'ignorons point que la publicité à laquelle nous
les soumettons est *une invasion* dans le domaine *des droits
personnels*, mais elle nous a paru justifiée et nécessaire. »
Quel doute conserver en présence d'une affirmation aussi solennelle ! la *personnalité* du droit du bailleur est donc désormais
hors de cause. Dès lors, point d'hésitation possible, quant à la
question que nous avons soulevée : la cession de bail appartient exclusivement au principe doctrinal de l'article 1690 du
Code Napoléon, puisque le droit qu'elle transfère du cédant au
cessionnaire n'est qu'une pure créance (1). Il suffira, pour lui
imprimer un effet absolu et opposable aux tiers, de la notifier au bailleur, ou même de la faire accepter par ce dernier
en la forme authentique.

Mais, bien entendu, nous supposons que le bail a été transcrit. Dans le cas contraire, la notification de la cession au
bailleur ne mettrait le cessionnaire qu'imparfaitement à couvert. Il n'aurait rien à craindre, sans doute, du chef des tiers
qui traiteraient avec son cédant, mais sa condition ne pouvant
être meilleure et d'une autre nature que celle qu'avait ce dernier dans ses rapports avec les ayant cause éventuels du bailleur, il resterait exposé aux évictions qu'encourent les preneurs
qui n'ont point mis leur droit sous la sauvegarde de la transcription. Ajoutons qu'il ne lui servirait de rien de transcrire

---

(1) V. ce que nous avons dit à ce sujet sous le n° 22.

l'acte de cession, car la transcription se faisant sous le nom de la personne que l'acte transcrit dépouille, la cession serait transcrite sous le nom du cédant; le bail, quoique relaté dans l'acte de cession, resterait par conséquent clandestin au regard des tiers qui se mettraient en rapport de droit avec le bailleur. Si, en effet, ils levaient un état des actes qu'il a pu passer et qu'il leur importe de connaître, la cession n'y serait point comprise, puisqu'il y est étranger et que d'ailleurs elle ne figure point à son compte ouvert sous son nom sur le registre du conservateur.

148. MM. Rivière et Huguet (1) pensent que la transcription de la cession de bail devient nécessaire lorsque le bailleur, intervenant au contrat, accepte le cessionnaire au lieu et place du preneur et décharge ce dernier de ses obligations. Il se forme alors, disent-ils, entre le propriétaire et le cessionnaire, un nouveau bail qui doit avoir sa transcription particulière puisqu'il est indépendant du premier. M. Troplong s'est rangé à cet avis (2). Nous devrions faire de même si la subtilité des règles constituait une loi si impérieuse qu'on dût la suivre alors même qu'il est constant que par une déduction servile et rigoureuse on les applique au rebours de leur nature et de l'objet auquel elles sont préposées. Mais nous ne saurions aller jusque-là ! la pensée de la loi, voilà pour nous la vraie règle. Or, dans quel but veut-elle que les baux dont la durée excède dix-huit ans soient transcrits? Serait-ce pour désigner aux ayant cause éventuels du preneur l'existence des droits qu'il vient d'acquérir ou des obligations dont il s'est chargé? Cette donnée est si manifestement fausse, qu'il ne nous paraît point nécessaire d'en montrer l'inexactitude; personne ne l'acceptera. Nous ne craignons donc point d'affirmer que si la publicité des baux à long terme a été prescrite, c'est uniquement *en vue du crédit foncier*, et par conséquent dans l'intérêt exclusif des tiers qui pourront se mettre, relativement à l'immeuble donné à bail, en rapport de droit avec le propriétaire. La transcription d'un bail suffit donc pleinement à son objet du moment qu'elle met sous les yeux du public la durée du bail, l'indication de l'espèce et de la situation de l'im-

(1) *Quest.*, n° 153.
(2) *Transcr.*, no 119.

meuble qu'il a pour objet, le montant du prix, et enfin
la désignation individuelle du propriétaire-bailleur, ainsi que
les obligations accidentelles qu'il a pu souscrire au profit du
preneur. On ne saurait, sans fausser l'esprit de la loi, rien
exiger de plus. Ainsi, qu'on suppose qu'un acte de bail contienne, quant à la désignation individuelle du preneur, de
telles irrégularités qu'il ne soit point reconnaissable, ou, ce
qui revient au même, que ses nom et prénoms, quoique
exactement décrits dans le titre qu'il a fait transcrire, aient
été irrégulièrement reproduits sur le registre du conservateur : en conclura-t-on que la transcription faite dans ces
conditions porte en elle un vice si essentiel qu'elle doive être
réduite *ad non esse?* C'est ce que nous ne saurions admettre
pour notre compte. Nos adversaires eux-mêmes partagent notre manière de voir à cet égard, puisqu'ils enseignent qu'en
matière de vente, l'irrégularité dans les nom et prénoms de
l'acheteur ne suffirait point pour invalider la transcription de
son titre. « Les tiers, disent-ils, ont été prévenus qu'une vente
a été effectuée, peu importe pour eux au profit de qui elle a eu
lieu (1) ». Ils sont plus explicites encore lorsqu'ils cherchent à démontrer que la cession d'un bail qui a été transcrit n'est point
sujette à transcription. Leur raisonnement consiste, en effet,
à dire « que du moment que les tiers sont avertis que l'immeuble qu'ils achètent, ou sur lequel ils acceptent une hypothèque, est loué pour plus de dix-huit ans, *peu leur importe
que ce soit le cédant ou le cessionnaire* qui ait le droit d'en
jouir » (2). M. Troplong, lui-même, nous prête en ce point l'appui
de son autorité : « C'est, dit-il, dans l'intérêt de la propriété
foncière que les baux à long terme ont été soumis à la publicité ; or, peu importe à un acheteur, ou à un créancier hypothécaire que l'immeuble soit loué à telle personne ou à telle
autre » (3). Ce peu importe est peu exact, nous le montrerons tout à l'heure ; mais nous le relevons, afin qu'il soit bien
établi que s'il est de l'essence de la transcription qu'elle rende
publiques les charges de la propriété foncière, nos adversai-

---

[1] MM. Rivière et Huguet, quest. n° 253.

[2] *Quest.*, n° 150.

[3] *Transcr.*, n° 118.

res reconnaissent avec nous que la désignation de la personne au profit de laquelle elles existent ne se rattache qu'accidentellement et par un lien tout secondaire à son objet, si même elle ne lui est pas complétement étrangère (1). Or, s'il est vrai que la transcription d'un bail le rend opposable aux tiers, bien que les irrégularités qui y ont été commises quant à la désignation individuelle du preneur, soient telles qu'elles le laissent inconnu ou le font confondre avec un autre, qu'importe que le preneur désigné dans l'acte qui a été transcrit disparaisse après coup et soit remplacé par un autre? est-ce que les deux cas ne sont pas parfaitement semblables? Les tiers seront, il est vrai, induits dans l'erreur, puisque le preneur apparent ne sera point le preneur réel; mais cette erreur n'est point essentielle. Ils ont su que l'immeuble qu'ils acquéraient avait été donné à bail par le propriétaire dont ils sont devenus les ayant cause ; ce bail leur a été révélé dans ses parties les plus substantielles : sa durée, le prix à payer par le preneur, les garanties fournies par ce dernier, les charges qu'il a prises à son compte, les obligations souscrites à son profit par le propriétaire, tout ce qu'il leur importait de savoir ils l'ont su. Dès lors, à quel titre et sous quel prétexte le déclarer non avenu à leur égard? Ils peuvent sans doute soutenir, et, en ce point, leur prétention nous semblerait juste, qu'ayant vu dans le certificat de transcription qu'ils ont levé avant d'acquérir les nom et prénoms du bailleur originaire, ils ont dû compter que l'acquisition qu'ils ont consenti à faire les mettrait en rapport de droit avec lui et non avec un autre; qu'ils ajoutent que cette considération est entrée pour quelque chose dans l'opération qu'ils ont faite, nous leur concédons ce point; et s'ils se bornent à en conclure que le propriétaire et le preneur originaire sont envers eux garants de l'insolvabilité et des faits du preneur actuel, peut-être leur viendrions-nous en aide ; mais si, allant plus loin, ils soutenaient qu'ils n'ont consenti à acquérir l'immeuble que parce qu'ils l'ont cru réellement à bail entre les mains du preneur que la transcription leur a désigné, et qu'étant ainsi trompés dans leur attente, le bail doit être annulé, quant à eux, ou,

_____

(1) Voy. à ce sujet ce qui a été dit sous les nᵒˢ 30, 34, 60 et 65.

tout au moins, leur propre contrat résolu, nous ne verrions dans cette prétention qu'un calcul astucieux dont la justice ne devrait tenir aucun compte.

149. Toutefois, nous supposons qu'il n'a rien été changé au bail transcrit, si ce n'est la personne du preneur, ou que si des modifications y ont été apportées, elles n'aggravent point la condition du propriétaire. Dans l'hypothèse inverse, notre solution ne devrait plus être la même, car de nouvelles charges étant imposées au fonds, ce serait blesser toute justice et méconnaître l'esprit de la loi que de permettre aux parties de les tenir secrètes. Tel serait notamment le cas où le bailleur aurait accordé au nouveau preneur une prolongation de bail, 36 ans, par exemple, au lieu de 27, ou une diminution dans le prix. En présence de telles aggravations et à défaut de transcription, les tiers acquéreurs pourraient évidemment demander que les choses fussent rétablies dans leur état primitif ; mais là s'arrêterait leur droit.

150. Au lieu de céder son bail, le bailleur peut *sous*-bailler; mais à la différence de la *cession* qui doit être au moins notifiée au propriétaire (voir le n° 147), le sous-bail échappe à toute condition de publicité. La loi nouvelle ne le régit point, car si les baux à long terme doivent être rendus publics, c'est uniquement afin que les tiers puissent connaître les charges de nature à altérer la valeur vénale de la propriété qu'elles amoindrissent, et le sous-bail n'impose aucune charge au bien qu'il a pour objet. L'article 1690 du Code Napoléon lui est également étranger, car *sous-bailler*, c'est, non point *céder sa créance*, mais contracter envers le sous-preneur l'obligation de le faire jouir de l'immeuble dont on est le preneur principal.

151. Nous avons vu que les actes par lesquels le propriétaire cède ses loyers ou fermages à venir, ne sont soumis à la formalité de la transcription qu'autant que la somme cédée représente au moins trois années de jouissance. Nous devons, à ce sujet, faire remarquer que les cessions qui atteignent ce maximum continuent, quoique sujettes à transcription, d'être régies par l'article 1690 du Code Napoléon. La loi nouvelle n'a, en effet, trait qu'au cas où l'immeuble donné à bail étant aliéné ou hypothéqué, le cessionnaire se trouve aux prises avec l'acquéreur ou le créancier hypothécaire. Ses rapports soit avec les autres ayant cause de son cédant, par

24

exemple, avec un second cessionnaire, soit avec le preneur, restent par conséquent soumis au régime de l'ancien droit.

152. Quant aux cessions inférieures au maximum fixé ou qui bien que supérieures ont pour objets des loyers ou fermages arriérés, elles sont dispensées de la transcription sans doute, mais il est évident qu'elles doivent être notifiées conformément au droit commun.

SECTION V.

DES JUGEMENTS CONSTATANT L'EXISTENCE D'UNE CONVENTION VERBALE SOUMISE PAR SA NATURE A LA FORMALITÉ DE LA TRANSCRIPTION, MAIS NON TRANSCRITE.

SOMMAIRE.

153. — L'imperfection des textes qui régissent cette matière conduirait, si on les prenait à la lettre, aux plus folles conséquences.

154. — La règle à suivre se doit donc déduire de la nature même des vues que s'est proposées la loi.

155. — Sa formule et son étendue.

156. — Comment on l'applique aux jugements par défaut ou en premier ressort.

157. — De la question de savoir si l'acquéreur par convention verbale ou tacite qui recourt à la justice dans l'espoir d'obtenir un titre, peut ou non mettre son droit à découvert dès à présent et sans attendre l'issue de sa demande. — Renvoi.

153. Cette matière, quoique bien simple, a été si bizarrement réglée, qu'à prendre à la lettre les deux dispositions qui l'organisent, tout y est à l'état de désordre et de confusion, tant sont contradictoires et d'ailleurs dénuées de sens les conséquences qu'on en peut déduire. Quoi qu'il nous en coûte, nous les devons mettre en lumière.

1° Tandis que les jugements qui constatent l'existence d'une convention *translative*, *constitutive* ou *extinctive* de droits réels susceptibles d'hypothèque, doivent tous être également transcrits (art. 1er, n° 3 combiné avec les n°s 1 et 2), ceux où se trouvent décrites ou rappelées des conventions relatives à des droits réels non susceptibles d'hypothèque sont ou ne sont point sujets à la transcription suivant que ces conventions sont *constitutives* ou *extinctives* des droits qu'elles ont pour objet (art. 2, n°³ 3 combiné avec les n°ˢ 1 et 2). Ainsi, un jugement intervient qui constate l'*extinction* par convention verbale d'un droit réel immobilier : ce jugement devra-t-il être transcrit? La loi résout la question d'après la nature du droit abandonné : est-ce un droit de *propriété* ou d'*usufruit*, n'est-ce qu'une *servitude réelle?* affirmative est sa réponse dans le premier cas, négative dans le second !

2° Les renonciations extinctives d'une servitude réelle appartiennent au régime de la publicité ou au régime de la clandestinité *suivant la nature du titre qui les constate :* est-il *extrajudiciaire*, la partie qui profite de la renonciation a-t-elle un acte sous seing privé ou un acte passé devant notaires, elle le doit transcrire; est-ce un *jugement*, point n'est besoin de le mettre sous les yeux des tiers.

3° Un jugement constate-t-il l'existence d'un bail de plus de 18 ans, sa transcription n'est point nécessaire. Constate-t-il, au contraire, même pour bail de moindre durée, la cession ou la quittance d'une somme équivalente à trois années de fermages ou de loyers non échus, sa transcription devient essentielle (art. 2, n°ˢ 3, 4 et 5 combinés) !

4° Une convention translative, constitutive ou extinctive d'un droit de propriété ou d'un droit réel susceptible d'hypothèque peut être *verbale* ou *écrite*. Si elle est *écrite*, on transcrira l'acte qui la constate. Que décider pourtant si, avant qu'on l'ait soumis à la formalité de la transcription, cet acte a été détruit par suite de quelque cas fortuit ou de force majeure ? si la partie qu'il intéresse obtient un jugement déclaratif de son droit, devra-t-elle le transcrire? Elle n'y sera point tenue, car la règle établie n'a été appliquée qu'aux jugements constatant l'existence d'une convention *verbale*.

5° Une convention *verbale* de la nature ci-dessus exprimée peut être constatée soit par un *jugement*, soit par un simple *acte judiciaire :* la transcription sera nécessaire dans le premier cas ; elle ne le sera pas dans le second. Soit donc la remise verbale d'un droit d'usufruit et de la part du propriétaire une demande en reconnaissance de la convention qui l'a

---

(1) V. t. vi, p. 483 et 493.

libéré de la servitude établie sur son fonds : le défendeur
contestera ou avouera l'existence de la renonciation dont le
demandeur veut avoir un titre. Au premier cas, le tribunal
prononcera *sur un différend*; il décidera que le défendeur a
ou n'a point fait la renonciation contestée; c'est donc un *jugement* qu'il rendra. Au second cas, il n'aura rien *à juger*,
puisqu'il n'y aura point de différend entre les parties; il constatera simplement la déclaration du défendeur et en donnera acte au demandeur : nous aurons alors non plus un
jugement, mais un *acte judiciaire*. Cela posé, que décide la
loi? le tribunal rend-il un jugement, l'extinction de l'usufruit doit être placée sous les yeux des tiers. Constate-t-il simplement l'aveu du renonçant, aucune publicité n'est prescrite. Ainsi la transcription est ou n'est point nécessaire
suivant que la renonciation a été contestée ou avouée par le
renonçant.

154. Quelles fantasques conceptions ! il serait assurément
difficile d'imaginer quelque chose de plus inintelligible et de
plus contradictoire. Mais, hâtons-nous de le reconnaître, les
lois, toutes faillibles qu'elles soient, n'atteignent jamais aux
dernières limites de l'absurde. Nous écartons donc, sans hésiter, les décisions que nous venons de présenter. L'imperfection des textes ne saurait prévaloir sur la pensée qui y a été
déposée. Or, cette pensée se dégage parfaitement claire alors
qu'on la déduit de la nature même des choses ou de l'esprit
de la loi. Qu'a-t-on voulu, en effet? que les conventions susceptibles de nuire aux tiers fussent rendues publiques par la
transcription de l'acte quel qu'il soit qui les constate, *fût-ce
même un jugement ;* on aurait pu en douter, car les jugements étant publiquement rendus, peut-être eût-on été tenté
d'en déduire, par voie de conséquence, une dispense de transcription pour la convention qu'ils relatent; mais comme la
publicité qui leur est propre ne dépasse guère les limites du
ressort du tribunal qui les rend et qu'en somme elle est temporaire de sa nature, car de simples souvenirs s'oublient vite,
on n'a point pensé qu'elle pût suppléer la transcription et en
tenir lieu. Il importait d'ailleurs que l'état civil de la propriété
immobilière fût complet et par suite unique, afin que les
tiers qui se renseignent ne fussent pas obligés de recourir à
des sources diverses. Telle a été bien certainement la donnée

dont s'est inspirée la loi. La nature même de ses vues l'affranchit donc des limites trop étroites dans lesquelles la renferme l'imperfection de ses formules. D'où la règle suivante.

155. Doivent être transcrits tous jugements ou tous actes judiciaires constatant l'existence d'une convention qui, bien que soumise, par sa nature, à la formalité de la transcription, n'a pas été transcrite, faute d'un titre à coucher sur les registres du conservateur (1), ou parce que l'écrit où elle était décrite a été perdu ou détruit par suite de quelque accident.

Ajoutons qu'il n'y a point à rechercher à quel ordre de juridiction appartient l'autorité devant laquelle elle a été vérifiée ou reconnue. Qu'elle soit française ou étrangère, que ce soit un tribunal ou une cour, un tribunal civil ou un tribunal de commerce, il n'importe : la règle établie est invariable ; les sentences arbitrales n'échappent point elles-mêmes à son empire.

Peu importe également que le jugement dans lequel elle est relatée soit contradictoire ou par défaut, en premier ou en dernier ressort.

156. Le transcrit-on avant qu'il ait acquis force de chose jugée, deux cas seront à considérer. S'il devient définitif et irrévocable, soit parce que la partie contre laquelle il a été rendu ne l'a pas attaqué dans les délais de la loi, soit parce qu'il a été confirmé sur opposition ou sur appel, les effets de la convention qu'il constate remonteront, à l'égard des tiers, au jour même de sa transcription. Il ne sera donc point nécessaire, dans la seconde de nos deux hypothèses, de transcrire le jugement ou l'arrêt qui l'aura confirmé. Nous appliquons ici les règles par lesquelles se gouverne la transcription des conventions conditionnelles dont le titre a été transcrit, *pendente conditione* (2). Que si, au contraire, il vient à être révoqué à la suite d'une opposition ou d'un appel et remplacé par une décision constatant l'inexistence de la convention dont il affirme l'existence, il sera, bien entendu, con-

---

(1) V. le n° 26 (p. 24) et sous le n° 115 (p. 309), l'application de cette règle aux servitudes constituées par *convention tacite* ou par la destination du père de famille. V. encore le n° 131 (p. 341).

(2) Le n° 34 (p. 74).

sidéré comme non avenu, mais le jugement ou l'arrêt qui lui sera substitué devra être, conformément au principe doctrinal de l'art. 4, mentionné en marge de la transcription révoquée.

Attend-on pour procéder à sa transcription qu'il ait acquis force de chose jugée, de deux choses l'une encore : s'il est confirmé, la partie qui en bénéficie pourra, à son choix, transcrire soit l'expédition qu'elle en aura levée, soit l'expédition qu'elle lèvera du jugement ou de l'arrêt de confirmation. S'il est révoqué, au contraire, elle n'aura rien à transcrire.

157. Quant à la question de savoir si l'acquéreur par convention verbale qui recourt à la justice dans l'espoir d'obtenir un titre peut ou non mettre son droit à couvert dès à présent et sans attendre l'issue de sa demande, le lecteur la trouvera traitée et résolue sous le n° 26 (p. 24 et suiv.).

SECTION VI.

DES PARTAGES.

SOMMAIRE.

cohéritiers sortis d'indivision peuvent faire dans l'avenir, tous les effets d'un acte translatif de propriété.

163. — Lors de l'enquête ouverte sur la réforme hypothécaire, plusieurs Cours protestèrent contre cette anomalie. L'idée d'assimiler, sous le rapport de la publicité, les actes de partage aux actes translatifs de propriété fit de rapides progrès ; mais après avoir conquis l'opinion générale, elle vint misérablement échouer devant l'aveugle résistance de la commission du Corps législatif.

164. — Exposé des motifs qui la firent écarter.

165. — Examen critique de ces motifs.

166. — La publicité des partages n'est point incompatible avec les règles auxquelles leur nature les soumet. Exposé de notre système sur ce point.

167. — Au surplus, quand même il serait vrai que cette innovation modifierait d'une manière grave la théorie du Code sur les partages, qu'importe si d'ailleurs l'intérêt du crédit public la commande ?

168. — La différence établie au point de vue de la loi nouvelle, entre les partages et les actes translatifs de propriété, amène les conséquences les plus bizarres, lors surtout qu'on admet comme exactes les données de la jurisprudence en matière de partage.

169. — 1º Une succession étant dévolue à deux héritiers, l'un d'eux a *vendu* sa part : cette cession doit-elle être transcrite? Oui, si le cessionnaire est un tiers étranger à la succession ; non, si c'est le cohéritier du cédant.

170. — 2º L'un des deux héritiers a *cédé* sa part à l'autre : *quid* ? La transcription sera ou ne sera pas nécessaire, suivant que la cession sera *à titre gratuit* ou *à titre onéreux*.

171. — 3º Si l'un des deux héritiers renonce à la succession, la renonciation n'est point, alors même qu'elle a eu lieu *aliquo dato*, sujette à transcription.

172. — 4º L'un de trois héritiers a vendu sa part aux *deux* autres : *quid?* — *Quid* dans l'hypothèse inverse ?

173. — 5º *Quid* si l'un des héritiers achète les parts de tous ses cohéritiers, mais par des actes séparés ?

174. — 6º Suite.

175. — 7º Un immeuble de la succession a été licité : y a-t-il lieu de transcrire la licitation? Oui, si l'immeuble a été adjugé à un tiers ; non, s'il a été adjugé à l'un des héritiers ; oui, s'il a été adjugé conjointement à deux héritiers.

176. — 8º Un immeuble a été vendu par le même propriétaire au même acheteur, mais par *portions indivises et par des actes séparés : quid ?*

177. — Ces différences n'ont aucune raison d'être ; tout a été, en cette matière, livré aux caprices du hasard.

178. — De l'acte par lequel l'un de deux héritiers cède sa part à son cohéritier, aux risques et périls de ce dernier. Cet acte constitue-t-il un partage ? Affirmative.

179. — Examen de la question de savoir s'il est nécessaire, pour qu'un acte tienne lieu de partage, qu'il fasse cesser l'indivision entre TOUS les héritiers. Solution négative. Ainsi, les cessions de parts constituent des partages et à ce titre des actes régis par l'art. 883, alors même qu'elles ne mettent fin à l'indivision que d'une manière relative, c'est-à-dire qu'à l'égard de l'un ou de quelques-uns des héritiers.

180. — La distinction qui a prévalu dans notre jurisprudence moderne n'était point reçue dans notre ancien droit. Opinions de Guyot et de Pothier.

181. — L'ancienne doctrine s'alliait, en parfait accord, à la nature même des partages et aux vues d'ordre public qui leur ont imprimé un effet purement *déclaratif*.

182. — Ainsi, 1° notre doctrine est conforme aux précédents; 2° considérée en elle-même, elle frappe par sa logique autant que par l'utile importance de ses résultats.

183. — Rien ne nous autorise à penser qu'elle a été abandonnée. Tout indique, au contraire, que les rédacteurs du Code ont entendu rester fidèles à la tradition.

184. — Exposé des motifs de la doctrine contraire.

185. — Réfutation de ces motifs. — L'art. 883 n'a rien d'*exceptionnel*, rien de *fictif*. Loin de déroger au droit commun, il en fait, au contraire, partie. S'il a pour effet de faire tomber les hypothèques acquises du chef des copartageants sur des biens non compris dans leur lot, c'est par application du principe déposé par la loi dans l'art. 2125. Par quel impérieux besoin dès lors s'efforce-t-on de le renfermer dans les plus étroites limites?

186. — L'art. 888 ne contient pas un mot dont on puisse s'armer contre nous. Bientôt même nous pourrons l'invoquer contre nos adversaires.

187. — Les termes de l'art. 883 n'offrent également rien qui nous soit contraire.

188. — Mais, dit-on, l'acte qui a eu lieu n'a été, à son origine, qu'une vraie vente. Dès lors qu'importe que les héritiers qui sont restés dans l'indivision fassent plus tard un partage entre eux? un acte ne saurait changer de nature au gré des événements. — Pure pétition de principe.

189. — A supposer que les deux propositions de l'art. 883 soient connexes entre elles, on ne peut rien en conclure contre notre système. Mais nous allons plus loin, nous nions leur connexité.

190. — Il se peut fort bien qu'un partage soit d'un côté *acquisitif d'une propriété nouvelle* et, de l'autre, purement *déclaratif d'une propriété précédemment acquise*.

191. — Si on admet ce résultat, bien que les termes de l'art. 883 y répugnent, c'est qu'évidemment les expressions de la loi n'ont, en cette matière, ni l'importance qu'on y attache ni les conséquences qu'on en tire.

192. — Réponse à l'objection tirée des art. 2103 et 2109.

193. — Réponse à l'objection tirée du 4e alinéa de l'art. 1er de la loi du 23 mars 1855.

194. — Les textes ne nous sont donc pas hostiles, les art. 883 et 889 sont même formels dans notre sens.

195. — Conclusion.

196. — Suivant quelques auteurs, les actes qui ne font cesser l'indivision que pour un seul des héritiers constituent des partages, même au point de vue de l'effet déclaratif, *lorsque tous les héritiers y ont concouru*. — Nous écartons cette distinction.

197. — Notre théorie demeure donc absolue. Toutefois nous croyons devoir y apporter un certain tempérament.

198. — Singulière hypothèse. — Du retrait successoral.

199. — Énumération des actes qui, à titre de partage, sont dispensés de la formalité de la transcription : partages ordinaires, avec ou sans soulte ; — Établissement d'une servitude par l'acte de partage ; — Attribution de la totalité des biens indivis à l'un des héritiers chargé de donner en retour à ses cohéritiers une soulte en biens tirés de son patrimoine personnel ; — Attribution d'un lot à l'un des héritiers, le surplus des biens devant rester, pendant quelque temps encore, indivis entre les autres héritiers ; — Cessions de parts ou de droits successifs entre héritiers ; — Acte ayant pour objet de faire cesser une indivision, soit entre un tiers, cessionnaire de la part de l'un des héritiers et les co-héritiers du cédant, soit entre les divers cessionnaires de parts distinctes ; — Renonciations faites *aliquo dato ;* — Colégataires, conjoints communs, co-associés, codonataires, co-acheteurs, co-usufruitiers, co-nu-propriétaires ; — Licitation.

200. — Échange de lots par convention antérieure ou concomitante au partage.

201. — *Quid* si la convention d'échange a eu lieu *après* le partage, mais avant son exécution par la délivrance des lots?

202. — Des partages d'ascendant.

158. L'histoire des législations nous offre parfois de bien singulières anomalies. Si les jurisconsultes romains ont eu la gloire de fonder un corps de droit qui après des siècles plane encore sur le nôtre pour l'inspirer, ce n'est point seulement par l'élévation de leurs vues et la richesse de leurs conceptions; c'est aussi et peut-être plus encore par les procédés hardis, mais toujours ingénieux, auxquels ils savent recourir pour tourner les difficultés qu'entraîne la déduction trop rigoureuse des principes, plier les faits aux règles du bon sens, et façonner la loi à la diversité des rapports qu'ils ont à régir.

Or, ces interprètes si judicieux, dont la souplesse d'esprit n'a d'égale que dans l'énergique puissance de leur raison, s'étant trouvés aux prises avec l'antagonisme que le partage fait naître entre l'inflexibilité des règles auxquelles le soumet sa nature et les complications pratiques que ces règles engagent, leur intelligence demeura impuissante et désarmée devant la brutale tyrannie d'un fait.

Le partage implique forcément, disent-ils, la double donnée d'une *acquisition* et d'une *aliénation* pour chacune des parties ; car pour que chacune d'elles ait désormais, sur les objets compris dans son lot, non plus une propriété limitée ou indivise, mais entière, c'est-à-dire les parts de ses communistes jointes à celle qu'elle avait elle-même pendant l'indivision, il est absolument nécessaire de supposer entre elles des *cessions réciproques de parts* ou un *échange*. Or, la transmission d'un droit d'une personne à une autre le faisant passer dans le domaine de l'acquéreur sans le dénaturer, et, par conséquent, en l'état où il se trouvait alors qu'il faisait partie du patrimoine d'où il est sorti, chaque part que le partage déplace passe à l'héritier cessionnaire avec toutes les charges réelles dont l'avait grevée le cédant avant de la transmettre.

159. Ce raisonnement, d'une évidence toute géométrique, séduit par sa simplicité ; mais si de la sphère purement scholastique on descend aux réalités, on ne tarde pas à s'apercevoir que sous la pompe de sa logique se cachent les plus grosses inconséquences jointes aux plus funestes résultats. Qui ne voit, en effet, que le partage, c'est-à-dire l'acte que font des communistes pour faire cesser l'indivision, ne peut que la déplacer ou la transformer en une indivision d'une autre nature, si chacun d'eux est tenu de subir, quant aux objets compris dans son lot, les droits réels concédés à des tiers par les copartageants dont il est devenu l'ayant cause ? N'est-il pas vrai, par exemple, que si je dois souffrir, sur la part que je tiens de mon cohéritier, l'usufruit dont il l'a grevée avant le partage, l'indivision que le partage devait faire cesser, subsistera, sinon complétement, au moins quant à l'usufruit, et assurément plus gênante, plus périlleuse qu'elle ne l'était à son origine, puisqu'elle existera désormais non plus entre deux cohéritiers, mais entre deux étrangers ? Que sera-ce à un autre point de vue ? chaque copartageant sera armé, pour sa défense, d'une action en garantie contre ceux de ses com-

munistes qui durant l'indivision auront grevé de droits réels la part qu'il tiendra d'eux : or, constituer ces recours d'héritier à héritier, c'est créer au seuil du foyer domestique un semis de procès et de haines !

160. Les effets déplorables de cette aveugle combinaison durent frapper l'attention des jurisconsultes romains : ils avaient trop de sagacité pour ne les point voir ; mais ils se passionnèrent d'un si vif amour pour la règle établie qu'ils l'élevèrent à la hauteur d'un dogme juridique : l'espèce d'idolâtrie dont ils l'entourèrent étouffa leur génie. Un de ces esprits spéculatifs habitués à planer sur la loi pour en dégager les vérités obscurcies, Trebatius, qui avait pressenti, par une sorte d'intuition philosophique, les ressources précieuses qu'offrirait la rétroactivité des partages, essaya de la faire passer dans le domaine de la jurisprudence ; ce fut en vain. Labéon dont il était le disciple le punit de sa témérité par cette fière réponse : *Ego hoc falsum puto* (l. 31, *De usu et usufructu*). L'effet *translatif* des partages acheva de chasser les dieux pénates du temple de la famille, mais la logique des principes fut religieusement gardée !

161. La donnée que repoussait si dogmatiquement le savant Labéon portait en elle la loi de l'avenir ; mais les idées utiles ne brisent pas en un jour les mille liens dans lesquels les enchaînent, comme en un maillot informe, toutes les lèpres qu'amassent autour d'elles l'ignorance, la routine, l'orgueil humain, et par-dessus tout les intérêts contraires qu'elles inquiètent. La transformation des partages ne devait s'accomplir qu'au XIIe siècle, après des luttes à main armée et des controverses acharnées. Bien que les aliénations des fiefs fussent soumises à un droit fiscal que percevaient les seigneurs à chaque mutation et que la règle romaine fût toujours en vigueur, les vassaux refusèrent d'appliquer l'impôt aux partages de successions. Vainement les seigneurs s'efforcèrent-ils de lutter contre cette atteinte à leurs priviléges, ils durent céder. Quant au fondement juridique de cette dérogation au droit commun, on s'en inquiéta peu d'abord : les discussions scientifiques n'étaient guère de mise alors, on se battait. Mais lorsque, au sortir de la féodalité, la science du droit, devenue l'objet de la prédilection générale, attira à elle les esprits les plus élevés, il parut nécessaire de légitimer,

par une raison d'être, les faits accomplis, et de les constituer à l'état de doctrine (1).

Ce fut alors que le droit indivis s'analysa, sous l'effort puissant de la dialectique des feudistes, en un droit exclusif et divis, mais éventuel ou conditionnel sur chacun des objets compris dans l'indivision. Lors, dit-on, que plusieurs personnes succèdent en commun à des mêmes biens, elles n'en acquièrent la propriété que *sous la charge* ou *la condition du partage*, ce qui implique pour chacune d'elles l'acquisition, dès le jour même de l'ouverture de la succession, d'un droit *au total des objets qui lui écherront;* le partage n'est donc, pour chaque bien qu'il sort d'indivision, que la condition accomplie de ce droit éventuel au tout que le copartageant auquel il est attribué y avait déjà *en sa qualité d'héritier.* De là le principe, que le partage est simplement *déclaratif de propriété,* ou, ce qui revient au même, déterminatif des objets individuels dont chaque héritier a toujours eu la propriété exclusive (2).

Cette explication, dont la donnée fut fournie par le savant Louet (3), rallia à elle les esprits les plus prévenus. Du droit féodal, auquel elle fut spéciale dès le principe, elle fit bientôt irruption dans le domaine du droit civil; appliquée aux actes de maître faits pendant l'indivision par les divers héritiers sur les biens de la succession, elle eut pour effet d'en subordonner la validité à l'événement du partage. Celui, disait Louet, qui est propriétaire par indivis *non est dominus incommutabilis.* C'est pourquoi il ne peut vendre, aliéner et hypothéquer qu'avec la charge du partage (4). De cette manière, ajoutait-il dans son pittoresque langage, on ne verra plus un héritier saffranier (banqueroutier) infecter toute la succession de ses dettes (5).

162. On a tout dit en faveur de la rétroactivité des par-

(1) MM. Rigaud et Championnière, *Traité des droits d'enregistrement,* t. 3, no 2663; Ernest Tambour, *De l'effet déclaratif des partages de succession,* p. 57.

(2) Consultez Pothier, *Traité des fiefs,* partie I, chap. V, art. II, § III.

(3) *Recueil d'arrêts,* H. XI, no 2.

(4) H. XI, no 2.

(5) H. X, 4.

tages. Ses effets immédiats se recommandent par le côté moral de leur objet, non moins que par l'évidence de leur logique. Mais survint l'excès qui la fit sortir de ses limites naturelles et l'altéra dans son but en lui attribuant les résultats les plus inattendus. L'autorité que lui imprima le tyrannique empire qu'elle exerça sur les esprits, prit de telles proportions qu'elle put troubler la raison générale, et s'imposant au législateur lui-même, le contraindre de déshonorer ses réformes par les plus folles distinctions (V. ci-dessous les nᵒˢ 168 et suivants). C'est ainsi qu'après avoir prescrit la publicité des actes translatifs de propriété, la célèbre loi du 11 brumaire an VII laissa les partages sous l'empire de la clandestinité la plus absolue (1), bien que pourtant ces deux espèces d'actes aient, au regard des tiers et quant à l'objet auquel la publicité est préposée, *des effets absolument identiques* (V. ci-dessous le nᵒ 165).

163. Des idées plus saines se produisirent à la suite du mouvement scientifique auquel donna lieu l'enquête ouverte, par les soins de M. Martin du Nord, sur la réforme hypothécaire. Trois cours royales, les cours de Metz, de Montpellier et de Riom, proposèrent d'assimiler, sous le rapport de leur publicité, les partages aux actes translatifs de propriété (2).

La Faculté de droit de Poitiers se prononça dans le même sens (3). Cette nouveauté, c'est ainsi qu'on l'appelait alors, parut d'abord n'être qu'un imprudent paradoxe, mais après y avoir mûrement réfléchi, les jurisconsultes les plus considérables par leurs lumières, les légistes et les économistes les plus compétents la jugèrent fort sensée. MM. Pougeard, avocat à la cour royale de Bordeaux, et Laferrière, inspecteur général des facultés de droit, l'admirent dans leurs projets de réforme hypothécaire (4), d'où elle passa bientôt dans le projet de loi que la république, par l'organe de M. Bethmont,

---

(1) Merlin, *Quest.*, vᵒ *Partage*, § VII.

(2) V. les documents relatifs au régime hypothécaire, t. 1ᵉʳ, p. 257, 262, 288 et 291.

(3) V. les documents, t. 1ᵉʳ, p. 454.

(4) *De l'amélioration du régime hypothécaire*, par M. Pougeard. — *Essai sur la réforme hypothécaire et sur le développement du crédit foncier*, par M. Laferrière.

présenta, en 1850, à l'Assemblée nationale législative (1). En
1855 le gouvernement impérial lui-même, le conseil d'État et
l'auteur de l'exposé des motifs du projet de loi sur la transcription, M. Suin, l'acceptèrent d'un commun accord et sans
qu'aucune voix s'élevât contre elle (2). La lumière semblait
donc faite sur ce point et tout indiquait que l'assimilation
proposée recevrait de la loi sa dernière sanction ; mais après
avoir ainsi conquis l'opinion générale, elle vint misérablement échouer devant l'aveugle résistance de la commission
du Corps législatif qui l'étouffa sous les plus futiles considérations. Deux motifs principaux ont été produits pour la faire
écarter. Que le lecteur les pèse et les juge !

164. 1° L'acte qui fait cesser une indivision n'a rien de commun, a-t-on dit, avec les contrats de vente ou d'échange ; il
ne déplace aucun droit, puisque tout son effet se borne à déterminer les objets dont chaque communiste a toujours eu
la propriété exclusive ; donc, point de mutation à rendre publique. A la vérité, si chaque partageant n'acquiert rien de ses
communistes, ce n'est que par une fiction de la loi, « mais
« cette fiction n'en est pas moins la base des règles et des ef-
« fets du partage, et la changer serait porter le trouble dans
« les dispositions du Code Napoléon. »

2° La transcription des partages n'offre d'intérêt « qu'à l'é-
« gard des créanciers des héritiers et dans le cas où le cohé-
« ritier aura pris inscription avant que le partage ait été trans-
« crit... Or, les créanciers des héritiers ont dans les mains un
« droit équivalent à celui qu'ils puiseraient dans la nécessité
« de la transcription ; ce droit résulte de l'art. 882 du Code
« Napoléon ; il consiste dans la faculté de former opposition
« au partage. Cette opposition suffit pour que le partage ne
« puisse plus avoir lieu hors la présence et en fraude du créan-
« cier. Que peut-on vouloir de plus en sa faveur, et pourquoi,
« lorsqu'il aura négligé de former opposition et de veiller à
« ses droits, lui accorder une nouvelle faculté ? Le droit de
« considérer comme nul tout partage non transcrit ferait
« donc double emploi avec le droit d'opposition (3). »

(1) V. le rapport de M. Bethmont, p. 13.
(2) V. l'art. 1er du projet et l'exposé des motifs.
(3) M. de Belleyme, dans son rapport.

165. Cette explication a été jugée pleine de lumières et complaisamment reproduite par les auteurs les plus autorisés, mais, dût-on nous ranger parmi ces esprits chagrins, qui, possédés de la manie du sophisme, font consister toute leur habileté à fronder les maximes universellement reçues, nous ne craignons point d'affirmer qu'il n'a jamais été imaginé rien de plus inintelligible, de plus faux, de plus extraordinaire et de plus nul.

Et d'abord n'est-il pas évident, d'une évidence immédiate et intuitive, que le droit de *s'opposer au partage* ne peut être d'aucun secours aux tiers qui ont traité avec l'un ou l'autre des héritiers *après le partage consommé?* Singulière distraction d'un bon esprit, qui, ayant à organiser, à l'égard des tiers, les modifications que *la cessation de l'indivision* apporte dans la condition des héritiers et, par suite, le sort des droits qu'ils pourront constituer dans *l'avenir*, se préoccupe exclusivement des actes passés *pendant la période de l'indivision!*

N'est-il pas, en outre, également manifeste qu'en ce qui touche les actes passés par les héritiers postérieurement à la cessation de l'indivision, et relativement à des immeubles non compris dans leurs lots, le partage, bien que simplement déclaratif a, quant aux tiers que ces actes intéressent, *tous les résultats qu'il aurait s'il était réellement translatif de propriété?* Rappelons, en effet, que dès le jour même de l'ouverture de la succession, chaque héritier avait acquis un droit de copropriété sur la masse héréditaire, et, en vertu de sa part, la propriété exclusive mais conditionnelle de chacun des objets dont cette universalité se composait (V. ci-dessus, p. 380). Cette part, il pouvait la céder, ce droit divis mais conditionnel, il pouvait l'aliéner ou l'hypothéquer (article 2125, C. Nap.). Or, qui ne voit qu'avec la cessation de l'indivision, le titre de copropriétaire et le pouvoir de disposer qui y est attaché disparaissent dans l'avenir aussi complétement et de la même manière que si le partage était réellement et légalement translatif des droits dont il le désinvestit? Soient les deux espèces suivantes : deux héritiers étant appelés à la même succession, l'un d'eux a cédé sa part à *son cohéritier.* Une autre succession étant également dévolue à deux héritiers, l'un d'eux a vendu sa part *à un tiers acquéreur.* Nous avons, au premier cas, un *partage;* au second, une *aliénation.* Ces deux actes n'ont assurément rien de com‑ mun, si on les considère dans leur principe même et au point de vue des actes accomplis antérieurement à la cession; mais qu'on les envisage quant à l'avenir, c'est-à-dire au point de vue des tiers qui pourront se mettre en relation de droit avec le cédant, et personne ne niera qu'ils ne soient absolument identiques; car, comment ne pas voir qu'ils auront cet effet commun de faire cesser en la personne de l'héritier qui a cédé sa part le droit de copropriété dont l'avait investi son titre de cohéritier?

Cela posé, il ne faut pas aller chercher bien loin la preuve de cette autre vérité qu'en ce qui touche la combinaison des partages avec l'institution du crédit foncier, ils ne se séparent nullement des actes translatifs de propriété, et qu'ainsi de même que la vente et l'échange, ils appartiennent par essence au régime de la publicité; car s'il est constant, — et nous l'a‑ vons démontré, — qu'ils font cesser en la personne de cha‑ cune des parties qui y jouent un rôle le droit d'aliéner, soit sa part indivise dans la masse partageable, soit le droit divis, mais conditionnel, qu'elle avait sur chacun des objets indivi‑ duels de cette masse, par quelle puissante raison permet-on de les tenir cachés? Comment n'a-t-on pas compris qu'appliquer le privilége de la clandestinité à des actes si fréquemment ré‑ pétés, et qui, chaque fois qu'ils se produisent, modifient la condition civile d'une masse considérable de biens en même temps que les pouvoirs des nombreux communistes dont ils restreignent les droits, c'était, par la plus déplorable inconsé‑ quence, vouloir fonder la confiance publique sur ce qui est le plus propre à la détruire? L'état civil de la propriété ne sau‑ rait, en effet, exister avec de telles lacunes dans sa généalo‑ gie. Ainsi tronqués et mutilés, ses registres, loin d'offrir « le mémoire fidèle des droits avec lesquels les tiers peuvent trai‑ ter sûrement, » ne sont plus qu'un piége pour ceux qui vou‑ lant s'y renseigner y cherchent leur sécurité.

La loi proteste elle-même, par ses motifs et le commentaire qu'en ont donné ses rédacteurs, contre cette publicité incom‑ plète et trompeuse. « Ce n'est, dit M. de Belleyme dans son rapport, que par une révélation *entière* des charges de la pro‑ priété, ce n'est qu'en donnant aux tiers intéressés *la plus complète sécurité* que l'on peut assurer le développement si désirable du crédit immobilier. » Cette donnée parut même si essentielle qu'on crut devoir étendre le principe établi à certains actes qui, à raison de leur peu d'importance ou des éléments de publicité qu'ils portent en eux-mêmes, auraient pu, sans qu'il en résultât de bien graves inconvénients, être affranchis des formes gênantes et surtout dispendieuses de la transcription. Telles sont les cessions et quittances de sommes équivalentes à trois années de loyers ou fermages non échus, les adjudications sur saisie, qui, par les formalités dont elles sont environnées, reçoivent un si grand éclat, l'antichrèse qui se révèle par la possession, et enfin les servitudes apparentes qui se produisent par les signes extérieurs et visibles de leur existence.

Où trouver dès lors le fondement de l'exception dont les partages ont été l'objet?

166. On nous oppose qu'on ne pouvait point les soumettre au régime de la transcription *sans porter le trouble dans les dispositions du Code Napoléon.* Mais c'est là encore un faux point de vue.

Deux cas sont à considérer :

En ce qui touche les tiers dont les droits sont nés d'un acte passé avec l'un des héritiers *durant l'indivision,* nous concédons que la publicité ou la clandestinité du partage doit rester sans influence sur la validité ou la nullité de leurs titres. Et, en effet, de ces deux choses, l'une :

L'héritier dont ils sont devenus les ayant cause a-t-il pris, en traitant avec eux, le titre de propriétaire *exclusif* des biens dont il a disposé, il ne les aurait point trompés si, avant de s'engager, ils l'avaient mis en demeure d'établir la sincérité de sa déclaration par la représentation de l'acte de partage. L'impossibilité où il se serait trouvé de le montrer eût porté avec elle la preuve évidente de sa déloyauté. Ils n'ont donc été induits dans l'erreur que par un aveuglement contre lequel la plus vulgaire prudence aurait dû les mettre en garde. Or, la loi ne doit aucun secours à ceux qui, pouvant se protéger eux-mêmes, se livrent volontairement aux projets des stellionataires.

S'est-il, au contraire, présenté à eux comme propriétaire *indivis,* ils ont implicitement, par-là même, subordonné les effets de leur traité à l'avénement du partage. La loi n'avait point, en ce cas, à leur venir en aide, puisque l'art. 882 du Code Napoléon les a suffisamment armés pour la défense de leur droit.

Ainsi, et en ce qui regarde les actes de maître que l'une des parties a pu faire *durant l'indivision*, la théorie du Code Napoléon sur les partages peut être maintenue sans aucune altération; nous n'y voyons aucun inconvénient (1).

Mais quant aux actes passés par les héritiers *sortis d'indivision*, un danger fort grave se produit auquel la transcription des partages peut seule parer. Ainsi, étant donnés deux immeubles indivis, les maisons A et B, qu'on suppose qu'après avoir partagé, mais en prenant soin de me tenir caché le partage qui a eu lieu, l'un des communistes m'offre, en sa qualité de copropriétaire, une hypothèque sur celle des deux maisons qui a été placée dans le lot de son cohéritier, quel moyen aurai-je de me mettre à l'abri de cette fraude, dans le système de la clandestinité des partages? Prenons une hypothèse plus saisissante encore, supposons qu'une succession étant dévolue à *deux* héritiers, l'un d'eux me vende sa part après l'avoir déjà cédée à son cohéritier : n'est-il pas manifeste qu'en ce cas je serai victime du plus injuste guet-apens si le cohéritier de mon auteur peut mettre mon droit à néant en m'opposant une cession, d'une date, il est vrai, antérieure à mon titre, mais dont rien n'a pu me révéler l'existence?

La publicité des partages préviendrait ces sinistres ; on ne saurait dès lors l'écarter sans donner un encouragement à la fraude.

Notre système s'analyserait donc en deux chefs :

1° Quoique non transcrits, les partages sont opposables par chacun des copartageants aux ayant cause de ses cohéritiers,

---

(1) La Cour royale de Montpellier n'était pas d'aussi bonne composition. Il importe, disait-elle, d'examiner s'il n'y aurait point lieu d'introduire, dans la législation des partages, quelques modifications propres à tempérer *la rigueur du principe de leur rétroactivité. Il n'en est point dont l'application produise des perturbations plus désastreuses et donne ouverture à des fraudes plus fréquentes.* On étoufferait ainsi, ajoutait-elle, des litiges fort compliqués, chanceux pour les parties et très-lourds à la conscience des juges V. les documents, t. 1er, p. 294 et 295).

lorsque les actes produits à l'encontre de son droit ont eu lieu *pendant* l'indivision.

2° Quant aux tiers qui ont traité avec l'un ou l'autre des héritiers après le partage effectué, l'indivision, à défaut de la transcription de l'acte qui l'a fait cesser, sera tenue pour subsistante à leur égard. En conséquence, il devra être procédé à un nouveau partage dont les effets seront réglés conformément au principe doctrinal de l'art. 883 du Code Napoléon.

165. Que nos adversaires, nous les prenons pour juges, disent si cette innovation porte réellement ce caractère révolutionnaire qu'ils lui attribuent si complaisamment ! Où sont ces graves perturbations dont ils l'accusent ? La rétroactivité attachée aux effets des partages assure la paix des familles, nous ne le nions pas, mais quelle altération ce principe protecteur subirait-il dans notre système ? Demandons-nous qu'on rétrograde jusqu'au droit romain ? Nos prétentions sont plus humbles : nous voulons simplement que désormais la famille ne puisse plus tenir occultes les partages dont elle s'arme contre les tiers auxquels elle les oppose.

Comment peut-on d'ailleurs sérieusement soutenir qu'après avoir, à l'instar des plus audacieux novateurs, si profondément altéré les dispositions du Code Napoléon sur l'établissement de la propriété à l'égard des tiers et remanié, par les plus radicales innovations, les parties les plus essentielles du régime hypothécaire, le législateur a dû mutiler ses réformes et manquer d'atteindre le but plutôt que de toucher à la fiction de l'art. 883 (1) ?

----

(1) Cela nous rappelle qu'en 1844, lors de l'enquête ouverte sur la réforme projetée du régime hypothécaire, plusieurs corps savants protestèrent contre l'institution de la transcription, et la combattirent par cette considération qu'elle altérerait, dans une certaine mesure, le principe philosophique d'après lequel la propriété se transmet, sans le secours d'aucun acte extérieur, par la toute-puissance de la volonté des parties contractantes (art. 711, 1138 et 1583). N'oublions point, dirent-ils, que la bonne foi est l'âme des contrats : il serait *immoral* de l'effacer pour y substituer *des précautions purement légales.* Une pareille doctrine *dégraderait* la loi, puisqu'elle la dépouillerait de cet élément moral qui *seul lui imprime l'animation et la vie.* En rendant ainsi au consentement *l'enveloppe grossière* dont la civilisation l'a dégagé, on découronnerait le Code Napoléon de cette *philosophie spiritualiste*

168. Les partisans de la clandestinité des partages ont-ils prévu les résultats bizarres qu'elle entraîne, lorsqu'on la met aux prises avec les faits? S'il veulent juger à quel point elle est inconséquente et quelles perturbations elle apporte dans l'économie générale de la loi, qu'ils se résignent à jeter les yeux sur la longue et humiliante nomenclature des ridicules distinctions et des affreux nonsens auxquels elle les condamne, à supposer exactes les données de la jurisprudence universelle en matière de partage.

169. 1° Une succession étant dévolue à deux héritiers seulement, l'un d'eux vend sa part : cette cession appartient-elle au Code Napoléon ou à la loi nouvelle ? La question se résout *eu égard à la qualité du cessionnaire*. Le cédant a-t-il traité avec *un tiers*, la cession est *translative* du droit cédé; la loi nouvelle la gouverne par conséquent. A-t-il traité avec *son cohéritier*, elle demeure soumise au régime du Code Napoléon, car, équivalant à *partage* (art. 888), elle n'est que *déclarative* de propriété (art. 883). Et il en est ainsi quand même elle serait *aléatoire*, c'est-à-dire faite aux risques et périls du cessionnaire; ce caractère particulier ne la soustrairait point, en effet, à l'empire de l'article 883. (V. ci-dessous le n° 178.)

170. 2° Mais voici qui est plus bizarre. L'un des deux héritiers a cédé sa part à l'autre : cette cession est-elle ou non sujette à la formalité de la transcription? Où est le doute, direz-vous? L'acte qui a eu lieu équivaut à partage, puisqu'il fait cesser l'indivision; la loi nouvelle ne le régit donc point. Vous vous êtes trop pressé de conclure et vous avez perdu de vue qu'il y a en cette matière une distinction essentielle à

qui l'a placé si haut au-dessus des œuvres de la codification moderne. (V. les Doc., introd., p. LXVI, p. 204 et 206.)

Le spiritualisme, le sentimentalisme, l'idéalisme, le mysticisme, la morale épurée et romantique, sont fort de mode aujourd'hui. Nous ne serions pas surpris qu'un jour quelqu'un de ces esprits supérieurs n'entreprît d'idéaliser le mariage en l'affranchissant de ces ignobles paperasses qui le déshonorent et ne nous conseillât, après avoir supprimé comme une superfluité immorale cette matérialiste intervention de l'officier public à laquelle la loi subordonne sa validité, de nous marier désormais sous la voûte étoilée des cieux, à l'exemple du sentimental Jean Jacques ou du spiritualiste Marat.

faire. La cession dont s'agit peut, en effet, être *gratuite* ou *à titre onéreux*. Or, voyez la différence entre les deux cas! a-t-elle lieu moyennant un prix ou, pour parler plus exactement, moyennant une soulte que l'héritier cessionnaire paie au cédant, elle a tout à la fois pour *objet* et pour *effet* la cessation de l'indivision, ce qui permet de la considérer comme un partage (art. 888). Intervient-elle, au contraire, à titre de donation, il est impossible alors d'y voir autre chose qu'un acte vraiment translatif de propriété, car si elle a encore pour *effet*, elle n'a plus pour *objet* de faire cesser l'indivision (1). La cession qu'un héritier fait de sa part à son cohéritier appartient donc au régime de la clandestinité ou au régime de la publicité suivant qu'elle a lieu à titre onéreux ou à titre gratuit. Ainsi, les tiers qui, dans l'ignorance de la cession, traiteront avec le cédant, devront-ils ou non la subir? S'ils la subissent, ce sera leur ruine peut-être. Que décide la loi? Qu'ils seront ou ne seront point ruinés suivant que le cédant aura ou non stipulé de son premier cessionnaire un prix de cession !

171. 3° Si l'un de deux héritiers a renoncé à la succession, mais moyennant un prix que lui a payé ou que devra lui payer son cohéritier, cette renonciation sera-t-elle, quoique non transcrite, opposable aux tiers? mais pourquoi non, direz-vous? car qu'est-elle au fond, si ce n'est, sous une forme particulière, une vraie cession et par conséquent un acte *de disposition* ou, ce qui revient au même, un acte *translatif du droit qu'abandonne le renonçant?* La loi l'interprète elle-même en ce sens, puisqu'elle y voit une acceptation tacite de la succession (article 780), ce qu'elle n'admettrait pas, si l'acte qu'elle apprécie n'était à ses yeux un acte *de disposition* (articles 778 et 779). Ici encore vous avez été trop prompt à prendre parti. La renonciation qui a eu lieu dans l'espèce s'analyse, il est vrai, en une vente de droits successifs, mais comme elle a eu pour *objet* et pour *effet* de faire cesser l'indivision, elle constitue un

(1) MM. Rigaud et Championnière, *Traité des droits d'enregistrement*, t. 3, n° 2723; Demante, *Cours analytique*, t. 3, n° 232 *bis*, II; Dutruc, *Traité du partage*, n° 45; Dalloz, nouv. édit. v° *Enreg.*, n° 2637; cass., 5 mai 1841 *Journal du palais*, t. 2, p. 47.

vrai *partage*, et par conséquent un acte que la loi nouvell
n'atteint pas (1).

172. 4° Une succession étant dévolue à trois héritiers, l'un
d'eux a vendu sa part aux deux autres: cette cession devra
être transcrite, car, comme elle laisse subsister l'indivision
entre deux des communistes originaires, il est impossible de
voir en elle un *partage* ou même un acte qui en tienne
lieu (2). Mais si, renversant l'hypothèse, nous supposons que
deux des trois héritiers ont, par un seul et même acte, vendu
leurs parts à leur cohéritier, l'acte qui les désinvestit des
droits qu'ils avaient sur la masse indivise, échappe à la formalité de la transcription, car mettant fin à l'indivision à
l'égard de *tous* les communistes, il tient lieu de partage.

173. 5° *Primus*, l'un des trois héritiers, a cédé sa part à
Secundus, l'un de ses cohéritiers : cette cession doit être rendue publique, car ne faisant cesser l'indivision qu'au regard
du cédant, il n'est point permis de l'assimiler au partage.
Mais que *Secundus* achète, par un acte postérieur, la part de
on cohéritier *Tertius*, ou que celui-ci se porte cessionnaires

---

(1) Nous avons plus haut décidé le contraire (V. ci-dessus, le n° 132,
p. 342). Mais mieux éclairé aujourd'hui, nous devons reconnaître que la renonciation faite *aliquo dato* tient lieu de partage, du moins quand elle fait
cesser *complétement l'indivision*. Nous nous expliquons plus loin sur le cas
où elle ne la fait cesser que d'une manière relative (V. ci-dessous le n° 199).

(2) Pour qu'un acte qui, de sa nature, est translatif de propriété, puisse
tenir lieu de partage et passer pour simplement déclaratif, il ne suffit pas
qu'il soit intervenu entre un ou plusieurs des communistes, il faut qu'il
fasse cesser l'indivision *entre tous*. MM. Duranton, t. VII, n° 522 *bis* ; Bes-
lost-Jolimont, sur Chabot, obs. 1, sur l'art. 883 ; — Fouët de Conflans,
sur l'art. 883, n° 1 ; — Toullier, t. 4, n° 561 à la note ; — Aubry et
Rau, sur Zachariæ, t. 4, p. 399, note 8 ; — Marcadé, sur l'art. 883, II;—
Demante, *Cours analytique*, t. 3, n°s 225 *bis*, III ; — Rivière et Huguet,
Questions sur la transcription, n° 92 ; — Demolombe, *Traité des successions*,
t. 3, n° 618 ; — Cass., 16 janvier 1827 ; — 18 mars et 24 août 1829;
— 27 décembre 1830 ; — 31 janvier, 16 mai et 6 novembre 1832 ; —
17 décembre 1833 ; — 13 août 1838 ; — 3 décembre 1839 ; — 28 décembre 1840 ; — 19 janvier 1841 ; — 2 et 24 janvier 1844 ; — 10 juin
1845 ; — 21 juin, 12 juillet et 29 novembre 1848 ; — 7 novembre 1849;
— 10 juin, 26 août et 2 décembre 1850 ; — 26 février et 2 avril 1851: 13
décembre 1852.

Voyez ci-dessous, sous les n°s 179 et s., la réfutation de cette doctrine.

des deux parts réunies en la personne de *Secundus* et cette seconde cession, quoique opposable aux tiers comme la première, appartiendra au régime de la clandestinité.

174. 6° Ainsi, étant donnés dix héritiers appelés à la même succession, l'un d'eux a, le même jour, acheté toutes les parts de ses cohéritiers : les cessions consenties à son profit doivent-elles ou non être portées à la connaissance des tiers auxquels elles pourront être opposées? La loi distingue si les cessions ont eu lieu par un seul et même acte ou successivement et par des actes distincts. Au premier cas, elles seront toutes, quoique non transcrites, opposables aux tiers. Dans le second, on devra sous-distinguer. Et, en effet, avons-nous, par exemple, une première cession, puis, par un acte postérieur, mais unique, huit cessions conjointes : la première sera soumise à la formalité de la transcription, tandis que les huit autres en seront affranchies. A l'inverse, avons-nous d'abord huit cessions conjointes ou distinctes, puis, par un acte postérieur, une dernière cession : les huit premières relèveront du principe de publicité, tandis que pour la neuvième le régime de la clandestinité prévaudra.

175. 7°. Un immeuble de la succession a été licité : la licitation doit-elle ou non être transcrite? La loi distingue.

L'immeuble a-t-il été adjugé :

A un tiers, la transcription est indispensable;

A l'un des cohéritiers, la transcription est inutile ;

A deux héritiers conjointement, la transcription est essentielle.

176. 8° Qu'on suppose, enfin, qu'après avoir acheté de Paul la moitié indivise de sa maison, j'achète peu après l'autre moitié, ou que par deux actes distincts et successifs, j'achète de deux communistes les parts indivises d'un immeuble dont ils ont la copropriété, je devrai, dans l'un et l'autre cas, mettre mon premier titre sous les yeux des tiers, tandis qu'il me sera permis de tenir le second dans la plus parfaite obscurité.

177. Quelqu'un nous dira-t-il les raisons de ces différences? Si la publicité de l'acte en vertu duquel l'un des héritiers a cessé d'avoir toute espèce de droits sur les biens que comprenait l'indivision est une mesure sage, équitable, logique et en quelque sorte d'ordre public, tant elle est essentielle à la sécurité des transactions et, par suite, au développement

du crédit général, quand le cessionnaire est *un tiers étranger à la succession*, d'où vient qu'elle est jugée nuisible et déraisonnable au cas où le bénéficiaire de la cession est *le cohéritier du cédant?*

S'il est bon que les tiers soient instruits de la cession quand elle est à *titre gratuit,* par quel puissant motif en est-il autrement quand elle est à *titre onéreux ?*

Comment se fait-il que la publicité de la licitation soit essentielle ou vaine et sans objet suivant que l'immeuble licité a été adjugé conjointement à plusieurs des communistes ou à un seul ?

Si des actes distincts et successifs ont réuni sur la tête de l'un des communistes toutes les parts indivises, par quelle secrète considération permet-on de tenir cachée la *dernière* cession, alors que l'on tient pour indispensable que celles qui l'ont *précédée* reçoivent la plus grande publicité?

Est-ce que dans ces diverses hypothèses les deux actes qui y sont en contraste n'ont point cet effet commun qu'ils sont l'un et l'autre *opposables aux tiers?* Or, si, sous ce rapport, les deux cas sont absolument semblables, pourquoi la publicité dans l'un et la clandestinité dans l'autre? Voilà ce qu'on n'expliquera jamais!

En somme tout a été, en cette matière, livré aux caprices du hasard. La loi a oublié son rôle : au lieu de faire de l'ordre elle a fait de l'anarchie.

La transcription peut n'avoir point tous les mérites que lui attribue l'engoûment du jour : des considérations économiques d'un grand poids militent contre elle, nous le reconnaissons; mais du moment qu'on cherchait en elle les registres d'un véritable état civil de la propriété territoriale ou le miroir fidèle des embûches qu'organise la mauvaise foi contre la crédulité publique, on ne devait laisser en dehors de son empire aucun des actes qui par leur clandestinité peuvent jeter les plus graves perturbations dans les transactions sociales.

178. On a pu voir, par ce qui précède, quelles conventions sont ou ne sont point, *dans l'état actuel de la jurisprudence,* des partages ou des actes qui en tiennent lieu. Parmi les décisions que nous avons rapportées à ce sujet, il nous avait

paru tout d'abord impossible d'accepter la thèse admise sur la nature de l'acte par lequel, étant donnés deux héritiers, l'un d'eux achète à ses risques et périls les droits successifs de l'autre ou, ce qui revient au même, sa part héréditaire, telle qu'elle se comporte tant passivement qu'activement. Loin qu'un tel marché, nous disions-nous, constitue l'équivalent d'un partage, il en est plutôt l'antithèse la plus caractérisée. Qu'est-ce, en effet, que *partager* si ce n'est entrer avec son cohéritier en relation de comptes, pour déterminer avec une scrupuleuse exactitude ce qui revient à chacun, et sous la promesse implicite de l'indemniser au cas où l'égalité, qui est la base de leur traité, se trouverait, par suite de quelque erreur, méconnue à son préjudice ? Or, *acheter* la part de son cohéritier, l'acheter pour un prix dont le chiffre est peut-être de beaucoup supérieur ou de beaucoup inférieur à sa valeur réelle, et sous la condition sous-entendue que si l'un des deux souffre des fausses apparences qui l'ont déterminé à se soumettre à cette *alea*, l'opération restera irrévocable à tout événement, le préjudice éprouvé fût-il très-considérable, ce n'est plus faire ce traité de paix ou de famille d'où est rigoureusement écarté tout esprit de lucre, d'ambition ou d'intrigue ; c'est *spéculer* ou *faire du trafic,* puisque c'est agir dans le secret espoir d'obtenir plus que ce que l'on donne. Il ne se peut donc pas que la loi ait songé à assimiler, pour les soumettre à un régime commun, deux actes si essentiellement contraires. Ce qui prouve qu'au lieu de les confondre, elle les a opposés l'un à l'autre, c'est qu'elle refuse à l'héritier *trafiquant* l'action en rescision pour cause de lésion qu'elle accorde à l'héritier *partageant* (art. 889). Sous un autre rapport elle les distingue encore, sinon expressément au moins implicitement, car, tandis qu'elle déclare la clause générale de non-garantie incompatible avec la nature des partages (art. 884), elle la tient, au contraire, pour sous-entendue dans les actes portant cession d'une part héréditaire, faite aux risques et périls du cessionnaire par un héritier à son cohéritier. Or, si, sous ce double rapport, les actes de cette nature n'ont aux yeux mêmes de la loi rien de commun avec les partages, comment et à quel titre étendre jusqu'à eux la faveur de l'art. 883 ?

Bien que cette interprétation nous ait longtemps séduit,

nous avons dû, en remontant aux sources et sous la pression des précédents, nous ranger à l'avis général. L'étude des origines des articles 883 et 889 nous a montré la loi mettant un soin si scrupuleux à reproduire, à peu de choses près dans les mêmes termes, les formules de notre ancien droit que nous avons été contraint de reconnaître que, loin qu'elle ait songé à innover en ces matières, elle était, au contraire, restée religieusement attachée aux errements du passé. C'est ainsi que nous avons pu la voir se borner à copier, presque mot pour mot, un passage de Pothier sur l'un des points essentiels du partage. « *Chaque héritier*, dit cet auteur, *est censé avoir succédé seul au défunt, à tous les effets compris dans son lot, et n'avoir succédé à aucun de ceux compris dans le lot de ses cohéritiers* (1). » Sauf quelques variantes dans les termes, notre art. 883 n'est évidemment que le calque de la phrase même du savant maître dont la loi aime à suivre la leçon, qui partout l'inspire et partout la dirige. Ce qui nous a frappé non moins vivement, c'est qu'on ne trouve absolument rien, dans les travaux préparatoires du Code, qui puisse nous autoriser à penser que la théorie du partage ait été conçue et organisée dans un esprit d'innovation. Ainsi, point d'observations critiques sur les art. 883 à 892, nulle controverse soulevée à leur sujet; c'est à peine si on les trouve mentionnés soit dans les discours prononcés par MM. Treilhard au Corps législatif, et Chabot au Tribunat, soit dans les discussions engagées au conseil d'Etat sur la matière des successions. Tout indique donc que les rédacteurs du Code étaient d'accord en ce point que les principes de l'ancien droit sur les partages devaient passer sans aucune altération dans la loi nouvelle. Or, c'était autrefois une maxime universellement reçue que tout premier acte entre héritiers, fût-il qualifié sous la dénomination d'acte de vente, avait nécessairement pour objet de faire cesser l'indivision et qu'ainsi il devait à ce titre être assimilé à un partage. « Si de deux héritiers, dit Bourjon, dans son *droit commun de la France* (2), l'un cède à l'autre tous ses droits successifs moyennant un prix, *c'est toujours partage, le premier acte entre héritiers*

---

(1) Success., chap. IV, art. V.
(2) 1re partie, *Des fiefs*, chap. VI, sect. IV, no XLVII.

étant réputé tel... Cela est d'une jurisprudence constante au Châtelet de Paris. » Pothier n'est pas moins affirmatif. « Lors, dit-il, qu'il se passe un acte entre deux héritiers par lequel il est dit en termes exprès que l'un d'eux a vendu à l'autre, pour un certain prix, sa part dans la succession, il semblerait qu'il ne devrait pas être douteux qu'un tel acte fût un contrat de vente. Néanmoins, comme dans les actes, on ne doit pas tant s'arrêter aux termes que rechercher la volonté des parties et quel est l'acte qu'elles ont eu l'intention de faire, la jurisprudence a établi, que, nonobstant les termes de vente dans lesquels cet acte est conçu, il ne devait pas être considéré comme un contrat de vente, mais comme un acte *tenant lieu de partage*, parce qu'il y a lieu de présumer que la *principale intention* qu'ont eue les parties en faisant cet acte, a été de sortir d'indivision (1). Toutefois, « quoiqu'il tienne lieu de partage, il n'est guère sujet à rescision pour cause de lésion; car l'*incertum æris alieni*, dont l'acheteur se charge, empêche qu'on ne puisse dire qu'il y a lésion (2). »

Cette explication de Pothier est, à n'en pas douter, le meilleur commentaire qu'on puisse donner de l'art. 889 : la cession de droits successifs faite par un héritier à son cohéritier est un partage, mais un partage *aléatoire*, et à ce titre non rescindable pour cause de lésion; là est la vraie pensée de la loi.

179. Mais si l'autorité historique nous a contraint de nous rallier, sous ce rapport, à l'opinion commune, cette même autorité nous fait un impérieux devoir d'admettre, contrairement à l'avis à peu près universel des auteurs, qu'une cession de part, d'héritier à héritier, constitue un partage et à ce titre un acte régi par l'art. 883, alors même qu'elle ne met fin à l'indivision que d'une manière relative, c'est-à-dire qu'à l'égard d'un ou de quelques-uns des héritiers seulement.

180. La distinction qui a prévalu dans notre jurisprudence moderne (3) ne fut point, en effet, acceptée dans notre an-

---

(1) *Traité de la vente*, n° 644.

(2) *Des success.*, chap. IV, art. VI.

(3) V. ci-dessus, p. 390 à la note 2.

cien droit; elle donna lieu, il est vrai, à quelques controverses, mais après avoir agité les esprits pendant quelque
temps, elle fut écartée d'un commun accord. « Il n'y a point
de règle, dit Guyot, qui oblige les associés à ne sortir de communauté *qu'en la rompant avec tous*. L'un des associés peut
liciter sa portion soit avec l'un, soit avec tous; cela ne fait
que diminuer le nombre des copropriétaires; mais il n'y a
point de *changement de propriétaire...* C'est toujours un acte
qui n'a trait qu'à la dissolution de la communauté et dans
lequel l'esprit des contractants est de *partager et non de
vendre* (1). » Pothier, qui nous a transmis si fidèlement le dernier état de la jurisprudence française avant la Révolution, est
tout aussi explicite : « Pour qu'une vente que l'un de plusieurs cohéritiers fait de sa portion à son cohéritier soit un
partage, il n'est pas nécessaire, dit-il, qu'elle dissolve *toute
communauté*, il suffit qu'elle la dissolve *entre eux deux*.
Par exemple, si l'un de quatre héritiers vend à un autre sa
portion, quoique celui qui l'acquiert demeure en communauté avec les deux autres, cet acte n'en tient pas moins lieu
de partage; car il suffit qu'il dissolve la communauté avec celui qui a vendu sa portion (2). »

181. Cette doctrine s'alliait, au reste, en un parfait accord
à la nature même des partages et aux vues d'ordre public qui
leur ont imprimé un effet purement déclaratif. Nulle autre
opération peut-être n'est aussi difficile et aussi lente à conclure qu'un règlement de droits héréditaires en conflit. Des
intérêts contraires s'y heurtent et s'y croisent en tous sens, et
pour peu que les parties n'y apportent pas cet esprit de paix
et de conciliation auquel la nature de leurs rapports les convie, mille complications y surgissent. La loi a donc dû voir
avec une extrême faveur les actes qui, s'y rattachant par leur objet même, tendent à le conclure en partie ou le débarrassent
des incidents auxquels sa conclusion définitive demeure suspendue. Ces opérations préliminaires s'unissent à lui par une
affinité trop étroite et des rapports trop nécessaires pour qu'il
soit possible de les en séparer et de les soumettre à des règles

---

(1) Consultez le *Traité des droits d'enregistrement* de MM. Rigaud et
Championnière, t. 3, n° 2734.

(2) *Traité des fiefs*, partie I, chap. V, § 3.

que sa nature ne comporte pas; à vrai dire, il n'y a qu'une
seule opération, un *partage,* une opération unique, mais complexe, embrassant tous les actes nécessaires pour la commencer, la suivre et la parfaire. C'est ce que Guyot, que nous
avons déjà cité, met très-bien en lumière. « Les héritiers qui
arrivent à une succession ont, dit-il, un acte nécessaire à
faire; c'est le partage, c'est leur premier vœu, leur but principal, et *le premier acte qu'ils passent a toujours cet objet.* Or, le
partage entraînant plusieurs opérations, il est permis de *l'élaguer* par des actes préparatoires qui sont des espèces de *licitations,* des espèces *de partages* préliminaires qui réduisent le
partage principal à sa simplicité, qui le rendent stable et sans
remords (1). » « On a considéré, ajoutait de son côté Poquet de
Livonnière, que si ces traités ne sont pas des partages, ce sont
des dispositions préparatoires nécessaires au partage, qui,
sans cela, serait souvent difficile à consommer, soit par le
grand nombre d'héritiers et la multiplicité de fractions et di-
visions... soit pour éloigner, par cet expédient, un cohéritier
difficultueux qui pourrait troubler le partage à faire (2). » Or,
si ces licitations et attributions anticipées constituent des partages partiels destinés à se confondre plus tard avec le partage général dont ils formeront alors l'une des parties inté-
grantes, s'ils contribuent comme et avec lui à faire cesser
l'indivision, qu'y a-t-il de plus naturel que, participant à sa
nature, il participe à ses prérogatives? Comment, s'ils ne sont
que les parties d'un même tout, seraient-ils *translatifs* de
propriété alors que l'opération principale qui les embrasse est
purement *déclarative?*

« Ces actes préparatoires, disent avec une grande autorité
de raison MM. Rigaud et Championnière, ne sont pas envisagés individuellement du partage; ils en sont les éléments et
leur ensemble le constitue. Dès lors, ils en ont le caractère,
car les parties ne sauraient avoir une autre nature que le tout.
Comme le partage, ils participent de la vente et de l'échange;
mais ils ne sont ni vente ni échange; ils ont une nature distincte, déterminée par l'intention des parties qui n'est ni de

---

(1) Des licitations, chap. III, sect. III, § 1er.
(2) Livre III, chap. VI, sect. VI.

vendre, ni d'échanger, ni enfin de faire un commerce; mais seulement de sortir d'indivision (1). »

Dans quel but d'ailleurs la loi leur aurait-elle attribué un effet *translatif?* quel avantage y aurait-elle trouvé? ce but, nous ne l'apercevons pas; ces avantages, nous les avons cherchés avec une loyale et scrupuleuse attention, mais quelque effort que nous ayons fait pour les découvrir, nos recherches n'ont abouti qu'à nous convaincre plus fortement encore que la distinction proposée n'aurait été, si on l'eût faite, qu'une grosse et déplorable inconséquence. Quiconque, au reste, prendra la peine d'y réfléchir, n'hésitera point à reconnaître qu'on ne pouvait pas, sans détruire en partie l'effet *déclaratif* du partage, et par conséquent sans rouvrir d'une main les plaies de famille qu'on s'efforçait de fermer de l'autre, attribuer un effet *translatif* aux actes préparatoires, qui, joints aux actes qui l'achèvent, le constituent. Qu'on nous permette une espèce à cet égard. Trois frères ont entre eux une succession indivise. Le partage immédiat offre des difficultés telles qu'il entraînerait, si on était obligé d'y recourir, de très-graves inconvénients; l'une des parties cependant a des embarras d'affaires, qui ne lui permettent pas d'attendre plus longtemps. Coûte que coûte, il lui importe d'avoir dès à présent sa part en nature des biens indivis, ou, ce qu'elle préférerait peut-être, une somme d'argent au lieu et place d'un lot effectif. Que faire en pareil cas? liciter les biens? mais ce sont des biens patrimoniaux et il répugnerait aux parties de les voir passer entre des mains étrangères. Le moment de liciter ne serait pas d'ailleurs opportun, nous le supposons, et, si on passait outre, ou la licitation n'aboutirait pas, ou elle n'aurait lieu qu'à de fâcheuses conditions pour les licitants. — Attribuer toute la succession à l'un des frères qui paierait à chacun de ses cohéritiers le prix de sa part? Mais aucun d'eux n'est assez riche pour prendre les deux soultes à sa charge. Nous supposons d'ailleurs que, parmi les héritiers, l'un d'eux seulement est disposé à recevoir sa part autrement qu'en nature. — L'achat de la part de cet héritier par ses deux frères réunis concilierait tout; mais qui ne voit que si l'opération à conclure devait être considérée comme une vraie

(1) *Traité des droits d'enregistrement*, t. III, n° 2725.

vente et par suite comme un acte *translatif* des droits du cédant en la personne de ses cessionnaires, elle resterait impraticable dans la plupart des cas? On ne pourrait, en effet, y recourir que sous la condition de subir sur les biens héréditaires, dans la limite de la fraction indivise qu'y avait le cédant, les hypothèques légales, judiciaires ou conventionnelles dont il l'avait grevée avant de la transmettre.

Ainsi, de ces deux choses l'une : ou l'opération sera jugée impraticable, et alors le partage qui pourrait être fait à l'amiable et dans un esprit de concorde parfaite, s'il était possible de le remettre à une autre époque, sera livré aux périls d'une opération précipitée et inopportune, ou les parties se décideront à la conclure et alors elle entraînera avec elle toutes les discordes et discussions que jetait autrefois dans les familles l'effet translatif des partages.

182. Deux points essentiels nous sont donc acquis :

1º Les cessions faites entre héritiers étaient, avant le Code, assimilées aux partages, non-seulement lorsqu'elles faisaient cesser l'indivision d'une manière complète, mais au cas même où elles la laissaient subsister en partie. Cette assimilation fut constamment reçue dans notre ancienne pratique; la jurisprudence la consacra par des monuments judiciaires si souvent répétés qu'elle passa en maxime au palais. Les auteurs les plus illustres, et parmi eux le jurisconsulte éminent auquel les rédacteurs du Code ont emprunté leurs plus sages inspirations, la mirent hors de tout débat sous la puissance de leur haute autorité.

2º Considérée en elle-même, elle frappe par sa logique autant que par l'utile importance de ses résultats. Loin qu'elle fasse violence aux règles reçues en matière de partage, elle s'harmonise au contraire avec elles dans la plus parfaite concordance. Tout en elle porte un tel caractère de raison, de bon sens et d'utilité pratique, qu'à la supposer inexistante, tout esprit sage tiendrait à honneur de la fonder.

183. Le droit moderne l'aurait-il donc écartée? Voilà ce que nous ne pouvons nous décider à admettre. Les rédacteurs du Code étaient peu enclins aux nouveautés; tout le monde sait que leur confiance en Pothier était telle qu'ils ne se décidaient jamais à se séparer de son sentiment qu'après des luttes animées et sous la pression d'une impérieuse nécessité.

Or, la doctrine dont il s'était constitué le défenseur était-elle
entachée d'une erreur si manifeste, avait-elle jeté dans le
monde des affaires de si graves perturbations qu'ils aient dû
éprouver l'impérieux besoin de l'abandonner? Quels adversaires l'avaient combattue ? à quelles critiques ou protestations avait-elle donné lieu? où était relatée la liste accu-
satrice de ses imperfections? à quels besoins nouveaux était-
elle contraire? Mais, jusqu'au Code, elle n'avait partout
rencontré que des approbateurs; mais sa logique était irréprochable ; mais son utilité était manifeste et rien dans les
mœurs nouvelles ne réclamait son abrogation. Les rédacteurs
du Code l'auraient donc écartée sans motifs ou, mieux encore, à dessein et uniquement *dans le but d'entraver les partages!* L'un des auteurs que nous aurons tout à l'heure à
combattre semble se résigner à ce pénible aveu : « Nous reconnaissons, dit-il, que la doctrine nouvelle peut *être gênante
pour les familles, à qui elle enlève un moyen de simplifier les
opérations du partage; mais avant tout, il faut se plier aux
exigences de la loi* (1). » Nous aimons à penser que nos adversaires se trompent. Il nous en coûterait trop d'admettre
qu'après avoir posé en principe « qu'il faut être sobre de
nouveautés en législation et savoir laisser le bien si on est en
doute du mieux (2), » les Tronchet, les Bigot-Préameneu et le
sage Portalis aient pu pousser à ce point la manie de l'innovation.

Mais que nous dit-on encore? Ces légistes si diserts, si ardents aux luttes scientifiques, qui avaient toujours prêt un
discours d'apparat pour les questions du plus mince intérêt,
Portalis, si rebelle aux idées nouvelles, Treilhard, si hostile
au passé, Bigot, qui se tient entre eux par son esprit de transaction, tous ces doctes lutteurs se seraient entendus tacitement sur une réforme aussi profondément radicale! cette
réforme aurait été accomplie à la muette, de plein saut, sans
soulever aucune objection, ni même donner lieu à aucune
proposition directe! est-ce croyable?

Ce n'est pas assez! les art. 883 et 889 ont été empruntés
à Pothier (V. ci-dessus, p. 394 et 395). Quant à l'art. 888,

---

(1) M. Dutruc, *Traité du partage de succession*, n° 38.
(2) M. Portalis, *Discours préliminaire*, p. IV.

Guyot en a fourni la donnée : *Le premier acte*, disait cet auteur, *que font entre eux les héritiers*, a toujours le partage pour objet, « quelques termes de vente, cession ou transport qu'on y emploie (1). » L'art. 888 n'a fait que développer cette disposition. L'idée qui y a été déposée et celle de Guyot sont donc, quant au fond, absolument identiques. Nous pouvons à cet égard invoquer le témoignage du législateur lui-même : « La section, disait au conseil d'État M. Treilhard, a pensé que le premier acte que les héritiers font entre eux *tend toujours à partager la succession*. Ainsi cet acte doit être résoluble dans les mêmes cas que *tout autre partage* (2). » Ce qui est plus frappant encore, c'est que les rédacteurs de l'art. 889 ont eu la précaution de nous prévenir, par *une disposition formelle*, qu'il n'y a, sur ce point, aucune différence à faire entre la cession par laquelle l'un des héritiers acquiert les parts réunies de tous ses cohéritiers et celle qui lui est consentie par *l'un* d'eux seulement. Si donc il est vrai qu'ils ont néanmoins entendu rompre avec le passé, que penser d'eux? Faudra-t-il nous résigner à croire qu'ils ont déguisé la loi nouvelle sous les traits ou le masque de la règle abrogée?

184. Nous devrions peut-être, tant la vérité est maintenant en lumière, arrêter là notre étude sur cette importante question; mais tels sont le privilége du talent et la puissance des grands travaux accomplis, que l'autorité des noms peut tenir en échec l'évidence même. Or, par un phénomène singulier, la doctrine que nous combattons, si manifestement inadmissible qu'elle soit, a rallié à elle la plus haute cour de l'Empire, et parmi les jurisconsultes qui, dans la sphère du droit, sont la gloire de la France, les esprits les plus judicieux (3). Nous devons donc soumettre notre conviction à l'épreuve de la discussion.

« Les dispositions *exceptionnelles*, a-t-on dit, ne s'étendent ni par induction, ni par analogie d'un cas à un autre : *exceptiones sunt strictissimæ interpretationis.*

L'art. 883 a un caractère *exceptionnel*, puisqu'il déroge au principe que les hypothèques et les droits réels constitués,

---

(1) Des licitations, chap. III, sect. III, § 1er.
(2) Fenet, t. 12, p. 82.
(3) V. ci-dessus, p. 390, à la note 2.

dans la limite de son pouvoir, par le propriétaire de la chose sur laquelle ils sont établis, la suivent partout où elles passent. Ce résultat a paru même si extraordinaire qu'elle a dû, pour l'atteindre, recourir à une *fiction*.

La fiction établie n'a trait, soit d'après *les termes mêmes* de l'art. 883, soit suivant *les expressions littérales* de l'art. 888, qu'aux actes qui passés entre *les* héritiers font cesser l'indivision au regard de chacun d'eux.

Donc elle ne s'applique point aux actes qui, se bornant à écarter du partage quelques-uns des héritiers, laissent subsister l'indivision entre les autres » (1).

« Il suffit, d'ailleurs, pour s'en convaincre, de remarquer que les deux dispositions de l'art. 883 sont si essentiellement connexes entre elles, qu'elles se servent réciproquement de cause l'une à l'autre. Si, en effet, chaque héritier est censé avoir toujours été *étranger* aux biens dont il a perdu la copropriété par suite de l'acte qui l'a fait sortir d'indivision, c'est évidemment parce que l'héritier, dans le lot duquel ils sont tombés, est réputé en avoir été dès l'origine *propriétaire exclusif*. Or, si l'acte qui a fait cesser l'indivision quant à l'un des héritiers, l'a laissée subsister à l'égard des autres, on ne peut point appliquer à ces derniers la disposition suivant laquelle chaque copartageant est censé avoir toujours été *propriétaire exclusif* des biens compris dans son lot, puisqu'en ce qui le concerne l'indivision subsiste ; par suite il devient impossible de considérer l'héritier sorti d'indivision comme ayant toujours été étranger aux biens restés indivis » (2).

« Quant au partage que les héritiers indivisaires feront plus tard entre eux, il ne saurait avoir pour effet de changer la nature et le caractère de l'acte primitif. Considéré en lui-même et à son origine, cet acte était réellement translatif de propriété. Or, une fois formés et leur effet produit, les actes sont indépendants des événements de l'avenir et par conséquent définitifs » (3).

---

(1) V. les divers arrêts de la Cour de cassation cités ci-dessus, p. 390 ; MM. Demante, *Cours analytique*, t. III, n° 225 *bis* ; — Dutruc, *Du partage de succession*, n° 38. Toutefois le premier de ces auteurs n'a pas cru pouvoir invoquer l'art. 888.

(2) MM. Aubry et Rau sur Zachariæ, t. IV, p. 399, note 8, anc. édit.

(3) M. Dutruc, *Du partage de succession*, no 38.

« Les art. 2103 et 2109 ne contiennent-ils point d'ailleurs la
preuve manifeste, quoique implicite, qu'aux yeux de la loi
l'acte qui n'entraîne qu'une cessation *relative* de l'indivision
n'est pas un partage. Sur quels biens, en effet, et dans quelle
mesure le cohéritier qui a cédé sa part à l'un de ses cohéritiers, exerce-t-il son privilége? Il est bien évident qu'il ne
peut s'en prévaloir que sous la condition de provoquer le
partage de la succession, afin de déterminer la part qu'il a
transmise à son cessionnaire. Or, s'il est obligé de faire opérer
le partage, c'est qu'apparemment *le partage n'a pas eu lieu*.
L'acte intervenu entre le cédant et le cessionnaire n'est donc
qu'une vente ordinaire » (1).

Enfin le quatrième alinéa de l'art. 1er de la loi du 23 mars
1855 vient à l'appui de la distinction proposée, puisqu'il limite
la dispense de transcription qu'il établit au jugement rendu
sur licitation au profit d'*un cohéritier* ou d'*un* copartageant :
cette dispense eût été, en effet, étendue au jugement prononcé au profit de *plusieurs* héritiers adjudicataires conjoints,
si la loi y avait vu un *partage* » (2).

Des propositions fausses ou inexactes, des arguments sans
portée, une perpétuelle équivoque, voilà le fond que nous
avons à combattre.

185. 1° La disposition de l'art. 883 n'a rien d'*exceptionnel*
ni de *fictif*. Les héritiers acquérant la succession *sous la charge
du partage* (art. 815, C. Nap.) et le résultat du partage
à intervenir constituant un événement *futur* et *incertain*,
chacun d'eux reçoit réellement du défunt une propriété
exclusive ou divise, mais *conditionnelle*. Le partage rentre
donc dans la théorie générale de la conditionnalité. (V. ci-
dessus, p. 380.) Nos anciens auteurs étaient d'accord sur ce
point. « Les cohéritiers, disait Louet, n'ont point sur chaque
objet héréditaire un droit définitif et *incommutable;* ils ne
peuvent donc aliéner et hypothéquer que sous *la condition*
du partage... ç car comment pourrait-il se faire que celui qui
n'est *dominus* qu'avec *cette condition* de partage, puisse
hypothéquer ou aliéner sa part de l'héritage tout ainsi que

(1) Arrêt de la Cour de Toulouse, du 2 janvier 1847 ; Dutruc, n° 38.
(2) MM. Rivière et Huguet, Quest., n° 94.

s'il possédait *purement et simplement* (1)? » « Puisque, ajoutait Pothier, nous ne possédons par indivis *qu'à la charge du partage et en attendant que le partage déclare ce que chacun de nous doit avoir,* il s'ensuit que le droit l'indivis que chacun des copropriétaires a dans une chose *renferme le droit d'avoir le total de cette chose dans le cas où elle lui écherrait par le partage.* Par conséquent, lorsqu'un fief de succession vient *en total* par la licitation à l'un de plusieurs héritiers, *il est vrai de dire* qu'il tient le total à titre de succession (2). » « De tout ceci, il suit que chacun des héritiers ne peut hypothéquer à ses créanciers le droit qu'il a dans la succession, que tel qu'il l'a : *Nemo plus juris ad alium transferre potest quam ipse habet* (3). » Cette propriété divise et exclusive, mais *conditionnelle*, comprise dans le droit indivis de copropriété a été récemment expliquée et démontrée dans une forme très-saisissante par un écrivain passé maître dans l'art de bien dire. « Chacun des cohéritiers, enseigne M. Devalroger, a sur chaque objet héréditaire un droit au tout ou y est absolument étranger suivant le résultat du partage à intervenir. Un bien tombe à mon lot? C'est la condition suspensive sous laquelle j'étais propriétaire de chaque objet héréditaire qui s'accomplit pour ce bien. Cet autre objet échoit à votre lot? Par l'effet de la condition résolutoire qui correspond toujours à la condition suspensive, le droit que je paraissais y avoir ne doit-il pas s'effacer? Pourquoi donc appeler la maxime française une *fiction,* comme on le fait communément! Il y a fiction si la rétroactivité attachée aux conditions en est une, mais cette rétroactivité n'est-elle pas plutôt une vérité? Le droit, sans doute, n'apparaît pas jusqu'à l'événement qui le fera éclater ; mais en dépit du fait actuel qui apparaît seul dans l'ordre matériel, la conscience proclame à l'avance le droit, qui n'en existe pas moins dès maintenant, quoiqu'il ne doive être révélé que dans l'avenir (4). »

---

(1) Rec. d'arrêts, H. xi, n° 2.

(2) *Traité des fiefs,* partie i, chap. v, art. ii, § 3.

(3) *Traité des successions,* chap. iv, art. v.

(4) De l'origine et des effets de la maxime : le mort saisit le vif. (*Revue de droit français et étranger,* t. vii, p. 108 et suiv.). — V. dans le même sens. M. Demolombe *Trait des successions,* t. iii, pag. 534.

Ainsi, ce point nous sera concédé sans doute, si les hypothèques consenties pendant l'indivision par l'un des héritiers
ou acquises de son chef s'effacent et demeurent sans valeur
lorsque la chose sur laquelle il les a établies ne tombe point
dans son lot, si elles ne la suivent point dans les mains des
autres héritiers, cet effet a lieu non point par *exception* à la
loi générale ou à l'aide d'une *fiction*, mais directement et par
application de ces maximes de notre droit : *Nemo plus juris
ad alium transferre potest quam ipse habet.. ; Resoluto jure
dantis resolvitur jus accipientis.* Or, si l'art. 883 n'est qu'un
corollaire naturel du principe déposé par la loi dans l'article 2125, si, en un mot, loin de déroger au droit commun, il
en fait partie, il est clair que la maxime *Exceptiones sunt
strictissimæ interpretationis* ne l'atteint pas.

Si la rétroactivité qu'il attache aux effets du partage était
déplorable en quelque point essentiel, nos adversaires seraient
autorisés sans doute à lutter contre elle ; mais elle se recom-
mande, au contraire, par l'équité, la logique et l'utilité de ses
résultats (V. ci-dessus, p. 396 à 399)! Par quel impérieux besoin
s'efforcent-ils alors de la renfermer dans les plus étroites
limites ? Au lieu de tourmenter les textes par de laborieuses
subtilités et d'en déduire des abstractions propres à l'obscurcir, il serait, ce nous semble, plus sage d'effacer, par l'étude
de ses origines et l'esprit dans lequel elle a été conçue, les
misérables équivoques auxquelles peuvent prêter peut-être
les termes ambigus de sa formule... C'est, au reste, ce que
nos adversaires font eux-mêmes, lorsqu'ils l'étendent, sans
exception aucune, à tous les cas d'indivision, bien que l'article 883 qui l'établit n'ait trait qu'au partage de succession.

186. 2° L'exception que consacre l'art. 883 ne s'applique, nous
dit-on, qu'aux actes qui en faisant cesser l'indivision entre *les*
héritiers la font cesser d'une manière complète; c'est, en
effet, ce qui résulte *des expressions littérales de l'art.* 888 (1).
Nous avons lu cet article, nous l'avons lu avec une scrupuleuse attention, y cherchant les expressions si affirmativement
annoncées; et à notre grand étonnement nous n'y avons rien
trouvé dont on puisse s'armer contre nous. La loi n'y vise point,
en effet, les actes qui font cesser l'indivision entre *tous* les hé-

(1) M. Dutruc, n° 38 ; arrêt de cass., 6 novembre 1832.

ritiers ou même entre *les* héritiers. Sa formule est tout autre ; aucune expression, ni l'adjectif *tous*, ni la particule *les*, n'en limite la portée : « Tout acte, y est-il dit, qui fait cesser l'indivision *entre héritiers* est un partage. » Or, quand l'un des héritiers cède sa part à ses cohéritiers, cet acte fait certainement cesser l'indivision entre héritiers, puisqu'elle la fait cesser entre l'un d'eux et les autres. MM. Demante (1), Aubry et Rau sur Zachariæ (2), en font eux-mêmes l'aveu.

Laissons là cet art. 888 : loin qu'il tienne notre doctrine en échec, il s'y adapte, au contraire, avec une merveilleuse facilité. Nous le reprendrons, au reste, tout à l'heure, mais pour le tourner contre nos adversaires.

187. 3° Les expressions de l'art. 883 n'ont également rien d'exclusif, car rien ne s'oppose à ce qu'on les entende en ce sens que « *tout héritier* qui a reçu un lot est réputé avoir succédé seul aux effets qui s'y trouvent compris... Ce qui corrobore cette interprétation, et montre clairement même que la loi ne se place point dans l'hypothèse où *chaque* héritier a reçu un lot, c'est que dans sa seconde disposition elle vise « *les autres biens de la succession*, » sans distinguer s'ils ont été ou non partagés. Au reste, que cette donnée soit ou non exacte, il n'importe. Oui, dirons-nous, la loi suppose que *chaque héritier* a reçu un lot, ce qui implique la cessation *absolue* de l'indivision, c'est-à-dire un partage fini, achevé, complet ; mais ce partage sur lequel elle statue, ce partage actuellement achevé, comment a-t-il eu lieu ? Par un seul acte et sans aucun trait de temps entre les diverses parties qui le composent ou par des actes distincts et accomplis en différents temps ? Voilà ce qu'elle ne dit point ! Or, si elle n'a pas cru devoir énoncer cette distinction dans sa formule, c'est qu'apparemment elle n'a pas entendu l'y mettre. Tout au moins nous concédera-t-on que s'il ne nous est point permis d'exciper de son silence contre nos adversaires, à bien plus forte raison ne peuvent-ils point s'en prévaloir contre nous.

188. 4° Mais, nous dit-on, l'acte par lequel un des héritiers cède sa part à ses cohéritiers ou à l'un d'eux doit être apprécié d'apr   son   rigine ; or, au moment où il a lieu, il ne par-

---

(1) *Cours anal.*, t. III, n° 232 *bis*, III.
(2) T. III, p. 412, note 2, anc. édit.

tage rien puisqu'il laisse subsister l'indivision entre les autres héritiers. Dès lors, qu'importe que les héritiers restés indivisaires fassent plus tard un partage entre eux! Un acte ne saurait ainsi changer de nature au gré des événements de l'avenir. Une fois fixée, sa nature est immuable.

Pure pétition de principe! L'objection serait irréprochable sans doute et nous devrions la subir s'il était vrai, ainsi qu'on l'affirme, que cette cession n'a été, dans l'intention des parties, qu'une *vente ordinaire*, c'est-à-dire un acte conclu en dehors de toute idée de partage et uniquement dans des vues de spéculation : alors en effet, elle ne partagerait rien ; aucun lien ne la rattacherait, ni dans le présent ni dans l'avenir, au partage, et n'en faisant aucunement partie, elle resterait perpétuellement ce qu'elle serait dans son principe, une vraie vente. Mais cette donnée est inadmissible. Les héritiers qui font entre eux un premier acte ont certainement pour objet non point de faire un trafic, mais simplement de sortir d'indivision. Ainsi, qu'on suppose qu'afin d'écarter un héritier difficultueux ses cohéritiers consentent à lui attribuer dès à présent et à titre de lot des objets individuels de la succession, le surplus des biens devant, pendant quelque temps encore, rester indivis entre eux : quelqu'un doutera-t-il que ce lotissement partiel ne soit réellement dans l'intention des parties l'un des actes à accomplir en vue de la cessation de l'indivision et par suite l'un des éléments du partage? Or, qu'importe que l'héritier qu'on écarte reçoive en nature des biens héréditaires ou une somme d'argent qui en tienne lieu?

189. 5° A supposer qu'il y ait une connexité intime entre les deux dispositions de l'art. 883, elle ne saurait nous faire obstacle, puisque dans notre système nous envisageons e partage au moment où les divers actes qui le constituent se trouvent tous accomplis. Mais nous allons plus loin : nous n'admettons point que les deux chefs de l'article précité soient si étroitement et si essentiellement liés entre eux, que tout obstacle de fait ou de droit apporté à l'un des deux doive nécessairement rendre l'autre impossible. En soi, cette connexité n'a évidemment rien d'essentiel; car, on ne voit pas qu'il soit absolument indispensable pour qu'un héritier soit réputé avoir toujours été étranger aux biens dont il perd la

copropriété par l'acte qui le fait sortir d'indivision, que ses
cohéritiers soient à l'inverse réputés, *chacun d'eux pris à
part*, avoir toujours été seuls propriétaires d'une portion déterminée et divise de ces mêmes biens ; il suffit évidemment
qu'ils soient réputés en avoir toujours eu *seuls* la propriété
indivise. C'est ce que semble indiquer l'art. 883 lui-même,
puisqu'il déclare que chaque héritier est censé avoir succédé
seul aux biens compris dans son lot et n'avoir jamais eu la
propriété *des autres effets de la succession*, sans distinguer si
ces autres effets ont été partagés entre les autres héritiers ou
s'ils sont encore dans l'indivision.

190. Si d'ailleurs la nature même des choses impliquait
forcément une subordination réciproque entre les deux dispositions de la loi, ce serait surtout en ce sens que la fiction
suivant laquelle les héritiers sont réputés tenir du défunt la
propriété divise ou exclusive des biens placés dans leur lot
n'est possible qu'autant qu'elle s'applique *à chacun d'eux ;* il
paraît, en effet, difficile d'admettre que l'un des copartageants
puisse être l'ayant cause de son cohéritier, tandis que celui-
ci rattacherait directement tout son droit au défunt. Mais à
ce point de vue même la connexion qu'on nous oppose serait
encore inadmissible. Il se peut fort bien, en effet, quoique
cela paraisse bizarre, qu'un partage soit, d'un côté, *acquisitif d'une propriété nouvelle*, et, de l'autre, purement *déclaratif d'une propriété préexistante*. Soit l'espèce suivante. Une
succession étant indivise entre *Primus* et *Secundus*, l'indivision a cessé au moyen d'un acte par lequel *Secundus* a reçu
la succession *tout entière*, en retour d'un immeuble à *lui
propre* qu'il a cédé, à titre de soulte, à *Primus* son cohéritier.
On ne verra sans doute, dans cet accommodement, qu'un véritable partage. C'est ainsi qu'on l'envisagerait certainement
si, au lieu de consister en *un immeuble*, la soulte à payer devait être, ainsi que cela se pratique habituellement, fournie
en argent ; car l'acte qui met fin à l'indivision ne cesse point
d'être un partage, quoique moyennant des arrangements
particuliers il attribue à l'un des héritiers la *totalité* des biens
en nature (1). Or, si la soulte peut se combiner avec le par-

_____

(1) MM. Demante, t. III, n° 225 *bis*, II ; — Demolombe, *Traité des successions*, t. III, n° 672.

tage et former l'un des éléments qui le constituent, qu'importe qu'elle ait telle ou telle chose pour objet? La circonstance qu'elle est immobilière ne saurait avoir aucune influence sur la qualification à donner à l'acte dont elle fait partie. Il est vrai qu'aux termes de l'art. 833 la soulte doit consister *en rente ou en argent,* mais cette disposition n'a évidemment trait qu'aux partages judiciaires.

L'hypothèse que nous avons faite rentre donc bien dans la théorie du partage. Ce point admis, notre proposition se trouve par là même démontrée. *Secundus* n'a rien acquis du chef de *Primus* son cohéritier : la succession qui lui a été attribuée en totalité lui vient tout entière du défunt. *Primus* n'a rien reçu du défunt : la propriété entrée dans son patrimoine lui vient tout entière de son cohéritier *Secundus.* L'un est uniquement l'ayant cause du défunt, l'autre uniquement l'ayant cause de son cohéritier.

191. Nous n'avons pas besoin de dire que, même en les violentant, il est impossible d'accommoder à ce résultat (1) les expressions de l'art. 883. Dès lors que nos adversaires choisissent : qu'ils reconnaissent avec nous que l'agencement des termes de la loi en cette matière n'a ni l'importance qu'ils y attachent ni les conséquences qu'ils en tirent, ou, s'ils persistent à la prendre au pied de la lettre et à lui donner le sens que nous n'y trouvons point, qu'ils se condamnent eux-mêmes et se résignent à dire que les partages avec soulte constituent des *échanges* ou des *ventes* ordinaires, quand l'héritier qui paie la soulte reçoit la totalité des biens indivis et, dans le cas contraire, des actes appartenant tout à la fois à l'*échange,* à la *vente* et au *partage* (2).

192. 6° L'argument qu'on emprunte à grand'peine aux

(1) D'Argentré le tenait pour très-juridique dans l'ancien droit, mais Dumoulin protestait. La convention par laquelle l'un des héritiers reçoit la totalité des biens héréditaires à la charge d'abandonner en retour à ses cohéritiers des biens tirés de son propre patrimoine, n'est et ne peut être, disait-il, qu'un acte purement et doublement translatif de propriété ou un échange. (Consultez MM. Rigaud et Championnière, t. III, n° 2710.)

(2) Cette donnée que les partages avec soultes ne sont, sous une dénomination impropre, que des ventes ou des échanges, n'est point généralement admise. — V. toutefois deux arrêts de la Cour de Toulouse, l'un du 2 janvier 1847, l'autre du 14 décembre 1850.

art. 2103 et 2109 n'est autre que cette éternelle équivoque que nous avons partout rencontrée et partout combattue. Si, nous dit-on, l'héritier qui a cédé sa part à ses cohéritiers et qui entend exercer son privilége est, en effet, obligé de provoquer le partage de la succession, c'est qu'apparemment la succession n'a pas encore été partagée. Sans doute ; mais si l'acte qui a eu lieu n'a point parfait le partage, il l'a au moins commencé, et cela suffit pour lui appliquer les dispositions des articles 883 et 2103-3°, puisque, selon le principe que nous avons établi, les actes qui commencent le partage étant de même nature que ceux qui l'achèvent ne forment qu'un seul tout soumis à un régime commun.

193. Quant au quatrième alinéa de l'art. 1 de la loi du 23 mars 1855, il y est dit, il est vrai, qu'on doit transcrire tout jugement d'adjudication autre que celui rendu sur licitation au profit d'*un* cohéritier ou d'*un* copartageant, d'où il semble que la transcription est nécessaire au cas où l'immeuble a été adjugé conjointement à *plusieurs* héritiers ou copartageants ; mais personne n'ignore combien sont peu sûrs les arguments *à contrario,* et, dans l'espèce, celui qu'on invoque l'est d'autant moins que la disposition d'où on le tire est pleine de contre-sens : elle a été rédigée d'une si étrange façon qu'il est impossible de s'attacher scrupuleusement aux termes que la loi y a employés (1).

194. Les textes ne nous sont donc pas hostiles. Nous pouvons même, nous appuyant sur eux, les retourner contre nos adversaires. On nous concédera bien que l'art. 889 vise non-seulement les actes qui font *entièrement* cesser l'indivision, comme la cession de droits successifs faite à l'un des héritiers par tous ses cohéritiers, mais encore ceux qui n'y mettent fin que d'une manière relative, comme la vente par laquelle l'un des héritiers cède ses droits à tous ses cohéritiers ou à *l'un d'eux.* On ne niera point non plus qu'il n'ait pour objet de modifier, au point de vue de la rescision pour cause de lésion, la règle déposée dans l'art. 888 et qu'ainsi les deux actes sur lesquels il statue ne fassent également l'objet de

____

(1) V. p. 199 et suiv., sous le n° 78, la démonstration de ce point de droit.

cette dernière disposition. Or, ces actes ne peuvent être que des *partages*, puisque les textes qui les règlent appartiennent au chapitre *du partage*. L'art. 888 le dit d'ailleurs formellement.

Les auteurs que nous combattons en conviennent eux-mêmes, mais comme cet aveu fait échec à leur système ils ont dû imaginer une distinction propre à se tirer de cette impasse. Sans doute, ont-ils dit, les actes que visent les art. 888 et 889, la cession qui ne fait cesser l'indivision que d'une manière *relative* comme celle qui y met fin d'une manière *absolue*, sont tous des *partages ;* mais à quel point de vue, si ce n'est quant à l'objet que ces textes réglementent, c'est-à-dire sous le rapport *de l'action en rescision pour cause de lésion ?* Oui, à ce point de vue, la cession de ses droits successifs faite par un héritier soit à tous ses cohéritiers, soit à l'un d'eux, constitue, quoiqu'elle ne fasse cesser l'indivision qu'à l'égard du cédant, un véritable *partage*, en ce sens qu'elle est rescindable pour la simple lésion de plus d'un quart, lorsque d'ailleurs elle ne rentre point dans l'hypothèse réglée par l'art. 889 ; mais quand on l'envisage *au point de vue de l'art.* 883, c'est-à-dire sous le rapport des effets qu'elle doit produire tant au regard des ayant cause ultérieurs du cédant qu'à l'égard des héritiers cessionnaires, on n'y peut voir alors qu'une vraie *vente*, c'est-à-dire un acte réellement *translatif de propriété* (1).

Étrange paradoxe ! comment veut-on qu'un acte accompli dans un but *unique*, entre les *mêmes parties* et relativement aux *mêmes droits*, puisse ainsi associer en lui deux natures exclusives l'une de l'autre, ou, en autres termes, deux actes essentiellement incompatibles entre eux, un partage et une vente ? Si cet acte est un partage à l'effet d'admettre la rescision pour la simple lésion de plus du quart, si, sous ce rapport, la loi le traite avec faveur, c'est qu'apparemment elle y voit un vrai *acte de famille*, conçu principalement *dans la vue de faire cesser l'indivision* et accompli dans *un pur esprit d'égalité*. Or, par quelle vertu magique ce même acte, quoique unique, ne serait-il, aux yeux de la même loi et entre les mêmes par-

---

(1) MM. Aubry et Rau sur Zachariæ, t. IV, p. 394, note 2, p. 412, note 11 ; — Demante, *Cours analytique*, t. III, nos 225 *bis* II et 232 *bis*, III.

ties, qu'une spéculation ordinaire, indigne à ce titre de participer au bénéfice de l'art. 883? Nos adversaires ont évidemment tenté l'impossible, car personne ne croira jamais que les mêmes parties puissent être tout à la fois, dans la même affaire, de simples communistes, uniquement animés de la pensée fraternelle de déterminer aussi exactement que possible ce qui revient à chacun, et d'affreux trafiquants que le désir du lucre met seul aux prises. Ils n'auraient point, au reste, commis cette lourde méprise si, au lieu d'expliquer les art. 888 et 889 comme des dispositions nouvelles, ils avaient pris soin de remonter jusqu'à leur origine. Déjà, en effet, nous avons montré que nos anciens auteurs, notamment Pothier et Guyot, nous en avaient fourni la donnée et la formule (V. ci-dessus p. 394, 395 et 401). Or, on n'a jamais douté dans notre ancien droit que les actes engagés dans ce débat ne fussent de véritables partages *tant au point de vue de l'effet déclaratif* qu'au regard de la rescision pour lésion. Ce sont des partages, disait Pothier; donc ils ne donnent ouverture à *aucun profit de vente* (1). Ce qui était implicitement reconnaître qu'ils n'étaient que *déclaratifs* de propriété, car s'il leur avait attribué un effet *translatif*, il les aurait évidemment soumis *au droit de vente*, au lieu de les en exonérer. Guyot était plus explicite : « L'un des associés, disait-il, peut céder sa part soit à tous ses cohéritiers, soit à l'un d'eux..., mais il n'y a point de *changement de propriétaire*. C'est toujours un acte qui n'a trait *qu'à la cessation de l'indivision* et dans lequel l'esprit des contractants est de *partager et non de vendre.*

195. Ainsi, et sous quelque point de vue qu'on les envisage, les textes nous sont plutôt favorables que contraires. C'est un point que nos adversaires ne nous contesteront plus. Mais alors quelle ressource leur reste? L'autorité des précédents? Elle les condamne. L'esprit de la loi? ils nous l'abandonnent (V. ci-dessus, p. 400). Les notions du bon sens? Mais qu'y a-t-il de plus naturel et de plus logique que les parties d'un même tout soient uniformément régies? qu'importe qu'il y ait eu ou non un trait de temps entre elles? ce point est indifférent, puisque dans l'un et l'autre cas elles tendent au même but et

(1) *Traité des fiefs*, partie I, chap. V, § III, de la licitation.

donnent le même résultat. Si, en effet, j'achète aujourd'hui la part de l'un de mes deux cohéritiers et demain la part de l'autre, quelle différence y aura-t-il entre ces deux actes, si ce n'est que l'un aura complété ou terminé ce que l'autre avait commencé? Et il est si vrai qu'ils tendent, bien qu'accomplis en différents temps, au même objet et que chacun d'eux a sa part dans le résultat obtenu, qu'individuellement aucun des deux n'y pourrait conduire. Supprimez, en effet, l'un ou l'autre, et l'indivision restera forcément en partie subsistante.

196. L'ancienne maxime que tout premier acte qui fait cesser, *en tout* ou *en partie*, une indivision entre héritiers constitue un partage (1) ramènera à elle, nous n'en doutons point, les esprits les plus prévenus. L'évidence peut rester longtemps obscurcie, mais, tôt ou tard, il faut enfin de compte subir son empire. Déjà, au reste, la théorie contraire tend à se modifier. C'est ainsi notamment que l'administration a cru devoir décider que lorsque par des actes *séparés*, mais passés le *même jour* et devant le *même notaire*, l'un des héritiers acquiert toutes les parts de ses cohéritiers, le droit de vente n'est pas exigible. Bien que séparés, ces divers actes ont été considérés comme les parties d'un même tout (2). MM. Massé et Vergé sur Zachariæ sont entrés plus avant dans la voie des concessions. Selon ces savants auteurs les actes qui ne font cesser l'indivision que pour un seul des héritiers constituent des partages, même au point de vue de l'effet déclaratif, *lorsque tous les héritiers y ont concouru* (3). Cette distinction est une dernière entrave à écarter. L'ancien droit ne la faisait pas, et la loi nouvelle, nous l'avons montré, est restée fidèle à la tradition. Sur quel motif la fonder d'ailleurs? M. Demolombe nous répond, à cet égard, par le dilemme suivant :

---

(1) En ce sens, MM. Rigaud et Championnière, *Droits d'enregistrement*, t. III, n° 2735 ; — Rolland de Villargues, v° *Licit.*, n°s 10 et suiv. ; — Vazeille, art. 883, n° 11; — Duvergier, *De la vente*, t. 2, n° 147; — Dalloz, nouv. édit., t. XXI, v° *Enregist.*, n° 2655 ; — Ernest Tambour, *De l'effet déclaratif des partages de successions*, p. 146 et suiv.; — arrêts des Cours de Montpellier (19 juillet 1828 ; 7 juillet 1842 ; 21 décembre 1844), de Toulouse (6 décembre 1834) et de Paris (11 janvier 1808).

(2) Délibération du 30 octobre 1829.

(3) T. II, p. 364, n° 8.

Nul ne peut disposer de la chose d'autrui sans le consentement du propriétaire ;

Or dans l'état d'indivision chacun des communistes a un droit dans chacun des biens qui composent la masse ;

Donc le partage de ces biens ne peut avoir lieu qu'avec le concours de tous ceux qui y ont droit (1).

Ce raisonnement peut être décisif lorsqu'on l'applique au cas où il s'agit d'attribuer dès à présent à l'un des héritiers et afin de le faire sortir d'indivision, la propriété exclusive de certains biens de la masse ; mais nous cessons de le comprendre lorsqu'on l'étend à l'acte par lequel l'un des héritiers cède *sa part* ou *ses droits successifs* à l'un de ses cohéritiers. Quelle atteinte cette cession porte-t-elle au droit des héritiers non cessionnaires? Elle ne peut que leur être utile, puisqu'elle n'a d'autre effet, quant à eux, que de faciliter les opérations et la conclusion définitive du partage en écartant un héritier difficultueux ou tout au moins en limitant le nombre des prétendants. Or, si elle laisse intact, sans y toucher sous aucun rapport, le droit des autres héritiers, où est la nécessité de leur concours à l'acte? et d'ailleurs, ne l'approuveront-ils pas plus tard, en admettant le cessionnaire à prendre au partage, soit deux lots correspondants à chacune des deux parts dont il est nanti, soit un lot unique mais égal au montant de ses deux parts réunies?

197. Ainsi et en ce qui touche les cessions de parts ou de droits successifs, notre théorie demeure absolue. Toutefois nous croyons devoir y apporter, mais sous un autre rapport, un certain tempérament. L'acte par lequel un héritier cède sa part soit à tous ses cohéritiers, soit même à l'un d'eux et sans le concours des autres, est réputé avoir, dans l'intention des parties, *pour objet direct et principal* la cessation partielle de l'indivision ; sur ce fondement, la loi en fait un partage. Mais cette présomption n'est pas exclusive de la preuve contraire, car on n'y rencontre ni l'un ni l'autre des caractères qui ont motivé les prohibitions exceptionnelles que la loi a déposées dans l'art. 1352. Si donc les circonstances dans lesquelles la cession a eu lieu étaient telles qu'il fût constant et manifeste qu'elle a été conclue non dans la vue de partager,

---

(1) *Traité des sucçessions*, t. III; n° 617.

mais de vendre, il nous paraît certain qu'alors elle devrait avoir et conserver, même aux yeux de la loi, le véritable caractère que lui imprimerait l'évidence des faits. Tel serait notamment le cas où peu d'instants avant la répartition des lots par la voie du sort, et alors que toutes les opérations préparatoires du partage étaient définitivement terminées, l'une des parties céderait sa part à l'un de ses cohéritiers. Cette cession n'aurait évidemment pas *pour objet* la cessation de l'indivision, elle ne l'aurait même pas *pour effet*, puisqu'elle ne modifierait, sous aucun rapport, l'opération qui reste à faire pour clore le partage et le consommer. A vrai dire, elle y serait tout aussi étrangère que celle qui serait conclue après la répartition des lots. Il est donc impossible d'y voir autre chose qu'une vraie vente.

Il en serait de même, suivant nous, de la cession limitée à une fraction déterminée, telle que la moitié ou le tiers, de la part du cédant. Comment, en effet, aurait-elle la cessation de l'indivision *pour objet?* Elle ne restreint point le nombre des prétendants, puisque le cédant reste en cause ; Il faudra faire autant de lots que s'il était resté nanti de sa part entière ; dès lors par quel côté prépare-t-elle le partage? à quel point de vue le facilite-t-elle ? Or, si elle ne lui vient en aide sous aucun rapport, il est impossible d'en faire l'un [de ses éléments.

Rappelons enfin que, selon l'opinion générale, les cessions *gratuites* ne sont, en aucun cas, assimilées à des partages.

198. Une hypothèse singulière pourra se présenter. *Primus* appelé à une succession concurremment avec *Secundus* vend sa part à un tiers. Cette cession, à son origine même, n'est évidemment qu'un acte de spéculation, une vraie vente, et par conséquent un acte *translatif* du droit qu'elle a pour objet. Mais que décider si le cessionnaire primitif vient à être écarté par *Secundus*, le cohéritier du cédant (art. 841)? L'indivision cessant et cessant même, dans l'espèce, pour le tout, par l'effet de ce retrait successoral, pourra-t-on soutenir que la cession originaire s'est, par cette subrogation de *Secundus* au premier cessionnaire, transformée en un véritable *partage?*

Le retrayant n'agit point dans un esprit de lucre. S'il écarte le cessionnaire et se décide à prendre sa place au contrat, c'est uniquement *en vue de la cessation de l'indivision*, puisqu'il n'a d'autre désir que d'écarter du partage un étranger qui par sa présence pourrait y apporter le trouble.

Le retrait a donc pour effet, dira-t-on, de substituer au cessionnaire que l'appât du gain avait seul mis en jeu un cessionnaire qui n'a eu d'autre préoccupation que le partage. Or, cette modification, étant essentielle, imprime au contrat un caractère tout nouveau. C'est bien toujours, sans doute, une cession, mais une cession qui, ayant eu pour objet et pour effet de faire cesser l'indivision, constitue un vrai partage ou tout au moins un acte qui en tient lieu. S'il en était autrement, le retrait serait plein de périls pour les retrayants, puisque après avoir désintéressé le cessionnaire, ils resteraient soumis à toutes les conséquences qu'entraîne avec lui l'effet *translatif* de la cession. La loi n'a pas dû évidemment les placer dans cette dure alternative ou d'admettre un étranger au partage, ou de prendre à leurs risques tous les périls que la cession, considérée comme vraie vente et suivie du paiement du prix, tient suspendus sur la tête du cessionnaire.

Telle n'est point notre manière de voir. La cession n'a été, de la part du cédant et du cessionnaire originaire, qu'un pur trafic ; elle n'a eu ni pour objet ni même pour effet de faire cesser l'indivision. Or, si elle ne se rattache par aucun côté aux données du partage, si tout en elle y répugne, son objet, son effet et la qualité des parties qui l'ont conclue, comment la substitution du retrayant au premier cessionnaire pourrait-elle lui imprimer un caractère avec lequel elle est par essence incompatible? La loi n'a point, que nous sachions, attaché au retrait l'effet exorbitant de dénaturer la cession qui y donne lieu, ou mieux encore de la remplacer par un tout autre contrat. Qu'on dise qu'en y substituant un cessionnaire à un autre, il la résout rétroactivement en la personne du cessionnaire qu'il écarte, nous ne le contesterons point, mais cette modification apportée au contrat ne l'altère point dans ses autres parties essentielles : c'est toujours le même contrat ; rien n'y est changé que la personne du cessionnaire. (V. ci-dessus, p. 161, le n° 64.)

199. Il est temps de nous résumer.

Sont, suivant nous, affranchis de la formalité de la transcription telle qu'elle est prescrite et réglée par la loi du 23 mars 1855 :

1º Les partages ordinaires, avec ou sans soulte. — Et il en serait ainsi, alors même que le partage aurait pour effet de modifier en la personne des copartageants la propriété qu'ils tiennent du défunt. Nous faisons allusion au cas, assez fréquent, où les parties conviennent que tel immeuble placé dans un lot sera grevé de tel ou tel service foncier pour l'avantage et l'utilité d'un autre fonds compris dans un second lot. Il semble bien au premier abord qu'en ce qui touche la servitude ainsi établie, le partage ne peut pas être considéré comme un acte simplement déclaratif, puisque l'héritier auquel a été attribué le fonds dominant se trouve nanti d'une propriété autre que celle qu'avait le défunt; mais ce n'est là qu'une fausse apparence. Le service foncier qui a été établi ayant été détaché ou démembré d'un droit de propriété compris dans la masse partageable, l'héritier qui en bénéficie le tient réellement du défunt.

2º L'attribution de la totalité des biens indivis à l'un des héritiers chargé de donner en retour à ses cohéritiers une soulte consistant soit en rente ou en argent, soit même en biens tirés de son patrimoine personnel. — Il est bien entendu que la dispense de la formalité de la transcription n'a trait, dans l'espèce, qu'aux biens provenant du défunt. En ce qui touche l'immeuble sorti du patrimoine particulier de l'héritier chargé de la soulte, le partage, étant *translatif* de propriété, appartient évidemment au principe de la publicité (V. à ce sujet les nᵒˢ 73 et 74). Ainsi, tandis qu'il sera, quoique non transcrit, opposable aux ayant cause de l'héritier ou des héritiers devenus propriétaires des biens qu'ils ont reçus à titre de soulte, il restera comme inexistant et sans effet à l'égard des tiers qui dans l'avenir traiteront, relativement à ces biens, avec l'héritier qui les a fournis (1).

3º L'acte par lequel un lot a été attribué à l'un des héritiers, le surplus de la masse partageable devant rester, pendant quelque temps encore, indivis entre les autres héritiers.

4º En général et sauf le tempérament apporté ci-dessus (nº 197) au principe, toute cession de part ou de droits successifs faite entre héritiers. Qu'elle ait été consentie par l'un

---

(1) V. MM. Rivière et Huguet, Quest., nº 98.

d'eux au profit de tous, ou par chacun d'eux au profit d'un seul ou entre deux d'entre eux seulement, il n'importe. Mais il est nécessaire qu'elle soit à *titre onéreux*.

5° Tout acte qui a pour objet de faire cesser une indivision existant soit entre un tiers, cessionnaire de la part de l'un des héritiers, et les autres héritiers, soit entre les divers cessionnaires de parts distinctes. Ainsi, qu'après avoir acheté la part de l'un des deux héritiers entre lesquels la succession est indivise, j'achète par un second acte la part du cohéritier de mon cédant, ou, réciproquement, que le cohéritier de mon cédant achète celle qui m'a été transmise et devienne ainsi mon cessionnaire, nous aurons dans l'un et l'autre cas un véritable partage. On a, il est vrai, prétendu qu'un partage ne peut exister qu'entre propriétaires indivis *au même titre;* mais la Cour de cassation vient de reconnaître que si cette condition, l'unité de titre, est en effet nécessaire au point de vue fiscal, elle ne l'est pas au point de vue civil. Les cessionnaires, a-t-elle dit, représentent les cohéritiers dont ils ont pris la place (1).

6° La renonciation faite *aliquo dato* par l'un des héritiers, soit au profit de l'un de ses cohéritiers déterminément, soit au profit de tous.

7° Les mêmes actes entre des communistes autres que des cohéritiers, tels que des colégataires, des conjoints communs, des co-associés, des codonataires, des co-acheteurs, des co-usufruitiers, ou enfin des co-nu-propriétaires. Il est, en effet, universellement admis que l'art. 883, bien qu'il soit placé au Titre des successions *ab intestat* et qu'il ne vise expressément que la *propriété* indivise, régit toutes les indivisions indépendamment de leur origine ou de leur objet (articles 1476, 1878 et par arg. l'art. 1408).

C'est ainsi qu'on a pu voir un partage dans l'acte par lequel, après avoir acheté une fraction indivise d'un tel immeuble, l'acheteur achète la fraction qui, jointe à celle dont il est déjà

(1) 6 novembre 1827; 27 janvier 1857. — Conforme, Bourges, 31 août 1814. — V. dans le même sens un jugement très-bien motivé, du tribunal d'Aubusson. On le trouve rapporté dans le *Journal de l'enregistrement et des domaines*, n° du 11 février 1859. — MM. Rivière et Huguet, Quest., n° 104.

nanti, constitue en sa personne une propriété exclusive.

Il en est de même au cas où, un immeuble ayant été vendu indivisément à deux acheteurs, l'un d'eux achète la part de l'autre.

C'est également un partage que l'acte par lequel deux usu-fruitiers font cesser d'une façon ou d'une autre l'indivision qui est entre eux.

Mais il n'en est point de même de celui par lequel un usu-fruitier cède son droit au nu-propriétaire ou réciproquement : car pour qu'il y ait partage il est essentiel que les parties soient indivisaires entre elles, et la coexistence des droits de l'usufruitier et du nu-propriétaire ne constitue point un état proprement dit d'indivision (1).

8° La licitation. — Qu'elle soit prononcée au profit de l'un des communistes seulement, auquel cas elle fait cesser com-plétement l'indivision quant à l'immeuble qu'elle a pour objet, ou que plusieurs des communistes ou même tous les héritiers moins un se soient portés conjointement adjudica-taires, cas auquel l'indivision ne cesse réellement qu'à l'égard de l'héritier ou des héritiers qui n'ont point pris part à l'adju-dication, il n'importe. Qu'elle ait eu lieu en justice et à la cha-leur des enchères ou à l'amiable entre parties, ce point n'est pas à considérer (arg., art. 1408) (2).

Que l'adjudicataire soit l'un des communistes originaires ou un étranger cessionnaire de la part de l'un d'eux, il n'im-porte encore. La licitation n'échappe à l'art. 883 qu'au-tant qu'elle a lieu au profit d'un *tiers étranger à l'indivi-sion* (V. le n° 87, p. 240).

200. En ce qui touche la **convention** par laquelle deux ou plusieurs copartageants conviennent qu'au cas où la répartition par la voie du sort attribuerait tel lot à l'un et tel lot à l'au-tre, il se fera au profit des parties une permutation entre les lots qui leur écherront, il importe de distinguer. Si elle a été relatée, avec les résultats du tirage au sort, dans l'acte général du partage, elle en fait naturellement partie : car, s'analysant en la substitution de l'attribution par la voie du choix à l'at-

---

(1) MM. Rivière et Huguet, Quest., n° 100.

(2) V. d'ailleurs ce qui a été dit ci-dessus à ce sujet, sous le n° 78, p. 199 et suiv.

tribution par la voix du sort, on ne peut y voir autre chose qu'un règlement particulier de parts (1). Mais si elle a eu lieu en quelque sorte secrètement, par un acte à elle propre et dont il n'est fait aucune mention au partage, elle s'en détache alors pour former une espèce de contre-convention par contre-lettre. Elle n'aura donc, à ce titre et aussi longtemps qu'elle demeurera secrète, d'effet qu'au point de vue des rapports des parties entre elles ou de leurs successeurs universels. Ainsi, suivant nous, tant qu'elle ne sera point reportée par une clause additionnelle là où elle doit l'être, c'est-à-dire sur l'acte général, elle sera réputée inexistante au regard des tiers (arg. art. 1321, C. Nap.). Nous n'entendons point pour cela soutenir qu'elle soit un échange ou un acte translatif de propriété; nous n'y voyons qu'un véritable partage, mais les parties ayant consenti à laisser dresser un acte ostensible où elles ne l'ont point relatée et qui serait de nature à tromper les tiers si elle leur était opposable, il y a lieu de supposer qu'elles ont réciproquement consenti à ne s'en prévaloir que dans leurs rapports entre elles, tant qu'elles la tiendront secrète (2). Nous supposons, au reste, que l'acte qui la constate a une date certaine, antérieure ou concomitante au partage : autrement elle serait réputée lui être postérieure, ce qui lui imprimerait le caractère de l'*échange*.

201. Pothier enseignait que « si *après le partage* les copartageants changeaient leurs lots *avant qu'ils en eussent pris possession réelle*, cet acte devait passer pour un nouveau partage fait entre eux à la place du premier qui, n'ayant pas été exécuté et ne consistant que dans le seul consentement des parties, pouvait être anéanti par un consentement contraire (3). » MM. Rivière et Huguet paraissent admettre cette solution (4). Nous n'hésitons point quant à nous à l'abandonner. Un partage terminé, quoique non encore exécuté, est tout aussi irrévocable que le serait une vente non suivie de la tradition de la chose vendue ; car s'il est vrai que les parties peuvent révoquer et mettre à néant le contrat qui les lie, cette

(1) MM. Rigaud et Championnière, t. III, n° 2713.
(2) V. dans le même sens ce qui a été dit sous le n° 31, p. 63.
(3) Coutume d'Orléans, art. 113.
(4) Quest., n°s 96 et 97.

faculté ne s'applique qu'aux contrats destinés à produire dans l'avenir des effets successifs et quotidiens (1). L'acte dont nous traitons n'emporte donc point la résolution du premier partage, dès lors il est impossible d'y voir autre chose qu'un véritable échange.

202. Les partages d'ascendant n'offrent rien de particulier. Si on les suppose faits par acte de dernière volonté, en la forme d'un testament, il n'est point nécessaire de les transcrire : car, ainsi que nous l'avons vu (n° 3), la transcription n'est point applicable aux mutations qui ne s'accomplissent que par et au moment de l'ouverture de la succession du propriétaire. Que si, au contraire, ils ont lieu *par acte entre-vifs*, ils appartiennent alors au régime de la publicité, puisque de même que les donations ordinaires ils font passer, dès à présent et irrévocablement, du patrimoine du disposant dans le domaine de ses enfants ou descendants, la propriété des biens dont il leur fait l'abandon (art. 1076 et 939 combinés) (2).

---

(1) V. nos Répétitions écrites sur le 2e examen, art. 1134 et 1135.

(2) Merlin, v° *Partage d'ascendant*, n° xiv ; — Grenier, i, 395 et 403 ; Duranton, ix, n° 625 ; — Aubry et Rau sur Zachariæ, t. iii, p. 473, anc. édition.

CHAPITRE DEUXIÈME.

DE LA TRANSCRIPTION.

SECTION PREMIÈRE.

DE LA PROCÉDURE DE LA TRANSCRIPTION ET DE L'OFFICE DU CONSERVATEUR.

SOMMAIRE.

203. Ce que c'est que transcrire un acte. — Des précautions qui ont été prises pour assurer la conservation et la fidélité de la copie que nous appelons *transcription*.

204. Comment on peut la définir.

205. Des autres registres qui se rattachent au registre de transcription.

206. Du rôle que joue, dans le régime de la publicité, le registre *des dépôts*.

207. De l'objet du registre appelé *répertoire*.

208. Ce que c'est que la table alphabétique. — Son objet.

209. Résumé.

210. Les *propriétaires*, et non *les biens*, ont des comptes ouverts aux bureaux des hypothèques. Ce n'est donc point par l'immeuble qu'il est donné de découvrir les mutations qui s'y rapportent et le bilan des charges dont il est grevé ; on ne peut se renseigner à cet égard qu'en désignant au conservateur les noms des diverses personnes qui en ont eu la propriété.

211. Le registre des dépôts et celui des transcriptions constituent des documents authentiques. — Conséquences.

212. Aucun délai n'a été accordé pour requérir la transcription. — Considérations sur ce principe.

213. Les actes sous seing privé sont de même que les actes authentiques soumis à la formalité. — Considérations sur cette assimilation.

214. Si informes qu'ils soient, le conservateur doit les transcrire.

215. Mais faut-il aller jusqu'à dire qu'*en aucun cas* et *sous aucun prétexte* il ne peut légitimement refuser de satisfaire à une réquisition de transcription? *Quid* si l'acte n'est point de nature à être transcrit? *Quid* s'il n'est point enregistré? *Quid* s'il est écrit en langue étrangère? — Système de M. Hervieu.

216. Système de M. Baudot.

217. Système intermédiaire.

218. La transcription par extrait sommaire et analytique des actes soumis à la formalité n'est point permise. — Considérations critiques.

219. Toutefois, ce principe doit être sainement entendu. — Applications particulières.

220. Lorsque plusieurs conventions distinctes entre elles et ayant chacune une existence si particulièrement propre qu'aucune dépendance ne les lie les unes aux autres, se trouvent relatées dans un même acte, il est permis de le syncoper et d'en détacher, pour la reproduire sur le registre, la partie où se trouve décrite en son entier celle des conventions dont on poursuit la publicité.

221. Des actes contenant : la vente d'un immeuble et la vente d'effets mobiliers.

222. Du cas où un ou plusieurs immeubles ont été mis aux enchères publiques et vendus par lots à différentes personnes.

223. Vente de plusieurs immeubles faite le même acte à un seul acquéreur ou à plusieurs, et avec indication d'un prix particulier à chacun des immeubles vendus.

224. Acte contenant la vente et le bail d'un immeuble.

225. Des actes de mariage, de société, ou plus généralement des actes qui, bien qu'uniques quant à la forme, sont complexes quant à leurs dispositions.

226. Des procurations, des autorisations et autres actes accessoires aux actes qui doivent être transcrits.

227. *Quid* si l'acquéreur intéressé à faire transcrire n'a aucun titre? — Renvoi. — *Quid* quant aux ventes par lettres missives? — Renvoi.

228. Du lieu où se font les transcriptions. Acte portant cession d'une succession; — d'actions immobilières; — d'immeubles qui étant purement fictifs n'ont aucune situation.

229. Du temps pendant lequel les bureaux de conservation sont ouverts. — Des jours de dimanche et jours de fêtes légales. *Quid* en cas de péril en la demeure?

230. Des pièces que le requérant doit remettre au conservateur pour opérer la transcription. — Comment il faut entendre la règle que la transcription requise doit être effectuée *sans retard*.

231. A quelle date et dans quel ordre elle doit être effectuée. — Du bulletin de dépôt. — Des certificats de transcription.

232. Si le déposant peut être contraint de recevoir un bulletin de dépôt et d'en payer les frais? — Négative.

233. *Quid* en ce qui touche le certificat de transcription? — Même solution.

234. Du cas où le requérant a déposé à la fois plusieurs actes à transcrire.

235. Quelle est la véritable date de la transcription, au cas où elle n'a
pas été formalisée le jour même du dépôt?

236. Suite.

237. Suite.

238. Il n'est point exact de dire que la transcription est réputée formalisée dès que le conservateur a mentionné sur son registre des dépôts les pièces
qui lui ont été remises pour être transcrites.

239. Le conservateur ne doit point transcrire les pièces déposées pour
être transcrites lorsque le déposant révoque ou retire à temps sa réquisition.

240. Ce que doit faire alors le conservateur.

241. Si, en ce cas, il est dû quelque droit. Si les droits perçus doivent être
restitués.

242. Ce que doit faire le conservateur après la transcription effectuée, au
cas où l'acte transcrit est un acte de vente.

203. Transcrire un acte, c'est le copier en son entier.

Les actes à transcrire se lient à la constitution même de la
propriété ; leur importance exige donc que la copie qui en est
dressée soit rigoureusement exacte et environnée de précautions propres à la mettre à l'abri des chances de perte ou de
destruction auxquelles sont sujettes de simples feuilles volantes. La loi a pourvu à ce double objet en prescrivant qu'elle
sera faite sur des registres tenus et conservés par des officiers publics.

Les registres affectés à cet objet et appelés, à raison de leur
destination, registres des mutations immobilières ou des transcriptions sont déposés dans les divers bureaux de la conservation des hypothèques, sous la garde et la responsabilité des
officiers publics préposés à la tenue de ces bureaux.

Diverses précautions ont été prises pour en assurer la fidélité. Composés de feuillets timbrés, ils sont cotés par première
et dernière page et paraphés sur chacune d'elles par l'un des
juges du tribunal dans le ressort duquel le bureau est établi.
Les conservateurs qui les tiennent doivent, sous peine d'une
amende de 200 à 2,000 fr. pour la première infraction, et de
destitution pour la seconde, les *arrêter* à la fin de la séance de
chaque jour, c'est-à-dire les déclarer, sous la garantie de leur

signature (1), clos et fermés (art. 2201 et 2202, C. Nap.). Leur cote par première et dernière page et sur chacune d'elles le paraphe du juge les mettent à l'abri des additions, suppressions ou changements de feuillets. Leur clôture à la fin de chaque jour et à l'heure indiquée par la loi prévient les transcriptions de faveur; car, ainsi que nous le verrons bientôt, aucune formalité n'y peut être accomplie dès qu'ils sont arrêtés ou clôturés.

Leur destination même indique assez qu'ils sont publics; d'où pour les conservateurs qui en sont les dépositaires l'obligation de délivrer à tout requérant copie des actes qui peuvent y être transcrits ou, si aucun acte n'y a été porté, un certificat négatif (art. 2195 et 2202, C. Nap. V. ci-dessous la sect. V).

204. La transcription est donc la reproduction complète et entière d'un acte qui, par sa nature, est opposable aux tiers, sur un registre tenu à cet effet au bureau des hypothèques et mis sous les yeux du public par l'obligation imposée au conservateur de délivrer à quiconque l'en requiert copie des actes qui y sont transcrits.

205. Au registre *des transcriptions* se rattachent deux autres registres appelés, l'un, le registre *des dépôts*, l'autre, *le répertoire*. Le premier est, de même que le registre des transcriptions, en papier timbré, coté par première et dernière page et paraphé sur chacune d'elles par l'un des juges du tribunal. La loi veut également, sous les peines dont il a été parlé ci-dessus, qu'il soit, chaque jour et à la fin de la séance, clos ou arrêté. Le second, sur papier libre, n'est point soumis aux mêmes précautions. Cette différence recevra tout à l'heure son explication.

Ces registres jouent un rôle important dans le système de publicité auquel sont soumis les actes que les tiers ont intérêt à connaître; il importe d'en préciser l'objet.

206. S'il était possible de transcrire les actes de mutation au fur et à mesure de leur présentation, dans un bref délai et sous les yeux de la partie qui les présente, le registre des

---

(1) Baudot, t. 2, n° 1912. — Confor. M. Troplong, *Hypo.*, t. 4, n° 1010 arrêt de la Cour suprême de Bruxelles du 17 juillet 1833.

dépôts n'aurait point sa raison d'être; mais la variété et le nombre considérable des formalités à accomplir chaque jour ne comportaient point cette simplicité de méthode. Les actes de mutation n'appartiennent point seuls au principe de la publicité; les actes générateurs d'un droit hypothécaire ou privilégié et les procès-verbaux de saisies immobilières sont également soumis à son empire. De là, dans chaque bureau, trois registres spéciaux, l'un propre aux mutations, l'autre particulier aux hypothèques et aux priviléges et, enfin, le troisième affecté aux saisies. Le nombre des actes à coucher sur ces registres n'a d'égal que dans leur volume souvent démesuré. Mais ce n'est point tout, ce sont encore des subrogations, des cessions ou des changements de domicile à porter en marge des inscriptions existantes, des radiations à effectuer et enfin, ce qui est plus compliqué et demande plus de temps, des états de transcriptions ou d'inscriptions à délivrer. Les parties auxquelles les conservateurs ont, chaque jour, à répondre se succèdent donc incessamment, requérant qui une transcription, qui une inscription, qui une mention en marge..., qui une radiation, qui un état... Ces diverses réquisitions ne peuvent point, on le conçoit, recevoir instantanément chacune sa satisfaction. Chaque partie est satisfaite à son tour, et dans l'ordre de sa présentation, la première venue avant la seconde et ainsi de suite. Il importe que cet ordre soit rigoureusement observé quant aux *transcriptions* des actes de mutation et aux *inscriptions* hypothécaires, car, ainsi que nous le verrons dans le chapitre suivant, le conflit des droits réels se règle, en général, conformément au principe *qui prior est tempore potior est jure*, et, en cette matière, les actes d'où naissent ces droits n'ont d'autre date que celle que la transcription ou l'inscription leur imprime. Or, les conservateurs sont hommes et à ce titre sujets, non-seulement à l'erreur, mais encore à certaines défaillances. La loi a dû parer, autant que possible, à ce double danger. Là sont l'objet et l'explication du registre des dépôts (V. ci-dessous les n⁰ˢ 230 à 233). Les conservateurs doivent, sous les peines dont il a été parlé ci-dessus (V. le n⁰ 205), y inscrire jour par jour et par ordre numérique les remises qui leur sont faites d'actes de mutation pour être transcrits ou de bordereaux pour être inscrits; ils donnent aux requérants une reconnaissance sur papier timbré qui rappelle le numéro du registre sur lequel la remise a été inscrite, et ils ne peuvent transcrire les actes de mutation ou inscrire les bordereaux sur les registres à ce destinés qu'à la date et dans l'ordre des remises qui leur ont été faites.

Voilà de bonnes et sages mesures. On ne saurait sans doute y trouver une garantie absolue; car, si ingénieuses qu'elles soient, il ne se peut pas qu'elles n'aient point, dans leurs combinaisons, quelques interstices par où peuvent se glisser encore l'erreur, l'oubli ou la fraude; mais au moins les rendent-elles très-difficiles, et par conséquent très-rares.

207. Le *Répertoire* répond à un autre besoin. Il ne servirait de rien de transcrire les actes de mutation et d'inscrire les actes constitutifs d'hypothèques ou générateurs de priviléges, s'ils devaient rester perdus et enfouis dans l'affreux pêle-mêle où ils sont couchés sur les registres. Leur publicité consiste, en effet, dans la faculté accordée aux tiers de s'en faire délivrer des copies, lorsqu'il leur importe de savoir si et dans quelle mesure le possesseur avec lequel ils sont sur le point de traiter est propriétaire de l'immeuble qu'ils se proposent d'acquérir ou qui leur est offert à titre de sûreté hypothécaire. Ils s'adressent à cet effet au conservateur, et lui demandent soit un état des transcriptions dont a été l'objet l'immeuble au sujet duquel ils se renseignent, ou des inscriptions qui le grèvent, soit un état négatif de transcriptions ou d'inscriptions. Or, comment le conservateur retrouvera-t-il sur ses registres les actes qu'il y a transcrits ou inscrits? En quelle année et à quelle date y ont-ils été portés? Les tiers qui le consultent l'ignorent, et il n'est point possible qu'il s'en souvienne lui-même. Faudra-t-il donc qu'il passe en revue un à un ses divers registres et qu'il les parcoure feuille à feuille jusqu'à ce qu'il ait découvert la série complète des actes dont on lui demande un état, ou qu'il se soit assuré qu'il n'en existe aucun? Exiger qu'il fasse seul de telles recherches, c'eût été lui demander l'impossible. Le forcer de recourir à des commis, on ne pouvait point y songer, puisque l'état ou le certificat négatif qu'on lui demande engage sa responsabilité. On a dû dès lors organiser un procédé de recherches assez prompt et assez sûr pour satisfaire au besoin de publicité, sans engager d'une manière périlleuse la res-

ponsabilité du conservateur. Tel a été l'objet du Répertoire. Les conservateurs, est-il dit dans l'article 18 de la loi du 21 ventôse an VII, doivent tenir, sur papier libre, « un registre dans lequel seront portés par extrait, au fur et à mesure des actes, *sous le nom de chaque grevé et à la case qui lui est destinée*, les inscriptions à sa charge, les transcriptions, les radiations et autres actes qui le concernent, ainsi que l'indication des registres où chacun de ces actes est porté, et les numéros sous lesquels ils sont consignés. » Ce registre est divisé par cases. Au-dessus de chacune d'elles, le conservateur place un numéro d'ordre et écrit en grosses lettres le nom de l'individu désigné. Chaque case étant divisée en deux parties, la page à gauche présente son actif, et la page à droite son passif (1). Ainsi, étant donnée la transcription d'un acte de vente, on la mentionne comme acquisition à la case de l'acquéreur et comme aliénation à celle du vendeur. C'est également à la page droite et au passif du propriétaire dénommé que sont portées toutes les inscriptions existantes sur sa propriété. Une colonne est réservée où l'on indique les divers modifications, renouvellements, subrogations en marge et changements de domicile que les inscriptions ont pu subir.

208. Les cases du *Répertoire* devant être ouvertes au fur et à mesure qu'il se présente un nom nouveau sur le registre des transcriptions ou des inscriptions, il n'a pas été possible de le tenir dans l'ordre alphabétique; mais on a pourvu à cette imperfection nécessaire par la formation d'une table tenue suivant l'ordre de l'alphabet, et, au moins jusqu'à la cinquième lettre, en forme de dictionnaire, où sont portés les noms des personnes inscrites au *Répertoire*.

209. Ainsi, en résumé, les actes à transcrire et les bordereaux à inscrire sont, au fur et à mesure de leur présentation, portés indistinctement par ordre de numéros sur le registre *des dépôts*. Chaque déposant reçoit une reconnaissance rappelant le numéro du registre sur lequel est inscrit le dépôt qu'il effectue.

Cette première opération terminée, on copie les actes de mutation sur le registre *des transcriptions*, les bordereaux sur le registre *des inscriptions*.

(1) V. M. Baudot, t. 1er, n° 101.

Cette seconde opération achevée, les transcriptions et inscriptions sont portées par extrait, au fur et à mesure qu'elles
sont effectuées, *sur le Répertoire*, sous le nom des propriétaires dont elles grèvent le passif, avec indication des registres où elles se trouvent et des numéros sous lesquels elles
ont été consignées.

Les noms des grevés sont ensuite reportés sur une table
alphabétique destinée à devenir la clef ou le guide des recherches à faire.

210. Si on a bien compris ce mécanisme de la publicité, on
a pu voir qu'il est organisé non point sur la désignation individuelle ou cadastrale des *immeubles* eux-mêmes, mais sur
les nom, prénoms et domicile des *propriétaires*. Les conservateurs n'ont point, en effet, de tables alphabétiques des divers biens situés dans leurs bureaux, avec annotation des
actes dont ils ont pu être l'objet ou des charges hypothécaires
qui les grèvent. On a, il est vrai, et à plusieurs époques, proposé de rattacher le cadastre aux conservations hypothécaires,
mais l'imperfection de l'atlas cadastral n'a point permis de
tenter cette innovation. Ce n'est donc point *par l'immeuble*
qu'il est donné de découvrir les mutations qui s'y rapportent
et le bilan de ses charges hypothécaires; on ne peut se renseigner à cet égard qu'en désignant au conservateur les noms
des personnes qui en ont eu la propriété. « Il serait impossible, dit M. Ducruet (1), de vérifier avec une parfaite exactitude la situation hypothécaire *d'un tel immeuble*, sans y
joindre les noms de tous ceux qui l'ont possédé. » En somme,
les *propriétaires*, et non *les biens*, ont des comptes ouverts
au bureau des hypothèques. Cette donnée est essentielle.
Nous aurons plusieurs fois à la rappeler.

211. Le registre des dépôts et le registre des transcriptions constituent des documents authentiques, puisqu'ils
sont tenus par des officiers publics institués à cet effet. Ils
font par conséquent foi pleine et entière des énonciations qui y sont portées. Ainsi, les requérants ne seraient
point admis à les combattre par la voie de la preuve ordinaire;

(1) Etude sur les difficultés que présente la loi du 23 mars 1855,
n° XIII.

l'inscription de faux serait, en ce cas, seule recevable (1).

212. Revenons à la transcription. Aucun délai n'a été ac‑
cordé pour la requérir. L'acquéreur qu'elle intéresse ne doit
donc pas s'endormir dans une imprudente confiance : qu'il
n'oublie jamais que puisqu'elle n'a point d'effet rétroactif, le
plus léger retard à la faire effectuer peut entraîner la perte
de son droit.

Cette application logique et rigoureuse du principe a été
l'objet de critiques assez vives. Refuser aux acquéreurs un
délai pour se mettre en règle, c'est, a-t-on dit, les livrer à la
merci de leur auteur, car, si diligents qu'ils soient, il y aura
toujours entre l'acquisition et la transcription un trait de
temps dont il pourra profiter pour les dépouiller. Or, com‑
ment justifier cette atteinte à la bonne foi? Par quelle impé‑
rieuse nécessité la prééminence d'un acquéreur sur un autre
devient-elle ainsi le prix de la course? que gagne-t-on à su‑
bordonner le droit de l'acquéreur le plus ancien aux hasards
des circonstances? n'est-ce pas après tout l'acquéreur légitime?
La loi devait donc, sa moralité y était éminemment engagée,
lui venir en aide et veiller à ses intérêts. Elle le devait d'au‑
tant plus, qu'elle le pouvait sans compromettre son principe.
Si, en effet, elle eût admis que la transcription effectuée dans
un très-court délai après l'acquisition, par exemple, dans les
25 jours suivants, remonterait à la date du contrat, cette ré‑
troactivité étant légale et par conséquent connue de tous
n'aurait fait préjudice à personne. Les acheteurs ou les prê‑
teurs de fonds auraient aisément compris que, tant qu'il ne
se serait point écoulé 25 jours à compter de leur propre con‑
trat, une transcription pouvant survenir qui leur serait op‑
posable, ils ne devaient livrer leurs fonds qu'après l'expiration
de ce délai et sur un certificat négatif de transcriptions. On
eût de cette manière concilié tous les intérêts.

Ces considérations ne manquent point de force assuré‑
ment; la loi a dû néanmoins passer outre. Accorder un délai
pour requérir la transcription et attacher à la formalité
remplie dans ce délai un effet rétroactif, c'eût été altérer
le principe même de la publicité ou, tout au moins, en‑
traver, d'une manière très-fâcheuse, la célérité des transac‑

(1) V. à ce sujet un jugement du tribunal de Guingamp du 5 juin 1849.

tions. Que l'on pèse, en effet, les conséquences nécessaires de cette rétroactivité ! les acquéreurs, débiteurs d'un prix, les capitalistes, engagés comme prêteurs, livrent-ils leurs fonds peu après leur contrat conclu, des transcriptions pourront survenir qui permettront d'invoquer contre eux des actes restés clandestins jusqu'à ce jour. Attendent-ils, pour s'en dessaisir, que le délai pendant lequel peuvent se produire des transcriptions à effet rétroactif soit expiré, le propriétaire, qui a cherché dans la vente de ses biens ou dans l'emprunt qu'il a souscrit le capital qu'il destinait à des besoins immédiats et pressants, se verra contraint de subir les conséquences souvent désastreuses d'un retard fatal à son crédit.

Les acquéreurs légitimes ne peuvent d'ailleurs être spoliés qu'autant qu'ils font preuve de la plus déplorable incurie; car s'ils s'empressent de faire transcrire leur titre aussitôt que la formalité peut être remplie et qu'ils aient soin de ne payer leur prix qu'après qu'elle a été effectuée et s'être assuré, par un certificat négatif de toute transcription antérieure, qu'ils sont réellement et incommutablement propriétaires, quels risques leur droit peut-il courir? Or si, pour peu qu'ils soient attentifs et diligents, ils peuvent eux-mêmes mettre leur intérêt à l'abri de tout péril, quoi de plus naturel que de présumer qu'en général ils ne se laisseront point primer par un acquéreur plus récent? Ce qu'on appelle *le prix de la course* ne constituera donc qu'un cas exceptionnel très-rare et qui, après tout, n'aura rien de contraire aux règles ordinaires du droit, car *jura vigilantibus succurrunt.*

213. Les actes sous seing privé sont, de même que les actes authentiques, soumis à la formalité. Cette assimilation n'a été admise qu'après de longs débats, savamment et très-lucidement exposés par M. de Belleyme dans son rapport.

Appliqués aux mutations immobilières, les actes sous seing privé n'offrent, disait-on, que des périls; et d'abord ils jettent par les irrégularités de leur rédaction et les contradictions qui habituellement la défigurent, une incertitude permanente dans l'établissement ou la hiérarchie de la propriété. Ils la compromettent, en outre, et l'engagent dans des litiges de toute nature par les chances de perte, de destruction ou d'altération auxquelles ils sont quotidiennement exposés. Qui ne sait enfin avec quelle merveilleuse facilité ils se prêtent aux combinaisons les plus coupables? S'il plaît, par exemple, à quelque audacieux faussaire de fabriquer un acte de vente et, lui donnant par la formalité de la transcription l'apparence de la réalité, de se constituer, par cette voie, au préjudice du propriétaire dont il usurpera la place, un crédit plein de périls pour les tiers, où sera l'obstacle? Ces dangers appellent une réforme. Or, on ne les peut supprimer qu'en décrétant qu'à l'avenir les actes authentiques seront seuls admis à la transcription.

Ce système fut rejeté. Il ne faut point, répondit-on, grossir sans mesure les inconvénients particuliers aux actes sous seing privé; on s'en sert depuis que le Code existe et rien ne nous a révélé jusqu'à ce jour que nous fussions inondés d'actes faux ou altérés. Quant aux procès qu'on met si complaisamment à leur charge, la statistique qu'on en pourrait faire ne dépasserait pas de bien loin assurément le chiffre des contestations dont les actes authentiques sont eux-mêmes l'objet. Les dangers signalés ne sont donc point si pressants qu'on doive à tout prix supprimer un usage si profondément entré dans nos mœurs juridiques. Cette innovation s'accommoderait mal d'ailleurs avec ces idées de célérité et de liberté si chères à l'esprit français et qui sont comme le fonds essentiel de la législation nouvelle.

Un autre système, moins radical que le premier, fut alors proposé. On consentait à recevoir à transcription les actes sous seing privé eux-mêmes, mais sous la condition qu'ils seraient, au préalable, déposés dans l'étude d'un notaire. Cette transaction ne devait point prévaloir et elle fut justement écartée. Elle aurait eu, il est vrai, cet avantage de soustraire les actes sous seing privé aux nombreuses chances de perte ou de destruction auxquelles les soumet leur nature; mais elle aurait laissé subsister tous les autres inconvénients, vrais ou faux, dont on s'arme contre eux.

Et, en effet, de ces deux choses l'une : ou le dépôt de la pièce devra être l'œuvre commune et collective des parties, ou il pourra être effectué par l'une d'elles seulement. Au premier cas, le notaire aux mains duquel l'acte sera remis sera autorisé, sans doute, à l'examiner et à le rectifier, s'il y a lieu. Au second, il devra accepter le dépôt aveuglément et sans examen. Dans la première hypothèse, on rentre, à peu de chose près, dans la donnée de ceux qui n'admettent à transcription que les actes authentiques. Dans la seconde, quels inconvénients supprime-t-on? « Un acte faux, dit avec une grande autorité de raison M. de Belleyme, un acte altéré ou avec des suppositions de signature pourra être tout aussi facilement déposé en l'étude d'un notaire que transcrit au bureau des hypothèques. Les incorrections, irrégularités et nullités que peut renfermer l'acte ne seront point corrigées par le fait du dépôt. »

214. Ainsi, il n'y a point à distinguer la forme des actes présentés à la transcription; qu'ils soient authentiques ou sous seing privé, conçus en la forme ordinaire ou sous la forme d'une lettre missive (1), le conservateur est tenu de les admettre. Si informes qu'ils soient même, il doit les transcrire, car il n'a aucune qualité pour les juger et s'assurer s'ils sont nuls ou valables. Agent passif de la loi, son rôle se réduit à les reproduire fidèlement sur son registre. Ce qui lève, à cet égard, toute espèce de doute, c'est qu'ainsi que nous l'avons établi, la nullité de l'acte n'entraîne point fatalement la nullité ou l'inefficacité de la transcription (2).

215. Mais devons-nous, poussant plus avant, aller jusqu'à dire *qu'en aucun cas* et *sous aucun prétexte* une réquisition de transcription ne peut être légitimement refusée? Ainsi notamment, le conservateur requis de transcrire soit un acte dont la loi ne prescrit point la transcription, tel qu'un acte de partage ou un acte de vente purement mobilière, soit un acte de mutation immobilière, mais relatif à des immeubles situés en dehors de son ressort, doit-il, si le requérant persiste, faire droit à sa demande? M. Hervieu, qui a touché ce point, le résout affirmativement. Les conservateurs prétendraient en vain, dit-il, que la transcription requise est inutile. Il leur est défendu de s'opposer, sous *quelque prétexte que ce soit*, à la volonté des parties. L'art. 2199 du Code Napoléon n'admet, en effet, aucune restriction : les conservateurs, y est-il dit, ne

_____

(1) V. à ce sujet le n° 27, p. 53 à 56. — V. toutefois ce qui est dit ci-dessous, p. 435-50.

(2) V. la démonstration de ce point de droit sous le n° 27, particulièrement à la p. 55.

peuvent, *en aucun cas*, refuser ou retarder la transcription des actes de mutation (1).

Les termes absolus de cette disposition sont surtout décisifs lorsqu'on la compare au texte qu'elle remplace : « Dans aucun cas, portait l'art. 34 de la loi du 11 brumaire an VII, les conservateurs d'hypothèques ne pourront refuser ni retarder les transcriptions *requises conformément à la loi*. Ces dernières expressions impliquaient en la personne des conservateurs un certain pouvoir d'appréciation, et, par suite, le droit de ne point formaliser les transcriptions que la loi ne prescrivait point. Or, ces mêmes expressions n'ayant pas été reproduites dans l'art. 2199, il est, dit-on, manifeste qu'en les supprimant la loi nouvelle a entendu supprimer avec elles le pouvoir d'appréciation qu'elles attribuaient implicitement aux conservateurs (2).

216. M. Baudot tient l'avis contraire. Il est bien vrai, dit-il, qu'aux termes de l'art. 2199 précité les conservateurs ne peuvent, en aucun cas, refuser de transcrire les actes qui leur sont présentés à cet effet; mais la loi déterminant les conditions à remplir par les requérants, il est manifeste qu'il n'y a lieu à transcription, d'après la loi elle-même, qu'autant que ces conditions existent, ce qui implique pour le conservateur le droit et même le devoir d'examiner, avant de passer à la formalité, si la réquisition qui lui est adressée est ou non conforme à la loi et par suite si elle doit ou non être obéie (3).

Développons ce système.

Pour qu'un acte, pourra-t-on dire, puisse être présenté à la transcription, il faut :

1° Qu'il soit *translatif de propriété*. L'art. 2199 du Code Napoléon est formel à cet égard : « Dans aucun cas, y est-il dit, les conservateurs ne peuvent refuser ni retarder la transcription des actes *de mutation*. » Généralisée conformément à la loi nouvelle, cette disposition embrassera indistinctement, sans

---

(1) Résumé de juris., de légis., et de doc. sur les priv. et hypoth. p. 508.

(2) M. Persil sur l'art. 2199, *Répert.* Dalloz, v° *Priv. et Hypoth.*, n° 1463.

(3) Traité des formalités hypoth., n°s 148 à 151, 1155 et suiv., 1172 et suiv.

doute, tous les actes énumérés dans les articles 1 et 2, mais il restera toujours ce point que l'obligation imposée aux conservateurs n'a trait qu'aux actes dont la loi prescrit la transcription;

2° Qu'il soit relatif à *un immeuble* (art. 2181);

3° Que l'immeuble auquel il se réfère soit situé dans le ressort du bureau du conservateur mis en demeure de le transcrire (art. 2181);

4° Qu'il soit enregistré. Les actes de vente sous signature privée, *dûment enregistrés*, porte un avis du Conseil d'Etat du 12 floréal an xiii, peuvent être valablement transcrits (arg. art. 42 de la loi du 22 frim. an vii).

Il n'est point nécessaire que le droit additionnel de transcription ait été acquitté lors de l'enregistrement; la loi ne l'exige point. Si donc il arrivait, par aventure, que le receveur omît de le percevoir, le conservateur ne pourrait point fonder sur cette omission son refus de transcrire (1).

5° Qu'il soit écrit en langue française (2). La transcription d'un acte écrit en langue étrangère serait, en effet, matériellement impossible au cas où le conservateur mis en demeure de la formaliser ne saurait ni lire ni écrire les signes de l'écriture à reproduire. Le sût-il, la transcription qu'il effectuerait n'attribuerait à l'acte reproduit qu'une publicité imparfaite et, par suite, compromettante. Les tiers qui s'en feraient délivrer une copie ne pouvant point, en effet, la comprendre par eux-mêmes, seraient forcés de la faire traduire; or, quelle garantie les mettrait à l'abri d'une traduction infidèle ou inexacte ?

Il ne faut point toutefois conclure de là que l'acquéreur dont le titre est écrit en langue étrangère ne peut point en France mettre son droit sous la sauvegarde du principe de publicité. Qu'il requiert, en effet, l'enregistrement de son

---

(1) MM. Rivière et Huguet (quest. n° 168) enseignent qu'à bien plus forte raison il ne pourrait point la réparer en faisant lui-même la perception. Le droit de transcription étant un droit d'enregistrement, le conservateur n'a point, disent-ils, qualité pour le percevoir. — Mais voyez en sens contraire l'art. 61 de la loi du 28 avril 1816. — Consultez MM. Championnière et Rigaud, t. 4, p. 993.

(2) V. à l'appui plusieurs ordon., lois et décrets rapportés par Merlin, v^ls *Langue française.*

titre en ayant soin d'y joindre une traduction faite par un traducteur *assermenté*, il devra être fait droit à sa réquisition (arrêté du gouv., 24 prair. an II ; décr. 22 déc. 1812 ; I, 30 juin 1835, 1425, § 1). Or l'enregistrement et la perception des droits auxquels il a donné lieu devant être mentionnés sur l'original et sur la traduction qui en a été faite en langue française (D. 7 mars 1833 ; I, 30 juin 1833, 1425, § 1), rien ne s'opposera plus dès lors à la formalité de la transcription : le conservateur reproduira sur son registre la traduction qu lui sera présentée à cet effet.

6° Qu'il contienne, quand c'est une copie, non point seulement un *extrait* de l'acte où se trouve relaté le contrat qu'il importe de rendre public, mais cet acte *en son entier*. C'est ce qui sera établi ci-après sous le n° 218.

Dans ces divers cas, la demande du requérant n'est point conforme à la loi ; elle n'oblige point le conservateur, qui, par conséquent, peut n'y point répondre.

Lorsque la légitimité de son refus sera manifeste, le requérant n'insistera point, sans doute. Quand, au contraire, la nature de l'acte laissera des incertitudes et que pour éviter de compromettre son droit le requérant préférera, plutôt que de l'omettre, remplir la formalité, quoique superflue peut-être, le conservateur qui craindra d'engager sa responsabilité ne persistera évidemment point dans son refus. Que si, par impossible, un conflit vient à se nouer, le requérant pourra faire dresser sur-le-champ, soit par un juge de paix, soit par un huissier audiencier du tribunal, soit même, mais alors avec le concours de deux témoins, par un autre huissier, soit enfin par un notaire assisté de deux témoins, procès-verbal du refus qui lui sera opposé (art. 2199, C. N.) et assurer par cette voie, à supposer que le bon droit soit de son côté, son recours en dommages et intérêts contre le conservateur ou, s'il le préfère, porter dès à présent le conflit devant le tribunal qui examinera si l'acte présenté pour être transcrit est ou non sujet à transcription. Ainsi, un conservateur ayant refusé de transcrire un acte portant cession de l'une des actions d'une société de commerce dont le fonds social était en partie immobilier, la justice fut appelée à vider le débat. La Cour de cassation devant laquelle il fut porté tint pour très-légitime le refus du conservateur. La loi, dit-elle, n'a soumis à la formalité que les droits *immobiliers;* or les actions (ou intérêts) d'une compagnie de commerce (de finance ou d'industrie) sont, aux termes de l'article 529 du Code Napoléon, purement *mobilières*, tant que la société existe, encore que des immeubles en dépendent (1).

Il est bien entendu, au reste, que pour peu que la question soit douteuse, le tribunal devra la résoudre contre le conservateur et lui intimer l'ordre de formaliser la transcription. Autrement il placerait le requérant dans une condition intolérable tant elle serait pleine de périls. Qu'arriverait-il, en effet, si plus tard un acquéreur postérieur lui opposait le défaut de transcription? Il lui faudrait évidemment plaider une seconde fois la question de savoir si son titre était ou non sujet à la formalité, car le prétendant avec lequel il se trouverait de nouveau aux prises n'ayant pas été partie dans la première instance, le jugement qui l'a terminée serait à son égard *res inter alios judicata.* Or et à supposer que le premier acquéreur succombât, contre qui recourrait-il?

_____

(1) Arrêt du 14 avril. — La solution devrait être la même dans le cas où le cessionnaire ayant acheté *successivement* toutes les actions est devenu propriétaire exclusif du fonds social. Il n'a, en effet, chaque fois, acheté qu'un droit *mobilier;* car le caractère fictif que l'art. 529 imprime aux immeubles compris dans le fonds social subsistant tant que dure la société, ils ne reprennent leur caractère naturel qu'après qu'elle est dissoute. Il est vrai qu'en ce qui touche la dernière cession, le droit qu'elle déplace entre en nature d'immeuble dans le patrimoine du cessionnaire, mais qu'importe! la cession faisant, en ce cas, cesser toute indivision, constitue un acte de partage qui, à ce titre, échappe à la formalité de transcription. Fût-il d'ailleurs translatif de propriété, le résultat serait encore le même, car, pour savoir si un acte de cession est ou non sujet à transcription, il faut considérer, non pas ce que le cessionnaire, mais ce que le cédant aliène.

Mais que faudrait-il décider au cas où le même cessionnaire aurait acheté simultanément, par un seul et même acte, les actions et intérêts de tous les associés réunis? MM. Rivière et Huguet (quest. n° 134) pensent qu'en ce cas la transcription est nécessaire. Nous partageons leur avis. Vainement objectera-t-on qu'étant donné le principe que les actions sont purement *mobilières* tant que dure la société et la société ne cessant d'exister dans l'espèce que par l'effet même de la cession, il en résulte qu'elle n'a déplacé que des droits *mobiliers.* On répondra qu'*affectu inspecto,* c'est la société ou la personne morale qui a vendu, la société représentée par chacun des associés, et qu'ainsi la cession a eu pour objet non point *des actions,* mais le fonds social lui-même.

contre le conservateur qui a refusé de transcrire son titre?
mais le conservateur aurait sa responsabilité sauve, puisqu'il
aurait été décidé, par un jugement resté tout-puissant à son
égard, que le titre qui lui a été présenté n'était point sujet
à transcription. Contre le tribunal qui aurait donné cette fausse
interprétation? mais les juges ne sont point, en principe, responsables des erreurs qui entachent leurs décisions (art. 505,
C. proc.). La partie qui par une sage prudence requiert la transcription de son titre resterait donc, si sa réquisition était judiciairement écartée, soumise à toutes les éventualités de l'a-
venir. Or, une aussi dure condition est incompatible avec
l'esprit et l'équité de la loi.

217. Ainsi, deux systèmes, absolus l'un et l'autre, sont
soutenus.

Dans le premier, le conservateur ne peut, en aucun cas, refuser de transcrire les actes qui lui sont présentés à cet effet.
Si le conflit qu'engage son refus est porté en justice, le tribunal doit dans tous les cas lui intimer l'ordre de formaliser la
transcription que réclame le requérant.

Dans le second, au contraire, il peut et doit même refuser de
formaliser les transcriptions qui ne sont point requises conformément à la loi. Si son refus devient l'objet d'une instance,
le tribunal ordonne ou défend la transcription requise.

Nous croyons quant à nous qu'entre ces solutions extrêmes
peut se placer un parti mitoyen.

L'état matériel de l'acte est-il tel qu'on ne puisse le transcrire sans méconnaître une disposition expresse ou implicite
de la loi, le conservateur peut légitimement refuser son
office ; il le peut et le doit même, puisqu'il est institué par la
loi pour lui obéir. Ainsi, quand la pièce présentée n'est point
enregistrée, lorsqu'elle est écrite en langue étrangère, ou si ce
n'est que l'*extrait* (1) d'un autre acte, la transcription ne doit
pas être formalisée. Le requérant s'adresserait vainement à la
justice : sa réquisition n'étant point conforme aux prescriptions de la loi (V. ci-dessus, p. 435 et 436, 4°, 5° et 6°, et ci-
dessous le n° 218), le tribunal ne pourrait point s'y associer.

_____

(1) Amiens, 15 nov. 1838; Orléans, 28 janvier 1839; Paris, 26 juin 1840;
— décision du ministre des finances du 8 août 1838. — V. le journ., de
l'enreg., n° 4575.

Le conservateur motive-t-il son refus sur la nature de l'acte, refuse-t-il de le transcrire sous ce prétexte que sa transcription n'étant point prescrite par la loi elle serait inutile et sans objet, il sort de son droit; car il ne lui appartient point de décider si l'acte qui lui est présenté est ou non valable, s'il est ou non *translatif* de propriété, si le droit constitué est *réel* ou *personnel*, si l'objet aliéné est *mobilier* ou *immobilier :* nulle loi n'a, en effet, placé ce pouvoir d'appréciation dans son office. Il ne pourrait même point porter son refus devant la justice; car comment pourrait-il se constituer partie dans un débat qu'il n'a point droit de soulever?

218. Formaliser la transcription, c'est, ainsi que nous l'avons dit, reproduire sur le registre la copie fidèle, exacte et entière de l'acte sujet à la formalité. Bien qu'usité déjà sous l'empire de la loi du 11 brumaire an vii et consacré par une disposition formelle du Code Napoléon (art. 2181), ce mode de procéder fut en 1844 l'objet de très-vives critiques. Que la loi de brumaire l'ait pratiqué, disait-on, on le conçoit à la rigueur : le catalogue des actes dont elle prescrivait la publicité étant restreint, la nécessité de les reproduire en entier sur les registres du conservateur offrait peu d'inconvénients. Que le Code Napoléon se soit rallié à cette donnée, on le comprend mieux encore, puisqu'au lieu d'étendre, il avait, au contraire, considérablement diminué le nombre des actes à transcrire. Mais, si généralisant le principe de la publicité, on subordonne à son empire tous les droits réels, même ceux qui ne sont point susceptibles d'hypothèques, si on l'applique aux actes par lesquels les parties renoncent à ces droits, de même qu'à ceux par lesquels elles les constituent ou les transmettent; si ces divers actes. quels qu'ils soient, à titre onéreux ou à titre gratuit, doivent être placés sous les yeux des tiers; si même on doit porter à leur connaissance jusqu'à des droits personnels, tels que ceux des fermiers et locataires, quels inextricables embarras ne traînera point après elle la masse vraiment effrayante d'écritures et de registres qu'il faudra accumuler pour satisfaire aux besoins de chaque jour? Les conservateurs ne suffiront jamais à telle besogne, car il ne s'agit point de dire qu'ils appelleront en plus grand nombre des commis à leur aide : les actes devant être transcrits les uns à la suite des autres sur un même registre, il n'y aura toujours qu'un

même écrivain employé à cet office (1). Quelles lenteurs alors! Ce serait peu peut-être si les parties n'avaient que des retards à subir; mais en outre quels frais! Les droits de timbre, il ne faut point l'oublier, grossiront à mesure que s'étendra la dimension ou que s'élèvera le volume du papier dont on fera usage. Ajoutons qu'on aura à payer au conservateur, à titre de salaire, un franc par chaque rôle d'écriture, en sorte que si l'acte à transcrire est très-volumineux, ainsi que cela arrive fréquemment, il ne sera possible d'en obtenir la transcription que sous la condition d'un débours dont le chiffre effraiera plus d'un acquéreur. Ce qui est plus grave encore, c'est que, en certain cas, du moins, la formalité ainsi accomplie fonctionne en sens inverse du but auquel elle est préposée; car loin de mettre en lumière le droit qu'elle doit rendre public, elle l'obscurcit, au contraire, puisqu'elle le tient en quelque sorte caché et enfoui parmi les détails surabondants et les clauses innombrables de l'acte où il faut le découvrir. Combien il serait plus conforme à l'esprit de l'institution de retrancher des actes à transcrire tout ce fatras de développements inutiles ou de clauses étrangères à l'objet que la publicité réclame et de ne porter sur le registre que les documents qui ont un rapport direct et nécessaire avec la concession ou l'établissement des droits qu'il importe aux tiers de connaître, les noms, prénoms et domiciles des parties, la date de l'acte passé entre elles, la nature et l'étendue du droit transmis de l'une à l'autre, et enfin la désignation des biens sur lesquels elles ont traité! Quant à la rédaction de cet *extrait* on pourrait, sans inconvénient, la confier au conservateur qui la ferait sur le vu des pièces qui lui seraient remises à cet effet. Cette transcription abrégée serait plus simple., plus expéditive, moins dispendieuse et surtout mieux appropriée à son objet que la transcription des actes en leur entier. Elle n'offrirait d'ailleurs rien d'insolite dans notre droit; puisqu'elle y est pratiquée, sous la forme d'une inscription, quant aux actes constitutifs d'hypothèques ou générateurs de droits privilégiés. Tout concourt donc en sa faveur.

(1) Cette objection n'est plus possible dans l'état actuel des choses. L'administration a, en effet, autorisé MM. les conservateurs à ouvrir plusieurs registres de transcription et à les tenir simultanément, toutes les fois que l'exigent les besoins du service (inst. 2051).

Proposée de nouveau en 1855, cette innovation fut tout d'abord jugée pleine de sens au Conseil d'Etat ; l'art. 3 du projet de la loi portait, en effet, qu'à l'exemple des hypothèques et des priviléges, les autres droits réels seraient, à l'avenir, rendus publics par *extrait* ou par voie *d'inscription*. Mais la commission fut d'un tout autre avis ; elle considéra que les clauses diverses d'un contrat, s'interprétant les unes par les autres, forment un tout dont le sens et l'effet sont indivisibles ou solidaires; que d'ailleurs la rédaction de l'extrait prendrait autant de temps et, par suite, donnerait lieu aux mêmes frais que la transcription ordinaire, puisque le conservateur ne pourrait la faire qu'après avoir lu avec une scrupuleuse attention et une sage lenteur les pièces déposées à son bureau ; qu'en outre, le charger de ce soin ce serait engager sa responsabilité dans de tels périls que l'Etat se verrait forcé de n'appeler à la gestion des bureaux hypothécaires que d'habiles jurisconsultes, ce qui pourrait être fort embarrassant; que si, enfin, et pour échapper à cet inconvénient, on laissait aux parties le soin de rédiger, par elles-mêmes ou par des tiers officieux, l'extrait à inscrire sur le registre, sa rédaction offrirait fréquemment des omissions ou des obscurités qui pourraient entraîner leur ruine ou qui, tout au moins, les jetteraient dans des procès qu'une loi sage et prévoyante doit s'efforcer de prévenir (1).

Quoique assurément peu concluantes, ces considérations prévalurent au Corps législatif. « La commission, dit **M.** de Belleyme dans son rapport, a pensé que le mode de transcription suivi jusqu'à ce jour était préférable, elle a donc proposé de rejeter l'art. 3 du projet. »

Ce rejet auquel le Conseil d'État se rallia lui-même et

(1) A consulter : les documents publiés en 1844 sur la réforme hypothécaire, notamment le rapport de la faculté de droit de Paris ; — la préface de M. Troplong sur les hypoth., p. xxxviii; — De la libération de la propriété, par M. d'Audiffret ; — Du crédit foncier et des moyens de le fonder ; — De la preuve du droit de propriété, par M. Robernier ; — De quelques modifications importantes à introduire dans le régime hypoth., par M. Hébert; — De la réforme hypoth., par M. Fouët de Conflans; — Observations sur le projet de la loi sur la trans., par M. Paul Pont, Revue critique, t. iv.

contre lequel un seul député crut devoir protester, n'a été, au Corps législatif, l'objet d'aucune contestation.

219. Il est donc bien entendu que les actes dont la loi' prescrit la publicité doivent être reproduits *en leur entier* sur le registre. Toutefois, il ne faut point prendre ces expressions dans un sens trop étroit et en exagérer la portée. On est d'accord qu'en ce qui touche les actes contenant une convention *unique* ou même plusieurs conventions *dépendantes les unes des autres*, la transcription par simple extrait analytique n'est point tolérée. L'acte doit alors être reproduit tel qu'il se comporte. C'est ce qui a lieu notamment dans le cas d'un échange d'immeubles. Les deux aliénations qu'il opère se servant réciproquement de cause l'une à l'autre, il n'y a réellement qu'un contrat unique et un contrat indivisible : l'acte qui le constate ne peut donc pas être divisé (1), et il en est ainsi alors même que les immeubles qui y sont désignés sont situés dans divers arrondissements. Il y a lieu, en ce cas, de le transcrire dans chacun des deux bureaux (2) et chaque fois en son entier.

La solution serait la même si, par un seul et même acte, un ou plusieurs vendeurs avaient vendu à un ou plusieurs acheteurs, mais pour un prix unique, des immeubles distincts.

220. Lors, au contraire, que plusieurs conventions distinctes entre elles et ayant chacune une existence si particulièrement propre qu'aucune dépendance ne les lie les unes aux autres, se trouvent relatées dans un même écrit, il est permis de le syncoper et d'en détacher, pour la reproduire dans son intégralité sur le registre, la partie où se trouve décrite *en son entier* celle des conventions dont on poursuit la publicité. Ce que la loi défend, en effet, c'est la transcription d'une copie reproduisant certains passages d'un acte unique, passages choisis dans l'ensemble de l'original, pris çà et là, ordinairement modifiés dans la nature et l'ordre de leurs expressions, combinés et assemblés de manière à en dégager,

(1) Persil sur l'art. 2181, n° 16. — M. Troplong, *Des Priv et Hypoth.*, n° 911. — M. Dalloz, v° *Hypoth.*, n° 1729. — *Contra*, Grenier, t. 2, n° 365. — M. Hervieu, p. 512.

(2) V. ci-dessus le n° 45, p. 104; MM. Rivière et Huguet, quest. n° 114. M. Troplong, *Trans.*, n° 134.

sous forme d'abrégé, les points les plus essentiels. Cet extrait analytique impliquant un travail d'esprit, il y avait lieu de craindre qu'il ne fût point toujours suffisamment clair et complet : des omissions, des ambiguïtés ou équivoques auraient pu s'y glisser et dénaturer le sens de l'acte qu'il aurait inexactement résumé. Voilà pourquoi on l'a prohibé. Mais quand un même écrit contient, quoique sous les mêmes signatures, différents actes ou contrats, tous principaux, parfaitement distincts et détachés les uns des autres, forcer les parties de le transcrire en son entier, alors qu'elles entendent limiter à l'un des contrats qui s'y trouvent décrits la formalité qu'elles requièrent, ce serait évidemment dépasser le but; car où serait la raison de cette tyrannique rigueur? Si parmi les contrats relatés en commun dans le même acte, l'un d'eux seulement appartient au principe de publicité, combien ne serait-il pas contradictoire de n'en autoriser la transcription qu'à la charge par le requérant de publier ceux-là même qu'à raison de leur nature et de leur objet la loi affranchit elle-même de la formalité? Et que serait-ce si ces autres contrats étaient complétement étrangers au requérant, ou si, quoique le concernant, il avait un intérêt légitime à ne les point divulguer? Lui faudrait-il, au premier cas, s'immiscer dans les affaires d'autrui, ou, dans le second, immiscer les tiers dans ses affaires secrètes? Personne ne croira que la loi ait poussé jusque-là l'absurde ou l'injuste !

Le procédé que nous proposons ne la blesse, d'ailleurs, ni dans son texte, ni dans son esprit; ni dans son texte, puisque nous reproduisons sur le registre non point une simple analyse ou un résumé de l'acte soumis à la formalité, mais l'acte lui-même, l'acte en son entier, sans y rien changer, sans en rien retrancher, dans les mêmes expressions et le même agencement de ses termes : il y a *extrait*, sans doute, relativement à l'*écrit* dont on le détache, mais en ce qui le concerne lui-même, la copie qu'on en fait et qu'on couche sur le registre est réellement intégrale ou entière; ni dans son esprit, car le travail à faire pour formaliser la transcription consistant à détacher littéralement de l'écrit commun l'un des actes qui s'y trouvent séparément et distinctement compris, toute irrégularité ou omission devient en quelque sorte impossible.

Si ces divers actes se trouvaient décrits sur des feuilles volantes et que chacun d'eux eût des signatures qui lui fussent propres, on n'hésiterait assurément point à les transcrire séparément et indépendamment les uns des autres ; or, la circonstance que l'écrit où ils se trouvent est d'un seul tenant et qu'ils sont tous sous des signatures qui leur sont communes n'a rien d'essentiel dans la cause, car qu'y aurait-il de plus facile que de diviser matériellement cet écrit en autant de parties qu'il contient d'actes distincts et de copier, en vue de la transcription, sur chacune de ces parties, les signatures auxquelles elles ont toutes également droit ?

Ajoutons enfin qu'il a toujours été admis dans notre ancienne jurisprudence qu'au cas où plusieurs contrats se trouvaient distinctement relatés dans un même écrit, il suffisait de transcrire en son entier la *partie* de l'acte où était décrit le contrat auquel on entendait limiter la formalité. C'est ainsi qu'aux termes de l'art. 24 de la déclaration du 17 février 1731 sur l'insinuation, la donation qui devait être transcrite *en entier*, quand l'acte dressé pour la solenniser ne contenait aucun objet qui lui fût étranger, pouvait l'être *in parte quâ*, dans le cas contraire. Les choses se sont toujours passées de même sous l'empire du Code Napoléon, et bien loin qu'il y ait lieu de penser que la loi nouvelle a été, en ce point, conçue dans un esprit d'innovation, tout nous montre, au contraire, qu'elle est restée fidèle aux errements du passé. « Il importe, disait en 1855 l'un des députés au Corps législatif, M. Duclos, qu'il soit bien entendu que la loi ne repousse pas un usage jusqu'ici établi et qui consiste, lorsqu'un acte contient des conventions de diverses natures, à ne transcrire que celle de ces conventions qui concerne la transmission du droit immobilier (1). » Ce mode de procéder ne fut point repoussé ; personne ne songea même à l'attaquer (2).

221. Ainsi, lorsqu'un même acte contient : 1° la vente d'un

_____

(1) *Moniteur*, — séance du 15 janvier 1855.

(2) V. ce que nous avons dit ci-dessus, n° 40. — Comp., Grenier, n₀ 369 ; Rigaud et Championnière, n°ˢ 4035 et 4036 ; Baudot, t. 2, p. 10 ; MM. Troplong, *Hypoth.*, n° 911, et *Trans.*, n°ˢ 124 et 125 ; Paul Pont, *Revue criti.* t. 4, et le Com. de l'art. 2181 ; Bressol, n° 37 ; Grosse, *Trans.*, n 121 ; Martou sur la loi belge du 16 déc. 1851, n₀ 51.

immeuble; 2° la vente d'effets mobiliers avec indication de deux prix principaux appliqués l'un à la première vente, l'autre à la seconde, il suffit de transcrire tout ce qui, dans l'acte, concerne la mutation de l'immeuble. Qu'il y ait deux acheteurs distincts ou qu'il n'y en ait qu'un, il n'importe ; la raison de décider est la même dans l'un et l'autre cas. Nous ne croyons même point qu'il y ait lieu de distinguer si les deux ventes sont distinctes absolument, c'est-à-dire sans aucun mélange même matériel ou littéral entre elles, ou si, au contraire, la communauté de quelques termes les constitue conjointes par quelques points, si d'ailleurs la conjonction qui les rapproche n'est point de nature à les subordonner l'une à l'autre. Il suffit, pour syncoper l'acte qui les contient, qu'elles aient chacune un objet distinct et un prix à elle propre. Ainsi, nous maintiendrions notre donnée, alors même qu'il serait dit dans l'acte qu'un tel a vendu tel immeuble et tels et tels effets mobiliers, l'immeuble moyennant la somme de..., les effets mobiliers pour telle autre somme déterminée. Il est vrai que dans cette hypothèse on devra, pour séparer les deux ventes et reproduire sur le registre tout ce qui concerne la vente de l'immeuble, toucher à la rédaction de l'acte, mais la modification qu'on lui fera subir n'ayant rien d'essentiel ne fera point qu'il ne soit réellement, quant à la mutation de l'immeuble, transcrit en son entier et tel qu'il se comporte.

Il n'est également point douteux que si un immeuble ou plusieurs immeubles ont été mis aux enchères publiques et vendus par lots à différentes personnes, avec des prix distincts pour chaque lot, les adjudicataires peuvent, chacun séparément, faire transcrire, utilement en ce qui le concerne, tout ce qui, dans le jugement d'adjudication, se réfère à la mutation opérée à son profit, savoir : d'une part, les énonciations générales, ainsi que les clauses et conditions communes aux diverses mutations que constate le jugement, d'autre part, les clauses, charges, conditions et désignations qui ont exclusivement trait à son lot.

M. Dalloz admet comme nous que chaque adjudicataire peut, dans l'espèce, ne transcrire que la partie du procès-verbal d'adjudication qui le concerne, « mais, ajoute-t-il, il en est autrement du cahier des charges où sont consignées les conditions déclarées communes à toutes les adjudications partielles; ce cahier doit être transcrit en entier, car c'est là surtout ce qui intéresse les tiers ; il ne pourrait l'être par simple extrait sans qu'il y eût contravention tout à la fois à l'esprit et à la lettre de l'art. 2181 (1). » La raison de cette distinction nous échappe. Les charges et conditions de la vente sont, nous dit-on, communes à toutes les adjudications partielles; voilà précisément ce que nous ne comprenons point. Puisqu'il y a plusieurs ventes et des ventes distinctes, chacune d'elles peut évidemment être subordonnée à des conditions qui lui sont exclusivement propres.

223. Le même auteur enseigne qu'au cas où il s'agit non plus d'une vente faite aux enchères et en détail, mais de la vente de plusieurs immeubles faite par le même acte à un seul acquéreur ou à plusieurs et avec indication d'un prix particulier à chacun des immeubles vendus, l'acte ne peut pas être scindé et n'être présenté qu'en partie à la transcription. « On sent, dit-il, toute la différence qui existe entre ce cas et celui dont il est question au numéro précédent. Dans une adjudication aux enchères publiques, s'il n'y a qu'un seul procès-verbal, il y a réellement autant d'actes distincts que de lots adjugés; mais dans l'hypothèse présente il n'y a réellement qu'un seul et même acte, quoiqu'il y ait des dispositions distinctes dans cet acte, et il ne nous paraît point nécessaire, comme l'exige M. Troplong, *que l'acte soit indivisible ou que toutes les clauses dépendent les unes des autres* pour rendre obligatoire la reproduction de cet acte dans son intégralité (2). » Quoi que nous fassions encore, il nous est impossible de saisir la raison de cette prétendue différence. Lorsque plusieurs immeubles ont été, quoique par un même acte, vendus séparément et pour des prix distincts, soit au même acquéreur, soit à différents acheteurs, qu'ils aient été vendus à l'enchère ou à l'amiable, le résultat est forcément le même, et, dans l'un comme dans l'autre cas, il est parfaitement exact de dire que bien qu'il n'existe qu'un écrit unique pour tout ce qui a été fait, il y a néanmoins autant de ventes qu'il y a d'immeubles vendus.

224. L'acte contenant la vente d'un immeuble, puis le bail

---

(1) Répert., vº Hypoth., nº 1726 ; Conf. M., Grosse, *Trans.*, nº 121.

(2) Répert., vº Hypoth., nº 1728.

de cet immeuble au profit d'un preneur autre que le vendeur,
peut également être scindé.

Que si le preneur est le vendeur lui-même, il y aura à distinguer si le bail constitue l'un des éléments de la vente ou
si, au contraire, il en est complétement indépendant. Dans le
premier cas, l'acte devra être transcrit dans son entier. Il
pourra être syncopé dans le second.

225. Les actes de mariage, de société, tous ceux, en un
mot, qui, bien qu'uniques quant à la forme, sont complexes
quant à leurs dispositions, relèvent également du principe que
nous avons établi. Il suffira de transcrire, d'une part, celles
de leurs parties où se trouveront décrites les conventions sujettes à la formalité ; d'autre part, les clauses qui s'y rattachant par quelque côté seront de nature à y établir une certaine subordination de l'une à l'autre (1).

226. Aux actes que le principe de publicité réclame se rattachent fréquemment des actes accessoires, tels que des procurations, des autorisations maritales, des procès-verbaux
d'autorisations accordées par des conseils de famille à des
tuteurs ou des jugements portant homologation de ces autorisations. Il n'est point nécessaire alors de transcrire les deux
actes, l'acte *principal* et l'acte *accessoire ;* la transcription de
l'acte principal suffit (2).

227. Il se peut que l'acquéreur intéressé à remplir la formalité n'ait aucun titre : la convention d'où est né son droit
peut, en effet, n'être que verbale ou tacite; ou si elle a été
écrite à son origine, l'acte qui en a été dressé peut être perdu
ou détruit. Nous avons donné la règle à suivre en pareil cas.
Le lecteur la trouvera exposée et pratiquée sous les numéros
26 (p. 45 et suiv.), 115 (p. 313) et 131 (p. 341). — Quant aux
ventes par lettres missives, nous le renvoyons au n° 27
(p. 53).

228. Les transcriptions se font aux bureaux qui embrassent dans leurs circonscriptions les immeubles désignés dans

---

(1) M. Troplong, *Trans.*, n° 125.

(2) V. ci-dessus les n°s 28 (p. 56), et 34, p. 75 et 76. — Conf., cass.,
27 nivôse an XII. — MM. Merlin, quest. de droit, v° *Trans.*, § 3; Troplong,
Trans., n°s 126 et 127. — *Contra*, MM. Baudot, n° 1091; Martou, *Com.
de la loi belge du 10 déc.* 1851, n° 54.

l'acte soumis à la formalité. Inutile d'ajouter qu'au cas où il est relatif à des biens situés dans divers arrondissements, la transcription doit en être faite dans les diverses conservations auxquelles ils appartiennent (V. ci-dessus les n°ˢ 45 (p. 104) et 133 (p. 343).

Rappelons, en outre, que la règle établie s'applique même aux actes portant cession d'une succession sans désignation des immeubles héréditaires (V. ci-dessus le n° 133 (p. 343).

Les cessions translatives d'actions immobilières se transcrivent aux bureaux de la situation des immeubles qu'elles ont pour objet.

Quant aux immeubles qui, étant purement fictifs, n'ont aucune situation comme les actions de la Banque de France, la transcription des actes qui les concernent s'effectue au bureau du lieu où siége la société contre laquelle les droits de cette nature sont établis (1).

229. Les bureaux de conservation sont ouverts au public de huit heures du matin à quatre heures du soir. Dès que l'heure fixée pour leur clôture expire, le préposé peut et doit même refuser de procéder aux formalités requises (2).

Ils sont fermés pour tout le monde les dimanches et jours de fête légale (3). On compte, dans l'état actuel de la. législation, outre les dimanches, six fêtes légales, savoir : la Noël, l'Ascension, l'Assomption, la Toussaint (4), le 1ᵉʳ jour de l'An (5), et enfin le 15 Août (6).

Il est toutefois généralement admis qu'en cas de péril en la demeure, le conservateur requis de remplir une formalité pendant un jour de dimanche ou de fête légale doit la formaliser, lorsque le requérant présente à l'appui de sa demande

(1) Par argu. Delvincourt, t. 3,-p. 166, note 1; Conf. Dalloz, vo *Hypoth.*, n₀ 2057.

(2) Art. 11 de la loi du 27 mai 1791; instruc. du minis. des finan. du 20 mars 1839 ; cassat., 28 février 1838; Baudot, n°ˢ 63 et 64; Hervieu, p. 106 et 107.

(3) Art. 57 de la loi du 18 germi. an x. — Déc. de la régie du 22 déc. 1807 (inst. n₀ 362).

(4) Arrêté du 22 germi. an x.

(5) Avis du conseil d'Etat du 20 mars 1810.

(6) Décret du 16 février 1852.

une permission du juge (argu., art. 1037, Code de proc.).

230. La partie qui requiert la transcription remet au conservateur une expédition de son titre, lorsqu'il est authentique, ou son titre lui-même, lorsqu'il est sous seing privé. Le conservateur, après s'être assuré par l'examen de la pièce déposée qu'il doit l'admettre à la formalité (V. ci-dessus les n°s 215 à 218), inscrit, immédiatement et par ordre numérique, sur son registre des dépôts, la remise qui lui a été faite.

Cette inscription effectuée, il opère la transcription en copiant sur le registre affecté à cet effet le titre déposé entre ses mains. Cette seconde opération doit, aux termes formels de la loi, avoir lieu *sans retard* (art. 2199). Elle devrait donc, à ce qu'il semble, suivre *immédiatement* la première ; il n'en est rien pourtant. Les réquisitions que reçoivent chaque jour les conservateurs sont trop nombreuses, les travaux à faire pour y répondre exigent trop de temps et d'attention pour qu'il soit possible de satisfaire les déposants au fur et à mesure qu'ils se présentent et sans aucun retard. S'il en était ainsi, le registre des dépôts n'aurait point d'objet (V. ci-dessus le n° 206). La force même des choses interpose donc, dans la plupart des cas, un trait de temps entre la formalité du dépôt et la formalité de la transcription. Il se peut même que le bureau soit si encombré de dépôts qu'il ne soit point possible de transcrire en une seule séance tous les titres qui ont été déposés. En ce cas, les transcriptions qui ne peuvent pas être effectuées le jour même du dépôt doivent être formalisées le lendemain, ou plus exactement quand elles peuvent l'être. Les retards qu'elles subissent, par suite de ces matérielles nécessités, n'engagent point, puisqu'ils ne leur sont point imputables, la responsabilité du conservateur.

231. Dans tous les cas, c'est-à-dire soit qu'il les effectue le même jour, soit qu'il les formalise à des jours différents, il doit les faire « à la date et selon l'ordre numérique des dépôts » (V. à ce sujet ce qui est dit ci-dessous sous les n°s 235 à 237).

Dès que le dépôt est effectué, le conservateur en donne au requérant, sur papier timbré, une reconnaissance énonçant le numéro du registre sur lequel la remise des pièces a été inscrite (art. 2199, C. Nap.).

Il est d'usage que ce bulletin contienne la mention que le droit auquel il est soumis a été payé (instr., n° 233).

Le conservateur doit conserver les bulletins de dépôt qui lui sont rapportés par les requérants lors du retrait des pièces revêtues de la formalité. Si le retrayant a égaré son bulletin, le conservateur exige, afin d'éviter d'être ultérieurement inquiété, la décharge des pièces dont il fait la remise. Cette décharge est signée par le retrayant, en marge de l'article qu'elle concerne, sur le registre de dépôt (Décis., 2 juin 1835; instr., 17 juin 1835).

Lorsque la transcription est formalisée, le conservateur délivre au requérant un certificat constatant qu'elle a été effectuée (art. 2181, C. Nap.).

Cette reconnaissance se donne, selon l'usage, par une note inscrite à la suite de la pièce transcrite. Le conservateur y mentionne la date de la transcription, le volume sur lequel elle se trouve, l'article sous lequel elle a été effectuée, et enfin la perception des droits auxquels elle est assujettie.

232. Le bulletin de dépôt et le certificat de transcription sont obligatoires pour le conservateur, en ce sens qu'il est obligé de les donner quand il en est requis. Mais le sont-ils également pour le déposant? Est-il obligé de les recevoir, quoiqu'il ne les requière point, et d'en payer les frais?

En ce qui touche le bulletin de dépôt, une distinction a été prescrite par deux décisions des ministres de la justice et des finances des 14 et 28 ventôse an XIII (1). En voici les termes:
« Toutes les fois que le conservateur fait sur-le-champ une
« transcription en présence de la partie qui attend que la
« formalité soit donnée pour remporter l'acte transcrit, on ne
« peut obliger cette partie à prendre une reconnaissance du
« dépôt de ses pièces; mais si des circonstances quelconques
« exigent que les pièces restent au bureau, quand ce ne serait
« que du matin au soir, celui qui les y laisse doit nécessaire-
« ment prendre la reconnaissance et en payer le timbre. Le
« conservateur est en droit de l'exiger avant de faire men-
« tion de la remise des pièces sur le registre à ce destiné,
« non-seulement *parce que la loi l'oblige* à donner cette re-

----

(1) V. dans le même sens une autre décision du 8 août 1821.

« connaissance, mais aussi parce qu'elle est nécessaire pour
« le remettre sur la voie lorsque l'on vient réclamer l'acte
« transcrit (Instr., n° 316). » Le tribunal de Poitiers a également
décidé que la reconnaissance du dépôt était une mesure d'ordre, et qu'ainsi elle était obligatoire tant pour les
déposants que pour les conservateurs (1).

Nous protestons contre cette décision ou plutôt contre l'arbitraire sur lequel on la fonde. Où est, en effet, la preuve
légale de l'obligation qu'on impose aux déposants? Y a-t-il
dans la loi des termes qui l'établissent, sinon directement, au
moins par voie d'induction? Il y a lieu de croire que les textes
manquent puisqu'on n'en cite aucun. On nous oppose, il est
vrai, que les conservateurs étant légalement obligés de
donner ces reconnaissances, il en résulte que les requérants
sont également obligés de les recevoir ; mais nous ne pouvons
voir en cette prétendue raison qu'une de ces bizarres distrac-
tions auxquelles sont parfois soumis les hommes les plus éminents : car, qui croira jamais que l'obligation de donner une
garantie implique, en la personne de ceux qui ont le droit de
l'exiger, l'obligation corrélative de la recevoir?

La reconnaissance des dépôts, nous dit-on encore, est une
mesure d'ordre public ; c'est là précisément ce qui est en
question. Qu'elle soit d'ordre public en ce sens qu'il importe
que les tiers obligés de s'adresser aux conservateurs puissent
prendre contre eux des garanties propres à assurer leur
tranquillité, nous ne le contestons pas ; mais est-il également
essentiel qu'ils puissent eux-mêmes être contraints de recevoir ces garanties? Voilà ce qui est à prouver et ce qu'on
n'établit point. Car que sert-il de dire que la loi a prescrit
la reconnaissance des dépôts *parce qu'elle a jugé qu'elle était*
nécessaire pour remettre le conservateur sur la voie et l'em-
pêcher de se méprendre sur l'identité des requérants, lors-
qu'ils viennent réclamer l'acte transcrit ? C'est tout simplement ajouter une affirmation à une autre affirmation. La
vérité est que l'obligation, objet de ce débat, n'a de fondement ni dans la loi, ni dans la nécessité même des choses. Il
nous est, en effet, impossible de faire aux conservateurs l'in-

(1) Jugement du 19 août 1829. — Conf. MM. Baudot, n° 157; Troplong,
Hypoth., n° 1009; Pont, *Comm. des Priv. et Hypoth.*, n° 1432.

jure de penser qu'il soit absolument nécessaire de leur représenter, « pour les mettre sur la voie, » les récépissés de
dépôts, lorsqu'on les met en demeure de restituer les pièces
déposées. Leur expérience tient lieu de ce secours. Telle est,
au moins, la présomption de la loi belge sur la révision du
régime hypothécaire. « Elle n'a tenu compte, dit son com-
mentateur, M. Martou, que de l'intérêt qu'a le requérant à la
reconnaissance du dépôt de ses titres ; elle l'a laissé maître,
en conséquence, de la demander ou de ne pas la demander (1). »

233. Le système que nous combattons nous conduirait à
dire, s'il était fondé, que le certificat de transcription est également obligatoire pour le transcrivant, puisque, aux termes
de l'article 2181, le conservateur *est tenu de le donner*. Or, de
bonne foi, où est le fondement de cette obligation ? Le certificat de transcription aurait-il donc été prescrit dans l'intérêt
du conservateur, et pour lui faciliter l'exécution de ses obligations ? Personne ne l'a jamais prétendu. Dès lors et s'il est
vrai qu'il n'a exclusivement pour objet que l'intérêt du transcrivant, comment soutenir encore que le transcrivant est tenu
de le recevoir alors qu'il ne le requiert pas ? Il le requerra, à
la vérité, dans la plupart des cas ; car, outre qu'il assurera,
en le retirant, sa tranquillité, il lui serait impossible, s'il ne
le retirait point, de procéder aux formalités de la purge
(art. 2183, 2o) ; mais ne peut-il pas arriver qu'il n'ait aucun
intérêt à purger ou que même il n'ait pas le droit de le faire ?
Or, s'il offre, en ce cas, de suivre la foi du conservateur et
d'accepter comme vraie l'affirmation verbale que la transcription a été effectuée, lui répondra-t-on que par la confiance
dont il honore un magistrat de l'Etat il se met en révolte
contre la loi ?

234. Dans tous les cas, il est bien entendu que si le requérant dépose à la fois plusieurs titres à transcrire, le conservateur ne peut point le contraindre à recevoir autant de reconnaissances de dépôts qu'il y a de pièces déposées. Une reconnaissance unique quant à la forme, mais complexe quant

1) Com. de la loi du 16 déc. 1815 sur la révision du rég. hypoth.,
no 1593.

aux titres compris dans le dépôt, sera pleinement suffisante (1).

235. Un point délicat nous reste à éclaircir. Nous avons vu que si diligents que soient les conservateurs, il leur est souvent matériellement impossible de transcrire, le jour même du dépôt, les pièces qui leur sont remises à cet effet (V. ci-dessus le n° 206). Il se peut donc qu'il y ait entre la transcription et le jour du dépôt un intervalle d'un ou plusieurs jours. Quelle sera en ce cas la vraie date de la transcription ? n'aura-t-elle son effet qu'à compter du jour où elle aura été formalisée, ou remontera-t-elle jusqu'au dépôt pour lui emprunter sa date ? Qu'on suppose notamment qu'un vendeur se marie et accepte une tutelle dans l'entre-temps du dépôt à la transcription de l'acte de vente : les hypothèques légales de sa femme et de son mineur frapperont-elles ou non l'immeuble vendu ? Elles l'atteindront, si la transcription n'a d'autre date que celle qu'elle reçoit de sa réalisation sur le registre qui lui est propre. Elles le laisseront libre, au contraire, si elle rétroagit au jour du dépôt. On voit par cette espèce combien est importante la question posée.

Un jugement du tribunal de Bar-sur-Aube, du 5 janvier 1832, tient pour principe que la transcription *est réputée formalisée dès que les pièces à transcrire ont été inscrites sur le registre des dépôts*. Cette fiction a fait fortune dans le monde administratif. Il importe, dit M. Ducruet, président de la chambre des notaires de Lyon, d'observer que, quoique la transcription ne puisse pas être réellement effectuée le jour même de la présentation de l'acte à transcrire, *elle est faite à cette date* (2). « Dès que, disent également MM. Baudot (3) et Hervieu (4), la remise de l'acte à transcrire est constatée sur le registre des dépôts, *la transcription est réputée accomplie*. » M. Dalloz, se rattachant à cette donnée, en a conclu, comme le tribunal de Bar-sur-Aube et avec M. Baudot, que du moment que le conservateur a inscrit sur son registre le dépôt d'un

---

(1) M. Baudot, n° 157, 3°; — M. Troplong, *Hypoth.*, n° 1009; Martou, sur la loi belge, n° 1594; Dalloz, v° *Hypoth.*, n° 2889.

(2) Etudes sur les difficultés que présente l'applic. de la loi de la trans.; p. 14.

(3) N° 1459, p. 153.

(4) Résumé de juris., p. 702, n° 6, 3° édit.

acte à transcrire, la formalité *étant censée opérée*, le droit de transcription est irrévocablement acquis à l'Etat (1).

236. Mais, dira-t-on peut-être, où est le fondement de la fiction qu'on affirme? quel texte l'établit? loin que la loi la consacre, même indirectement, elle l'exclut au contraire, non point seulement par voie d'induction, mais de la manière la plus formelle, puisqu'elle rattache à la date même de la transcription tous les effets qui lui sont propres. *Jusqu'à leur transcription,......* dit-elle, les droits réels ne sont point opposables aux tiers (art. 3). *A partir de la transcription*, ajoute-t-elle, le cours des inscriptions est fermé (art. 6). Quant à la fiction qui fait remonter l'effet de la transcription au jour *du dépôt* des actes à transcrire, il n'en est parlé nulle part. Tout ce qu'on affirme à ce sujet est donc purement imaginaire.

Le registre des transcriptions étant affecté à la publicité des actes que les tiers ont intérêt à connaître, est par là même le seul que les tiers aient à consulter. Quant au registre des dépôts, il est à leur égard comme inexistant, puisqu'il n'a d'autre but que de fournir au requérant, lorsque l'acte qu'il a présenté à transcrire ne l'a pas été dans l'ordre et à la date où il devait l'être ; la preuve de la fraude du conservateur. Il ne suffit donc point, pour qu'un acte soit considéré comme transcrit, qu'il ait été présenté au conservateur et que sa remise ait été inscrite au registre des dépôts ; il faut de plus qu'il soit couché ou transcrit sur le registre à ce destiné : jusque-là la transcription n'existe pas.

Ce qui prouve bien que le registre des remises est complétement étranger aux rapports des requérants entre eux, c'est qu'il est universellement admis qu'au cas où les deux registres ne concordent point, le conflit se règle, non point eu égard à l'ordre et à la date des *dépôts*, mais d'après l'ordre et conformément à la date des transcriptions. « Si, dit avec une « haute autorité, M. Tarrible, le conservateur, après avoir « couché fidèlement sur le registre des remises la date et « l'ordre de la remise des actes, les couchait ensuite sur son « registre de forme dans un ordre différent et sous une date « postérieure, les transcriptions auraient pour date positive « non celle indiquée dans le registre des remises, mais celle

(1) V° Hypoth., n° 2883.

« exprimée dans le registre de forme, parce que ce dernier est
« celui qui est exposé au regard du public et sur la foi duquel
« quiconque le consulte doit pouvoir se reposer avec une par-
« faite séourité (1). »

Si d'ailleurs la transcription, quoique effectuée plusieurs
jours après la remise des pièces à transcrire, a son effet du
jour même du dépôt, où s'arrêtera-t-on dans cette voie ? Le
conservateur pourra-t-il, sans engager sa responsabilité, remettre à l'époque qu'il jugera convenable la transcription
des pièces remises entre ses mains ? S'il ne la formalise qu'a-
lors qu'il s'est écoulé déjà plusieurs mois ou même une année
depuis le moment où il a été mis en demeure de l'effectuer,
rétroagira-t-elle encore au jour du dépôt ? mais où serait son
utilité dans ce système ? il serait bien plus simple de s'en
passer, puisqu'en fin de compte elle s'analyserait en une formalité sans objet : ce ne serait plus qu'une vaine superfluité.

237. Ces considérations nous ont longtemps paru décisives,
mais après un plus mûr examen de la matière, nous avons cru
devoir nous ranger à l'opinion générale. Si le conservateur
ne transcrit point sur son registre des transcriptions l'acte
déposé à cet effet, il n'y a point de transcription, nous en faisons l'aveu ; si, après avoir inscrit sur son registre des dépôts
la date et l'ordre de la remise, il le couche sur son registre
des transcriptions dans un autre ordre ou sous une date différente, le dernier des deux registres, nous le reconnaissons
encore, fera seul foi à l'égard des tiers, puisque c'est en lui
et en lui seul qu'ils doivent se renseigner, le registre des dépôts ne leur étant point destiné ; mais quand la transcription
a été effectuée et qu'elle l'a été régulièrement, c'est-à-dire
selon les prescriptions de la loi, il nous paraît alors manifeste
qu'elle remonte au jour du dépôt ou, ce qui revient au même,
qu'elle est réputée avoir été accomplie immédiatement après
lui, bien qu'en fait il y ait eu un trait de temps entre les deux
formalités. Remarquons, en effet, les termes de la loi. Le
conservateur ne pourra, dit-elle, formaliser la transcription
que dans l'ordre et *à la date de la remise de l'acte à transcrire*
(art. 2200). Or, s'il est essentiel que la transcription porte la
date du dépôt, c'est qu'évidemment cette date est légalement

(1) Réport., v° Priv. et Hypoth., n° 255.

destinée à devenir la sienne. Autrement où serait l'utilité de cette énonciation ?

Considérons d'ailleurs combien le système contraire marcherait peu d'accord avec l'esprit général de la loi ! Où serait, en effet, la sécurité des transcrivants, si la transcription ne remontait point, quant à son effet, au jour même de la remise des pièces à transcrire ? La plus exacte diligence ne suffirait point à les couvrir, puisqu'ils resteraient exposés au danger des hypothèques légales qui pourraient naître du chef du propriétaire, dont ils sont les ayant cause, dans l'entretemps du dépôt à la transcription.

Un passage des travaux préparatoires du Code confirme notre interprétation. « L'objet de l'innovation organisée dans « l'art. 2200 a été, dit M. Grenier, dans son rapport au Tri- « bunat, de remédier aux inconvénients qui résultaient de la « multiplicité des transcriptions... demandées à la fois, et qui « devaient être *retardées* puisqu'elles ne pouvaient être faites « que sur un seul registre. L'usage de ce nouveau registre « de dépôt évitera aux parties intéressées des méprises et « *des retards* également *nuisibles*, en assurant les époques « auxquelles elles se seront présentées pour requérir les « transcriptions (1). » Or, les retards qu'a voulu prévenir la loi ne peuvent être évités qu'autant que la transcription effectuée remonte, quant à son effet, au jour où elle a été requise.

238. Ainsi, la transcription régulièrement accomplie rétroagit au jour du dépôt, voilà ce que dit implicitement la loi ; mais nous ne voyons nulle part qu'elle ait consacré cette autre fiction que la formalité est réputée accomplie dès que le conservateur a mentionné, sur son registre des dépôts, les pièces qui lui ont été remises pour être transcrites. L'acte déposé n'est donc point transcrit tant qu'il n'est point couché sur le registre à ce destiné. Si le conservateur négligeait de l'y porter, l'acte de dépôt ne suppléerait certainement point la transcription absente. C'est ce que la loi exprime elle-même très-clairement, quoique implicitement, lorsqu'elle déclare le conservateur « responsable de l'omission sur son « registre des transcriptions d'actes de mutation (art. 2197).

(1) Fenet, t. 13, p. 507.

239. Nous allons plus loin, le conservateur ne doit point, suivant nous, transcrire les pièces déposées pour être transcrites, lorsque le déposant révoque ou retire à temps sa réquisition. L'opportunité de la transcription est, en effet, laissée à l'arbitrage du bénéficiaire de l'acte à transcrire. La prudence lui conseille d'y recourir; mais nulle loi ne l'y oblige; partant rien ne le contraint de persévérer dans sa réquisition.

Cette donnée paraît inadmissible à M. Hervieu. «Admettre, « dit-il, que la partie puisse retirer du bureau des hypo-« thèques un acte de mutation sans qu'il ait été transcrit, « mais rendu public par son enregistrement au registre des « dépôts, ce serait anéantir le principe de la publicité et mé-« connaître les devoirs imposés aux conservateurs par l'ar-« ticle 2203; enfin, ce serait se mettre en opposition non-« seulement avec la loi, mais aussi avec un arrêt de la Cour « de cassation du 10 avril 1833, qui a établi en principe que « l'enregistrement du titre au registre de dépôt équivalait à « la transcription de ce titre (1). »

Ces considérations portent évidemment à faux : 1° par lui-même et par lui seul l'enregistrement d'un acte sur le registre de dépôt ne lui imprime aucune publicité, puisque ce registre n'est point destiné au public. 2° La faculté laissée au déposant de révoquer sa réquisition ne porte aucune atteinte au principe de publicité. Et, en effet, de ces deux choses l'une : l'acte déposé est ou n'est point sujet, d'après la loi, à la formalité de la transcription. Au premier cas, il ne sera point opposable aux tiers, s'il n'est point transcrit; le principe de publicité ne sera point violé par conséquent. Il le sera bien moins encore, au second cas, puisqu'il ne sera même point en cause. 3° Le conservateur qui, tenant compte de la révocation de la réquisition par laquelle il a été mis en demeure de formaliser la transcription, ne l'effectue point, ne méconnaît nullement les devoirs que lui impose l'art. 2203 : cette disposition est, en effet, complétement étrangère à l'objet de ce débat; il suffit, pour s'en convaincre, de la lire attentivement. 4° Enfin qu'importe que la Cour suprême ait décidé «que les actes translatifs de propriété sont réputés transcrits sur le

(1) V° Regis., n° 6.

registre des transcriptions, dès que leur remise a été constatée sur le registre des dépôts? » Ses décisions portent en elles une grande autorité assurément, mais il n'est point, que nous sachions, défendu de les combattre quand, au lieu de marcher d'accord avec la loi, elles la violent. Or, où est établie la fiction qu'elle consacre? Tant qu'on ne nous fera point connaître le texte d'où on la déduit, nous persisterons à ne voir en elle qu'une affirmation sans valeur.

L'administration reconnaît elle-même qu'au cas où un acte dont la transcription serait *inutile et sans objet* a été déposé *par erreur*, le déposant peut le retirer, tant que sa transcription n'est pas accomplie (1). M. Hervieu se range à cet avis, sans prendre garde qu'en l'acceptant il abandonne le principe que, dès qu'un acte est *déposé*, il est légalement *transcrit*. Quel est d'ailleurs le fondement de la distinction qu'il propose, et des limites dans lesquelles il la renferme? Comment le conservateur saura-t-il si c'est *sciemment* ou *par erreur* que le dépôt a eu lieu? Lui laissera-t-on le soin de décider si la transcription que requérait le déposant dans le principe et à laquelle il s'oppose actuellement est ou non utile? qu'importe que ce dernier ait un intérêt marqué à la faire formaliser du moment qu'il juge à propos de n'y point recourir? y a-t-il donc une loi qui l'oblige à être prudent? Mais tout le monde reconnaît que la formalité de la transcription est purement *facultative!* Chacun reste libre d'asseoir sa sécurité sur la loi ou de suivre la foi de son auteur (2).

240. Nous tenons donc pour certain que dans toutes les hypothèses possibles, il n'y a point lieu de formaliser la transcription qui a été requise, si le requérant révoque à temps sa réquisition. M. Baudot (n° 1460) indique la précaution que le conservateur doit prendre, en ce cas, pour se mettre à couvert contre toute recherche ultérieure. « Il constatera, dit-il, en marge du registre de dépôt que le déposant, qui signera, a déclaré ne pas vouloir que la formalité fût remplie et que les pièces lui ont été remises. »

241. Il n'est dû, en ce cas aucun salaire. Le droit de transcription lui-même n'est point dû, *si l'acte à la transcription*

---

(1) Délibé. du 17 déc. 1844. — Journ. *des Conserv.*, art 41.

(2) M. Troplong, *Trans.*, n° 376.

*duquel s'oppose le déposant n'est point de nature à être trans-
crit.* Le contraire n'a été admis que par application du principe qu'aussitôt que la formalité du dépôt est remplie, la formalité de la transcription est elle-même tenue pour accomplie.
Or, nous avons démontré que cette fiction est inacceptable.

Mais que décider si l'acquittement du droit a eu lieu au
moment même du dépôt. Le droit perçu doit-il alors être
restitué au déposant qui révoque à temps sa réquisition ?
L'administration distingue si la réquisition a eu lieu, ou non,
par erreur : au premier cas, elle admet la restitution ; elle
l'écarte au second (1).

Cette distinction nous a paru purement arbitraire ; nous
l'avons combattue et rejetée (V. ci-dessus le n° 230).
La réquisition n'oblige en aucun cas le requérant ; il peut
donc, dans toutes les hypothèses possibles, la révoquer légitimement, pourvu qu'il le fasse avant que la formalité
requise ait été effectuée. Or, le droit à percevoir n'a et
ne peut avoir d'autre fondement que la formalité accomplie.
Le droit perçu doit donc être restitué dans l'espèce, puisque
la transcription à laquelle il était subordonné n'a pas été
formalisée.

Qu'on ne dise point, avec M. Baudot, quaux termes de l'article 60 de la loi du 22 frimaire an VII, tout droit perçu régulièrement ne peut être restitué, *quels que soient les événements
ultérieurs :* cette objection n'est qu'une pure pétition de principe. On part, en effet, de cette idée que, dans l'espèce, le
droit a été régulièrement perçu ; or, c'est précisément là ce
qui est à prouver. Ce qui a été payé était-il dû ? Là est tout le
débat. Notre solution, dès lors, reste entière. Aucun droit n'é-
tait dû, nous l'avons montré ; la perception qui a été faite
était par conséquent irrégulière, ou, pour parler plus exactement, purement provisoire, puisqu'elle était tacitement subordonnée à cette condition que la formalité requise serait remplie. Cette condition étant défaillie, le droit perçu l'a été indûment, ce qui implique l'obligation d'en faire la restitution
(art. 1376, C. Nap.).

Le principe que tout droit perçu régulièrement ne peut
être restitué *quels que soient les événements ultérieurs* n'a

---

(1) V. MM. Hervieu, v° *Droit de trans.*, n° 18 ; Baudot, n° 1459.

point la portée qu'on lui attribue en général. **M.** Gabriel Demante en a précisé le sens et l'objet avec une rigoureuse exactitude : « On doit, dit-il, le ramener à cette proposition que
l'*effet rétroactif* attaché par le droit civil aux conditions résolutoires et aux actions en nullité ou en rescision qui affectent les actes à l'occasion desquels la perception a eu lieu n'est
plus applicable au droit fiscal, en tant qu'il s'agit de la restitution de l'impôt (1). »

242. Lorsque l'acte transcrit est un acte de vente constatant
que la totalité ou partie du prix est due au vendeur, le conservateur doit, sans aucun retard et sous sa responsabilité personnelle, en détacher la créance qui y est relatée et l'inscrire
d'office sur son registre des inscriptions. Des difficultés assez
graves se rattachent à cette obligation, elles trouveront leur
place sous le commentaire de l'art. 6.

SECTION II.

DES PERSONNES QUI PEUVENT ET DE CELLES QUI DOIVENT REQUÉRIR LA FORMALITÉ DE LA TRANSCRIPTION.

SOMMAIRE.

243. La transcription d'un acte soumis à la formalité peut être efficacement requise par toute personne, quelle que soit la qualité en laquelle elle se
présente. — Du vendeur.

244. Le requérant n'a aucune justification à faire. Ainsi, quand il agit
comme mandataire, il n'est point tenu de représenter la procuration qui
l'habilite à agir.

245. Il n'est même point nécessaire qu'il soit capable de s'obliger, s'il a
d'ailleurs un intérêt personnel à ce que la formalité soit remplie.

246. Les femmes mariées peuvent être représentées, non-seulement
par leurs parents et par le procureur impérial, mais encore par un *ami.*

247. *Quid* pourtant s'il s'agit d'une transcription à effectuer *contre leur
mari ?* — Même solution.

_____

(1) M. Gabriel Demante, *Exposit. rais. des Principes de l'Enregis.*, n 12.

248. Des tuteurs et des subrogés-tuteurs des bénéficiaires des actes sujets à la formalité.

249. Les curateurs des mineurs émancipés sont-ils, sous leur responsabilité, tenus d'agir de même que les tuteurs des mineurs et des interdits? — — Négative. — Des administrateurs des établissements publics.

250. Le mari est-il obligé de requérir les transcriptions nécessaires à la conservation des droits de sa femme? — Distinction.

251. Résumé. — Des tuteurs, subrogés-tuteurs et curateurs. — Du père administrateur. — Des conseils judiciaires. — De l'administrateur provisoire, dans les hypothèses prévues par les art. 497 du Code Napoléon et 32 de la loi du 30 juin 1838. — Des maris. — Des envoyés en possession provisoire des biens d'un présumé absent. — Des syndics d'une faillite.

252. Des mandataires. — Distinction.

253. Des notaires. — Ils ne sont point tenus de s'occuper des suites de l'opération à laquelle ils ont prêté leur ministère et de veiller à l'accomplissement des conditions nécessaires pour en assurer l'effet. — Ils peuvent recevoir un mandat dans ce but. — De la preuve de ce mandat.

254. Des avoués.

255. Les administrateurs obligés de veiller à la publicité des droits appartenant à l'incapable qu'ils représentent ne sont responsables que du dommage imputable *à leur négligence.*

243. La transcription d'un acte soumis à la formalité peut être efficacement requise par toute personne, quelle que soit la qualité en laquelle elle se présente. Le conservateur n'a ni à s'enquérir du but dans lequel elle procède, ni aucune justification à exiger ; il suffit qu'elle se présente munie de la pièce à transcrire et qu'elle en offre le dépôt entre ses mains pour qu'il soit tenu de faire droit à sa réquisition. La faculté de le mettre en demeure d'agir est, en effet, générale, puisque la loi n'en a restreint la portée par aucune disposition limitative. La formalité peut donc être utilement requise tant par la partie qu'elle dépouille que par le bénéficiaire de l'acte à transcrire, et, par exemple, en cas de vente, aussi bien par le vendeur que par l'acheteur. Ajoutons qu'en ce qui touche le vendeur, sa réquisition devrait être obéie alors même que l'acheteur y ferait une formelle opposition : la transcription de l'acte de vente pouvant, aux termes exprès de la loi, servir à la conservation de son privilége, il a, pour la requérir, un intérêt propre qui lui permet d'agir en son nom personnel.

244. Que le requérant soit le bénéficiaire de l'acte ou

que ce soit un mandataire ou même un simple gérant d'affaires, il n'importe. Le conservateur engagerait par conséquent sa responsabilité si, sous prétexte que celui qui le requiert est étranger à l'acte à transcrire, il refusait d'en opérer la transcription, jusqu'à ce que le requérant justifie d'une procuration propre à légitimer sa réquisition.

245. Il n'est même point nécessaire que le requérant soit capable de s'obliger, s'il a d'ailleurs un intérêt personnel à ce que la formalité soit remplie. Il est, en effet, de principe que les actes conservatoires n'exigent, pour leur validité, aucune capacité du chef de ceux qui y procèdent. Ainsi, les mineurs, émancipés ou non, et les interdits peuvent efficacement requérir les transcriptions qui les intéressent. Il en est de même des femmes mariées : soit qu'elles agissent avec ou sans l'autorisation de leur mari ou de justice, soit qu'elles agissent seules, leur réquisition oblige le conservateur (Arg., art. 940, C. Nap.).

Il est bien entendu, au reste, que l'incapacité du requérant ne le dispense point de l'obligation de payer les frais de la formalité effectuée sur sa demande. La faculté dont il est investi, l'habilite implicitement à s'obliger au paiement des dépenses attachées à la conservation de son droit. Qui veut la fin veut le moyen.

246. Les mineurs et les interdits peuvent être suppléés non-seulement par leurs parents et par le procureur impérial, mais encore par de simples étrangers sous le titre d'*amis* ou de *gérants d'affaires.* En est-il de même des femmes mariées? Qu'elles puissent être représentées par leurs parents ou par le procureur impérial, nul n'hésitera à l'affirmer ; mais peuvent-elles l'être également par *un ami*? pourquoi non ? Vainement nous opposera-t-on qu'aux termes des art. 2138 et 2139 leurs parents et le procureur impérial sont seuls autorisés à requérir l'inscription de leur hypothèque légale sur les biens de leur mari. Quoique unies par certaines affinités, les transcriptions et les inscriptions auxquelles le droit des femmes est subordonné se séparent par une différence caractéristique qui, dans l'espèce, ne permet point de raisonner par analogie.

L'inscription pouvant mettre aux prises les intérêts contraires des époux et par le dommage qu'elle fait sentir au mari, les atteintes graves qu'elle porte à son crédit et les blessures morales qu'elle lui cause, amener dans le ménage les plus fâcheux conflits, laloi a pensé, avec quelque raison peut-être, qu'il fallait laisser à la femme elle-même, à ses parents et au procureur impérial le soin d'apprécier l'opportunité d'une mesure aussi périlleuse. Il eût été, sinon fort dange-reux, au moins peu décent, de permettre à un étranger d'in-tervenir dans ces rapports si délicats d'époux à époux et d'y prendre contre le mari le titre équivoque d'ami ou de défen-seur de la femme.

La transcription des actes constatant les acquisitions que la femme a pu faire en traitant avec des tiers est d'une tout autre nature. Si les époux sont séparés de biens, le mari n'a, il est vrai, aucun intérêt direct et pécuniaire à la voir effec-tuer, mais au moins n'en souffre-t-il point. S'ils sont mariés sous tout autre régime, loin de lui nuire, elle lui profite, au contraire, puisque par la conservation des droits de sa femme, elle assure la conservation des siens propres. On comprend dès lors qu'un étranger puisse la requérir, puisqu'en ce cas, il prend en mains la défense des droits de la femme non plus contre son mari, mais contre les tiers.

247. Au reste, quand même il s'agirait d'effectuer une transcription *contre le mari*, soit parce qu'il serait l'aliénateur de l'immeuble acquis par la femme, soit parce qu'il l'aurait acquis en sous-ordre en vertu d'un titre qu'il aurait négligé de faire transcrire, la réquisition qu'en ferait un gérant d'af-faires serait encore parfaitement licite et, par suite, obliga-toire pour le conservateur. L'art. 2138 constitue, en effet, une dérogation à ce principe de droit commun qu'on peut, sans y avoir un intérêt propre et personnel, stipuler ou agir au nom et pour le compte d'un tiers dont on se constitue le repré-sentant (art. 1372, Cod. Nap.); or, les exceptions ne s'éten-dent point par analogie d'un cas à un autre.

248. Les bénéficiaires des actes dont l'effet quant aux tiers est subordonné à la formalité de la transcription peuvent, s'ils le jugent à propos, laisser leur droit exposé aux périls de la clandestinité de leur titre : nulle loi ne les oblige à le placer sous la sauvegarde de la publicité.

Toutefois la loi a dû venir au secours des acquéreurs qui à raison de leur âge, de leur sexe ou de toute autre cause, sont inhabiles à veiller par eux-mêmes à la conservation de leur patrimoine. Leur incapacité ne les relève point sans doute des conséquences passives qu'entraîne le défaut de transcription (1); mais les mandataires légaux ou judiciaires placés près d'eux pour les représenter dans les actes civils qui les intéressent, sont responsables envers eux des déchéances qu'ils encourent (Arg., art. 940 et 942). Ainsi, quand le bénéficiaire de l'acte à transcrire est un mineur en tutelle ou un interdit, son tuteur *doit,* sous sa responsabilité personnelle, en requérir la transcription.

Quant au subrogé-tuteur, il le peut, mais il n'y est point obligé. S'il en est différemment alors qu'il importe de requérir l'inscription de l'hypothèque légale du mineur ou de l'interdit (art. 2137 et 2138), c'est que, s'agissant d'une mesure à prendre *contre le tuteur,* il y a lieu de craindre que ce dernier n'accomplisse point lui-même l'obligation dont il est tenu; mais rien de semblable n'a lieu dans l'espèce : la transcription a requérir n'étant point de nature à nuire au tuteur, point n'est besoin de placer près de lui un suppléant.

Bien plus, il resterait libre d'agir, alors même que le mineur ou l'interdit se trouverait momentanément privé de tuteur; car tout ce que la loi exige du subrogé-tuteur, en ce cas, c'est qu'il avise à faire cesser au plus tôt cet état de choses en provoquant la nomination d'un nouveau tuteur (art. 424).

249. Lorsque le bénéficiaire de l'acte est un mineur émancipé, son *curateur* peut agir pour lui; mais y est-il obligé? L'affirmative ne serait pas douteuse, à ne consulter que les termes de l'article 940 : l'obligation de requérir la transcription des donations faites à des mineurs y est, en effet, déclarée commune aux curateurs et aux tuteurs. Il est vrai que l'article 942, qui attache à cette obligation la sanction de la responsabilité, ne vise expressément que les tuteurs, mais il est à remarquer qu'il passe également sous silence les administrateurs des établissements publics, quoique pourtant ils soient obligés (art. 940) et obligés sous leur responsabilité (art. 1142) de pourvoir à la conservation des droits conférés à l'établissement qu'ils représentent. Cet article 942 n'a donc rien d'exclusif ou de limitatif : les principes généraux suppléent ses lacunes. Au lieu d'affirmer, ainsi que l'ont fait certaines per-

_____

(1) V. l'explic. de l'art. 3.

sonnes, que les curateurs ne sont pas *obligés*, puisqu'ils ne sont point *responsables*, il faut, retournant la proposition, dire qu'ils sont *responsables* puisqu'ils sont *obligés*. Vainement opposera-t-on que, selon le droit commun, ils ne *représentent* point le mineur émancipé près duquel ils sont placés pour l'*assister* et qu'ainsi n'étant point mandataires à l'effet d'administrer, tout acte d'administration est par là même en dehors de leur charge; l'article 940 est formel et d'ailleurs conçu dans un esprit tout exceptionnel. Ce qui le prouve, c'est que le mari est dans tous les cas, car la loi ne distingue pas, obligé, sous sa responsabilité personnelle, de faire effectuer au nom de sa femme toutes les transcriptions qui l'intéressent. S'il est tenu d'agir alors même qu'il n'a point l'administration des biens de sa femme, c'est qu'à raison de l'importance de l'acte à remplir il a paru juste qu'elle trouvât dans l'obligation exceptionnelle dont on le charge une protection particulière et privilégiée; or les mêmes motifs militent en faveur des mineurs émancipés dans leurs rapports avec leurs curateurs.

Cette interprétation n'offre assurément rien d'exorbitant; elle paraît même fort logique. Nous ne croyons point pourtant devoir l'accepter. Si la loi a compris dans la même énumération les *tuteurs* et les *curateurs* (art. 940), ce n'est que par un malentendu qui s'explique par la pression des errements du passé. On sait qu'autrefois les interdits recevaient des *curateurs* dont les pouvoirs étaient, à peu de choses près, semblables à ceux dont étaient investis les tuteurs proprement dits. La loi les plaçait près de l'incapable confié à leurs soins, non point pour l'*assister* dans la gestion de ses affaires, puisqu'il était inhabile à figurer en personne dans les actes où il avait un rôle à jouer, mais pour le *représenter* et *administrer en son lieu et place*, comme un tuteur procédant au nom et pour le compte de son pupille (1). On donnait également des curateurs aux mineurs émancipés, mais à la différence des curateurs pour fait d'interdiction, qui, de même que les tuteurs proprement dits, agissaient et fonctionnaient pour l'incapable qu'ils représentaient, les curateurs pour fait de mi-

_____

(1) Pothier, *Traité des pers.*, tit. IV, sect. V, art. 1er; *Traité des oblig.*, nos 49 et 74. — Bourjon, *Droit commun de la France*, t. 1er, tit. des pers., sect. III, nº XLI. — Merlin, vº *Curat.*, § 2.

norité ne représentaient point l'émancipé placé sous leur autorité; ils l'*assistaient* seulement. Lors donc que nos anciennes lois traitaient d'un acte à accomplir *par les tuteurs et curateurs* des *mineurs et interdits,* leur disposition se traduisait forcément en ce sens que l'obligation établie regardait tant les *curateurs des interdits* que les *tuteurs des mineurs non émancipés.* Quant aux curateurs des mineurs qu'un acte d'émancipation avait fait sortir de la tutelle, elle ne pouvait les concerner puisque les actes relatifs aux émancipés devaient être passés non par leurs curateurs, mais par eux-mêmes. Or, personne n'ignore combien les législateurs ont de peine à s'affranchir des formules sous l'empire desquelles ils ont longtemps vécu; lors même qu'elles ont cessé d'être exactes, elles les dominent encore, et, se glissant à leur insu sous leur plume, se perpétuent dans des dispositions où elles ne conviennent plus. C'est ainsi qu'oubliant que les interdits reçoivent, dans la législation actuelle, non plus des curateurs, mais des tuteurs proprement dits, ils ont, par inadvertance, appliqué aux *représentants* des interdits l'expression de *curateurs* sous laquelle on les désignait autrefois.

Voilà ce que nous affirmons et ce que nous pouvons établir.

Les articles 940 et 942 ont été tirés du projet Jacqueminot. Quoique, d'après ce projet, les interdits fussent assimilés aux mineurs non émancipés et placés comme eux *en tutelle* (art. 32 du tit. *De la maj. et de l'interdic.*) (1), les articles 56 et 57 du titre *Des donations* (2) portaient, d'une part, que les donations faites... aux *mineurs et interdits* seraient transcrites à la diligence de *ceux à qui la loi donne le droit de les représenter;* d'autre part, que les mineurs et interdits ne seraient point restitués contre le défaut de transcription, sauf leur recours contre leurs tuteurs et *leurs curateurs.* Sous cette dénomination de *curateurs,* le projet entendait évidemment les *représentants* des interdits. Il ne pouvait, en effet, viser, par cette expression, les curateurs des mineurs émancipés, puisque, d'une part, il traitait exclusivement de ceux qui avaient le droit de *représenter* le donataire incapable, et que, d'autre

(1) V. Fenet, t. 1er, p. 348.
(2) V. Fenet, t. 1er, p. 377.

part, les émancipés, alors, comme aujourd'hui, n'avaient
point de *représentants*. La dénomination de *curateurs* était
donc inexacte : dans la pensée du rédacteur du projet, ces *curateurs* n'étaient autres que les *tuteurs* des interdits. Or, ces
dispositions, maintenues à peu de choses près dans les mêmes
termes, ont passé dans la loi avec l'inexactitude qui les'enta-
chait dès le principe.

Ce qui prouve que les *curateurs* dont il est parlé dans l'article 940 sont, sous une expression impropre, les *tuteurs* des
interdits, c'est que l'article 942 qui le complète ne parle plus
que des *tuteurs*. On nous oppose, il est vrai, que ce même
article 942 ne rappelle point également les administrateurs
des établissements publics, bien que pourtant l'article 940
les comprenne, comme les tuteurs, parmi les personnes char-
gées de requérir la transcription ; mais à leur égard, le silence de la loi a son explication. Si elle ne parle point des
curateurs, c'est évidemment à dessein, puisqu'ils étaient expressément nommés dans l'article 57 du projet dont nous
avons déjà parlé. Quant aux administrateurs, au contraire, si elle ne les rappelle point, ce n'est — une circonstance particulière nous autorise à le penser — que
par suite d'un oubli. Le projet Jacqueminot qui ne les avait
point compris parmi les personnes *obligées* d'agir n'avait
pas dû les désigner parmi les personnes *responsables* de leur
inaction (1). La commission du gouvernement étendit, plus
tard, jusqu'à eux l'obligation d'agir. Cette addition à l'article
940 exigeait une addition semblable dans l'article 942; mais,
par mégarde, sans doute, on ne la fit pas : à part la suppression du mot *curateur* qui apparemment fut jugé inexact,
l'article resta ce qu'il était dès le principe (2).

Quoi qu'il en soit, ce point nous est acquis, que la loi a pris

---

(1) V. Fenet, t. ier, p. 377.

(2) Toutefois, une phrase du discours de M. Jaubert au Tribunat semble
indiquer qu'en ce qui touche les administrateurs eux-mêmes, c'est également à dessein, mais, par une raison particulière, qu'on ne leur a point expressément appliqué la sanction de la responsabilité consacrée en cette matière. « La loi, dit-il, garde le silence sur le recours à exercer contre eux :
à leur égard, il ne doit y avoir que la responsabilité attachée à leurs fonctions (Fenet, t. XII, p. 597). » La pensée de M. Jaubert nous échappe.

soin de *retirer* les curateurs de l'énumération des personnes responsables du défaut de transcription; or cette circonstance prouve péremptoirement qu'elle ne les a point compris parmi les personnes auxquelles elle a imposé *l'obligation d'agir*.

250. Quant à l'objection déduite de la disposition relative *au mari*, les explications qui précèdent lui enlèvent toute son autorité; car s'il est vrai, et nous croyons l'avoir démontré, que ceux-là seulement sont obligés d'agir, qui ont le droit de représenter l'acquéreur intéressé à transcrire, il est manifeste qu'elle ne s'applique au mari lui-même qu'en tant que son contrat de mariage le constitue mandataire à l'effet d'administrer les biens de la femme. Si, en effet, il a été convenu entre elle et lui qu'elle conserverait la gestion de son patrimoine, ou si un jugement de séparation de biens a révoqué le droit d'administration qu'elle lui avait conféré, où trouver le fondement de l'obligation de la suppléer en matière de transcription? lorsqu'elle lui a remis le maniement de ses propres affaires ou a pu l'autoriser à se reposer sur lui de la conservation de ses droits : elle sait qu'il veille et agit pour elle; elle y compte et c'est justice qu'elle puisse recourir contre lui, quand il oublie le mandat dont il s'est chargé. « Tout *administrateur*, dit Ricard, doit veiller à la conservation des actions de celui qu'il a sous sa conduite; c'est ainsi que le mari étant le maître de la communauté et ayant l'administration de tout ce qui appartient à sa femme, est tenu de prendre soin de ses affaires : il doit y veiller, *puisqu'il en a l'intendance* (1). » Mais si elle n'a point placé sa confiance en lui ou si après la lui avoir accordée elle la lui a retirée, c'est à elle alors, à elle exclusivement, qu'incombe la charge de requérir les formalités où se trouvent engagés ses intérêts personnels. « La femme *séparée*, dit encore Ricard, doit conduire elle-même ses propres affaires, *puisqu'elle a voulu en avoir la direction* (2). » Partout se retrouve cette corrélation entre le *droit* et le *devoir* d'administrer. Liés l'un à l'autre comme l'effet à la cause, ils sont inséparables par essence : quand le *droit* cesse, *l'obligation*

---

(1) *Traité des donations entre-vifs* t, 1er, no 1240.

(2) *Id.*, no 1243. V. dans le même sens, Pothier, *Introd. au tit. XV des donations entre-vifs*, no 63, et *Traité des donations entre-vifs*, sect. 11, § 5.

disparaît. S'agit-il, par exemple, de faire inscrire les créances hypothécaires que la femme peut avoir sur un tiers, de renouveler les inscriptions qui les conservent, d'interrompre les prescriptions où elles peuvent périr, le mari sera ou ne sera point chargé de ce soin, suivant qu'il aura ou qu'il n'aura point l'administration du patrimoine dont elles font partie. Or, si cette distinction appartient au droit commun, il ne se peut pas qu'on y ait dérogé quant *aux transcriptions.* Les lois n'apportent, en effet, des limites aux règles qu'elles consacrent qu'autant que des motifs particuliers existent, qui les contraignent de s'en séparer, et on ne voit point qu'il soit nécessaire de distinguer, quant à l'objet de ce débat, entre les *inscriptions* et les *transcriptions.*

251. En somme, l'obligation de faire transcrire un acte auquel on est personnellement étranger, appartenant aux principes généraux, c'est par eux que se détermine sa portée; ainsi elle n'a trait :

Ni *au mari* dont la femme a conservé l'administration de son patrimoine personnel.

Ni *aux curateurs* des mineurs émancipés,

Ni *aux subrogés-tuteurs* des mineurs en tutelle,

Ni *aux conseils judiciaires* des prodigues (art. 513, C. Nap.) ou des personnes frappées d'une demi-interdiction (art. 499, C. N.),

Ni enfin *au procureur impérial.*

Elle s'applique, au contraire :

1° *Au mari administrateur* des biens de sa femme. Il n'importe alors que l'acte ait été passé avant ou pendant le mariage. Peu importe, en outre, qu'il ait eu lieu sous l'autorisation du mari ou, sur son refus, avec l'autorisation de justice. Ricard, il est vrai, ne partageait point cet avis dans l'ancien droit : « Le mari, disait-il, s'est déchargé en refusant d'autoriser sa femme du péril qu'il pouvait courir pour le fait de la donation. Elle ne doit donc pas s'attendre à lui et il est de sa diligence de chercher un autre conseiller (1); » mais la loi n'a point reproduit cette distinction. Elle a pensé avec raison que le refus d'autoriser la femme de faire un acte ne re-

---

(1) *Traité des donations,* t. 1ᵉʳ, n° 1243.

lève point le mari des obligations que lui impose son titre toujours subsistant *d'administrateur ;*

2° *Aux tuteurs* des mineurs et des interdits;

3° *Au père,* administrateur, pendant le mariage, des biens personnels de ses enfants mineurs (art. 389, C. Nap.);

4° A l'administrateur provisoire désigné pour prendre soin de la personne et des biens d'un défendeur en interdiction (art. 497, C. N.), ou d'un majeur qui sans être interdit a été placé dans une maison d'aliénés (art. 32 de la loi du 30 juin 1838);

5° Aux administrateurs des établissements publics;

6° Aux envoyés en possession provisoire des biens d'un présumé absent (art. 125, C. Nap.);

7° Aux syndics d'une faillite (art. 490, C. com.) ;

252. 8° Aux mandataires, lorsqu'ils se sont chargés de l'administration générale des affaires du mandant (art. 1988), ou — mais alors selon les circonstances — quand ils l'ont représenté dans l'acte à transcrire. Ainsi, il n'est point douteux qu'en principe (1) celui qui accepte un mandat à l'effet d'acheter un immeuble ne soit tenu de placer sous la sauvegarde de la transcription l'achat qu'il conclut au nom de son mandant; car, *dans la pensée des parties,* le mandat *d'acheter* a pour objet, non point seulement une adhésion à donner à une offre de vente, mais une *acquisition* à faire et à faire en bon père de famille, une acquisition, pleine, entière, assurée par conséquent, ce qui implique l'obligation de requérir la transcription de l'achat, puisqu'en l'absence de cette formalité l'acquisition resterait inachevée. Il en serait autrement, bien entendu, s'il apparaissait par la nature des circonstances dans lesquelles le mandat a été offert et accepté, que l'office du mandataire devait se borner à conclure l'achat. Si j'écris, par exemple, à un ami de se mettre en rapport avec un tel son voisin et de lui offrir en mon nom tel prix pour l'achat d'un immeuble qui lui appartient, il est clair qu'une fois le marché conclu le mandat que j'ai donné aura reçu sa pleine et entière exécution. Mais qu'au contraire je lui écrive qu'étant sur le point de m'absenter je le prie d'acheter un immeuble mis en vente, personne n'hésitera à reconnaître qu'en ce cas je le charge non

_____

(1) *Contrà* MM. Rivière et Huguet.

point seulement de consentir pour moi au marché à conclure, mais d'acquérir l'immeuble que je le prie d'acheter, de l'acquérir comme je le pourrais faire moi-même, en bon père de famille, et par conséquent sous la garantie des formalités propres à m'en procurer l'entière propriété.

253. Quant au notaire devant lequel les parties contractent, son office est entièrement achevé dès que l'acte qui constate leur convention a, par l'observation des formalités prescrites pour sa validité, reçu toute sa perfection : nulle loi, en effet, ne lui impose l'obligation de s'occuper, en sa qualité de notaire, des suites de l'opération à laquelle il a prêté son ministère et de veiller à l'accomplissement des conditions nécessaires pour en assurer l'effet.

Nous n'ignorons point pourtant que, d'après la jurisprudence de la Cour impériale de Paris, les notaires auxquels s'adressent les parties contractantes reçoivent d'elles un double mandat, un mandat formel et exprès à l'effet de dresser acte de leur convention, et un mandat implicite ou sousentendu à l'effet de requérir les formalités propres à assurer la conservation des droits auxquels le contrat conclu a donné naissance (1) ; mais cette donnée est trop manifestement arbitraire pour y attacher quelque autorité. « Les notaires, dit avec raison la Cour de cassation, sont des fonctionnaires publics pour recevoir les actes auxquels les parties doivent ou veulent donner le caractère de l'authenticité. Là se bornent leur mission et la responsabilité qui peut en résulter (2). »

Ils peuvent, sans doute, s'engager, en dehors de l'exercice de leurs devoirs professionnels, à s'occuper des suites de l'opération conclue devant eux et notamment à la placer sous la sauvegarde des formalités auxquelles son efficacité est subordonnée ; mais ce mandat étant étranger à leurs attributions, il n'est point permis de l'induire de la qualité en laquelle ils ont procédé à la rédaction de l'acte qu'ils ont reçu. Le client qui l'invoque ne doit donc pas, en principe du moins, se borner à dire qu'il l'a donné ; il ne suffit même point, pour l'établir, d'une preuve telle quelle, d'une conjecture ou d'une présomption plus ou moins certaine ; son exis-

---

(1) Arrêt du 13 juin 1854.
(2) Arrêt du 30 juin 1852.

tence ne peut être établie que dans les termes du droit commun. « Si, en certains cas, dit à ce sujet la Cour de cassation, les notaires n'agissant plus comme notaires, mais devenus mandataires des parties par leurs volontés respectives, peuvent être soumis à la responsabilité comme mandataires, il faut au moins que l'existence du mandat soit établie *suivant les règles ordinaires du mandat* (1). » Or, si, comme nous le supposons, l'intérêt engagé au débat dépasse 150 fr. et que le demandeur ne produise aucun commencement de preuve par écrit, ce serait évidemment violer les articles 1341 et 1355 qu'admettre en ce cas la preuve par témoins ou par de simples présomptions de l'homme. La Cour de cassation sur laquelle nous nous appuyons paraît, il est vrai, se déjuger elle-même par son arrêt du 14 février 1855: elle semble, en effet, y admettre que l'existence du mandat peut être suffisamment établie par *les circonstances de la cause ;* mais cette affirmation est si manifestement contraire aux précédents de la Cour et surtout aux dispositions formelles de la loi qu'il nous est impossible d'y voir autre chose qu'un de ces oublis qu'il faudrait renoncer à expliquer, si nous ne savions que les corps savants, de même que les hommes éminents, sont parfois sujets aux plus lourdes méprises (2).

254. Ce que nous venons de dire des notaires s'adapte sans peine aux avoués constitués à l'effet de faire une enchère, conformément à l'article 705 du Code de procédure : la transcription du jugement d'adjudication prononcé sur leur enchère constitue un acte extrajudiciaire qui à ce titre ne rentre point dans l'objet pour lequel leur ministère a été requis (V. d'ailleurs par *a contrario* le 2e alinéa de l'art. 4 de la loi du 23 mars 1855).

_____

(1) Arrêt du 30 juin 1852.

(2) Cass., 2 juin 1847; 30 juin 1852 et 19 juillet 1854; — Bordeaux, 26 mars 1844; — Douai, 29 mai 1844 et 16 avril 1847; — Lyon, 18 juillet 1845 et 13 août 1852; — Dijon, 3 déc. 1846; — Riom, 7 déc. 1848; — Poitiers, 22 juillet 1851; — Paris, 21 juillet 1851 et 26 juin 1852; — Rouen, 24 nov. 1852. — Consultez une dissertation très-remarquable de M. Pont, *Revue critique*, t. VII, p. 35. — Conf. MM. Rivière et Huguet, quest. n° 162; — M. Troplong, trans. n° 138.

255. Les administrateurs obligés de veiller à la publicité des droits appartenant à l'incapable qu'ils représentent ne sont responsables que du dommage *imputable à leur négligence.* La question de savoir si le défaut de transcription engage ou non leur responsabilité se résout donc en fait et suivant les circonstances : les juges ont à cet égard un plein pouvoir d'appréciation (art. 1562, 2ᵉ alinéa et 567, argu. d'ana.). C'est ce que le Code exprime lui-même lorsqu'il déclare dans l'article 942 que les mineurs, les interdits et les femmes mariées dont le droit se trouve perdu faute d'une transcription effectuée en temps utile peuvent, *s'il y échet,* recourir contre leurs tuteurs ou leurs maris (1).

SECTION III.

DES IRRÉGULARITÉS DONT UNE TRANSCRIPTION PEUT ÊTRE ENTACHÉE, DES CONSÉQUENCES QU'ELLES ENTRAINENT TANT QU'ELLES SUBSISTENT, ET DU MODE A SUIVRE POUR LES FAIRE CESSER.

SOMMAIRE.

256. La transcription qui ne réunit point toutes ses conditions *substantielles* est nulle ou inexistante. Lorsqu'elle ne pèche que par l'absence de l'un de ses éléments *accidentels* ou *accessoires,* elle est valable, quoique irrégulière.

257. Quatre conditions sont de son *essence.*

258. Suite. — Des nom, prénoms, profession et domicile de l'aliénateur.

259. La transcription peut n'être valable que partiellement.

260. Il n'est point essentiel qu'elle contienne la désignation individuelle du bénéficiaire de l'acte. — Tempérament apporté à ce principe.

261. En cas de vente, la mention de la stipulation d'un prix tient à la substance de la transcription. S'il est nécessaire que le chiffre du prix stipulé y soit indiqué.

262. La transcription, quoique faite par extrait, est valable quand elle réunit toutes les conditions qui sont de son essence.

---

(1) Furgole, sur l'art. 14 de l'ord. de 1731, p. 119.

263. Le conservateur répond des irrégularités provenant de son fait. — Comment il peut les faire disparaître. — La rectification ne met sa responsabilité à couvert que pour l'avenir. — Des frais auxquels elle donne lieu.

264. Des irrégularités provenant du fait du requérant, de son notaire ou d'un greffier.

265. Comment le requérant peut les faire disparaître.

266. Si le conservateur qui délivre un état de transcription doit y comprendre la transcription irrégulière et la transcription qui l'a rectifiée.

267. Des éléments accidentels ou accessoires de la transcription. Des transcriptions effectuées tardivement. De celles qui contiennent des blancs et interlignes. Des transcriptions non signées. Des transcriptions d'actes non enregistrés.

268. Des transcriptions effectuées un dimanche ou un jour de fête légale.

269. Du cas où le conservateur est absent ou empêché. — S'il peut procéder à des formalités qui le concernent personnellement.

270. De la transcription effectuée alors que la partie contre laquelle elle a été requise était décédée, laissant des héritiers bénéficiaires, ou qu'elle était en état de faillite déclarée. — Renvoi.

256. Nous chercherions vainement, dans la loi, le chapitre des nullités auxquelles peuvent être sujettes les transcriptions. Soit que ce point n'ait pas frappé son attention, soit qu'elle ait jugé inutile de le régler, elle ne contient absolument rien sur la sanction des irrégularités qui peuvent les entacher. Que conclure de son silence ? Que la moindre défectuosité de la transcription la réduira *ad non esse ?* Ce serait violer le principe que les nullités ne se suppléent point. Que si imparfaite qu'elle soit elle sera néanmoins valable ? Ce serait oublier que tout acte est, par la loi même de sa nature, soumis à des conditions tellement inhérentes à son objet et, par suite, si essentiellement liées à son existence, qu'il ne peut être et subsister que par et avec elles. Il y a donc entre ces deux extrêmes un parti mitoyen à suivre. Personne n'ignore que, par une distinction passée depuis longtemps à l'état de règle élémentaire dans notre droit, les conditions auxquelles les actes sont assujettis pour leur entière perfection sont ou ne sont point *substantielles*. Si l'acte n'a point toutes les formalités qui, tenant à sa substance, sont les éléments nécessaires de sa constitution, on dit qu'il est nul ou inexistant. Que si, au contraire, les réunissant toutes, il pèche seulement par l'absence de l'une ou de l'autre

de ses formalités secondaires ou accessoires, on dit qu'il est valable, quoique irrégulier. Le caractère abstrait de cette distinction soulève, en certains cas, de graves difficultés d'application. C'est ainsi qu'en matière d'hypothèques, nous avons pu voir la jurisprudence chercher vainement, dans le pêlemêle de ses décisions, le principe certain de la classification à faire entre les énonciations substantielles des inscriptions et leurs énonciations simplement accidentelles : ses tâtonnements n'ont fait qu'accroître ses incertitudes. Mais en ce qui touche la transcription, nous n'avons point à craindre les mêmes hésitations. Sa nature même donne et fixe la règle qui la gouverne.

237. Les conditions substantielles d'un acte sont évidemment celles qu'il doit réunir *pour remplir son objet*, ou, en autres termes, *pour atteindre le but auquel la loi l'a préposé*. La transcription a été instituée pour asseoir le crédit foncier sur une base solide, et à cet effet donner aux tiers le moyen de s'assurer, lorsqu'ils entrent en pourparlers d'affaire avec un propriétaire apparent, s'il a ou non aliéné, en tout ou en partie, par un acte antérieur, l'immeuble qu'il présente comme sien. Ainsi, publicité des actes par lesquels les biens sortent en tout ou en partie du patrimoine des propriétaires actuels, voilà son objet essentiel, mais tout son objet.

Si elle était effectuée ailleurs qu'au bureau de la situation des biens auxquels elle se réfère, elle laisserait dans la clandestinité la plus absolue les actes qu'elle doit rendre publics; car comment les tiers intéressés à la découvrir pour y trouver une lumière et une garantie pourraient-ils deviner le lieu où elle se tiendrait cachée?

Quoique faite là où elle doit l'être, elle n'apprendrait point aux tiers tout ce qu'il leur importe de savoir, si elle ne leur faisait connaître le propriétaire auteur de l'acte qu'elle met sous leurs yeux, l'immeuble dont il a disposé, ainsi que la nature et l'étendue du droit sorti de son patrimoine.

Quatre conditions sont donc absolument indispensables pour qu'elle soit conforme à son objet et remplisse le but dans lequel elle a été créée; il faut :

1° Qu'elle soit effectuée au bureau de la situation des biens désignés dans l'acte qu'elle doit rendre public;

2° Qu'elle contienne des énonciations propres à les distinguer de tout autre bien ;

3° Qu'elle désigne individuellement le propriétaire qui en a disposé;

4° Enfin qu'elle indique la nature et l'étendue du droit dont il s'est dépouillé.

258. Quant aux éléments ou aux détails de ces énonciations et désignations, la loi ne les ayant point déterminés, les juges ont, en ce point, un plein pouvoir d'appréciation. Ainsi, il n'est point essentiel que l'acte couché sur le registre contienne les prénoms, profession et domicile du propriétaire aliénateur. L'indication de son nom pourra donc être jugée suffisante.

Ce qu'exige la loi de la publicité, c'est la désignation du propriétaire que dépouille, en tout ou en partie, l'acte transcrit. Mais pourvu qu'il soit désigné, peu importe qu'il le soit de telle ou telle manière, si d'ailleurs l'indication qui le concerne est telle qu'il ne puisse y avoir ni erreur ni surprise (1). Il en est de même de la désignation des biens : peu importe comment elle est faite, si elle est telle que leur identité soit parfaitement reconnaissable (2).

259. L'absence de l'une ou de l'autre des quatre conditions qui tiennent à la substance de la transcription la réduit *ad non esse.*

Toutefois il se peut qu'elle indique, mais en l'amoindrissant, l'étendue du droit constitué : elle est, en ce cas, valable et nulle tout à la fois; valable dans la limite énoncée, nulle pour le surplus. Ainsi, qu'un bail dont la durée embrasse, d'après les termes de la convention, 36 années, soit transcrit sous le chiffre de 27 ans, les tiers ne le subiront que jusqu'à concurrence des 27 années énoncées sur le registre de la transcription.

260. La transcription effectuée au bureau de la situation des biens désignés dans l'acte qu'elle met sous les yeux du public réunit tous les éléments essentiels de son existence, lorsqu'elle contient les diverses énonciations dont il vient d'être parlé. Elle satisfait alors pleinement et absolument son

---

(1) M. Troplong, *Transc.*, no 191.

(2) V. ce qui a été dit à ce sujet sous le no 133, p. 343.

objet, puisqu'elle donne aux tiers qui y cherchent leur sécurité tous les renseignements propres à les mettre à l'abri de l'erreur. Et, en effet, si étant sur le point de traiter avec *Paul* relativement à tel immeuble, elle m'apprend que relativement à cet immeuble *Paul* a passé un acte antérieur dont elle précise les effets en indiquant leur nature et leur étendue, qu'ai-je besoin d'en savoir davantage? Qu'ignoré-je de ce qu'il m'importe de savoir? Le but cherché est complétement atteint.

Toute autre indication est par conséquent purement secondaire ou accidentelle (1). Telle est notamment la désignation individuelle du *bénéficiaire* de l'acte; car qu'importe que le droit que je désire acquérir de *Paul* appartienne désormais à telle personne ou à telle autre, pourvu que je sache qu'il n'appartient plus à *Paul?* La transcription, nous croyons l'avoir démontré, a été instituée pour faire connaître au public non point le patrimoine dans lequel la propriété réside actuellement, mais celui dont elle est sortie. Elle satisfait donc pleinement à son objet lorsqu'elle désigne la personne de l'aliénateur, quoique d'ailleurs elle ne contienne aucune indication relative à la personne de l'acquéreur (2). Il est bien entendu toutefois que cette omission, si elle était imputable à la négligence du conservateur, engagerait sa responsabilité, non point sans doute envers les ayant cause de l'aliénateur, puisque la faute commise ne serait point de nature à les léser, mais au regard de l'acquéreur lui-même, car elle porterait, par l'incertitude qu'elle ferait peser sur son droit, la plus grave atteinte à son crédit.

261. En cas de vente, la mention de la stipulation du prix tient à la substance de la transcription, car s'il y était simplement dit que Paul a vendu un tel immeuble à Pierre, les tiers qui la consulteraient seraient autorisés à penser qu'aucun prix n'a été stipulé et qu'ainsi la vente annoncée est nulle (art. 1582).

---

(1) V. toutefois ce qui est ci-dessous sous le n° 260.

(2) V. ce qui a été dit à ce sujet sous les n°s 30, 34, 60, 65 et 148. — Par analogie, MM. Tarrible, *Rép.*, v° *Insc. hypot.*, § 5, n° 8; — Merlin, quest., v° *Insc. hypot.*, § 4; — Grenier, I, p. 196; — Toullier, VII, n° 510; — Zachariæ, II, p. 71, note 4; — Delvincourt, III, p. 575; — Taulier, VII, p. 329; — Troplong, *Hypot.*, n° 629; — Pont, *Hypot.*, n° 969.

En principe même, la mention qu'un prix a été stipulé ne suffit point ; il faut, en outre, en fixer le chiffre, puisque son indétermination entraîne la nullité de la vente (art. 1591).

N'allons point trop loin, toutefois. La vente pouvant être valablement conclue pour un prix qui sera ultérieurement fixé, mais d'après des bases indépendantes de la volonté des parties, la transcription où ces bases se trouveraient énoncées mettrait certainement à l'abri de toute atteinte le droit de l'acheteur (1). Nous disons le droit de l'acheteur, car, suivant nous du moins, elle serait absolument inefficace au point de vue de la conservation du privilège du vendeur. C'est ce que nous démontrerons sous le commentaire de l'article 6.

262. Il faut, d'après ce qui vient d'être dit, tenir pour bonne et parfaitement valable la transcription qui, bien que faite *par extrait*, satisfait néanmoins pleinement à son objet en mettant sous les yeux des tiers tout ce qu'il leur importe de connaître, la désignation individuelle de l'aliénateur ou du disposant, l'indication exacte des biens dont il a disposé, en tout ou en partie, la nature et enfin l'étendue des droits qu'il a transmis, constitués ou éteints. Ce mode de procéder n'est point, il est vrai, conforme au vœu de la loi ; car, ainsi que nous l'avons montré, elle exige que les actes qu'elle soumet au principe de la publicité soient reproduits *en leur entier* sur les registres du conservateur (V. ci-dessus le n° 218) ; mais comme elle ne dispose point *à peine de nullité* et que l'inobservation de sa prescription ne porte aucune atteinte à ce qui est de l'essence de la transcription, la formalité, quoique irrégulièrement remplie, ne renfermant point en elle un vice substantiel qui la réduise *ad non esse*, sa validité reste forcément sauve. Tout ce qu'on peut conclure de la disposition de la loi sur ce point, c'est que le conservateur peut et doit même refuser d'effectuer la transcription, lorsque la copie qui lui est présentée n'est que l'*analyse* ou l'*extrait* de l'acte dont la publicité est prescrite (V. ci-dessus les n°s 215 à 217). S'il passe outre, il pourra encourir le blâme de ses chefs hiérarchiques, mais la formalité ainsi remplie échappe à toute nullité.

Si l'administration consentait à s'y prêter, la loi trouverait dans cette interprétation un correctif aux graves inconvé-

_____

(1) V. sur ce point les n°s 35 et 36.

nients que traînent avec elles les transcriptions des actes en leur entier (V. ci-dessus le n⁰ 218). MM. les conservateurs seront peu disposés, sans doute, à entrer dans cette voie, mais si le ministre des finances les y conviait, il est naturel de penser que, si grand que puisse être leur respect pour la loi, ils n'hésiteraient plus, leur responsabilité morale étant sauve alors, à se rendre les complices d'une réforme dont l'Etat garantirait lui-même la sagesse et l'utilité.

263. Les irrégularités provenant du fait du conservateur l'obligent à réparer le dommage qu'elles peuvent causer. Tant qu'il les laisse subsister, sa responsabilité reste engagée; il n'est à couvert qu'à partir du moment où il les a fait disparaître.

Il peut être, sur la poursuite des parties intéressées, contraint à faire les rectifications nécessaires à leur sûreté; mais il n'est point tenu d'attendre qu'elles le mettent en demeure à cet effet : il peut agir d'office et sans qu'il soit nécessaire d'obtenir au préalable un jugement qui l'y autorise. (Avis du Conseil d'État, du 11 décembre 1810.)

La rectification ne se fait point par la voie d'une annotation marginale, car dès que la transcription est effectuée, elle appartient, *telle qu'elle se comporte*, aux tiers qui par suite des renseignements inexacts ou incomplets qu'elle leur a donnés ont traité avec l'aliénateur de l'immeuble auquel elle se réfère. Il importe donc qu'elle subsiste avec son imperfection même (loi du 24 juin 1810), afin qu'ils puissent y puiser la preuve légale de leur bonne foi. Le conservateur commettrait un faux s'il la rectifiait de telle manière qu'elle pût apparaître comme ayant été régulière *ab initio*.

Toutefois si avant de signer et au moment où il collationne avec son registre l'acte qu'il y a couché, il s'aperçoit qu'elle contient des irrégularités ou des omissions, il peut immédiatement la corriger, soit dans son contexte même, si la chose est possible, soit dans le cas contraire, par un renvoi en marge ou au bas du registre, mais sous la condition de régulariser le tout par une approbation expresse. Ces corrections sont permises, car jusqu'à la signature du conservateur, la transcription n'existant point légalement encore, ce n'est point la *changer* que la corriger (1).

(1) V. M. Baudot, n⁰ 99.

Quant aux erreurs ou omissions découvertes après la signature apposée, il les rectifie en portant sur le registre, à la date courante, une transcription conforme au titre qu'elle doit révéler et suivie d'une note relatant celle qu'elle est destinée à remplacer (avis du conseil d'Etat du 11 décembre 1810).

La rectification met à couvert, mais pour l'avenir seulement, la responsabilité du conservateur. Nous n'avons pas besoin d'ajouter qu'il garde à son compte les frais auxquels elle a donné lieu.

264. Lorsque la pièce déposée pour être transcrite a été fidèlement et exactement reproduite sur le registre, la responsabilité du conservateur est à l'abri de toute atteinte. Le requérant ne peut alors imputer qu'à lui-même, quand son titre est sous seing privé, ou à son notaire, lorsque son titre est notarié, les imperfections qui de la pièce déposée ont passé dans la transcription. Dans le premier cas, il subit, sans recours contre personne, les conséquences de sa faute. Peut-être dans le second, pourra-t-il se retourner contre le notaire; peut-être ne le pourra-t-il point : tout dépendra des circonstances. La faute commise vient-elle de la partie? est-elle exclusivement imputable à la négligence du notaire? la partie a-t-elle pu, devait-elle la découvrir, et, avant de procéder à la formalité de la transcription, demander la rectification de son titre ou de la copie remise entre ses mains? Les juges examineront.

Ce que nous disons du notaire s'applique également au greffier, quand le titre à transcrire est un jugement ou un acte judiciaire.

265. Le requérant qui a fait transcrire une pièce irrégulière ou incomplète, rectifie sa transcription en faisant transcrire sur le registre, à la date courante, et sous la condition d'une note relatant la première transcription, une pièce nouvelle, exempte de toute irrégularité ou omission. A cet effet et à supposer que son titre soit sous seing privé, il doit le faire rectifier soit à l'amiable, si la partie avec laquelle il a traité consent à s'y prêter, soit en justice, dans le cas contraire. Que si son titre est notarié il y aura à distinguer si l'erreur a été commise dans l'original ou dans la copie qui a été transcrite. Dans la première hypothèse, la rectification exigera

forcément l'adhésion de l'autre partie ou, si elle la refuse,
l'intervention de la justice. Dans la seconde, le notaire pourra,
sur la seule demande du transcrivant, délivrer une seconde
copie conforme à l'original.

266. Dans tous les cas, c'est-à-dire, soit que la seconde
transcription ait été faite d'office par le conservateur, soit
qu'elle ait eu lieu sur la demande du transcrivant, la première transcription demeure sur le registre avec les irrégularités et omissions qui l'entachent (voy. ci-dessus le n° 263).
Mais le conservateur doit-il, lorsqu'il lui est demandé un
état des transcriptions, y comprendre tant la première que
la seconde? L'avis du conseil d'État que nous avons cité (11
déc. 1810) et que nous appliquons par analogie nous force à
l'affirmative.

Il est bien entendu, au reste, que si la rectification a eu lieu
pour réparer une erreur commise par le conservateur, le salaire
qui lui est dû à raison de l'état qu'il délivre, doit être tarifé
comme il le serait si l'état ne contenait que la transcription
effectuée la dernière.

267. A part l'obligation de procéder au bureau de la situation des biens relatés dans l'acte que la publicité réclame,
les conditions extrinsèques de la transcription ne tenant point
à sa substance, il n'y a point à considérer si elles ont été ou
non fidèlement remplies. Leur absence l'entachera d'irrégularité sans doute ; le conservateur qui n'aura point exactement satisfait aux prescriptions de la loi encourra peut-être la
peine d'une amende, mais le droit du transcrivant restera à
l'abri de toute atteinte. Ainsi, que la transcription ait eu lieu
de suite, c'est-à-dire aussitôt qu'elle a pu l'être après le dépôt
de la pièce à transcrire, ou qu'elle ait été effectuée tardivement,
qu'elle contienne ou non des blancs et interlignes, que le registre sur lequel elle se trouve ait été ou non paraphé et arrêté
conformément à l'art. 2201 du Code Napoléon, que le conservateur l'ait ou non signée (1), il n'importe : les irrégularités
commises ne l'empêchent point de valoir. Que l'acte transcrit

_____

(1) Le successeur du conservateur non signataire délivre les extraits de
ses registres tels qu'ils lui ont été remis. Il ne devient point, par-là, garant
des opérations de son prédécesseur. (Décision du 9 sept. 1809. — V. Baudot, n° 94.)

ait été ou non enregistré au préalable, il n'importe encore :
le conservateur n'aurait point dû sans doute le transcrire,
mais du moment qu'il a passé outre, la transcription est et
demeure valable (1). A bien plus forte raison en est-il de mêm
quand il a reçu à la formalité un acte non timbré et non visé
pour timbre (2).

268. L'eût-il même effectuée un jour de fête légale, elle
serait encore à l'abri de la nullité. Ce point de droit est incontestable, si on suppose que la formalité a été remplie en vertu
d'une permission du juge , dans un cas où il y avait péril en
la demeure (Voy. par analogie l'art. 1037, C. pr.) ; mais nous
ne distinguons point et nous la tenons pour bonne et valable, quoique le conservateur y ait procédé d'office , c'est-à-
dire en l'absence de toute autorisation judiciaire (3). La loi
du 27 thermidor an vi, qui défendait aux autorités de se
livrer , les jours de décade , aux actes de leurs fonctions,
attachait, il est vrai, là peine de la nullité à l'inobservation
de sa prohibition ; mais comme elle était spéciale aux actes
judiciaires, on ne saurait s'en prévaloir contre nous. Les nullités ne s'étendent point par analogie d'un cas à un autre; à
bien plus forte raison ne se suppléent-elles point : or, dans
l'espèce, aucune loi n'annule les transcriptions effectuées
pendant un jour de fête légale. Qu'on ne dise point que le conservateur cesse d'agir comme officier public quand il procède
aux jours et heures prohibés ; cette objection n'est qu'une pétition de principe, puisqu'elle affirme ce qui précisément est
en question. Elle prouverait trop d'ailleurs , car en la poussant jusqu'aux conséquences extrêmes de sa logique, nous serions forcément amenés à décider, ce qui certainement est

(1) Le conservateur qui reçoit à la formalité un acte non enregistré encourt une amende de 50 francs; il est en outre responsable du droit qui
n'a pas été perçu. (Décision du min. des fin. du 21 mai 1809.)

(2) Il encourt, en ce cas, une amende de 10 francs (art. 10 de la loi du
16 juin 1834).

(3) Conf., cass., 18 fév. 1808, et par analogie, 29 janv. 1819; 6 juillet
1847; — Bordeaux, 16 juillet 1827; 27 janv. 1837; — Montpellier, 24
fév. 1834; — Toulouse, 8 mars 1834; — Boncenne, II, n° 239; — Chau-
veau, n° 2261; — Bioche, v° *Exploit*, n° 212. — *Contrà*, par analogie, Bordeaux, 10 fév. 1827; — Pau, 22 juin 1833; — Pigeau, I, n° 185; — Carré,
n° 330; — Boitard, n° 1221.

inadmissible, que toutes les prescriptions de la loi sont, en
notre matière, placées sous la sanction de la nullité des formalités qui n'y sont point exactement conformes. Le conservateur qui les méconnaissant les néglige n'a, dira-t-on, aucun
caractère public pour agir ; ce qu'il fait n'a par conséquent
aucune valeur. Ainsi, la transcription d'un acte non enregistré serait nulle. Il en serait de même de celle qui contiendrait des blancs ou des interlignes..... Or, pensons-nous,
personne n'ira jusque-là !

Cette doctrine est généralement admise. Toutefois MM. Duranton et Dalloz y apportent un tempérament. Il n'est point
douteux, disent-ils, que la transcription ne soit valable, quoique
effectuée un jour férié. Mais comme il importe que les conditions soient égales pour tous et qu'il ne saurait être permis
au conservateur de favoriser les uns au détriment des autres,
la formalité ainsi effectuée ne vaudra qu'à *la date du lendemain*, conformément à un avis du ministre de la justice exprimé dans une circulaire adressée aux procureurs du roi (1).

Nous regrettons que d'aussi bons esprits aient cru devoir
prendre sous leur autorité une décision aussi manifestement
arbitraire. La transcription effectuée, au mépris des règle-
ments, un jour légalement férié, est nulle ou elle est valable.
Si elle est nulle, elle ne peut pas valoir même à la date du
lendemain. Si elle est valable, elle l'est à sa date même : ce
serait l'annuler, en partie du moins, qu'en renvoyer l'effet au
lendemain.

269. En cas d'absence ou d'empêchement le conservateur est
suppléé par le vérificateur ou par l'inspecteur de l'enregistrement dans le département, ou, à leur défaut, par le plus ancien
surnuméraire du bureau. Il demeure garant de cette gestion,
sauf son recours contre l'agent qui le remplace (art. 12 de la
loi du 21 ventôse an vii).

On s'est demandé à ce sujet si le conservateur a ou non
qualité pour procéder à des formalités qui le concernent personnellement. Ainsi, peut-il effectuer lui-même ou doit-il
faire effectuer par l'un ou l'autre des agents dont il vient d'ê-
tre parlé la transcription des actes dans lesquels il a joué le

(1) MM. Duranton, **xx**, nᵒˢ 87 et 161; Dalloz, *Répert.*, vᵒ *Priv. et Hypot.*,
nᵒˢ 1654 et 1733.

rôle d'aliénateur ou d'acquéreur pour son propre compte ? A supposer qu'il lui soit défendu de procéder aux formalités qui le concernent personnellement, la transcription effectuée par lui-même sera-t-elle ou non nulle ? La jurisprudence et la doctrine sont, sur ce point, fort incertaines. La Cour de Paris le résolut d'abord par une distinction. Elle décida, en effet, d'une part, que le conservateur n'avait aucune qualité pour certifier que ses biens étaient libres de toute inscription hypothécaire, et qu'ainsi il faisait un acte absolument nul quand il délivrait un certificat de non inscription sur lui-même (1); d'autre part, qu'il pouvait, au contraire, prendre, au profit de ses créanciers personnels, une inscription sur ses propres biens (2).

Le conservateur, a-t-elle dit, est, comme le notaire, un fonctionnaire public aux actes duquel la loi attache une pleine confiance ; or, son intérêt personnel rend sa déclaration suspecte et par suite il cesse d'être fonctionnaire, quand, traitant sa propre affaire, il agit *pour lui-même*. La loi ne le dit point expressément, il est vrai, mais avait-elle donc besoin de faire une disposition spéciale pour établir ce principe que nul ne peut être juge dans sa propre cause? L'article 12 de la loi du 21 ventôse an vii le sous-entend d'ailleurs, lorsqu'il déclare qu'en cas d'*empêchement* du conservateur la formalité devra être remplie par un autre agent qui le suppléera ; car quels obstacles la loi y vise-t-elle, si ce n'est ceux qui tiennent le conservateur dans l'impuissance *physique* ou *morale* de procéder lui-même? Le mot *empêchement* dont elle se sert pour exprimer sa pensée est, en effet, générique. Si elle avait entendu en restreindre le sens aux empêchements physiques, elle l'eût certainement exprimé.

Nul doute, au contraire, que le conservateur ne puisse valablement inscrire lui-même les hypothèques que des tiers peuvent avoir sur ses biens ; car si son témoignage ne peut être admis *en sa faveur*, il peut l'être *contre lui* (par argu., les art. 1330 et 1331, C. N.). La loi du 21 ventôse an vii que nous avons déjà citée est formelle en ce sens, puisqu'elle exige qu'il prenne lui-même, sur les immeubles qu'il a dû fournir

(1) Arrêt du 22 janvier 1810.
(2) Arrêt du 13 novembre 1811.

en cautionnement, une inscription au profit des personnes qui, pour cause d'erreurs ou d'omissions dont la loi le rend responsable, pourront avoir à exercer contre lui un recours en garantie.

Cette donnée admise et généralisée donne la formule suivante : les conservateurs ne peuvent point procéder dans leur intérêt personnel, *en leur faveur ;* mais rien ne s'oppose à ce qu'ils formalisent *contre eux.*

Ainsi, tandis qu'ils ne pourraient point inscrire sur les biens de leurs débiteurs les hypothèques qu'ils tiennent d'eux, ou transcrire les actes qui les ont investis d'un droit que la publicité réclame, la loi les autoriserait, au contraire, à effectuer eux-mêmes les inscriptions que requièrent sur leurs biens leurs créanciers hypothécaires et à transcrire les actes où ils ont joué le rôle d'aliénateur.

Telle est, en effet, la doctrine de M. Persil (1). MM. Grenier (2) et Troplong (3) semblent s'y rallier.

MM. Duranton (4) et Dalloz (5) protestent au contraire. Sans doute, disent-ils, le conservateur qui inscrit l'hypothèque qu'il tient de son débiteur ou qui transcrit l'acte qui l'a investi d'un droit subordonné au principe de la publicité se crée un titre à lui-même, mais qu'importe ! Les tiers n'en peuvent éprouver aucun préjudice : car ou la formalité aura été effectuée sans droit et alors elle tombera sans difficulté ; ou elle sera fondée en titre et, dans ce cas, le but de la loi sera rempli, puisque les tiers auront été avertis.

L'incapacité des conservateurs n'aurait trait, d'après ces auteurs, qu'au certificat négatif d'inscriptions qu'ils délivrent à leur profit.

M. Baudot (6), dont l'autorité est toujours d'un grand poids en ces matières, tient, au contraire, que leur incapacité embrasse, sans distinction, toutes les formalités qui les concernent personnellement et qu'ainsi les inscriptions qu'ils pren-

---

(1) Sur l'art. 2196, no 5.

(2) T. ii, n$_0$ 535.

(3) *Hypot.*, t. iv, no 999.

(4) T. xx, nos 139 et suiv.

(5) *Répert.*, vo *Hypot. et Priv.*, nos 1457 et 2932.

(6) T. ier, no 57.

nent ou les transcriptions qu'ils effectuent soit dans leur propre intérêt, soit contre eux-mêmes, sont tout aussi nulles que les certificats négatifs dont il vient d'être parlé.

A l'inverse et par un de ses revirements qui lui sont familiers, la Cour de Paris, abandonnant la doctrine de son arrêt du 22 janvier 1810, les a déclarés si pleinement capables de procéder pour eux-mêmes, qu'elle admet la validité des certificats négatifs qu'ils délivrent en leur faveur. Aucune loi, dit-elle, ne leur défend de transcrire des inscriptions ou de délivrer des certificats négatifs sur eux-mêmes; cette constatation de faits matériels faciles à vérifier par suite de la publicité des registres n'a pu exciter la défiance du législateur (1).

Là à notre avis est la bonne décision. Les incapacités et les nullités qu'elles entraînent ne se suppléent point. Or, ainsi que l'a dit la Cour, il n'y a point de loi qui défende aux conservateurs de formaliser pour eux-mêmes. Vainement M. Troplong (*Hypo.*, n° 999) nous oppose-t-il que « les notaires ne pouvant être, aux termes de l'article 8 de la loi du 25 ventôse an xi, ministres des conventions qui les concernent, il y a même raison pour les conservateurs. » Cette prétendue analogie n'existe point. Le notaire qui recevrait un acte dans lequel il serait partie pourrait en fausser l'objet, soit en y insérant des termes étrangers à la convention, soit, à l'inverse, en supprimant des expressions ou même des clauses entendues entre les parties. Or, une fois le faux commis, comment en prouver l'existence? Il y avait là un danger contre lequel la loi a dû prendre ses précautions. Mais si le conservateur délivre un certificat négatif sur lui-même ou s'il transcrit un acte passé à son profit, où est le danger? S'il délivre un certificat incomplet, le faux qu'il commettra sera forcément découvert. S'il donne à sa transcription un rang d'ordre qui ne lui est point dû, les requérants aux dépens desquels il aura voulu s'enrichir auront entre leurs mains des récépissés d'ordre d'où sortira infailliblement la preuve de l'irrégularité commise à leur préjudice. Or, commet-on un faux alors qu'on est certain qu'il sera découvert? Cela se voit quelquefois, mais la loi doit-elle s'attacher à des faits d'une perpétration aussi rare?

(1) Arrêt du 31 août 1837.

Au reste, qu'il y ait ou non, dans l'espèce, un certain rapport entre la condition des notaires et celle des conservateurs, qu'importe! Crée-t-on des incapacités par analogie? Où s'arrêter, s'il en était ainsi? M. Troplong n'ignore point sans doute qu'aux termes de l'article dont, par extension, il applique la disposition aux conservateurs, les notaires sont incapables d'instrumenter non-seulement pour eux-mêmes, mais encore pour leurs parents ou alliés en ligne directe à tous les degrés et en collatérale jusqu'au degré d'oncle ou de neveu inclusivement. Or, si l'analogie sous laquelle il abrite sa décision suffit pour la justifier, par quel écart de logique restreint-il l'incapacité des conservateurs aux actes qui les *intéressent personnellement?* Qui ne voit qu'une fois entrée dans la voie d'arbitraire où il la convie, la jurisprudence serait forcée d'admettre qu'ils ne peuvent formaliser :

Ni pour eux-mêmes ;

Ni pour leurs fils, petits-fils et arrière-petits-fils ;

Ni pour leurs père, mère, aïeuls et bisaïeuls ;

Ni pour leurs oncles et tantes ;

Ni pour leurs neveux et nièces ;

Ni pour les père, mère, aïeuls et bisaïeuls de leur femme ;

Ni pour les enfants qu'elle pourrait avoir d'un précédent mariage ;

Ni, à bien plus forte raison, pour elle-même.

Il faudra aller jusque-là, ou reconnaître avec nous que le raisonnement que nous combattons n'a aucune espèce de fondement.

270. Aucun terme fatal n'ayant été fixé pour la réquisition de la transcription, à quelque époque qu'elle ait lieu, le conservateur doit y faire droit. Mais nous aurons plus tard à examiner la question de savoir si la transcription produit ou non son plein et entier effet, au cas où elle a été formalisée, alors que la partie contre laquelle elle a été requise était décédée et représentée par des héritiers bénéficiaires, ou qu'elle était en état de faillite déclarée.

SECTION IV.

DU DROIT PROPORTIONNEL ET DU DROIT FIXE
DE TRANSCRIPTION.

SOMMAIRE.

271. Observations préliminaires. — De la jurisprudence. — De l'autorité des règles.

272. De l'objet spécial de cette étude.

273. Historique du droit proportionnel et du droit fixe de transcription. — Des différences par lesquelles ces deux droits se séparent.

274. Disposition particulière aux donations portant partage faites en ligne directe par acte entre-vifs, conformément aux art. 1075 et 1076 du Code Napoléon.

275. Distinction à faire entre les actes qui, d'après les Codes Napoléon et de procédure, sont de nature à être transcrits, et ceux qui, sous l'empire de ces Codes, échappaient à la formalité de la transcription, mais qui y ont été soumis par la loi du 23 mars 1855.

276. Énumération des actes compris dans la seconde catégorie.

277. Énumération des actes sujets à controverse. Avant d'examiner les difficultés auxquelles ils peuvent donner lieu, il importe de déterminer le sens exact et la véritable portée des art. 52 et 54 de la loi du 28 avril 1816.

278. Texte de l'art. 52. — Embrasse-t-il, sans aucune distinction, *toute vente d'immeubles*, ou ne vise-t-il que les ventes *de nature à être transcrites?*

279. Texte de l'art. 54. — Est-il applicable, tant aux mutations à *titre onéreux* qu'aux mutations à *titre gratuit*, dans tous les cas où elles sont de nature à être transcrites, ou ne vise-t-il que les mutations de la seconde espèce, non point même indistinctement, mais parmi elles celles-là seulement dont il est parlé dans l'art. 53?

280. La jurisprudence entend ces dispositions dans le sens le plus large. — Nous les interprétons, au contraire, dans le sens le plus étroit.

281. Comment, en jurisprudence, on entend ces expressions de l'art. 54 : *actes de nature à être transcrits.*

282. Des donations en ligne directe. Sont-elles soumises au droit de transcription? A supposer l'affirmative, quel droit encourent-elles?

283. Des transactions.

284. De l'échange.

285. De l'antichrèse. Elle subira le droit proportionnel de transcription

dans le système de la jurisprudence sur l'art. 54 de la loi de 1816. Suivant nous, elle n'encourt que le droit fixe.

286. Des actes portant renonciation à un droit d'antichrèse.

287. Des actes de société contenant apport d'un immeuble. — Des actes de dissolution de société. — Des partages par lesquels les associés font cesser, sans soulte ni retour de lots, l'indivision existant entre eux après la dissolution de la société.

288. L'acte de société constatant l'apport d'un immeuble est-il passible du droit proportionnel de mutation, ou n'encourt-il qu'un droit fixe de 5 francs? — *Quid* en ce qui touche le droit de transcription? — Quel droit encourt le partage du fonds social après la dissolution de la société? — Système de la Cour de cassation sur ces divers points.

289. Suivant sa dernière jurisprudence, l'acte d'apport doit être enregistré au droit fixe de 5 francs, et sans l'augmentation du droit proportionnel de transcription. — Le partage du fonds social encourt, au contraire, les droits proportionnels de mutation et de transcription, lorsque l'immeuble apporté par l'un des associés est placé dans le lot d'un autre.

290. Singulière conséquence auquel ce système a donné lieu.

291. Critique de ce système. La Cour soutient à tort que l'apport social n'est point translatif de propriété.

292. MM. Dupin et Troplong le reconnaissent. Néanmoins ils arrivent, par un artifice juridique, à conclure comme la Cour. L'apport d'un immeuble en société est translatif de propriété, sans doute, mais sous la condition des résultats ultérieurs du partage. Si la condition qui l'affecte vient à défaillir, c'est-à-dire si l'immeuble apporté est attribué à l'associé qui en a fait l'apport, rien n'est dû que le droit fixe. Si elle s'accomplit, c'est-à-dire si l'immeuble est placé dans le lot d'un associé autre que celui qui l'a mis dans le fonds commun, la perception des deux droits proportionnels de mutation et de transcription devient légitime alors.

293. Réfutation de ce système.

294. Suite. — Suivant M. Troplong, le partage du fonds social remonte, quant à son effet rétroactif, jusqu'au jour *de la formation de la société*.

295. Suite. — Réfutation de ce système.

296. Suite.

297. Suite.

298. Quand même il serait vrai que le partage du fonds social efface même *in prœteritum* la personnalité de la société, il n'en resterait pas moins simplement *déclaratif* de propriété. Dès lors, à quel titre le soumettre au droit proportionnel de *mutation*?

299. Quant à l'acte de société, il n'importe qu'au lieu de transférer à la société la propriété pure et simple des apports, il l'attribue, sous la condition suspensive du partage, à chacun des associés individuellement : la loi a, en effet, par une disposition formelle, limité au droit fixe de 5 francs la charge qu'il doit subir.

300. Suite.

301. Conclusion.

302. Suite. — Le droit de transcription ne peut avoir d'autre base que le droit de mutation ou d'enregistrement. Ainsi, on ne doit jamais soumettre aux rigueurs de la proportionnalité la transcription des actes auxquels la loi accorde la faveur du droit fixe d'enregistrement.

303. S'il existe des ventes qui, sous l'empire de la législation en vigueur en 1816, n'étaient point de nature à être transcrites? *Quid* des adjudications sur saisie, sur conversion de saisie, ou sur délaissement hypothécaire? — Elles étaient de nature à être transcrites.

304. Le droit proportionnel de transcription qu'encourent, au moment de leur enregistrement, les adjudications sur délaissement hypothécaire ou sur saisie pratiquée contre un tiers détenteur, est indépendant du droit qui a été acquitté par l'acquéreur évincé.

305. *Quid* quant aux adjudications sur surenchère du dixième après aliénation volontaire? — Premier système. — Les droits ne sont dus qu'une fois.

306. Deuxième système. — Les droits sont dus deux fois.

307. En ce qui touche le droit de mutation ou d'enregistrement, le premier système doit certainement prévaloir. Ainsi, ce droit n'étant dû qu'une fois, celui qui a été acquitté par l'acquéreur doit être imputé sur le droit encouru par l'adjudicataire.

307. — Mais *quid* quant au droit de transcription? — Raisons de douter.

308. Nous croyons néanmoins que la même imputation doit avoir lieu.

309. Si les ayant cause d'un fol enchérisseur sont autorisés à réclamer la restitution des droits qu'ils ont acquittés pour leur propre acquisition.

310. Comment les choses se passent au cas où l'adjudication sur délaissement ou sur une surenchère du dixième, après aliénation volontaire, est prononcée au profit de l'acquéreur, propriétaire actuel de l'immeuble mis aux enchères.

311. Des adjudications sur surenchère du dixième, après une première adjudication des biens d'une faillite. — Elles doivent être enregistrées au droit de 4 pour 100 et, si la transcription en est requise, transcrites au droit fixe de 1 franc.

312. *Quid* quant à la première adjudication, au cas où elle n'a pas été suivie dans la quinzaine d'une surenchère du dixième?

313. Des adjudications tranchées au profit d'un héritier bénéficiaire.

314. Des adjudications tranchées au profit d'un héritier pur et simple, au cas où la succession à laquelle il est appelé a été acceptée sous bénéfice d'inventaire par son cohéritier. — Il n'est point vrai de dire que la séparation qu'entraîne le bénéfice d'inventaire a lieu tant au regard de l'héritier pur et simple qu'à l'égard de l'héritier bénéficiaire.

315. Les adjudications dont s'agit n'encourent ni le droit de vente, ni le droit additionnel de transcription.

316. Des cessions de droits successifs. De leur nature et de leur caractère. Le droit au partage de la succession réside, non en la personne du cessionnaire, mais en celle du cédant. Il en est de même de l'obligation de payer les dettes du défunt.

317. Une succession composée de meubles et d'immeubles est dévolue à un héritier unique, qui en a fait cession à un tiers : comment les choses doivent-elles se passer au regard du fisc ?

318. Une succession étant dévolue à deux héritiers, l'un d'eux a cédé ses droits successifs à un tiers : *quid* en ce cas ? — Ce n'est que par le partage et eu égard à ses résultats que se dessineront les vrais caractères de la cession. Les droits dont elle sera passible restent inconnus jusque-là.

319. Si le cessionnaire a reçu dans son lot une portion d'immeubles plus grande que sa part, la somme qu'il doit payer en retour de l'excédant qui lui est attribué doit-elle être considérée comme une *soulte de partage* ou comme un *prix de vente* ? — Si le cohéritier du cédant cède ses droits successifs au même cessionnaire, cette seconde cession constitue-t-elle une *vente* ou un *partage* ? — Si le cessionnaire devient adjudicataire d'un immeuble mis en licitation, devra-t-on voir une opération *de partage* ou une vraie *vente* dans l'adjudication tranchée à son profit ?

320. La Cour de cassation décida, dès l'origine, que, dans ces divers cas, l'acte passé au profit du cessionnaire constitue un véritable partage. — Sa solution fut universellement approuvée.

321. Elle ne tarda point à l'abandonner et à décider que la régie tarifait à bon droit comme *vente* l'acte dont il vient d'être parlé. Le *partage*, dit-elle, implique cette donnée que les communistes sont tous copropriétaires *au même titre*, ce qui n'a point lieu dans l'espèce.

322. Toutefois, il en est différemment au point de vue du droit civil, c'est-à-dire quant à l'application de l'art. 883 du Code Napoléon.

323. Cette distinction entre le droit fiscal et le droit civil n'est qu'une folle chimère. — Observations de M. Valette sur ce point.

324. Les prétentions de la régie sont fondées, néanmoins; mais pour les faire prévaloir, point n'est besoin de chercher dans les lois fiscales des principes imaginaires.

325. Des cessions de parts et des licitations entre héritiers.

326. Des soultes ou retours de lots. — Des portions de biens immeubles acquis par licitation.

327. Conseil aux notaires.

328. La loi n'a tarifé nommément ni *l'usage*, ni *l'habitation*, ni enfin aucune des *servitudes* réelles. Les actes constitutifs de l'un ou de l'autre de ces droits ne subissent donc ni le droit proportionnel de mutation, ni le droit proportionnel de transcription.

329. L'administration n'admet point cette solution. Réfutation de sa doctrine.

330. Suite.

331. Suite.

332. Conclusion. Les actes portant constitution d'un droit d'usage, d'habitation ou de servitude réelle doivent être transcrits, à supposer que leur transcription soit requise, au droit fixe de 1 franc.

333. Dans le système de la jurisprudence, ils encourent, au contraire, le droit proportionnel de transcription, cumulativement avec le droit proportionnel de mutation. Ils constituent, en effet, des ventes ou des donations *d'immeubles*, et on ne peut nier qu'ils ne soient *de nature à être transcrits*.

334. Des actes par lesquels un usufruitier cède, moyennant un prix ou gratuitement, son droit d'usufruit au nu-propriétaire. — Des actes par lesquels il y renonce gratuitement au à titre onéreux. — Suivant l'opinion générale, ces actes sont *translatifs* du droit qu'ils ont pour objet ; ils encourent, donc, au moment de leur enregistrement, les deux droits proportionnels de mutation et de transcription.

335. La même solution est appliquée à l'acte par lequel un usager ou le propriétaire d'un fonds dominant renonce au droit d'usage, d'habitation ou de servitude dont il est nanti.

336. Suivant la Cour de cassation, la renonciation à titre onéreux est *translative*. La renonciation à titre gratuit est, au contraire, *extinctive*.

337. Cette distinction n'a aucune espèce de fondement.

338. Ainsi, point de distinction. La renonciation à un droit d'usufruit est-elle transmissive ou extinctive? Voilà ce qu'il importe d'examiner.

339. Premier système. La *renonciation* ne peut être qu'*extinctive*. Bien mieux, la *cession* elle-même n'a point d'autre effet. De l'usufruitier au nu-propriétaire, il n'y a point de *transmission* possible.

340. Suite.

341. Suite.

342. Conclusion.

343. Deuxième système. L'acte par lequel un usufruitier cède son droit d'usufruit au nu-propriétaire ou y renonce en sa faveur, est ce que les parties veulent qu'il soit, extinctif ou translatif, au gré de leur intérêt.

344. La renonciation faite arrière le nu-propriétaire et sans son concours n'est certainement qu'extinctive.

345. Quant aux droits d'usage, d'habitation ou de servitude réelle, il n'importe que la renonciation qui en est faite soit extinctive ou transmissive. Elle échappe, dans tous les cas, au droit proportionnel.

346. Des actes dont l'effet est subordonné à une condition suspensive encore pendante.

347. De l'acte par lequel un acquéreur conditionnel cède son droit à un tiers.

348. Des actes affectés d'une condition résolutoire. — Des actes annulables, rescindables ou résolubles. — Renvoi.

349. Des retraits successoral, d'indivision et litigieux.

350. Suite.

271. On appelait autrefois jurisprudence la connaissance du droit, *prudentia juris;* mais, par un phénomène singulier, le même mot ne désigne plus, de nos jours, que l'habitude où l'on est, dans les tribunaux, de décider telle ou telle question de telle ou telle manière, ou, plus exactement, l'ensemble des usages généralement reçus et pratiqués. Aussi est-il admis que la science du droit et la jurisprudence sont deux choses parfaitement distinctes, et même si absolument différentes, qu'on entend dire tous les jours, sans en être surpris, qu'*il est de principe en droit que..., mais que la jurisprudence est contraire;* en sorte qu'il semble qu'au lieu de rester unies par le lien de la plus étroite solidarité, la doctrine et la pratique sont par nature et par essence condamnées à vivre dans un perpétuel antagonisme. Ce qui est plus fâcheux encore, c'est qu'en certaines matières, en matière fiscale notamment, les tribunaux, servilement attachés aux enseignements des arrêtistes, n'osent plus se permettre de penser sans leur avis. Les choses en sont venues au point que les contribuables et les hommes d'affaires qui les conseillent s'attachent à découvrir, sur les cas les plus difficiles, non plus ce que prescrivent les textes, mais ce que prescrivent les précédents judiciaires. Les doctrines les plus sagement élaborées sont partout reléguées au rang de ces abstractions métaphysiques que la science peut approuver peut-être, mais qui ne sauraient avoir cours dans le monde des affaires. Sous l'influence de cette lâche et triste habitude de ne plus penser que par autrui, l'autorité des règles et le respect de la loi tendent chaque jour à s'effacer de plus en plus. De grands et nobles efforts ont été tentés contre ce flot toujours montant d'une paresse endémique. MM. Championnière et Rigaud (1) ont pris l'initiative de l'indépendance. Quand la jurisprudence leur paraît d'accord avec la loi, ils la fortifient, s'il se peut, par de nouvelles raisons; si elle s'en écarte, ils l'attaquent pour l'y ramener. Nul n'a porté plus loin que ces hardis militants l'esprit d'analyse et la métaphysique du droit. Quoique diffus et peu méthodique, leur traité des droits d'enregistrement est un chef-d'œuvre de bon sens, de logique et d'érudition. Pour retrouver l'exemple d'un savoir si profond, il faut remonter aux époques marquées par les plus hautes renommées. Le lecteur trouvera dans cet impérissable monument les enseignements les plus précieux, et à l'appui des solutions cherchées une telle richesse de raisons qu'il semble superflu non moins que téméraire de reprendre à nouveau les points qui y sont mis en lumière; mais serait-il opportun de se taire, alors que, bien loin d'abdiquer, l'erreur, recevant, sous le couvert d'autorités incontestables, une application quotidienne, menace de conquérir l'énergique et dangereuse puissance des faits accomplis? Il faut lutter encore, lutter aujourd'hui, demain, tous les jours, et ne jamais se lasser de mettre sous les yeux de la justice, son défenseur naturel, l'imposante figure de la loi méconnue. On n'est que trop accoutumé, dit avec une parfaite raison le savant annotateur de Boutaric (2), à voir abandonner sans peine les grands principes pour suivre des vues arbitraires. Il faut avoir des règles fixes, invariables et certaines, autrement on ne fait que brouiller les choses et porter le désordre dans la société.

272. Ce n'est point, au reste, un traité fiscal que nous entendons faire. Nous étudions, en effet, la transcription non point dans ses rapports avec le fisc, mais uniquement quant

---

(1) V. le *Traité des droits d'enregistrement*, et le supplément à ce *Traité*.
(2) Sudre, sur Boutaric, § 13, n° 8.

au caractère absolu qu'elle imprime aux actes soumis à son empire. Tel a été l'objet principal et essentiel de la nouvelle loi. Si elle considère la transcription comme une formalité bursale, ce n'est qu'incidemment et à l'occasion d'une distinction à faire entre les actes qui, sous l'empire même des Codes Napoléon et de procédure civile, étaient de *nature à être transcrits*, et ceux qui n'ont ce caractère qu'à raison de ses propres prescriptions. Là, par conséquent, doit se borner l'objet de notre étude.

273. Nous aurons à montrer, d'une part, que le droit proportionnel et le droit fixe de transcription diffèrent quant à leur mode de perception; d'autre part, que si certains actes les subissent cumulativement, d'autres n'encourent que le dernier. Mais, à cet égard, quelques notions historiques sont nécessaires. Nous les empruntons à M. Gabriel Demante, qui en a fait l'exposé dans son traité, si méthodiquement conçu et si utilement pratique, *Des principes de l'enregistrement* (nᵒˢ 121 et suiv.). Quoique, dit-il, la transcription fût d'après le droit civil (V. les lois des 19 septembre 1790, 9 messidor an II, et 11 brumaire an VII) le complément des mutations, la loi fiscale à l'origine y attachait, sous le nom *de droit de transcription*, un impôt distinct *du droit de mutation ou d'enregistrement.* Le mode de perception admis alors accusait lui-même cette distinction; car, tandis que *le droit de mutation* (4 p. 100) était acquitté entre les mains du receveur de l'enregistrement, *le droit proportionnel de transcription* (1 fr. 50 c. p. 100) était perçu par le conservateur des hypothèques. En outre, la transcription étant facultative, le droit auquel elle était assujettie n'était dû qu'autant qu'elle était requise. Convaincu que les acquéreurs seraient naturellement portés, par le soin de leur intérêt, à la requérir, le législateur ne sentit point tout d'abord le besoin de prescrire des mesures coërcitives.

Peu après la promulgation du Code Napoléon, la jurisprudence ayant admis que, d'après les principes de ce Code, les aliénations à titre onéreux étaient opposables aux tiers dès qu'elles avaient acquis date certaine, les transcriptions que cette innovation réduisait au rôle de préliminaire de la purge (art. 2181) devinrent moins utiles, et par suite moins fréquentes. De là une diminution dans les revenus du trésor. Le gouvernement qui s'en inquiéta crut qu'on mettrait un terme à cet état de choses si on attachait à l'inobservation de la formalité une sanction telle qu'elle pût, par sa gravité, créer en la personne des acquéreurs un intérêt considérable à transcrire. On décréta dans ce but, par le célèbre article 834 du Code de procédure, que les hypothèques et priviléges établis du chef du dernier aliénateur et des précédents propriétaires pourraient être désormais utilement inscrits *tant que le titre de l'acquéreur ne serait point transcrit, et même après la transcription pendant quinze jours encore* (1).

Cette mesure financière n'eut point pourtant tout le succès qu'on en espérait. Quoique, sous ce régime nouveau, la transcription eût une utilité plus grande que sous l'empire du Code, elle fut néanmoins fréquemment négligée.

Mais le fisc eut bientôt raison de cette résistance obstinée. La loi de finances du 28 avril 1816 ordonna, d'une part, que, soit que la transcription fût requise, soit qu'elle ne le fût point, le droit de 1 fr. 50 c. p. 100 auquel sont assujettis, sous le titre *de droit proportionnel de transcription*, les actes de nature à être transcrits (art. 25 de la loi du 21 ventôse an VII), serait à l'avenir perçu par le receveur, en même temps que le droit de 4 fr. p. 100 qu'encourent les mêmes actes, sous le titre *de droit proportionnel de mutation*, au moment de leur enregistrement; d'autre part, que le conservateur aurait à percevoir, au moment où ils seraient présentés pour être transcrits, un droit fixe de 1 fr. (art. 52, 54 et 61) (2).

Ainsi, le droit proportionnel *de transcription* se trouve aujourd'hui fondu avec le droit *de mutation*. La perception en est faite par le receveur au moment de l'enregistrement. Que l'acquéreur qui le paie fasse ou non ultérieurement transcrire son titre, il n'importe.

Il n'en est point de même du droit fixe : ce droit se séparant du droit de mutation, le receveur n'a qualité ni pour l'exiger ni pour le recevoir. Sa perception appartient au conservateur, et comme il n'est dû qu'à raison de la transcription même, il ne peut être perçu qu'autant que la partie intéressée

(1) V. notre *Exam. crit. du comm. de M. Troplong sur les priv.*, n° 281.

(2) Nous donnons ci-dessous, sous les n°ˢ 278 et 279, ces textes importants.

à transcrire requiert l'accomplissement de la formalité.

274. On voit d'après ce qui vient d'être dit, qu'en général le droit proportionnel est déjà acquitté quand l'acte à transcrire est présenté à la transcription. Le conservateur qui la formalise n'a à percevoir que le droit fixe de un franc. Il n'y a d'exception à cette règle que pour les donations portant partage faites en ligne directe par acte entre-vifs, conformément aux articles 1075 et 1076 du Code Napoléon. Quant à ces actes, le droit proportionnel de transcription reste distinct du droit de mutation : il n'est dû qu'autant que la transcription est requise. Aussi est-ce entre les mains du conservateur qu'il doit être acquitté (art. 3 de la loi du 16 juin 1824). Notons toutefois qu'aux termes de l'art. 5 de la loi du 18 mai 1850, les règles de perception concernant les soultes de partage sont applicables aux partages opérés par les ascendants non-seulement par donation, mais encore par acte testamentaire.

La loi du 23 mars 1855 ne touche ni au tarif, ni au mode de perception qu'appliquent aux actes qui, *déjà avant elle, étaient de nature à être transcrits*, les articles 52, 54 et 61 de la loi du 28 avril 1816. Rien n'a été changé à cet égard. La nouvelle loi, dit à ce sujet M. Demante, n'a point voulu trancher les controverses dont ces dispositions ont été l'objet pendant ces quarante dernières années.

Quant aux actes qui, d'après les lois précédentes, n'étaient point soumis à la formalité de la transcription, mais qui la doivent subir dans le régime nouvellement établi, elle déclare que, jusqu'à ce qu'une loi spéciale ait déterminé le montant des droits à percevoir, ils devront être transcrits au droit fixe de un franc (art. 12).

275. Nous avons donc, en ce qui touche les droits du trésor, deux espèces d'actes à considérer, savoir :

1° Les ventes et les actes qui d'après les Codes Napoléon et de procédure sont de nature à être transcrits ;

2° Les actes qui sous l'empire de ces Codes échappaient par leur nature à la formalité de la transcription, mais qui y ont été soumis par la loi du 23 mars 1855.

Les premiers paient, conformément aux articles 52, 54 et 61 de la loi du 28 avril 1816 restée, quant à eux, en pleine vigueur, les deux droits de transcription, le droit proportionnel (1 fr. 50 c. 0/0), au moment de l'enregistrement de l'acte, et le droit fixe (1 fr.), au moment de la transcription.

Affranchis du droit proportionnel, les seconds ne subissent que le droit fixe, aux termes de l'art. 12 de la loi du 23 mars 1855.

276. Sont, à n'en pas douter, dans cette seconde catégorie :

1° Les baux de plus de 18 ans;

2° Les actes constatant, même pour bail de moindre durée, des quittances ou cessions d'une somme équivalente à trois années de loyers ou de fermages échus;

3° Les jugements où se trouve relatée l'existence de l'une ou de l'autre des conventions ci-dessus énoncées (art. 2);

4° Les jugements prononçant la résolution, nullité ou rescision d'un acte non transcrit, mais ayant date certaine avant le 1er janvier 1856 (art. 11, 3e alinéa).

277. Les auteurs poussent beaucoup plus avant cette énumération. Suivant eux il y faut comprendre encore :

5° Les actes constitutifs de servitude réelle, d'usage ou d'habitation;

6° Les renonciations à ces mêmes droits;

7° Tout jugement qui en déclare l'existence ou la remise en vertu d'une convention verbale ou tacite (1) ;

8° Enfin les renonciations à un droit d'usufruit (2).

Devons-nous aller jusque-là? Voilà ce qu'il importe d'examiner.

D'autres questions devront être soulevées; ainsi nous aurons à nous demander quel droit et quel mode de perception nous devrons appliquer aux donations en ligne directe, aux apports sociaux, aux transactions, à l'antichrèse, aux nombreuses adjudications reçues dans notre droit, aux cessions de droits successifs, aux transmissions d'actions réelles immobilières, et enfin aux actes qui, bien qu'affranchis de la formalité de la transcription, y sont néanmoins soumis par les parties; mais nous ne pouvons aborder ces divers points et les résoudre qu'après avoir, au préalable, déterminé le sens

---

(1) V. M. Bressole, *Exposé des règles de droit civil sur la transcription*, p. 74.

(2) M. Lesenne, *Com. de la loi du 23 mars 1855*, n° 175.

exact et la véritable portée des articles 52 et 54 de la loi du 28 avril 1816.

278. — « Le droit d'enregistrement des ventes d'immeubles, « est-il dit dans le premier de ces deux textes, est fixé « à cinq et demi pour cent; mais la formalité de la trans- « cription au bureau de la conservation des hypothèques ne « donnera plus lieu à aucun droit proportionnel. »

Cette disposition est-elle générale et absolue? Embrasse-t-elle, sans aucune distinction, *toute vente* d'immeubles, ou ne vise-t-elle, au contraire, que les ventes *de nature à être transcrites?*

A notre avis, la seconde interprétation est seule admissible. Et en effet, si on a cru devoir tarifer les ventes au droit de 5 1/2 p. 0/0, et accorder au receveur lui-même la perception de ce droit, n'est-ce point afin d'assurer au trésor la perception du droit proportionnel de transcription? Ce but spécial de la loi est manifestement incontestable : tous les auteurs le signalent (V. ci-dessus le n° 273); les termes de la disposition que nous venons de reproduire l'indiquent et l'impliquent eux-mêmes. Or, s'il est constant que la loi n'a eu d'autre but que d'obliger les parties à transcrire dans les cas où cette formalité peut être utile, il est clair par là même qu'elle n'a pas entendu les placer dans cette obligation, lorsque la transcription de leur titre est sans objet, et les assujettir au paiement d'un droit sans base et sans cause (1).

Quoique cette démonstration s'impose par une évidence toute mathématique, la Cour de cassation lui a refusé l'appui de son autorité. Le droit de 5 1/2 p. 0/0 qu'encourent les ventes d'immeubles étant, dit-elle, un pur *droit d'enregistrement,* puisque c'est exclusivement sous ce titre que la loi l'établit, il n'y a point lieu de rechercher si elles sont ou non *de nature à être transcrites.* La loi ne distingue pas (2).

Telle est aujourd'hui la jurisprudence établie. Nous n'hésiterions point à la suivre, si nous n'avions que des doutes sur la valeur du raisonnement qui lui sert de base; mais, dans l'espèce, nous demeurons convaincus que la Cour se trompe.

_____

(1) MM. Championnière et Rigaud, t. III, n° 1729. — Dans le même sens, M. Dalloz, *Rép.*, v° *Enregist.*, n° 6003.

(2) Arrêt du 25 juillet 1821.

Nous ne saurions, en effet, admettre que la logique toute sabinienne qu'elle met au service de son·interprétation puisse prévaloir sur la pensée qui a présidé à l'établissement du tarif dont le sens et la portée sont en litige. Au lieu de constituer, ainsi qu'on l'affirme, un pur droit *d'enregistrement*, ce tarif embrasse au contraire deux droits parfaitement distincts, à savoir le droit proportionnel de mutation (4 p. 0/0), et le droit proportionnel de transcription (1 fr. 50 c. p. 0/0). Voilà ce que nous ont montré l'historique de la loi et les derniers termes de la disposition par laquelle elle s'explique. Nous avons ajouté que cette distinction est universellement admise : le moment est venu de citer nos autorités.

Nous pouvons tout d'abord nous faire fort de l'opinion des rédacteurs de la loi du 23 mars 1855. « Dans l'état actuel de la législation, — disait, à propos de la transcription des ventes, le vice-président du conseil d'État, M. *Rouher*,—que l'on fasse, ou que l'on ne fasse pas transcrire, le droit de *transcription* est perçu *en même temps que les frais d'enregistrement;* c'est ce qui fut établi en 1816, dans un intérêt fiscal (1).»

Le premier président de la Cour de cassation, M. Troplong, est plus explicite encore : « Lors, dit-il, que le Code Napoléon eut réduit la transcription au rôle de premier acte de la procédure de la purge, la formalité devenant plus rare, les recettes du trésor diminuèrent. Le Code de procédure civile, en attribuant à la transcription l'effet nouveau d'arrêter le cours des inscriptions du chef des précédents propriétaires, n'atteignit qu'imparfaitement le but de faire opérer la transcription à chaque mutation d'immeubles et de faire payer les droits. La loi du 28 avril 1816 imagina alors de *réunir le droit de transcription avec le droit* de *mutation et de le* RENDRE EXIGIBLE *au moment de l'enregistrement....* (2). » « Toute vente d'immeuble tarifée par l'article 52 de la loi du 28 avril 1816, au droit de cinq et demi pour cent, reste assujettie à ce droit, QUI EMBRASSE LE DROIT DE MUTATION ET LE DROIT DE TRANSCRIPTION (3).»

---

(1) V. la discussion engagée au Corps législatif sur l'art. 12.

(2) *Transc.*, no 384.

(3) *Transc.*, n° 385. — V. dans le même sens un jugement du tribunal d'Hazebrouck, du 10 déc. 1859 (*Journal de l'Enregist.*, art. 17,065). « Le droit de transcription, y est-il dit, est *distinct* de celui de mutation. »

Ce qui lève tous les doutes, c'est que la *Cour de cassation* reconnaît elle-même que ces deux droits, quoiqué unis dans un tarif unique, demeurent néanmoins distincts et qu'ainsi le droit de *transcription* ne se confond point avec le droit de *mutation*. Elle en fait, en effet, l'aveu lorsqu'elle décide qu'au cas de licitation prononcée au profit de plusieurs co-licitants (1), le *droit de transcription* se calcule sur l'intégralité du prix, quoique le *droit de mutation* ne se perçoive que *sur les parts acquises* : « La transcription, qui a, dit-elle, son but propre et son effet spécial, est indivisible ET NE PEUT ÉTRE CONFONDUE AVEC L'ENREGISTREMENT (2). »

Admirons avec quelle merveilleuse facilité la doctrine de la Cour se prête aux prétentions les plus opposées de la régie ! L'acte présenté à l'enregistrement est-il, à raison de sa nature, dispensé de la formalité de la transcription, il n'importe, le droit à percevoir sera néanmoins de 5 1/2 p. %, car bien loin que ce tarif comprenne deux droits, à savoir : le droit d'enregistrement et le droit de transcription, il n'en comprend *qu'un, le droit d'enregistrement*. S'agit-il, au contraire, d'un acte dispensé du droit d'enregistrement, il ne sera point pour cela affranchi du droit de transcription, car ces deux droits sont *distincts et indépendants l'un de l'autre*.

La première décision de la Cour, dira-t-on sans doute, date du 25 juillet 1825; la seconde est toute récente. C'est donc à celle-ci qu'il faut s'en tenir, car il ne se peut pas que deux solutions si essentiellement exclusives l'une de l'autre soient également bonnes. Nous le voulons bien, mais qu'on nous concède alors notre interprétation. S'il est, en effet, incontestable que la loi a embrassé dans un tarif unique le droit de mutation et le droit de transcription, c'est évidemment aller au-delà de sa pensée et par conséquent la méconnaître ou la violer qu'appliquer cumulativement ces deux droits aux ventes qui, d'après ses dispositions, ne sont point de nature à être transcrites.

---

(1) On sait que, suivant la Cour, la cession de parts indivises constitue une vraie *vente* quand elle ne fait point cesser complétement l'indivision. (V. les nos 179 et suiv.)

(2) V. notamment les arrêts des 17 janv. 1842, 7 nov. 1849, 2 déc. 1851 et 23 nov. 1853.

On ne niera point d'ailleurs que le droit de transcription ne soit autre chose qu'une récompense accordée à l'Etat en retour de la protection sociale dont il environne les transmissions de propriété. A quel titre dès lors l'exigerait-il des acquéreurs auxquels cette protection particulière ne s'applique point ?

Considérons enfin à quelle inconséquence on est conduit dans le système contraire! Nous verrons tout à l'heure qu'aux termes de l'article 54, les mutations immobilières à *titre gratuit* n'encourent le droit proportionnel de transcription qu'autant qu'elles *sont de nature à être transcrites;* cette restriction s'applique même, car elle est générale, aux donations qui ayant lieu entre personnes non parentes ne se recommandent à aucun titre. Cela posé, qui ne voit l'étrange contradiction dans laquelle s'engagent nos adversaires? Quoi, la loi aurait imposé aux *acheteurs* une charge dont elle aurait exonéré les *donataires!* ou elle a été inepte ou elle n'a point commis l'affreux contre-sens par lequel on la déshonore.

279. Nous arrivons à l'article 54, dont voici les termes:
« Dans tous les cas où les actes seront de nature à être trans
« crits au bureau des hypothèques, le droit sera augmenté
« de un et demi pour cent et la transcription ne donnera plus
« lieu à aucun droit proportionnel. »

Ici encore, nous ne marchons point d'accord avec la jurisprudence. Tandis qu'elle attache à cette disposition un sens absolu, applicable à *tout acte de nature à être transcrit,* nous tenons au contraire que le législateur qui l'a décrétée a visé, non point d'une manière générale, tous les actes dont la transcription peut offrir quelque utilité aux parties, mais seulement, parmi eux, certains actes spécialement déterminés. Nous ne nions point qu'à la considérer isolément et abstraction faite des articles 52 et 53 avec lesquels elle est en intime rapport, elle implique, par la généralité de ses termes, le sens absolu que la jurisprudence lui attribue; mais *incivile est, nisi tota lege perspecta,.... judicare* (art. 1161, arg.). Les articles 52, 53 et 54 forment dans la loi un groupe de dispositions liées entre elles par la plus étroite affinité. On ne peut dès lors en préciser le sens, qu'en les interprétant l'une par l'autre. Or, si le lecteur consent à suivre avec nous l'enchaînement des tarifs qu'elle y a réglés, il demeurera convaincu comme nous que l'art. 54 dont le sens est en litige n'a, de même que l'article 52, qu'une portée restreinte et toute relative.

Les ventes d'immeubles de nature à être transcrites paieront 5 1/2 p. %, c'est-à-dire en décomposant le tarif, 4 p. % pour droit de mutation et 1 fr. 50 c. % pour droit de transcription. Voilà ce qu'établit l'article 52 sainement entendu. Au lieu d'y comprendre toutes les mutations à *titre onéreux*, la loi n'y vise, parmi elles, que celles qui ont lieu moyennant un prix en argent. Sans doute, elle entend, sous l'expression générique *ventes*, toutes les conventions auxquelles peut convenir la définition qu'elle donne de ce contrat dans l'article 1582 du Code Napoléon, quelles que soient d'ailleurs les dénominations qu'elles reçoivent d'elle ou que la pratique leur applique. Ainsi, il n'est point douteux qu'elle embrasse les reventes, les cessions, les rétrocessions, les adjudications et même, suivant nous du moins, les *datio in solutum* (argu. art. 1595, C. N.) ; mais il est non moins certain qu'elle laisse en dehors de sa disposition les donations de toute espèce et ceux des contrats à titre onéreux auxquels ne convient point la définition précitée, tels que l'échange, la société et la transaction.

Après avoir tarifé, parmi les mutations à titre onéreux, les ventes d'immeubles, la loi passe dans l'article 53 aux mutations à *titre gratuit;* mais ici encore, au lieu d'embrasser, d'une manière générale, toutes les transmissions de biens effectuées à ce titre, elle borne et limite sa disposition : car tandis qu'elle vise expressément les transmissions par décès ou par actes entre-vifs, *mobilières* ou *immobilières*, 1° entre époux; 2° entre personnes non parentes ; 3° entre personnes parentes en ligne collatérale, elle passe, au contraire et certainement à dessein, sous silence les mutations effectuées au même titre entre personnes parentes en ligne directe.

La quotité du droit auquel elle assujettit l'enregistrement des divers actes dont elle s'occupe variant suivant la nature mobilière ou immobilière de l'objet transmis, la qualité des parties et la nature de l'acte dans lequel la libéralité est contenue, il ne lui a pas été possible d'embrasser dans un tarif unique et commun le droit de mutation et le droit de transcription. De là l'article 54 où elle règle, par une disposition particulière au droit de transcription, le mode de sa perception et le chiffre de sa quotité. Dans tous les cas, dit-elle, où les actes seront de nature à être transcrits au bureau des hypothèques, le droit (d'enregistrement) sera augmenté de 1 fr. 50 c. %, et la transcription ne donnera plus lieu à aucun droit proportionnel.

Le lien par lequel cette disposition se rattache à celle qui précède en fixe et en limite la portée. Suivons bien, en effet, l'enchaînement logique et nécessaire des règles établies, la pensée de la loi se dégagera alors de toutes les incertitudes qui l'obscurcissent.

Il sera perçu, à titre *de droit d'enregistrement,*

Pour les transmissions d'immeubles, par donation ou par testament,

3 fr. % entre époux;

5 fr. %, quand le donataire ou le légataire est uni au disposant par un lien de parenté en ligne collatérale;

7 fr. % entre toutes autres personnes;

Pour les transmissions de meubles,

50 c. % entre époux;

2 fr. $\frac{1}{2}$ % entre collatéraux;

3 fr. $\frac{1}{2}$ % entre toutes autres personnes.

Ces divers tarifs forment, avec quelques détails que nous supprimons, l'article 53.

L'article 54 ajoute : Dans tous les cas où les actes seront de nature à être transcrits, le droit sera augmenté de 1 1/2 0/0.

L'étroite affinité de ces dispositions n'est-elle point saisissante ? La première fixe les quotités des divers droits d'enregistrement auxquels elle assujettit certaines mutations *à titre gratuit* dont quelques-unes, parmi elles, sont de nature à être transcrites, tandis que d'autres, telles que les transmissions mobilières, échappent à la formalité. La seconde décrète que les mutations de la première espèce paieront, en outre du droit d'enregistrement, une augmentation de 1 fr. 50 c. par 100 fr.

L'article 54 doit donc être ainsi traduit : Dans tous les cas où les actes tarifés *par l'article* 53 seront de nature à être transcrits, le droit sera augmenté de 1 fr. 50 c. 0/0.

Telle est la véritable pensée de la loi. Trois considérations également fortes nous le démontrent avec une parfaite évidence.

1o Si l'article 54 avait dû, dans la pensée de la loi, embrasser indistinctement toutes les mutations *à titre onéreux et à titre gratuit* de nature à être transcrites, la loi eût-elle songé à faire un texte exprès pour *la vente?* C'est ce qui est vraiment inadmissible, car, à moins de lui faire injure, personne ne voudra croire qu'elle ait senti la nécessité de régler, par une disposition toute spéciale, un point qu'elle venait de comprendre dans une disposition générale ; nous disons qu'elle *venait* de comprendre... parce que l'article 54, bien que le dernier dans l'ordre numérique du projet de loi, fut, par une particularité dont nous n'avons point à rapporter la cause, discuté et voté avant l'article 52 (1).

Qu'on ne dise point que la loi n'a visé dans l'article 52 que les ventes qui par leur nature échappent à la formalité de la transcription, et qu'ainsi il a son utilité propre, même en présence de la règle établie dans l'article 54, si générale qu'on la suppose ; il suffit, en effet, de jeter les yeux sur le premier de ces deux textes pour être convaincu qu'en l'écrivant, la loi avait particulièrement et même, suivant nous, exclusivement en vue les ventes de nature à être transcrites. Notre raisonnement demeure donc décisif : déclarer absolu l'article 54, c'est implicitement affirmer, en partie du moins, la parfaite inutilité de l'article 52. Dans notre système, au contraire, chacune de ces dispositions a un objet spécial, et, par suite, son utilité particulière. Or, de même que l'interprète, le juge doit entendre la loi dans le sens avec lequel elle peut produire un effet plutôt que dans le sens avec lequel elle n'en aurait aucun (argu. art. 1157, C. N.).

Toutefois, une objection pourra nous être faite. La preuve, dira-t-on, que l'article 54 de la loi de 1816 embrasse sans distinction tout acte de nature à être transcrit, c'est que la loi postérieure du 16 juin 1824 (art. 3) a été obligée de faire une exception en faveur des donations portant partage, faites par actes entre-vifs, conformément aux articles 1075 et 1076 du Code Napoléon (V. ci-dessus le no 274).

Ce raisonnement fournit, nous le reconnaissons, une induction contre nous ; mais on ne saurait l'élever à la hauteur d'une preuve : car si la loi du 16 juin 1824 a cru devoir dire

---

(1) V. le *Moniteur,* année 1816, p. 370, 3e colonne.

expressément que le droit additionnel de transcription ne sera
perçu sur les donations portant partage qu'autant qu'elles
seront présentées au conservateur pour être transcrites, c'est
qu'elle a été dominée par *cette fausse idée* de la généralité de
l'article 54 de la loi de 1816.

Ce qui prouve bien d'ailleurs, pouvons-nous dire à notre
tour, que cette disposition n'a pas le sens absolu qu'on lui
attribue, c'est que la même loi du 16 juin 1824 a cru devoir
faire une disposition spéciale pour en étendre l'application à
l'échange.

2° C'est une règle très-rationnelle assurément, depuis longtemps pratiquée et universellement reçue même de notre
temps, qu'au cas où la loi se prête, par l'amphibologie, l'insuffisance ou la contradiction de ses dispositions, à des interprétations diverses, il n'y a rien de plus naturel, de plus
logique et partant de plus sûr que de demander à ceux qui
l'ont conçue, préparée, discutée, amendée et votée, la vraie
nature et la juste portée de ses prescriptions. Or, les auteurs
des articles 52 et 54 ont positivement, quoiqu'implicitement,
déclaré eux-mêmes qu'ils n'ont jamais songé à y déposer la
pensée si large et si absolue qu'on leur prête. C'est ce dont
on peut se convaincre en se reportant au *Moniteur* du 30
mars 1816, page 372, 1ʳᵉ colonne, où l'on trouvera, après le
vote de l'article 54 (art. 48 du projet), l'incident suivant sur
l'article 52 (art. 47 du projet) : M. Roy, qui le combattait, fit
remarquer à titre d'objection que, « puisqu'on imposait
les *ventes*, on devait également imposer les *échanges*. » M. DE
VILLÈLE répondit « que ces sortes de mutations étant *favorables*, on ne devait point étendre jusqu'à elles la charge du
tarif qu'on appliquait aux ventes. »

Quels doutes conserver encore en présence de ces décla
rations ? Si le législateur avait entendu comprendre dans
l'article 54 toutes les mutations en général, et par suite appliquer l'augmentation de 1 fr. 50 c. par 100 fr. aux mutations *à titre onéreux*, de même qu'aux mutations à titre
gratuit, M. Roy aurait-il été amené à objecter que les échanges demeuraient à tort en dehors de cette augmentation ? Son
objection aurait frappé à faux, puisque la règle qu'il combattait aurait précisément embrassé le cas qu'il voulait y
comprendre. M. DE VILLÈLE aurait-il déclaré qu'en effet la

règle établie ne s'appliquait point à ces sortes de mutations ? Son aveu n'aurait été qu'une grosse et impardonnable erreur. Donc de deux choses l'une, ou la loi doit s'entendre dans le sens limité et restreint que nous proposons, ou il faut se résigner à dire que ses auteurs, M. DE VILLÈLE et M. ROY, deux hommes éminents, n'ont été, dans l'espèce, que de vulgaires étourdis.

3° Mais voici qui est plus décisif. Si la règle établie en termes généraux dans l'article 54 se trouvait écrite *dans l'article* 53, si elle n'en était que l'un des alinéas, le dernier, par exemple, il est clair que, nonobstant la généralité de ses termes, elle ne se référerait point aux actes étrangers à cette disposition. Or, notre hypothèse s'analyse, sous l'autorité historique de la loi, en une véritable réalité. Rappelons, en effet, comment les choses se sont passées. Après avoir fixé les droits d'enregistrement qu'elle appliquait aux diverses mutations à titre gratuit, énoncées dans la première partie de l'article 53 (art. 48 du projet), la loi ajoutait dans un alinéa compris *dans le même texte et le terminant* : « Dans tous les cas où les objets *ainsi* transmis seront de na-« ture à être transcrits, le droit sera augmenté de un et demi « pour cent et la transcription ne donnera plus lieu à au-« cun droit proportionnel. » Tel était l'article 53 dans le projet présenté et exposé à la Chambre des députés par M. de Corbière, le 9 mars 1816. Il subit, le 28 mars, l'épreuve de la discussion ; on le modifia sur certains points, mais on y maintint, dans les mêmes termes et *à la même place*, la disposition portant que dans tous les cas où les actes (les *objets*, disait fort inexactement le projet, mais cette variante est insignifiante) seront de nature à être transcrits, il sera perçu, en outre du droit d'enregistrement, 1 fr. 50 c. par 100 fr., à titre de droit de transcription. Le texte du projet et le texte voté sont, quant à l'objet de ce débat, absolument identiques ; on peut aisément s'en convaincre en les comparant au *Moniteur* où on les trouve très-exactement reproduits (1). L'augmentation proposée n'a donc pas été votée comme une disposition principale et pour constituer une règle générale. Le législateur n'y a vu qu'un appendice à l'article 53, ou mieux

_____

(1) Année 1816, p 288, 3° colonne, et p. 371, 2° colonne.

encore, un supplément au tarif appliqué par cet article aux
actes qui y sont énumérés. Quel lecteur consciencieux n'a-
vouera dès lors qu'étendre cette augmentation aux mutations à titre onéreux et même áux mutations à titre gratuit
dont ne parle point l'article précité, telles que les donations
en ligne directe, c'est percevoir un impôt *qui n'a jamais été
voté ?* Il est vrai qu'au *Bulletin des lois* l'alinéa de l'article 53,
où cette augmentation a été établie, en a été détaché pour
former à part une disposition principale, sous le chiffre 54;
mais comment cette séparation a-t-elle eu lieu? Nous ne voulons point le rechercher : qu'elle soit le résultat d'une inattention ou d'une fraude, il n'importe. Ce qui est constant,
c'est qu'elle n'a pas été votée et qu'ainsi elle est destituée de
tout effet légal (1). Vainement nous opposera-t-on que les
lois sont présumées être telles qu'elles ont été écrites au Bulletin. Cette présomption n'a, en effet, rien d'invincible. C'est
ce que nous apprend un magistrat éminent dont on ne récusera point l'autorité : « L'exactitude du Bulletin, dit dans
« ses *Notions sur le Droit* M. Dupin, n'étant fondée que sur
« une présomption *qui doit nécessairement céder devant la
« preuve contraire*, on est toujours recevable à articuler que
« l'édition du Bulletin n'est point conforme à la minute mar-
« ginale; seulement cette preuve est à la charge de celui qui
« articule le fait (2). » Cette preuve nous l'avons faite et d'une
manière si manifestement démonstrative, que nous ne déses-
pérons pas de voir un jour l'opinion générale se ranger à notre
avis. La Cour de cassation, il est vrai, est peu favorable aux
doctrines que nous venons d'exposer ; mais combien de causes
plus excellentes encore ont été condamnées par elle, qui plus
tard ont obtenu les honneurs d'un triomphe éclatant! ·*Multa
renascentur.*

Les magistrats, dont à bon droit la cour s'honore, n'oublieront point, si le débat est quelque jour porté à nouveau devant
elle, les sages doctrines dont ils se sont constitués partout les
ardents défenseurs.

Au lieu de s'attacher servilement aux textes mal digérés

(1) MM. Championnière, Rigaud et Pont, nᵒˢ 1726, 2183, 4030 du
Taité, 651 et 679 du supplément.

(2) *Manuel des étudiants en droit et des jeunes avocats,* p. 335.

dans lesquels la loi a déposé sa pensée, M. Troplong mettra tous ses soins à la dégager scientifiquement des nuages qui l'obscurcissaient ; il se rappellera que, selon les maximes qui lui sont les plus chères, *c'est abaisser la jurisprudence et pervertir nos codes que les interpréter judaïquement. Cette superstition ridicule*, dit-il quelque part, *n'engendre partout que de déplorables injustices!*

M. Dupin, qui a placé son honneur sous cette fière devise : *sub lege libertas*, n'aura point de peine à comprendre que, si la raison d'Etat exige que les droits du Trésor ne soient pas amoindris, il est plus important encore que la loi ne soit point violée. Panégyriste éloquent de M. Henrion de Pansey, il ne perdra point de vue que, selon l'expression de cet homme de bien, « il vaut mieux que le fisc perde un million que de voir « la considération dont jouit la Cour diminuer par une « exaction (1). » *Dans le doute*, il n'hésitera *point à se prononcer contre le fisc*, car, ainsi qu'il l'enseigne très-positivement, les tribunaux ne doivent accueillir les prétentions de la régie qu'autant que la loi sur laquelle elle les appuie est assez claire pour écarter toute espèce d'incertitude (2).

Nous avons foi, enfin, dans la Cour elle-même : elle a donné trop de fois des preuves éclatantes de son indépendance, pour qu'il y ait lieu de craindre que, sous la pression de quelqu'une de ces humaines faiblesses auxquelles les corps savants eux-mêmes paient parfois leur tribut, elle persiste à prêter son appui à un impôt que la loi ne reconnaît point.

280. On voit combien sont, quant au fond, profondes et radicales les différences par lesquelles notre doctrine se sépare de la jurisprudence établie.

1° D'après la Cour, l'article 52 embrasse, par la généralité de ses termes, toutes les ventes sans distinction, *même celles* qui ne sont point *de nature à être transcrites.* Selon nous, au contraire, celles-là seulement subissent le tarif établi, qui par leur nature appartiennent au régime de la transcription (V. une seconde restriction sous le n° 302).

2° Tandis qu'elle généralise l'article 54 et l'applique, dans tous les cas où elles sont de nature à être transcrites, tant aux

_____

(1) V. le plaidoyer de M. Dupin dans l'affaire Desgravier.
(2) V. le *Journal du Palais*, t. II, de l'année 1842, p. 178.

mutations *à titre onéreux* qu'aux mutations *à titre gratuit*, nous tenons, au contraire, qu'il ne vise que les mutations de la seconde espèce, non point même indistinctement, mais, parmi elles, celles-là seulement dont il est traité dans l'art 53.

281. Les différences pratiques par lesquelles se distinguent les deux systèmes ne sont pas moins importantes. Mais avant de les signaler, il est absolument nécessaire de se fixer sur le sens que la loi de 1816 attache aux mots : *actes de nature à être transcrits*. Sa formule étant générale et aucune limitation directe ou indirecte n'en restreignant l'étendue, on en a conclu qu'elle entend, sous ces expressions, les actes dont la transcription pourra procurer un certain avantage aux parties qui la requièrent : qu'elle soit destinée à protéger tel intérêt ou tel autre, il n'importe, pourvu qu'*à un point de vue quelconque* elle puisse être utile.

Sous la législation existante en 1816, la transcription des actes d'acquisition était utile sous divers rapports dont voici l'énumération :

1° Appliquée à une donation ayant pour objet un bien susceptible d'hypothèque, elle rendait l'acquéreur propriétaire à l'égard des tiers, en retirant au donateur le domaine de la chose aliénée et, par suite, la faculté d'en disposer au préjudice du donataire (art. 939, C. N.) ;

2° En cas de substitution, elle consolidait le droit des appelés en enlevant au grevé le droit de faire des aliénations ou de consentir des hypothèques à leur préjudice (art. 1069, C. N.);

3° Elle faisait courir le délai de quinzaine après l'expiration duquel aucune inscription hypothécaire ne pouvait plus être utilement prise, du chef des anciens propriétaires, sur l'immeuble passé dans le domaine de l'acquéreur (art. 834, C. pr.) ;

4° Elle permettait à l'acquéreur d'ouvrir la procédure de la purge dont elle était le premier acte (art. 2181, C. N.);

5° Elle fixait enfin le moment à partir duquel la prescription, par une possession de 10 à 20 ans, commençait à courir au profit de l'acquéreur de bonne foi contre les créanciers hypothécaires (art. 2180, C. N.) (1).

---

(1) Elle avait en outre, en cas de vente, cet effet particulier de conserver

Toutes les fois donc que l'acquéreur pouvait, par la formalité de la transcription, obtenir l'un ou l'autre des avantages ci-dessus spécifiés, il avait intérêt à la requérir, et cela suffisait, a-t-on dit, pour que son titre fût réputé *de nature à être transcrit* (1). (Nous revenons sur ce point sous le nᵒ 303).

Ces principes admis, abordons l'étude des questions particulières qui s'y rattachent.

282. Les donations, par actes entre-vifs, de biens susceptibles d'hypothèques étaient certainement, même avant la loi de 1855, *de nature à être transcrites*. En devons-nous conclure qu'alors même qu'elles ont lieu *en ligne directe*, elles encourent, au moment de leur enregistrement, le droit proportionnel de transcription établi par l'article 54 de la loi du 28 avril 1816 (2) ? L'affirmative n'est point douteuse dans le système de la jurisprudence. Dans le nôtre, au contraire, la négative est non moins certaine. Il ne suffit point, en effet, pour qu'un acte encoure le droit proportionnel dont il vient d'être parlé, qu'il soit de nature à être transcrit; il faut en outre que, par une disposition formelle, la loi l'ait expressément compris parmi les actes qu'elle déclare passibles de cette aggravation fiscale. Or, nous avons montré que l'art. 54 n'a trait qu'aux actes énumérés dans l'art. 53, et parmi eux ne figure point la donation dont nous traitons (V. ci-dessus les nᵒˢ 279 et 280).

Le receveur qui l'enregistrera n'aura donc en ce cas à percevoir que le droit d'enregistrement (3). Si le donataire

le privilége du vendeur; mais nous n'avons point à l'envisager sous ce rapport, car, s'agissant, dans l'espèce, d'un point exclusivement fiscal, la loi ne l'a évidemment réglé qu'à raison des avantages que la transcription peut procurer aux acquéreurs.

(1) V. M. Gabriel Demante, no 141.

(2) La loi du 21 avril 1832, art. 3, ayant modifié, en l'élevant, la quotité des droits appliqués aux donations, l'administration a reconnu (*Inst. génér.* du 30 avril 1832, no 1399) que le tarif nouvellement établi comprend tout à la fois le droit d'enregistrement et le droit proportionnel de transcription ; mais comme cette loi, de même que la loi du 28 avril 1816, ne vise point les donations en ligne directe, il importe d'examiner et de résoudre la question que nous avons posée.

(3) En ce sens, MM. Championnière et Rigaud, t. III, nᵒ 2184.

n'en requiert point la transcription, il est clair que nul autre droit ne sera exigible ; mais s'il la requiert, le conservateur devra-t-il alors percevoir un droit de transcription ? A supposer qu'il le doive, quel droit sera exigible ? Le droit proportionnel, ou le droit fixe ?

Ce point est délicat. La loi de 1816, dira-t-on peut-être, n'étant point applicable aux donations en ligne directe, puisqu'elle n'en parle dans aucune de ses dispositions, les mutations de cette espèce tombent forcément sous l'application du tarif établi par l'article 12 de la loi de 1855. Elles doivent donc être transcrites au droit fixe de 1 fr.

Mais, pourra-t-on répondre, la loi nouvelle n'ayant tarifé que les actes qui *avant elle* n'étaient point sujets à transcription, et les donations dont il s'agit étant, sous l'empire même de l'ancienne législation, de nature à être transcrites, la loi de 1816, restée en pleine vigueur quant à elles, les régit forcément. Or, qu'établit-elle ? Que les actes dont la transcription est requise devront être transcrits au droit fixe, ou au droit proportionnel, suivant que le dernier de ces deux droits aura été ou non perçu à l'avance par le receveur de l'enregistrement (art. 61). Dans l'espèce, aucun droit de transcription n'a été perçu au moment où l'acte a été enregistré ; dès lors il ne peut être transcrit qu'au droit proportionnel.

Ce système sera facilement réfuté. Il est bien vrai, dira-t-on, que l'article 12 de la nouvelle loi est inapplicable dans l'espèce, et qu'ainsi c'est par la loi de 1816 que doit être résolu le point en litige ; mais le raisonnement par lequel on motive la solution proposée n'a aucune espèce de fondement. L'article 61 dont on le déduit ne dit point, en effet, ce qu'on lui fait dire. Lorsqu'un acte sujet à transcription, *et tarifé par l'article 52 ou par l'article 54*, a été présenté à l'enregistrement, le receveur a dû percevoir un droit proportionnel de transcription. L'a-t-il perçu, la transcription requise est effectuée au droit fixe de 1 franc. A-t-il négligé de le percevoir, le conservateur, réparant sa faute, l'exige en son lieu et place. *Lors*, en un mot, *qu'un acte est passible du droit proportionnel de transcription établi par l'un ou l'autre des deux textes précités*, la loi en prescrit l'acquittement entre les mains du receveur, et subsidiairement entre les mains du conservateur.

Voilà ce qu'elle établit dans l'article 61; mais quand il s'agit d'une mutation qu'elle affranchit de ce droit, soit expressément, par une disposition formelle, soit implicitement, en la passant sous silence, il est plus qu'évident qu'il n'est dû en aucun cas et qu'ainsi le receveur et le conservateur n'ont, ni l'un ni l'autre, qualité pour le percevoir.

Dans ce système, la transcription ne serait, en ce cas, passible d'aucun droit : l'article 61 pourrait seul, en effet, autoriser la perception d'un droit fixe; or cette disposition est inapplicable dans l'espèce, puisque, prise à la lettre, elle n'a trait qu'aux actes tarifés par les articles 52 et 54 précités.

Ce rigorisme de déduction répond mal peut-être au vœu de la loi (1); car elle établit elle-même qu'en ce qui touche le droit *d'enregistrement*, la formalité doit être accomplie au droit fixe, toutes les fois que, par un motif quelconque, le droit proportionnel n'est point exigible, ou a cessé de l'être (loi du 22 frimaire an VII, art. 68, § 1, n° 51) (2); mais en matière d'impôt, il n'est point permis d'étendre par voie d'induction ou d'analogie le sens littéral de la loi, et, ainsi que nous l'avons dit, la loi qu'on nous oppose n'a trait qu'au droit *d'enregistrement*.

Ainsi, trois solutions bien tranchées. La transcription subit le droit fixe dans le premier système, le droit proportionnel dans le second ; elle n'en subit aucun dans le troisième.

Peut-être aura-t-on, en présence de ces avis divers, de la peine à prendre parti. Quant à nous, de mûres réflexions ont mis fin à nos incertitudes. L'article 12 de la nouvelle loi étant spécial aux actes qui, *avant elle*, n'étaient point sujets à transcription, est étranger aux actes dont nous traitons. Il en est de même de l'article 61 de la loi de 1816, car il ne vise que les mutations régies par les articles 52 ou 54, et nous avons montré que ces dispositions n'ont, l'une et l'autre, aucun trait aux donations en ligne directe. La loi de 1816 les a donc complètement passées sous silence. Qu'en conclure? Qu'elle les a absolument affranchies du droit proportionnel de transcription ? Ce serait aller trop loin. La conséquence à tirer de son abstention devant s'identifier avec son objet et marcher en sens inverse de

(1) Consultez un arrêt de la Cour de cass. du 24 juin 1828.
(2) En ce sens, MM. Championnière et Rigaud, t. IV, n° 4032.

cet objet, il est parfaitement exact de dire que les donations dont elle ne s'occupe pas ne paieront point, *au moment de leur enregistrement*, l'augmentation prescrite par l'article 54. Mais si le donataire les présente à transcrire paieront-elles ou ne paieront-elles point le droit proportionnel de transcription auquel les assujettissait l'article 25 dé la loi du 21 ventôse an VII? Cet objet étant complétement en dehors des prescriptions de la loi de 1816, il n'est plus permis de soutenir qu'en le passant sous silence elle a implicitement abrogé la loi antérieure qui le régissait. Dès lors, on pressent notre raisonnement : puisqu'il est constant, dirons-nous, que la nouvelle loi et la loi de 1816 sont, l'une et l'autre, étrangères aux actes dont nous nous occupons, force est bien de reconnaître qu'ils se gouvernent, quant à l'objet de ce débat, par les lois antérieures qui l'ont expressément réglé ; or, il résulte de l'article 25 de la loi du 21 ventôse an VII que les mutations à titre gratuit, de même que les mutations à titre onéreux, car la loi ne distingue pas, encourent, au moment de leur transcription, quand la formalité est requise, un droit de un et demi pour cent, suivant qu'il a été réglé à l'enregistrement,

283. Le receveur qui enregistre une *transaction* n'a également à percevoir que le droit d'enregistrement. Rappelons, en effet, qu'en principe et en ce qui regarde l'*objet litigieux* qu'elle attribue en tout ou en partie à l'un des contractants, on ne peut voir en elle qu'un acte simplement *déclaratif*, suivant l'opinion générale, ou seulement *extinctif*, suivant nous. (V. ci-dessus les nᵒˢ 72 et suiv.)

Que si, par exception, elle est *translative* de propriété et, par exemple, si quelque immeuble *non litigieux* est cédé par l'une des parties à l'autre, pour l'indemniser du sacrifice de ses prétentions (V. ci-dessus les nᵒˢ 73 et 74), elle ne doit payer encore, entre les mains du receveur, que le droit d'enregistrement, car n'étant ni une *vente*, ni une *donation*, les articles 52 et 54 de la loi de 1816 lui sont inapplicables l'un et l'autre.

Ainsi, dans toutes les hypothèses possibles, elle échappe, *au moment où elle est enregistrée*, au droit additionnel de transcription. Si elle est présentée au conservateur pour être transcrite, un droit de transcription est dû alors, droit proportionnel de un et demi pour cent, quand elle est translative de pro-

priété (art. 25 de la loi du 21 ventôse an VII. — V. par
analogie ce qui a été dit au numéro précédent), droit fixe de
1 fr., dans le cas contraire (art. 12 de la nouvelle loi).

284. L'*échange* a été longtemps régi par les mêmes principes. Le droit proportionnel de transcription auquel l'assujettissait l'article 25 de la loi du 21 ventôse an VII n'était exigible qu'autant que la formalité de la transcription était requise ; car se distinguant tout à la fois du contrat de vente et
de la donation, il échappait aux prescriptions des articles 52
et 54 de la loi de 1816 ; mais l'administration ayant prétendu
qu'il tombait sous l'application de l'article 54 précité, et
qu'ainsi il devait subir, cumulativement avec le droit d'enregistrement, le droit additionnel de un et demi pour cent, une
loi du 16 juin 1824 fut rendue qui sanctionna sa prétention.
Les échanges de biens immeubles y sont, en effet, assujettis à
deux droits, l'un sur la valeur de l'une des parts seulement,
l'autre sur la soulte ou la plus-value. Le premier, composé du
droit d'enregistrement (un p. 0/0) et du droit de transcription (un et demi p. 0/0), s'élève à deux et demi pour cent,
par application du principe déposé dans l'article 54 de la loi de
1816. Le second est de cinq et demi pour cent, conformément
à l'article 52 de la même loi (V. les lois des 16 juin 1824, art. 2,
et 24 mai 1834, art. 16).

285. Si on admet notre interprétation de l'article 54 de
la loi de 1816, l'acte constitutif d'un droit d'antichrèse devra
être transcrit au droit fixe de un franc, conformément à l'art. 12
de la nouvelle loi. L'antichrèse ne constitue, en effet, ni une
mutation de propriété immobilière, ni une vente, ni une donation ; elle échappe donc tout à la fois et au prescrit de l'article 25 de la loi du 21 ventôse an VII, et aux dispositions des
articles 52 et 54 de la loi de 1816.

Dans le système de la jurisprudence, au contraire, elle sera
régie pas l'article 54 de la loi de 1816. Tout acte, dira-t-on,
qui est de nature à être transcrit paie, au moment de son enregistrement, un droit additionnel de transcription, ou un
et demi pour cent. Or, l'antichrèse est de nature à être transcrite, car si l'antichrésiste ne peut point purger, au moins
peut-il, pour la sauvegarde du droit réel dont elle l'a investi,
transcrire son titre, soit afin de mettre les créanciers hypothécaires non inscrits en demeure de prendre une inscription

dans la quinzaine (art. 834, C. pr.), soit pour se mettre, par la prescription de 10 à 20 ans, à couvert contre toute poursuite hypothécaire (art. 2180, C. N.).

286. Quant aux actes portant renonciation à un droit d'antichrèse, ils devront évidemment être, dans l'un et l'autre système, transcrits au droit fixe de un franc, car, avant la loi du 23 mars 1855, le bénéficiaire de la renonciation n'avait légalement aucun intérêt à la faire transcrire.

287. Un droit fixe d'enregistrement limité d'abord à trois, puis porté plus tard à cinq francs, a été appliqué :

1° Aux actes de société qui ne portent ni obligation, ni libération, ni transmission de biens *entre associés ou autres personnes* (L. du 22 frim. an VII, art. 68, § 3, n° 4. — L. du 28 avril 1816, art. 45, n° 2) ;

2° Aux actes de dissolution de société, qui sont dans les mêmes cas (mêmes textes);

3° Aux partages par lesquels les associés font cesser, sans soulte ni retour de lots, l'indivision existant entre eux (L. du 22 frim. an VII, art. 68, § 3, n° 2. — L. du 28 avril 1816, art. 45, n° 3).

288. Les prétentions extraordinaires de l'administration en cette matière en ont fait l'un des sujets les plus épineux de la jurisprudence fiscale. Nous avons notamment à rechercher :

1° Si l'acte de société, quand il constate un apport immobilier, est passible du droit proportionnel *de mutation* ou s'il n'encourt qu'un droit fixe de cinq francs ;

2° Si, dans tous les cas, le droit proportionnel *de transcription* lui est ou non applicable ;

3° Si le partage du fonds commun, après la dissolution de la société, encourt ou non les deux droits proportionnels *de mutation* et *de transcription*, lorsque l'immeuble apporté par l'un des associés tombe dans le lot d'un autre.

La Cour de cassation parut penser d'abord qu'à la vérité l'enregistrement de l'apport social n'était tarifé qu'au droit fixe de 5 francs, mais qu'à ce droit devait venir s'ajouter, conformément à l'art. 54 de la loi du 28 avril 1816, le droit proportionnel de transcription. Quant au partage du fonds commun, après la dissolution de la société, elle crut, dans le principe, qu'au cas où il a lieu, sans soulte ni retour de lots, il échappe non-seulement au droit proportionnel de mutation, mais encore au droit additionnel de transcription.

Dès qu'elle est établie, disait-elle, la société commerciale, ou même simplement civile, constitue, sous la toute-puissance d'une fiction légale, un être qui, bien qu'abstrait et purement juridique, a, de même qu'une personne vraiment vivante, son patrimoine actif et passif particulier.

A ce titre, elle se sépare et se distingue, par l'individualité qui lui est propre, des individus dont la réunion sert à la former (1). Lors donc qu'un associé s'engage à mettre en commun la propriété d'un immeuble qui lui appartient, l'immeuble promis passe, de son domaine particulier et personnel, dans le domaine collectif de la société.

Si l'apport est, par lui-même et dès la formation de la société, *translatif de propriété*, il est évidemment *de nature à être transcrit*, puisque la société, tiers acquéreur de l'immeuble apporté, a un intérêt direct et marqué à l'affranchir, par la voie de la purge, des hypothèques qui le grèvent.

Or, si l'apport est *de nature à être transcrit*, il est patent que par là même il appartient au tarif additionnel de l'art. 54 de la loi du 28 avril 1816. Il semble même qu'il devrait, puisqu'il est constant qu'il opère un déplacement de propriété, subir le droit proportionnel de mutation, mais par une faveur particulière la loi a cru devoir tarifer son enregistrement au simple droit fixe de cinq francs.

Tant que dure la société, la propriété des biens sociaux réside en sa personne. Dès qu'elle cesse, commence un état d'indivision qui prend fin par le partage. Ce partage n'opère aucune mutation de propriété, car il n'a d'autre objet et, par suite, d'autre effet que de limiter le droit indéterminé de chacun des copartageants dans les biens communs aux seules choses qui échoient dans son lot.

Or si, de même que tout autre partage, il appartient aux actes simplement *déclaratifs* de propriété, à quel titre le soumettre aux droits proportionnels de mutation et de transcription (2)?

(1) V. les arrêts des 3 mars 1829, 14 août 1833 et 8 novembre 1836.

(2) Consultez les arrêts des 13 février 1834, 14 janvier 1835 et 17 août 1836.

289. Si convaincue que fût alors la Cour de la parfaite équité de ses solutions et de leur inébranlable solidité, elle ne tarda point à les déclarer détestables. Ce qu'elle avait affirmé d'abord comme une vérité évidente, lui parut plus tard une erreur manifeste. Non, dit-elle, il n'est point vrai que la convention par laquelle l'un des associés promet, comme mise sociale, la propriété d'un immeuble en opère la mutation. Elle le met en commun, en vue des bénéfices à retirer de l'entreprise : ce point est incontestable (art. 1832); elle oblige l'associé à en garantir à la société la libre disposition : a loi est formelle à cet égard (art. 1845); mais ce serait commettre une lourde erreur que d'aller jusqu'à dire qu'elle a pour effet d'en transférer à la société la propriété exclusive, ou même d'établir entre l'associé promettant et ses co-associés une propriété indivise. Il pourra y avoir transmission, sans doute, si, à la dissolution de la société, l'immeuble apporté est placé dans le lot d'un associé autre que celui qui a fait l'apport; mais qu'on le remarque bien, ce qui alors sera translatif, ce ne sera point l'apport ou le contrat de société, ce sera le partage.

Ainsi, concluons : 1° l'acte d'apport n'est point translatif de propriété; sa nature ne le soumet point à la formalité de la transcription; donc il doit être enregistré au droit fixe de cinq francs et sans l'augmentation du droit proportionnel de transcription.

2° Le partage de la masse sociale est translatif de propriété et par suite de nature à être transcrit, lorsqu'il place dans le lot de l'un des copartageants un immeuble apporté dans la société par l'un ou l'autre de ses co-associés; donc, à ce double titre, il encourt les deux droits proportionnels de mutation et de transcription (1).

290. On a déduit de cette jurisprudence une conséquence bien singulière. La Cour de cassation, a-t-on dit, a jugé par cinq arrêts que sous la législation existante en 1816, les actes de société constatant des apports d'immeubles n'étaient point de nature à être transcrits; il est donc incontestable qu'ils devront être transcrits au droit fixe de un franc, si la

_____

(1) V. les arrêts des 12 mai 1837; 12 août 1839; 29 janvier et 13 juillet 1840; 9 juin et 9 novembre 1842; 14 avril 1847 et 5 février 1850.

loi nouvelle les a compris parmi les actes sujets à transcription ; or elle les y a rangés, car elle prescrit la publicité de tout acte *translatif de propriété*, et on ne peut méconnaître ce caractère à l'apport d'un immeuble en société (1).

L'auteur de ce raisonnement n'a pas pris garde qu'après s'être, au début, appuyé sur la Cour, il termine en affirmant comme évident ce qu'elle tient pour inexact. Si, en effet, les apports en société sont assujettis par la loi nouvelle à la formalité de la transcription, c'est que, d'après le Code Napoléon, les actes de cette nature sont, ainsi qu'on le reconnaît, *translatifs de propriété;* or, c'est là précisément ce que nie la Cour.

291. Nous sommes, au reste, de l'avis de notre auteur : la nature translative des apports en société est *évidente.*

« Les choses entre associés, dit Domat, sont *à chacun d'eux, pour la portion* réglée par la convention... (2). » Si chaque associé *a une portion de* l'immeuble apporté par l'un des communistes, c'est qu'apparemment l'apport le fait entrer en partie dans le patrimoine de chacun d'eux.

« C'est, ajoute Pothier, une grosse erreur que de croire que dans la société le capital que chacun des associés y met n'est pas commun et qu'il n'y a, à proprement parler, que le gain qui soit commun. Cela est faux. Si des associés ne mettent quelquefois en société que la jouissance de certaines choses, dont *ils demeurent, chacun séparément, propriétaires,* ils mettent aussi quelquefois en société *les choses mêmes* qu'ils y apportent et les rendent *communes* entre eux aussi bien *pour la propriété* que pour la jouissance... Celui qui met une chose en société ne cesse pas entièrement d'en être propriétaire, mais seulement pour une part *qu'il transfère* à son associé en la rendant commune (3). »

Parmi les auteurs modernes, aucun d'eux, que nous sachions, ne s'est séparé sur ce point de la donnée admise : la transmission que Pothier démontre si bien se retrouve

(1) *Journal de l'Enregistrement et des domaines*, art. 489, p. 1849.

(2) *Lois civiles*, liv. I, tit. 8 de la société, sect. 1, n° 2. — Si Domat présente comme résidant en la personne individuelle de *chaque associé* la propriété des biens sociaux, c'est qu'il n'admettait point sans doute la personnification de la société.

(3) *Société*, n° 3.

partout et est partout affirmée comme un principe incontestable (1). Faut-il montrer en outre que la loi et ceux
qui l'ont faite pensent absolument comme le savant maître
qui en a fourni les éléments? « Il importe, faisait observer
M. Bouteville, dans son rapport au Tribunal sur le contrat de
société, de distinguer si c'est la propriété même ou la simple
jouissance de la chose qui a été mise en commun. Dans le
premier cas, la chose est aux risques de la société, *puisqu'elle en est devenue propriétaire* (2). » Lors, dit également
l'art. 1867, que l'un des associés a simplement promis la
jouissance de la chose, c'est pour lui qu'elle périt, car la propriété en est restée dans ses mains. Que si, au contraire, c'est
la chose même qui a été promise, elle passe aux risques *de la
société après que la propriété lui en a été apportée.*

Donc, que la Cour y prenne garde ! Nous osons l'en prévenir, elle s'inscrirait, si elle persistait dans son interprétation, non-seulement contre les dispositions formelles de la
loi, ce qui est fort grave assurément, mais encore contre la
tradition et le sentiment universel, ce qui est tout au moins
fort téméraire, car, selon la remarque très-judicieuse de
Voltaire, il n'est en général donné à personne d'avoir plus de
bon sens que tout le monde. « Rappelons, nous dit M. Trop-
« long dans une circonstance semblable, l'opinion unanime
« des auteurs. Quand il s'agit de briser un tel faisceau on
« doit y regarder à deux fois. J'avoue que je ne comprends
« pas la confiance hardie avec laquelle on se met au-dessus
« de tant d'enseignements de la science et de l'expérience la
« mieux soutenue (3). »

Que la Cour considère d'ailleurs combien sont essentiellement incompatibles entre elles les diverses parties de son
système. Point n'est besoin de démontrer qu'un *partage* ne
peut avoir lieu que là où une *indivision* existe, et qu'ainsi
pour y prendre part il faut être *copropriétaire* des choses à
partager. Cela posé et étant admis que la propriété des immeubles promis à titre de mise sociale demeure *pour le tout* en

---

(1) Consultez notamment une savante et très-intéressante dissertation de
M. Valette sur la jurisprudence fiscale, *Revue étrangère et française*, t. x.

(2) Fenet, t. xiv, pag. 415.

(3) *Contrat de mariage*, n° 383.

la personne de l'associé, auteur de l'apport, par quelle secrète raison la Cour les comprend-elle dans la masse *indivise*, c'est-à-dire parmi les biens à partager? S'ils en font partie, la Cour doit comprendre qu'admettre ce point, c'est implicitement reconnaître qu'avant le partage même un état *d'indivision* existait, relativement à ces immeubles, entre l'associé qui en à fait l'apport et ses co-associés. Or, pour peu qu'elle y réfléchisse, elle restera convaincue que cet état d'indivision, soit qu'il ait commencé dès la formation de la société, soit qu'il n'ait pris naissance qu'au moment où elle a cessé d'exister, implique nécessairement l'effet translatif de l'apport social.

292. M. Dupin et M. Troplong en font eux-mêmes l'aveu; mais, bien qu'ils passent condamnation sur ce point, ils arrivent néanmoins, par un artifice juridique, à conclure comme la Cour. Oui, disent-ils, chaque associé rend la société, dès l'instant de sa formation, propriétaire des biens compris dans son apport; ainsi, à la rigueur, le droit proportionnel de mutation serait dû, et s'il n'est point exigible dès le début de la société, « c'est faveur, c'est rémittence, » mais « *ce qui est différé n'est point perdu.* » Le fisc attendra l'événement du partage auquel donnera lieu la dissolution de la société. Deux cas seront alors à considérer.

L'associé qui a fait l'apport reçoit-il dans son lot l'immeuble qui vient de lui, il est réputé n'avoir jamais cessé d'en être propriétaire, puisque le partage remonte, quant à ses effets, au jour même de la formation de la société. En ce cas, l'immeuble que l'apport avait constitué indivis entre les associés n'a point changé de maître; il est resté *in suo loco*, dans les mains de l'ancien propriétaire, ou, ce qui revient au même, il y est retourné *jure quodam postliminii*. Simple acte *déclaratif*, le partage, de même que l'acte de société, n'est alors tarifé qu'au droit fixe de cinq francs.

L'immeuble échoit-il, au contraire, au lot de l'un des associés autres que celui qui en a fait l'apport, la théorie change. Dans cette hypothèse, en effet, le partage n'est plus simplement *déclaratif*, il est *attributif* au profit de l'associé qui, pour la première fois, apparaît distinctement comme propriétaire nouveau de l'immeuble dont il a été loti; or, puisqu'il opère un déplacement de propriété, quoi de plus naturel qu'il encoure, comme tout autre acte translatif, les droits proportionnels de mutation et de transcription? La loi, il est vrai, n'a tarifé qu'au droit fixe de cinq francs l'acte d'apport, mais elle n'a nulle part fait remise aux parties des droits proportionnels auxquels pourront donner lieu les faits postérieurs à la formation de la société (1).

Ainsi, en somme, l'apport d'un immeuble en société est translatif de propriété, sans doute, mais *conditionnellement*, puisque son effet est subordonné à l'événement ultérieur du partage. Si la condition qui l'affecte vient à défaillir, rien n'est dû que le droit fixe, car *effectu inspecto* aucune propriété n'a été déplacée. Si elle s'accomplit, une mutation s'opère alors, qui motive et légitime la perception des deux droits proportionnels de mutation et de transcription.

293. Ce hardi paradoxe paraîtra fort brillant peut-être, mais, à coup sûr, il ne trompera personne parmi les esprits judicieux. Toute société commerciale ou même simplement civile constitue, quand elle a un siége fixe où elle est domiciliée, un être collectif distinct des associés considérés individuellement. Cet être moral, *corpus mysticum*, ainsi qu'on l'appelait autrefois, a, sous le nom de fonds social, un patrimoine à lui propre, lequel embrasse tant les biens apportés à titre de mise que ceux que la société acquiert, pendant sa durée, par l'intermédiaire des administrateurs ou gérants qui la représentent. Chaque bien promis, comme apport, passe donc de l'associé qui l'apporte à la société qui le reçoit. Cette transmission n'est, en aucune façon, subordonnée aux résultats éventuels du partage; car les parties s'associent, non point pour partager les biens qu'ils mettent en commun, mais uniquement dans le but de réaliser, par leur union, des bénéfices plus considérables que ceux qu'elles pourraient obtenir en agissant isolément. Or, puisque ce n'est point sur le partage du fonds social qu'elles contractent, il est clair qu'il ne peut point affecter leur contrat et en suspendre les effets.

Si la société, considérée comme personne collective distincte de la personne individuelle de chaque associé, est propriétaire exclusif du fonds social, force est bien de recon-

(1) V. dans le *Journal du Palais*, t. II, de 1842, p. 178 et suiv., les conclusions de M. Dupin; dans le même sens, M. Troplong, *Contrat de société*, n° 1067, et *Comm. de la loi du 23 mars* 1855, n° 63.

naître que les associés, pris isolément, n'ont, *tant qu'elle dure,* *aucun droit de propriété* sur les biens sociaux. Telle est, en effet, la pensée de la loi; car si, selon elle, la propriété des *immeubles* compris dans le fonds social résidait indivisément pendant que la société existe en la personne même des associés pris individuellement, dirait-elle que leur droit est, durant *leur association, purement mobilier,* encore que des *immeubles* fassent partie du fonds social? Nous n'insistons point, notre proposition est évidente. Le propriétaire exclusif et unique des biens sociaux, c'est la *société,* tant qu'elle dure. Aussi longtemps qu'elle a une existence propre, les associés qui la composent n'ont individuellement que des actions ou intérêts, c'est-à-dire de simples créances à fin de partage des bénéfices dont elle leur doit compte. Quant au fonds social, ils n'y ont actuellement aucun droit.

Lorsque la société cesse, le patrimoine qui lui était propre passe, *indivis,* en la personne de ses successeurs, les associés, envisagés alors individuellement. Cette transmission, à ne considérer que le droit commun, serait passible du droit proportionnel de mutation; mais de même que, par une faveur particulière, l'apport social, quoique translatif de propriété, n'est soumis qu'au droit fixe de cinq francs, la mutation qu'opère le fait de la dissolution n'a été, par extension de la faveur dont la loi entoure la société, assujettie qu'au même tarif.

Les associés étant, après la dissolution de la société, copropriétaires ou propriétaires par indivis des biens qu'elle leur a transmis, il est alors, mais alors seulement, parfaitement vrai de dire, que chacun d'eux a, sur chaque bien compris dans la masse, un droit au tout subordonné aux résultats éventuels du partage. Le partage n'est, par conséquent, pour chacun d'eux, que la réalisation de la condition suspensive ou de la condition résolutoire qui tenait incertain le droit exclusif que la société lui avait transmis sur chacun des objets dont se composait son patrimoine. (V. ci-dessus les nos 161 et 185). Il est donc simplement *indicatif* ou *déclaratif* des droits préexistants. Sans doute, il rétroagit dans le passé, mais puisqu'il n'a d'autre objet et par suite d'autre effet que d'individualiser, en les déterminant, les biens individuels qu'en se dissolvant la société a transmis pour le tout à chacun de ses successeurs, il est clair qu'il ne peut remonter au-delà de cette transmission, c'est-à-dire plus haut que la dissolution qui l'a opérée.

294. Quoique ce point ait été très-savamment mis en lumière par M. Duvergier, dans son *Traité du contrat de Société* (1), M. Troplong s'étonne qu'une doctrine aussi manifestement fausse ait pu trouver l'appui d'un esprit aussi éminent. Tous les auteurs reconnaissent, dit-il, qu'au lieu de s'arrêter, quant à son effet rétroactif, au jour de la dissolution de la société, le partage du fonds social remonte, au contraire, au moment même de sa formation. La raison en est bien simple ! La fiction qui fait de la société un être moral, ne saurait supprimer complétement l'idée de copropriété ou d'indivision inséparable de toute association. La réalité de cette copropriété reparaît donc à l'époque de la dissolution non point comme une chose nouvelle, mais comme un droit momentanément intercepté. « C'est pourquoi l'effet rétroac-« tif du partage ne trouvant plus la personne civile, cause de « cette interception, agit en toute liberté sur un passé qui, « dans la vérité des choses, n'a pas cessé d'être un état d'in-« division. Et puis comment serait-il possible que l'effet ré-« troactif capable d'anéantir l'indivision, c'est-à-dire un état « si pur de toute fiction et si énergiquement dessiné après a « dissolution de la société, respectât la fiction qui a précédé? « La fiction doit-elle être mieux traitée que la réalité (2)? »

295. Nous regrettons qu'un jurisconsulte tel que M. Troplong nous suggère une aussi triste pensée; mais en lisant la thèse que nous venons de rapporter, nous avons été douloureusement frappé de voir avec quelle facilité la logomachie juridique sait, de nos jours, déguiser, sous les apparences d'une science profonde, l'indigence de ses raisonnements. On connaît les termes de ce débat : le partage du fonds social remonte-t-il à la formation même de la société? L'état d'indivision entre les associés a-t-il réellement existé dès ce jour? Voilà le point en litige. On le devra résoudre négativement ou affirmativement, suivant qu'il sera démontré au préalable que, par le fait de la dissolution de la société, la personne ci-

(1) No 478.
(2) *Contrat de société*, no 1066.

vile qu'elle constituait, avant qu'elle fût dissoute, s'efface complétement, c'est-à-dire jusque même dans son passé, ou qu'au contraire, elle ne disparaît que pour l'avenir.

La question posée s'analyse donc en ce point : la personne civile qui est née avec la société et n'a cessé de vivre qu'avec elle, est-elle ou non, après le fait de la dissolution, réputée *n'avoir jamais existé?* Or, que fait M. Troplong? Il affirme précisément ce qui est en question. Le partage, nous dit-il, *ne trouvant plus devant lui la personne civile de la société,* rien ne l'arrête dans son effet rétroactif. La conclusion est bonne, mais la proposition d'où elle est déduite l'est-elle également? Que la société n'existe plus comme personne *vivante,* lorsqu'intervient le partage, cela n'est point douteux, et si c'est là tout ce qu'a voulu dire M. Troplong, personne assurément ne songera à le combattre sur ce point; mais il a trop de bon sens pour ne pas voir qu'en affirmant cette naïveté, il ne prouve absolument rien : car tant qu'il ne démontrera point que la société, quoique défunte, est *réputée n'avoir jamais vécu,* son raisonnement restera forcément boiteux. Or, encore une fois, par quelles preuves établit-il cette nouvelle fiction? Si quelque texte la consacre, que ne se hâte-t-il de nous le faire connaître, nous cesserons alors de le contredire; mais tant qu'il ne nous aura point notifié la loi qui nous condamne, nous persisterons à penser que son argument n'est rien autre chose qu'une pure affirmation contraire à toute vérité. La mort n'efface point, que nous sachions, le passé des personnes qui ne sont plus : elle atteste et implique, au contraire, leur existence antérieure.

A défaut de preuves, M. Troplong se sert d'un de ces subterfuges que l'esprit gaulois suggère parfois aux logiciens dans l'embarras. « Comment serait-il possible, dit-il, que l'effet « rétroactif du partage capable d'anéantir l'indivision, c'est-à- « dire un état si pur de toute fiction, et si énergiquement « dessiné après la dissolution de la société, respectât la fiction « qui a précédé? La fiction doit-elle être mieux traitée que la « réalité?

Est-il besoin de montrer qu'en nous mettant en demeure de répondre, notre habile questionneur n'a d'autre intention que de masquer, par une ingénieuse interrogation, la contradiction de ses idées, et son impuissance à établir ce qu'il affirme comme une vérité démontrée? Nous l'avons vu supposer tout à l'heure qu'au moment où intervient le partage, la personnalité de la société a déjà été supprimée par nous ne savons quelle fiction. Ici la donnée change. La société est supposée exister encore comme personne défunte, au moment du partage, mais comme elle lui ferait obstacle et l'empêcherait, si elle ne disparaissait complétement, de produire son effet au-delà de la dissolution de la société, on a imaginé de dire qu'il la supprime lui-même. Comment se pourrait-il, en effet, que le partage qui est assez fort pour anéantir l'indivision n'eût point en lui assez d'énergie pour supprimer rétroactivement la personnalité de la société elle-même?

M. Troplong ne s'est point souvenu sans doute qu'en droit toutes choses sont possibles, même les plus grosses erreurs. La loi étant œuvre humaine peut, en effet, s'oublier aux plus contradictoires conceptions; cela ne se voit que trop souvent, surtout de nos jours. Le juge qui dans son for intérieur la désapprouve, la doit respecter néanmoins : *stupida lex sed lex.* Si donc elle n'a pas attribué au partage cet effet singulier et tout nouveau de supprimer, même dans le passé, la personnalité de la société, quoiqu'il puisse par sa rétroactivité faire considérer comme n'ayant jamais existé l'indivision qu'il fait cesser, le juge n'aura point à rechercher si cette distinction est ou non rationnelle : quelle qu'elle soit, fût-elle inconséquente au premier chef, il la devra respecter. Or, et c'est pour la troisième fois que nous adressons cette embarrassante question à notre adversaire, où se cache dans nos Codes la disposition qui attache au partage la magique puissance que nous lui contestons? Cette disposition tant de fois affirmée n'est qu'une chimère apparemment, puisque M. Troplong, qui aurait tant d'intérêt à la découvrir, ne la cite nulle part. Des affirmations toujours; des preuves où l'esprit se repose satisfait et convaincu, jamais.

Ce qui est plus décisif, c'est que la distinction que M. Troplong juge impossible, tant elle lui paraît ridicule, constitue, au contraire, la chose du monde la plus naturelle, la plus logique, la plus sage et, s'il faut tout dire, la plus éminemment utile. L'état d'indivision auquel donne lieu la dissolution de la société est un fait que la loi n'a pas créé. Si elle le respectait même quant au passé, il jetterait dans le monde des affaires les plus graves perturbations, car alors chaque copartageant tenant en partie son droit de ses co-associés le recevrait avec toutes les charges réelles dont ses auteurs l'auraient grevé pendant l'indivision, ce qui amènerait ces recours si pleins de dangers que l'effet translatif des partages faisait naître en droit romain. Dès lors elle a pu et elle a dû le supprimer par la rétroactivité du partage. Mais pouvait-elle, devait-elle également supprimer la personnalité de la société ? c'eût été évidemment tomber dans l'absurde. Cette personnalité de la société, c'est la loi qui la crée elle-même ; elle aurait pu ne point l'admettre, mais l'ayant jugée propre à faire disparaître les graves inconvénients et les complications désastreuses que la simple indivision traîne avec elle, elle a cru utile de la consacrer. Dès lors qui ne voit qu'à moins de faire violence au bon sens, il ne lui était point permis de la considérer comme *n'ayant jamais existé*, une fois le partage conclu ? Car qu'y aurait-il eu de plus singulièrement contradictoire qu'après avoir pris la peine d'organiser une fiction et après l'avoir consacrée comme une institution presque nécessaire, tant elle lui paraissait alors essentiellement utile, elle eût, aussitôt son œuvre achevée, jugé indispensable d'imaginer une fiction contraire afin de la supprimer ?

Il ne faut pas un grand effort d'esprit pour comprendre qu'entre ces deux idées, créer un être moral et le supprimer rétroactivement, il y a, rationnellement s'entend, une véritable impossibilité juridique, puisque sa disparition rétroactive ne serait rien autre chose que la suppression du fait même de sa naissance.

Quelle étrange et funeste rétroactivité d'ailleurs! Quoi ! la loi aurait, dans l'article 529, déclaré, par une disposition spéciale et à laquelle apparemment elle attachait une certaine importance, qu'alors même que le fonds social ne comprendrait que des *immeubles*, les droits des associés auraient, jusqu'à la dissolution de la société, un caractère fictif purement *mobilier*, et après les avoir ainsi *mobilisés* et placés comme de simples *meubles* dans toutes les combinaisons pécuniaires dont ils ont été l'objet, elle en aurait fait, par la fiction de la rétroactivité du partage, des droits purement *immobiliers!* en conscience, est-ce admissible? Il faudra pourtant aller jusque-là dans le système que nous combattons, car il est patent que si l'indivision est légalement réputée avoir existé dès la formation de la société, chacun des associés sera censé par là même avoir eu, dès cette époque, sur les biens composant le fonds social, un droit actuel et immédiat de propriété et, par conséquent, un droit immobilier comme les biens qu'il aura eus pour objet.

Mais voici qui est plus grave . « S'il est vrai, dit M. Duvergier, que le droit attribué à chaque partageant remonte au jour où la société a commencé, si chacun d'eux est censé tenir les choses qui forment son lot immédiatement de celui de ses co-associés qui les a mises dans la masse, il faudra décider *que les charges imposées par la société sont effacées par le partage!* »

M. Troplong le nie. « Je suis étonné, dit-il, que M. Duvergier ne comprenne point que les charges *imposées par la société sont censées imposées par chacun des membres qui la composent, par conséquent, par celui dans le lot duquel tombent les choses ainsi grevées.* »

Nous avions cru jusqu'à ce jour que le partage avait pour effet de faire considérer *comme n'ayant jamais été constituées* les charges établies, pendant l'indivision, par l'un des partageants sur les biens placés dans le lot de ses cohéritiers, et par suite d'en décharger celui d'entre eux auquel ont été attribués les biens grevés. Mais voici que sous l'empire d'une fiction toute nouvelle, très-formellement affirmée, quoiqu'on n'en trouve la trace nulle part, son effet consiste à faire considérer chaque partageant comme ayant constitué *seul et pour le tout* les charges établies *par la société* sur les biens placés dans son lot.

Ce n'est pas tout. Chaque partageant, nous dit-on, est réputé avoir consenti seul les charges imposées *par la société,* c'est-à-dire par la personne civile qu'elle constitue, sur les biens dont il est loti. Mais comment cela se peut-il? Cette personne dont on nous parle est réputée, par l'effet du partage, *n'avoir jamais existé.* Or, si elle n'a jamais vécu, comment a-t-elle pu constituer des charges sur les biens communs? Jamais contradiction ne fut plus manifeste ! Que M. Troplong choisisse : persiste-t-il à dire que par la rétroactivité du partage, la société est effacée, même dans le passé, comme personne morale : il ne saurait être alors question des charges qu'elle a imposées. Tient-il, au contraire, qu'après le partage les charges qu'elle a constituées subsistent : il respecte alors, même quant au passé, sa personnalité.

Admettons, au reste, que sa proposition soit très-exacte et parfaitement juridique : en a-t-il au moins prévu les conséquences? En cas d'affirmative, nous oserons lui soumettre à résoudre le cas suivant : tant que dure la société, le fonds social, étant sa propriété exclusive, reste le gage exclusif de ses propres créanciers. Les créanciers personnels des associés n'y peuvent point toucher, puisque les associés, leurs débiteurs, n'y ont eux-mêmes actuellement aucun droit. Donc point de concours sur le fonds social entre les créanciers de la société, considérée comme être moral, et les créanciers personnels des créanciers ; ce qui établit en faveur des premiers sur les seconds un privilége improprement dit : *creditores societatem... in rebus et bonis societatem præferuntur quibuscumque aliis creditoribus sociorum singulorum* (1). Cette cause de préférence qu'implique la personnalité de la société survit-elle au partage ? Quel sera sur ce point délicat l'avis de M. Troplong? Nous le prévenons que, quoi qu'il décide, il faudra qu'il abandonne sa donnée ou qu'il se résigne à confesser qu'elle porte en elle, cachées dans les plis mystérieux de la fiction sur laquelle il la fonde, les plus déplorables conséquences. Et d'abord, il n'est point douteux que s'il admet comme subsistante, après le partage conclu, la préférence qu'engendre la personnalité de la société, il reconnaîtra par là même, et quant au passé, l'existence réelle de cette personnalité ; car comment la supprimer rétroactivement, alors qu'on l'invoque, pour en déduire dans le temps présent les conséquences que la loi y attache? Que si, au contraire, il persiste à dire qu'une fois le partage conclu, la fiction qui personnalisait la société s'efface jusque dans le passé et qu'ainsi chaque partageant est réputé avoir été, dès le jour où la société a commencé, propriétaire unique des biens compris dans son lot, et, par suite, avoir consenti lui-même les charges réelles ou personnelles auxquelles ils ont été affectés alors qu'elle

___

. (1) *Statut de Gênes*, liv. IV, chap. 12, n° 4, cité par **M. Troplong, Soc.**, n° 78.

existait encore, il devra forcément admettre que la préférence qu'a engendrée la personnalité qu'il supprime, disparaît comme et avec elle rétroactivement.

« Que parlez-vous de société et de fonds social, diront, en effet, aux créanciers sociaux, les créanciers personnels des associés ! Il n'y a jamais eu de société, il n'y a jamais eu deux patrimoines distincts et deux classes de créanciers, puisque l'associé contre lequel vous agissez est légalement réputé avoir toujours été seul propriétaire des biens dont il est loti et par conséquent l'auteur unique des droits que vous nous opposez. Vous avez et vous êtes réputé avoir toujours eu pour obligé notre propre débiteur. Les biens qui lui ont été attribués par le partage étant réputés avoir toujours été dans son patrimoine propre, nous sont engagés aussi bien qu'à vous-même ; donc concourons. » Les créanciers sociaux se-raient même, dans ce système, primés par ceux des créanciers personnels des associés qui seraient nantis d'un privilége général. Toute la cohorte des créanciers désignés dans l'art. 2101 du Code Napoléon passerait avant eux !

M. Troplong protestera sans doute : l'équité naturelle dont il aime à suivre la loi ne lui permettra point de prêter les mains à une aussi injuste spoliation ; mais comment l'éviter dans son système ?

296. Reconnaissons-le donc, la suppression rétroactive de l'être moral que constitue la société, tant qu'elle dure, c'est la suppression de l'art. 529 et par conséquent l'immobilisation, totale ou partielle, des actions et intérêts appartenant aux associés ; c'est un piége où le droit des tiers vient périr, car, par sa rétroactivité, cette immobilisation à la dernière heure, dont rien avant le partage ne révélait le danger, va partout déplacer des fortunes et tromper notamment la bonne foi des femmes communes qui, ayant eu le tort de croire aux pro-messes de la loi (art. 529 et 1401-1°), auront considéré, comme devant être communs entre elles et leurs époux, les droits que cette loi attribuera comme propres à l'associé en la personne duquel ils résideront.

C'est la ruine des créanciers qui, sur la foi de la personna-lité de la société, ont cru qu'en traitant avec elle les biens compris dans le patrimoine qui lui est propre, leur seraient affectés à l'exclusion des créanciers personnels des associés ;

c'est leur ruine, puisque la disparition rétroactive de leur débiteur direct et originaire a pour effet de partager entre eux et les créanciers particuliers de chaque associé et même, en certains cas, d'attribuer en totalité aux créanciers qu'on leur oppose le gage qui, dans le principe, leur avait été promis exclusif(1).

C'est la spoliation partout et sous toutes les formes; c'est la loi déshonorée.

297. Voilà ce que M. Troplong appelle « les principes du droit français, les principes incontestables. » A l'en croire même, ils portent en eux un tel cachet d'évidence qu'ils ont, chose rare, réuni « l'unanimité des auteurs (2). » Mais cette nouvelle affirmation n'est encore qu'une de ces fictions dont le savant magistrat a les mains pleines. S'il a, en effet, entendu parler des auteurs qui ont traité de la société sous l'ancien droit, l'*unanimité* qu'il affirme, se réduit à une *unité*, fort contestable d'ailleurs. Pothier, nous le reconnaissons, enseigne que l'effet du partage remontant jusqu'au jour *de la formation de la société,* chaque associé est censé avoir été propriétaire exclusif des biens compris dans son lot, dès l'instant même où ils sont entrés dans le fonds commun; mais s'il s'exprime ainsi, c'est qu'à l'époque où il écrivait, la notion de la personnalité de la société était à peine ébauchée dans la pensée des jurisconsultes. Quelques-uns même l'ignoraient absolument, et Pothier précisément paraît avoir été de ce nombre. Ce qui le fait présumer, c'est qu'on ne le voit nulle part déclarer, comme dans notre art. 529, qu'alors même que le fonds social comprend des *immeubles,* les droits des associés sont, durant la société, purement *mobiliers.* Ce qui donne lieu de le penser encore, c'est qu'on ne trouve en ses écrits aucune trace de ce droit de préférence qu'engendre indirectement, au profit des créanciers sociaux contre les créanciers personnels des associés, la personnalité de la société. Il semble même qu'il n'y ait plus lieu de douter quand on le voit affirmer que l'état de société entre associés et l'état

---

(1) Le droit de préférence que nous revendiquons en leur faveur serait-il opposable aux créanciers qui ont traité avec les associés *epuis la dissolution de la société?* Nous n'irions point jusque-là.

(2). Nᵒˢ 1063 et 1065.

de communauté entre des colégataires ou des cohéritiers ne diffère qu'en ce point que, tandis que la société se forme par *un contrat*, la communauté a lieu *sans convention* (1). Cette assimilation est, en effet, incompatible avec la personnification de la société, car jamais personne n'a songé à soutenir que la communauté entre cohéritiers ou entre légataires constitue une personne morale se dégageant de l'individualité des communistes et l'absorbant. Or, si pour Pothier la société ne se distingue point des associés, on conçoit qu'il affirme que chaque associé acquiert, par le contrat même de société mais sous la condition qu'ils lui écherront par le partage, la propriété des biens apportés par ces co-associés dans le fonds commun. Dans ce système, il n'y a rien que de très-naturel à dire que le partage remonte jusqu'au jour de la formation de la société, puisque c'est de ce jour qu'a réellement commencé l'état d'indivision. Mais Pothier aurait-il décidé de même s'il avait considéré la société comme une personne civile et collective distincte de la personne individuelle des associés et, par suite, comme le propriétaire unique et exclusif, depuis sa formation jusqu'au jour de sa dissolution, des biens apportés dans le fonds social? Il avait assurément l'esprit trop droit et trop judicieux pour commettre un pareil contre-sens. Donc écartons son autorité; elle ne saurait être d'aucun poids dans la cause.

Quant aux auteurs, dont les écrits sont postérieurs au Code Napoléon, mais antérieurs au Commentaire du contrat de société par M. Troplong, Delvincourt (2) est, à notre connaissance, le seul à citer en faveur de la doctrine que nous combattons. M. Troplong la place, il est vrai, sous l'autorité de M. Duranton, mais en enrôlant l'illustre professeur parmi ceux qui la défendent, il lui fait injure. Bien loin qu'il la professe, il la combat, au contraire, très-positivement. Lors, dit-il, qu'il s'agit d'une société dont la personnalité n'est point reconnue comme être moral distinct des associés (3), chacun d'eux est alors réputé avoir été propriétaire exclusif des choses comprises

---

(1) *Traité du contrat de société*, nos 2 et 182.

(2) T. III, note 3, sur la p. 129.

(3) Telle, sans doute, qu'une société en participation; car M. Duranton admet la personnalité des sociétés civiles (t. XVII, n° 334).

dans son lot, depuis qu'elles sont entrées dans la société. « Mais cela ne peut se dire des sociétés de commerce, de finances ou d'industrie. » La rétroactivité des partages à laquelle elles donnent lieu, quand elles sont dissoutes, « *ne remonte pas, en effet, à une époque antérieure à celle de leur dissolution; car ce ne peut être que de cette époque que chaque associé est censé propriétaire exclusif des objets tombés dans son lot*, puisque pendant le cours de la société il n'avait *qu'une créance* sur cet être moral, et *non une propriété quelconque*, dans les objets qui lui appartenaient (1). »

Telle est également la manière de voir de M. Delangle (2).

On voit qu'en général, il est bon de n'accepter que sous bénéfice d'inventaire les citations de M. Troplong. Ainsi, dans l'espèce, l'unanimité qu'il affirme se réduit à une unité. M. Duranton, sur lequel il s'appuie, le condamne.

Parmi les auteurs plus modernes, M. Dalloz, d'une part, MM. Massé et Vergé, sur Zachariæ, d'autre part, se sont ralliés à son opinion. Mais la bonne conquête, il ne l'a point faite.

« Tant qu'elle existe, dit M. Demolombe, la société a été *seule* « propriétaire des immeubles compris dans le fonds social; « les associés n'y avaient, pendant ce temps, *aucun droit individuel*.

« Leur droit sur ces immeubles ne naît donc *que du jour de « la dissolution de la société;* il n'était pas jusque-là seulement « indéterminé comme celui de l'associé dans une société ci-« vile (3), ou d'un simple copropriétaire d'un immeuble indivis; « leur droit n'*existait pas du tout*. Il ne commence, je le répète, « que du jour où celui de la société finit; mais il ne le rem-« place pas *in præteritum;* il lui succède, il le continue *in* « *futurum.* Il ne l'efface pas, il ne le résout pas. La société est « morte, il est vrai, *mais elle a vécu*. Et il faut bien qu'il en « soit ainsi; autrement nous verrions disparaître les avantages « de la règle établie par l'art. 259 (4). »

« On ne comprendrait pas, dit également un savant étranger,

(1) T. XVII, n° 480 et t. IV, n° 123, combinés.

(2) N° 707.

(3) M. Demolombe se place bien certainement dans l'hypothèse d'une société civile qui n'a point de siége fixe où elle soit domiciliée (n° 415, arg.).

(4) T. VI, n° 421.

M. Thiry, professeur de Code civil à Liége, comment et pourquoi la rétroactivité du partage effacerait la propriété qui a résidé en la personne morale, la société, pendant son existence. Il en est du partage d'une société comme du partage d'une hérédité. Or, le partage d'une hérédité fait bien que l'indivision qui a existé entre les héritiers depuis l'ouverture de la succession est considérée comme n'ayant jamais eu lieu, il la fait disparaître légalement même pour le passé, mais il ne supprime point la propriété qui a reposé sur la tête du défunt (I). »

Ainsi MM. Duranton, Delangle, Demolombe et Thiry sont tous du même avis : l'effet rétroactif du partage s'arrête au jour de la dissolution de la société, quand elle a constitué, pendant le cours de son existence, une personne morale distincte des associés pris individuellement.

Si les autorités suffisent au succès d'un procès, le nôtre est incontestablement gagné.

298. Au surplus, quand même il serait vrai, absolument vrai que le partage efface *in præteritum* la personnalité de la société, il n'en resterait pas moins simplement *déclaratif de propriété*, puisque son effet se bornerait à faire considérer chaque associé comme ayant eu, dès le jour de la formation de la société, la propriété exclusive des biens qui y ont été apportés par ses co-associés et dont on a composé son lot. Au lieu de rattacher son droit à la société, il le rattacherait à ceux de ses co-associés dont il serait l'ayant cause direct et immédiat. Or si, quel que soit le point de vue auquel on se place, le partage n'est point et ne peut pas être translatif de propriété, à quel titre le soumet-on au droit proportionnel de mutation? La loi n'est-elle point d'ailleurs, quoique implicitement, très-formellement exclusive de la charge qu'on lui impose si arbitrairement? Que dit-elle en effet? qu'il encourra le droit fixe de cinq francs, quand il aura lieu sans soulte ni retour de lot (art. 68, § 3, n° 2 de la loi du 22 frimaire an VII et art. 45 de la loi du 28 avril 1816)!

299. Quant à l'acte de société, il n'importe qu'au lieu de transférer à la société la propriété pure et simple des apports, il l'attribue, sous la condition suspensive du partage, à cha-

(1) *Revue critique*, t. v, p. **433**.

cun des associés individuellement. Quels que soient sa nature
et son effet, on ne saurait lui faire l'application du droit proportionnel, puisque, par une disposition très-positive, très-
claire et très-absolue, la loi limite au droit fixe de cinq francs
la charge qu'il doit subir (1). « La Chambre, est-il dit au
Moniteur du 30 mars 1816 (p. 372, 1re colonne), *rejette à
une forte majorité l'avis de la commission tendant à établir
un droit proportionnel sur les déclarations d'apports en communauté et en société.* »

On nous oppose que, si le droit proportionnel n'est pas exigible au moment de l'enregistrement de l'acte de société,
c'est qu'à cet instant on ne sait point si l'apport sera ou non
translatif de propriété, puisque le bien apporté peut tomber
dans le lot de l'associé qui l'a mis dans le fonds social ou être
attribué à l'un des autres associés. Le droit proportionnel est,
dit-on, suspendu comme et avec la transmission qu'opère
l'apport. Si la condition à laquelle elle est subordonnée vient
à défaillir, aucune mutation n'ayant lieu, le droit proportionnel n'est point dû, car il manquerait, en ce cas, de cause
et d'objet. Que si, au contraire, elle s'accomplit, il devient exigible alors, puisque la propriété du bien apporté passe d'un
associé à l'autre.

Cette échappatoire est fort ingénieuse peut-être, mais très-
arbitraire assurément. Quelle preuve, en effet, apporte-t-on
à l'appui de cette prétendue conditionnalité? La loi l'établit-
elle par quelque disposition particulière ou l'indique-t-elle tout
au moins par quelque terme qui y ait trait même de loin?
Mais, au contraire, rien dans sa formule ne révèle la donnée
d'une pensée conditionnelle. L'apport en communauté de la
société paiera, dit-elle, un droit fixe de cinq francs. Quant au
droit proportionnel, elle le passe complétement sous silence.
Dès lors qui ne voit que prétendre qu'elle l'a établi soit purement et simplement, soit même sous la condition des résultats éventuels du partage, c'est tout simplement, ainsi que
l'ont remarqué deux illustres écrivains, MM. Duvergier et
Pardessus (2), faire une loi *de fantaisie.*

(1) Art. 68, § 3, n° 4 de la loi du 22 frimaire an VII, et art. 45 de la loi
du 28 avril 1816, n° 2.

(2) V. le Traité de MM. Rigaud et Championnière (t. VI, p. 431).

Il y a plus, c'est que d'après la nature des motifs qui ont fait écarter, à une forte majorité, la proposition par laquelle la commission demandait qu'on fît aux apports en communauté ou en société l'application d'un droit proportionnel, ce rejet ne peut être *qu'absolu ou pur et simple*. La Cour et tous ceux qui la suivent reconnaissent, en effet, que les lois fiscales ont toujours vu avec une extrême *faveur* les contrats de communauté et de société. C'est sur cette donnée et uniquement sur elle que repose le vote dont il vient d'être parlé. M. Duvergier ayant, en effet, combattu l'application d'un droit proportionnel aux sociétés commerciales, M. Becquey « appuya son avis en faisant remarquer que dans cette circonstance plus que jamais il s'agissait *d'encourager* plutôt que d'imposer les sociétés. » « Le droit proportionnel, ajouta M. Pasquier, écarterait l'idée de la communauté de biens, qu'il est *bon et moral d'encourager* : il augmenterait la tendance déjà trop forte qui existe vers la séparation de biens (1). » Ces considérations ayant prévalu, le droit proportionnel fut écarté. La loi de 1816 est donc, quant aux apports en communauté ou en société, une loi *de faveur*. M. Troplong en fait lui-même la remarque : « L'apport social est, dit-il, réellement translatif « de propriété, et ce n'est que pour *favoriser le développement* « *des sociétés, si utile aux intérêts du commerce et à la richesse* « *publique,* qu'un simple droit fixe a été, dans ce cas, substitué « au droit proportionnel naturellement exigible (2). » Or si telle est la pensée de la loi, il est clair que, dans l'espèce, le droit proportionnel n'a pu être établi d'aucune manière, ni purement et simplement, ni même sous la condition suspensive des résultats ultérieurs du partage ; car, si au lieu de l'avoir écarté, la loi ne l'avait que suspendu, *où serait la faveur* (3)? M. Troplong n'ignore point sans doute que toute mutation conditionnelle n'encourt le droit proportionnel qu'après la condition accomplie : jusque-là elle n'est passible que du droit fixe (4). Comment ne voit-il pas dès lors qu'en appli-

---

(1) V. le *Moniteur* du 30 mars 1816, p. 371 et 372.
(2) *Transcr.*, n° 63.
(3) V. le supplément au *Traité des droits d'enregistrement,* par MM. Rigaud, Championnière et Pont, n° 689.
(4) MM. Rigaud et Championnière, t. I, n°ˢ 693 et 694.—M. Gabriel Demante, n° 33.

quant, sous la condition suspensive du partage, le droit proportionnel aux apports sociaux, il les laisse, *quoique nécessaires au développement du commerce et de la richesse publique*, soumis aux rigueurs du droit commun? bien loin de les
favoriser, il les *impose!* Au lieu de porter les futurs époux vers
la communauté, qu'il *est bon et moral d'encourager*, il les
pousse vers la séparation de biens! M. Troplong et l'esprit de
la loi marchent ainsi partout en sens inverse l'un de l'autre.

300. Une dernière objection a été faite. On conçoit, a-t-on
dit, que le partage des successions ne soit point soumis au
droit proportionnel : les héritiers ont eu déjà à le payer pour
leur acquisition par indivis; il ne serait pas juste qu'ils le
subissent deux fois. Au contraire, l'apport en société n'est enregistré qu'au droit fixe. Dès lors quoi de plus naturel que
l'associé qui, par le partage, acquiert pour la première fois
les biens apportés par son co-associé et placés dans son lot,
paye un droit proportionnel de mutation? Puisqu'il acquiert,
il doit supporter la charge qu'implique toute acquisition. Ainsi
l'exige l'égalité des citoyens devant l'impôt (1).

Mais, répondrons-nous, l'égalité ne serait, dans l'espèce,
qu'une inégalité bien caractérisée : car s'il est vrai, — et ce
point n'est contesté par personne, — que le contrat de société
se rattache plus que tout autre acte au bien général, il est
clair qu'à moins de se jeter dans la plus illogique et la plus
injuste des assimilations, la loi a dû l'entourer d'une faveur
particulière.

Si elle l'exonère du droit proportionnel de mutation, la
dispense qu'elle établit à son profit équivalant à l'acquittement
de l'impôt, tout raisonnement fondé sur cette idée que le
droit proportionnel de mutation n'a pas été acquitté lors de
l'enregistrement, manque à la fois de justice et de vérité.

La faveur dont jouit le contrat de société doit, en un mot,
lui assurer, dans toutes ses phases, le bénéfice du droit fixe.
Telle est la volonté de la loi, ainsi que le démontrent MM. Rigaud, Championnière et Pont dans leur supplément au droit
d'enregistrement (n° 689). « Fait-on, disent-ils, remonter
l'effet du partage *au jour du contrat*, l'art. 68, § 3, n° 4, est

_____

(1) M. Garnier, *Répet. gén.*, n° 11, 827. —M. Gabriel Demante, n°⁸ 735
et 738, rapporte cette objection, mais sans précisément l'approuver.

là qui ne soumet qu'au droit fixe les *actes de société;* s'il s'arrête *à la dissolution*, le même numéro ne soumet qu'au même droit *les actes de dissolution de société;* enfin si la transmission s'opère *dans le partage*, le même paragraphe, n° 2, tarife encore au droit fixe *le partage entre copropriétaires* A QUELQUE TITRE QUE CE SOIT. Dans toutes les hypothèses, l'acte auquel on pourrait attribuer la mutation se trouve donc prévu et tarifé *au droit fixe;* peu importe dès lors qu'il opère ou non transmission, le droit proportionnel ne peut pas être perçu. »

301. Concluons. Le *partage* qui suit la dissolution de la société et *l'acte de dissolution* ne sont point passibles du droit proportionnel de *mutation.*

La loi les exonère également l'un et l'autre du droit proportionnel *de transcription*, le premier, parce qu'il n'est point translatif de propriété, le second parce qu'il n'est point de nature à être transcrit.

Quant à l'acte de société, il échappe lui-même, soit qu'on l'envisage à l'époque de sa formation, soit qu'on le considère au moment du partage, au droit proportionnel *de mutation.* Il devrait, au contraire, à supposer que l'art. 54 de la loi du 28 avril 1816 eût l'étendue que lui attribue la jurisprudence (V. les n°ˢ 279 et 280), subir au moment même de son enregistrement, le droit proportionnel *de transcription;* car, d'une part, il est translatif de propriété et de nature à être transcrit, et, d'autre part, aucune disposition de la loi ne l'a, sous ce rapport, placé dans une condition exceptionnelle; mais nous avons établi que l'article ci-dessus cité n'a aucun trait *aux mutations à titre onéreux* (V. les n°ˢ 279 et 280). La société, dès lors, échappe à son empire.

Le receveur qui l'enregistre n'a, par conséquent, à percevoir qu'un seul droit, le droit fixe de cinq francs.

Si les parties jugent à propos de la faire transcrire, un droit de transcription est alors, mais alors seulement, exigible, conformément à l'art. 25 de la loi du 21 ventôse an VII.

302. Aux termes formels de cette disposition, le droit de transcription auquel sont assujettis les actes translatifs de propriété immobilière est de 1 1/2 0/0 *du prix intégral des mutations, suivant* QU'IL A ÉTÉ RÉGLÉ A L'ENREGISTREMENT.

MM. Championnière et Rigaud (1) en ont conclu, avec raison selon nous, que le droit de transcription ne peut avoir d'autre base que celui de l'enregistrement. Tel n'est point le sentiment de la Cour de cassation. Les termes précités indiquent bien, dit-elle, que la loi a entendu prendre pour base du droit de transcription *le prix intégral des mutations tel qu'il doit être évalué et composé d'après les règles de liquidation suivies en matière d'enregistrement;* « mais il n'en résulte nullement qu'on ne puisse exiger le droit de transcription qu'autant que celui d'enregistrement serait perçu et dans les mêmes proportions (2). » La relation que n'aperçoit pas la Cour est pourtant bien manifeste. Que dit, en effet, la loi? Que le conservateur calculera la somme à percevoir, d'après les règles admises pour la liquidation des droits proportionnels d'enregistrement? C'est ce que suppose la Cour, mais la loi est tout autre. « Le droit de transcription sera, dit-elle, de 1 1/2 0/0 sur le prix intégral des mutations, *suivant qu'il aura été réglé à l'enregistrement.* N'est-il pas vrai qu'au lieu de prescrire une liquidation à faire par le conservateur et d'en fixer les bases, elle se réfère, par cette manière de parler, à un règlement déjà accompli et qui a dû avoir lieu devant le receveur, au moment de l'enregistrement de l'acte dont la transcription est requise? Or, si le conservateur n'a lui-même aucun règlement à faire, c'est qu'évidemment, dans la pensée de la loi, il doit, dans tous les cas, prendre pour base de sa perception la perception même du droit de mutation acquitté entre les mains du receveur. La nature même des choses vient d'ailleurs en aide à cette interprétation. Les droits de mutation et de transcription reposent l'un et l'autre sur un fondement commun, la mutation de propriété, car si l'un est appliqué à la propriété acquise, l'autre est le prix de sa consolidation. Ils ont donc même objet, même but, même nature. Dès lors la loi pouvait-elle soumettre aux rigueurs de la proportionnalité la transcription des actes auxquels elle accorde la faveur du droit fixe d'enregistrement? C'eût été, on le voit sans peine, un véritable contre-sens.

Ainsi, suivant nous, l'acte de société, dont la transcription

(1) T. IV, n° 4032, p. 998; t. III, n° 2669, p. 666.
(2) Arrêt du 2 déc. 1851.

sera requise, devra être transcrit au droit fixe de un franc.

303. Nous avons soutenu et nous croyons avoir démontré que le droit proportionnel de transcription ne s'applique point aux ventes qui, sous la législation antérieure à la loi du 23 mars 1855, *n'étaient point de nature à être transcrites* (V. ci-dessus le n° 278). Mais y a-t-il des ventes qui *ne soient point sujettes à transcription?* Examinons.

Nous avons cru longtemps qu'on pouvait ranger dans cette classe et qu'ainsi on devait considérer comme régies par l'article 12 de la nouvelle loi : 1° les adjudications sur saisie pratiquée contre un propriétaire par l'un ou l'autre de ses créanciers personnels (art. 2204, C. N.) ; — 2° les adjudications sur saisie pratiquée contre un tiers détenteur par un créancier hypothécaire (art. 2169, C. N.) ; — 3° les adjudications sur conversion de saisie, quand la conversion a été convenue postérieurement à l'accomplissement des formalités prescrites par les articles 692 et 696 du Code de procédure pour associer aux poursuites du saisissant les créanciers inscrits sur l'immeuble saisi (art. 743, C. pr.); — 4° les adjudications sur délaissement hypothécaire (art. 2174, C. N.).

Ces diverses adjudications, nous disions-nous, opéraient en 1816, comme aujourd'hui encore, par elles-mêmes et sans le secours d'aucune formalité ultérieure, la purge des hypothèques inscrites sur l'immeuble transmis à l'adjudicataire (1); à bien plus forte raison avaient-elles pour effet d'arrêter de plein droit et par elles seules le cours des inscriptions (2). Elles laissaient, il est vrai, intactes et dans toute la plénitude de leurs prérogatives, les hypothèques légales dispensées de la formalité de l'inscription (3), ce qui mettait l'adjudicataire dans la nécessité de placer son droit sous la sauvegarde des formalités et conditions prescrites par les articles 2193 à 2195

---

(1) Ce point est généralement admis. Delvincourt est, à notre connaissance, le seul auteur qui l'ait contesté (t. III, p. 36, note 1).

(2) Tarrible, *Rép., insc.,* p. 215. — Grenier, t. Ier, n° 209.

(3) Il n'en est plus de même aujourd'hui, du moins en principe. Les adjudications sur saisie, sur conversion de saisie (dans l'hypothèse indiquée ci-dessus sous le 3°) et sur délaissement hypothécaire, entraînent par elles-mêmes la purge de toutes les hypothèques sans distinction (V. le Comm. de la loi du 21 mai 1858 (n°s 247 à 252), par MM. Ollivier et Mourlon).

du Code Napoléon ; mais personne n'ignore que cette espèce de purge s'opérait, comme elle s'opère encore sans le secours et indépendamment de la transcription du titre de l'acquéreur.

Les adjudications ci-dessus dénommées n'étaient donc point *de nature à être transcrites*, puisque leur transcription, à quelque point de vue qu'on l'envisageât, était destituée de toute utilité. Cela suffit pour les soustraire aux tarifs établis par les articles 52 et 54 de la loi du 28 avril 1816, car, ainsi que nous l'avons montré, ils ne visent l'un et l'autre que les actes sujets à transcription. L'article 54 serait d'ailleurs écarté par cet autre motif qu'il est complétement étranger aux mutations à titre onéreux.

Telle a été, nous le répétons, notre première impression ; mais un examen plus attentif des principes admis en cette matière nous a révélé un aperçu tout nouveau qui nous a contraint de changer d'avis. On se rappelle que, d'après la jurisprudence constante de la Cour de cassation, un titre *est de nature à être transcrit* par cela seul que l'acquéreur dont il constate le droit *a un intérêt quelconque à le faire transcrire* (V, le n°281). Cette interprétation si large des termes qu'emploie la loi dépasse peut-être sa pensée ; nous sommes même instinctivement porté à croire que le législateur de 1816 n'a envisagé la transcription qu'au point de vue de l'article 2181 du Code Napoléon et qu'ainsi la *purge* des hypothèques inscrites sur l'immeuble passé dans le domaine de l'acquéreur est le seul bénéfice dont elle entend faire payer le prix. C'est, en effet, ce qui paraît résulter des termes de la loi du 9 vendémiaire an VI (art. 62), d'après laquelle il devait être établi « un droit proportionnel de un et demi pour cent sur le prix intégral des mutations que les nouveaux possesseurs voudraient *purger d'hypothèques*. » Les termes de la loi du 28 avril 1816 sont, il est vrai, plus larges.; mais rien, dans les travaux préparatoires auxquels elle a donné lieu, n'indique qu'elle a été, quant au point dont s'agit, conçue dans un esprit différent. Néanmoins, sa formule étant absolue, nous sommes obligé, dans l'impuissance où nous sommes d'appuyer nos inductions sur un argument décisif, de lui laisser toute l'étendue que ses termes comportent.

Or, étant admis ce principe qu'une adjudication est de na-

ture à être transcrite par cela seul que sa transcription pourra, dans un cas donné, être utile à l'acquéreur, quelles que
soient d'ailleurs la nature et l'importance de l'avantage qu'il
en retirera, s'il la requiert, la solution que nous avions crue
bonne tout d'abord devient inadmissible. Il est clair, en effet,
que dans ce système l'adjudicataire aura intérêt à faire
transcrire son titre, non point sans doute pour procéder à la
purge des hypothèques inscrites, puisque par l'effet même de
l'adjudication prononcée à son profit elles ont été reportées de
l'immeuble sur le prix, mais afin de pouvoir, conformément
à l'article 2180 du Code Napoléon, prescrire par 10 à 20 ans
les hypothèques occultes auxquelles il est resté soumis. On
objectera sans doute que cet avantage est purement nominal, tant il est peu probable que l'adjudicataire ait jamais
besoin de l'invoquer. N'a-t-il pas, en effet, pour consolider
son droit, le secours de la purge organisée par les articles
2193 à 2195? S'il y recourt avant de payer son prix, et bien
certainement il y recourra, cette procédure lui procurera une
pleine et entière sécurité. Dès lors, qu'a-t-il besoin de ce
secours subsidiaire de la prescription? Cette objection, à laquelle nous aurions désiré souscrire, ne saurait nous arrêter;
elle porte à faux, car rien n'est plus inexact que d'affirmer
que les adjudicataires ne paient jamais leur prix qu'après
avoir pris soin de se couvrir au préalable contre le danger des
hypothèques occultes: quiconque connaît les tendances et
les habitudes de la pratique n'ignore point que le contraire
a lieu fréquemment. C'est au moins ce que nous apprend
un praticien éminent, M. le rapporteur de la loi du 21 mai
1858 sur les ordres. « Pourquoi, dit-il, dans son exposé des
motifs de l'article 772, forcer l'acquéreur, surtout l'acquéreur
d'un petit immeuble, à purger les hypothèques légales, si
l'intérêt de sa sécurité ne lui paraît pas l'exiger, ou s'il recule
devant les frais de cette purge, *assez rare dans la pratique?* »
Ainsi, ce point n'est pas douteux, il se peut que l'adjudicataire paie sans avoir purgé au préalable. Dans cette hypothèse,
la prescription, lui venant en aide, l'exonérera du danger
d'éviction que faisait peser sur son droit la faute par laquelle
il l'avait compromis. Or, il ne peut prescrire par 10 à 20 ans
qu'autant qu'il a eu le soin de rendre publique son acquisition en faisant porter sur les registres du conservateur le titre

qui la constate. Un cas existe donc où la transcription du jugement d'adjudication pourra lui être utile : c'est assez pour le ranger dans la catégorie des ventes qui sont de nature à être transcrites.

Toutes les fois, en un mot, que la loi civile attache à la transcription d'un titre un certain avantage, la loi fiscale attache à cet avantage offert à l'acquéreur la charge d'un impôt proportionnel. Que l'acquéreur accepte l'offre dont il peut bénéficier ou qu'en fait il n'obtienne point, par sa négligence ou par toute autre cause, le profit qu'il en peut retirer, il n'importe. La loi civile a songé à le protéger, elle a mis à sa disposition une arme dont il peut se servir pour la défense de son droit : cela suffit pour motiver et légitimer l'impôt que la loi fiscale met à sa charge. Ce qu'on impose, c'est moins le service rendu que l'offre elle-même du service.

304. Le droit proportionnel de transcription qu'encourent, au moment de leur enregistrement, les adjudications sur délaissement hypothécaire ou sur saisie pratiquée contre un tiers détenteur, est indépendant du droit qui a été ou qui a dû être acquitté par l'acquéreur évincé. Deux mutations ont eu lieu, en effet, deux mutations successives et parfaitement distinctes, l'une qui a fait passer dans le patrimoine de l'acquéreur originaire la propriété de l'immeuble qu'il a délaissé ou qui a été saisi sur lui, l'autre qui l'a transmise de sa personne en la personne de l'adjudicataire. Dès lors les droits sont dus deux fois, puisque la propriété a deux fois changé de mains (1).

305. Les adjudications sur enchère du dixième, après aliénation volontaire (art. 2183 et 2187, C. N., et 838, C. pr.), sont d'une tout autre nature ; nous avons, en effet, démontré qu'elles opèrent, du moins en principe, la résolution du droit de l'acquéreur qu'elles évincent, ce qui nous a amené à reconnaître qu'au lieu de deux mutations, comme dans l'hypothèse précédente, nous n'en avions qu'une, qui s'opère directement du propriétaire avec lequel avait traité l'acquéreur originaire, à l'acquéreur actuel, l'adjudicataire (V. ci-dessus le n° 85). Cela posé, nous avons à nous demander si, dans l'espèce, l'adjudication est ou non de nature à être transcrite ? A pre-

_____

(1) MM. Championnière et Rigaud, n° 2159. — M. Gabriel Demante, n° 211. — V. ce que nous avons dit nous-même sous le n° 84.

mière vue la négative paraît certaine. Et, en effet, dira-t-on, dans quel but l'adjudicataire procéderait-il à une nouvelle transcription? pour purger? mais la purge est faite! pour prescrire par 10 à 20 ans les hypothèques occultes qui, non-obstant la purge accomplie, ont pu, du chef des précédents propriétaires, suivre entre ses mains l'immeuble dont il a obtenu l'adjudication (1)? mais la transcription que l'acquéreur originaire a fait faire de son propre titre suffit pleinement à cet effet. C'est ce dont on se convaincra en considérant le rôle de la transcription envisagée au point de vue de la prescription des hypothèques. Si elle est demandée en cette matière, c'est bien évidemment afin qu'en portant à la connaissance des intéressés la mutation qui a fait passer leur gage entre les mains d'un tiers acquéreur elle les mette en demeure de veiller à la conservation de leur droit (2). Or, dans l'espèce, l'acte par lequel leur débiteur a disposé de l'immeuble affecté à leur sûreté a été mis sous leurs yeux par la transcription qui en a été effectuée à fin de purge à la requête de l'acquéreur originaire. Dès cet instant donc, le but que cherche la loi est pleinement atteint, la prescription a trouvé son point d'appui et sa légitime justification. Il est vrai que la transcription qui a eu lieu les autorise à penser que leur gage appartient à l'acquéreur désigné dans l'acte dont elle leur a révélé l'existence, tandis qu'en fait il appartient à l'adjudicataire; mais qu'importe? leur a-t-elle laissé ignorer que leur droit serait désormais prescriptible par 10 à 20 ans? Non évidemment, puisqu'ils savent par elle que l'immeuble sur lequel il est établi a cessé d'appartenir à leur débiteur pour passer dans les mains d'un tiers acquéreur. Elle les a donc prévenus que, si leur inaction se prolongeait au-delà du temps fixé pour la prescription qui court contre eux, elle pourra leur devenir fatale. Ils ne seraient plus excusables dès lors s'ils ne s'empressaient de profiter de l'avis qu'implicitement elle leur donne.

(1) L'adjudication sur enchère du dixième, après aliénation volontaire, laisse subsister sur l'immeuble adjugé, et sans aucune altération, les hypothèques occultes qui le grèvent du chef des précédents propriétaires. V., dans le commentaire (Ollivier et Mourlon) de la loi du 21 mai 1858, l'explication de l'art. 838, n° 249.

(2) MM. Delvincourt, t. III, p. 388, note 4; — Grenier, t. II, p. 556; — Troplong, *Hyp.*, n° 883.

Ce point nous est donc acquis : la transcription de l'acte sur lequel la purge a eu lieu procure elle-même à l'adjudicataire l'avantage qu'il pourrait retirer de la publicité de son propre titre. Dès lors que gagnerait-il à le faire transcrire? Or, s'il n'a aucun intérêt à le rendre public, il est clair qu'il n'est point de nature à être transcrit et qu'ainsi il ne saurait être question du droit de transcription.

Cette solution n'offre d'ailleurs rien que de très-juridique, et loin qu'elle violente l'esprit de la loi, elle marche au contraire avec elle dans la plus parfaite harmonie. On sait qu'aux termes de l'article 837 du Code de procédure, l'acte que l'acquéreur a fait transcrire à fin de purge est déposé au greffe pour y servir de *minute d'enchère;* c'est à la suite de cet acte qu'est libellée l'adjudication (art. 712, C. pr.), qui se trouve ainsi faire corps avec le contrat primitif. L'adjudicataire s'approprie donc, par cette voie, le titre de l'acquéreur évincé et, par suite, toutes les prérogatives que la transcription y a attachées. Ce qui le prouve, et avec une parfaite évidence, c'est qu'il est tenu de rembourser, sans imputation sur son prix, à l'acquéreur originaire, les *frais et loyaux coûts de son contrat* (art. 2188, C. N.), parmi lesquels figurent les droits de mutation et de transcription acquittés sur le premier acte. Cette obligation n'a, en effet, sa raison d'être que dans l'appropriation dont nous venons de parler : car, si le titre originaire ne devenait sien, la loi eût-elle mis à sa charge les frais auxquels il a donné lieu? S'il les doit payer et payer de son propre argent, c'est qu'apparemment ils lui doivent profiter. En somme, les droits ne sont dus qu'une fois, puisqu'en fait comme en droit il n'existe qu'un seul acquéreur (1).

306. Voilà ce qu'on peut dire d'un côté ; reste à examiner ce que le trésor peut répondre. Une première transmission a eu lieu, dira-t-il, sur laquelle ont dû être perçus les droits de mutation et de transcription; elle n'était point définitive sans doute, et, dans l'espèce, la condition résolutoire qui l'affectait s'étant réalisée, il est parfaitement vrai que, selon la loi civile et au point de vue des rapports de l'acquéreur, soit avec le propriétaire auquel il avait succédé, soit avec les tiers, les choses sont

_____

(1) A l'appui, MM. Championnière et Rigaud, n° 2154. — M. Gabriel Demante, n° 209.

remises au même état qu'auparavant; mais cette résolution, quoique rétroactive, n'entraîne point pour l'administration l'obligation de restituer l'impôt qui a été acquitté entre ses mains, puisque, selon la loi qui la régit, elle acquiert définitivement, quels que soient les événements ultérieurs, les droits qu'elle perçoit régulièrement (art. CO de la loi du 22 frimaire an VII). Ainsi, et en ce qui touche le premier acte, il n'y a plus, fiscalement parlant, à s'en occuper ; tout est irrévocablement réglé. Quant à l'adjudication, elle constitue évidemment un acte nouveau qui, à ce titre, opère une mutation nouvelle, non point, sans doute, de l'acquéreur dépossédé à l'adjudicataire, car l'acquéreur, étant réputé n'avoir jamais eu aucun droit, n'a pu en transmettre aucun, mais de l'aliénateur primitif avec lequel l'adjudicataire est réputé avoir directement traité. Or, ce point étant admis, comment nier qu'il n'y ait, en ce cas, matière à une perception nouvelle? On objecte que, l'adjudication étant libellée à la suite de l'acte sur lequel la purge a eu lieu et qui a été déposé au greffe comme minute d'enchère, elle fait corps avec lui et le conserve au profit de l'adjudicataire qui, par cette voie, se l'approprie ; mais qui ne voit que cette appropriation est juridiquement impossible, au moins quand l'acte, qui a été transcrit, est un contrat de donation ou un testament. Il est clair, en effet, que si elle avait légalement lieu, l'adjudication constituerait plutôt la subrogation de l'adjudicataire à l'acquéreur dépossédé que la résolution ou l'annulation rétroactive de la première aliénation. Le premier acte, dirait-on, est toujours subsistant; il est resté tel qu'il était à son origine sauf que l'adjudicataire y a pris la place de l'acquéreur primitif. Or, si l'on conçoit sans peine qu'un acheteur puisse disparaître de son contrat et y être rétroactivement remplacé par un autre acheteur, quelqu'un comprendra-t-il qu'un *acheteur* puisse rétroactivement prendre dans un contrat de donation ou dans un testament la place du *donataire* ou du *légataire* évincé? Nous osons affirmer que personne n'admettra jamais que la donation ou le testament sur lequel la purge a eu lieu puisse devenir a cause productive du droit de l'adjudicataire et lui servir de titre. Ce qui subsiste de l'ancien état de choses, c'est *l'écrit* où se trouvait relaté le fait juridique d'où était né le droit de l'acquéreur évincé; mais ce fait, quel qu'il

soit, vente, donation ou testament, étant réputé n'avoir
jamais existé, l'adjudicataire ne peut point être censé y
avoir joué un rôle quelconque. Insistons sur ce point.
L'acte où se trouve décrite la première mutation renferme des
énonciations qui, jointes à certaines indications tirées des
notifications auxquelles l'acquéreur a dû procéder, peuvent
suppléer la rédaction d'un cahier des charges, puisqu'ainsi
réunies elles donnent la désignation de l'immeuble mis
en vente, les nom et prénoms du propriétaire qui, l'ayant
aliéné sous une condition résolutoire, le transmettra au dernier enchérisseur, et, enfin, comme mise à prix le prix porté
dans l'acte ou la valeur déclarée et le montant de la surenchère. La loi a pu dès lors en prescrire le dépôt au greffe
pour y servir d'enchère (art. 837, C. pr.); elle a pu ajouter
que, joint au jugement d'adjudication, il constituera le titre
de l'enchérisseur auquel l'immeuble mis en vente sera
adjugé (art. 712, C. pr.). Sous ce rapport, l'adjudicataire se
l'approprie, il le fait sien, en ce sens qu'il y trouvera les éléments nécessaires pour faire, si besoin est, l'établissement de la
propriété qui lui a été transmise; mais là évidemment s'arrête
l'effet de son appropriation : car, encore une fois, le contrat
primitif ou le legs que décrit l'acte déposé étant légalement
réputé inexistant, il est clair que l'adjudicataire ne peut être
réputé en être le bénéficiaire. Ainsi, le fait juridique d'où était
né le droit du premier acquéreur est effacé, effacé absolument,
c'est-à-dire tant dans le passé que pour l'avenir. Un fait nouveau est survenu qui, sous le nom d'adjudication, a opéré une
mutation nouvelle. Or, cette mutation reste soumise au droit
commun de l'impôt, puisqu'il n'existe aucune disposition légale qui l'en affranchisse. Vainement prétend-on que les droits
acquittés sur la première mutation doivent profiter à l'adjudicataire et, par suite, diminuer d'autant ceux dont il est
personnellement passible : où trouve-t-on, en effet, le fondement de cette imputation et par quelle loi parvient-on à la
légitimer? Nous n'ignorons point qu'en ce qui regarde l'adjudication sur folle enchère l'administration prend en compte
des droits exigibles sur la seconde mutation les sommes
payées sur la première par le fol enchérisseur (loi du 22 frimaire an VII, art. 68, § 1, n° 8; art. 69, § 5, n° 1, et § 7, no 1);
mais s'il en est ainsi en cette matière, c'est que la seconde

adjudication n'a lieu, à vrai dire, que pour remplacer la première : c'est toujours la *même affaire* qui continue pour aboutir à une mutation unique. Le premier adjudicataire n'ayant point rempli ses obligations, on le fait disparaître du contrat de vente qui a eu lieu, et on y substitue, en son lieu et place, le nouvel adjudicataire. Le contrat primitif n'est donc point résolu ; un de ses éléments se trouve changé sans doute, puisqu'un acheteur y a été subrogé à un autre, mais, quoique modifié sous ce rapport, c'est toujours le même contrat. Tout doit se passer dès lors comme s'il n'y avait eu réellement qu'une seule adjudication, l'adjudication originaire, et un seul adjudicataire, l'adjudicataire actuel. Qu'il n'y ait, en ce cas, qu'un seul droit à payer, on le conçoit sans peine : l'unité de mutation implique l'unité d'impôt. Mais l'adjudication sur enchère du dixième, après aliénation volontaire, offre-t-elle les mêmes caractères ? C'est ce qu'on ne saurait soutenir sérieusement ; car comment établir que l'acte qui a été transcrit et l'adjudication qui l'a suivi ne sont ensemble que les éléments constitutifs d'une seule et même affaire ? La vérité est qu'il y a eu réellement deux opérations successives et séparées, deux mutations distinctes, ce qui implique la pluralité des droits à payer. La première, nous le reconnaissons, est réputée n'avoir jamais existé, et si le droit dont elle était passible à l'origine était encore dû au moment de la résolution qu'elle subit, nous n'hésiterions pas à dire qu'il n'y a point, quant à elle, matière à perception (1) ; mais, dans l'espèce, nous le supposons acquitté quand intervient l'adjudication, et, ainsi que nous l'avons montré, le droit qui a été régulièrement perçu ne se restitue point.

On nous oppose qu'aux termes de l'article 2188 du Code Napoléon, les frais auxquels a donné lieu l'acte qui a été résolu doivent être remboursés par l'adjudicataire à l'acquéreur qui les a payés ; mais cette disposition n'implique nullement l'imputation qu'on en déduit. C'est ce que nos adversaires reconnaîtraient eux-mêmes s'ils l'avaient étudiée dans son esprit. Les droits perçus sur la première mutation ne sont point sujets à restitution, la loi est formelle. Cependant il ne serait pas juste qu'ils restassent au compte de l'acquéreur

(1) V. M. Gabriel Demante, n° 43.

évincé : l'équité serait, en effet, blessée si on laissait à sa charge les frais d'une acquisition dont on lui a retiré le bénéfice. Le droit qui lui avait été transmis lui a été, sur la poursuite des créanciers hypothécaires de son auteur, repris pour être transmis à un nouvel acquéreur : dès lors quoi de plus naturel que les créanciers subissent les conséquences d'une résolution prononcée à leur profit ? C'est ce qu'a pensé la loi, et c'est ce qu'implicitement elle décrète, lorsqu'elle déclare que l'adjudicataire devra, sans aucune diminution de son prix, rembourser à l'acquéreur originaire les sommes dépensées à l'occasion du contrat résolu. Remarquez en effet qu'en définitive ce sont les créanciers qui les supportent, puisqu'elles diminuent de tout le chiffre qu'elles absorbent le prix que l'adjudication aurait produit si elles n'avaient pas dû être acquittées par l'adjudicataire. L'article 2188 n'a point d'autre sens (1).

En somme et pour conclure, les choses doivent se passer ainsi qu'elles se passent, lorsqu'après avoir obtenu, pour défaut de paiement du prix, la résolution d'une première vente, le vendeur vend à un second acheteur l'immeuble dont il a rétroactivement recouvré la propriété.

307. On a pu peser les raisons produites de part et d'autre ; certainement elles sont grandes des deux côtés. Mais entre ces deux systèmes absolus l'un et l'autre, n'y aurait-il point place pour un système intermédiaire ? Quant au droit de *mutation*, la prétention du fisc est certainement mal fondée. Nous ne saurions accepter l'analogie qu'il voit entre une seconde vente consentie au profit d'un nouvel acheteur, après la résolution d'une première vente, et l'adjudication sur enchère du dixième, après aliénation volontaire. Loin que les deux cas soient semblables, ils se séparent, au contraire, par une différence qui, dans la cause, est essentielle.

Dans le premier et au moment où intervient la seconde vente, la première constitue, puisqu'elle est déjà résolue, un fait complet et fini qui, à ce titre, ne saurait se rattacher par aucun rapport au fait nouveau qui lui succède. Deux opérations différentes ont eu lieu, par conséquent deux opéra-

---

(1) Ollivier et Mourlon, *Comm. de la loi du 21 mai 1858 sur les saisies et les ordres*, p. 759 et 760.

tions réellement distinctes et complétement indépendantes l'une de l'autre. Dès lors on conçoit que l'impôt soit appliqué séparément à chacune d'elles.

Dans le second, au contraire, la première mutation existe encore lorsqu'a lieu l'adjudication, puisqu'elle ne disparaît que parce que celle-ci la remplace. Sa disparition rétroactive et la mutation nouvelle qui la supprime se produisant ainsi simultanément et sans aucun trait de temps, il est rigoureusement vrai de dire qu'il n'y a eu, dans l'espèce, qu'une même affaire, complexe il est vrai, mais unique. L'analyse des faits dont elle se compose et le lien intime qui les unit font toucher du doigt cette unité. N'est-il pas vrai, en effet, qu'au cas de vente, par exemple, il est implicitement entendu entre les parties que, si les créanciers auxquels est hypothéqué l'immeuble vendu estiment que le prix offert par l'acheteur pour les désintéresser est insuffisant, ils pourront, par la voie d'une surenchère du dixième, remplacer la vente actuelle par une vente nouvelle, sauf à l'acheteur évincé à recourir contre le véritable auteur de l'éviction, le vendeur qui, par sa négligence à satisfaire ses créanciers, les aura contraints d'user de leur droit d'hypothèque ? La vente d'un gage hypothécaire porte donc en elle une clause tacite de subrogation en vertu de laquelle l'adjudication qu'amène la purge prend la place du contrat originaire. La vente et l'adjudication qui lui est subrogée ne sont ainsi que le commencement et la fin *de la même affaire.* Sous ce rapport, elles rappellent ce qui se passe dans l'hypothèse d'une adjudication sur folle enchère. Les deux cas ne sont point, sans doute, absolument identiques; car, tandis que dans le premier l'adjudication est elle-même subrogée à la première vente qui disparaît, dans le second l'adjudicataire prend au contrat resté subsistant la place du fol enchérisseur auquel il est subrogé (1); mais sans vouloir rechercher si cette nuance, très scholastique au fond, a une valeur pratique réelle et quand même il serait vrai qu'à certains égards il importe de la noter, nous pouvons affirmer sans craindre que personne nous démente, qu'elle n'a point, dans la cause, une importance dont on puisse tenir

_____

(1) Ollivier et Mourlon, *Comm. de la loi du 21 mai* 1858, nᵒˢ 231, 237 et 616.

compte. L'analogie est frappante. Dans l'hypothèse de la folle enchère, l'expropriation du propriétaire saisi est consommée, consommée irrévocablement dès le jour même de la première adjudication ; car dès ce moment il cesse d'être propriétaire et, quoi qu'il arrive, l'immeuble sorti de son patrimoine n'y rentrera point, puisque l'adjudicataire actuel ne disparaîtra qu'autant qu'il sera remplacé par un autre. S nous nous plaçons dans le cas d'une vente volontaire suivie d'une adjudication sur enchère du dixième, le résultat est encore le même ; car, ainsi que nous l'avons montré, la première vente ne pouvant disparaître qu'autant qu'une autre vente lui sera subrogée, elle opère, dès qu'elle existe, une aliénation définitive : comme le saisi, le vendeur n'a aliéné qu'une seule fois ; il n'y a eu, dans l'un et l'autre cas, qu'une mutation unique. Or, si les deux cas sont semblables, pourquoi les régir différemment ? Les matières fiscales ne répugnent aux arguments d'analogie qu'autant qu'ils tendent à grossir le chiffre des tarifs fixés par la loi ou à créer arbitrairement des impôts qu'elle n'a point expressément établis.

Ainsi, et sans hésiter, nous admettons, avec le premier système, que le droit de *mutation* n'est dû, dans l'espèce, qu'une seule fois, et qu'ainsi celui qui a été acquitté par l'acquéreur dépossédé doit être imputé sur le droit encouru par l'adjudicataire.

Mais en ce qui touche le droit de *transcription*, la même imputation est-elle possible ? La négative peut être soutenue. La transcription du titre sur lequel la purge a eu lieu ne saurait, dira-t-on, suppléer, dans l'intérêt de l'adjudicataire, la transcription du jugement d'adjudication ; car s'il ne dépossède publiquement, par la transcription de son propre titre, l'acquéreur originaire et ne lui retire la propriété apparente que lui attribue l'acte qu'il a fait transcrire, il devra naturellement encourir toutes les conséquences légales de cette fausse situation. Et par exemple, il est bien évident que si, trompés par cette apparence, les créanciers dont l'hypothèque occulte est restée subsistante actionnent, au lieu de l'attaquer lui-même, l'acquéreur qu'ils ont trouvé désigné dans l'acte transcrit, leur poursuite sera néanmoins interruptive de la courte prescription que la loi a établie contre eux.

bien plus, et à supposer qu'ils soient restés dans l'inaction pendant tout le temps fixé pour la prescription de leur droit, ils seront certainement admissibles à soutenir que s'ils n'ont pas agi plus tôt, c'est qu'ils en ont été moralement empêchés par la confiance absolue que leur inspirait le propriétaire apparent avec lequel ils se croyaient en rapport. Ne devrait-on pas même les écouter, s'ils affirmaient qu'ayant été instruits à une époque très-voisine de l'expiration du temps dans lequel la loi a renfermé l'exercice de leur action, ils ont dû faire des recherches pour découvrir le possesseur contre lequel ils devaient agir et que les démarches employées à cet effet ont absorbé le temps utile qui leur restait pour agir? Ces embarras sont fort graves, on ne le niera point ; l'adjudicataire ne les peut lever et y échapper que par la publicité du jugement de transcription, on le reconnaîtra également. Or, si la transcription de son propre titre peut seule lui procurer toutes les sûretés que la prescription lui promet, quoi de plus juste que cet avantage, qui lui est tout personnel, soit imposé à part? L'acquéreur originaire a-t-il soldé le droit dont cette prérogative est passible? et s'il ne l'a pas acquitté où trouver la base de l'imputation que nous combattons ?

308. Cette argumentation ne manque pas de logique, nous le reconnaissons. Néanmoins nous n'hésitons point à l'écarter. Le droit de transcription, nous l'avons montré, n'a d'autre base que le droit même de mutation. Ce droit lui sert donc à la fois de mesure et de limite. Ainsi, s'agit-il d'un acte assujetti au droit fixe de mutation, le droit de transcription ne peut pas être proportionnel; d'un acte affranchi de tout droit de mutation, aucun droit de transcription n'est dû (V. le n° 302); or, dans l'espèce, le droit de mutation acquitté par l'acquéreur évincé profite à l'adjudicataire : il en doit être de même, dès lors, du droit de transcription.

309. Il a été jugé qu'au cas où les acquéreurs intermédiaires subissent une éviction par l'effet d'une folle enchère poursuivie sur l'adjudicataire, leur auteur, ou sur ses héritiers, ils sont fondés à réclamer la restitution des droits qu'ils ont acquittés pour leur propre acquisition (1). La Cour

(1) Jugem. du trib. de Montpellier du 27 fév. 1856. *Journ. de l'enreg.*, art. 16,862 ; — *Le contrôleur de l'enreg.*, art. 10,753.

de cassation ne s'est point ralliée à cette décision.Elle a pensé, avec raison, que si l'administration est obligée d'imputer sur la revente les droits qu'elle a perçus sur l'adjudication résolue, elle n'est en aucun cas tenue de *restituer* les droits qu'elle a régulièrement perçus (1).

310. Il se peut, — nous avons toujours raisonné dans l'hypothèse inverse, — que l'adjudication sur délaissement ou sur enchère du dixième après aliénation volontaire soit prononcée au profit de l'acquéreur, propriétaire actuel de l'immeuble mis aux enchères. Elle n'encourt alors aucun droit : car loin qu'elle crée un titre nouveau, elle confirme, au contraire, un titre préexistant et le constitue définitif en supprimant la cause de résolution qui l'affectait (V. ci-dessus les nᵒˢ 78 et 79) ; or, puisque l'acquisition qu'elle met ainsi à l'abri de toute résolution a déjà subi, lors de la formalité de l'enregistrement, les droits de mutation et de transcription, où trouver la base et l'objet d'une perception nouvelle? Mais, répond l'administration, la matière imposable, dans l'espèce, consiste dans l'excédant du prix d'adjudication sur le prix de vente ou sur la valeur déclarée. Cet excédant n'a point encore subi l'impôt établi par la loi. Où trouver dès lors la raison de l'en affranchir ? — La voici, selon nous, et nous nous étonnons qu'on nous mette en demeure de la montrer, tant elle est lumineuse! Les droits de *mutation* et *de transcription* impliquent évidemment une *mutation* sujette à *transcription*. Or l'adjudication prononcée au profit de l'acheteur opère-t-elle un *déplacement de propriété*, la fait-elle passer d'une tête sur une autre? Tout au contraire, elle la fixe et la consolide à toujours dans le patrimoine où elle la trouve déjà (V. ci-dessus le nᵒ 78).

Qu'importe d'ailleurs que la somme à payer par l'adjudicataire aux créanciers avec lesquels il est en conflit soit supérieure au prix dont l'a constitué débiteur le contrat de vente que l'adjudication consolide ? Cet excédant n'est pas un *prix*, puisqu'il ne sera point encaissé par le vendeur, qui, en effet, devra le rembourser à l'adjudicataire après que celui-ci en aura fait l'avance ; ce n'est point un prix, puisque l'adjudicataire qui le paie ne reçoit en retour aucune propriété nouvelle.

_____

(1) Cass., 24 nov. 1858, *Journ. de l'enreg.*, art. 16,862.

Ce point est encore plus évident lorsqu'on se place dans l'hypothèse d'une adjudication prononcée au profit du *donataire* ou du *légataire* de l'immeuble délaissé, ou sur lequel a eu lieu la surenchère du dixième ; car alors il est manifeste que, bien qu'*adjudicataire*, c'est toujours comme *donataire* ou *légataire* et uniquement en cette qualité qu'il est et qu'il reste propriétaire. Jamais personne n'a, en effet, songé à soutenir que la somme qu'il doit employer à désintéresser, jusqu'à due concurrence, les créanciers hypothécaires qui seuls ont le droit de l'exiger, en fait un *acheteur* (V. ci-dessus le n° 81). Enfin, si, sans attendre l'adjudication, l'acheteur se décidait, afin de conserver l'immeuble que la vente a placé dans son domaine, à payer la somme que les créanciers hypothécaires lui réclament au delà de son prix, il serait certainement impossible de soutenir qu'elle en fait partie. Or, entre cette espèce et la nôtre où est la différence ? l'opération qui a eu lieu n'a eu d'autre objet que de fixer judiciairement la somme que l'acheteur doit payer pour conserver la propriété qu'il est menacé de perdre. Ses offres n'allaient pas assez haut; les prétentions des créanciers étaient trop élevées : l'adjudication a tranché le débat (1).

Au reste, quand même on verrait un véritable prix de vente dans l'excédant que l'acheteur adjudicataire paie, *sans le devoir à son vendeur,* aux créanciers hypothécaires; fût-il même parfaitement vrai que l'adjudication, quoique prononcée au profit *du propriétaire actuel* de l'immeuble mis aux enchères, opère néanmoins *un déplacement de propriété* qui la rend passible d'un droit supplémentaire de *mutation,* au moins est-il certain qu'en ce qui regarde le droit de *transcription* elle ne donnerait lieu à aucun supplément (2). Quoique translative de propriété, elle ne serait point, en effet, la loi est formelle à cet égard, sujette à transcription (art. 2189, C. N.), et nous avons montré que les mutations que la loi dispense de cette formalité n'encourent que le droit de mutation (V. le n° 278).

_____

(1) Conf. MM. Championnière et Rigaud, n°ˢ 2157 et 2159 ; — Gabriel Demante, n°ˢ 210 et 211.

(2) En ce sens, M. Dalloz, Rép., v° *Enreg.* n° 6034; *Contrà* M. Gabriel Demante, n°ˢ 140 et 210. Cass., 3 juillet 1849.

311. Les adjudications sur une surenchère du dixième après une première adjudication des biens d'une faillite opèrent par elles-mêmes et par elles seules la purge de toutes les hypothèques, inscrites ou occultes, assises sur l'immeuble adjugé. Elles sont, en effet, *définitives ;* et, aux termes formels de l'art. 573 du Code de commerce, *nulle autre surenchère n'est recevable dès qu'elles ont été prononcées.* La prohibition est absolue et à ce titre applicable aux créanciers hypothécaires aussi bien qu'à toute autre personne intéressée. Or, si le prix auquel l'adjudication a eu lieu est *définitivement* fixé, si la loi le tient pour irrévocable même au regard des créanciers auxquels il est dû par préférence à tous autres, on conçoit qu'il serait dérisoire de forcer l'adjudicataire à leur faire des notifications à fin de purge. Cette procédure n'aboutirait qu'à un ridicule non-sens, puisqu'elle s'analyserait en une mise en demeure de faire une surenchère que la loi d'avance frappe de nullité.

Ainsi l'adjudicataire n'a aucune espèce de purge à faire : pourvu qu'il paie son prix ou le consigne, nulle action hypothécaire ne le peut atteindre. Sous ce rapport, l'adjudication qui l'a rendu propriétaire *n'est point de nature à être transcrite.*

Mais ne le serait-elle pas au point de vue *de la prescription des hypothèques ?* Il est bien vrai, dira-t-on, qu'elle les a détachées de l'immeuble pour les reporter sur le prix de vente ; mais cette libération n'est que *conditionnelle,* puisqu'elle est subordonnée au paiement du prix. L'adjudicataire a donc intérêt à les prescrire : car du moment qu'il sera à couvert sous le bénéfice d'une prescription acquise, sa libération sera complète ou *pure et simple,* d'où pour lui le droit de faire radier dès à présent et quoiqu'il soit encore débiteur de son prix, les inscriptions restées jusqu'alors subsistantes sur l'immeuble dont il a obtenu l'adjudication. Or il ne peut acquérir cet avantage que par la transcription de son titre (art. 2180, C. Nap.).

Nous n'acceptons point cette subtilité. De ces deux choses l'une : l'adjudicataire aura payé son prix ou il en sera resté débiteur. Au premier cas, sa libération étant complète, la prescription ne lui apporterait aucun secours. Au second, elle lui serait inutile encore, car, tant qu'il resterait débiteur, elle ne l'autoriserait point à faire radier les inscriptions établies sur l'immeuble qui lui a été adjugé. Sa demande serait, en effet, écartée par cette considération, toute péremptoire, que si son titre venait à être résolu pour défaut de paiement du prix, son acquisition et la prescription qu'il invoque disparaissant l'une et l'autre, les inscriptions auxquelles il veut se soustraire demeureraient dans toute leur force et vertu.

L'adjudication dont il s'agit n'était donc point, sous l'empire de l'ancienne loi, *de nature à être transcrite.* Il en est différemment aujourd'hui ; car, ainsi que nous l'avons montré, les adjudications translatives de propriété ne sont opposables aux tiers qu'à compter du jour où elles ont été rendues publiques par la voie de la transcription (V. ci-dessus les n°s 78 et suiv., et notamment p. 211, 2°). Elle devra, en conséquence, être enregistrée au droit proportionnel de 4 p. 0/0, par application de l'art. 69, § vii, n° 1er, de la loi du 22 frimaire an vii, et, si l'adjudicataire juge à propos de la rendre publique, transcrite au droit fixe de un franc, conformément à l'art. 12 de la nouvelle loi.

312. Mais que décider quant à la première adjudication, au cas où elle n'a pas été suivie, dans la quinzaine, d'une surenchère du dixième ? C'est demander si, de même que l'adjudication dont il a été traité au numéro précédent, elle opère par elle seule et de plein droit la purge des hypothèques inscrites ou occultes qui affectent l'immeuble qu'elle a pour objet. Si on répond affirmativement, les deux cas étant semblables devront être uniformément régis ; sinon, non. Ainsi, examinons.

L'adjudication est prononcée sur la poursuite des syndics définitifs (art. 534, C. co.); les syndics représentent la masse des créanciers, c'est-à-dire tant les créanciers hypothécaires que les créanciers chirographaires (art. 5 32, C. co.). Les créanciers hypothécaires sont, par conséquent, parties au contrat d'adjudication; elle a lieu à leur requête et sur leur propre poursuite, puisqu'il est de principe dans notre droit que nous sommes réputés accomplir nous-mêmes et en personne les actes que notre mandataire fait pour nous et en notre nom. Or, le créancier qui fait vendre en justice son gage hypothécaire conserve-t-il, après la vente conclue, son droit de suite ou de surenchère? L'acquéreur doit-il lui faire des notifications à fin de purge? Jamais personne ne l'a pensé! aussi a-t-on toujours admis que l'adjudication sur saisie opère de plein droit la purge des hypothèques appartenant au créancier poursuivant et aux créanciers inscrits, qu'il a dû associer à sa poursuite. Pourquoi dès lors n'en serait-il point de même de l'adjudication dont nous traitons?

Cette proposition, nous devons le reconnaître, n'a jusqu'à ce jour rencontré que des résistances ; mais, nous n'hésitons point à le dire, les raisons par lesquelles on l'a combattue sont vraiment destituées de toute valeur. C'est ainsi notamment que parmi ses adversaires quelques-uns n'ont pas craint de l'écarter par un expédient dont la hardiesse égale la singularité : les syndics, ont-ils dit, *ne représentent que le failli*, quand ils procèdent à la vente de ses immeubles. Ils ne représentent que le failli! mais s'il en était ainsi, si les créanciers que la vente intéresse au premier chef n'y étaient point représentés par les agents qui la poursuivent, la loi leur aurait-elle retiré le droit d'y procéder directement eux-mêmes (art. 534 et 572, C. co.)? Si les syndics ne devaient point les représenter, les appellerait-elle à participer, dans une certaine mesure, à leur nomination (art. 462 et 529, C. co.)? Leur reconnaîtrait-elle surtout le droit *de se faire rendre des comptes* (art. 536, C. co.)? Mais pourquoi insister, la loi est formelle! « Les syndics, dit-elle, *représentent la masse des créanciers* » (art. 532, C. co.). Le mandat judiciaire que nous invoquons est donc incontestable.

Sans doute, a-t-on dit, dans un autre système! Mais s'il est vrai que le fait d'un mandataire est légalement réputé le fait de son mandant, cette fiction n'est admise qu'au cas « où il s'agit d'un mandat parfait, où le mandataire est *du choix absolu du mandant.* » Or, les syndics ne sont, à vrai dire, que des mandataires légaux, puisque la loi trace et fixe elle-même les règles de leur conduite (1). Faut-il montrer combien cette distinction est arbitraire? Point n'est besoin. Le lecteur sait mieux que nous qu'aux termes de l'art. 450 du Code Nap., le tuteur, bien qu'en certains cas il ne tienne son pouvoir que de la loi, *représente* néanmoins le mineur qu'elle confie à ses soins. Il n'ignore point également que, bien que simple man-

(1) Dalloz, *Rép.*, v° *Faillite*, n° 1173.

dataire judiciaire, le notaire nommé conformément à l'art.
113 du même Code *représente* les présumés absents dans les
inventaires, comptes, partages et liquidations dans lesquels ils
sont intéressés. Enfin, il ne faut point cesser de le répéter, la
loi commerciale est positive : les syndics *représentent* la masse
des créanciers. Or, encore une fois, reconnaître que tous les
créanciers, quels qu'ils soient, ont été, par l'intermédiaire des
syndics, parties à l'adjudication, c'est forcément admettre
que, sauf le droit de surenchère dans la quinzaine, elle est
définitive et comme telle incompatible avec la survie du droit
particulier de surenchère dont la loi (art. 2185) fait l'un des
attributs de l'hypothèque.

313. Quoique administrateur de la succession et chargé de
la vente des biens qui en dépendent (art. 987, C. pr.), l'héritier bénéficiaire n'est pas néanmoins exclu du droit de prendre
part aux enchères ouvertes sur la poursuite des créanciers ou
même à sa propre requête : on tient, en effet, généralement
que la prohibition de l'art. 1596 ne lui est pas applicable (1).
Il se peut donc qu'un immeuble héréditaire lui soit adjugé.
Une véritable mutation s'opère alors : car tandis que l'immeuble vendu cesse d'appartenir au défunt, que la fiction du
bénéfice d'inventaire répute vivant, l'héritier en acquiert la
propriété en son propre nom. Il le possède non plus en sa
qualité d'administrateur de la succession, mais au même
titre qu'un bien qu'il aurait acheté de toute autre personne
et par conséquent comme le pourrait posséder un tiers acquéreur. L'adjudication en vertu de laquelle il en est devenu
propriétaire constitue ainsi, *dans les rapports de l'héritier
avec les créanciers du défunt*, une vraie vente, qui, étant, de
même que tout autre acte translatif de propriété, soumise au
régime de la loi nouvelle, ne produit son effet à l'égard des
tiers qu'à compter du jour de sa transcription (V. ci-dessus le
n° 83, p. 221). L'adjudicataire avait également, sous le droit
antérieur, intérêt à la faire transcrire : car possédant comme

(1) MM. Delvincourt, t. II, p. 302; Vazeille, *Success.*, art. 886, n° 7 ; —
Duvergier, t. Ier, n° 190 ; — Championnière et Rigaud, n° 2019 ; — Belost-
Jolimont sur Chabot, *Success.*, art. 806, obs. 2 ; — Bilhard, *Bénéf. d'inv.*,
n° 81; — Rolière, *Proc. civ.*, t. III, p. 132 ; — Bioche, v° *Vente judic.*,
n° 203.

tiers acquéreur le bien dont elle l'avait investi, il pouvait en cette qualité, ainsi qu'il le peut encore aujourd'hui, acquérir, par la transcription de son titre, le droit d'ouvrir une procédure à fin de purge, conformément à l'art. 2181 du Code Napoléon (1). Elle constituait donc sous ce double rapport *un acte de nature à être transcrit.* Dès lors on ne peut point la faire participer au privilége du droit fixe de transcription établi par l'art. 12 de la nouvelle loi : le droit proportionnel qu'elle encourait sous la loi du 28 avril 1816 continuant de la régir (2), elle le subira au moment même de son enregistrement et indépendamment de sa transcription ultérieure.

314. Une autre hypothèse a été prévue. Il n'est point rare que les héritiers appelés à une même succession prennent des partis différents : tandis que l'un l'appréhende purement et simplement, l'autre ne l'accepte que sous bénéfice d'inventaire. Nous avons donc à nous demander ce qu'on doit décider au cas où l'immeuble mis aux enchères pendant l'indivision est adjugé à l'héritier *pur et simple.* Cette adjudication est-elle, de même que la précédente, assujettie au droit proportionnel de transcription? Les rédacteurs du *Journal de l'enregistrement et des domaines* paraissent le penser (3). Lors, disent-ils, qu'une succession est dévolue à plusieurs héritiers, l'acceptation bénéficiaire que fait l'un d'eux opère, par un effet général et collectif, la séparation des biens du défunt d'avec les biens propres *à chacun d'eux.* Les cours de Riom (8 août 1828), de Nîmes (5 mars 1855) et de Caen (21 novembre 1855) l'ont ainsi jugé. La Cour de cassation s'est prononcée dans le même sens (18 novembre 1833; 14 décembre 1854; 3 août 1857). Or, si la séparation qu'entraîne le bénéfice d'inventaire a lieu tant au regard de l'héritier pur et simple

(1) M. Labbé, agrégé à la Faculté de droit de Paris, *de la Procédure de la Purge; et spécialement de ceux qui ont le droit de purger,* no 5. Consultez aussi nos *répétitions écrites sur le C. N.,* t. III, p. 701, 5e éd.

(2) Conf. le *Journ. de l'enreg. et des dom.,* art. 16,489. Jugem. du trib. d'Yvetot du 23 avril 1857 (*Journ. de l'enreg.,* art. 16,512). Jugem. du trib. de la Seine du 4 juillet 1957 (*Journ. de l'enreg.,* art. 1658 ; le *Contrôleur,* art. 11168). *Contra,* MM. Championnière et Rigaud, nos 2693 et suiv.; suppl., no 604.

(3) V. le no 2106, 11 mai 1857, art. 16,512.

qu'à l'égard de l'héritier bénéficiaire, la situation indivisible qu'elle constitue ne permet point de distinguer si l'immeuble licité a été adjugé à l'un ou à l'autre. Le résultat doit être forcément le même dans l'un et l'autre cas.

Cette indivisibilité du bénéfice d'inventaire est soutenue, nous ne l'ignorons pas, par des jurisconsultes d'un très-grand poids (1); mais, nous ne saurions le dissimuler, l'appui qu'ils lui prêtent nous frappe d'étonnement; car quoi que nous fassions, nous ne pouvons voir en elle qu'*une pure affirmation*, *une inconséquence et un déni de justice*.

Ce n'est *qu'une pure affirmation*, car quelle loi la consacre? tous les textes y répugnent! Faut-il les rappeler et montrer qu'au lieu de s'ouvrir *indivisément* au profit de chaque héritier, la succession n'est attribuée à chacun d'eux que pour *sa part?* Les descendants, porte l'art. 745, succèdent *par égales portions*. La succession, ajoute l'art. 746, se *divise par moitié* entre les ascendants des deux lignes. Entre les frères *et* sœurs, est-il dit encore dans l'art. 748, elle *se divise par portions égales*. Partout où la loi règle la vocation des héritiers à la succession, les expressions dont elle se sert rappellent ou impliquent la *divisibilité civile* de la *dévolution des biens* (V. les art. 733, 745, 746, 748, 749, 750, 751, 752, 753 et 754). L'art. 1220 est remarquable surtout, car la loi y admet en termes formels *la divisibilité de la saisine* et, ce qui peut paraître singulier, *de la personne même du défunt :* les héritiers, y dit-elle, ne peuvent être contraints de payer les dettes divisibles que *pour la part* dont ils sont *saisis* ou dont ils sont tenus comme *représentants du défunt*. Certaines exceptions sont, il est vrai, admises (art. 1221), mais nous ne voyons point que la loi ait rangé le bénéfice d'inventaire parmi les tempéraments par lesquels elle modifie son principe en certains cas.

Ce point nous est donc acquis que chaque héritier ne succède au défunt et ne le représente que pour sa part. Or, si la dévolution des biens a lieu *par fractions civiles*, si chaque appelé n'est *héritier* que dans la limite de la portion qui lui est attribuée, si, en un mot, il n'est saisi que de sa part, de

---

(1) Zachariæ, Aubry et Rau, t. v. p. 236; — Massé et Vergé, t. ii, p. 342; — Dufresne, *De la séparation des patrimoines*; — Poulard, le *Droit* du 1ᵉʳ octobre 1857; — Dalloz, Rép. vᵒ *Hyp.*, nᵒ 1443.

quel droit le lie-t-on si étroitement à son cohéritier qu'il
doive nécessairement modeler sa condition sur la sienne?

C'est *une inconséquence* et une inconséquence au premier
chef; car s'il était vrai qu'à cause de la prétendue solidarité
qui les unit l'un à l'autre, leur condition doit être la
même dans leurs rapports avec les créanciers du défunt, ou,
en autres termes, qu'il ne peut y avoir, au point de vue de ces
rapports, qu'un seul régime établi, une situation unique et
indivisible, par quel écart de logique et surtout par quel oubli
des principes propres à notre vieux droit, fait-on prévaloir
l'acceptation bénéficiaire sur l'acceptation pure et simple?
La prééminence de celle-ci sur celle-là ne serait-elle pas plus
naturelle? Nos ancêtres l'avaient en telle estime qu'ils lui
avaient même attribué l'effet *d'exclure* l'héritier bénéficiaire
par l'héritier pur et simple. C'est, disaient-ils, le vœu de tout
honnête homme que ses dettes soient acquittées ; si donc le
défunt eût été interrogé sur la question de savoir lequel il
préférerait pour héritier ou de celui qui, par une acceptation
pure et simple, assurerait le paiement de ses dettes, ou de celui qui, par le bénéfice d'inventaire, attacherait sa mémoire
au gibet infamant de la faillite, il n'est point douteux qu'il
n'eût préféré le premier. La loi dès lors doit le préférer elle-
même, puisqu'elle ne fait que suppléer, dans le règlement
des successions, la volonté présumée des défunts (1).

Ce n'est point tout. Il ne peut y avoir, nous dit-on, qu'un
régime unique et commun à chaque héritier. Ils seront tous
héritiers purs et simples ou tous héritiers bénéficiaires. Mais
qui fixera le régime à établir? le choix appartiendra-t-il au
plus grand nombre? Si, par exemple, neuf héritiers sur dix
estiment que l'acceptation pure et simple est préférable à
l'acceptation bénéficiaire, l'héritier dissident devra-t-il se
soumettre? Point. Sa volonté prévaudra! Est-ce logique? Nous
n'ignorons point que la loi a commis cette inconséquence dans
l'hypothèse particulière que prévoient et que règlent les articles 781 et 782; mais loin que ces dispositions nous fassent
obstacle, nous pouvons au contraire, nous en emparant, les
tourner contre nos adversaires; et, en effet, si la loi a cru devoir dire expressément que les héritiers *d'un héritier* ne

---

(1) Pothier, *Traité des success.*, chap. III, sect. 3, art. 3, § 1er.

peuvent, de son chef et quant à la succession à laquelle il était appelé, prendre qu'un parti unique, puisque s'il eût survécu il n'aurait pas pu lui-même en prendre deux, c'est qu'évidemment elle tient pour constant qu'à l'inverse et relativement à la succession à laquelle ils sont directement appelés, chacun d'eux peut prendre séparément le parti qui lui convient.

C'est enfin *un déni de justice*, car qu'y a-t-il de plus injuste que cette violence juridique faite à la liberté des héritiers? Quoi! j'aurai jugé convenable de me placer sous le régime de l'acceptation pure et simple, et parce qu'il plaira à mon cohéritier de prendre, par excès de prudence ou par un calcul mal compris, un parti contraire, il faudra qu'aussi longtemps qu'il le voudra, non-seulement pendant l'indivision, mais même après qu'elle aura cessé, car on va jusque-là (1), je demeure irrévocablement rivé au régime bénéficiaire et subisse, quoi que je fasse, toutes les conséquences d'une position qui peut-être me blesse autant dans ma considération morale que dans mon crédit et mon intérêt bien entendu! J'aurai voulu, par mon acceptation pure et simple, donner aux créanciers héréditaires une sécurité qui m'affranchisse de l'obligation de fournir caution (art. 807, C. N.) et conquérir, par la même voie, ma liberté d'action quant à la liquidation de la succession, et mon cohéritier, qui a d'autres vues et des intérêts différents, pourra, de son libre arbitre, sans prendre mon avis, me retenir, indéfiniment s'il lui plaît, dans les liens, les complications et les embarras de toute espèce que traîne avec lui le régime bénéficiaire! S'il y a lieu de vendre les biens que je tiens du défunt, il ne me sera point permis d'y procéder à l'amiable! Les formes gênantes de la saisie, l'office d'un officier public, des affiches, des enchères, pourront seules répondre de mon zèle! Je devrai, en outre, trouver une caution bonne et solvable ou me résigner, si je n'y parviens point, à passer par toutes les humiliations du régime préventif qui sera organisé contre mon administration (art. 807)!

Vaines déclamations, dira-t-on peut-être! le mal n'est pas aussi grand qu'on le fait; car si l'héritier pur et simple est astreint aux mesures préventives qu'entraîne le régime bénéficiaire, ce léger inconvénient est compensé par un

(1) Caen, 21 nov. 1855.

inappréciable avantage, puisque le même bénéfice dont il subit les complications le garantit contre l'excès des charges de la succession.

Vaine réponse, dirons-nous à notre tour! Si la succession comprend plus de biens que de dettes, le bénéfice d'inventaire n'a que des inconvénients. Dans l'hypothèse inverse, on déplace notre objection, mais on ne la supprime point. N'est-il pas vrai, en effet, que l'acceptation pure et simple de la succession par l'un des héritiers a eu tout d'abord pour résultat de confirmer quant à l'héritier qui l'a faite le droit des créanciers héréditaires de le poursuivre, même *ultra vires*, sur ses biens personnels? ne les a-t-elle pas, en outre, autorisés à prendre sur les biens que le défunt ou la loi pour lui avait affectés à leur sûreté des inscriptions conservatrices de leur hypothèque, non point, sans doute, d'une manière absolue, mais en tant qu'elles porteront sur des biens qui écherront au lot de l'héritier pur et simple? Ces prérogatives que la loi leur confère constituent des droits acquis. L'héritier qui s'y est volontairement et librement soumis voudrait les faire tomber en recourant après coup au bénéfice d'inventaire qu'il ne le pourrait pas; car une fois faite, l'acceptation pure et simple est irrévocable (art. 783 et 800, C. N.). Or que font les partisans du système que nous combattons? ce droit de révocation que la loi refuse à l'héritier qui a fait une acceptation pure et simple, ils l'accordent à celui de ses cohéritiers qui, n'ayant pas encore pris parti, est resté libre d'accepter sous bénéfice d'inventaire! Ainsi, parce qu'il se trouvera un mineur parmi les héritiers (art. 461) ou, s'ils sont tous majeurs, parce que l'un d'eux aura cru devoir placer son intérêt particulier sous la sauvegarde du régime bénéficiaire, les créanciers héréditaires se verront dépouiller de tous les avantages que l'acceptation pure et simple leur avait procurés (1)! Il serait assurément difficile d'imaginer un résultat à la fois plus singulier et plus injuste (2).

(1) L'acceptation bénéficiaire rétroagissant, les inscriptions prises dans l'intervalle de la mort du *de cujus* à la déclaration faite au greffe par l'héritier, tombent sous l'application de l'art. 2146.

(2) Conf. M. Duranton, t. xx, n° 84; M. Demolombe, *Success.*, t. III, n° 173.

315. Les adjudications tranchées à titre de licitation au profit d'un héritier pur et simple n'encourent donc, au moins quand l'immeuble acquis n'excède point la part de l'héritier dans la masse indivise, ni le droit *de vente*, car la loi les assimile à des *partages*, ni le droit additionnel de transcription, car elles ne sont point de nature à être transcrites. L'héritier pur et simple ne peut, en effet, ni prescrire par 10 à 20 ans les hypothèques assises, du chef du défunt, sur l'immeuble placé dans son lot, ni les purger, eût-il même déjà payé la part de dette dont il est personnellement tenu; car, ainsi que l'a très-savamment démontré M. Labbé (1), l'héritier pur et simple est tenu de respecter *pour le tout* les contrats d'hypothèque passés par le défunt. Il peut, il est vrai, purger contre les créanciers hypothécaires des précédents propriétaires autres que le défunt; mais pour acquérir cet avantage, point n'est besoin qu'il transcrive le jugement de licitation qui a été prononcé à son profit : la transcription du titre en vertu duquel le défunt est devenu propriétaire suffit pleinement à cet effet; ainsi, il n'est point douteux qu'une fois cette transcription effectuée, le copartageant ne puisse purger, sous cette double condition d'énoncer dans ses notifications sa qualité d'héritier adjudicataire et d'offrir aux créanciers, non point le prix de son adjudication, mais celui de l'acquisition qui a placé l'immeuble dans le patrimoine du défunt. Après tout, qu'importe que le jugement de licitation soit ou non de nature à être transcrit? Le droit additionnel de transcription ne saurait l'atteindre, puisque l'article 54 de la loi du 28 avril 1816 qui l'établit est complétement étranger aux actes qui ne sont que déclaratifs de propriété. (V. les n°s 278 et suiv.).

316. La matière des cessions de droits successifs appelle, par ses abstractions, toute notre attention.

Fixons-nous d'abord sur la nature et les caractères de l'acte à tarifer. Cette étude dégagera, en les mettant en lumière, les principes auxquels nous devrons bientôt rattacher nos solutions.

Les droits sont en général directement aliénables et sus-

---

(1) *De la purge, et spécialement de ceux qui ont le droit de purger.*—V. aussi nos *répétitions écrites sur le troisième examen*, 5e édit., p. 701 et 702.

ceptibles de passer, par l'effet d'un transport, d'une personne
à une autre. Dès que le contrat d'aliénation est conclu, le
droit qu'il a pour objet se détache de la personne de l'aliénateur pour exister désormais en la personne de l'acquéreur;
d'où, pour ce dernier, la faculté d'agir non point seulement
comme un *procurator in rem suam*, au nom de son mandant,
mais en son propre nom et de la même manière que si le
droit qu'il exerce avait originairement pris naissance en sa
personne (1).

Telle est la règle, mais il y a des exceptions. Ainsi, il a
toujours été admis que le droit de succession, même après
qu'il est ouvert, répugne par essence à la notion de la cession
proprement dite. Nous pouvons céder *les biens* auxquels nous
avons droit en qualité d'héritier, mais *cette qualité même*
est inaliénable ou incessible. Lors donc qu'un héritier a
cédé ses droits successifs, la cession ne met point complétement son ayant cause en son lieu et place. A proprement
parler, le cessionnaire n'est qu'un *procurator in rem suam ;*
car le titre qui est la source et le fondement du droit cédé
continuant de résider en la personne du cédant, ce dernier
doit nécessairement figurer en nom dans tous les actes où
la qualité d'héritier qui est en lui est nécessaire pour y prendre part.

Ainsi, la cession de droits successifs ne supprime point la
personne du cédant ; il reste en cause et c'est en son nom
que sont accomplis les divers actes de la liquidation de la
succession. Tant que ces actes ne sont point consommés, le
cessionnaire n'a, à proprement parler, qu'un droit en sous-
ordre, puisqu'on ne lui a cédé que ce qu'il obtiendra en les
accomplissant. De là le principe suivant : le droit au partage de la succession réside non en la personne du cessionnaire, mais en celle du cédant.

Il est bien entendu en outre que, puisque la cession ne retire point au cédant sa qualité d'héritier, elle le laisse également dans les liens de l'obligation dont il est, à ce titre, tenu

---

(1) V. notre *Traité des subrogations personnelles*, p. 2 et s.; notre *Examen
crit. du commentaire de M. Troplong sur les priv.*, t. 2, n⁰ 318. — V. aussi
sur le même sujet une dissertation très-remarquable de M. Bodin, professeur
de droit à Rennes, *Revue pratique*, t. v, p. 145 et suiv.

envers les créanciers du défunt : nous pouvons céder nos créances ; nos dettes sont incessibles. L'obligation de payer les charges de la succession subsiste donc, de même que le droit au partage, en la personne du cédant. Toutefois le cessionnaire s'étant engagé à les payer lui-même, afin de l'en libérer, cet engagement l'oblige indirectement ou en sous-ordre envers les créanciers, qui, en effet, peuvent l'atteindre, en exerçant, conformément au principe doctrinal de l'article 1166, l'action dont est armé contre lui leur débiteur direct, le cédant.

Pothier nous donne lui-même la formule générale de cette théorie : « Lorsque quelqu'un, dit-il, vend son droit successif ou sa part en une succession, c'est moins *le droit* que *l'émolument* qui est provenu et qui proviendra par la suite de ce droit qu'il vend, à la charge par l'acheteur de l'indemniser des charges ; car ce droit successif est attaché à la personne de l'héritier et *en est tellement inséparable que, non-obstant la vente qu'il en fait, il demeure toujours héritier* et, en cette qualité, obligé envers les créanciers de la succession (1). »

317. Ces principes établis, passons aux difficultés de la matière. Soit tout d'abord l'espèce suivante. Une succession composée de meubles et d'immeubles est dévolue à un héritier unique qui en a fait cession à un tiers : comment les choses vont-elles se passer au point de vue fiscal ? Deux sous-hypothèses sont à prévoir. Si l'héritier a cédé ses droits successifs, en ayant soin d'indiquer, article par article, soit dans l'acte même de cession, soit dans un acte détaché et postérieur (art. 16 de la loi du 22 frimaire an VII), les meubles corporels compris dans la succession et l'estimation de chacun d'eux, l'acte s'analysera, au moyen d'une ventilation, en deux mutations distinctes qui seront enregistrées, l'une comme vente *mobilière,* l'autre comme vente *immobilière.* Sinon, le droit sera perçu *sur la totalité du prix, au taux réglé pour les immeubles* (art. 9 de la loi du 22 frimaire an VII) (2).

---

(1) *Traité du contrat de vente,* n° 546 ; V. aussi le n° 530.

(2) V. M. Gabriel Demante, n° 269. — Cass., 2 août 1853 et 7 août 1855.

Le droit proportionnel de transcription devra être, suivant la même distinction, ajouté au droit proportionnel d'enregistrement (art. 52 de la loi du 28 avril 1816). Ce n'est point pourtant que le cessionnaire puisse purger ou prescrire par 10 à 20 ans les hypothèques existantes du chef de l'auteur de la succession, ni mettre, par la transcription de son titre, les créanciers auxquels elles appartiennent en demeure de les faire inscrire dans la quinzaine ; il ne le peut pas, car quoiqu'il ne soit qu'indirectement tenu au paiement des dettes héréditaires, il n'en est pas moins personnellement obligé, ce qui ne lui permet point de prendre, au regard des créanciers du défunt, le rôle d'un tiers acquéreur proprement dit. (V. ci-dessus , le nᵒ 311.) Mais sa condition est tout autre, quant aux créanciers qui, antérieurement à la cession, ont acquis du chef du cédant des hypothèques sur les biens cédés. Ces biens, il les tient du cédant ; ces créanciers hypothécaires n'ont contre lui aucune action personnelle, car s'ils peuvent l'atteindre, ce n'est que *propter rem* et seulement sur les biens hypothéqués à leur sûreté. Il n'est donc, dans ses rapports avec eux, qu'un tiers détenteur ordinaire. Peut-être pourrait-on néanmoins soutenir que la voie de la purge ne lui est pas ouverte, car n'y pouvant pas recourir, quant aux créanciers hypothécaires du défunt, elle lui est, à ce qu'il semble, fermée par là même au regard des créanciers de son cédant ; mais nous pouvons concéder ce point sans compromettre notre solution. Il restera, en effet, tout au moins certain que, par la transcription de son titre, le cessionnaire acquerra, quant aux créanciers hypothécaires de l'héritier, le droit d'invoquer contre eux l'un ou l'autre des bénéfices que l'article 2180 du Code Napoléon et l'ancien article 834 du Code de procédure accordent aux tiers acquéreurs qui ont rendu publique leur acquisition. Or, cela suffit pour ranger dans la classe des ventes sujettes à transcription (V. ci-dessus, le nᵒ 303) la cession consentie à son profit et par suite la soumettre au tarif établi par l'art. 52 de la loi du 28 avril 1816.

318. Sur cette espèce on est d'accord. Mais modifions-la et aussitôt la controverse surgit. Une succession étant dévolue à deux héritiers, l'un d'eux a cédé ses droits successifs à un tiers. Nous n'avons pas ici à rappeler la distinction que nous

avons faite dans le numéro précédent. Nous tenons, en effet,
avec MM. Championnière et Rigaud (n⁰ˢ 3299 et suiv.), que
l'article 9 précité ne s'applique qu'aux parties qui *ayant pu*
faire l'estimation, article par article, des objets mobiliers
mêlés aux immeubles sur lesquels elles ont traité, ne l'ont
point faite. On ne saurait dès lors l'étendre aux cessions des
droits successifs indivis et non liquidés, puisqu'en ce cas, les
parties ne connaissant point et ne pouvant même point connaître à l'avance les objets que la cession attribuera au
cessionnaire, elles sont dans l'impossibilité de faire la
désignation et l'estimation dont s'agit. Décider autrement,
ce serait admettre que la loi a pu et voulu décréter l'impossible. Or, une telle donnée est inadmissible ! La régie ne
pourra donc, dans l'espèce, percevoir les droits proportionnels de mutation et de transcription qu'après que le partage
aura déterminé les objets qui du domaine du cédant passeront dans le patrimoine du cessionnaire. Ce n'est, en effet,
que par le partage et eu égard à ses résultats que se dessineront les vrais caractères de la cession. Ainsi, le cessionnaire
ne reçoit-il que des objets mobiliers, il ne sera perçu qu'un
seul droit, le droit d'enregistrement et au tarif des ventes
purement mobilières. Les biens qui lui sont attribués sont-
ils exclusivement immobiliers, la régie percevra 5 1/2 0/0 sur
le prix de cession, 4 0/0 pour le droit de mutation, 1 1/2 pour
le droit de transcription. Que si enfin son lot est tout à la fois
mobilier et immobilier, la régie requerra l'expertise des
immeubles, afin de déterminer, par imputation, la portion
de prix afférente à chaque nature de biens. L'une de ces
deux portions subira le droit de vente immobilière.

Si, en un mot, la cession est pure et simple quant au contrat et au point de vue du lien qu'elle établit entre les parties,
elle est *conditionnelle* quant à la nature et à la quotité des
choses qu'elle aura pour objet, ce qui implique forcément,
jusqu'au partage, la suspension de la perception du droit dont
elle sera passible.

319. Nous avons jusqu'ici raisonné en nous plaçant dans
l'hypothèse d'un partage pur et simple, c'est-à-dire fait sans
soulte, retour de lot ou prix de licitation. Mais si le cessionnaire a reçu dans son lot une portion d'immeubles plus
grande que sa part, la somme qu'il doit payer à son copar-

tageant doit-elle être considérée comme *une soulte de partage* ou comme *un prix de vente ?* Autre cas : si le cohéritier du cédant cède à son tour sa part ou ses droits successifs au même cessionnaire, cette seconde cession qui, dans l'espèce, fait complétement cesser l'indivision, puisque nous ne supposons que deux héritiers en cause, constitue-t-elle *une vente* ou *un partage ?* Supposons enfin que le cessionnaire s'est porté adjudicataire d'un immeuble mis en licitation : devons-nous voir *une vraie vente* ou une simple opération *de partage* dans l'adjudication tranchée à son profit? Ces diverses espèces sont de même nature : les mêmes principes les gouvernent, par conséquent.

320. La Cour de cassation a eu sur ce point délicat, comme sur tant d'autres, deux systèmes absolument contraires. A l'origine, elle n'hésita pas à dire qu'au cas où le cessionnaire acquiert, par l'effet d'une seconde cession ou d'une licitation, la part du cohéritier de son cédant, l'acte passé à son profit constitue *un vrai partage.* « Lors, disait-elle, qu'un copropriétaire vend sa part indivise, l'effet de cette vente est de subroger entièrement l'acquéreur aux droits de son vendeur et de le rendre copropriétaire, comme l'était ce dernier, de l'immeuble indivis ; d'où il suit que la licitation qui s'opère ensuite entre ce nouvel acquéreur et le cohéritier de son cédant doit être entièrement assimilé à celle qui aurait eu lieu entre les deux copropriétaires originaires (1). »

Cette solution obtint l'assentiment général. « On ne voit pas pourquoi, disent les auteurs du supplément au traité des droits d'enregistrement (n° 570), le possesseur d'un droit indivis ne pourrait pas le céder tel qu'il existe... et pourquoi le cessionnaire n'arriverait pas au partage dans les mêmes conditions que son cédant. L'héritier qui a cédé sa part avait le droit d'être censé avoir succédé seul à tous les biens à lui échus par partage ou par licitation; c'est ce droit qu'il a transmis et que le cessionnaire exerce dans sa plénitude, car il n'avait rien de personnel au cédant. »

321. Néanmoins, la Cour ne tarda point à se déjuger ; elle décida, en effet, que la régie tarifait à bon droit comme *vente* l'acte par lequel le cessionnaire de la part d'un héritier se

_____
(1) Arrêts des 22 février et 6 novembre 1827.

rend acquéreur ou cessionnaire de la part du cohéritier de
son cédant (1). Un *partage*, dit-elle, ne peut exister qu'entre ceux qui, étant copropriétaires *au même titre*, peuvent
être réputés avoir eu, dès le jour même où l'indivision a pris
naissance, la propriété exclusive des biens compris dans leur
lot : or, cette *unité de titre* ne se rencontre point dans l'espèce ; car, si le cessionnaire était incontestablement copropriétaire indivis avec les cohéritiers de son cédant, il l'était
en vertu *non d'un droit semblable* au leur, mais d'une *vente*
précédente à lui faite par un cohéritier.

322. Ce paradoxe de la Cour a paru d'autant plus bizarre
qu'elle l'écarte elle-même et de la manière la plus formelle
dans tous les cas où la question limitée aux rapports des parties entre elles n'intéresse plus l'administration. Rappelons
ses *attendu* à cet égard :

« *Aucune disposition de la loi,* dit-elle, n'exige, pour l'application de l'article 883, que les cohéritiers ou associés *le
soient au même titre.*

« La cession qu'un cohéritier fait de ses droits successifs à
un tiers emporte, lorsque le retrait n'a pas été exercé, *subrogation pleine et entière de l'acquéreur dans les droits de son
vendeur.*

« Si le partage s'opère en nature, le cessionnaire est censé
avoir, du chef de son vendeur, succédé seul *et immédiatement*
à tous les effets compris dans son lot; il serait, en effet, impossible d'admettre, sans violer le principe qui doit régner
dans les partages, que les immeubles compris dans le lot du
cessionnaire fussent grevés des hypothèques créées par ses
copartageants durant l'indivision, tandis que les immeubles
échus à ces derniers seraient libres de toutes hypothèques de
même nature.

« Il suit de là que la licitation qui s'opère *entre le cessionnaire des droits d'un copartageant et les autres copropriétaires
doit produire le même effet que celle qui aurait eu lieu entre
tous les cohéritiers avant la vente* (2). »

_____

(1) 21 janvier 1840 ; — 19 déc. 1845 ; — 11 fév. 1847 ; — 26 janv.
et 28 déc. 1848 ; 14 nov. 1848 ; — 9 janv. 1854 ; — 2 mars et 21 juin
1858.

(2) Arrêt du 27 janvier 1857.

Quoique ces solutions semblent contradictoires au premier chef, ou mieux encore absolument exclusives l'une de l'autre, la Cour a cru néanmoins devoir les maintenir toutes les deux. Un expédient bien simple lui a permis de tout concilier. « S'il résulte, dit-elle, *des lois spéciales sur l'enregis-*« *trement* que les dispositions de l'art. 883 ne sont pas « applicables dans les matières que ces lois régissent, elles « reprennent tout leur effet dans les matières du droit com-« mun (1). »

Ainsi, tandis qu'au point de vue civil il n'est point nécessaire, pour l'application de l'art. 883, que les copartageants soient copropriétaires *en vertu d'un titre commun,* l'unité de titre est au contraire exigée dans l'intérêt du fisc, et là où elle fait défaut, la licitation tranchée au profit de l'un des communistes n'est et ne peut être qu'une *vente.*

323. Resterait un point assez essentiel à établir. De même que toute autre juridiction, plus que toute autre même, la Cour est tenue d'indiquer formellement les lois sur lesquelles elle fonde ses décisions : or, quelle loi a donc consacré, en faveur du fisc, cette condition *de l'unité du titre?* Nous prions instamment la Cour de nous la faire connaître, car, quoique nous l'ayons longtemps et consciencieusement cherchée, il ne nous a pas été donné de la découvrir. Nous n'ignorons point qu'en ce qui touche les soultes ou retours de lots, le principe que la loi civile a déposé dans l'article 883 reçoit, en matière fiscale, une importante limitation; car, bien que selon la loi civile, le partage avec soulte soit absolument déclaratif de propriété, la loi fiscale y voit une véritable acquisition dans la limite des portions en nature que le copartageant, débiteur de la soulte, reçoit en plus dans les biens placés dans son lot. Cette différence, nous la trouvons établie par une disposition formelle et expresse de la loi du 22 frimaire an VII (art. 69, § 5, nos 6 et 7, et § 6, nos 4 et 5). Nous n'avons donc ni à la nier ni à la combattre.

S'il était dit dans quelque disposition analogue qu'à l'égard du fisc il ne peut y avoir de partage qu'entre copropriétaires *au même titre,* nous n'aurions également qu'à nous soumettre ; mais cette condition de *l'unité du titre,* nous ne la

_____

(1) Arrêt du 27 janvier 1857.

trouvons nulle part. Aucune disposition ne permet même de l'établir par induction. Bien mieux, loin que la loi la consacre, elle l'écarte, au contraire, et par une disposition exempte de toute amphibologie : « Sont sujets, dit-elle, au droit fixe de trois francs, les partages entre copropriétaires *à quelque titre que ce soit* » (art. 68, § 3, n° 2, de la loi du 22 frimaire an vii). Que la Cour renonce donc à cette prétendue condition de l'*unité du titre.* Qu'elle évite surtout de généraliser son idée et cesse de croire que l'article 883, ou plutôt le droit civil tout entier, est étranger au droit fiscal. Les jurisconsultes s'étonnent de l'appui qu'elle prête à de tels non-sens ; les gens de bien s'en attristent (1).

(1) M. Valette a publié (*Revue étrangère et française de législation*, t. 10) sur ce point des considérations critiques pleines de justesse. Elles firent, lors de leur apparition dans le monde judiciaire, une grande impression sur les magistrats éclairés. Tout indiquait que le préjugé auquel elles avaient porté un si rude coup ne s'en relèverait jamais. Mais, contre toute attente, nous le voyons invoqué de nouveau et tant de fois rappelé comme un principe évident, qu'il est à craindre qu'à force de le ressasser on ne finisse par l'établir en maître absolu. La vérité serait-elle donc condamnée à se voiler devant cet affreux déni de justice ? Pour notre compte nous ne cesserons point de le combattre. Le lecteur honnête et intelligent nous viendra certainement en aide s'il veut bien prêter quelque attention aux observations si finement spirituelles que nous mettons sous ses yeux.

« Examinons, dit notre savant maître et ami, comment la jurisprudence considère les principes du droit ordinaire, au point de vue de la perception de l'impôt.

« Que sur l'application des règles d'une procédure judiciaire ou extrajudiciaire toute spéciale, la jurisprudence hésite, tergiverse et se heurte à des embarras inattendus, on le conçoit sans peine ; mais quand il s'agit de l'*établissement même des droits*, c'est-à-dire de l'application du tarif des mutations, il semble qu'on n'a plus qu'à rentrer dans les voies ordinaires de l'interprétation et à reprendre, qu'on me passe l'expression, le train du droit commun. Sans doute de grandes difficultés peuvent surgir quant à la nature et aux caractères distinctifs des actes eux-mêmes. Dans tel cas donné, y a-t-il *vente, échange*, etc. ? Mais ces difficultés sont celles du droit civil proprement dit, où les divers contrats, les droits réels, les obligations avec leurs modalités sont définis, comparés et distingués les uns des autres. La loi fiscale (je ne parle point des règles de procédure) n'est, en définitive, qu'un *tarif* ; or, certes, un tarif de marchandises n'embarrasserait nullement celui qui connaîtrait parfaitement la nature des marchandises elles-mêmes. Com-

324. Ce n'est point pourtant que nous pensions que les prétentions de l'administration doivent être écartées ; mais, pour les faire prévaloir, point n'est besoin de chercher dans les lois fiscales des principes imaginaires : la loi civile suffit pleinement

ment donc se fait-il que tant de décisions rendues sur l'existence et la quotité du droit fiscal paraissent si obscures ou si bizarres aux jurisconsultes nourris dans les principes du droit commun ? J'avoue qu'à une certaine époque cet état de choses a été pour moi une véritable énigme. Ne pouvant démêler le sens de maints arrêts relatifs aux droits d'enregistrement, que je lisais avec grand soin en les comparant aux textes des lois citées, je me livrais à de vagues conjectures sur l'existence de règles inconnues, cachées dans les coins de quelque loi fiscale. J'imaginais que d'après ces règles, qui étaient pour moi lettre close, certains termes ordinaires du droit prenaient, en matière d'enregistrement, une signification particulière. Seulement je m'étonnais *de ne jamais voir citer ces textes spéciaux* dont l'influence paraissait dominer tant d'interprétations de détail. Mais plus tard, après bien des recherches infructueuses, j'ai fini par m'assurer que ni la loi fondamentale du 22 frimaire an VII, ni aucune loi postérieure n'avait donné des divers faits juridiques et de leurs conséquences des définitions *ad hoc*, destinées à modifier la langue du droit civil ; il me devint évident que les classifications et les règles ordinaires de ce droit n'avaient subi aucun remaniement et que, les respectant dans leur ensemble et dans leurs détails, on s'était borné à leur superposer l'impôt.

« Que penserons-nous donc de ces allégations si souvent mises en avant et avec tant de confiance, dont tant de gens se sont payés et se paient encore tous les jours : que *le droit d'enregistrement est un droit tout spécial, qu'il est dangereux d'y introduire les principes rigoureux du droit civil*, etc. ? Je me suis, comme tant d'autres, laissé prendre à ces espèces *de brocards fiscaux* ; et c'est pour cela que je tiens beaucoup aujourd'hui à en dire mon avis. Ne vous arrêtez pas, croyez-moi, à ces vagues assertions ; soumettez-les à un examen approfondi, et vous vous convaincrez qu'elles sont basées sur une très-pauvre équivoque. Sans doute, l'enregistrement a ses règles spéciales : chiffres divers du tarif, modes de recouvrement, procédure, prescription, en un mot, tout ce qui n'est point détermination de la nature propre des divers événements juridiques et de leurs effets ; mais, quant à cette détermination, il ne doit être question que du droit commun, tel que l'ont constitué nos lois civiles. Avec un autre système il n'y a point de termes aux difficultés et *point de ressource contre l'arbitraire* ; car enfin, si l'on admet que les termes du droit civil, employés dans les lois de l'enregistrement, et, par exemple, que les mots *vente, échange, transaction*... ont dans ces lois un sens autre que celui du droit ordinaire, où trouvera-t-on la fixation de ce sens fiscal ? ce n'est certainement point dans les lois mêmes de l'enregistrement, car on y chercherait vainement *une*

à cet effet. Rappelons les faits tout d'abord. L'un des deux héritiers auxquels la succession est dévolue a cédé ses droits à un tiers qui, par un acte postérieur et afin de faire cesser l'indivision, s'est porté cessionnaire de la part du cohéritier de son cédant. Cette seconde cession constitue, sous un nom impropre, un véritable *partage* (art. 883 et 889); mais ce partage, entre quelles parties a-t-il été conclu? Entre les deux héritiers, car, ainsi que nous l'avons montré, le cessionnaire n'a pu y figurer qu'en qualité de *procurator in rem suam;* il n'y pouvait point parler en son propre nom, puisque le titre d'héritier en vertu duquel il était permis d'y prendre part résidait, non en

seule définition nouvelle d'une expression de droit. Dira-t-on que ce doit être dans les décisions des magistrats ? Mais, d'une part, il serait par trop bizarre que le législateur, en employant des termes vulgaires et usuels, eût entendu leur donner, non le sens qu'ils avaient toujours eu jusqu'alors, et qui était connu de tout le monde, mais un sens *qui serait ultérieurement fixé par les tribunaux.* Et d'autre part, comme les *actes et mutations* dénommés dans les lois fiscales y figurent à titre de *matière imposable*, ne voit-on pas qu'autoriser les magistrats à en rectifier la nomenclature, à en retoucher le dictionnaire, n'eût pas été autre chose qu'abandonner à la discrétion des magistrats l'assiette et la quotité de l'impôt? Or, est-il possible de croire à un abandon aussi étrange des principes proclamés depuis 1789 sur la division des pouvoirs?

. . . .

« Que dirait-on si les préposés des douanes s'avisaient de soutenir que les diverses marchandises, taxées ou prohibées à l'importation, perdent le nom vulgaire qu'elles ont dans la langue et prennent un nom particulier qui est leur *nom de douane;* par exemple que le mot *vin* comprend *la bière* et d'autres boissons fermentées ; que par *tissus de soie* on entend aussi *les tissus de coton;* que les mots *charbons de terre* signifient aussi *le charbon de bois,* le tout *pour la perception des douanes* ? On crierait à l'arbitraire et le commerce entier protestera.t contre un tel abus de la loi.

« Il y a quelques années, les journaux judiciaires se sont égayés sur la bizarre prétention d'un collecteur des taxes de l'île Maurice, qui voulait qu'un *cabri* enharnaché et bridé, sur lequel un enfant allait faire sa promenade, fût, *malgré ses cornes,* classé parmi *les chevaux de selle* et taxé en conséquence ; prétention que les juges du lieu eurent la noble indépendance de rejeter. *Quid rides ? mutato nomine de te fabula narratur* (Hor.). »

. . . .

Dans le même sens MM. Championnière et Rigaud, t. 6, introd., p. 43 ; Gabriel Demante, nᵒˢ 3, 332, 708 et 872.

sa personne, mais en celle de son cédant. C'est donc au nom de ce dernier que l'opération a été conclue (V. ci-dessus le n° 316). C'est en lui que se sont produits activement et passivement tous les effets de droit auxquels elle a donné lieu ; c'est lui, par conséquent, qui directement est réputé avoir eu, dès l'ouverture de la cession, la propriété exclusive de tous les biens attribués à son ayant cause, le cessionnaire. Les auteurs du supplément au droit d'enregistrement le reconnaissent eux-mêmes.

« Le cédant, disent-ils, est un intermédiaire entre le cessionnaire et le défunt. Il faut bien qu'il en soit ainsi, puisque les biens sont censés, par l'effet de l'acquisition équipollente à partage, n'avoir jamais appartenu à l'autre héritier. C'est donc nécessairement au cédant qu'ils ont appartenu » (n° 573). Si ce point est constant, et nous ne pensons pas qu'on puisse le contester, il en résulte que le cessionnaire qui les a acquis en sous-ordre les possède *tous* en vertu *d'un titre unique,* la cession que lui a consentie l'héritier avec lequel il a traité en premier lieu ; il n'a point deux auteurs, il n'en a qu'un, le premier cédant. Celui-ci, en effet, lui a vendu non point tels ou tels biens de la succession, mais tous ceux qu'un partage, avec ou sans soulte, ou une licitation placerait dans son lot, un immeuble unique peut-être, peut-être aucun, peut-être tous ceux que comprenait la masse à partager.

Lorsqu'on vend une hérédité, dit Pothier, ce n'est pas le titre et la qualité d'héritier que l'on vend : ce titre et cette qualité sont attachés à la personne de l'héritier et ne peuvent s'en séparer ; on vend *tout ce qui en est provenu et tout ce qui en proviendra* (1).

Les objets individuels auxquels doit s'appliquer la cession demeurent donc inconnus tant que dure l'indivision. Et, de même que jusqu'au partage la chose cédée est indéterminée non-seulement dans son individualité, mais encore dans sa quotité, de même le prix de la cession est resté incertain, quant au chiffre qu'il pouvait atteindre et, par conséquent, subordonné, sous ce rapport, aux résultats du partage (2). Le

---

(1) *Traité du contrat de vente,* n° 530.

(2) V. par analogie un arrêt très-remarquable de la Cour d'Orléans du 31 mai 1859.

cessionnaire aura, en effet, à payer, en outre de la somme qu'il devra verser directement entre les mains de son cédant, les soultes, retours de lots ou prix de licitation mis par le partage au compte de ce dernier.

Ainsi, le cédant est le débiteur direct de ces diverses charges; le cessionnaire doit l'en rendre quitte en les payant lui-même; elles font, par conséquent, partie du prix, car sous ce no[m de prix la loi entend non-seulement tout ce que le vendeur doit encaisser, mais encore tout ce qui doit être payé à sa décharge (art. 15, n° 6, de la loi du 22 frimaire an VII). Les choses doivent donc se passer, car c'est ainsi qu'elles ont été tacitement entendues entre les parties, comme si l'acte de cession portait expressément que le cédant a vendu tous les biens que le partage ou la citation qui en tient lieu, lui attribuerait, à la charge par le cessionnaire, 1° de payer telle somme déterminée entre ses mains; 2° de le libérer, en payant lui-même les charges dont le partage pourra le constituer débiteur envers son cohéritier.

Ainsi, en somme, les faits se résument en deux opérations bien distinctes, à savoir : 1° un partage conclu, par l'intermédiaire du cessionnaire entre les deux héritiers et en vertu duquel le cédant est réputé avoir été, du jour de l'ouverture de la succession, propriétaire exclusif des biens compris dans son lot; 2° une cession aux charges ci-dessus indiquées, par laquelle le cédant a fait passer ces mêmes biens de son patrimoine dans celui de son cessionnaire.

Chacun de ces deux actes subit l'impôt qui lui est propre, à raison de sa nature.

325. Quant aux cessions de parts et aux licitations entre héritiers, la jurisprudence distingue. Si elles font cesser l'indivision *entre tous les héritiers,* on les considère comme *des partages.* Si elles n'y mettent fin que d'une manière relative, on les traite comme *des ventes.* Cette distinction nous ayant paru arbitraire, nous l'avons rejetée. Pour nous, tout acte qui a pour objet de faire cesser l'indivision soit à l'égard de tous les héritiers, soit à l'égard de l'un d'eux seulement, est un *partage* (V. ci-dessus les n°s 179 et suiv.)

326. Bien que, d'après la loi de frimaire, les soultes et retours de lots subissent un droit proportionnel de mutation, au taux réglé pour les ventes (art. 68, § 3, n° 2, de la loi du

22 frim. an VII), quoiqu'il en soit de même quant *aux portions de biens immeubles acquises par licitation* (art. 69, § 7, nos 4 et 5), les transmissions opérées dans ces conditions n'encourent point néanmoins le droit proportionnel *de transcription*. Elles ont, en effet, un caractère propre et particulier qui ne permet point de les confondre avec la vente. L'article 54 leur est également inapplicable, puisqu'il ne vise que les mutations à titre gratuit tarifées par l'art. 53 (V. ci-dessus le n° 279.). L'un et l'autre d'ailleurs leur sont étrangers, car il est impossible de voir en elles des actes de *nature à être transcrits* (1). Un copartageant peut purger, sans doute, contre les créanciers hypothécaires des propriétaires précédents autres que le défunt ; mais nous avons déjà montré qu'il peut atteindre ce but sans transcrire l'acte de partage : il suffit qu'il transcrive l'acte en vertu duquel le défunt est devenu propriétaire (V. ci-dessus le n° 315).

La jurisprudence est depuis longtemps fixée en ce sens. Elle ne distingue même pas, quant au partage avec soulte, si l'indivision a ou non cessé à l'égard de tous les héritiers (2). Ainsi, chose bizarre ! deux héritiers se portent-ils indivisément adjudicataires d'un immeuble mis en licitation ? l'adjudication est une vraie *vente*. Un lot est-il attribué indivisément à deux héritiers, à charge de soulte? l'attribution est un vrai *partage*. Que de distinctions dont nous ne soupçonnions point l'existence ! Ajoutons, que d'arbitraire partout ! Car, quelle différence y a-t-il entre les deux cas que nous venons de rapporter, si ce n'est que dans l'un le montant de la soulte a été déterminé par la voie de l'enchère, tandis que dans l'autre, il l'a été à l'amiable ?

327. Nous ne quitterons point ce sujet sans prévenir MM. les notaires que l'impropriété des termes qu'ils emploient dans la rédaction des actes qu'ils dressent est souvent funeste à leurs clients. La Régie, qui ne cesse de veiller, ne laisse rien échapper, et il n'est point rare de la voir s'emparer d'un mot pour imprimer à un acte un sens particulier auquel les parties n'ont jamais songé. C'est ainsi qu'elle fait tous les jours décider que l'acte par lequel les héritiers font cesser toute in-

---

(1) MM. Championnière et Rigaud, nos 2672 à 2674 et 2692. — Gabriel Demante, n° 715. — (2) M. Gabriel Demante, n° 715.

division entre eux est possible du droit proportionnel de transcription, *lorsqu'il est rédigé dans la forme d'un acte de vente*. Etant donnés, par exemple, deux héritiers, si l'un d'eux cède sa part à son cohéritier, cette cession, quoique faite aux risques et périls du cessionnaire, n'a évidemment, dans l'intention des parties, d'autre objet et d'autre effet que la cessation de l'indivision. Toutes les règles du partage devraient par conséquent la régir, aux termes de l'article 889 du Code Napoléon (V. ci-dessus le n° 178). Mais qu'arrive-t-il le plus souvent? Au lieu d'employer des expressions conformes à la nature de l'acte que les parties font dresser, le notaire rédacteur y glisse, sans s'en rendre bien compte assurément, et sans que les parties intéressées y attachent aucune importance, des formules ou des réserves incompatibles avec la notion du partage. « Le cédant, y est-il dit, se réserve le privilége *du vendeur et l'action résolutoire* sur les biens cédés. Il est bien entendu, en outre, qu'il ne garantit que sa qualité d'héritier. » Sauf la stipulation de l'action résolutoire, ces réserves sont inutiles et fort dangereuses : *inutiles*, car il est bien évident, d'une part, que d'après la loi même l'héritier qui cède ses droits ne répond que de sa qualité d'héritier et, d'autre part, que le privilége du copartageant est tout aussi efficace que le privilége du vendeur (article 6 de la loi nouvelle); *fort dangereuses*, car, ainsi que nous l'avons montré, et bien qu'elles ne répondent point à la véritable intention des parties, la jurisprudence leur attribuant le sens grammatical qu'elles comportent en conclut que l'acte où elles se trouvent constitue non pas un *partage*, mais une *vente* sujette aux droits énormes que la loi applique à cette espèce de contrat (1). Voilà ce qu'il faut éviter. Il suffit pour cela d'élaguer de l'acte les formules dont il vient d'être parlé, et, quand on y insère une clause de résolution, de déclarer expressément que, les parties n'ayant d'autre objet que de faire cesser l'indivision existant entre eux, il est bien entendu que leur convention aura les effets ordinaires du partage.

328. La loi du 22 frimaire an VII comprend dans l'énumération des faits juridiques auxquels elle applique le droit

_____

(1) V. le recueil périod. de juris. de M. Dalloz, année 1857, 1re partie, p. 443.

proportionnel d'enregistrement « les transmissions de *propriété*, d'*usufruit* et de *jouissance* de biens meubles et immeubles (art. 4). » Ce mot de *jouissance* a dans le langage
ordinaire un sens très-étendu (V. l'art. 543 C. N.); mais ici
sa portée est toute restreinte: d'une part, en effet, il est manifeste qu'en l'employant, la loi ne vise point l'*usufruit*,
puisque dans le texte même où elle formule sa pensée, les
transmissions d'*usufruit* et les transmissions de *jouissance*
sont présentées comme deux actes opposés l'un à l'autre;
d'autre part, l'article 13, où elle réglemente le mode à suivre pour faire, administrativement, la preuve des transmissions de *jouissance*, n'a trait qu'aux jouissances *à titre de
ferme, de location ou d'engagement d'un immeuble*. Son article 15 est peut-être plus démonstratif encore. Elle y organise
les éléments du droit proportionnel qu'elle applique : 1° aux
transmissions de *propriété* et d'*usufruit;* 2° aux transmissions de *jouissance*. La valeur sur laquelle il est assis se détermine, dit-elle, de telle manière pour la *propriété* et l'*usufruit*
et de telle autre quant à *la jouissance*. Or, sous cette expression de *jouissance*, elle n'embrasse, dans une énumération
très-détaillée mais limitée par sa forme même, que les *baux
à ferme ou à loyer*, les sous-baux, cessions et subrogations
de baux, les baux à portions de fruits, les baux à rente perpétuelle et ceux dont la durée est illimitée, les baux à vie et
aussi les engagements. Quant *aux droits d'usage, d'habitation
ou de servitude réelle*, il n'en est parlé nulle part. Il est donc
avéré, car, à moins de prendre plaisir à nier ce qui est incontestable, on sera forcé d'en faire l'aveu, il est, disons-nous,
hors de doute que la loi n'a nommément tarifé ni l'*usage*, ni
l'*habitation*, ni enfin aucune des *servitudes réelles*. Les actes
portant constitution de l'un ou de l'autre de ces droits ne subissent par conséquent, ni le droit proportionnel de mutation ni, par suite, le droit proportionnel de transcription
(V. ci-dessus les nos 302 et 308). « Toute chose, disent très-
justement MM. Championnière et Rigaud, toute convention,
tout avantage ou toute concession dont le nom n'est point tex-
tuellement écrit dans le tarif, échappe à la perception et doit
passer sans payer (1). »

----

(1) Nos 3581 à 3589. — En sens contraire, le *Journ. de l'enreg.*, art. 16,
187, p. 23.

329. L'administration, bien entendu, est d'un autre avis. « Les servitudes ou services fonciers constituent, dit-elle, *des immeubles*, d'après l'article 529 du Code Napoléon ; donc les transmissions de servitudes sont sujettes au même droit que les transmissions *d'immeubles*. » (Déc. des 27 sept. et 4 octobre 1826.)

Étrange argument ! l'administration n'a point compris sans doute que, pour le faire, il lui fallait *changer les termes de la loi et la refaire à son idée.* Où a-t-elle lu, en effet, que le droit proportionnel d'enregistrement fût appliqué aux transmissions *d'immeubles?* le texte de la loi est tout autre ! « Le droit proportionnel, y est-il dit, est établi pour toute transmission *de propriété, d'usufruit* ou de *jouissance de biens immeubles.* La *propriété* étant prise ici par opposition à *l'usufruit* n'est autre que la propriété ordinaire, c'est-à-dire la propriété telle qu'on l'entend dans le langage habituel, la pleine et entière propriété. Tout indique également que, sous ces expressions de *biens immeubles*, la loi ne vise que les immeubles *par leur nature* et leurs accessoires réputés immeubles. Ces deux interprétations sont corrélatives et l'une et l'autre si essentiellement nécessaires qu'elles s'imposent avec toute l'autorité de l'évidence. On serait, en effet, forcé, dans le système contraire, de conclure non-seulement à l'absurde, mais encore à l'impossible; car si les mots *propriété* et *immeubles* qu'emploie la loi avaient le sens général et absolu qu'on leur prête, il faudrait la lire ainsi :

« Les transmissions encourront le droit proportionnel lorsqu'elles auront pour objet :

« La pleine propriété soit d'un immeuble corporel, soit d'un usufruit établi sur un immeuble, soit d'un droit d'usage, d'habitation ou de servitude réelle ;

« Ou l'usufruit soit d'un immeuble par sa nature, soit d'un usufruit immobilier, soit d'un droit d'usage, d'habitation, ou de servitude réelle.

« Ou soit un droit d'usage ou d'habitation, soit une servitude établie sur un immeuble corporel, ou sur un droit d'usage, d'habitation ou de servitude réelle.

« Ou enfin la jouissance d'un immeuble corporel, d'un usufruit, d'un droit d'usage, d'habitation ou de servitude réelle. »

Or que l'administration se recueille et nous dise si elle a
une notion bien nette des conceptions qu'elle suppose au législateur. Qu'entend-elle par cette pleine propriété d'un usufruit ou d'une servitude ? comment conçoit-elle un usufruit
assis sur une servitude réelle ? qu'est-ce que cette servitude
réelle constituée sur une servitude de même nature ou sur un
droit d'usufruit, d'usage ou d'habitation ? Quelle idée se fait-
elle du bail, de la location ou de l'engagement d'une servitude considérée abstraction faite du fonds auquel elle est attachée ? Nous ne voulons point fatiguer le lecteur des insup-
portables logomachies qu'on pourrait accumuler sur ce sujet ;
la lumière est faite : personne ne doute que l'article 4, objet
de ce débat, ne soit complétement étranger aux droits, autres
que l'usufruit, dont la loi civile a fait des immeubles fictifs ou
incorporels.

330. Qu'importe, dira-t-on, peut-être ! l'article 4 de la
loi de frimaire est restreint dans sa portée, sans doute, mais
l'article 52 de la loi de 1816 est général : les ventes *d'immeubles*, y est-il dit, sont enregistrées au droit de 5 et demi
pour 100.

Cette disposition est générale quant à ses termes, nous
l'avons reconnu déjà (V. ci-dessus le n° 278) ; mais, ainsi que
l'ont parfaitement établi MM. Championnière et Rigaud, elle
n'a eu nullement pour objet d'étendre et d'appliquer l'impôt
aux actes qui en étaient affranchis selon le droit antérieur.
La seule innovation qu'elle consacre consiste en ce point que
le droit proportionnel de transcription, dans les cas où il est
dû, devra désormais être payé au moment de l'enregistrement de l'acte, cumulativement avec le droit de mutation et
indépendamment de l'accomplissement ultérieur de la transcription.

L'objection qu'on prétendrait tirer des expressions générales de cette disposition serait d'ailleurs tout exceptionnelle,
car étant bornée aux *ventes*, l'article 4 de la loi de frimaire
resterait dans toute sa force et vertu quant aux transmissions
à titre gratuit et aux transmissions à titre onéreux autres
que la *vente*.

331. L'administration qui a senti, sans doute, la faiblesse
des raisons que nous venons de combattre, a produit un autre moyen. La transmission, dit-elle, d'un droit d'usage,

d'habitation ou de servitude réelle encourt, par analogie, l'impôt nommément établi pour la transmission de la propriété ou de l'usufruit. Et, en effet, qu'importe que l'usage, l'habitation et les servitudes réelles ne rentrent dans aucune des catégories des lois fiscales? Tout ce qu'on peut conclure du silence qu'elles gardent à l'égard de ces droits, c'est qu'elles n'étendent point jusqu'à eux les règles de liquidation qu'elles appliquent à la propriété et à l'usufruit, et qu'ainsi les parties sont obligées d'y suppléer par une déclaration estimative, conformément à l'article 16 de la loi du 22 frimaire an VII.

Voilà une de ces raisons que nous appelons détestables. M. Gabriel Demante, qui la rapporte (1), sans toutefois l'approuver, ajoute qu'il faut en prendre son parti et s'y soumettre. C'est ce que nous ne ferons certainement pas. Il n'y a point de pacte possible avec l'erreur. Or, qui ne sait que les matières fiscales répugnent par essence aux arguments d'analogie? S'il est, en effet, un point désormais à l'abri de toute controverse, c'est sans contredit ce principe tout de raison et de justice, que l'impôt ne peut, en aucun cas, être étendu même par induction au delà des bornes que la loi lui a tracées : *in solutione gabellæ non proceditur de similibus ad similia.* La jurisprudence s'est plus d'une fois inclinée devant cette maxime de notre vieux droit. « Il est de principe général, est-il dit dans plusieurs arrêts, qu'en matière d'impôt il n'est point permis d'étendre par voie d'analogie le sens littéral de la loi (2). » On tenait même autrefois que, dans les cas douteux, la loi devait être entendue en faveur des particuliers contre le fisc : *in dubio contra fiscum.* « Il est, disait Domat, de bien public et de l'équité que dans le cas où de justes considérations peuvent rendre douteuse la cause du fisc, on penche au parti contraire (3). » C'est aussi le sentiment de M. Dupin. « Dans toute cette matière de droits à percevoir, les magistrats ont, dit-il, une règle de conduite bien nettement tracée : ils ne doivent jamais céder aux exigences du fisc, lorsqu'elles sont exagérées, vexatoires, non

---

(1) Nos 21, 290 et 754.

(2) Cass., 27 juin 1809 et 4 décembre 1821.

(3) *Traité du Droit public*, tit. 5, sect. 6, n° 18.

fondées en droit; et même, *dans les cas douteux, c'est tou-jours contre le fisc qu'il faut prononcer* (1). » Voilà de sages conseils, puissent-ils être entendus!

332. Les actes constitutifs d'un droit d'usage, d'habitation ou de servitude réelle doivent donc, dans notre système, re-cevoir, si elle est requise, la formalité de la transcription moyennant le droit fixe de 1 fr., non point en conformité de l'article 12 de la nouvelle loi, qui ne les régit point, mais par application des règles établies dans le droit antérieur (ar-ticles 3 et 4 de la loi de frimaire, article 25 de la loi du 21 ven-tôse an VII; article 61 de la loi du 28 avril 1816, combinés entre eux).

333. Dans le système de la jurisprudence ils encourront, au contraire, le droit proportionnel de transcription cumu-lativement avec le droit proportionnel de mutation. On ne peut nier, en effet, qu'ils ne constituent *des ventes d'immeu-bles.* Il est non moins évident qu'ils sont, même d'après la législation antérieure, *sujets à transcription,* non point, sans doute sous le rapport de la purge, car le droit dont ils opèrent le déplacement n'étant point susceptible d'être vendu aux enchères (art. 2204 C. N.), il est légalement impossible de le purger des hypothèques établies sur la propriété dont il a été démembré (2), mais en ce sens que l'acquéreur peut, par la transcription de son titre, mettre les créanciers en la per-sonne desquels ces hypothèques résident en demeure de les inscrire dans la quinzaine, conformément à l'article 834 du Code de procédure, ou faire courir contre eux la prescription de 10 à 20 ans établie par l'article 2180 du Code Napoléon au profit des acquéreurs de bonne foi (3).

La prescription ne courrait point, il est vrai, au profit de l'acquéreur d'une servitude non apparente ou d'une servitude discontinue (art. 690 C. N. arg.), mais il aurait eu, sous l'ancienne législation, intérêt à transcrire afin de mettre son droit sous la sauvegarde de l'article 834 du Code de procédure.

---

(1) *Journ. du palais,* 1842, t. 2, p. 178. — Dans le même sens, MM. Cham-pionnière et Rigaud, t. 1, nos 34, 37 et 39.

(2) Telle est l'*opinion générale.* — *Contra* M. Labbé, *De la procédure de la purge,* no 12.

(3) Conf. M. Gabriel Demante, no 290.

Il n'y a donc point à distinguer si la servitude transmise est de telle nature ou de telle autre.

Peu importe même que la constitution ait eu lieu à titre gratuit ou à titre onéreux, car le donataire peut, de même que l'acquéreur à titre onéreux, invoquer, sous la condition de la transcription de l'acte où son droit est relaté, les deux bénéfices rappelés dans le numéro précédent. Nous tenons d'ailleurs que, d'après le Code Napoléon lui-même, son titre reste inefficace à l'égard des tiers, tant qu'il ne l'a pas rendu public, conformément à l'art. 939 (V. ci-des. les nᵒˢ 110 et s.).

334. L'acte par lequel l'usufruitier cède, moyennant un prix ou gratuitement, son droit au nu-propriétaire est, selon l'opinion générale, passible, au moment de son enregistrement, des deux droits proportionnels de mutation et de transcription. Il en est de même, ajoute-t-on, de la renonciation que l'usufruitier fait de son droit en faveur du nu-propriétaire : qu'elle soit à titre onéreux ou qu'elle soit à titre gratuit, il n'importe ; elle s'analyse, en effet, en une vente, dans le premier cas, en une donation dans le second. Le droit abandonné, faisant retour à la propriété dont il a été détaché, passe donc de l'usufruitier renonçant au nu-propriétaire. Ce n'est *qu'après sa transmission* qu'il s'éteint par voie de conséquence, c'est-à-dire par consolidation, conformément au principe déposé dans l'article 617 du Code Napoléon. La consolidation implique même la transmission, puisque, selon la définition qu'en donne la loi, elle consiste dans la *réunion sur la même tête des deux qualités d'usufruitier et de propriétaire*. Bien mieux, l'extinction qu'elle entraîne étant le résultat d'un acte volontaire, il n'est point possible de lui attribuer l'effet d'éteindre les droits réels, tels que les hypothèques dont l'usufruit a été grevé du chef de l'usufruitier. A ce point de vue donc et en ce qui touche les rapports du nu-propriétaire avec les tiers auxquels ces droits réels appartiennent, l'usufruit qui lui a été transmis continue d'exister, même en sa personne, distinct et séparé de la propriété. Or, si les créanciers auxquels il a été hypothécairement affecté peuvent le suivre entre ses mains et procéder contre lui comme ils le pourraient faire à l'égard d'un acquéreur ordinaire, il est clair que, par une juste et nécessaire corrélation, il peut, comme tout autre tiers détenteur, se mettre à l'abri

de leurs poursuites en recourant aux formalités de la purge.

335. La même solution est appliquée à l'acte par lequel un usager ou le propriétaire d'un fonds dominant renonce au droit d'usage, d'habitation ou de servitude dont il est nanti. Le propriétaire qui l'acquiert ne peut point, il est vrai, le purger des hypothèques existant du chef du renonçant; il ne peut même point, quand le droit abandonné consiste en une servitude discontinue ou non apparente, le prescrire conformément à l'art. 2180 du Code Napoléon. Sous ce double rapport, son titre n'est point de nature à être transcrit (V. ci-dessus le n° 333); mais comme on ne pouvait lui refuser la protection particulière que l'article 834 du Code de procédure accordait aux acquéreurs qui avaient mis leur acquisition sous la sauvegarde de la transcription, il se trouvait avoir, à ce point de vue, un intérêt marqué à remplir la formalité (1).

336. La Cour de cassation ayant été appelée à se prononcer sur le mérite de cette théorie, l'a suivie et rejetée tour à tour. Toutefois, ses décisions ayant trait, l'une aux renonciations à titre onéreux, l'autre aux renonciations à titre gratuit, quelques-uns en ont conclu qu'au lieu d'affirmer le oui et le non sur un même point, elle avait consacré une distinction que la nature même des choses rendait nécessaire. La renonciation à titre onéreux, a dit en effet la Cour, est l'équivalent d'une *vraie cession*. Au lieu d'éteindre l'usufruit qu'elle a pour objet, elle le transmet de l'usufruitier qui l'aliène au nu-propriétaire qui l'acquiert. Or, puisqu'elle en opère *la transmission*, elle est évidemment passible, à ce titre, des droits proportionnels qu'encourent les ventes, cessions, rétrocessions et tous autres actes à titre onéreux translatifs de propriété ou d'usufruit de biens immeubles (art. 69, § 7, n° 1, de la loi du 22 frimaire an VII, et art. 52 de la loi du 28 avril 1816) (2). Mais la renonciation faite à titre gratuit est d'une tout autre nature. Au lieu d'opérer, comme la précédente, la transmission du droit auquel elle s'applique, elle a, au contraire, cet effet unique de faire cesser la transmission qui l'avait placé dans le domaine du renonçant: elle ne le *transmet point*, elle l'*éteint*. Or, l'article 4 de la loi du 22 frimaire

(1) En ce sens, M. Gabriel Demante, n° 291, 333 à 335.
(2) Arrêt du 27 août 1844.

an VII n'applique la charge de l'impôt proportionnel qu'aux *transmissions* de propriété, d'usufruit ou de jouissance (1).

337. Cette distinction est inadmissible. Peut-être la pourrait-on admettre si, par son second arrêt, la Cour avait statué sur une renonciation faite sans le concours du propriétaire, sous la forme d'un abandon purement unilatéral; mais telle n'est point l'espèce qui lui était soumise : le débat portait, en effet, sur une renonciation faite par acte, non point arrière du propriétaire, mais avec son concours. C'est du moins ce qui paraît résulter des faits rapportés par l'arrêtiste. Il s'agissait donc d'une donation proprement dite. Cela posé, le raisonnement de la Cour n'a plus aucune espèce de fondement; car, s'il est vrai que la renonciation à titre onéreux est *transmissible* du droit qu'elle a pour objet, il en est forcément de même de la renonciation à titre gratuit (2), puisque, selon les termes formels de l'article 711 du Code Napoléon, les droits réels s'acquièrent et se transmettent, tant par l'effet des donations que par l'effet des autres contrats. A l'inverse, si la renonciation à titre gratuit n'est et ne peut être qu'*extinctive*, on ne voit pas pourquoi il en serait différemment de la renonciation à titre onéreux.

338. Ainsi, point de distinction. La renonciation, quelle qu'elle soit, à titre onéreux ou à titre gratuit, est-elle *transmissive* ou directement *extinctive* du droit qu'elle a pour objet? Voilà ce qu'il importe d'examiner.

Deux systèmes peuvent être soutenus.

339. 1er *système.* — La renonciation ne peut jamais être qu'*extinctive*, si on consent, ainsi qu'on le doit, à en déterminer l'effet par l'intention probable des parties. Bien plus, de l'usufruitier au nu-propriétaire, il n'y a point de *transmission* possible. Ainsi, bien loin que la *renonciation* à titre onéreux ou à titre gratuit soit l'équivalent d'une *cession* translative du droit de l'usufruitier qui la fait, il est vrai de dire qu'au contraire l'acte par lequel il déclare positivement *céder* son droit au nu-propriétaire n'est, sous une qualification inexacte, qu'une véritable *renonciation*, c'est-à-dire un

---

(1) Arrêt du 11 août 1835.

(2) MM. Demante, *Cours analytique*, n° 467 *bis*; Demolombe, *Traité de l'usufruit*, n°s 683, 732, et 733.

abandon direct et immédiat du droit que les parties se proposent d'*éteindre*. L'usufruitier, en un mot, ne peut point *céder* son droit au nu-propriétaire; il ne peut qu'y *renoncer*. La raison en est bien simple. La *transmission* d'un droit comprenant deux effets corrélatifs, à savoir une *aliénation* d'un côté, et une *acquisition* de l'autre, il en résulte qu'elle est nécessairement irréalisable, lorsque l'acquisition est juridiquement impossible. Or, le nu-propriétaire peut-il acquérir le droit de l'usufruitier et devenir usufruitier de sa propre chose? Prenons la loi pour juge, elle ne saurait nous tromper. « L'usufruit, dit-elle, est le droit de jouir *des choses dont un autre a la propriété* (art. 578, C. N.). » Là, est la preuve directe, en même temps que le fondement juridique de son incapacité; car s'il est vrai — et la loi l'affirme — qu'il est de l'essence de l'usufruit de n'exister que sur *la chose d'autrui*, comment pourrait-il passer de l'usufruitier *au propriétaire de la chose sur laquelle il est établi?*

Le propriétaire ne peut point, sans doute, dira-t-on peut-être, l'acquérir pour le conserver distinct de la propriété; mais rien ne s'oppose à ce qu'il l'acquière pour l'y confondre et l'éteindre aussitôt par cette confusion. C'est ce que suppose l'article 617 ; car dire que l'usufruit s'éteint par la consolidation ou la *réunion sur la même tête des deux qualités d'usufruitier et de propriétaire*, c'est implicitement reconnaître qu'on peut être, au moins pendant un instant de raison, *usufruitier de sa propre chose.*

Cette scholastique est peu propre à nous convaincre. Nous concevons fort bien que l'usufruitier devienne propriétaire de la chose sur laquelle son droit d'usufruit est établi et que par cette acquisition l'usufruit cesse d'exister comme droit distinct de la propriété. L'acquisition alors a sa raison d'être ; car un abandon pur et simple de la nue-propriété par le propriétaire n'y pourrait point suppléer. Le principe *nemini res sua servit* n'y fait point obstacle ; car en même temps qu'elle a lieu, se produit l'extinction de l'usufruit par la consolidation. A mesure, en effet, que la nue-propriété que l'usufruitier acquiert entre dans son patrimoine, l'usufruit spécial qui s'y trouve en disparaît. Les deux effets sont simultanés. Il n'y a là rien qui offense la logique du droit ou le simple bon sens. Mais qui comprendra jamais l'acquisition de l'usufruit par le nu-propriétaire? Quel fondement donner à cette transmission? A qui sert-elle? Quel est son objet? Plus on la considère, moins elle paraît intelligible. Que serait-ce, en effet, qu'une acquisition destinée à disparaître à mesure qu'elle aurait lieu? Que serait-ce surtout que ce droit qui *s'éteindrait en même temps qu'on l'acquerrait?* L'acquisition et l'extinction simultanées d'UN MÊME DROIT sont par essence exclusives l'une de l'autre! Dira-t-on qu'elles ont lieu, non point simultanément, mais successivement, et qu'ainsi l'acquisition de l'usufruit précède d'un instant de raison son extinction? On se heurtera alors à une impossibilité d'une autre nature; car étant de l'essence de l'usufruit de n'exister que sur la chose d'autrui, il est impossible qu'il appartienne, *même pendant un instant de raison,* au propriétaire de la chose sur laquelle il est établi. Cela est tellement vrai, qu'on tenait pour certain, dans notre ancien droit, que la réserve de l'usufruit par le vendeur emportait implicitement, dès l'instant même de la formation du contrat, la transmission de la nue-propriété à l'acheteur. » Cette rétention de l'usufruit, dit Pothier, équipolle à tradition; car *comme on ne peut être usufruitier de sa propre chose,* le vendeur, en se rendant usufruitier, déclare suffisamment qu'il ne possède plus la chose comme sienne, qu'il ne la possède plus en son nom, mais au nom de l'acheteur de qui il la tient à titre d'usufruit (1). » Comment d'ailleurs comprendre une transmission qui n'aurait d'autre but et d'autre effet que d'éteindre le droit qu'elle placerait, pendant un instant de raison, dans le patrimoine de l'acquéreur? Si le droit ne pouvait cesser que par ce détour, s'il était absolument nécessaire de l'acquérir pour l'éteindre, notre question aurait sa réponse; mais le but cherché ne peut-il pas être atteint *recta via,* c'est-à-dire par l'effet direct et immédiat d'une renonciation extinctive? Dès lors où est la nécessité, ou même l'utilité de l'acquisition que nous combattons? Et si elle n'est ni nécessaire ni utile, si elle manque d'un fondement légitime, si, en un mot, elle n'a aucun objet connu et reconnaissable, pourquoi la supposer? Lorsqu'un créancier veut libérer son débiteur, suppose-t-on qu'il lui *cède* sa

---

(1) *Traité de la vente,* n° 314.

créance pour l'éteindre après coup par confusion? Si un créancier hypothécaire consent à faire remise de son hypothèque à son débiteur, commence-t-il par la lui céder? La simplicité de notre droit répugne à ces inutiles circuits. L'extinction de la créance et l'extinction de l'hypothèque ont lieu *recta via*, par l'effet direct et immédiat de l'abandon que le créancier fait de son droit. » Les obligations, dit la loi, s'éteignent par *la remise* volontaire (art. 1234, C. N.). Les hypothèques, ajoute-t-elle, s'éteignent de même par *la renonciation* qu'en fait le créancier (art. 2180). Or, si la remise de la dette et la renonciation à l'hypothèque sont, d'après la loi même, purement *extinctives* du droit abandonné, d'où vient qu'on admet que, selon cette même loi, la renonciation à l'usufruit est *transmissive* du droit que les parties veulent éteindre ?

340. Soit, dira-t-on : la *renonciation* unilatérale et la *renonciation* conventionnelle elle-même sont directement *extinctives* du droit abandonné ; mais il n'en saurait être ainsi de l'acte par lequel l'usufruitier a positivement *cédé*, moyennant un prix ou gratuitement, son droit d'usufruit au nu-propriétaire. C'est, en effet, le propre de toute cession d'opérer, du cédant au cessionnaire, la transmission du droit cédé.

Nous ne nions point le principe, la cession est évidemment un acte *translatif;* mais nous soutenons que, dans l'espèce, il n'y a point *cession*. Ce n'est point, en effet, par la qualification que les parties donnent à leurs actes qu'on peut en déterminer la nature avec une rigoureuse exactitude. Il est naturel de supposer sans doute que le but qu'elles ont voulu atteindre est conforme au sens habituel et juridique des termes dont elles se sont servies pour contracter; mais s'il apparaît que leurs déclarations sont mensongères ou inexactement qualifiées, la loi veut que, sans en tenir aucun compte, le juge interprète leur convention, selon le sens qu'elle comporte dans leur réelle intention. On s'attache, non à ce qu'elles ont dit, mais à ce qu'elles ont voulu : *Non sermoni res, sed rei est sermo subjectus* (art. 1156, C. N.). Or, quand l'usufruitier et le nu-propriétaire déclarent, l'un, qu'il entend *céder* son droit, l'autre, qu'il en accepte la *cession*, que veulent-ils réellement? Opérer *la transmission* de l'usufruit? Ce serait admettre la chose du monde la plus invraisemblable, car cette transmission étant complétement inutile, puisque l'extinction directe de l'usufruit a tous les effets qu'aurait son extinction par consolidation, ce serait supposer qu'elles ont voulu, sans utilité pour personne, obtenir par un détour le résultat qu'elles pouvaient atteindre directement. Or, c'est un principe élémentaire de notre droit qu'on ne doit jamais supposer aux parties l'intention de faire un acte inutile et sans objet (art. 1157, C. N.). Tout indique donc que nonobstant la qualification de *cession* qu'elles ont donnée à leur traité, elles n'ont eu en vue qu'une véritable et réelle renonciation. Voilà ce qu'elles ont voulu; voilà la loi par conséquent.

Ainsi, soit que l'usufruitier se borne purement et simplement à renoncer à son droit, soit qu'il déclare le céder au nu-propriétaire, l'acte intervenu entre eux n'est toujours qu'*extinctif*.

341. Deux jurisconsultes éminents soutiennent, il est vrai, la thèse contraire : MM. Demante (1) et Demolombe (2) sont, en effet, d'avis que l'usufruit s'éteint par consolidation non-seulement lorsque l'usufruitier acquiert la nue-propriété, mais encore, quand, par l'effet d'une *cession*, l'usufruit passe de l'usufruitier qui le cède au nu-propriétaire qui l'aliène. M. Demolombe va même jusqu'à dire que la renonciation proprement dite, c'est-à-dire l'abandon pur et simple que l'usufruitier fait de son droit, en opère elle-même la transmission avant de l'éteindre. « Cette renonciation, opérant, dit-il, la *réunion* sur la même tête des deux qualités d'usufruitier et de propriétaire, est un cas *de consolidation* (3). »

Mais nous avons, nous aussi, nos autorités à produire. Nous invoquerons tout d'abord notre grand maître : lors, en effet, que Pothier traite de l'extinction de l'usufruit par voie de conséquence ou par consolidation, le seul cas qu'il prévoie est celui où l'usufruitier acquiert la nue-propriété du fonds sur lequel son droit est établi (4). « Les servitudes, ajoute-

(1) *Cours analytique*, nᵒˢ 462-3° et 462 *bis*, I.

(2) *Traité de l'usufruit*, nᵒ 683.

(3) *Ibid*, nᵒ 734.

(4) *Traité du douaire*, nᵒ 255.

t-il ailleurs, s'éteignent *par la remise* qu'en fait le propriétaire du fonds dominant au propriétaire du fonds servant (1). » Cette remise n'est rien autre chose qu'une renonciation et une renonciation directement *extinctive* du droit abandonné.

Les rédacteurs de notre Code nous viennent eux-mêmes en aide. L'orateur du Tribunat, M. Garry, dans son discours au Corps législatif, oppose, en effet, l'extinction de l'usufruit par *sa consolidation* à son extinction *par la renonciation* qu'en fait l'usufruitier. « L'usufruit s'éteint, dit-il,... 3° par la consolidation...; 6° par la renonciation de l'usufruitier. »

Quant à l'acte par lequel l'usufruitier cède son droit au nu-propriétaire, nous avons en notre faveur l'opinion d'un jurisconsulte tout spécialiste en cette matière et très-éminent d'ailleurs : « L'usufruit, dit Fonmaur, n'est qu'une simple servitude, et *l'achat* qu'en fait le propriétaire n'est que *l'extinction* de cette servitude (2). »

Pothier, que nous avons déjà cité, est bien plus explicite. « Lors, dit-il, que l'usufruitier vend son droit d'usufruit au nu-propriétaire, il fait, en conséquence de cette vente, une *remise* de son droit, et cette remise en opère *l'extinction* et la réunion à la propriété dont il a été séparé. Le propriétaire qui a racheté cet usufruit *libère* plutôt son héritage de la servitude d'usufruit *qu'il n'acquiert* le droit d'usufruit, qui ne peut subsister en la personne du propriétaire: *Quum res sua nemini servit, adeòque nemo possit usumfructum rei suæ habere* (3). »

342. Ainsi, en somme, lorsque l'usufruitier *cède* son droit au nu-propriétaire, celui-ci acquiert, non point le droit qui lui est cédé, mais l'extinction de ce droit; à bien plus forte raison en est-il de même au cas où l'usufruitier a déclaré purement et simplement faire *remise* de son droit au nu-propriétaire ou y *renoncer* en sa faveur. Dans l'une et l'autre hypothèse, l'acte intervenu entre les parties n'opère aucune transmission. Ce n'est point non plus un acte de nature à être transcrit. Il échappe donc à ce double titre aux droits propor-

(1) Cout. d'Orl. introd. au tit. 13.

(2) Consultez MM. Championnière et Rigaud, n° 588. — Dans le même sens, le n° 290.

(3) *Traité de la vente*, n° 548.

tionnels de mutation et de transcription dont on prétend à tort le rendre passible (1).

343. *Deuxième système.* — La doctrine précédente repose sur cette double donnée :

1° La renonciation ou la cession ne peut pas être *transmissive*, car, étant de l'essence de l'usufruit de n'exister que sur la chose *d'autrui*, il est juridiquement impossible qu'il passe de l'usufruitier au nu-propriétaire.

2° La transmission de l'usufruit au nu-propriétaire n'aurait point d'ailleurs sa raison d'être, puisque l'extinction directe de l'usufruit a les mêmes effets et, par suite, la même utilité que son extinction par voie de consolidation.

Or ces idées, selon nous du moins, sont fausses l'une et l'autre.

1° Nous ne pouvons point sans doute être usufruitier de notre propre chose quant aux rapports de droit existant entre elle et nous; mais au regard des tiers avec lesquels nous sommes en rapport, relativement à la chose qui nous appartient, cette impossibilité juridique n'a plus lieu. Rien, en effet, ne s'oppose à ce que la même personne joue, quant au même objet, deux rôles juridiques différents, quoique, à les envisager par rapport à elle seulement, ils soient entre eux incompatibles par essence.

Ainsi, bien qu'un débiteur ne puisse pas se cautionner lui-même, il peut pourtant arriver qu'au regard de son créancier il réunisse en lui et parfaitement distinctes deux personnes différentes c'est-à-dire les deux qualités de *caution* et de *débiteur principal*. Il est, en effet, universellement admis qu'au cas où une dette, contractée par un incapable, tel qu'un mineur par exemple, a été cautionnée par un majeur capable, la circonstance que le débiteur a succédé à la caution ne devant point nuire au créancier, l'héritier demeure tenu envers lui à deux titres différents, comme débiteur principal et comme caution. Cette dualité de personnes n'est point, au reste, une vaine subtilité : elle a, au contraire, une utilité

---

(1) MM. Championnière et Rigaud, n°s 290, 588 et 590. — Dans le même sens un jugement très-bien motivé du tribunal de la Seine du 25 juillet 1855. On le trouve rapporté dans *le contr. de l'enreg.* sous le n° 10,706. — *Contra* M. Gabriel Demante, n° 335.

très-réelle, puisqu'en sa qualité de *caution* l'héritier ne peut point, quand il est actionné à ce titre, opposer au créancier l'exception de minorité dont il pourrait se prévaloir s'il était poursuivi comme *débiteur* et abstraction faite du cautionnement.

C'est ainsi encore que le créancier hypothécaire qui acquiert l'immeuble affecté à sa sûreté conserve sur sa propre chose l'hypothèque dont il est nanti. Il la conserve non point seulement pour le cas où il viendrait à être évincé de l'immeuble passé dans son domaine, mais encore présentement et à l'effet de venir, comme créancier hypothécaire, à l'ordre ouvert sur le prix par lui offert aux créanciers inscrits. Il joue donc, dans ses rapports avec eux, le double rôle de tiers acquéreur de l'immeuble hypothéqué et de créancier hypothécaire, bien que pourtant ces deux qualités soient incompatibles entre elles quand on fait abstraction des autres créanciers de son auteur.

Nous pouvons, au reste, prendre un exemple, d'autant plus frappant qu'il est mieux approprié à notre sujet. Supposons, d'une part, que des hypothèques existent, du chef du propriétaire, sur la nue-propriété, ou, du chef de l'usufruitier, sur l'usufruit ; d'autre part, que l'usufruitier acquière la nue-propriété : n'est-il pas vrai qu'en ce cas et tant que durera cette situation hypothécaire *l'usufruit* et la *nue-propriété* existeront ensemble, mais distinctement, en la même personne? ou, en autres termes, que cette même personne jouera, au regard de ses propres créanciers et de ceux du nu-propriétaire dont il est devenu l'ayant cause, le double rôle de débiteur propriétaire, quant à l'usufruit, et de tiers acquéreur, quant à la nue-propriété?

Or, si l'on peut devenir et rester distinctement nu-propriétaire de la chose dont on est déjà usufruitier, il est clair qu'on peut de même devenir et même rester distinctement usufruitier de la chose dont on a déjà la nue-propriété.

2° C'est commettre une grosse erreur que de croire que la renonciation qui a pour objet l'extinction directe de l'usufruit a, dans tous les cas, pour le nu-propriétaire qui en profite, le même avantage qu'une renonciation *transmissive* du droit abandonné. La renonciation directement extinctive ne permet point, en effet, au nu-propriétaire en faveur duquel elle a lieu d'invoquer le bénéfice de la purge contre les créanciers inscrits, du chef du renonçant, sur l'usufruit qu'elle éteint. Nous n'entendons point sans doute soutenir que le droit qu'elle a pour objet cesse d'exister même aux regards des créanciers auxquels il a été affecté; mais comme il ne peut subsister alors qu'en la personne de l'usufruitier, la purge n'est point possible, puisque la procédure qui la constitue implique la *transmission* du gage hypothécaire dans les mains d'un tiers acquéreur. — Elle sera possible, au contraire, dans l'hypothèse d'une renonciation *transmissive*.

Ainsi, d'une part, l'usufruit peut passer de l'usufruitier au nu-propriétaire; d'autre part, le nu-propriétaire peut avoir un intérêt légitime à *l'acquérir* plutôt qu'à obtenir directement son *extinction*. Dès lors où est l'obstacle à l'effet translatif de l'acte par lequel l'usufruitier lui en fait la cession ou y renonce en sa faveur?

Mais si le nu-propriétaire peut avoir, ainsi que nous venons de le voir, un intérêt réel à stipuler de l'usufruitier *l'acquisition* de l'usufruit plutôt que son *extinction directe*, la réciproque est également vraie. Et, en effet, si l'usufruit est libre de toute hypothèque ou si le montant des inscriptions qui le grèvent est inférieur au montant du prix stipulé par l'usufruitier en retour de la renonciation, le nu-propriétaire pouvant, en ce cas, se couvrir sans le secours de la purge, ne gagnerait absolument rien à l'acquisition de l'usufruit. Son extinction directe serait, au contraire, bien préférable, puisque la renonciation extinctive est affranchie des droits proportionnels de mutation et de transcription dont est passible la renonciation *transmissive*. (V. ci-dessus le n° 336.)

La convention des parties sera donc absolument ce qu'elles voudront qu'elle soit : *extinctive*, si elles disent expressément qu'elles entendent, non point transmettre, de l'usufruitier au nu-propriétaire, le droit d'usufruit qu'elle a pour objet, mais l'éteindre directement ; *transmissive*, au contraire, si elles ont le soin de déclarer en termes explicites qu'elles contractent afin de le faire passer du domaine de l'usufruitier dans celui du nu-propriétaire. Que si l'acte qu'elles dressent ne met point par lui-même en lumière la nature du traité qu'elles ont en vue, les circonstances seront alors à consulter : la question se ramènera ainsi à une pure question de fait ou d'interprétation de contrat.

Nous n'avons pas besoin de dire que cette incertitude que les parties laissent peser sur la nature réelle de leur convention est funeste à plus d'un titre. Qu'elles prennent donc l'habitude de s'expliquer clairement! qu'elles évitent surtout, lorsqu'elles ont en vue *l'extinction directe de l'usufruit*, de se servir des mots *cession* ou *transport!* La régie ne manquerait point de s'en prévaloir et d'en déduire une convention transmissive sujette aux droits proportionnels de mutation et de transcription. (V. ci-dessus le n° 327.)

344. La renonciation faite arrière le propriétaire et sans son concours n'est certainement *qu'extinctive*. Nous ne pouvons voir qu'une inadvertance dans l'affirmation contraire de M. Demolombe. (V. ci-dessus le n° 341.)

345. Quant à l'usage, à l'habitation et aux servitudes réelles, il n'importe que les renonciations qui en sont faites au profit du propriétaire asservi soient extinctives ou transmissives : car s'il est certain que l'acte par lequel ils sont établis échappe, à raison de sa nature, à la proportionnalité de l'impôt (V. ci-dessus le n° 328), il est évident qu'il doit en être de même de l'acte qui les éteint ou qui les replace dans le patrimoine dont ils sont sortis. Ce qui est plus décisif, du moins en ce qui concerne les actes portant renonciation à un droit *d'usage* ou *d'habitation,* c'est que sous quelque rapport qu'on les envisage, sous l'ancienne législation, comme sous la loi nouvelle, leur transcription n'a et ne peut avoir aucune espèce d'utilité. (V. ci-dessus le n° 126-3°.)

346. Il n'est dû aucun droit proportionnel sur les actes dont l'effet est subordonné à une condition suspensive encore pendante. Les actes de cette nature sont assimilés aux actes innomés, et enregistrés, comme tels, au simple droit fixe. Le receveur qui les enregistre doit donc attendre, pour la perception des droits proportionnels de mutation et de transcription, que la condition qui les tient l'un et l'autre en suspens s'accomplisse. L'un et l'autre, disons-nous, car nous n'admettons pas que, sous les codes Napoléon et de procédure, une acquisition subordonnée à un événement futur et incertain soit, *pendente conditione*, de nature à être transcrite; et, en effet, tant qu'elle demeure suspendue, l'im-

meuble qu'elle a pour objet demeurant dans le domaine et la possession du propriétaire qui en a conditionnellement disposé, l'acquéreur éventuel ne peut point prendre au regard des créanciers hypothécaires avec lesquels il pourra se trouver plus tard en conflit, le titre d'un tiers acquéreur, et s'armer contre eux des prérogatives attachées à cette qualité. Il ne peut donc ni purger (1) ni prescrire contre eux, ni même les mettre en demeure de prendre une inscription dans la quinzaine de la transcription de son titre. La formalité, s'il la requérait, resterait ainsi destituée de toute utilité.

S'il s'agissait toutefois d'une donation, l'acte serait sujet à transcription, puisqu'en le faisant transcrire le donataire acquerrait le droit de l'opposer, après la condition accomplie, aux tiers qui, *pendente conditione,* auraient acquis, du chef du donateur, des droits réels sur l'immeuble conditionnellement aliéné. Le droit proportionnel de transcription serait par conséquent exigible, au moment même de l'enregistrement de la donation, s'il était vrai qu'en principe le droit de transcription peut être proportionnel, alors même que l'enregistrement de l'acte à transcrire ne donne lieu qu'à un simple droit fixe ; mais cette doctrine nous a paru inadmissible et nous l'avons écartée. (V. ci-dessus le n° 302.)

Nous tenons donc pour certain qu'aussi longtemps qu'une mutation conditionnelle, à titre onéreux ou à titre gratuit, reste suspendue, l'exigibilité des droits proportionnels, quels qu'ils soient, est et demeure suspendue comme elle. La condition dont elle dépend vient-elle à défaillir, le receveur n'a évidemment aucun droit à exiger, mais il ne restitue point le droit fixe qui a été acquitté : il l'a, en effet, perçu régulièrement, et tout droit régulièrement perçu est définitivement acquis (art. 60 de la loi du 22 frim. an VII). Se réalise-t-elle, au contraire, les droits proportionnels de mutation et de transcription sont exigibles alors sans déduction même du droit fixe précédemment acquitté ; cette imputation serait, en effet, une restitution, et nous venons de voir que le droit qui a été acquitté n'est point restituable, quand il a été régulièrement perçu (2).

---

(1) M. Labbé, *De la procédure de la purge,* p. 12.

(2) Consultez MM. Championnière et Rigaud, n°s 693, 694 et 726 ; —

Alors même qu'elles sont conditionnelles, les mutations à titre onéreux sont sujettes à transcription, d'après la loi nouvelle (V. ci-dessus le n° 14). Il pourra donc arriver qu'elles soient, *pendente conditione*, présentées au conservateur pour être transcrites. La formalité devra alors être effectuée au droit fixe de 1 fr., conformément à notre article 12. Mais, bien entendu, le droit proportionnel deviendra exigible si la condition suspensive auquel il est subordonné comme et avec la mutation qu'elle affecte vient à s'accomplir.

347. La cession de son droit par un acquéreur conditionnel devra également et par les motifs qui viennent d'être développés, être transcrite au droit fixe, si la formalité est requise *pendente conditione* (V. ci-dessus le n° 15); sauf ici encore à payer plus tard le droit proportionnel, si la condition qui tient tout en suspens s'accomplit.

348. Quant aux conventions affectées d'une condition résolutoire, les droits proportionnels d'enregistrement et de transcription sont immédiatement exigibles, puisque la mutation qu'elles opèrent est elle-même immédiate et actuelle.

La condition vient-elle, en se réalisant, résoudre le contrat qu'elle tenait révocable, deux cas sont à considérer : Si les droits ont été acquittés antérieurement à la résolution, ils demeurent acquis (art. 60 de la loi du 22 frimaire an VII); sinon, ils cessent d'être exigibles, car la transmission, qui pouvait y donner lieu étant réputée n'avoir jamais existé, il n'existe plus ni cause, ni base à leur perception. Ce point de droit a été très-savamment mis en lumière par M. Gabriel Demante, dans son *Exposé raisonné des principes de l'Enregistrement* (n°⁵ 43 et suiv.).

Nous reviendrons, au reste, sur cette matière lorsque nous aurons à faire, sous l'art. 4 de la nouvelle loi, la théorie générale des jugements et des actes amiables qui résolvent, annulent ou rescindent, au profit de l'aliénateur ou de son cessionnaire, des actes résolubles, annulables ou rescindables. Là se placeront notamment les explications que nécessiteront

Garnier, *Répert. génér.*, n°⁵ 3286, 3521, 3535 et 3545 ; — Gabriel Demante, n°⁵ 33 à 40 ; — Dalloz, *Répert.*, v° *Enregist.*, n°⁵ 272 et 292.

la résolution de la vente pour cause de réméré ou pour défaut de paiement du prix, sa rescision pour cause de lésion et aussi son annulation pour cause d'incapacité, d'erreur, de dol ou de violence.

349. Lorsque par l'effet d'un retrait le retrayant prend pour lui le marché du retrayé et se rend ainsi acheteur à sa place, cette subrogation n'opère point, de l'acquéreur originaire à l'acquéreur actuel, une seconde vente; elle n'opère même, bien qu'elle résolve rétroactivement le droit du retrayé, ni la résolution, ni la rescision du contrat primitif : elle implique, au contraire, son maintien ou sa conservation, puisqu'elle a pour effet d'y substituer un acquéreur à un autre (V. ci-dessus le n° 64) (1). Tout doit dès lors se passer, même au regard du fisc, comme s'il n'y avait eu réellement qu'une seule acquisition, l'acquisition que le retrait déplace, mais n'anéantit point, et un seul acquéreur, l'acquéreur actuel.

Ainsi les droits de mutation et de transcription ne sont point dus deux fois, l'une sur le retrait, l'autre sur l'acte originaire : le retrait ne donne lieu qu'à un simple droit de libération, sur les sommes remboursées, ou d'obligation sur les sommes dont le retrayant est resté débiteur (2) ; mais le sont-ils au moins sur l'acte originaire? La régie peut-elle les percevoir dès à présent? A supposer l'affirmative, peut-elle les exiger même après le retrait, au cas où elle ne les a pas antérieurement perçus ?

Tant que le retrait n'a point lieu, et aussi longtemps qu'il reste possible, la vraie nature de l'acte originaire est forcément *inconnue* ou plutôt *conditionnelle*. La personne investie de la faculté du retrait y renonce-t-elle expressément ou tacitement, l'acte s'appréciant eu égard à la qualité de l'acquéreur au nom duquel il a été conclu et au but qu'il s'est proposé en le concluant, n'est et ne peut être qu'un acte ordinaire de spéculation, une vraie *vente* en un mot. Le retrait a-t-il lieu, au contraire, l'acquéreur originaire s'effaçant, c'est par la qualité du retrayant et par la nature des rapports qui l'unis-

___

(1) En ce sens M. Demolombe, *Revue pratique*, tom. vii, p. 335.

(2) MM. Championnière et Rigaud, t. iii, n° 2160 ; — Gabriel Demante, n° 717.

sent au cédant avec lequel il est réputé avoir directement traité que se précisent et se dégagent les caractères réels de l'opération conclue entre eux par l'intermédiaire du retrayé. Or, dans l'hypothèse *du retrait successoral* (art. 841, C. N.), le retrayant étant le cohéritier du cédant et le retrait n'ayant d'autre objet que d'amener la cessation de l'indivision, la cession dont le retrayant est devenu le bénéficiaire n'est et ne peut être qu'un véritable *partage*. — Appliquée au *retrait d'indivision* (art. 1408, C. N.), la même donnée amènera le même résultat. Le marché que la femme prendra pour elle devra être, en effet, considéré comme un *partage*, puisqu'il fera cesser l'indivision existante entre elle et le copropriétaire avec lequel elle sera réputée avoir traité par l'intermédiaire de son mari.

Si, enfin, on passe au *retrait litigieux* (art. 1699, C. N.), l'acte originaire qui, dans le principe, n'a été qu'un acte de spéculation ou une cession ordinaire recevra, après le retrait, la nature et les caractères *d'une transaction*. Le retrayant et son adversaire étant, en effet, censés avoir directement traité entre eux, ils seront par là même réputés n'avoir eu d'autre objet en contractant que de terminer à l'amiable le procès qui les divise.

350. Ainsi plaçons-nous tout d'abord dans l'hypothèse du retrait d'indivision : bien que le mari ait déclaré acheter en son propre nom, c'est, pourra-t-on dire, l'affaire de sa femme qu'il a principalement et directement eue en vue. S'il achète pour lui-même, ce n'est que subsidiairement et pour le cas où sa femme ne consentirait point à ratifier l'opération, qu'il conclut pour elle. L'acte qu'il passe n'est donc, à son origine même, dans son principe, son objet et son but, *qu'un vrai partage*, sauf à devenir un contrat *de vente*, si la femme ne consent point à se l'approprier (1). Cela posé, deux hypothèses sont à prévoir. La femme ratifie-t-elle le marché conclu par son mari, l'acte demeure ce qu'il a été à son origine, un acte purement déclaratif ou *un partage*. Refuse-t-elle de se l'approprier, la condition sous laquelle le mari

---

(1) V. ce que nous avons dit sur ce point de droit, ci-dessus, p. 163, note 2, et dans la *Revue pratique*, t. VIII, p. 279, n° 64. — Dans le même sens, M. Troplong, *Cont. de mariage*, n°s 642, 644, 645 et 648.

avait acheté pour la communauté se trouvant accomplie, nous n'avons plus alors qu'un marché ou une *véritable cession*.

En somme, l'acte à tarifer dans l'espèce est, définitivement peut-être, mais provisoirement, sans aucun doute, un partage. Si donc la régie le soumet à l'impôt dès à présent et sans attendre le résultat ultérieur de l'option de la femme, elle doit le prendre avec les caractères actuels et provisoires qui lui sont propres et, en conséquence, le tarifer non comme *vente,* mais comme *partage;* sauf à percevoir plus tard, s'il prend la nature d'une *vente,* les droits de mutation et de transcription auxquels le soumettra sa transformation.

351. Bien que cette solution paraisse fort rationnelle, nous croyons que pour être dans le vrai il faut la prendre en sens inverse. Le mari qui achète la portion ou la totalité d'un immeuble dont sa femme est copropriétaire avec un tiers agit, sans doute, comme *negotiorum gestor* de sa femme, et pour faire cesser en sa faveur l'indivision dans laquelle elle se trouve; il est, en effet, naturel de supposer qu'il procède principalement dans cette vue, car on ne saurait présumer qu'il contracte dans la pensée coupable d'enlever à sa femme le droit si légitime d'avoir en totalité comme propre un bien patrimonial. Nous admettons ce point; mais il nous semble évident que *provisoirement* le mari achète pour la communauté. Autrement le cédant n'aurait point d'acheteur tant que durerait le délai accordé à la femme pour l'exercice de son droit d'option. Or se peut-il qu'il ait consenti à attendre, pendant nous ne savons combien d'années, 30 ou 50 peut-être, le paiement du prix qu'il a stipulé en retour de son droit indivis? C'est ce que personne n'admettra. Le cédant a contracté pour avoir un débiteur actuel, voilà ce qui est certain et incontestable. La femme ne peut pas quant à présent être ce débiteur, puisque la loi lui réserve un droit d'option qui l'affranchit de toute obligation tant qu'elle n'a point consenti a prendre le marché pour elle. C'est donc, au début, en la personne du mari, agissant comme chef de la communauté, que l'obligation de payer le prix stipulé par le cédant prend naissance; ce qui implique, par une corrélation nécessaire, l'acquisition provisoire de la chose vendue. Le mari, en un mot, est réputé avoir contracté en ces termes : j'achète pour ma femme, j'achète afin qu'elle ait comme propre la totalité de l'immeuble dont elle a déjà à ce titre une portion ; mais comme il se peut qu'elle ne ratifie point le partage que je conclus pour elle, j'achète provisoirement pour moi-même, afin que le cédant ne soit pas obligé d'attendre indéfiniment le paiement de son prix; provisoirement, c'est-à-dire pour m'effacer plus tard et céder l'opération à ma femme si elle consent à la faire sienne.

Ainsi, l'acquéreur actuel, c'est la communauté. L'acte dont s'agit constitue donc, à son origine, un véritable achat : il peut dès lors être tarifé à ce titre (1). Bien plus, et quoique sa nature ne soit que provisoire, la perception à laquelle il donne lieu demeure définitive, conformément au principe que le droit régulièrement perçu est irrévocablement acquis. Que si, au moment du retrait, aucun droit n'a encore été perçu, le droit particulier aux contrats de partage sera seul exigible alors, puisque, par la fiction du retrait, les choses se passeront comme si l'acte à tarifer n'avait été dès le principe qu'un partage proprement dit.

352. Il en sera de même dans l'hypothèse du retrait successoral et litigieux. Si les droits sont exigés avant le retrait, l'acte est irrévocablement tarifé comme vente ; sinon il ne peut l'être qu'à titre de partage ou de transaction.

353. Sur le remploi concernant la femme commune et accepté par elle *ex post intervallo,* c'est-à-dire par un acte postérieur à l'acte d'acquisition, nous avons, sous les n°s 56 et suivants, exposé trois systèmes.

Dans le premier, l'opération comprend deux contrats, l'un par lequel le mari acquiert, pour la communauté, l'immeuble qu'il achète, l'autre, par lequel il le revend à sa femme ou plutôt le lui donne en paiement de la créance qu'elle a contre la communauté, une vente d'un côté, une revente ou une *datio in solutum* de l'autre. Deux mutations distinctes et indépendantes ont lieu par conséquent. Chacune d'elles paiera donc séparément les droits proportionnels d'enregistrement et de transcription.

Dans le second, l'opération s'analysant en une gestion d'affaires accomplie par le mari pour sa femme, un seul contrat existe, un contrat unique qui fait passer *recta via,* du vendeur à la femme qui accepte, l'immeuble qu'il est réputé lui

_____

(1) M. Gabriel Demante, n°s 633 et 634.

avoir vendu directement. Les droits proportionnels d'enregistrement et de transcription ne sont dus par conséquent qu'une seule fois. L'unité de mutation implique l'unité de l'impôt.

Il en sera de même dans le troisième système, car, ainsi que nous l'avons montré, la subrogation de la femme au mari dans l'acte d'acquisition ne fait point qu'il y ait deux contrats distincts et par suite deux mutations : il n'y en a qu'une comme dans le second système.

354. Le paiement des *reprises* de la femme commune constitue une véritable opération *de partage* ou une *datio in solutum* ordinaire, suivant la distinction que nous avons faite sous le n° 47. Dans le premier cas, l'acte sera imposé comme *partage*. Dans le second, il subira le droit de vente (1).

355. Quant aux ventes et aux achats faits par un mandataire ou un gérant d'affaires, nous en avons traité sous les n°ˢ 28 à 33. Les principes que nous y avons exposés donnent la règle des droits dont ces divers actes sont passibles.

356. Il n'est point rare que, par excès de précaution, les parties requièrent la transcription d'actes qui, d'après l'ancienne législation et même sous la loi nouvelle, ne sont point de nature à être transcrits. La formalité est-elle, en ce cas, passible d'un droit de transcription? Sous la législation antérieure à la loi du 23 mars 1855, l'affirmative était admise en jurisprudence. La Cour de cassation décidait même que le conservateur était fondé à percevoir le droit proportionnel de 1 fr. 50 c. %. Ce droit, disait-elle, devient exigible du moment que dans leur intérêt bien ou mal entendu les parties requièrent la transcription de l'acte où leur convention se trouve relatée ; car loin que le conservateur puisse apprécier le motif de cette demande et se rendre juge de l'utilité ou de l'inutilité de la formalité requise, il est tenu de déférer

---

(1) En ce sens, M. Gabriel Demante, n°ˢ 644 *et suiv.* ; — Une dissertation de M. Merville, avocat-général à la Cour d'Orléans, *Revue pratique*, t. VII, p. 514 *et suiv.*, notamment p. 526 à 528. — M. Valette (*Revue pratique*, t. 4, p. 539 à 540) enseigne, au contraire, qu'au cas même où la femme renonce à la communauté, le paiement de ses reprises, quand il est effectué avec des biens de l'ancienne communauté, n'est point passible du droit de vente.

sans retard à la réquisition par laquelle on le met en demeure d'agir (1).

Il ne saurait en être de même aujourd'hui. Il est clair, en effet, que si les actes qui doivent être transcrits d'après la loi nouvelle, et ne devaient point l'être selon l'ancienne législation, ne donnent point ouverture au droit proportionnel de transcription (V. ci-dessus le n° 275), à bien plus forte raison doit-il en être de même de ceux qui, d'après la législation ancienne et selon la loi nouvelle elle-même, n'appartiennent par aucun côté au régime de la transcription. Ils devront donc être transcrits au droit fixe de 1 fr. (2). Peut-être même devrait-on aller jusqu'à dire qu'ils n'encourent aucun droit. Nulle loi, en effet, ne les soumet au droit proportionnel ou fixe de transcription, et il ne saurait y avoir aucun impôt en dehors de la loi (3).

357. Lorsqu'un acte sujet à transcription est relatif à des immeubles diversement situés, le droit doit être acquitté en totalité dans le 1er bureau où la formalité est accomplie. Le requérant qui justifie de cet acquit par un duplicata de quittance ne paie aux autres bureaux, où son titre doit être également transcrit, que le salaire du préposé (art. 26 de la loi du 21 ventôse an VII).

Il suffit qu'une portion, même minime, de l'un ou de l'autre des biens désignés dans l'acte à transcrire, soit située dans l'arrondissement du premier bureau où la formalité est donnée, pour que le conservateur soit fondé à exiger la totalité du droit (délib. du 19 mars 1825).

Le requérant qui a fait transcrire son contrat dans un bureau incompétent, peut réparer son erreur en le faisant transcrire là où il doit l'être. S'il justifie qu'il a déjà payé le droit, il n'est point tenu de le payer une seconde fois ; mais le timbre et les salaires du conservateur sont dus (décis. du Minist. des fin. du 28 sept. 1809.)

358. Les actes qui ont subi au moment de leur enregistrement le droit proportionnel de transcription, sont transcrits au simple droit fixe de 1 fr. (art. 61 de la loi du 28 avril 1816);

---

(1) Arrêts des 31 août 1826 et 11 mars 1829.

(2) Dans le même sens, M. Gabriel Demante, n° 143.

(3) Par analogie, MM. Championnière et Rigaud, n° 431.

mais s'ils intéressent, sans solidarité, plusieurs parties, comme lorsque plusieurs immeubles sont séparément, quoique par un même acte, vendus à des acheteurs divers, le droit fixe est dû séparément et pour le tout par chacun d'eux; car *effectu inspecto*, il y a autant de ventes qu'il y a d'acquéreurs distincts (lettre du Minis. des fin. du 18 mai 1821.— Instr. no 980).

359. Celui qui par un même acte acquiert plusieurs immeubles soit pour un prix unique, soit même pour des prix distincts, ne paie au contraire qu'un seul droit (décis. de l'adm. du 16 juillet 1819).

360. Les frais d'enregistrement et de transcription doivent être acquittés par l'agent, quel qu'il soit, à la requête duquel la formalité est donnée, sauf, s'il agit comme mandataire ou gérant d'affaires, à recourir, pour le recouvrement de son avance, contre le bénéficiaire qu'il a représenté. Ainsi, lorsqu'un acte qui intéresse plusieurs personnes est présenté par l'une d'elles à l'enregistrement, elle doit acquitter la totalité de l'impôt, sous la réserve du droit de se faire rembourser par ses co-intéressés la portion des frais qu'elle a avancée pour eux (lettres des minis. de la just. et des fin. des 17 et 28 mars 1809,—Instr. n° 433.—V. ci-dessus le n° 357).

361. Le vendeur qui a fait enregistrer et transcrire son contrat peut recourir pour le tout contre son acheteur (art. 1593 et 2155 C. N.); mais son recours est-il privilégié? Nous avons admis l'affirmative dans notre *Examen critique du commentaire de M. Troplong sur les priviléges* (1).

362. L'acquéreur qui a rempli les formalités de la purge peut de même, suivant nous du moins, se présenter à l'ordre et recouvrer, par préférence aux créanciers inscrits, le montant de ses frais de transcription (art. 774 C. pr.) (2).

(1) Ire partie, n° 161, p. 499. Consultez un arrêt, motivé d'une manière remarquable, de la Cour de Metz du 21 déc. 1837 (*Moniteur des Tribunaux* du 1er *janvier* 1860).

(2) V. le *Commentaire de la loi du 21 mai 1858*, par MM. Ollivier et Mourlon, n°s 546 *et suiv.*

SECTION V.

DE LA PUBLICITÉ DES REGISTRES ET DE LA RESPONSABILITÉ DES CONSERVATEURS.

SOMMAIRE.

363. De la publicité des registres. — Obligation pour le conservateur de les tenir constamment à la disposition du public et pour toute partie intéressée le droit d'y rechercher les renseignements que sa sécurité réclame.

364. Considérations de la Cour de Montpellier sur ce droit de recherche. Réformes proposées.

365. Système du projet. — La commission l'écarte et s'en tient aux anciens errements.

366. En quel sens les registres sont publics.

367. Le droit d'en requérir des extraits appartient à toute personne, sans distinction.

368 De la forme des réquisitions.

369. Si elles doivent être faites sur papier timbré.

370. Mesures à prendre par le conservateur qui les reçoit.

371. Elles ne peuvent être répondues que par écrit. Si le conservateur qui officieusement fait une communication verbale peut exiger un salaire ?

372. Des états ou extraits par lesquels les conservateurs répondent aux requérants. — Timbre. — Enregistrement. — Salaire.

373. Aux requérants et à eux seuls appartient le droit de fixer, par leur demande, l'étendue et la limite des renseignements que le besoin de leur sécurité réclame.

374. Ce principe ne souffre aucune exception ; mais il a besoin d'un tempérament : les conservateurs doivent se conformer à la volonté du requérant, toutes les fois qu'ils peuvent le satisfaire, sans sortir de leur rôle de copistes ou de certificateurs.

375. Des indications que la partie qui requiert un état général des transcriptions concernant l'immeuble au sujet duquel elle se renseigne doit fournir au conservateur pour le mettre sur la voie des recherches à faire.

376. *Quid*, si le registre ne contient aucune transcription ? *Quid*, dans le cas inverse ? Si les différentes inscriptions relevées sur le registre peuvent être écrites à la suite les unes des autres sur la même feuille ?

377. État spécial. — Le requérant peut indiquer, en la précisant, la transcription particulière dont il veut avoir copie.

378. Mais peut-il exiger que les renseignements qu'il réclame lui soient donnés sommairement, par extrait analytique des actes transcrits ? — Premier système. — Affirmative.

378 bis. Deuxième système. — Négative.

379. Le requérant peut-il se borner à demander s'il existe ou non sur le registre des transcriptions concernant tel immeuble appartenant à telle personne nommément désignée ? Affirmative.

380. Le conservateur doit comprendre dans son état les mentions qui peuvent se trouver en marge des transcriptions dont il donne copie. Il n'est point nécessaire que la réquisition soit expresse à cet égard.

381. Mais le requérant peut-il exiger copie des *mentions marginales* sans demander en même temps copie des transcriptions ? — Controverse. — Affirmative.

382. Le conservateur doit-il comprendre dans son état les transcriptions effectuées sur le registre particulier aux saisies ? — Distinction.

383. Des états d'inscription. — État spécial. — État partiel.

384. État supplétif ou complémentaire.

385. État général. — État sur individu. — État sur immeubles désignés.

386. État pour purger ou sur transcription.

387. Le requérant peut-il, sans donner aucune indication, forcer le conservateur de certifier sur le vendeur et *les précédents propriétaires désignés dans l'acte transcrit* ? — Affirmative.

388. Espèce particulière : — Vente d'un immeuble par l'un des époux. Intervention de l'autre époux à la vente. Réquisition par laquelle l'acquéreur demande que le conservateur certifie sur le *propriétaire-vendeur*.

389. Lorsqu'il résulte de l'acte transcrit que tel des anciens possesseurs de l'immeuble aliéné est, par l'effet d'un jugement de rescision, d'un partage ou de toute autre condition résolutoire, réputé n'en avoir jamais eu la propriété, le conservateur ne doit faire aucune recherche sous son nom et, par conséquent, il doit s'abstenir de certifier sur lui. S'il passe outre, il est tenu de supprimer sur son état les inscriptions qu'il y a indûment comprises et de restituer les droits perçus à leur occasion.

390. L'acquéreur qui requiert un état pour purger ou sur transcription, peut-il borner sa demande aux inscriptions prises contre son vendeur ou tel des anciens propriétaires qu'il désigne ? — Controverse. — Affirmative.

391. Si l'état pour purger ou sur transcription doit comprendre les inscriptions qui ont été prises dans l'entre-temps de la transcription à la réquisition ? — Distinctions.

392. *Quid*, quant à l'inscription qu'après la transcription effectuée le conservateur a dû prendre d'office contre l'acheteur ?

392 bis. Suite.

393. *Quid*, lorsque la transcription de l'acte de vente a eu lieu après la mort du vendeur ?

394. Les parties peuvent se borner à requérir des certificats purement *affirmatifs* ou *négatifs* d'inscriptions.

395. Peuvent-elles borner leur réquisition aux clauses où se trouve exposé dans les inscriptions le montant des sommes garanties ? — Négative.

363. Le registre des transcriptions et le registre des inscriptions appartiennent au public, puisqu'ils ont été institués afin de mettre sous ses yeux le signalement de la propriété

et le bilan de ses charges. De là pour le conservateur l'obligation de les tenir constamment à sa disposition et, par suite,
pour toute personne intéressée à les étudier, le droit d'y puiser
les renseignements que sa sécurité réclame.

Ce droit de recherche tient, par son essence même, à l'organisation du crédit, et, par le secours qu'il lui prête, au
développement de la richesse générale. Il est donc éminemment favorable !

Tout ce qui y fait obstacle ou le gêne dans son exercice est
un contre-sens juridique ; car s'il est vrai que la publicité des
actes qui déplacent la propriété ou la grèvent de certaines
charges est un élément d'ordre, tout ce qui l'entrave ou la
rend d'un accès difficile devient nécessairement un germe de
désordre.

364. C'est ce qu'avait parfaitement compris la Cour de
Montpellier : « Il n'y a, disait-elle dans sa réponse aux
questions de M. le garde des sceaux, lors de l'enquête
ouverte en 1844, sur les réformes à introduire dans le régime
hypothécaire, il n'y a de publicité réelle que celle qui résulte
d'un procédé d'investigation prompt, facile, sûr, peu dis-
pendieux, et, par suite, accessible à tous. Telle n'est point la
transcription. Pour acquérir la connaissance de l'état de
fortune immobilière de la personne avec laquelle on veut
traiter, il faut aller au chef-lieu de l'arrondissement, où sont
concentrées les opérations hypothécaires. Les registres ne sont
pas ouverts au public ; on ne peut y puiser que par l'intermédiaire du conservateur et en recevant de lui, sur papier
timbré et à grands frais, l'extrait souvent volumineux de ses
registres. Cette dépense est peu importante lorsqu'on a déjà
traité ; mais on recule devant elle, quand on n'en est encore
qu'aux préliminaires de la convention ; et c'est précisément
alors qu'on a le plus besoin de s'éclairer » (1).

Quoique de détail, ces entraves nuisent plus qu'on ne
pense à la facilité des transactions. Afin d'y porter remède, la
Cour proposait deux moyens. Si, disait-elle, le cadastre rece-
vait une organisation plus développée et propre à la faire
concourir avec les registres des conservations hypothécaires à
la manifestation des propriétés immobilières, les parties

(1) *Documents relatifs au régime hypothécaire*, t. I, p. 340 et 341.

pourraient trouver dans des dépôts publics très-rapprochés tout au moins l'indication des principales transformations de la propriété. Dans tous les cas, pourquoi ne pas donner plus d'extension à la publicité des registres et y autoriser, moyennant une rétribution modérée, des recherches analogues à celles qui se pratiquent dans les greffes?

Ces recherches n'auraient eu d'autre objet que de fournir au requérant des indications sommaires. Quant aux détails, ils auraient été donnés, à supposer que le requérant eût jugé à propos de les obtenir, dans des extraits en forme, auxquels aurait été attachée la responsabilité du conservateur (1).

365. En 1855, ces idées parurent fort sages. Le projet de loi s'y était en partie conformé. Il consacrait, en effet, la transcription par simple extrait (V. ci-dessus le n° 218), et, par suite, la faculté pour les parties d'obtenir sans retard et à peu de frais la connaissance des faits qui, à les supposer existants, seraient de nature à leur nuire (2). Mais, soit que la commission n'ait pas aperçu les précieux avantages de l'amélioration projetée, soit que des vues fiscales l'aient influencée à son insu, soit enfin qu'elle ait craint d'amoindrir les émoluments des officiers préposés à la tenue des registres, les anciens errements ont en définitive prévalu : on a ouvert un port de refuge sans enlever les écueils qui en embarrassent l'entrée! (V. ci-dessous les n°s 378 et 378 *bis*.)

La donnée du projet sera comprise quelque jour, et peut-être alors s'étonnera-t-on qu'une idée si élémentaire ait, à son origine, rencontré de si aveugles résistances; mais, en attendant qu'elle fasse tomber cette ligue formidable des opinions préconçues et que, sous la pression de l'évidence, elle ramène à elle les esprits rebelles, tâchons tout au moins d'expliquer rationnellement la loi présente, si nous ne voulons point en exagérer les défauts.

366. Quoique les registres appartiennent au public, les

---

(1) *Loc. cit.*, t. III, p. 492 à 495.—Ce système était pratiqué dans notre ancienne jurisprudence. Les préposés à la tenue des registres des insinuations devaient, en effet, les *communiquer* sans déplacement à tous ceux qui les demandaient et fournir des extraits à tout requérant (art. 3 de la Déclaration du 17 février 1731).

(2) Art. 3 et 5 du projet. — V. ci-dessus le n° **378**.

parties intéressées à les consulter ne sont point néanmoins autorisées à les compulser elles-mêmes pour y recueillir de leurs propres mains les renseignements d'où dépend leur sécurité. Sous ce rapport, ils sont et demeurent lettres closes (ins., n° 416). Ils ne sont publics, en effet, qu'en ce sens seulement, qu'il est enjoint aux officiers préposés à leur conservation de délivrer à tout requérant copie des transcriptions et des inscriptions qui s'y trouvent, ou certificat qu'il n'en existe aucune (art. 2196, C. N.).

367. Ce droit de réquisition appartient à toute personne, sans distinction (art. 2196, C. N.). Que le requérant agisse par tel motif ou par tel autre, il n'importe : le conservateur n'a aucune justification à lui demander.

368. Les réquisitions doivent être faites par écrit et signées des parties : quand elles sont verbales, le conservateur n'y doit point déférer. Cette mesure profite et au conservateur dont elle sert à couvrir la responsabilité, et au requérant lui-même, puisqu'elle lui fournit le moyen d'établir, d'une part, les retards dont il peut avoir à se plaindre, et de vérifier, d'autre part, si la copie qui lui est remise est conforme à sa demande.

Si le requérant ne sait point signer, le conservateur transcrit en tête de la copie qu'il délivre les termes dans lesquels la demande verbale lui a été adressée. L'article du registre des salaires doit alors énoncer que le requérant a déclaré ne point savoir signer (inst. gén. des 17 janv. 1841, n° 1626, et 25 avril 1845. — Circul. du 17 janv. 1811).

Les parties qui ne savent que signer peuvent faire rédiger leur demande, soit par un notaire, soit par un simple particulier, soit enfin par le conservateur lui-même, ou par quelqu'un de ses employés (1).

369. Les réquisitions doivent être, d'après M. Troplong, écrites sur papier *timbré ;* ainsi le prescrit, dit-il, une circulaire du 17 janvier 1811 (2).

M. Baudot enseigne au contraire qu'on les peut ranger dans la classe des actes d'ordre intérieur, et qu'ainsi elles sont, à ce

---

(1) V. le *Journ. des Conservateurs*, art. 32. — Conf. M. Hervieu, *Résumé de jurisp.*, p. 152, 2ᵉ édit. ; *Solut. de l'admin. du mois de nov.* 1843.

(2) *Transc.*, n° 254.

titre, affranchies de la formalité du timbre (1). Tel est aussi le
sentiment de M. Hervieu (2), qui cite à l'appui une décision
du ministre des finances du 6 janvier 1841.

La donnée de M. Baudot ne nous semble point exacte. Les
actes de réquisition ne sont point de simples actes d'ordre
d'intérieur ; ils sont, en effet, destinés à faire, en cas de
conflit, preuve au profit du conservateur contre le requérant,
ou réciproquement (V. le n° 260). La loi du timbre les régit
par conséquent.

370. Le conservateur doit les annoter du numéro de l'article du registre des salaires où doit être inscrite la copie qu'il
délivre ; il importe, en outre, qu'elles soient enliassées
par ordre de dates et de réceptions, afin qu'elles puissent être
facilement retrouvées, lorsque leur représentation est nécessaire (décis. du minis. des fin. du 6 janv. 1841, inst. 1626).

371. Elles ne peuvent être répondues que par écrit. Une
instruction de la régie défend, en effet, aux conservateurs de
faire aucune communication verbale (n° 316). Cette défense
n'a point, il est vrai, de sanction légale ; mais, comme la loi
réglementaire du salaire dû aux conservateurs n'a trait
qu'aux renseignements qu'ils délivrent par écrit (V. le décret
du 24 sept. 1810), nous sommes obligé de reconnaître, avec
M. Persil (3), que ceux qu'ils donnent bénévolement de vive
voix, sont forcément gratuits. Le conservateur qui, en pareil
cas, exige un salaire, manque à son devoir ; car de deux
choses l'une : ou la partie qu'il renseigne ne lui a rien promis et alors il se fait payer ce qui légalement ne lui est point
dû, ou il a pris soin de stipuler, avant de la satisfaire, un
salaire déterminé et il oublie alors le caractère public dont la
loi l'a revêtu.

372. Les états ou extraits des registres par lesquels les conservateurs répondent aux réquisitions des parties doivent
être écrits sur papier de la débite ordinaire portant indication,
par le timbre, du prix de chaque feuille. Ils sont dispensés
de la formalité de l'enregistrement (déc. du 21 mars 1809,
inst. n° 433), et, comme les actes notariés, expédiés sur papier

(1) *Traité des form. hyp.*

(2) *Loc. cit.*, p. 152.

(3) *Rég. hyp.*, art. 2196, n° 2.

timbré, à 1 fr. 25 cent. la feuille (décis. du minis. des fin. du 10 fév. 1807).

Le décret du 21 janvier 1810 fixe le salaire dû par le requérant au conservateur qui les délivre.

373. Ainsi que nous l'avons dit, les conservateurs ont été institués pour donner aux parties qui se renseignent près d'eux les indications qu'elles réclament : ils ne le doivent jamais oublier. Leurs réponses doivent donc être conformes aux demandes qui leur sont adressées. S'ils ne disent point *tout* ce que le requérant veut savoir, ils violent la loi, puisqu'ils voilent, par leur silence, les faits dont elle prescrit la publicité. S'ils disent *plus* qu'il ne leur est demandé, ils la méconnaissent encore ; car, par l'excédant de salaire et de frais dont ils imposent la charge aux parties, ils tendent à rendre la publicité plus onéreuse que la loi ne l'a faite et, par suite, moins facilement accessible qu'elle ne doit l'être.

S'il existe en droit des principes certains, celui que nous venons de rappeler en fait évidemment partie. Il s'est trouvé cependant des conservateurs qui l'ont contesté, et, ce qui est plus grave, des tribunaux qui, leur venant en aide, n'ont pas craint de prêter leur appui à cet affreux contre-sens : les registres étant publics, les parties y peuvent recueillir les indications qui les intéressent ; toutefois, elles doivent recevoir et par conséquent payer non-seulement les renseignements qu'elles désirent avoir, parce qu'ils peuvent leur être utiles, mais encore ceux qu'elles ne réclament point, parce qu'elles n'ont aucun intérêt à les obtenir.

Quelle singulière conception ! nous ne la prendrons certainement pas au sérieux. De même qu'on ne discute point l'absurde, l'évidence s'affirme. Aux requérants et à eux seuls appartient le droit de fixer, par leur demande, l'étendue et la limite des renseignements que le besoin de leur sécurité réclame. Leur intérêt privé est ici seul en jeu ; seuls par conséquent ils en sont juges. C'est ce qu'enseigne l'administration elle-même. Il n'est point, dit-elle, permis au conservateur de donner aux parties des renseignements qu'elles ne demandent pas. Son devoir est de se conformer rigoureusement à leur volonté (inst., nᵒˢ 316 et 1046).

374. Telle est la règle ; aucune exception n'en limite la portée, mais elle a besoin d'un tempérament.

La loi ne s'est point, en cette matière, exclusivement préoccupée de l'intérêt des tiers ; elle a également songé à protéger les conservateurs eux-mêmes : le lecteur se rappelle, en effet, que si elle a refusé de les obliger à faire, sous leur responsabilité, des transcriptions *par extrait*, c'est principalement parce qu'elle a considéré que le travail que ce mode de procéder nécessiterait, les soumettrait à des soins trop périlleux (V. ci-dessus le n° 218). Cet esprit de protection se retrouve partout, car partout on la voit borner leur office au rôle d'un certificateur ou d'un simple copiste. Ils *copieront*, dit-elle, sur leurs registres les bordereaux d'inscriptions qui leur seront présentés à cet effet (art. 2150). *Ils transcriront en entier* les actes de mutation destinés à la publicité (art. 2181). Ils délivreront *copies* des actes transcrits ou inscrits sur leurs registres (art. 2196). Un peu d'exactitude et leur responsabilité sera sauve : voilà le but cherché. En aucun cas ils ne pourront être contraints d'apprécier le mérite ou la validité des actes qui se trouvent sur leurs registres ; jamais ils ne pourront être forcés d'en faire un extrait analytique ; nul, en un mot, ne pourra exiger d'eux qu'ils se livrent à un travail d'esprit qui, leur étant propre, engagerait de trop près leur responsabilité : voilà la règle établie.

Ainsi, en somme et pour tout dire en une formule unique : ils doivent se conformer à la volonté des requérants, toutes les fois qu'ils peuvent les satisfaire sans sortir de leur rôle de copistes ou de certificateurs.

375. Ce principe étant admis, passons aux applications.

Les tiers qui, avant de traiter avec un propriétaire apparent, veulent s'assurer que l'immeuble qu'il propose d'aliéner ou d'hypothéquer lui appartient réellement, ont une double vérification à faire. Ils ont, en effet, à rechercher si ses auteurs étaient eux-mêmes propriétaires et, à supposer ce premier point résolu affirmativement, s'il a ou non conservé la propriété qu'il tient d'eux. Ils ne doivent donc point se borner à requérir copie des transcriptions concernant les aliénations qui ont pu être consenties par le possesseur actuel de l'immeuble au sujet duquel ils se renseignent : leur sécurité ne serait point complète, s'ils n'exigeaient en même temps copie des transcriptions qui ont eu lieu du chef des précédents propriétaires.

Le requérant doit fournir au conservateur les indications nécessaires pour le mettre sur la voie des recherches à faire. Nous rappelons à ce sujet que le système de publicité tel qu'il est organisé chez nous repose tout entier, non point sur les immeubles désignés dans les actes sujets à transcription, mais sur les noms, prénoms, professions et domiciles des propriétaires qui les aliènent, et qu'ainsi il serait impossible au conservateur de donner les renseignements qu'on lui réclame, si le requérant n'avait le soin de joindre à l'indication des biens qu'il a en vue, la désignation, nous ne dirons point de la personne qui les possède actuellement et de toutes celles qui les ont précédemment possédés, ce serait aller trop loin, mais au moins de l'une d'elles (V. le n° 210). Le requérant, dit avec beaucoup de raison M. Troplong, devra désigner non pas seulement un immeuble, mais encore une personne actuellement ou anciennement propriétaire..... Le conservateur remontera alors ou descendra la chaîne des mutations selon le désir du requérant. Que si des mutations ont eu lieu par décès, les noms et prénoms des héritiers des propriétaires décédés devront lui être indiqués; autrement, la chaîne des transmissions se trouvant rompue, il lui serait impossible de continuer ses investigations (1).

376. Lorsqu'il n'existe sur les registres aucune transcription, le conservateur le déclare par un acte qui, à raison de son objet, est appelé *certificat négatif*.

S'il y trouve une ou plusieurs transcriptions, il en fait une ou plusieurs copies.

— Il ne lui serait point permis, si nous en devons croire les auteurs les plus autorisés en cette matière, de mettre sur un même acte les transcriptions qu'il relève. Chacune d'elles devrait avoir sa copie particulière et séparée (2).

Nous ne saurions nous ranger à cet avis. Il est bien vrai qu'il ne peut être fait ni expédié *deux actes* à la suite l'un de l'autre sur la même feuille de papier timbré (art. 23 de la loi du 13 brumaire an VII); mais les différentes copies que le conservateur délivre au requérant ne constituent, par leur ensemble, *qu'un* seul et même acte, puisqu'elles tendent toutes au

---

(1) *Trans.*, n₀ 252.

(2) Journ. de l'Enreg., 12706, n° 5. — Hervieu, *loc. cit.*, p. 113, 377.

même objet et qu'elles se complètent l'une par l'autre. Le conservateur qui les délivre réunies et écrites à la suite les unes des autres ne fait point deux ou plusieurs états, il n'en fait qu'un.

377. Les parties ne demandent, au reste, un état *général* des transcriptions qu'autant qu'elles le jugent à propros : elles peuvent, en effet, si elles le préfèrent, borner leur demande à un état *spécial* (art. 5 de la loi nouvelle). De là pour elles le droit d'indiquer, en la précisant, la transcription particulière dont elles désirent avoir copie (V. le rapport de M. de Belleyme).

Il est vrai qu'en limitant ainsi leurs recherches, elles courent un risque, mais le conservateur n'a point, que nous sachions, la garde de leur intérêt. Dans la plupart des cas d'ailleurs le risque auquel elles s'exposent est purement nominal, car si le requérant croit devoir délaisser certains renseignements, c'est qu'apparemment il les a déjà obtenus par une autre voie, ou que tout au moins il a d'excellentes raisons qui l'autorisent à les négliger.

378. Ainsi, l'état qu'il lève devra être général ou spécial, au gré de son désir. Mais faut-il aller plus loin et lui reconnaître le droit d'exiger que les renseignements qu'il réclame lui soient donnés sommairement, par extrait analytique des actes transcrits (1)? M. Hervieu, qui a soutenu l'affirmative (2), a rallié à son opinion deux auteurs d'un grand poids, M. Bressoles (3) et M. Paul Pont (4). Nous ne la croyons point pourtant admissible. Mais voyons d'abord comment on la motive.

La loi, a-t-on dit, a dû permettre aux intéressés, on doit du moins le supposer, d'acquérir à peu de frais la connaissance des actes transcrits. Or, si, pour l'obtenir, ils sont obligés de recevoir *copie entière* des transcriptions que le conservateur relève sur son registre, qu'arrivera-t-il? ils reculeront devant l'énormité du prix mis aux renseignemeuts qu'ils au-

---

(1) L'affirmative était admise par l'art. 4 de la Déclaration du 17 février 1731 enregistrée le 9 mars. V. Denisart, au mot *Insinuation.*

(2) *Interprét. de la loi du 23 mars* 1855, p. 192 à 195.

(3) *Exposé des règles de droit civil résultant de la loi du 23 mars* 1855, nº 70.

(4) *Priv. et hyp.*, nº 269. — V. dans le même sens le *Journ. des not.*, articles 157, 33.

ront à réclamer! Qu'on suppose, en effet, que le même immeuble ait plusieurs fois changé de mains ou que le même propriétaire l'ait aliéné par parcelles : le requérant aura à payer nous ne savons combien de copies, 10, 15 ou 20 peut-être. Chaque copie coûtera 3 fr. 25 cent. au moins, souvent 10 fr. et plus. Qu'on fasse alors le total des frais et que l'on considère s'il se peut que la loi ait ainsi placé au seuil de la publicité un obstacle à peu près insurmontable !

Ses termes mêmes indiquent suffisamment qu'elle n'a point commis une aussi grosse inconséquence. Remarquez, en effet, que, tandis que, d'après le Code Napoléon, le conservateur est tenu de délivrer à quiconque l'en requiert *copie* des actes transcrits (art. 2196), elle l'oblige aujourd'hui à délivrer l'*état* général ou spécial des transcriptions. Cette variante est décisive, car elle implique une innovation. Il est clair, en effet, que si la loi avait entendu persévérer dans les anciens erre-ments, elle n'eût point manqué de dire, ainsi qu'elle l'avait fait jusqu'à ce jour : Le conservateur délivre *copie* générale ou spéciale des actes transcrits sur son registre. Si elle a aban-donné la formule consacrée, c'est qu'évidemment elle a entendu écarter l'idée qui y est exprimée, et par conséquent remplacer la copie littérale et entière des actes par un extrait analytique, sous la forme d'un état.

L'historique de sa rédaction lève d'ailleurs tous les doutes ; nous avons dit déjà que, d'après l'art. 3 du projet, les actes sujets à la formalité de la transcription étaient portés sur le registre du conservateur par un extrait sommaire contenant les noms, prénoms et domiciles des parties, la date de l'acte ou du jugement, la nature et la situation de l'immeuble, la nature des droits transmis ou reconnus par l'acte ou le juge-ment et aussi le jour et l'heure du dépôt (V. ci-dessus les nos 218 et 365). L'art. 6 (aujourd'hui l'art. 5) ajoutait que le conservateur serait tenu de délivrer, à tout requérant, l'état des transcriptions prescrites par les articles précédents.

Personne, assurément, ne niera que les parties n'eussent, dans ce système, le droit de se renseigner en levant *les ex-traits* qui devaient se trouver sur le registre. Or, si l'art. 3 du projet a été supprimé, son article 6 (devenu dans la loi l'art. 5) est resté debout et avec lui naturellement le droit qu'il con-sacrait, à savoir : la faculté de se renseigner par simple extrait.

C'est ce dont on peut se convaincre en se reportant à la discussion même engagée sur ce point au Corps législatif. M. Duclos y déclara, en effet, que, d'après lui, l'art. 5 devait être entendu dans le sens qu'il avait à l'origine, c'est-à-dire alors qu'il se rattachait au système consacré par l'art. 3 du projet ; or, aucune voix ne s'éleva contre cette interprétation.

378 *bis*. Ces considérations ne nous ont point convaincu. Qu'il eût été logique d'autoriser les *transcriptions* et, par suite, les *états* par simples extraits, nous sommes loin de le nier (V. ci-dessus les n°s 363 et 365), mais à tort ou à raison, elle a rejeté la première partie de ce système, et, par une corrélation nécessaire, ce rejet implique, suivant nous du moins, l'abandon de la seconde partie. Si, en effet, elle a décrété qu'au lieu de transcrire par extraits les actes que la publicité réclame, on les devra copier littéralement et dans leur entier sur le registre, c'est, — M. Debelleyme, son rapporteur, nous l'apprend lui-même, — parce qu'elle a pensé que les transcriptions sommaires ou abrégées « n'offriraient ni les mêmes garanties ni les mêmes avantages que le mode de procéder suivi jusqu'à ce jour; c'est, qu'en un mot, elle y a vu des *inconvénients* et des *dangers*. » Or, ces inconvénients et ces dangers, quand et comment peuvent-ils avoir lieu, si ce n'est au moment de la délivrance des états et par la manière même dont ils sont délivrés ? On ne saurait le nier, car il est de toute évidence que les registres n'ont de valeur et que leur utilité ne se produit que par les communications qu'en obtiennent les parties : ce qu'elles ont, en effet, le droit de voir, ce ne sont point les registres ou les *transcriptions* qui s'y trouvent, mais uniquement les actes où les conservateurs les reproduisent, c'est-à-dire les états qu'ils remettent entre leurs mains. Dès lors qui ne comprend que, si la transcription par extrait est, selon la loi, pleine d'*inconvénients* et de *dangers*, c'est qu'à ses yeux la copie qui en serait remise aux tiers intéressés à l'obtenir ne leur donnerait qu'une connaissance très-imparfaite des actes transcrits, et qu'ainsi, du moment qu'elle a défendu au conservateur de faire des transcriptions sommaires ou abrégées, elle n'a pas pu, sans se contredire, tolérer les états par simples extraits?

Qu'on ne dise point que, si elle a voulu que les actes soient transcrits en leur entier, c'est afin de laisser aux parties la faculté d'en obtenir, selon les circonstances et au gré de leur intérêt, une copie intégrale et complète ou une copie sommaire et analytique : jamais elle n'a songé à cette alternative ! et, en effet, que prescrivait-elle dans le projet? elle voulait que les conservateurs fussent tenus de délivrer, lorsqu'ils en seraient requis, l'état des transcriptions effectuées sur le registre selon le mode prescrit par l'art. 3. Leur office consistait donc, en ce qui touche leurs rapports avec les tiers, à dresser un acte de *tous points conforme au registre* et à le remettre au requérant. Or, la disposition par laquelle ce point était réglé est restée dans la loi ce qu'elle était dans le projet; donc l'idée qui y avait été déposée est encore la même; donc l'office du conservateur consiste toujours à remettre au requérant la copie fidèlement exacte du contenu de son registre.

La donnée contraire aurait forcément amené, si on l'eût admise, un remaniement de l'art. 6 du projet : au lieu d'imposer simplement au conservateur l'obligation de délivrer des états, c'est-à-dire, selon nos adversaires, des copies sommaires et analytiques des transcriptions, on l'eût astreint à procéder *par extrait* ou *par copie entière* au gré des parties. Rien de semblable n'a eu lieu ; rien, par conséquent, ne nous autorise à admettre l'alternative qu'on nous oppose, ni le texte de la loi, puisqu'il ne la contient point, ni son esprit, car bien loin qu'il lui soit favorable, il y résiste, au contraire, très-visiblement. Nous avons vu, en effet, que si la loi s'est décidée à prescrire la transcription *littérale et entière* des actes sujets à la formalité, ç'a été surtout afin de ménager la responsabilité des conservateurs : elle a considéré que les contraindre de rédiger eux-mêmes, à leurs risques et périls, des résumés analytiques, c'eût été rendre leur charge trop gravement périlleuse (V. ci-dessus le n° 218). Or, dès qu'elle se plaçait à ce point de vue, elle a dû évidemment les protéger contre le danger des extraits, non point seulement au moment des transcriptions, mais encore et surtout même au moment de la délivrance des états.

Vainement nous oppose-t-on qu'en laissant dans l'art. 5 le mot *état* qui se trouvait dans l'art. 6 du projet, elle semble indiquer par là même que dans sa pensée les requérants peuvent, à leur gré, exiger *copie entière* des actes transcrits, ou

se borner à réclamer un *simple extrait* des transcriptions.
Cet *état*, nous venons de le montrer, n'était autre, dans le
projet lui-même, que la *copie entière* des transcriptions ;
dès lors, et quoiqu'elle ait changé le mode de transcrire,
la loi a pu maintenir dans sa rédaction définitive le mot
état, puisqu'il s'adapte tout aussi bien au système qu'elle
a fait prévaloir qu'au système qu'elle a écarté. M. de Belleyme confirme notre explication, car, ainsi qu'on peut
s'en convaincre en se reportant à son rapport, il ne voit
qu'une seule et même chose dans l'*état* ou la *copie* des transcriptions : « L'art. 6 du projet a été, dit-il, complété par
l'addition des mots *état* spécial. Cette addition a pour but de
faire comprendre que l'on a le droit de désigner aux conservateurs la transcription dont on désire avoir *la copie*. »

M. Duclos, il est vrai, a déclaré que, selon lui, le rejet de
l'art. 3 du projet n'entraînait point la suppression du droit
que l'art. 6 accordait aux requérants de se renseigner par de
simples extraits ; mais cette affirmation n'a que la valeur
d'une opinion individuelle. Ajoutons que le passage d'où on
la tire est peu clair, car, si nous l'avons bien compris, il en
résulterait que, selon le même orateur, la loi aurait permis
de procéder par extrait tant sur les registres que dans les
états délivrés aux requérants. Or, personne assurément n'ira
jusque-là. (Voir ci-dessus le n° 218.)

Ainsi, les conservateurs ne peuvent, en aucun cas, être
contraints d'*analyser* et de *résumer* les actes transcrits sur
leurs registres. Ce travail engagerait de trop près leur responsabilité, car, outre qu'il faudrait pour le bien faire une attention minutieuse, il se pourrait qu'il soulevât des difficultés
d'appréciation très-compromettantes. Le conservateur devrait,
en effet, y préciser la *nature* des droits constitués ou déplacés
par la convention relatée dans l'acte transcrit, et personne
n'ignore combien cette détermination est parfois délicate (1).

379. N'exagérons rien pourtant ! Le conservateur qui refuse
de répondre à une réquisition d'*extrait analytique*, est parfaitement dans son droit, nous le croyons fermement ; mais
nous n'hésitons pas à dire que son refus cesserait d'être légitime au cas où le requérant se bornerait à demander s'il

_____

(1) Comp. le *Journ. de l'enreg.*, art. 16280.

existe ou non sur son registre des transcriptions relatives à tel immeuble possédé par telle personne nommément désignée. Quel prétexte pourrait-il, en effet, invoquer à l'appui de son refus? le soin de sa responsabilité? mais on ne lui demande aucune appréciation, aucun travail d'analyse ou de rédaction! ce qu'on lui réclame, c'est tout simplement un oui ou un non. Le certificat par lequel il fera sa réponse ne l'exposera même point, tant son office sera alors simplifié, aux périls auxquels le soumettrait le travail des copies qu'il serait obligé de faire, si le requérant jugeait à propos de l'exiger.

Qu'il ne dise point que la loi ne l'oblige qu'à délivrer des copies ou des certificats *négatifs* (art. 2196, C. N.; décret du 21 septembre 1810, n° 8 du tableau), et qu'ainsi c'est le forcer de sortir de ses attributions que le contraindre de délivrer des certificats *affirmatifs.* Ce ne serait encore qu'une vaine allégation. La disposition par laquelle la loi l'oblige à délivrer des certificats *négatifs* n'a, en effet, rien d'exclusif; il est donc permis de n'y voir qu'une application particulière d'un principe beaucoup plus général et sous-entendu. Ce principe, nous en avons précédemment donné la formule : les conservateurs, nous l'avons vu, ne doivent jamais refuser les renseignements qu'ils peuvent donner sans être obligés de recourir à un travail qui, leur étant propre, les exposerait à de trop grands périls. (Voir ci-dessus les n°ˢ 373 et 374.) Or, dans l'espèce, la réponse qu'on réclame d'eux est telle qu'ils la peuvent faire en toute sécurité !

Qu'ils n'oublient jamais que la loi les a précisément institués pour répondre aux parties qui se renseignent près d'eux. Là est essentiellement leur office. Ils s'en écartent et méconnaissent la pensée de la loi, lorsque, par des craintes irréfléchies, ils entravent la publicité des actes dont l'existence peut affecter le droit des tiers. Les scrupules qu'ils élèvent, dit avec une grande raison la Cour de cassation, ne sauraient être accueillis quand le doute sur lequel ils s'appuient n'a aucune espèce de fondement (1).

La loi réglementaire des tarifs dus aux conservateurs ne contient, il est vrai, rien qui ait trait aux certificats *affirma-*

_____

(1) Consultez un jugement du tribunal de Fontainebleau du 18 juin 1857. On le trouve dans le *Journ. de l'Enreg.*, n° 2180, art. 16941.

tifs, mais comme elle est purement bursale, ce serait l'étendre hors de son objet que prétendre qu'elle exclut implicitement les formalités qu'elle ne rappelle point. Ainsi, bien que les inscriptions prescrites par l'art. 958 du Code Napoléon n'aient été nulle part tarifées, personne n'a jamais douté que les conservateurs ne soient tenus de les effectuer, lorsqu'ils en sont requis. La demande d'un requérant peut donc être légitime, quoique l'acte qu'il demande ne soit point tarifé. Le salaire à payer en pareil cas se règle, eu égard à l'analogie qu'il peut y avoir entre la formalité réclamée et telle ou telle autre formalité énoncée au tarif. Ainsi, dans l'espèce, le certificat affirmatif subira le salaire d'un état négatif (1) (1 franc 2 centimes par chaque certificat. — Décret du 21 septembre 1810, n° 8).

Peut-être nous fera-t-on une objection d'une autre nature. Si les parties, dira-t-on, peuvent se borner à lever des certificats affirmatifs, les états par copies entières deviendront plus rares. De là une atteinte aux droits du fisc qui, en effet, perdra la portion qu'il est autorisé à prélever sur les droits perçus pour la délivrance des états; or, les conservateurs ne doivent point prêter leur office à des actes incompatibles avec les droits du trésor.

Cette considération serait décisive peut-être, s'il était certain que la loi s'est préoccupée en cette matière de l'intérêt du fisc et qu'elle lui a subordonné ses prescriptions; mais, comme rien ne l'établit, il est plus naturel de penser qu'elle n'a eu, au contraire, d'autres vues que celles que lui a suggérées un intérêt supérieur, devant lequel tout autre intérêt s'efface, l'organisation large et féconde du crédit public. Ce qui le prouve et lève toute espèce de doute à cet égard, c'est que par un décret du 24 novembre 1855, l'Etat, voulant rendre plus facile et moins onéreuse l'exécution de la loi nouvelle, a renoncé, *dans l'intérêt des transcrivants,* au droit que lui attribuait l'ordonnance du 21 mai 1816, de prélever, pour le compte du trésor, la moitié des salaires dus aux conservateurs pour la transcription des actes de mutations.

380. Nous verrons bientôt qu'au cas où la convention dé-

---

(1) Comp. l'ordonnance du 14 juin 1829, concernant l'organisation de la conservation des hypothèques à la Martinique, table des salaires, n° 16.

crite dans un acte transcrit est annulée, rescindée ou résolue par un jugement passé en force de chose jugée, il doit en être fait mention en marge de la transcription (art. 4). Ces mentions marginales ont été prescrites, afin de prévenir les tiers que le bénéficiaire de l'acte transcrit a rétroactivement cessé de l'être, et qu'ainsi n'ayant plus aucun droit, il n'en peut plus transmettre aucun. Elles sont donc, par la nature même de leur objet, liées par la plus étroite affinité aux transcriptions qu'elles affectent. Aussi la loi veut-elle que les conservateurs les comprennent, concurremment avec les transcriptions dont elles font en quelque sorte partie, dans les états qu'ils délivrent aux requérants (1).

Il semblerait toutefois, à ne consulter que les termes de notre art. 5, que cette obligation n'existerait qu'autant que la réquisition aurait cumulativement trait « aux transcriptions et aux mentions; » mais la nature même des choses indique suffisamment que telle n'est point la pensée de la loi. Lors, en effet, que je demande au conservateur s'il existe sur son registre la transcription d'un acte portant aliénation d'un tel immeuble par un tel, il est manifeste que si je tiens à obtenir ce renseignement, c'est afin de savoir si le propriétaire que je désigne l'*est encore*. Or, la réponse du conservateur ne serait point conforme à ma demande, s'il me donnait copie de la transcription, sans y ajouter la copie de la mention qui se trouve en marge : elle ne remplirait point le but auquel je tends, car que m'apprendrait-elle? que le propriétaire désigné dans ma réquisition ne l'est plus, tandis que précisément il n'a jamais cessé de l'être!

381. Ainsi, la réquisition de l'état des *transcriptions* com-

_____

(1) Le conservateur, requis de délivrer l'état, 1º des transcriptions.... 2º des mentions qui se trouvent en marge, n'a jamais droit qu'à un salaire unique; car, comme les mentions, quand il en existe, sont en marge des transcriptions, il trouve à la fois sur son registre tout ce qu'il doit comprendre dans l'état qu'il délivre. Or, l'unité de recherches implique l'unité de salaire. Que s'il délivre un certificat négatif quant aux transcriptions, il serait ridicule de certifier expressément l'inexistence des mentions, puisqu'il est alors constant qu'il n'en existe aucune. Si, dans l'espèce, le certificat est *unique*, à quel titre deux salaires ?

prend implicitement la demande des *mentions* qu'elles portent en marge.

Il ne serait point permis, d'après les rédacteurs du journal l'*Enregistrement* (n° du 21 août 1856, art. 16, 335), de requérir un état des *mentions*, sans demander en même temps l'état des *transcriptions*. Nous ne saurions aller jusquelà. Remarquons tout d'abord qu'il se peut que le requérant ait un intérêt légitime à limiter ainsi l'objet de sa demande. Soit l'espèce suivante. Paul, avec lequel je suis sur le point de traiter, m'a établi, d'une part, par la représentation de son titre et l'état des transcriptions qu'il a pris soin de lever, son droit à la propriété d'un tel immeuble ; d'autre part, par le certificat de transcription que lui a délivré le conservateur (V. ci-dessus le n° 231), la perfection de son droit à l'égard des tiers. Sous ce double rapport, aucun doute n'est possible. Mais son titre subsiste-t-il ? Voilà ce que je ne sais pas! Cela posé et si pour lever mes doutes à cet égard, je demande au conservateur copie des mentions qui peut-être sont en marge de la transcription que je lui désigne ou un certificat négatif, par quel motif raisonnable refusera-t-il de me satisfaire? Que lui demandé-je? une appréciation? nullement! une rédaction? point! Je lui demande purement et simplement la copie entière et littérale des énonciations écrites en marge de la transcription que je lui désigne. Ces annotations ont un objet qui leur est propre, car, tandis que la transcription a pour but d'avertir les tiers prêts à traiter avec l'*aliénateur* de l'immeuble auquel elle se réfère qu'il a cessé d'en avoir la propriété et, par suite, la disposition, la mention qu'elle porte en marge y est faite afin de les prévenir que ce même immeuble est rétroactivement sorti du domaine de l'*acquéreur* pour rentrer, rétroactivement aussi, dans le patrimoine de son ancien propriétaire. Or, puisqu'elles se distinguent l'une de l'autre, de quel droit les constitue-t-on inséparables ? Sans doute, elles forment un tout indivisible, en ce sens que le conservateur auquel on demande un état des transcriptions doit y comprendre tout à la fois, bien que le requérant ne se soit pas expliqué à cet égard, copie des actes transcrits sur son registre et des mentions qu'il trouve en marge; mais quand la partie qui se renseigne déclare positivement qu'elle désire uniquement avoir la copie de ces mentions, l'indivisibilité qu'on nous oppose n'a plus aucune raison d'être. Restons donc fidèle à notre principe : le conservateur doit donner les renseignements qu'on lui demande, toutes les fois qu'il le peut faire sans être obligé d'apprécier ou d'analyser les actes qui se trouvent sur son registre (V. les n°ˢ 373 et 374).

382. Le conservateur auquel le requérant réclame l'état des actes transcrits *sur ses registres* doit y comprendre, non-seulement les transcriptions contenues au registre *des mutations*, mais encore celles qui ont eu lieu au registre particulier *aux saisies*. La partie qui se borne à demander l'état des transcriptions existantes *sur le registre des mutations* n'agit point prudemment : les termes dans lesquels elle renferme sa demande lui imprimant un caractère spécial et circonscrit, le conservateur n'est point tenu de la prévenir que l'immeuble au sujet duquel elle se renseigne est sous le coup d'une saisie.

Il en serait de même, à notre avis, au cas où elle mettrait le conservateur en demeure de lui délivrer l'état des transcriptions qu'il trouvera sur *son registre*. Sa réquisition devrait être, en effet, interprétée dans le sens qu'impliquent, selon l'usage, les termes qu'elle y aurait employés. Or, selon l'usage reçu, c'est-à-dire dans les rapports habituels des requérants avec les conservateurs, les expressions *le registre* ont toujours trait, quand elles sont employées sans autre désignation et à l'occasion d'un état de transcriptions, au registre des mutations.

383. Les états de transcriptions, quand ils sont généraux, répondent à cette double question : le possesseur actuel d'un tel immeuble en est-il ou n'en est-il point propriétaire? en a-t-il conservé la libre disposition ou l'a-t-il perdue par l'effet d'une saisie? Quant à cette autre question : cet immeuble est-il ou non libre de charges hypothécaires, et à supposer que des hypothèques l'affectent, quelles sommes garantissent-elles? il y est répondu par un état d'inscriptions ou un certificat négatif (art. 2196, C. N.).

Ces états sont plus ou moins étendus, au gré des parties, conformément au principe qui nous a partout servi de guide en cette matière (V. les n°ˢ 373, 374, 377, 379 et 381). Ainsi, entre autres, on a distingué : 1° l'état *spécial;* — 2° l'état *partiel;* — 3° l'état *supplétif* ou *complémentaire;* — 4° l'état *sur individu;* — 5° l'état *sur immeuble désigné;* — 6° l'état pour purger ou *sur transcription.*

1° L'état est *spécial*, lorsque le requérant réclame la copie d'une ou de plusieurs inscriptions spécialement désignées (circul., n° 1769 ; instr., n°ˢ 649 et 902) ;

2° *Partiel*, quand la partie qui se renseigne ne veut connaître que les inscriptions, qui ont pu être prises dans l'entretemps de deux époques indiquées (instr., n° 1046).

384. 3° *Supplétif* ou *complémentaire*, au cas où le requérant limite sa demande, d'une part, aux inscriptions qui ont pu être prises postérieurement à la délivrance d'un état antérieur dont il est nanti et, d'autre part, aux changements de domiciles, aux subrogations et radiations qui, depuis le premier état, ont pu être mentionnées en marge des inscriptions dont il contient la copie. Soient les faits suivants. Un créancier saisissant a, le 1ᵉʳ mars 1860, et afin de faire aux créanciers inscrits les sommations prescrites par l'art. 692 du Code de procédure, levé l'état des inscriptions existantes, tant du chef des précédents propriétaires que du chef du saisi, sur l'immeuble dont est poursuivie l'expropriation. Une adjudication a eu lieu qui a été transcrite le 1ᵉʳ juin de la même année. Le même créancier, voulant poursuivre l'ouverture de l'ordre et déposer, à cet effet, au greffe du tribunal l'état des inscriptions sur lequel l'ordre sera ouvert et débattu, (art. 750, 1. pr. nouv.), forme, à la date du 10 juin, une réquisition d'état; mais, au lieu de la constituer générale, il la circonscrit en ces termes : « Je demande, dit-il, à fin d'ordre et comme complément de l'état général qui m'a été précédemment délivré, copie : 1° des inscriptions qui ont pu être prises depuis la délivrance de l'état dont je suis déjà nanti, jusqu'au jour de la transcription du jugement d'adjudication, c'est-à-dire du 1ᵉʳ mars au 1ᵉʳ juin 1860; 2° des changements de domiciles, subrogations et radiations qui ont pu être mentionnés en marge des inscriptions antérieures au 1ᵉʳ juin; 3° enfin des renouvellements effectués dans l'entretemps des deux époques ci-dessus indiquées ; ou sur ces divers chefs de réquisition un certificat négatif. » Ainsi limitée, sa réquisition est-elle fondée?

Les doutes qu'on a élevés sur ce point, ont toujours été

pour nous l'objet d'un profond étonnement. Quoi! la loi
aurait imposé à ce poursuivant l'obligation de lever deux
fois les copies des mêmes inscriptions et de payer deux fois
les mêmes renseignements! Voilà ce que nous n'avons jamais
pu comprendre, quelque effort que nous ayons fait dans ce
but. A cette ridicule contrainte il faudrait un motif bien puissant, et il est impossible de l'appuyer sur une raison telle
quelle; à moins pourtant qu'on ne se résigne à dire que, si
injuste qu'elle soit, la loi a dû la tolérer dans l'intérêt des
conservateurs, afin de grossir le plus possible le chiffre de
leurs émoluments! Nous préférons, quant à nous, la donnée
admise par le tribunal du Mans : « Les conservateurs ne doivent jamais perdre de vue qu'étant fonctionnaires publics,
ils doivent *avant tout* exercer leurs fonctions dans l'intérêt
du public (1). »

385. 4° L'état est *général*, quand le requérant demande le
relevé de toutes les inscriptions existantes sur les biens d'un
propriétaire, soit qu'elles existent de son propre chef, soit
qu'elles le grèvent du chef des précédents propriétaires.

5° L'état *sur individu* comprend toutes les charges hypothécaires existant, sans distinction d'immeubles, contre telle
ou contre telles et telles personnes nommément désignées.

6° L'état *sur immeuble* ne contient que les charges hypothécaires dont est grevé, du chef de l'individu ou des individus désignés, l'immeuble spécialement dénommé.

386. 7° L'état pour purger ou l'état *sur transcription* doit
comprendre, quand la réquisition ne contient expressément
aucune limitation, toutes les inscriptions qui, du chef du
propriétaire aliénateur et des propriétaires précédents, grèvent l'immeuble aliéné.

Lorsque l'acte transcrit ne contient point l'établissement de
la propriété, ce qui arrive fréquemment dans les ventes sous
seings privés, le requérant doit, dans sa réquisition, indiquer
les noms et prénoms des anciens propriétaires de l'immeuble
aliéné. Autrement le conservateur ne pourrait comprendre
dans son état que les inscriptions prises par les créanciers du

(1) Comparez M. Baudot, n°ˢ 1694, 1722 et 1743; —V. aussi une délibération du 18 mars 1818.

seul propriétaire qu'il connaîtrait, le propriétaire désigné comme aliénateur dans l'acte transcrit (V. à ce sujet les n⁰ˢ 240 et 375).

387. Dans l'hypothèse inverse, le requérant peut se borner à réclamer le relevé général des inscriptions dont l'immeuble passé dans son domaine a été grevé pendant qu'il appartenait à l'aliénateur ou qu'il était entre les mains des anciens propriétaires *désignés dans l'acte qui a été transcrit;* ou, plus brièvement encore, un état *sur la transcription qui a été effectuée.* Toute autre indication serait superflue ou surabondante. Le conservateur a sous les yeux, sur son registre même, c'est-à-dire dans l'acte qui y a été transcrit, les éléments des recherches à faire. Il ne saurait dès lors rien exiger de plus. Ces éléments peuvent, il est vrai, être insuffisants, mais que lui importe! Du moment que le requérant s'y réfère, il doit lui-même s'y reporter et y puiser la mesure de l'état à délivrer; il le doit, car, ainsi que nous l'avons dit déjà, son devoir est de déférer à la volonté des parties quand elle est clairement exprimée (V., ci-dessus, les n⁰ˢ 373, 374, 379, 381 et 385.)

On nous oppose que, d'après ses fonctions, il n'est point tenu de se livrer à l'étude de l'acte transcrit pour y découvrir les noms et prénoms des propriétaires sur lesquels il doit certifier. « Cette recherche, a-t-on dit, augmenterait son travail et ses chances de responsabilité (1). »

« Elle augmenterait son travail...» Que ne dit-on alors qu'il n'est point tenu d'étudier la réquisition elle-même! car, nous le répétons, les désignations que contient l'acte transcrit font partie de la réquisition, puisque le requérant y renvoie le conservateur.

« Elle augmenterait ses chances de responsabilité...» C'est ce que personne ne croira. Et, en effet, qui ne voit que le résultat sera absolument le même, soit que le requérant fournisse directement lui-même les indications par sa réquisition, soit qu'il les donne par un autre acte auquel il la rattache? Si elles manquent de clarté ou d'exactitude, l'état que lui délivrera le conservateur sera, dans l'un et l'autre cas, in-

---

(1) V. un jugement du tribunal d'Abbeville du 30 juin 1856. On le trouve dans le journ. *le Contrôleur,* t. xxxviii, p. 397.

completcomme elles, mais il en souffrira seul, puisqu'il prend, dans tous les cas, à sa charge les oublis auxquels peuvent donner lieu l'insuffisance ou l'imperfecton des documents qu'il fournit pour l'obtenir (art. 2197-2°).

388. Cela posé, faisons l'espèce suivante : elle s'est plusieurs fois présentée dans la pratique et y a soulevé des difficultés.

L'un des époux vend un immeuble qui lui appartient en propre. Son conjoint intervient au contrat et y prend part, non point comme propriétaire, puisqu'il ne l'est point, mais en'une autre qualité, comme garant, par exemple. L'acquéreur, après avoir fait transcrire son titre, requiert un état sur le *propriétaire-vendeur*, et les anciens propriétaires désignés dans l'acte qui a été transcrit. Le conservateur doit-il adhérer à cette réquisition?

Deux cas sont à considérer :

Si l'acte transcrit fait connaître auquel des deux époux appartenait en propre l'immeuble aliéné, s'il y est dit, par exemple, que la femme en avait la propriété avant de se marier, ou qu'elle l'a acquis durant la communauté soit en qualité d'héritière ou de donataire, soit en échange d'un autre propre, aucun doute n'est possible, le *propriétaire-vendeur*, c'est la femme, la femme seule; les inscriptions existantes de son chef sur l'immeuble vendu devront par conséquent être comprises dans l'état. Il n'y devra point être question, au contraire, des inscriptions qui ayant été prises d'une manière générale sur les biens présents et à venir du mari porteraient sur l'immeuble, à supposer qu'il eût fait partie de ses propres. Il en serait de même, selon nous, de l'inscription qui aurait été prise par un créancier auquel il l'aurait hypothéqué conventionnellement en le faisant passer pour sien. L'acquéreur a demandé un état sur le *propriétaire-vendeur;* le mari n'est point *propriétaire;* l'acte de réquisition l'énonce clairement; le conservateur n'a point dès lors à s'occuper de lui.

Mais, dit-on, la réquisition n'établit point suffisamment que l'immeuble vendu n'appartenait qu'à la femme seulement; car s'il avait été ameubli, la vente aurait eu alors pour objet, non plus un propre de la femme, mais un bien commun (art. 1505 et 1507). Le conservateur courrait donc le

risque de délivrer un état incomplet s'il le limitait aux inscriptions prises du chef de la femme !

Nous ne le contestons point; mais encore une fois, qu'importe au conservateur? du moment qu'il se sera conformé à
la demande du requérant, — et dans l'espèce il s'y sera conformé, — sa responsabilité sera sauve. Le requérant ne
pourra imputer qu'à lui-même le dommage que pourra lui
causer l'insuffisance de sa réquisition (1).

Que si, par extraordinaire, l'acte de vente n'indique point
auquel des deux époux appartient la qualité de *propriétaire-
vendeur,* s'il y est dit, par exemple, que les époux ont vendu
solidairement ou même conjointement un tel immeuble
dont l'origine n'est point précisée, le conservateur, pouvant
croire alors que cet immeuble appartenait à la communauté,
devra, en ce cas, et afin de mettre sa responsabilité à couvert, certifier sur les deux époux.

389. Une question plus grave appelle notre attention. Les
états sur transcription doivent-ils comprendre les inscriptions prises du chef d'*un ancien propriétaire* qui, par l'effet
d'un jugement de résolution ou par l'effet d'un partage, *est
réputé ne l'avoir jamais été ?* En est-il ainsi alors même que
l'éviction que ce possesseur a subie ou que le partage auquel
il a pris part est formellement exposé dans l'acte transcrit?
L'espèce est bien simple. *Paul* vend un immeuble à *Jean*;
l'acte de vente porte que ce même immeuble a été vendu à
Jacques, mais que la vente que *Paul* lui avait consentie a été
résolue pour défaut de paiement du prix par un jugement du
tribunal de... à telle date indiquée. Cet acte étant transcrit,
Jean, le nouvel acquéreur, demande un état sur *Paul,* le
vendeur, et *les précédents propriétaires* désignés dans l'acte
transcrit. Le conservateur doit-il y comprendre les inscriptions
qui ont été prises contre *Jacques,* quoique, par l'éviction qu'il
a subie, il soit réputé n'avoir jamais eu la propriété de l'immeuble vendu (art. 1183, 1184 et 1654)?

Autre cas analogue. L'acte de vente porte que l'immeuble
vendu provient de telle succession à laquelle *Paul,* le ven-

---

(1) Consultez le journ. *le Contrôleur,* t. XXXVIII, p. 399 et suiv. — *Contra,*
Hervieu, p. 156, n° 14; — un jugement du tribunal d'Abbeville du 30 juin
1856. On le trouve dans *le Contrôleur,* t. XXXVIII, p. 397.

deur, était appelé en concours avec *Jacques* son cohéritier.
Il y est dit, en outre, que par le partage fait entre les deux
cohéritiers, le même immeuble a été compris dans le lot de
Paul. Si *Jean*, l'acquéreur, réclame un état sur transcription,
dans les termes rapportés dans la première espèce, le conservateur devra-t-il certifier même sur *Jacques*, bien que,
par le partage, il soit réputé n'avoir jamais été propriétaire
de l'immeuble vendu (art. 883, C. N.) ?

Les tribunaux appelés à se prononcer sur ce point l'ont, en
général, résolu affirmativement (1).

M. Baudot (2) et le journal *le Contrôleur* (3) tiennent au
contraire la négative ; nous partageons leur avis.

Le requérant a demandé l'état des inscriptions prises contre
Paul, le vendeur, et les anciens *propriétaires* désignés dans
l'acte transcrit. Cet acte établit clairement que *Jacques n'a
jamais été propriétaire de l'immeuble vendu ;* donc le conservateur ne doit point certifier sur lui.

L'argument est en forme. Voyons comment la jurisprudence y répond.

L'acte qui a été transcrit comprend, dit-elle, *Jacques* parmi
les anciens *propriétaires ;* donc... etc. (4).

La réponse est peu décisive. L'acte transcrit ne comprend
point *Jacques* au nombre des anciens propriétaires : car s'il
s'occupe de lui et s'il en parle, c'est uniquement pour apprendre à qui de droit que par l'éviction qu'il a subie, ou par
le partage auquel il a figuré, la propriété de l'immeuble dont
s'agit n'a jamais reposé sur sa tête.

Mais, objecte-t-on encore, la donnée que *Jacques* est
réputé n'avoir jamais été propriétaire de l'immeuble dont il
a été évincé ou qui a été placé dans le lot de son cohéritier
étant toute *juridique* implique, pour la saisir, un certain

---

(1) Parmi les nombreuses décisions rendues en ce sens, nous citerons les
arrêts des Cours d'Angers (9 fév. 1827), Rouen (7 janv. 1848), Dijon (27 déc.
1854) et Paris (22 fév. 1859). — Consultez *le journal de l'Enreg.*,
art. 16941 ; — le journ. *le Conservateur*, art. 73 ; — M. Hervieu, p. 160,
n° 24. — M. Martou, sur la loi belge du 16 déc. 1851, n°s 1610 et 1611.

(2) N°s 1747 et 1751.

(3) T. xxxviii, p. 401 et 102.

(4) Arrêt du 22 fév. 1859.

effort de l'esprit et, par conséquent, le secours du raisonnement. Or, on ne saurait admettre qu'un conservateur pût être contraint de faire aux faits de la cause l'application des règles consacrées par la loi en matière de rescision ou de partage.

Voilà un raisonnement auquel MM. les conservateurs ne souscriront certainement pas, si, laissant là la forme polie sous laquelle on le présente, ils ne s'attachent qu'à l'idée qui s'y déguise. « Certes, semble-t-on dire, l'acte transcrit ne prête nullement à l'amphibologie. Si la clause que *Jacques n'a jamais été propriétaire* ne s'y trouve point en toutes lettres, elle y est au moins exprimée en des termes équivalents et assez explicites pour ne laisser place à aucune équivoque. Un magistrat, un notaire, l'homme d'affaires le plus vulgaire ne s'y tromperait point; mais ce qui n'est que d'évidence rationnelle peut échapper à l'esprit paresseux d'un conservateur. »

Nous serons plus dans le vrai, si nous prenons le contre-pied de cette proposition. Parmi les fonctionnaires habiles, MM. les conservateurs tiennent la première place, personne ne l'ignore. Qui n'a été, en effet, frappé comme nous de l'étendue de leurs lumières, de la finesse de leur esprit, de la subtilité savante de leurs déductions et enfin de la solidité de leur jugement ? Nous ne serons point démentis, si nous affirmons qu'ils pourraient en remontrer à nos plus fins jurisconsultes. Comment dès lors admettre qu'ils puissent ignorer que l'acheteur qui subit une éviction pour défaut de paiement du prix n'a jamais eu légalement la propriété de l'immeuble qui rétroactivement fait retour à son vendeur? Se peut-il surtout qu'ils ne sachent point que « chaque héritier est censé avoir succédé seul et immédiatement à tous les effets compris dans son lot et *n'avoir jamais eu la propriété des autres objets de la succession* (art. 883) ? »

L'argument en forme ci-dessus exposé est donc irréprochable, au moins quand on se place dans le cas où l'acte auquel le requérant s'est référé et que le conservateur a sous les yeux contient cette énonciation formelle, que le jugement qui a évincé Jacques est *passé en force de chose jugée* ou que le partage auquel il a pris part est *définitif*.

Dans l'hypothèse contraire on pourra objecter qu'il est naturel de comprendre *Jacques* parmi les anciens propriétaires, puisque rien n'établit alors que le jugement ou le partage en vertu duquel il est réputé n'avoir jamais eu la propriété de l'immeuble dont le conservateur fait le bilan hypothécaire ne sera point lui-même réformé, annulé ou rescindé; mais, quoique ce raisonnement soit spécieux, il n'y a point lieu pourtant de s'y arrêter. La nature de l'acte où se trouve exposée la déclaration qu'un jugement d'éviction a été prononcé contre Jacques, ou que l'immeuble dont il était copropriétaire en qualité d'héritier a été, par le partage, attribué à son cohéritier sert à en déterminer le sens et la portée. Elle fait, en effet, partie de *l'établissement de la propriété,* c'est-à-dire de l'acte par lequel *Paul,* le vendeur, démontre que l'immeuble dont il a disposé lui appartenait réellement et qu'ainsi il a pu le transmettre, par une investiture définitive, à son nouvel acheteur. Or cette démonstration implique que les actes sur lesquels il l'appuie sont eux-mêmes définitifs. Voilà ce qui est déclaré au conservateur; voilà ce que rationnellement et logiquement il doit croire.

C'est, en un mot, comme *acquéreur,* c'est en qualité de *propriétaire* que *Jean* requiert l'état qu'il réclame; or, il ne peut avoir cette qualité qu'autant qu'elle est réputée n'avoir jamais existé en la personne de *Jacques;* donc il affirme que *Jacques* n'a jamais été propriétaire; donc il déclare que les inscriptions qui ont été prises du chef de ce possesseur n'ont jamais eu aucune existence légale, et qu'ainsi il n'a nullement à s'en préoccuper. Sans doute, il raisonne fort mal et en procédant de la sorte il s'expose à de sérieux périls ; car si les créanciers inscrits du chef de *Jacques* prouvent que la résolution du droit de leur débiteur n'aurait pas dû être prononcée ou que le partage a eu lieu hors de leur présence, quoiqu'ils eussent demandé à y assister, il se verra obligé de compter avec eux; mais qu'importe cette éventualité! le conservateur est lié par la réquisition qui a été déposée entre ses mains. Il doit la prendre telle que le requérant l'a faite et s'y conformer.

Nous tenons donc pour certain que, toutes les fois qu'il résulte de l'acte transcrit que tel des anciens possesseurs de l'immeuble aliéné est, par l'effet d'un jugement de rescision, d'un partage ou de toute autre condition résolutoire, réputé *n'en avoir jamais été propriétaire,* le conservateur ne doit faire aucune recherche sous son nom et s'abstenir de certifier sur lui. S'il passe outre, il sera tenu de supprimer de son état les inscriptions qu'il y aura indûment comprises et de restituer les droits perçus à leur occasion. A cet effet, le requérant l'assignera en rectification d'état.

Dans le système contraire, l'état étant régulier, le requérant n'aura d'autre ressource que d'agir en radiation contre les créanciers inscrits du chef de l'acquéreur dépossédé.

390. Une difficulté d'une autre nature a été soulevée. On s'est demandé si les parties qui requièrent un état sur transcription peuvent le restreindre au vendeur ou à tel précédent propriétaire qu'il leur plaît d'indiquer.

Ce droit de limitation a été contesté (1); mais M. Pont, qui s'en est constitué le défenseur (2), lui a imprimé, par l'irrésistible logique des moyens qu'il expose en sa faveur, un tel cachet d'évidence, que nous n'hésitons point à le déclarer désormais hors de toute atteinte.

Par son objet et sa propre essence, a-t-on dit, l'état sur transcription doit être délivré *général.* L'acquéreur qui le requiert, le réclame, en effet, en vue de la purge et afin de pouvoir faire aux créanciers inscrits les notifications prescrites par l'art. 2183 du C. Nap. Or, d'une part, ces notifications doivent être faites tant aux créanciers inscrits contre les anciens propriétaires qu'aux créanciers inscrits contre le vendeur; d'autre part, et parmi les pièces et documents qu'elles ont pour objet de mettre sous leurs yeux, doit figurer le tableau *complet* des inscriptions existantes sur l'immeuble qu'il s'agit de purger (art. 2183-3°). Par conséquent il est clair que requérir un état sur transcription ou pour purger, c'est mettre le conservateur en demeure de délivrer, sous sa responsabilité, le relevé général et complet de toutes les inscriptions existantes sur l'immeuble désigné dans l'acte transcrit. Le requérant n'a pas le droit d'en limiter l'étendue, car si le conservateur le délivrait incomplet, il serait, envers les créanciers omis,

(1) M. Hervieu, p. 156, n° 13; le journ. l'*Enregist.*, art. 16362. — V. aussi un jugement du tribunal de Rouen du 19 juillet 1847 (D. P. 48, 3, 15).

(2) V. la *Revue critique de législation*, t. xv, p. 193 et suiv.

responsable de la déchéance qu'ils encourraient par suite de leur omission (art. 2198), et on ne saurait le contraindre à se constituer l'instrument d'un dommage qu'il devrait réparer à ses dépens. Que l'acquéreur requiert, s'il le veut, un état sur individus, ou sur immeuble désigné, il sera le maître alors de le limiter à son gré : si spécial qu'il le réclame, sa réquisition devra être obéie ; mais s'il persiste à le requérir sur transcription, s'il insiste pour que cette qualification et la date de la transcription y soient mentionnées, il ne lui appartient plus d'en déterminer les limites. En le spécialisant, il sort de son droit ; sa réquisition dès lors demeure frappée d'impuissance, le conservateur n'y doit point répondre (1).

Cette doctrine repose sur cette triple donnée :

1° L'acquéreur qui veut purger n'y peut parvenir qu'à la condition de lever un état général et complet des inscriptions existantes sur l'immeuble passé dans son domaine.

2° S'il lui était délivré incomplet, les créanciers omis ne seraient point mis en demeure d'user, s'il y a lieu, de leur droit de surenchère, et, une fois la purge accomplie avec les créanciers désignés dans l'état, il ne leur resterait plus qu'un simple droit de préférence sur le prix, aux termes de l'article 2198.

3° Le conservateur qui, par ses omissions, leur aurait causé un dommage, serait tenu de le réparer, conformément au même article.

Or, ces idées, ainsi que nous allons le démontrer, sont toutes également fausses.

1° L'acquéreur peut purger sans lever aucun état à cet effet. Si, en général, il s'en fait délivrer un, c'est que dans la plupart des cas il ignore le nombre des inscriptions existantes sur l'immeuble qu'il veut libérer, les noms et domiciles des créanciers auxquels il doit faire des notifications et enfin le montant des sommes inscrites ; mais bien qu'exceptionnelle, l'hypothèse contraire n'a certes rien de si invraisem-

---

(1) On a soutenu que la réquisition, quoique spéciale, devait être répondue. Le conservateur, a-t-on dit, ne tiendra point compte des limites dans lesquelles le requérant l'aura circonscrite : il délivrera un état général. — Voilà qui est de tous points inadmissible. Le conservateur ne peut jamais forcer le requérant de supporter les frais d'un état qu'*il ne réclame pas.*

blable qu'on la doive forcément écarter. Faut-il, pour l'établir,
citer des faits? *Paul* est mon débiteur; avant de traiter avec lui
et d'accepter l'hypothèque qu'il m'a donnée, j'ai levé un état
général des inscriptions établies sur l'immeuble affecté à ma
sûreté. Peu de jours après, j'ai acheté ce même immeuble et
je sais, de source certaine, qu'il n'a été pris, depuis l'état que
j'ai levé, aucune inscription contre mon vendeur. Qu'ai-je
besoin alors de lever un état sur transcription? Que m'appren-
drait-il que je ne sache déjà? Le nombre des inscriptions
dont il m'importe de m'affranchir, je le sais; je sais les noms
et domiciles des créanciers inscrits; le montant des créances
inscrites, je le sais encore. A la vérité, les inscriptions ont pu,
depuis l'état qui m'en a été délivré, subir des changements;
mais si j'ai la certitude, et je puis l'avoir, qu'elles sont restées
dans le même état, que me faut-il encore pour agir? N'ai-je
point entre les mains tous les documents nécessaires pour
ouvrir efficacement les formalités de la purge et satisfaire aux
prescriptions de l'article 2183? Nous pourrions rapporter
d'autres hypothèses analogues et peut-être plus saisissantes
encore; mais cette énumération serait plus que surabondante,
car personne ne niera sérieusement qu'il peut se présenter
des circonstances où l'acquéreur aura personnellement, et
par une voie sûre, une connaissance exacte de la situation
hypothécaire de l'immeuble qui lui aura été transmis.

Or, si l'acquéreur qui sait toutes les inscriptions auxquelles
il est assujetti peut, sans être obligé de lever au préalable aucun état, procéder à fin de purge, comment soutenir encore
que l'acquéreur qui ne connaît qu'en partie les inscriptions
dont il poursuit sa libération, ne pourra point purger, s'il limite aux inscriptions qu'il ne connaît pas, l'état qu'il a besoin
de lever pour avoir la liste complète des droits avec lesquels
il est aux prises?

Eh! quoi, bien que j'aie expressément limité aux inscriptions qui ont été prises *contre mon vendeur* l'état que je veux
avoir, le conservateur pourra me répondre qu'il ne me donnera point les renseignements qui me sont indispensables et
que je réclame, si je ne consens à recevoir en même temps
les indications dont je n'ai que faire et que, pour cette cause,
je ne réclame point! Il serait, en vérité, difficile d'imaginer
une énormité plus contraire à tout bon sens, à toute logique

et à toute justice! Dira-t-on, pour la justifier, que les renseignements que le requérant a entre les mains, peuvent être incomplets ou inexacts! mais il les prend dans un état antérieurement délivré par le conservateur lui-même! qu'importe d'ailleurs! son intérêt est ici seul en jeu et le conservateur, que nous sachions, n'en a pas la garde. Si, quoique limitée, sa demande ne peut faire préjudice qu'à lui-même, il est impossible de la laisser en souffrance; or, nul n'en pourra souffrir, ni le conservateur qui y répondra, ni les créanciers inscrits contre les propriétaires qu'elle ne désigne point. C'est ce qui sera ci-après établi.

2o et 3o L'acquéreur, nous l'avons vu, peut purger sans lever aucun état de transcription. Si quelqu'un des créanciers ne reçoit point les notifications auxquelles il a droit, rien de ce qui se fait ne lui est opposable, car n'étant point lié à la purge, elle demeure quant à lui *res inter alios acta*. Il est vrai qu'il en serait autrement, si aucune faute n'était *imputable à l'acquéreur*. C'est ainsi qu'aux termes de l'article 2198, l'immeuble à l'égard duquel le conservateur a omis dans l'état qu'il devait, d'après la réquisition qui lui a été remise, délivrer général, une ou plusieurs charges inscrites, en demeure affranchi dans les mains du nouveau possesseur, sauf le recours des créanciers omis contre le conservateur. Aucun reproche ne pouvant être alors adressé à l'acquéreur, la loi a voulu, dans un intérêt d'ordre public bien entendu, que son droit de propriété prévalût sur la créance des créanciers omis, bien que pourtant la faute qui a été commise ne vienne point d'eux : autrement ils auraient pu, même après plusieurs années, former des réclamations inattendues et, par l'exercice de leur droit de surenchère contre les sous-acquéreurs de leur gage, porter le trouble dans le monde des affaires. Mais comment les sacrifier à la sécurité de l'acquéreur quand c'est lui et lui seul qui est en faute? Du moment qu'au lieu de se renseigner près du conservateur, il prend ailleurs ses indications, il procède volontairement *à ses risques et périls!*

Les créanciers qu'il ne lie point à la purge ne souffrent donc aucunement de leur omission : leur hypothèque reste intacte et munie de toutes ses prérogatives sur l'immeuble qu'elles continuent d'affecter.

Quant au conservateur, il est bien évidemment à l'abri de

toute recherche ; car qui pourrait l'atteindre ? Les créanciers qui n'ont point reçu les notifications prescrites par l'article 2183 ? Mais ils n'ont éprouvé aucun dommage : leur droit est demeuré intact ! L'acquéreur ? mais il est seul en faute ! La loi qui le rend responsable des erreurs provenant de l'insuffisance ou de l'obscurité d'une réquisition mal exposée (art. 2197), laisse évidemment à son compte les conséquences que l'absence de toute réquisition peut entraîner. Le conservateur, en un mot, est étranger à tout ce qui se fait. Aucune faute, par conséquent, ne peut lui être imputée.

Ainsi, quand l'acquéreur purge sans lever *aucun état,* nul ne court de risques que lui-même. Comment dès lors comprendre qu'il puisse exposer quelqu'un lorsqu'il procède sur un état limité qu'il a pris soin de lever afin de compléter les renseignements qu'il tient d'une autre source ? Si le conservateur n'a point compris dans l'état restreint qui lui a été demandé *toutes* les inscriptions existantes du chef du propriétaire désigné dans la réquisition, les créanciers qu'il aura omis seront, sans aucun doute, après la purge et bien qu'elle ait eu lieu à leur insu peut-être, déchus de leur droit de surenchère, sauf contre lui leur recours ; mais quant aux créanciers inscrits du chef des propriétaires sur lesquels il n'a point dû certifier, d'après les termes limitatifs de la réquisition, tout devra se passer comme dans la précédente hypothèse, puisqu'en ce qui les concerne l'acquéreur aura purgé *sans requérir un état* et *à ses risques et périls, par conséquent.* De deux choses l'une, dit avec une grande autorité de raison M. Paul Pont : ou bien l'acquéreur, complétant, par ses renseignements personnels, les indications de l'état partiel qu'il a levé, fera les notifications à tous les créanciers inscrits, et alors nul d'entre eux ne sera autorisé à se plaindre, car, étant liés à la purge, ils pourront veiller sur leur gage et faire ce que nécessitera la sauvegarde de leur droit ; ou bien, ne sachant pas tout ce qu'il croyait savoir, il n'aura point fait de notifications à quelqu'un des créanciers inscrits du chef des propriétaires sur lesquels le conservateur n'a point dû certifier, d'après sa réquisition, et alors la purge sera, quant à ce créancier, *res inter alios acta.* Le droit des créanciers restera donc, dans toutes les hypothèses, entier et pleinement sauvegardé. Quant à l'acquéreur, il pourra souffrir de ses omissions, mais s'il consent à en courir la chance, qu'importe au conservateur (1) ?

391. La réquisition d'un état *pour purger* ou *sur transcription* est bornée par sa propre nature; car par cela même que le requérant qualifie ainsi l'objet de sa demande, il indique clairement que les seules inscriptions qu'il a en vue sont celles qui le grèvent et l'obligent *nonobstant la transcription de son titre.* L'état qui lui sera délivré devra donc comprendre : 1° toutes les inscriptions *antérieures* à la transcription; — 2° quoique *postérieures,* si d'ailleurs elles se placent dans les quarante-cinq jours fixés par l'art. 6 de la loi nouvelle, les inscriptions prises pour la conservation du privilége d'un précédent vendeur ou d'un copartageant; — 3° les inscriptions des hypothèques légales des femmes, des mineurs et des interdits, à quelque époque qu'elles aient été prises (V. ci-dessous le n° 392 *bis*). — Quant aux inscriptions ordinaires dont la date se place dans l'entre-temps de la transcription à la réquisition, le conservateur n'a point à s'en occuper, puisque le requérant ne les réclame point (2).

Il en est de même, bien entendu, de celles qui ont été prises avant ou après la transcription contre le requérant lui-même, par ses propres créanciers. Sa réquisition ne les comprend évidemment pas.

392. On a toutefois soutenu que le conservateur doit, sans qu'il soit nécessaire de l'en requérir expressément, comprendre dans son état l'inscription qu'après la transcription effectuée il a dû prendre d'office contre l'acheteur (art. 2108, C. Nap.) (3). M Baudot (n° 1732) n'admet point cette exception et, à son exemple, nous n'hésitons point à l'écarter. Le conservateur ne doit jamais excéder les limites dans lesquelles le requérant a, expressément ou tacitement, circonscrit sa demande. Or, l'acquéreur qui requiert un état *sur transcription* réclame-t-il non-seulement le relevé des inscriptions exis-

---

(1) Les Cours de Caen (26 déc. 1848), d'Angers (23 août 1856), d'Orléans (2 déc. 1858), de Paris (22 fév. 1859) et la Cour de cassation (26 juillet 1859) se sont prononcées en ce sens.

(2) Comp. M. Baudot, n°s 1750 et 1752. — *Contra* Dalloz, *Rép.,* v° *Priv. et hyp.,* n° 2926. — Paris, 21 août 1841.

(3) Dalloz, *Rép.,* v° *Priv. et hyp.,* n° 2919.

tantes contre son vendeur et les propriétaires précédents, mais encore l'état de celles qui ont été prises contre lui-même par ses propres créanciers ? Ce serait admettre l'invraisemblable que le supposer !

On oppose qu'il lui importe que l'état comprenne l'inscription d'office dont s'agit, car son vendeur devant être convoqué au règlement amiable que les créanciers doivent tenter devant le juge conciliateur avant de s'engager aux diverses opérations de l'ordre judiciaire, il est indispensable que son inscription se trouve dans l'état que le poursuivant doit déposer au greffe (art. 750 C. proc.).

Nous ne contestons pas ce point; mais rien n'indique que l'acquéreur qui requiert un état *sur transcription* réclame en même temps un état *pour ordre*. Et d'abord, l'ordre sera-t-il nécessaire ? A supposer qu'il le soit, le requérant a-t-il ou non l'intention d'en poursuivre lui-même l'ouverture ? peut-être considère-t-il que s'il se décide à prendre ce parti, il sera toujours à temps de faire compléter son état par un état supplémentaire (V., ci-dessus, le n° 384). Après tout, que ne s'explique-t-il ? Le conservateur n'est point tenu de deviner sa pensée. Sa demande est tout au moins amphibologique sur ce chef; cela suffit pour qu'il n'y soit point répondu.

Le conservateur qui garde le silence sur ce point est donc irresponsable. Sa responsabilité serait au contraire engagée, s'il comprenait dans son état l'inscription dont s'agit; il agirait, en effet, en dehors des termes de la réquisition, ce qui autoriserait l'acquéreur à l'assigner en rectification d'état.

392 bis. Quelques auteurs enseignent que l'état sur transcription ne doit comprendre que les inscriptions existantes au jour où la transcription a été effectuée. Cette limitation ne nous ayant point semblé juste, nous l'avons rejetée (V. ci-dessus le n° 391). L'acquéreur qui requiert un état sur transcription veut évidemment connaître toutes les inscriptions qui *l'obligent ;* il les veut connaître afin de s'en affranchir par la voie de la purge. Or, si l'état qu'on lui délivre ne comprend point les inscriptions qui, bien que prises dans l'entre-temps de la transcription à la réquisition, l'obligent néanmoins, comment pourra-t-il purger?

Au reste, il appartient aux requérants d'éviter, par les soins qu'ils apportent à la rédaction de leurs réquisitions, les difficultés qu'impliquent les demandes qui par l'insuffisance ou l'amphibologie de leurs termes, ne mettent point nettement en lumière l'étendue que doit avoir l'état réclamé. Ainsi, quand ils se bornent à requérir un état *sur transcription* ou, ce qui revient au même, le relevé des inscriptions grevant les biens compris dans un acte de vente transcrit à telle date indiquée, ils courent le risque de voir soulever contre eux la question de savoir si l'état qu'ils réclament doit uniquement comprendre la situation hypothécaire *au jour de la transcription*, ou s'il doit embrasser toutes les inscriptions grevant, *au jour de la réquisition,* les biens désignés dans l'acte transcrit.

Que s'ils demandent expressément, mais sans aucune limitation, l'état des inscriptions grevant, *au jour de la réquisition,* les biens passés dans le domaine du requérant, ils s'exposent à y voir relevées des inscriptions qui, étant nulles, ne l'obligent point. Le conservateur, en effet, y devra comprendre, non-seulement toutes les inscriptions existantes au jour de la transcription, mais encore, et sans aucune exception, toutes celles qui auront été effectuées dans l'entre-temps de la transcription à la réquisition. Or, parmi ces inscriptions, sont nulles et de nul effet celles qui ont pour objet des hypothèques conventionnelles, des hypothèques judiciaires et même des hypothèques légales appartenant à un légataire, à l'État ou à un établissement d'utilité publique (V. l'explic. de l'art. 6). Qu'on ne dise point qu'à raison même de leur nullité, ces inscriptions ne doivent pas être portées en l'état réclamé : la réquisition étant générale, l'état délivré doit être absolu comme elle. Qu'importe d'ailleurs que ces inscriptions ne soient point valables? Quoiqu'elles n'obligent point l'acquéreur, il a intérêt à les connaître, car si elles lui sont révélées il pourra en demander la radiation. Peut-être est-ce dans ce but qu'il a imprimé à sa demande un caractère général. Or, il n'appartient pas au conservateur d'en limiter l'étendue.

On le voit donc, il est essentiel de donner aux réquisitions une rigoureuse précision. Ainsi, au lieu de demander un état des inscriptions grevant les biens compris dans un acte d'aliénation transcrit à telle date qu'on indique, combien ne serait-il pas plus sage de requérir expressément un état,

unique bien entendu, comprenant les inscriptions existantes
au jour de la transcription et, en outre, toutes celles qui,
d'après l'article 6 de la nouvelle loi, ont pu être valablement
prises dans l'entre-temps de la transcription à la réquisition?
Que si l'on tient à avoir simplement la situation hypothécaire
de l'immeuble au jour de la transcription, pourquoi ne pas
dire expressément encore que le conservateur devra arrêter
à cette date la liste des inscriptions dont on lui demande le
relevé?

393. Tant qu'un titre de vente n'est point transcrit, les héritiers du vendeur qui ont succédé au droit de propriété dont il
était resté nanti quant aux tiers peuvent valablement hypothéquer l'immeuble vendu. Il en résulte qu'au cas où l'acquéreur
n'a fait transcrire l'acte de vente qu'après la mort du vendeur,
il importe que, par une clause spéciale de sa réquisition, il
fasse mention de cette circonstance et donne l'indication des
noms et prénoms des héritiers sur lesquels il devra être cer-
tifié. Autrement, il n'obtiendrait qu'un état incomplet, car le
conservateur qui ne connaît point et n'est point tenu de
connaître le décès du vendeur, et encore bien moins les noms
et prénoms de ses héritiers, laisserait forcément en dehors
de ses recherches les inscriptions qui ont pu être prises de
leur chef.

394. Nous avons vu que les parties peuvent se borner à
requérir des certificats purement affirmatifs ou négatifs de
transcriptions (V. ci-dessus le n° 379). Elles peuvent également
et par analogie de motifs procéder de même quant aux
inscriptions.

395. Mais faut-il, allant plus loin, leur reconnaître le droit
de requérir non point, sans doute, des copies *analytiques* des
inscriptions, mais des copies *partielles*, c'est-à-dire des copies
limitées, quoique *littérales*, à telles et telles clauses spécialement désignées des inscriptions existantes sur l'immeuble au
sujet duquel elles se renseignent? Ainsi *Paul* m'offre une hypothèque sur un tel immeuble pour la garantie d'un emprunt
projeté. J'accepterais, si j'étais sûr que le gage qui m'est offert
est suffisant. Mais est-il libre d'hypothèques? S'il est déjà affecté
à d'autres dettes, le montant des sommes dont il répond ab-
sorbe-t-il ou non sa valeur? voilà ce que je dois vérifier
avant de traiter. Que les inscriptions existantes appartiennent

41

à tels ou tels créanciers, que ces créanciers aient tels ou tels
domiciles, que leurs créances soient exigibles à telles ou telles
époques, il m'importe peu de le savoir. Un seul point m'intéresse, le montant des sommes qui pourront m'être un jour
opposées si j'accepte l'hypothèque qui m'est offerte. Que fais-
je alors? je requiers le conservateur d'examiner ses registres,
et, à supposer qu'il y trouve des inscriptions sur l'immeuble
dont s'agit, de me donner copie *entière* et *littérale* des clauses
relatives à l'exposition des sommes, en capital, intérêts et
charges, pour la garantie desquelles elles ont été prises. Le
conservateur doit-il faire droit à ma demande? Pourquoi non?
dira-t-on. Les clauses dont s'agit sont parfaitement distinctes
des autres parties des inscriptions; elles en sont même matériellement détachées par un numéro d'ordre (V. l'art. 2148,
C. N.), ou tout au moins par un alinéa. Le conservateur peut
donc en donner la copie littérale et entière, sans sortir de son
rôle de garde-notes ou de certificateur. Or, s'il le peut, il le
doit (V. ci-dessus les n°s 373 et 374).

Cette solution serait fort rationnelle assurément et nous
n'hésiterions point à la suivre, s'il était vrai que les inscriptions ont toutes l'exacte et rigoureuse précision que leur
imprimerait, s'il était suivi, l'observation du modèle dont la
loi trace implicitement la formule dans son art. 2148. Mais
cette perfection s'y rencontre-t-elle toujours? Personne n'i-
gnore qu'il n'en est rien. Les parties étant admises à rédiger
elles-mêmes le bordereau dont la transcription littérale sur
le registre forme l'inscription, sa rédaction est parfois si con-
fuse et embarrassée de détails, qu'il est impossible, sans se
livrer à un travail analytique, d'en extraire les passages particuliers aux charges dont le montant constitue le droit du
créancier. Or, ce travail d'analyse ne peut être, en aucun cas,
imposé au conservateur (V. ci-dessus le n° 374).

396. Lorsque le titre du vendeur a une date certaine et
qu'il s'est écoulé 45 jours au moins depuis cette date, l'acquéreur peut en toute sécurité requérir, le jour même de la
transcription de son propre titre, le relevé des charges hypothécaires qui le grèvent. Cet état pourra, en effet, être délivré
complet, puisque, d'après l'art. 6 de la nouvelle loi et sauf
l'exception admise en faveur des femmes, des mineurs et des
interdits, il est certain que dans la condition où il se trouve

aucune inscription ne peut plus être prise contre lui du chef de son vendeur ou des anciens propriétaires. (V. l'explication de cet article.)

Que si, au contraire, l'acte de vente en vertu duquel le vendeur est devenu propriétaire de l'immeuble qu'il aliène à son tour, ou l'acte de partage qui l'a placé dans son lot, ne remonte pas au moins à 45 jours de date, l'acquéreur peut, sans doute, s'il a fait transcrire son propre titre, réclamer dès à présent un état sur transcription; mais arrivant l'expiration des 45 jours dont il vient d'être parlé, il devra, s'il tient à ne courir aucun risque, requérir un état complémentaire, limité aux inscriptions qui auront pu être prises dans ce délai, soit pour la conservation du privilége d'un vendeur ou d'un co-partageant, soit pour la sauvegarde d'une hypothèque légale appartenant à une femme mariée, à un mineur, ou à un interdit (1).

397. Si on admet avec nous que la loi nouvelle régit les aliénations pour cause d'utilité publique, de même que les aliénations ordinaires (V. ci-dessus le n° 88), les états sur transcription auxquels elles donneront lieu seront eux-mêmes régis conformément aux règles exposées au précédent numéro. Dans le système contraire, les états qui s'y référeront ne pourront être délivrés complets qu'après l'expiration des quinze jours qui suivront la transcription de l'acte d'aliénation. (V. l'art. 17 de la loi du 3 mai 1841.)

398. Ne doivent, si elles ne sont expressément requises par les requérants, figurer en aucun état : 1° les inscriptions portant en marge une mention de radiation ; — 2° les inscriptions périmées faute d'un renouvellement en temps utile (art. 2144) (2); — 3° les inscriptions antérieures aux inscriptions prises en renouvellement. En ce cas, les inscriptions prises en renouvellement doivent seules être portées dans l'état; autrement il y aurait double emploi, ce qui pourrait occasionner des erreurs.

(1) Par analogie, décision du ministre de la justice du 21 septembre 1808, Instruct., n°ˢ 530 et 655. — Baudot, n°ˢ 1739 et 1740. — Hervieu, p. 154, n° 9.

(2) Instr., n° 649 ; — Baudot, n° 1690 ; — Hervieu, p. 160, n° 23 ; —Paris, 21 janv. 1814.

399. Le conservateur qui, bien que régulièrement requis, refuse de délivrer un état ou qui le délivre tardivement, est responsable. Il en est de même, s'il le donne irrégulier ou incomplet. Toutefois si les omissions et les irrégularités commises proviennent de l'insuffisance ou de l'inexactitude des indications que le requérant a dû lui fournir pour le diriger dans ses recherches, sa responsabilité est sauve (art. 2197).

400. L'omission d'une *inscription* et l'omission d'une *transcription* ne doivent pas être confondues. Le conservateur auquel elles sont imputables répond, il est vrai, de l'une et de l'autre; mais tandis que la première l'oblige envers le créancier qu'il a omis, la seconde le lie envers le requérant qu'il a trompé. Celui-là, en effet, peut l'actionner en réparation qui a souffert de l'omission : or, d'après l'art. 2198 du Code Napoléon, le requérant auquel il a été délivré un état incomplet *d'inscriptions* est, après l'expiration des délais accordés aux créanciers pour surenchérir, de plein droit déchargé des inscriptions omises. Ce n'est donc point lui qui est atteint. Le dommage est tout entier subi par les créanciers omis; à eux et à eux seuls par conséquent le droit de recourir contre le conservateur. L'intérêt général qu'engage si gravement toute entrave apportée à la libre circulation des biens a dû, dans ce conflit d'un créancier aux prises avec un acquéreur, assurer la préférence à ce dernier. Mais lorsque deux acquéreurs successifs se disputent la même propriété, la raison d'ordre public dont il vient d'être parlé n'étant plus applicable, la loi a pensé qu'il était juste et parfaitement naturel que celui qui a acquis le premier et fait porter sans retard son titre d'acquisition sur le registre public des transcriptions, soit maintenu propriétaire, puisqu'il a au moins sur le second l'avantage de la primauté du titre. Ainsi, dans l'espèce, c'est le requérant qui souffre de l'omission; c'est à lui par conséquent à recourir contre le conservateur (1).

401. Nous venons de voir que l'omission d'une inscription dans un état requis sur transcription a tout son effet contre le créancier omis, l'intérêt du requérant étant pleinement sauvegardé. Il n'en est pas de même quand l'état qui la contient a été requis par l'acquéreur soit avant son acquisition,

---

(1) MM. Cosse, *Trans.*, n° 154 ; — Troplong, *Trans.*, n° 257.

soit même depuis, mais avant la transcription de son titre. Cette distinction est peu rationnelle, sans doute, mais elle est formelle. L'immeuble, dit la loi, demeure dans les mains du nouveau possesseur, libre des inscriptions omises dans l'état qui lui a été délivré, « pourvu qu'il l'ait requis depuis la transcription de son titre » (art. 2198). Dans l'hypothèse contraire, l'hypothèque du créancier omis demeure intacte, sauf au requérant qui en subit l'effet à recourir contre le conservateur (1).

402. La loi fixe sans une parfaite précision la condition du créancier omis dans un état sur transcription. « L'immeuble à l'égard duquel le conservateur a omis dans son certificat des charges inscrites en demeure, dit-elle, affranchi dans les mains du nouveau possesseur...; sans préjudice néanmoins du droit des créanciers omis de se faire colloquer suivant l'ordre qui leur appartient tant que le prix n'a pas été payé ou que l'ordre fait par les créanciers n'a pas été *homologué* (2). » Prise à la lettre, cette disposition nous conduirait à dire que tandis que le droit de préférence des créanciers omis subsiste jusqu'à la clôture de l'ordre, leur droit de suite ou de surenchère s'efface, au contraire, de plein droit, par le seul fait de l'omission et à la date de l'état qui la contient. Mais cette distinction n'est qu'une fausse apparence. Au fond la pensée de la loi sur l'un et l'autre de ces deux droits est absolument la même, car tout ce qu'elle a pu et voulu dire s'analyse évidemment en cette donnée : les créanciers omis ne recevront point des notifications à fin de purge ; ils ne seront point, après la purge finie, convoqués à l'ordre qui la suivra. Néanmoins la purge accomplie et l'ordre clôturé auront contre eux, quoique absents, tout l'effet qu'ont ces procédures à l'égard des créanciers qui, bien que mis en demeure d'y prendre part et de veiller à la sûreté de leur droit, ont négligé de le faire.

Ainsi la purge et l'ordre s'ouvrent, suivent leurs cours et

---

(1) MM. Tarrible, *Rép.*, v° *Trans.*, p. 136 ; — Persil, *Rég. hyp.*, article 2198, n° 1 ; — Troplong, *Hyp.*, n° 1006 ; — Dalloz, *Rép.*, v° *Priv. et hyp.*, n°s 2090 et 2980 ; — Grenoble, 21 août 1822 ; — Lyon, 18 mai 1833.

(2) Homologué..... c'est-à-dire *clôturé* (V. à ce sujet notre commentaire de la loi nouvelle sur les ordres, n°s 495, 496 et 497).

s'achèvent même contre eux sans qu'on les prévienne; mais, bien entendu, s'ils découvrent, d'une façon ou d'autre, les opérations commencées à leur insu, rien ne s'oppose à ce qu'ils y interviennent pour y exercer les droits que leur inscription, quoique omise dans le certificat, a néanmoins conservés. La loi est formelle en ce sens quant au droit de préférence; elle ne dit rien de semblable du droit de surenchère, mais l'argument *a contrario* qu'on a essayé de déduire de cette antithèse est-il donc assez puissant pour qu'on doive se résigner à dire qu'elle a, en ce point, méconnu les notions du simple bon sens et de la plus vulgaire équité? Que l'acquéreur ne souffre point de l'erreur dans laquelle il a été induit, c'est justice assurément; mais qu'exiger de plus? qu'il en profite aux dépens du créancier omis? ce serait une réparation sans motifs ! du moment que les créanciers omis interviennent en temps utile, l'erreur se trouvant réparée, les choses doivent être remises dans leur état légitime et suivre leur cours ordinaire.

En somme donc, de même que, bien qu'omis, ils sont recevables à se présenter à l'ordre, tant qu'il n'est point clôturé, de même ils sont admissibles à surenchérir, tant que le délai pour l'exercice du droit de suite reste ouvert à l'égard de quelqu'un des créanciers interpellés (1).

403. Aussi n'hésitons-nous point à dire, quoique les termes de la loi paraissent contraires, que si les créanciers expressément appelés à l'ordre n'absorbent pas le prix mis en distribution, les créanciers omis qui n'y ont point produit peuvent saisir et arrêter l'excédant entre les mains de l'acquéreur et se le faire attribuer à l'exclusion des créanciers chirographaires du vendeur. Tant que l'acquéreur est débiteur d'une portion de son prix, il en doit compte aux créanciers hypothécaires inscrits, ce qui s'est passé étant au regard des créanciers chirographaires *res inter alios acta* (2).

---

(1) M. Tarrible, *Rép.*, v⁰ *Transc.*, p. 137; — *contra* MM. Persil, *Rég. hyp.*, art. 2198; — Grenier, *Hyp.*, n° 443; — Troplong, *Hyp.*, n° 1009 *bis*; — Dalloz, *Nouv. rép.*, v⁰ *Surenchère*, n° 53; — V. toutefois le même auteur, v⁰ *Priv. et hyp.*, n° 2092.

(2) Conf. MM. Ollivier et Mourlon sur la loi du 21 mai 1858, n⁰ˢ 441, 485 et 501.

404. Le conservateur qui, ayant délivré un certificat incomplet ou irrégulier, découvre à temps son erreur, peut sauvegarder sa responsabilité par divers moyens. Plusieurs cas sont à considérer :

1° Si le créancier omis est seul inscrit sur l'immeuble aliéné, ou si l'acquéreur n'a point commencé ses notifications à fin de purge, le conservateur peut signifier à ce dernier copie de l'inscription omise. Les choses étant alors pleinement remises en l'état où elles seraient, à supposer que l'état eût été complet dès le principe, personne ne peut se plaindre. Toutefois s'il était démontré que l'acquéreur n'est resté dans l'inaction que parce qu'il a été autorisé à penser d'après l'état des inscriptions qu'il avait sous les yeux que son prix suffirait pour satisfaire tous les créanciers inscrits et chacun d'eux intégralement, il y aura à examiner si le retard qu'il impute à la fausse croyance dans laquelle on l'a laissé lui a causé un dommage appréciable et quelle en est l'étendue.

2° Si les créanciers désignés dans l'état ont reçu déjà des notifications, le conservateur pourra, tant que les délais fixés par la loi pour surenchérir ne seront point expirés, faire utilement encore la signification dont il a été parlé dans l'hypothèse précédente. L'acquéreur devra alors mettre les créanciers omis en demeure d'user de leur droit de surenchère, s'ils le jugent à propos. Mais comme la tardiveté des notifications qu'il leur adressera à cet effet ne doit point lui préjudicier, ils seront réputés les avoir reçues le jour où il y aura lieu de présumer qu'il les aurait données, c'est-à-dire à la date même de celles qu'ont reçues les créanciers les premiers interpellés.

3° Si les délais pour surenchérir sont tous expirés quand le conservateur découvre son erreur, il sera bon, même dans ce cas, de notifier à l'acquéreur les inscriptions omises. Cette signification ne l'obligera point, sans doute, à faire des notifications aux créanciers qu'on ne lui aura désignés qu'après coup, mais elle lui imposera au moins le devoir, s'il poursuit lui-même l'ouverture de l'ordre, de joindre à l'état qu'à cet effet il devra déposer au greffe du tribunal (art. 750, nouv. 1. pr.), la copie des inscriptions qui lui aura été signifiée.

4° Enfin et tant que les délais pour agir ne seront point expirés, soit pour surenchérir, soit pour se présenter à l'ordre, soit pour saisir et arrêter le prix entre les mains de l'acquéreur, le conservateur pourra mettre les créanciers omis en demeure de veiller à leur sûreté ou accomplir lui-même, à titre de gestion d'affaires, les actes que nécessitera la conservation de leur droit.

Nous n'avons pas besoin de dire que les frais des notifications et sommations qu'il sera obligé de faire pour sa sauvegarde demeureront à sa charge. Toutefois il ne les devrait supporter, suivant nous, qu'autant qu'ils excéderaient le montant des frais auxquels auraient donné lieu les inscriptions omises, à supposer qu'il les eût comprises dans son certificat. Personne ne doit souffrir de son erreur; personne n'en doit profiter. Voilà, si nous ne nous trompons, la véritable pensée de la loi.

405. La responsabilité du conservateur n'est, au reste, engagée qu'autant que l'omission qui lui est imputable est dommageable. Nous ajoutons qu'elle ne saurait non plus excéder les limites du dommage causé. De là, pour le conservateur, le droit d'établir que quand bien même il eût compris dans son état l'inscription qu'il a omise, elle ne serait point venue en ordre utile. Il n'aura, en ce cas, aucune indemnité à payer, puisque, *effectu inspecto*, il n'aura fait préjudice à personne.

406. Mais faut-il lui reconnaître le droit d'invoquer la nullité de l'inscription et de s'en prévaloir dans son intérêt? Peut-il, nous supposons, bien entendu, que la nullité dont s'agit ne lui est pas imputable, peut-il soutenir que l'inscription qu'il n'a point comprise dans son état, étant nulle, elle n'aurait pas été colloquée à l'ordre et qu'ainsi il n'a causé aucun dommage au créancier omis? Quoique l'affirmative soit généralement admise (1), nous ne croyons pouvoir l'accepter que sous une distinction. La question posée est toute de fait et à ce titre elle appartient au pouvoir discrétionnaire des juges; ils la résoudront suivant les circonstances, tantôt dans un sens, tantôt dans un autre, en faveur du conservateur s'il y

---

(1) MM. Persil, *Rég. hyp.*, art. 2188-1°; — Rolland de Villargue, v° *Cons. des hyp.*, n° 48; — Baudot, n° 1861; — Troplong, *Hyp.*, n° 1001; — Martou, sur la loi belge du 16 déc. 1851, n° 1615; — Dalloz, *Nouv. rép.*, v° *Priv. et hyp.*, n° 2995.

a lieu de penser que l'inscription omise aurait été, à supposer qu'elle eût figuré dans l'état, contestée soit par l'acquéreur, soit par les autres créanciers inscrits, soit enfin par quelqu'un des créanciers chirographaires du débiteur ; contre lui, au contraire, si tout indique que, bien que nulle, personne n'aurait songé à la combattre. Ainsi, qu'on suppose, d'une part, que le prix d'acquisition était égal au montant des charges hypothécaires, y compris la somme due au créancier omis ; d'autre part, que les créanciers chirographaires du vendeur ne sont point venus à l'ordre ; personne, en ce cas, n'aurait eu intérêt ou qualité pour contester l'inscription omise, ni l'acquéreur, puisqu'il n'y aurait eu aucune surenchère, ni les autres créanciers inscrits, puisqu'ils seraient tous venus en rang utile, ni enfin le débiteur, puisqu'il n'est jamais recevable à critiquer les inscriptions attachées aux hypothèques valables qui le grèvent. Ses créanciers chirographaires auraient pu, sans doute, la faire écarter, mais ils ne sont pas intervenus à l'ordre, et c'est précisément parce qu'ils sont restés à l'écart qu'après l'ordre clôturé l'acquéreur a payé entre les mains de son vendeur l'excédant de son prix sur le montant des sommes colloquées. Il est donc manifeste que cet excédant eût été attribué au créancier omis, si sa créance n'avait pas été laissée dans l'oubli ; dès lors, quoi de plus juste que le conservateur qui, par sa faute, a rendu cette attribution impossible, supporte la peine de son oubli ?

407. Les créanciers omis ne sont point autorisés à rester dans l'inaction lorsqu'ils apprennent à temps l'ouverture de la purge ou de l'ordre. Si, au lieu de s'y présenter pour y veiller à leur intérêt, ils laissent accomplir en dehors d'eux les actes dont ils auront à subir l'effet, la perte de leur droit s'analysera alors en un dommage *volontaire*, puisqu'ils ne pourront l'imputer qu'à eux-mêmes ; ils n'auraient donc, en ce cas, à supposer le fait constant ou établi, aucun recours en garantie contre le conservateur.

408. M. Baudot enseigne que la responsabilité du conservateur ne peut s'étendre à d'autres personnes qu'à celles qui ont requis les états au nom desquelles ils ont été délivrés. « Lors de la demande du certificat, il s'opère, dit-il, une sorte d'engagement entre la partie requérante et le conservateur, par suite duquel le dernier, au moyen de la rétribution que

la loi lui accorde, se rend garant envers le premier de l'exactitude de ses écritures; mais sa responsabilité n'est engagée qu'envers le requérant : il serait injuste que le même certificat pût servir à d'autres, puisque ceux-ci n'ont point acquitté les émoluments qui sont le prix du travail et de la responsabilité (n° 1881). »

Après avoir admis ce principe, le même auteur décide « que le conservateur qui délivre un certificat constatant qu'il n'existe pas d'inscriptions contre un individu, tandis qu'il y en a, est tenu des dommages et intérêts *envers les tiers* qui, sur la foi du certificat, contracteraient avec cet individu (n° 1870). »

La pensée de M. Baudot nous échappe. Nous proposons, quant à nous, une distinction.

En principe, nous acceptons la donnée de M. Baudot. Ainsi, lorsqu'un particulier prête ses fonds sur le vu d'un certificat incomplet qui a été délivré soit à un tiers, soit à un autre créancier, soit à l'acquéreur de l'immeuble, mais en vue de la purge, la responsabilité du conservateur n'est pas engagée. Lors, au contraire, que le propriétaire requiert un état général des inscriptions qui le grèvent ou un certificat négatif, le conservateur n'ignore point que ce requérant veut avoir dans ses mains le bilan de sa position hypothécaire, afin d'établir son crédit, dans le cas où il sera mis en doute. Or, cet état étant destiné à être montré aux tiers qui se mettront en rapport d'affaires avec le requérant, la nature même des choses implique que le conservateur qui connaît cette destination soit directement et personnellement engagé envers eux, lorsqu'au lieu de les bien renseigner il les trompe. Décider le contraire, ce serait réduire à néant l'état qui a été délivré, car si la responsabilité du conservateur ne garantissait point son exactitude, les tiers auxquels serait montrée la pièce sortie de ses mains n'y ajouteraient aucune foi. En somme, le requérant n'a été, dans l'espèce, que l'agent des tiers avec lesquels il a traité : dès lors les choses doivent se passer à leur égard comme si l'état qui les a induits en erreur avait été délivré en leur propre nom.

Si on admet ce système on devra reconnaître au conservateur le droit de retirer des mains du propriétaire, mais sous la condition d'offrir un nouvel état, la pièce incomplète qui lui a été délivrée. On ne saurait, en effet, le contraindre à rester indéfiniment à sa merci.

409. Les conservateurs répondent non-seulement de leurs faits, mais encore de ceux des employés qui en cas d'absence ou d'empêchement les remplacent (art. 12 de la loi du 21 ventôse an VII). L'action que la loi permet d'intenter contre eux, sauf leur recours contre leur suppléant, ne prive point, bien entendu, la partie lésée du droit d'agir, si elle le juge à propos, contre l'agent direct du dommage qu'elle a éprouvé (1).

410. Les tiers envers lesquels le conservateur pourra se trouver engagé, ont pour la sûreté de leur recours deux garanties particulières, à savoir : 1° une hypothèque sur les immeubles qu'il a fournis en cautionnement et sur lesquels il a dû, en entrant en charges, prendre d'office, à ses frais, inscription à leur profit (loi du 21 ventôse an VII, art. 5-8); 2° un privilége sur son cautionnement en numéraire (article 2102-7°, C. N.). Ajoutons qu'aux termes des art. 2202 et 2203, les dommages et intérêts auxquels ils sont condamnés sont payés avant l'amende.

411. L'indemnité dont ils sont débiteurs, en cas d'omission, peut être, suivant l'opinion générale, réclamée immédiatement, c'est-à-dire sans attendre l'exigibilité de la créance omise ; le droit du créancier omis, a-t-on dit, étant privé de l'hypothèque qui faisait sa sûreté, le terme qu'il avait concédé à son débiteur n'a, en ce qui concerne le conservateur, aucune raison d'être (2).

Nous n'acceptons point cette solution. Le créancier n'ayant droit qu'à une réparation est pleinement satisfait dès qu'on le place dans une condition aussi sûre que celle que lui assurait l'hypothèque qu'il a perdue. Or, nous venons de voir que deux garanties, un privilége et une hypothèque, sont attachées au droit de recours dont la loi l'investit contre le conservateur (V. ci-dessus le n° 410). Dès lors, que peut-il exiger de plus ? Si sa condition est, sinon supérieure, au moins égale à celle qu'il avait dans le principe, quoi de plus juste qu'il at-

(1) En sens contraire, M. Baudot, n° 1958.
(2) MM. Rolland de Villargue, v° *Cons. hyp.*, n° 52 ; — Persil; article 2197, n° 11 ; — Martou, sur la loi belge du 16 déc. 1851; — Dalloz, *Nouv. rép.*, v° *Priv. et hyp.*, n° 3004.

tende pour agir que le terme de sa créance soit échu?

412. Il se peut, il est vrai, que la somme dont il est créancier soit si élevée et l'hypothèque qui en assurait le paiement si étendue, qu'il n'ait plus, nonobstant les garanties dont il vient d'être parlé, la même sécurité qu'auparavant; mais nous ne soutenons point que le conservateur puisse, *dans tous les cas*, profiter des termes de paiement accordés au débiteur : les juges apprécieront !

Le conservateur qui a omis dans son certificat des créanciers inscrits est, par la garantie dont il est tenu envers eux, obligé de les désintéresser si leur débiteur ne les satisfait point lui-même. Concluons-en qu'au cas où il les paye, il est de plein droit et par application du principe doctrinal posé dans le n° 3 de l'art. 1251 du Code Napoléon, subrogé dans tous leurs droits, actions. priviléges et hypothèques (V. à ce sujet l'art. 52 de la loi du 11 brumaire an vii) (1).

413. Aux termes de l'art. 9 de loi du 21 ventôse an vii, « les conservateurs ont domicile dans le bureau où ils remplissent leurs fonctions, pour les actions auxquelles leur responsabilité peut donner lieu. — Ce domicile est de droit, il dure aussi longtemps que la responsabilité des conservateurs: toutes poursuites à cet égard peuvent y être dirigées contre eux, quand même ils sont sortis de place, ou contre leurs ayant cause. »

• Ainsi et lorsque le conservateur responsable n'est plus en place, les parties lésées peuvent, à leur choix, l'assigner devant le tribunal de son domicile réel ou devant celui du domicile légal ci-dessus désigné (arg. tiré du mot *peuvent* employé par le dernier alinéa de l'article dont nous venons de rapporter les termes). Il en serait de même à l'égard de ses héritiers, s'il était décédé; mais tant qu'il est en fonction, il ne peut pas être contraint, quant aux procès relatifs à sa responsabilité, de plaider ailleurs que devant le tribunal du lieu où il exerce ; car si la loi veut qu'il ait domicile en son bureau, c'est évidemment afin qu'il ne puisse pas être astreint à des

_____

(1) MM. Grenier, n° 442 ; — Rolland de Villargue, v° *Conserv. hyp.*, n₀ 59 ; — Martou, sur la loi belge du 16 déc. 1851, n° 1620 ; — Dalloz, *Nouv. rép.*, n° 59 ; — Martou, sur la loi belge du 16 déc. 1851, n° 1620 ;—Dalloz, *Nouv. rép.*, vo *Priv. et hyp.*, 2999.

déplacements peu compatibles avec le service public dont il est chargé (1).

414. Il peut être actionné soit par action principale, soit par action incidente en garantie (2); toutefois s'il était en fonction et que le tribunal devant lequel on l'appelle incidemment en garantie fût placé en dehors du ressort de son bureau, il pourrait et devrait même, d'après ce qui a été dit ci-dessus, opposer une exception d'incompétence et refuser de plaider ailleurs qu'au tribunal du ressort dans lequel il exerce ses fonctions.

415. Dans tous les cas, il ne lui est point permis de se défendre, comme en matière d'enregistrement, sur simple mémoire et sans ministère d'avoué. Les instances où sa responsabilité est engagée appartiennent au droit commun (3).

416. La loi a réglé par une disposition particulière la durée des actions auxquelles ils sont soumis : « Le cautionnement auquel ils sont assujettis demeure, dit-elle, spécialement et exclusivement affecté à leur responsabilité, pour les erreurs et omissions dont ils sont garants envers les citoyens. — Cette affectation subsiste pendant toute la durée de leurs fonctions et dix années après : passé lequel délai, les biens servant de cautionnement sont affranchis de plein droit de toutes actions de recours qui n'auraient point été intentées dans cet intervalle » (art. 8 de la loi du 21 ventôse an VII).

Deux cas sont donc à considérer. Tant qu'il est en fonction, les obligations auxquelles le conservateur est soumis sont, quant à leur durée, régies par le droit commun et par conséquent prescriptibles par trente ans. Quand, au contraire, il n'est plus en exercice, son cautionnement est de plein droit, dix ans après la cessation de ses fonctions, affranchi de toutes les actions qui n'ont pas été intentées dans ce délai.

La loi semble ne viser par cette disposition que l'action hypothécaire, mais lorsqu'on la rapproche de l'article 7 qui la précède, on reste convaincu que l'argument *à contrario*

---

(1) Dalloz, *Répert.*, v° *Priv. et hyp.*, n° 3020.

(2) M. Duranton, t. XX, n° 430.

(3) MM. Duranton, t. XX, n° 432 ; — Dalloz, *Rép.*, v° *Priv. et hyp.*, n°s 2780 et 3023 ; — Martou, sur la loi belge du 16 déc. 1851, n° 1619. — Orléans, 19 janv. 1827.

par lequel on essaierait de fonder la survie de l'action personnelle ne répondrait point à sa pensée. Remarquez, en effet,
qu'aux termes de cet article 7, le cautionnement que le conservateur est obligé de fournir, subsiste *pendant toute la
durée de sa responsabilité*, ce qui évidemment implique, les
articles **7** et **8** étant combinés entre eux, que la durée de son
cautionnement et la durée de sa responsabilité sont choses
corrélatives et indivisibles (1).

Le conservateur qui passe d'un bureau dans un autre *ne
cesse point ses fonctions*, puisqu'il est appelé à les continuer;
il ne pourrait point, par conséquent, prétendre que les actions
en recours qui ont pris naissance contre lui pendant qu'il
était en exercice au bureau qu'il a quitté, sont de plein droit
éteintes par l'expiration de dix années, à compter de son
changement (2).

Sa responsabilité envers les particuliers étant limitée à dix
ans, à compter de la cessation de ses fonctions, il en faut
conclure qu'après l'expiration de ce délai, le privilége établi
sur son cautionnement en numéraire n'a plus aucune raison
d'être, et qu'ainsi il cesse de plein droit, de même que l'hypothèque sur le cautionnement en immeubles. Il pourra même
cesser plus tôt; car il ne peut être exercé qu'autant que les
fonds sont encore dans la caisse du trésor, et dès que le conservateur n'est plus en fonction ils peuvent en être retirés,
si les créanciers ne les ont point déjà saisis et arrêtés.

(1) Conf. M. Baudot, n° 1906; — Martou, sur la loi belge du 16 décembre 1851, n° 1619; — Dalloz, *Rép.*, v° *Priv. et hyp.*, n° 3007. ;—Cassat., 22 juillet 1816.

(2) Dalloz, *Rép.*, v° *Priv. et hyp.*, n° 3011. — Consultez Baudot, n° 1907.

FIN DU PREMIER VOLUME.

TABLE DES MATIÈRES

CONTENUES DANS LE PREMIER VOLUME.

———

FIN DE LA TABLE DU PREMIER VOLUME.

Imprimé par Charles Noblet, rue Soufflot, 18.

www.ingramcontent.com/pod-product-compliance
Lightning Source LLC
Chambersburg PA
CBHW031438210326
41599CB00016B/2040